グラウンデッド・セオリー

バーニー・グレーザーの哲学・方法・実践

V.B.マーティン／A.ユンニルド
[編]

志村健一／小島通代／水野節夫
[監訳]

ミネルヴァ書房

Grounded Theory : The Philosophy, Method, and Work of Barney Glaser
by
Vivian B.Martin & Astrid Gynnild
Copyright©2011 Vivian B.Martin & Astrid Gynnild
All Rights Reserved.

Japanese translation rights arranged with Universal Publishers, Inc., Florida
through Tuttle-Mori Agency, Inc., Tokyo

監訳者まえがき

　本書はヴィヴィアン・マーティンとアストリッド・ユンニルドの共編著 (Vivian B. Martin & Astrid Gynnild〔Ed.〕, *Grounded Theory: The Philosophy, Method, and Work of Barney Glaser*〔Florida: Brown Walker Press, 2012〕) の全訳である。
　グラウンデッド・セオリー（以下，GT）とその考案者であるバーニー・グレーザーについて，もっと日本の研究者，実践者らに知ってほしい。その思いが本書の翻訳の動機である。本書が発行される時点において，最も多用されている質的なデータを分析する方法として知られている GT であるにもかかわらず，「この方法の起源や，その中核となる視座，そして考案者であるバーニー・グレーザーについて，あまりにも知られていないのではないだろうか」という私自身の認識があったのである。十分に知られていないということは，誤った理解の流通と誤用にもつながり，それは GT そのものや，調査や研究の信頼度を貶め，結果に対する説明責任も揺らぐことになってしまう。
　バーニー・グレーザーが考案したオリジナルの GT は，昨今クラシック・グラウンデッド・セオリー（以下，クラシック GT）と称されている。クラシック GT は極めてシンプルな思想によって支えられている。既存の理論や仮説，調査者，研究者の想定する前提に依拠せず，徹底的にデータに向き合い，理論の創発を信じる。「Data tells you（データが語るよ），Trust in emergence（浮上してくるものを信じなさい）」というフレーズは，GT を学び，それを用いて研究を遂行する際に，何度も聞かされるものである。クラシック GT は研究者をエンパワーする研究の方法であり，50年近く継承されてきたクラシック GT は，特定領域での「使える理論」の生成に導いてくれる。
　バーニー・グレーザーに敬意を表するアンソロジーとして原著が企画されたことは，私の師であるオーディス・シモンズから知らされた。そしてゲラにもなっていないワードで作成された原稿で「なぜクラシック・グラウンデッド・セオリーなのか」（本書の第 1 章となったもの）をメールで送ってくれたのであった。この論文だけでも翻訳する必要があると考えていた私にとって，本書の全

訳を刊行できたことは，何よりの喜びである。

本書は4大陸9カ国の研究者からの寄稿によって編集されている。「第Ⅰ部　クラシック・グラウンデッド・セオリーの指導」は，前述したシモンズの論文が最初に掲載されており，指導する側だけではなく，クラシックGTを学ぶ研究者にとっても有益なパートとなっている。「第Ⅱ部　グラウンデッド・セオリーの実践」では，この方法を実践するための技術的なことや，実践についての考え方などについて，有益なアドバイスが掲載されている。「第Ⅲ部　歴史的・哲学的基盤」は，GTのいくつかの哲学的基盤と併せて，その歴史的な背景をよりよく理解するための貴重な資料が収められている。「第Ⅳ部　グラウンデッド・セオリーの前進」は，必然的に過去に遡及しつつ，方法論を発展させる内容となっている。

本書を翻訳するにあたって，心強い監訳者を得ることができた。数年にわたって博士後期課程のリーダーシップ特論を共に教えた小島通代先生である。リーダーシップ特論という授業科目ではあったのだが，各院生が自らのリーダーシップを科学哲学，認識論に向き合いながら展開される授業となっており，博士号の学位授与式でその成果が語られるほど，院生にとって大切な授業になっていた。この授業の経験から，小島先生と私の認識論的立脚点が共通していることを思い出し，監訳のお願いをさせていただいたのである。そして，GTが世界中に広まったきっかけとなった『グラウンデッド・セオリーの発見』（邦訳題『データ対話型理論の発見——調査からいかに理論をうみだすか』）の日本語の翻訳者である水野節夫先生である。水野先生のこの理論に関する理解と翻訳センスなくして，本書は出版に至らなかったであろう。原著の理解はもちろんのこと，日本語の正確さと読みやすさを追求する水野先生の姿勢に，研究者としての姿勢を教えられた。監訳者のお二方には感謝の言葉が言い尽くせない。

そして監訳者3名が翻訳者をコーディネートして，出版に結びつけることができた。いずれの翻訳者もそれぞれの分野で活躍されている方々であり，できる限り原著執筆者の領域との関連性を求めた結果として選ばれた方々である。専門性や経験を生かした翻訳に感謝を申し上げる。さらに監訳者3名との編集会議，各翻訳者との原稿のやり取り等，本書の出版までを支えてくださったの

監訳者まえがき

がミネルヴァ書房の音田潔氏である。音田氏の編集者としてのスケジューリング，アドバイスに支えられて本書が出版されるに至った。

　翻訳のプロセスにおいて原著の編者の一人であるマーティン博士は，何度もメールを送信してくれた。彼女の「どうなってる（Just checking）？」というメールで，翻訳が進み，そして，どう表記してよいか迷った各章の原著者名のカタカナ表記に関して，音声ファイルのやり取りにも協力してくれた。私たちを信頼して翻訳を任せてくれたことにも感謝したい。

　原稿の完成度を高めるために東洋大学大学院福祉社会デザイン研究科志村ゼミの院生諸氏には，何度も同じ原稿を読んでいただいた。院生指導のプロセスで私のGTの理解も深まり，原著読解も深まった。

　本書を通して，バーニー・グレーザーの哲学，方法，実践に関する理解が深まり，クラシックGTが評価され，そして研究方法として選ばれ，使える理論の生成に寄与することを希望している。

　　2016年6月

　　　　　　　　　　　　　　　　　　　　　　　　　監訳者を代表して
　　　　　　　　　　　　　　　　　　　　　　　　　志 村 健 一

謝　辞

　このプロジェクトが遅延を重ねたにもかかわらず日の目を見るにいたったのは多くの熱意とサポートのおかげです。企画があいまいで出版がはっきりしない時期もありましたが，そうした時でさえ，寄稿者の皆さんは私たちのことを見捨てることなく支えてくださいました。そのことに対して特別な感謝を捧げたいと思います。ヘレン・スコット博士（訳者注：本書第5章の著者）は，いくつかの原稿をまとめ上げ，生活拠点が4大陸にわたっている本書の執筆者たちと共に仕事を行なうという挑戦に立ち向かう手助けをしてくださいました。ジェフ・ヤングさんはオープン・マインドな出版業者で私たちを温かく見守ってくださいましたし，クリスティ・メイヤーさんは辛抱強くて炯眼な編集担当者でした。ソニヤ・マーティンさんは，マイクロソフト・ワードの達人で，私たちが何時間にもわたるフラストレーションに陥らないように守ってくださいました。締め切りに向かって突き進んでいくに当たっては，マキシン・マーティンさんの編集補助は欠かせないものでした。プロジェクトの初期の局面で批評してくださった方々は，私たちが企画についてのより大きな構図を思い描く際にもう一つ別の見方を持てる手助けをしてくださいました。私たちは，このように私たちが良質の本を出版できるように助けてくださったすべての方々に感謝します。もちろんのことですが，バーニー・グレーザー博士の信頼なくしてはこのプロジェクトは実現できなかったでしょう。彼の発見の精神が私たちを奮い立たせ絶えず前に進ませてくれているのです。

грауンデッド・セオリー
——バーニー・グレーザーの哲学・方法・実践——

目　次

監訳者まえがき

謝　辞

序　章　方法のメンタリング
　　　　…………アストリッド・ユンニルド，ヴィヴィアン・マーティン　1
　　1　グラウンデッド・セオリーのメンタリング………………………………2
　　2　本書はどのように構成されているか…………………………………13

第 I 部　クラシック・グラウンデッド・セオリーの指導

第1章　なぜクラシック・グラウンデッド・セオリーなのか
　　　　………………………………………………オーディス・シモンズ　22
　　1　構成主義 vs. 客観主義………………………………………………28
　　2　構成主義………………………………………………………………35
　　　（1）データ収集　35
　　　（2）分　析　37
　　3　客観主義………………………………………………………………37

第2章　概念発見のための雰囲気づくり
　　　　………………………………………………アストリッド・ユンニルド　47
　　1　命題の概要……………………………………………………………48
　　2　遊び心による良い雰囲気……………………………………………49
　　3　セミナー環境を調査研究する…………………………………………51
　　4　グラウンデッド・セオリー・セミナーの背景と目的……………………53
　　5　雰囲気づくりと概念発見という概念…………………………………55
　　6　構造化の原理…………………………………………………………57
　　7　相互作用の原理………………………………………………………61

    8　パーソンセンタード理論との類似点……………………………………68

第3章　グラウンデッド・セオリーを用いた博士課程の遂行
　　　——スーパーバイザー－研究者の視座
　　　………………………ウェンディ・ガスリー，アンディ・ロー　75
    1　博士号を取得する目的について合意を形成すること………………76
        (1)　博士号はどういうものであるべきか　77
        (2)　博士号はどういうものであるべきではないか　77
        (3)　グラウンデッド・セオリーによる博士号が異なっているのはなぜか　78
    2　最も適切なスーパーバイザーを探して評価すること………………83
        (1)　最も適切なスーパーバイザーを得ることを確実にする方法　85
        (2)　不適切なスーパーバイザーを持ってしまった結末　86
    3　大学の規定が研究過程にどのようにインパクトをあたえる可能性が
      あるかを理解すること……………………………………………………88
        (1)　スーパーバイザーに対する非公式の研究計画　88
        (2)　大学に対する公式の研究計画　89
        (3)　「プレ・グラウンデッド・セオリー」の研究計画　90
        (4)　「ポスト・グラウンデッド・セオリー」の研究計画　90
        (5)　外部助成金を得るための研究計画　90
    4　論文審査委員会のマネジメント………………………………………94
      ——正式な博士号評価プロセスの生き残り方
    5　出　　版…………………………………………………………………97

第4章　方法論を助言者による指導のない状態で学ぶこと
　　　……アントワネット・マコーリン，アルヴィータ・ナサニエル，トム・アンドリュース　100
    1　背　　景…………………………………………………………………101
    2　間違った理解から正しい理解へ………………………………………104
    3　認識論的論争……………………………………………………………109
    4　道徳的関心事……………………………………………………………114

        5　結　　論……………………………………………………………118

第Ⅱ部　グラウンデッド・セオリーの実践

第5章　オンラインでのグラウンデッド・セオリー・
　　　　インタビューの実施………………………ヘレン・スコット　128
        1　会話のようにインタビューをする……………………………129
        2　個別インタビュー──eメールとチャット…………………132
        3　eメールによるグループディスカッション…………………137
        4　チャットを使ったグループインタビュー……………………139
        5　音声および音声と映像によるインタビュー…………………140
        6　倫理的問題………………………………………………………142
        7　オンラインで「良い」グラウンデッド・セオリーのための
　　　　　データを収集する………………………………………………144
        8　オンライン上の補足的なデータ源……………………………147
        9　結　　論…………………………………………………………149

第6章　グラウンデッド・セオリー調査研究における
　　　　ビデオ手法の活用…………………リスベス・ニルソン　151
        1　グラウンデッド・セオリーとオーディオ・ビデオによる
　　　　　データ獲得………………………………………………………152
        2　データの収集とデータの獲得…………………………………158
        3　データ分析………………………………………………………160
        4　倫理的配慮………………………………………………………166
        5　ビデオ・データとグラウンデッド・セオリー………………166
        6　一般的な考察……………………………………………………168
        7　結　　論…………………………………………………………169

目 次

第7章　フォーカス・グループを活用する
グラウンデッド・セオリーの展開
……………………………チェリ・アン・ハーナンデス　173

1　フォーカス・グループの展開の歴史……………………………175
2　グラウンデッド・セオリーにおけるフォーカス・グループ………179
3　段取りの計画局面……………………………………………180
4　フォーカス・グループ法……………………………………182
5　データの分析…………………………………………………185
6　データ収集のためのフォーカス・グループの限界………………187
　（1）文化／グループ・ダイナミックス　187
　（2）理論的サンプリング　188
　（3）グラウンデッド・セオリー方法論からの逸脱　189
7　グラウンデッド・セオリー調査研究における
フォーカス・グループ・インタビューの利点……………………190
　（1）時間的および資金的資源　190
　（2）参加者　191
　（3）グラウンデッド・セオリーの創発的出現　191
8　結　論…………………………………………………………192

第8章　グラウンデッド・セオリーを用いた調査研究における
質的調査研究ソフトウェアの利用と有効性
……………………………マイケル・トーマス　195

1　科学技術………………………………………………………196
2　理　論…………………………………………………………197
3　アフォーダンスと適合性………………………………………198
4　グラウンデッド・セオリーの方法……………………………199
5　利点と問題点…………………………………………………202
6　数量化…………………………………………………………202

	7	コード化されたテクストを呼び出すこと………………………	203
	8	厳密さの感覚………………………………………………………	205
	9	科学主義を浸透させること………………………………………	205
	10	メモとコードとデータを結びつけること………………………	206
	11	ツールについて調べてみること…………………………………	207
	12	メモ作りよりもコード化を重視すること………………………	207
	13	自動コード化………………………………………………………	208
	14	視覚化されたものを創造すること………………………………	209
	15	デジタル・メディアのコード化…………………………………	210
	16	多様な調査研究者たちと分析を共有すること…………………	211
	17	文献の取り扱い……………………………………………………	211
	18	残された問題点……………………………………………………	212
	19	いくつかの具体的ツールの概要…………………………………	212
	20	分析ツール…………………………………………………………	215

　　　　（1）マッピング・ツール（地図作成ツール）　216

　　　　（2）メディア・ユーティリティ　216

　　　　（3）文献目録ソフトウェア　217

　　　　（4）執筆ツール　217

| | 21 | おわりに…………………………………………………………… | 218 |

第9章　西欧社会における死にゆくことの脱タブー化
　　　　──死にゆく状況におけるアウェアネスからコントロールへ
　　　　………………………………………ハンス・スレシウス　220

| | 1 | 死にゆく過程をコントロールすること………………………… | 222 |

　　　　（1）可逆的な戦略と不可逆的な戦略　222

　　　　（2）"脱タブー化"の構造的徴候　223

　　　　（3）構造と態度の間の緊張　224

　　　　（4）増大しつつある'自律に疑問を投げかけることへのタブー'　226

　　　　（5）タブーへの立場表明〔タブー・ポジショニング〕　227
　　　　（6）文献における脱タブー化　236
　　　　（7）本章の限界　238
　2　結　論 ………………………………………………………………… 239

第10章　グラウンデッド・セオリーの翻訳について
　　　　──翻訳することがグラウンデッド・セオリーの実践である場合
　　　　……………………………… マッシミリアーノ・タロッツィ　244
　1　要約と理論的根拠〔ラショナル〕……………………………………… 245
　2　翻訳することはグラウンデッド・セオリーの実践である………… 247
　3　分析的な資源としての別の言語によるコード化…………………… 255
　4　イタリア語でコード化すること，英語でコード化すること……… 258
　5　結　論 ………………………………………………………………… 260

第Ⅲ部　歴史的・哲学的基盤

第11章　人生のレッスン……………………… キャシー・シャーマズ　266
　　　　──バーニー・グレーザーからグラウンデッド・セオリーを学ぶ
　1　モノにする（Getting it）……………………………………………… 267
　2　成功する（Making it）………………………………………………… 270
　3　バーニーの指導への感謝……………………………………………… 272

第12章　グラウンデッド・セオリーに適合する
　　　　統合された哲学フレームワーク
　　　　……………………………… アルヴィータ・ナサニエル　279
　1　プラグマティズムとクラシック・グラウンデッド・セオリーの
　　　創発的出現………………………………………………………… 281
　　　　（1）プラグマティズム　281

   （2）グラウンデッド・セオリー　282
2　存在論……………………………………………………………284
   （1）パースの存在論的視点　284
   （2）クラシック・グラウンデッド・セオリーの存在論　287
3　認識論……………………………………………………………289
   （1）パースの記号論(セミオシス)　290
   （2）記号論とグラウンデッド・セオリー　291
   （3）プラグマティズムとグラウンデッド・セオリー　291
4　方法論……………………………………………………………292
   （1）帰　納　294
   （2）アブダクション（仮説的推論）　295
   （3）演　繹　296
5　結　論……………………………………………………………297

第13章　バーニー・グレーザーの自律的創造性
——クラシック・グラウンデッド・セオリー方法論の創発的出現における早期の影響
   ………………………………………ジュディス・ホルトン　302
1　早期の様々な影響………………………………………………303
2　コロンビア大学…………………………………………………306
3　マートン…………………………………………………………308
4　ラザースフェルド………………………………………………311
5　ゼッターバーグ…………………………………………………318
6　その他の同時代の人々の影響…………………………………323
7　サンフランシスコに帰る………………………………………326
8　グラウンデッド・セオリーを求めての
  「アイディア」をめぐる闘い………………………………330
9　遺産の受け継ぎ…………………………………………………335

目　次

第14章　どっしりと根を張ったバーニー・グレーザー
　　　　　………………………………… エヴァート・グメッソン　343
　1　データの諸源泉とペルソナ……………………………………… 345
　2　イメージと代用品のテロリズム………………………………… 348
　3　広く受け入れられている諸カテゴリーのテロリズム………… 350
　4　有言実行…………………………………………………………… 352
　5　ロール・モデルを変える………………………………………… 353
　　　――ビッグルスワース少佐からグレーザー博士へ
　6　正統派グラウンデッド・セオリー
　　　もしくは軽量型グラウンデッド・セオリー？………………… 354
　7　高級ブランド<small>プレミアム</small>…………………………………………………… 356
　8　アカデミックな儀式もしくは利用可能な結果………………… 357
　9　終わりのない旅における途中下車……………………………… 359

第15章　アイディアを生きる……………… アストリッド・ユンニルド　363
　　　　　――バーニー・グレーザーとの生活史的インタビュー
　1　UCSF を去る ……………………………………………………… 365
　2　精神分析…………………………………………………………… 369
　3　アンセルム・ストラウス氏と共同研究を行なう……………… 372
　4　非営利としてのグラウンデッド・セオリー・ビジネス……… 373
　5　言葉を使って合気道をする……………………………………… 376
　6　日々の生活………………………………………………………… 377
　7　受け入れと線引き………………………………………………… 384
　8　論評すること……………………………………………………… 387
　9　人々がその自己を獲得するのを助けること…………………… 391
　10　グラウンデッド・セオリーの未来……………………………… 393

xv

第IV部　グラウンデッド・セオリーの前進

第16章　フォーマル理論を生成する……………バーニー・グレーザー　398
- 1　現存する著作群……………………………………………………… 399
- 2　フォーマル・グラウンデッド・セオリーの一般的諸特性………… 400
- 3　理論的サンプリングのための方向づけ……………………………… 406
- 4　データを選択する……………………………………………………… 415
- 5　文献レビュー…………………………………………………………… 417
- 6　理論家のリソース……………………………………………………… 424
- 7　落とし穴………………………………………………………………… 426

第17章　フォーマル・グラウンデッド・セオリーの生成を振り返る……………トム・アンドリュース　438
- 1　出発点としての一般的含意…………………………………………… 438
- 2　漸進的拡張……………………………………………………………… 441
- 3　文献をデータとして活用すること…………………………………… 443
- 4　サンプリング戦略とメモの重要性…………………………………… 444
- 5　結　論…………………………………………………………………… 447

第18章　理論生成から構造的方程式モデリングを用いた検証へ
……………マーク・ローゼンバウム　449
- 1　イントロダクション…………………………………………………… 452
- 2　因果モデル……………………………………………………………… 456
- 3　6つの「C」……………………………………………………………… 457
- 4　プロセス・モデル……………………………………………………… 458
- 5　程度モデル……………………………………………………………… 459

6	ディメンジコン・モデル	459
7	双方向モデル	459
8	いくつかの最終的な考察	463

第19章　持続的な概念の力……………………ヴィヴィアン・マーティン　467

　1　アウェアネス…………………………………………………………468
　2　アウェアネスを割り引くこと………………………………………471
　3　前提破壊契機としてのグラウンデッド・セオリー………………477
　4　概念が導くところに従おう…………………………………………481
　5　独特な方法としてのグラウンデッド・セオリー…………………485

本書の理解に寄せて①——徹底してデータと向き合うこと
本書の理解に寄せて②
　　——『グラウンデッド・セオリーの発見』という著作との関わり
監訳者あとがき
人名索引
事項索引

序　章	方法のメンタリング

アストリッド・ユンニルド
ヴィヴィアン・マーティン

　本書は，一人の助言者，つまり**メンター**（mentor，知識や経験豊富な助言者）について，彼の方法とその諸原則の応用について書かれている。グラウンデッド・セオリー（以下，GT）は，伝えられているところによれば，世界中の質的調査研究において最も引きあいに出されることの多い方法であり，本書も，4大陸9カ国の調査研究者からの寄稿を編集して構成された論文集である。本書はこの方法の共同発見者であるバーニー・グレーザー（Glaser, B.）が，**クラシック・グラウンデッド・セオリー**（以下，クラシック GT）と見なしているものの諸側面について，その内容を明確にし，練り上げ，そして拡張しようとする試みである。この方法を体系化した書物である『グラウンデッド・セオリーの発見』（訳者注：邦題は『データ対話型理論の発見』）の大部分を起草したのは，実は他ならぬグレーザーであったのだが，この方法に込められた彼のオリジナルな構想が常に理解されたというわけではない。この方法は，1960年代中頃に発見されて以来，幾度かの分裂を経験してきた。この20年間，グレーザーは方法の分裂にまつわる記録を正し GT の要点について詳しく説明しようとして，十数冊の本を執筆，出版している。

　本書には，グレーザーと学んだ GT 理論家たちによる未発表の研究論文とエッセーが集められている。この論文集は，GT 初学者から経験者までを含めて，クラシック GT についてもっと理解を深めることに興味を持った調査研究者のためのものであり，——対面的に向き合った形でのメンタリングであれ，長距離でのメンタリングであれ，あるいはまた文書の形でのメンタリングであれ——，メンタリングを通して，GT をどう学び，どう教えることができるか，について触れられている。このプロジェクトは特に，GT 調査研究者でありし

かも学者でもあるスターン（Stern, P.）がマイナス・メンター（minus mentor, 訳者注：助言者なしの状態）と名付けた人々を読者として想定したものである。つまり，ここでは GT をすることを学びたいけれども対面的に向き合った形でのメンターには直接のアクセスがない研究者を念頭に置いている。あちらこちらでエピソード的に語られることからうかがえるのは，博士論文執筆の方法論として GT を選択するほとんどの博士課程の院生たちが，マイナス・メンティー（minus mentee, つまり，助言者なしの調査研究者）という状態から始まっているということである。院生たちを指導する立場の担当教授たちが，GT という方法を知らないか，その教え方を知らないからである。その結果として，そうした院生たちや担当教授たちはどこかに情報がないか探す必要性が生じ，オンライン上の容易にアクセスできる諸文献，編集された諸文献にたどり着くしかないあり様である。

　グレーザーのメンターとしての影響が本書の各章を究極のところでしっかりと結びつけているのだ——この注目すべき事実に思い至ったのは，寒かったが心地よい 1 月のある日，私たち 2 人がロンドンのスターバックスの小さな 2 つの丸テーブルの間に座って黄色い紙片の束の仕分けをしていた時だった。私たちはその紙片に本書の各章のタイトルを走り書きしておいたのだが，その仕分けを進めているうちに，**メンターシップ**（mentorship, 訳者注：助言者としての指導，支援への取り組み）こそがこのプロジェクトの仕事の大部分をしっかりと結びつけているのだということが，ますますはっきりとしてきたのである。同時に，GT におけるメンターシップは，専門職の広く多様な発展的関係性にかかわっていることにも気が付いた。本書を紹介するにあたって私たちが伝えたいのは，歴史上の或る時点で一つの調査研究のアイディアの種をまき，そして，そのまかれた種を，今度はメンターとして，半世紀近く前に始めた方法を活用している調査研究ネットワーカーたちの助力を得て育てるという，多様な側面をもったプロセスについてである。

1　グラウンデッド・セオリーのメンタリング

　GT のメンタリング（mentoring, 訳者注：メンターによる助言や指導などの支援行

動全体）は，GT 調査研究者の学問領域を越え，国もまた世代も越えて行なわれている。このメンタリングは，デジタル時代の調査研究専門家の成長発達のプロセスには，多様性が織り込まれていることを示している。発見された当時，GT の 2 人の共同発見者はともに，社会学の何人かの「偉大な先人」からの強い影響を GT という方法に持ち込んだ。アンセルム・ストラウス（Strauss, A.）の場合は，それはエヴァレット・ヒューズ（Hughes, E.）であり，彼の系譜はシカゴ学派の創始者たちに遡る。グレーザーの場合はコロンビア大学のロバート・マートン（Merton, R.）とポール・ラザースフェルド（Lazarsfeld, P.）であった。これらは，伝統的な形での，学問上の関係性であったが，しかし，いまや GT の普及は異なったモデルによって形づくられてきている。これらのモデルは，次第に世界に広がってきていて，ある種の特徴を帯びているのだが，そうした諸特徴は，新しい形での学問上のメンターシップの教育と学習と展開に関して多くの情報を提供してくれることができるのである。

　GT は，メンタリングという人と人との結びつきによって拡大してきたと同時に，成長を妨げられてもきた。他の著者たちが既に触れているように，GT という方法は，GT に長期間にわたって活発にかかわってきた 2 人の共同発見者に非常に強く結びついている点で，他の多くの方法と異なっている。ストラウスの場合，メンタリングは彼が亡くなる1996年まで続いた。一方，グレーザーは，GT についての彼の著作の大部分を21世紀になって執筆しており，現在もなお，世界に急速に広がりつつある GT ネットワークのためのメンタリングのロール・モデルである。2つの異なる方向に展開した一つの方法のメンタリングへの創始者たちの活発なかかわりは，方法の正統性をめぐる論争を生み出してきたおそらくいくらかの原因なのであろう。しかし，このことはまた，少なくとも初期の頃においては，発見者たちとのかかわりをもたなかった人々が，時には GT という方法の遂行をあいまいにし混乱させてしまうような拡張をし，あるいは回避方法を作り出したことを意味した。

　こうした混乱はあるものの，GT の精神と，既存の理論という砦からの自律性を調査研究者に与えるという GT の明白な狙いは，多くの人々を惹きつけ続けている。これらの新しく学ぼうとする人々がどのようにして GT という方法に出会ったのか，実はそれ自体が GT のメンターシップのプロセスの一

部なのである。私たち2人の場合は，このプロジェクトの編集をしている時にそのことがわかったのだが，GT を新しく学ぼうとしたのは，信頼する人からのガイダンスで興味を引き起こされたからである。私たちは2人とも GT を身内から紹介された。身内は2人とも学者で，彼らは学問上の彼ら自身の人と人との結びつきを通して GT に出会ったのだった。そこで私たちは，GT という方法に向かうドアを開ける人の役割について考え始め，その時以来の観察で，そのような人はローカルにも，またグローバルにも力を尽くしていることがわかった。例えば，本書の執筆者の一人であるエヴァート・グメッソン（Gummesson, E.）ストックホルム大学名誉教授は，グレーザーと彼の仕事を発見して親交を結び，それが縁で，25年ぶりにグレーザーをヨーロッパに招き入れることになった。これは結果的に，グメッソン氏がグレーザーをストックホルム大学の名誉博士に推薦することにつながった。重要なのは，この表彰が，スウェーデンやその他のヨーロッパの国々で GT という方法が1990年代から普及するのを助長したことである。

　グレーザーは，博士課程の若い院生として，マートンやラザースフェルドといった社会学者たちとの，典型的な形での院生－教師関係の中で学んだ。その後，ストラウスとの，同輩対同輩（peer-to-peer）という形でのメンタリングの関係を結んでから，グレーザーは，GT の方向性を再定義するために，そしてまた彼自身が専門とする役割を自律的に行なうために，ストラウスから離れた。こうしたプロセスを通して，グレーザーは，博士課程の院生に対するメンタリングを，大学という学術機関の外側から行なうという，彼自身の方法を展開した。しかし，それだけではなく，クラシック GT の基本手続き（プロトコル）に一致して進んでいこうとする学習者たちに対して，励ましとアドバイスとコーチ役とモラルサポートを提供する，経験豊かなロール・モデルとしての役割もまた果たしている。

　GT という方法は長期間にわたって GT ネットワークの能力養成をすることを通してメンタリングがなされるものであると，私たちは考えるが，どうだろうか。この能力を養成するプロセスは，書物の形でのものや，バーチャルでの，あるいはまた対面的に向き合った形での，学術的な出会いの中で行なわれている。グレーザーのメンタリングの最終的なゴールは，第1に，博士号候補者た

ちが学位を取得するのを助けることであり,第2に,重層的なネットワークの中に同輩のメンタリング (peer mentoring, ピア・メンタリング) が出てくることを支援することである。ピア・メンタリングは,十分な数の GT 研究者が,双方にとって有益な仕方で,お互いを鼓舞し,支援し,そして批判することができる方的熟達のレベルに到達している場合には,急速に拡がっていくものである。ピア・メンタリングはピア・レビューと密接に関連している。同等者の間で行なわれるこれら2つの側面については,本書の論文に明示されている。

　重層的なネットワークの中で能力を養成するというこの提案は,本論文集のなかの複数の章の分析に基づくものであり,それと合わせて GT が実践されている環境ではない他の場所におけるデータ収集に基づいたものである。重層的なネットワークの中で GT の能力を養成することの鍵となる側面は,次のような点と関わりがある。すなわち,

① 問題解決 (trouble-shooting) のスキルを教えること。
② 心理社会的な支援を提供し友好的な絆を築きあげること。
③ GT セミナーやオンラインのディスカッション・グループなどのインフォーマルなネットワークの出会いの場を促進すること。
④ ピア・レビュー付きの学術雑誌を発行することと,GT についてのグレーザーの多くの著書へのアクセスを保証することを通して,専門家としての権威を確立させること。

がそれである。実際に,グレーザーの著書は GT という方法の,同時的ではないモードでの書物の形でのメンタリングとして役立っている。これらが,GT という方法のメンタリングのためのグレーザーの戦略の鍵となるポイントなのである。

　有能な同輩対同輩のネットワークを築き上げることに個人としても専門職としても投資することによって,GT という方法の能力の高い実践者の数はおそらく増えていくであろう。またグレーザーが,ヨーロッパ,北米,アジア,さらにオーストラリアで長期間にわたって GT の種をまき,その育成を集中的に行なってきたわけだが,その成果は明らかである。本書全体を通して明らか

に示されることになると思うが，世界各地で数多くの経験豊富なGT研究者が，GTという方法の活用とメンタリングに，様々な仕方で関わるようになってきている。大学などの学術機関でGTという方法の正規の教育とメンタリングに関わっている人々，GTアプローチをメンタリングし，さらに展開することに自らの全キャリアを賭けている人々，GTセミナーでGTという方法を教えることに余暇時間を費やしている人々，オンラインのディスカッション・フォーラムに参加することを通して他の人をメンタリングしている人々，インターネットを通して一対一の形でのよりフォーマルなメンタリングの責務を果たしている人々，新しいデータ収集の方法をピア・トゥ・ピアで分かち合うことで寄与している人々，GTという方法の哲学的枠組みを分析すること，および早期の歴史に立ち戻ることを通して寄与している人々，などがいる。こうした様々なアプローチのすべてが結び合わさって，GTをメンタリングするための多面的な知識基盤を築き上げることに寄与しているのである。メンタリングへの参加の程度と，GT活動への時間的支出の度合いは様々だが，発展を遂げつつあるピア・ネットワークに参加しているメンターたちは共通して，少なくとも次の2つのものを持ち合わせている。それは，他の人たちがGTという方法を学ぼうとするのを助けるという内発的動機であり，そして，GTという方法についての彼ら自身の熟達を発展させることへの執着である。

　本書に執筆している寄稿者たちはすべてグレーザーと直に接して学んだ人々である。少数の執筆者はグレーザーのキャリアの早期にGTを教わった。執筆者のほとんどは，この約10年間に世界各地で開催されたグレーザーの問題解決セミナーに参加して，彼と学ぶことを始めた人々である（ちなみに，このセミナーは，GT調査研究の初学者や経験者がGTという方法をよりよく理解するのを支援するためのものである）。執筆者たちの中心になった人々が初めて出会ったのは，2002年5月にパリで行なわれたこのようなセミナーであった。アメリカ，アイルランド，スウェーデン，その他からの参加者であった。執筆者たちがメンバーになっているネットワークは，国際的な活動が可能であり継続しているピア・メンタリングの例の一つである。執筆者たちがグレーザーと出会ったのは，グレーザーのキャリアの異なるステージだったので，彼らが経験したメンタリングのプロセスもまた，大学のコースへの参加を通して開始されたフォーマル

なメンタリングから，グレーザーのどれかのセミナーのなかでの差し向かい (face-by-face) の形のものや，長距離電話や e メールを通してのものといった，非常にインフォーマルなメンタリングまで，様々であった。

　このような状況がある一方で，GT の発見以来，様々な学問領域の調査研究者たち，様々な大陸からの数多くの研究者たちが，GT セミナーに一度も参加することなしに，あるいは GT の基本原則が教えられ討論される環境で学ぶという経験をすることなしに，各自の GT を生成してきているように見える。「マイナス・メンタリング (minus mentoring)」という用語は，博士号候補者全員がその所属機関で一人ないし複数の公式のスーパーバイザーを持ってはいるのだが，それにもかかわらず，そのスーパーバイザーの多くは GT については何も能力を持っていない，という事実を指し示している。したがって，この場合には，その博士号候補者は，事実上はマイナス・メンティーなのだと考えてよいであろう。

　GT のモデル改造の面でマイナス・メンタリングが演じてきた役割について執筆した「第 4 章　方法論を助言者による指導のない状態で学ぶこと」で，アントワネット・マコーリン (McCallin, A.) とアルヴィータ・ナサニエル (Nathaniel, A.) とトム・アンドリュース (Andrews, T.) の 3 人の執筆者たちは，「助言者が指導する<ruby>こと<rt>メンタリング</rt></ruby>が GT 調査研究のトレーニングにとってその本質的な構成要素の一つであるという議論はめったにされないが，助言者が指導する<ruby>取り組み<rt>メンターシップ</rt></ruby>は，理解を前進させるものだ」と述べている。この分野の先行文献と関連させてこの章の執筆者たちはまた，学習者の優秀さや学識を保証する上でメンターシップは非常に貴重だと主張している。つまり，メンタリングは，方法論に対する支援に関心を向けるのであるが，それだけではなく，初学者レベルの調査研究者を学者のコミュニティへと社会化し，彼らに情報を提供することもまた行なっているのである。初学者たちと彼らのスーパーバイザーたちが情報や知識を持っていない場合には，彼らは，GT を彼ら自身の誤った理解でもって書き換えてしまうのである。マコーリン，ナサニエル，アンドリュースの 3 人によれば，この問題の一部は次のようなことである。

　「初学者レベルの調査研究者は，調査研究活動に実際に携わるまでは，

GT法の微妙な差異（卓越した特質）を正しく評価できることはめったにない。したがって，調査研究者が，もしGTにまったく親しんでいない質的調査研究者からの指導のもとで学んでいれば，その学び手は，GTという専門性を持つ方法論におけるものとはかけ離れた質的一般化の影響にさらされることになる」。

　第4章の執筆者たちは，この他に，初学者レベルのGT調査研究者が学術雑誌や書籍に掲載されたGTを求めて検索した場合でさえ，彼らが容易に災難に巻き込まれてしまうことがあって，この事実によって引き起こされる別の問題があると述べている。それは，書かれていることの多くが方法論的に不正確だということである。「評判の高い国際的諸ジャーナルに掲載されたGT調査研究がオリジナルの方法論とはほとんど共通点を持っていないといったことは，十分すぎると言ってよいほど頻繁に見られることなのである」。
　このジレンマは，学術世界におけるメンタリング・ツールとしての文献に問題があることを明白に示している。「この情報は正確なのか」「この文献，あるいは書物は信頼できるのか」という疑問が出てくるのである。方法に関する多くの著作とは対照的に，グレーザーが著わした著書は，調査研究者がGTの研究をするプロセス全体を徹底してガイドしている。諸学問領域にわたる調査研究者たちは彼の著書を初めて読むと，そこにGTという理論構築過程の全軌跡にわたる詳細さが豊かに示されていることにしばしば驚かされる。彼らは，その書物が，理論産出の渦中にある彼ら自身のジレンマとチャレンジに関してあますところなく語っているという経験をするのである。グレーザーは「ソシオロジー出版社（the Sociology Press）」と「グラウンデッド・セオリー研究所（the Grounded Theory Institute）」を設立して，書物をいつでも入手しやすいように保証することによって，書物に対するニーズに応じている。
　グレーザーの理論化は大量のデータの体系的な分析に根ざしているので，書物の形での情報が関連性を持っていることは明白である。にもかかわらず，彼は1980年代末に大学を去り，それに伴って大学という環境でのフォーマルなメンタリングから手を引いたので，その後には空白が生じた。しかし，この空白は埋められる必要があった。なぜなら，グレーザーはいくつかの大陸の研究者

たちからメールを受け取っていたが，その数の多さが，GT の書物が重要であることを指し示していたからである。このようにして，GT という方法は書物という形で完全に論じられた。しかし，そうした形での「長距離」メンタリングでは十分でなかった。マイナス・メンティーたちはもっと何かを必要としていた。その結果として，グレーザーは，GT セミナーを開発したのである。これは，GT という方法に取り組む博士号候補者のための，新しい学習のサイクルを提供するものであった。このセミナーは，GT という方法の学習者たちに，GT における対面的に向き合った形でのメンタリングを経験する機会を提供したのである。

このセミナーで提供されるメンタリングは，学習者の所属機関での，その学問領域により特化されたメンタリングの補完になるのが普通であろう。しかし，GT の中心は帰納的なものであり，経験的性質を持ったものなので，これからのメンターは GT という方法を行なうことを自分自身で経験していることが必要である。GT のメンターになることを熱望している人々のためのロール・モデルとして，グレーザーは，博士課程で多くの博士号候補者が必要としているものを体現している。それは，メンティーとしても，メンターとしても，これら両者の役割に関して明確な認識を持ちしかも率直にそれを伝えることができるメンターである。また，博士号候補者たちを，細かい点についてではなくプロセス全体を通してスーパーバイズすることができるメンターたち，彼らがもがいていることに対して共感的理解をはっきりと示すメンターたちである。言い換えると，メンタリングの心理社会的側面は，メンタリングの厳密に技能依存的な側面とまさに同じぐらい重要になる傾向があるのである。インフォーマルなメンタリングとフォーマルなメンタリングのこうした諸側面は，実際の研究（Daniel et al., 2006 ; De Janasz & Sullivan, 2001）によって支持されている。

GT のメンタリングは，有能なサポート・ネットワークの多様性を通して成し遂げられている。数多くの GT セミナーから誕生したネットワーク活動によって，GT のメンタリングは世界の多くの国々に広がってきている。インターネットとバーチャルなコミュニケーションの導入とともに，普及のペースが上がってきたのである。これらの大きなネットワークにおいて，少なからぬ時間を必要とする最初の課題は，GT の諸原則に基づいて理論化をする実力を

築きあげることである。本書の執筆者たちは全員が，GT を活用する形で異なる特定領域での専門的研究を行なってきたのである。しかも，多くの学問領域と多くの国々からやってきている。この多様性があるので，様々な問題に対処できるのであり，これがネットワークにおけるメンタリングの一つの基本原則である。博士号候補者にとっては，この多様性の存在が複数のメンターとのコンタクトを成立させるプロセスを単純にしてくれるのである。また，そのメンタリングがインフォーマルなもので，博士号候補者が所属する機関で受けるフォーマルな指導を補完するものである限り，その博士号候補者がコンタクトをとるかもしれないメンターの多様性は，そうでなければ一人のメンターに降りかかる時間のプレッシャーのいくぶんかを取り去ってくれることとなる。さらに言えば，メンターになってもらえる可能性のある人が何人かいれば，個々の研究者がそれぞれの特別なニーズに合った人々とつながりやすくなることがそれだけ期待できるのである。

　GT におけるメンタリングの諸原則は，メンティーのニーズについてのデータに根ざしたものであり，同時に，人々にその人らしくいられるという感覚をもたらしたいと望むグレーザーのビジョンに影響を受けているものである。グレーザーがアストリッド・ユンニルド (Gynnild, A.) との対話で指摘しているように，GT は学術的な調査研究プロジェクトに適用されるかもしれないが，それだけではなく，GT という方法を学ぶことは，調査研究者たちに「彼らの創造性，彼らの独立，彼らの自律性，彼らの貢献，彼らの自己充足，そして動機次元での彼らの喜び」をもたらすのである。メンタリングは，メンティーにとって 2 つの本来的な機能，つまり，キャリアに関連する機能と心理社会的な機能を持つと，調査研究の文献において繰り返し述べられている。キャリアに関連する機能は，メンターを「メンティーの専門的な仕事とその展開を強化するように助言するコーチ」として確立させる。一方，心理社会的な機能は，メンターを「メンティーにとってのロール・モデルとサポート・システム」(Daniel et al., 2006, p. 6) として確立させるのである。メンタリングはまた，定型的な一つのプロセスとして理論化されている。ダニエルら (Daniel et al., 2006) とラッセル (Russell, 2004) は，メンタリングを 4 段階のプロセスとして概念化しており，開始 (initiation) の段階，養成 (cultivation) の段階，分離

(separation)の段階，再定義(redefinition)の段階がそれである。養成の段階とは，メンタリングの一般的用語解説によれば，「メンタリングが開始されてから2-5年の間にキャリア的機能と心理社会的機能が高められる」(Russell, 2004)局面のことである。

本章で提示された，一つの方法をメンタリングするという立場から見ると，養成の段階には，上のような特別な期間の限定は存在しない。一方，どの方法であれ，どのメンターであれ，あるいはどのプロジェクトにキャリアのどの時期に携わるかに関わりなく，すべての調査研究者は，メンタリングにおける人と人との関係において，開始，養成，分離，再定義の各段階を通過するであろうことは，確かにその通りである。これはメンティーについても，メンターについても当てはまる。とはいえ，グレーザーのライフワークは，方法を成功裡にメンターするためには，養成のアプローチは可能なら数十年間持続するべきであり，また，アプローチの多様性が増強されるべきであることを示している。

一つの方法をメンターするという骨の折れる仕事を引き受けている人は，もちろん，他の人々をメンタリングすることを通してその仕事を行なっている。実際のところ，この事実が意味することは，メンターとメンティー候補の双方が人間関係上引き返すことのできない数多くの瞬間や状況を経験するおそれがある，ということ，つまり，両者の関係が何らかの仕方で壊れるに違いないところから引き返すことのできない瞬間や状況を経験するおそれがある，ということである（しかも，その間，メンターは何年間もかけて彼のプロジェクトを着実に育んでいるにもかかわらず，なのである）。グレーザーは，コロンビア大学でマートンやラザースフェルドとのような彼の早期のキャリア上の関係から離脱したし，その後には方法の共同創始者のストラウスから離脱したにもかかわらず，彼らは互いに個人的な関係を維持しつづけた。より正確に言えば，離脱したのはストラウスの方だった，なぜならGTという方法の歴史の一つの段階で，ストラウスはその確立した定義から逸脱したのだから，とグレーザーは主張する。

数多くのグレーザーの学生もまた，何年間かをかけてGTという方法のオリジナルのバージョンから分離し，現在にいたっている。開始，養成，分離，再定義——これらは，人間が誰しも通過する段階である。それは，一般的な意

味での人と人との関係においてだけでなく，子どもであることから大人になっていく途上で必要な軌跡でもある。このように見ると，最も興味深い提起すべき問いは，誰が，どこで，あるいはいつ，ネットワークから，あるいは興味関心をもっていた学術的な分野から離脱しようとしているのか，ということではない。分析するべき最も興味のある論点は，人と人との関係が再定義されている最中に，あるいはその後に何が起こるか，――メンターに対してであれ，メンティーに対してであれ――である。メンタリングの用語解説によれば，再定義とは，「分離段階の後の段階であり，そこではメンタリングの人と人との関係は，終わるか，あるいは，その質を変容させる可能性がある」(Russell, 2004, p. 609) のである。

　本書の執筆者の何人かはグレーザーのメンタリングを受けたが，後になって，彼ら自身の GT の支流を確立するために，彼のアプローチから分離した。その他の人々は，再定義を行なって，彼らの GT ネットワークでピア・トゥ・ピアの関係にレベルアップした。このようにして，開かれたネットワークは，自立的なメンタリング環境になってきている。メンタリングは課題(タスク)に集中することも可能だし，人と人との関係に根ざすことも可能だし，これら両者であることも可能である。方法としての GT をメンタリングすることは，専門的な仕事とその展開を強化することと，GT というアプローチの漸進的な拡張を保証するという，双方を睨んだアプローチのよい例である。他の人々をメンターしたいという願いは，しばしば，彼らがキャリアの中盤にいる時や，専門的キャリアのピア・トゥ・ピアの段階にいる時に表面化する (Allen, 2002)。アレンはまた，課題に対して内発的に動機づけられたメンターは，そうでない人よりも，メンタリングの心理社会的次元により焦点を当てるようだと指摘する。他の人をメンタリングすることに焦点を当てる人たちは，ふつう他者‐志向の共感を示すものだが，これは心理社会的メンタリングに関連する。GT という方法をメンタリングする場合には，この他者‐志向の共感の伝達もまた，データに根ざしてなされるのである。

　重層的なメンターシップ，機会をとらえたメンタリング (moment mentoring)，そしてまた相補的なメンタリングは，調査研究者が協同のプロジェクトを組み，全地球規模での緩やかなネットワークで仕事をすることが次第に多く

なっている学術の世界で，その必要性が高まってくるだろう。方法のメンタリングの場合には，その方法の定義の内側で仕事をすることを選ぶ個々人は，養成されるプロセスから養成するプロセスへと進んでいくものなのである。ジョイント・プロジェクトである本書は，前述のような協同とネットワークの成果の一つである。本書は4部に分けられ，各部はそれぞれ，方法をメンタリングするための最も重要な諸次元に焦点を当てている。つまり，GTという方法を教えること，行なうこと，方法のルーツと認識論を詳細に説明し記録すること，そしてこの方法を発展させることである。

2　本書はどのように構成されているか

このプロジェクトの編集をしている時に，私たちは，本書に提示されているバージョンのGTと他の人々のものを区別する境界線を引くために，前者に「クラシック」という修飾語を付けて，クラシックGTと一貫して表現するかどうかについてかなり議論した。GTのグレーザー・バージョン——彼は，ときどき用いられているグレーザー派という言い方を好まない——を表すために修飾語をつけることは，ある意味では，GTのはらむ論点を認めて，モデル改造された仕事に挑むことなくGTの旗印を彼らが持っていくのを許すことである。結果として，私たちは書名（のメインタイトル）としてはシンプルに「グラウンデッド・セオリー」でいくことを選択することにした。しかし，グレーザーのビジョンが他の人々のそれとは大きく違うことを明確に表現するために，執筆者たちは必要に応じて「クラシック」という語を本書の様々な個所で用いている。「第Ⅰ部　クラシック・グラウンデッド・セオリーの指導」は，オーディス・シモンズ（Simmons, O.）の「第1章　なぜクラシック・グラウンデッド・セオリーなのか」でその幕を開けるのだが，この第1章では，クラシックGTが固守するもの（strictures）を特に明白にする必要性が決定的に重要なのである。シモンズ——彼はグレーザーとストラウスの両者と学んだ人物である——は，グレーザーによって進められたものとしてのGTがストラウスのバージョンとは異なっているものであることを，自分がどのようにして理解するようになったかを，また，なぜ，自分がグレーザーのクラシックGTの概

念化がもっている威力を好むようになったかを説明している。シモンズは同時に，クラシック GT が構成主義でなく客観主義であるなどと分類しようとする議論を切り崩して，いかにこのようなラベル化が GT を不必要な箱の中に入れてしまうかを示す。

「GT 研究所問題解決セミナー（The Grounded Theory Institute's Troubleshooting Seminar)」は，本書の共同編集者を含めて大部分の執筆者たちがグレーザーと知り合いになり，また互いに知り合うようになった媒体であった。「第2章 概念発見のための雰囲気づくり」では，アストリッド・ユンニルドが，このセミナーへの参加のプロセスを調査研究して，学びに関する理論を提示している。この理論は，彼女の仮説によれば，GT セミナーを超えて，力と自信をみなぎらせてくれる学びの状況をさらによく理解する形にまで拡張することが可能なのである。グレーザーは，世界各地からやってくる博士号候補者たちが GT 博士論文を完成するのを手助けするために意識的諸戦略を用いているのだが，彼女は，インタビューや観察やその他のデータを通して，そうした戦略の理論化を行なっているのである。

様々なタイプの機関で GT 博士論文が成功を収めているにもかかわらず，クラシック GT で博士論文を執筆する博士号候補者たちには，彼らの所属する機関で直面する特別のチャレンジがいまだに存在している。アンディ・ロー (Lowe, A.) ──彼は，数多くの博士号候補者たちがよくある落とし穴を避けて通りぬけていく手助けをしてきた──と，ウェンディ・ガスリー (Guthrie, W.) ──彼女はローのガイダンスでもって博士論文を完成した──は，「第3章 グラウンデッド・セオリーを用いた博士課程の遂行──スーパーバイザー－研究者の視座」で，一つの青写真を提供した。それは最初の研究計画や機関倫理委員会に関する論点から始まって，最後に書き上げるまでの諸論点を想定したものである。第Ⅰ部の仕上げは，この序章の前半でも引用した「第4章 方法論を助言者による指導のない状態で学ぶこと」である。マコーリンとナザニエルとアンドリュースの3人の執筆者たちは，適切な情報を得ない人々によって方法がその形を歪められる際に生じる学術上の重大事態に取り組んでいるが，それだけでなく，そのような表現行為によって引き起こされる道徳的および倫理的な諸問題も浮き彫りにしている。

「第Ⅱ部　グラウンデッド・セオリーの実践」は，データ収集の拡大の仕方や GT の実践についての考え方，そしてまた死にゆくことのアウェアネスに関するオリジナルな仕事の一部を拡張する調査研究の仕方について一連の助言を提供している。「第5章　オンラインでのグラウンデッド・セオリー・インタビューの実施」でヘレン・スコット（Scott, H.）は，オンラインで GT のインタビューを行なうプロセス全体にわたって読者を案内する（ちなみに，オンラインでの GT インタビューというのは，より多くの研究者がオンラインの豊かな可能性を知るようになるにつれて，さらに普及しつつあるデータ収集の一形態なのである）。「第6章　グラウンデッド・セオリー調査研究におけるビデオ手法の活用」でリスベス・ニルソン（Nilsson, L.）は「すべてがデータである」という GT 格言をさらに進めて，ビデオを用いてデータ収集をすることについて論じている。この技術は，障がいのある人々――彼らは伝統的に知られているやり方のインタビューでは話すことも参加することもできなかったのだが――を相手にして調査研究を行なっている時に彼女が洗練したものである。作業療法士としての仕事において患者と一緒に仕事をしているビデオが，コードと理論構築のためのデータ源になったのだが，この理論は国際的にも称賛されてきている。「第7章　フォーカス・グループを活用するグラウンデッド・セオリーの展開」でチェリ・アン・ハーナンデス（Hernandez, C. A.）は，フォーカス・グループを活用することについて GT 調査研究者がもっているかもしれない若干の誤解を解き，彼女が概要を述べた諸論点のいくつかに注意していさえすればフォーカス・グループの手法は GT 調査研究者を支援できるのだと主張している。

　GT プロジェクトの完成を促進するための質的調査研究ソフトウェアの使用というのは，なかなか厄介なトピックである。というのは，その過程が実際にどのように作用するのかという点について適切な議論をすることなしに片付けられてしまうことが多すぎるトピックなのだから。「第8章　グラウンデッド・セオリーを用いた調査研究における質的調査研究ソフトウェアの利用と有効性」でマイケル・トーマス（Thomas, M. K.）は，いくつかの主要なソフトウェア・プログラムをすでに活用した経験があり，その文脈で批評できるクラシック GT 調査研究者の観点から，複数の選択肢や限界を展開する概観を提示して，このようなツールを全面的に拒否したり，あるいは批判なしに受け入

れたりするといった水準を乗り越えている。ハンス・スレシウス (Thulesius, H.) による「第9章 西欧社会における死にゆくことの脱タブー化——死にゆく状況におけるアウェアネスからコントロールへ」は，GT を世の中に送り出すのに重要な役割を果たした『死にゆくことのアウェアネス（Awareness of Dying）』（訳者注：邦題は『「死のアウェアネス理論」と看護』）という業績の拡張を行なっている。創発的に出現しつつあるこの理論のデータが指し示しているのは，次のような特徴を持った諸過程である。それは，自分が終末期であると認識した場合，患者の中心的関心事は——死ぬ権利ということを通してであれ，緩和ケアに向かう決断への積極的参加を通してであれ——死にゆくことをコントロールするという欲求なのだというものである。

世界中で信奉される方法としての GT の地位が確立したとして，それが意味することは，英語が第一言語（訳者注：母語）でない学者たちが GT を発見するということであり，彼らは母語と英語の両方の読者に対して著述する場合があるということである。一つの言語で概念化を行ないそれを別の言語で著述することには，強みもあれば課題もある。さらに，GT の書物を翻訳する場合，とりわけきわめて重要なテクストを翻訳する場合には，翻訳者たちは英語と母語との正しいバランスを懸命に探し求めて彷徨っていく可能性がある。これらは，マッシミリアーノ・タロッツィ (Tarozzi, M.) が「第10章 グラウンデッド・セオリーの翻訳について——翻訳することがグラウンデッド・セオリーの実践である場合」で探求しているアイディアの一部である。

「第Ⅲ部 歴史的・哲学的基盤」は，GT のいくつかの哲学的土台と併せて，その歴史的出自をよりよく理解する好機である。「第11章 人生のレッスン——バーニー・グレーザーからグラウンデッド・セオリーを学ぶ」は，キャシー・シャーマズ (Charmaz, K.) によるもので，彼女はストラウスとグレーザーの両人から学んだ人物である。その当時からのクラスメートたちに，彼女は，グレーザーを指導教授としてもつということはどのようなことだったか，そのイメージを提供するためにインタビューをした。シャーマズと言えばクラシック GT から離れたモデルを展開したことをおおかたは連想するのだが，それにもかかわらず，彼女の博士論文審査でのグレーザーの助力を記述するにあたって，シャーマズは，彼女の人生のその時代のメンターとしてグレーザー

が演じた役割の大きさを例証している。

　グレーザーと学んだ人々は知っているのだが，彼は「修辞学的格闘」を避け，学生たちには，GT を行なうという仕事の方をどしどし進めるようにと懇願している。それでもやはり，認識論的な議論を無視するわけにはいかないのが学問というものの性質である。これをアルヴィータ・ナサニエル（Nathaniel, A.）は「第12章　グラウンデッド・セオリーに適合する統合された哲学フレームワーク」で提供する。この章の彼女のゴールは，GT の上に哲学的枠組みを追加導入することではない。彼女の目指すところは，GT とチャールズ・パース（Peirce, C.）のプラグマティズムとの類似性を示すことである。グレーザーの GT とプラグマティズムとの間には明示的な結びつきが欠如しているのだが，ナサニエルは，プラグマティズムと並べて位置づけると，GT が固守するものが哲学的に理解できると主張する。

　グレーザーの方法の形成には，実際上，様々なことが影響を及ぼしていた。「第13章　バーニー・グレーザーの自律的創造性――クラシック・グラウンデッド・セオリー方法論の創発的出現における早期の影響」でジュディス・ホルトン（Holton, J.）は，大学などの学術組織から自らの自律を勝ち取り，後に GT になっていくものを創造するためにグレーザーが呼び起こした自伝的，知的な諸影響を，議論し関連資料を動員しながら立証している。この章は，エヴァート・グメッソンによる「第14章　どっしりと根を張ったバーニー・グレーザー」での実り多い議論とピッタリ息が合っている。グメッソンはグレーザーのいくつかの個人的資質――社会科学一般にとって示唆に富む彼の個人的資質――を捉えようと努めている。アストリッド・ユンニルドによる「第15章　アイディアを生きる――バーニー・グレーザーとの生活史的インタビュー」は，これまでのいくつかの章に関する生きた例証とも言えるものである。というのも，グレーザーが人生と愛と GT について語るのを，読者は Q&A 形式で提供されているのだから。

　「第Ⅳ部　グラウンデッド・セオリーの前進」は，必然的に過去に遡及する側面を持ってはいるが，将来を見据えた前向きの内容である。「第16章　フォーマル理論を生成する」は，グレーザー（Glaser, 2007）の『フォーマル GT の実践（Doing Formal Grounded Theory）』の第5章を復刻したものである。

グレーザーはこの本を，フォーマル理論について GT 調査研究者たちが持っている数多くの質問に答えるために執筆した。フォーマル理論は，そうした理論が少ない状況では，多くの調査研究者たちを萎縮させているように思われるからである。トム・アンドリュースの「フォーマル・グラウンデッド・セオリーの生成を振り返る」という第17章は，フォーマル理論への挑戦に着目する。彼はそこで，悪化する事態の進行を可視化することに関するフォーマル理論の展開の際に苦労して得てきた洞察の一部を分かち合っている。

　特定領域 GT であれ，フォーマル GT であれ，量的データをもっと活用することが，GT の展開にとって重要になるであろう。GT が主に質的調査研究者によって活用されているのは事実であるが，GT は質的方法に限られた方法ではないのである。グレーザーは常にこれら両方の種類のデータを活用することを心に描いていたのだが，多くの GT 調査研究者は量的な諸方法のトレーニングを受けていないのである。マーク・ローゼンバウム（Rosenbaum, M.）による「第18章　理論生成から構造方程式モデリングを用いた検証へ」は，構造方程式モデル（structural equation model）が GT をテストするのにどのように活用できるのかを論じている。GT は伝統的な検証の基本手続き（プロトコル）に合わせる必要があるという具合にグレーザーが考えていないことを，ローゼンバウムは認めている。しかしながら，ローゼンバウムは，ある学問領域には検証に対する選好があることを指摘し，検証は公表のために必要になることが多いと主張する。彼はさらに，構造方程式モデルは，グレーザーがポール・ラザースフェルドと学んでいた時にラザースフェルドが行なっていたのと同じ質的数学的分析から出てくるものであると主張する。第Ⅳ部はヴィヴィアン・マーティン（Martin, V.）による「持続的な概念の力」という第19章でもって終わりを迎えることになる。マーティンは，アウェアネスを割引くことについての彼女の展開中の理論を用いて，アウェアネス・コンテクストに関するオリジナルの理論が持っている持続的な力を論証し，そして『死にゆくことのアウェアネス』で示唆されていた未完成の理論の展開の可能性や，GT を発見するより前のグレーザーのいくつかの早期の理論的業績が持っている可能性を探り出す。フォーマル理論をもっと構築したいのであれば，質的調査研究の二次分析のためのグレーザーの早期の仕事と示唆を GT 調査研究者は取り入れる必要があ

ると彼女は主張している。

あらゆる能力段階に身をおいている GT 調査研究者が，本書から何か有益なことを見出してそれぞれの GT の実践に取り入れること——これが私たちの希望である。本書では，マイナス・メンターたちの手元に良質の情報を届けるという強い願いに関して多くのことが述べられている。しかし，本書はまた，世界中の多くの熟練した GT 調査研究者にとってのものでもある。つまり，自分たち自身の GT プロジェクトでもってどんどん先へと進んでいくために，さらなる洞察力とインスピレーションとアイディアを得たいと求めている，そうした熟練した GT 調査研究者にとってのものでもあるのだ。

参考文献

Allen, T. D. (2003). Mentoring others: A dispositional and motivational approach. *Journal of Vocational Behavior*, 62(1), pp. 134-154.

Daniel, J. H. et al. (2006). *Introduction to mentoring. A guide for Mentee and mentors*. Centering on Mentoring, Presidential Task Force, American Psychology Association.

De Janasz, S. C. & Sullivan S. D. (2001). Multiple mentoring in academe. Developing the professional network. *Journal of Vocational Behavior*, 64(2), pp. 263-283.

Russell, M. S. (2004). Mentoring. In Goethals et al., *Encyclopedia of Leadership*, Sage Publications, Thousand Oaks, CA. Vol. 3, pp. 992-995.

第Ⅰ部　クラシック・グラウンデッド・セオリーの指導

第1章 なぜクラシック・グラウンデッド・セオリーなのか

オーディス・シモンズ

　バーニー・グレーザー (Glaser, B.) とアンセルム・ストラウス (Strauss, A.) が1967年に『グラウンデッド・セオリーの発見 (*The Discovery of Grounded Theory : Strategies for Qualitative Research*)』(以下『発見』,邦題『データ対話型理論の発見』) を出版して以来,グラウンデッド・セオリー (以下,GT) は賞賛と批判の対象となってきた。批判する人々の中にはGTのアイディア全体を嫌う人々もいる。これらは社会科学・行動科学の実証主義的アプローチの教義に強く傾倒する人たちからの批判であり,彼らが想定する以外のアプローチは嫌われていたのである。これらの実証主義的な傾向から向けられた批判は,GTが科学の標準モデルとしての要求を満たしていないという路線からのものであり,言い換えればGTは十分に実証主義的ではないというものである。

　こうした批判は,次のような社会・行動科学者たちからもおそらく向けられてくるものと思われる。それは,自分たちが良しとする科学的基準を満たしていない方法が科学的に正当なものかもしれないと洞察することができないために,GTに対して表層的な,あるいは歪んだ見方をする社会・行動科学者たちである。私にとって適切な科学とは,なによりもまず,研究主題の事柄に対して忠実でなければならない。そして実証主義的社会・行動科学が,研究主題の事柄すべての面を網羅することや,特に意味生成 (meaning making) の役割を担うことを疑っている。GTを含む人間行動の研究のその他のアプローチが,意味生成に多くの貢献をすることは明白なことである。GTの批判はまた,非実証主義社会科学者からも同じように提起されている。皮肉なことに,これらの批判はGTが実証主義的**すぎる**というものである。これらの議論については,他の文献,特に「修辞学的格闘」(Glaser, 1998, pp. 35-46) にゆずることとしよう。

ここで私が関心を持つ批判は，GT に対して好意を持っている人々から提起されている批判である。その人々の中には，自分をグラウンデッド・セオリストであると考えてはいるが，しかし，グレーザーとストラウスが元々行なっていた概念化〔の仕方〕には，存在論的問題と認識論的問題があると見ている人々が多く含まれている（ちなみに，グレーザーとストラウスのオリジナルの GT は，「クラシック」GT，時には「グレーザー流」GT と今日では一般に呼ばれている）。こうした批判者たちは，通例，グレーザーとストラウスのオリジナルの GT の発想は，実証主義と客観主義を土台にしていると主張する（Bryant, 2002a；2002b；Mills, Bonner & Francis, 2006；Urquhart, 2002）。ただし，中には，これとは別の角度からアプローチしている批判者たち（Haig, 1995；Kools, McCarthy, Durham & Robrecht, 1996）もいる。これらの批判する人々の何人かは，GT の方法が向上できるだろうと考え，その方法を提供している。マーティン（Martin, 2007）はこのクレームを付けた人々に批判的に返答した。

これらのアプローチをシャーマズ（Charmaz, 2000；2006）は「構成主義グラウンデッド・セオリー（以下，構成主義 GT）」として適切に性格づけた。ミルズら（Mills et al., 2006）は，それらを「発展的」GT とした。「発展的」という用語はグレーザーとストラウスによって最初に作られた GT が改良または改善される必要があることを意味する。私の見解では，これらの GT の「モデル改造された（remodeled）」（Glaser, 2003）諸バージョンはオリジナルな方法の主たる目的を完全に失っている。主たる目的は，理論がデータに立脚することであり，研究者，理論家，観念論者の憶測と想像によるものではないことである。

GT が実証主義，客観主義であるという批判はストラウスに向けられたものよりもグレーザーに向けられたものが多い。この批判の多くはグレーザーが客観主義，実証主義への強い傾向を持ったコロンビア大学で社会学の博士号を取得したのに対し，ストラウスは質的研究，参与観察，シンボリック相互作用論への強い傾向を持ったシカゴ大学で社会学の博士号を取得したことによると推論されているものと私は思う。しかし，グレーザーはきわめて独立心の強い大学院生であった。彼は教授たちのアイディアから刺激を受け，それらのアイディアから養分を吸収するということはしたが，それらのアイディアを彼自身の研究方法として採り入れなかった。むしろ当時はそれらに批判的でもあった。

彼の〔造語である〕「理論の資本家」という用語——これは〔教授たちに〕特に敬意を表しているとは言い難い表現であるが——を生み出すきっかけを提供したのは、まさに彼の指導教授たちであった。しかしそれでも、彼は、指導教授たちのアイディアの多くを変容させてクラシック・グラウンデッド・セオリー（以下、クラシック GT）の中に生かしたのである。[1]

ストラウスは大学院の教授たちのアイディアの、より近くに留まった。これは『発見』を出版した後のグレーザーとストラウスの方向性の分岐に関係することとなった。私自身は1970年代初頭にグレーザーとストラウスの学生だったため、最初にこの違いに立ち会うこととなった。グレーザーとストラウスの方法論的アプローチの分岐に立ち会ったのは私だけではなかったことは確かである。シャーマズ（Charmaz, K.）もその一人であり、初期のころから彼らに違いがあったと述べている。

私がカリフォルニア大学サンフランシスコ校大学院の社会学プログラムに入学した当時は、ストラウスが学内にいなかったため、グレーザーが GT を教えていた「分析」ゼミを2学期にわたって受講した。それまでに私はグレーザーの GT について『発見』に書かれている以上のことを含め熟知していた。グレーザーはゼミと、学生たちとの会話から（私は彼と一緒に通学していたので、このようなチャンスを多く得ることができた）、GT についてのアイディアを発展させ、それは結果的に『理論的感受性（Theoretical Sensitivity）』の執筆につながった。

ストラウスが大学に戻ってから、私は彼の「方法」のゼミを履修した。私はこのゼミの第1回の途中で、ストラウスとグレーザーの GT の描き方、特にデータの分析に違いがあることに気がついた。グレーザーは予想された質問やカテゴリーを含む先入観を最小化することの重要性を強調した。ところがストラウスは私たちにその両方を提供することを始めたのである。ストラウスの視座と言語の多くは彼がシカゴ大学で学んだシンボリック相互作用論の視座の関心、質問やカテゴリーであった。スタンフォード・ライマン（Lyman, S.）やジョン・ロフランド（Lofland, J.）、フレッド・ディヴィス（Davis, F.）、レオナルド・シャッツマン（Schatzman, L.）といった、質的研究とシンボリック相互作用論的傾向を持った何人もの著名な社会学者たちのもとで学んできていたの

第1章　なぜクラシック・グラウンデッド・セオリーなのか

で，私は，社会学的調査研究へのこのアプローチを，〔ストラウスのセミナーに参加した時には〕熟知していたのである。

　ストラウスは絶えざる比較や理論的サンプリングなどの『発見』に書かれている用語を用いたが，彼が話す内容は，グレーザーとの会話や，グレーザーのクラスに参加したり，『発見』を読んで私が理解していたものと一致しなかった。私はグレーザーとストラウスのアイディアが統一されたものだと思っていたので驚いた。私はまたストラウスが用いた調査研究の言語も，さらにGTの範囲についての彼の見方さえもが，グレーザーとは明確に違っていることに気がついた。ストラウスはGTは質的分析の一つのスタイルであると話した。彼はこの考え方を少なくとも1987年まで持っていた。この年，彼は『社会科学者のための質的分析（Qualitative Analysis for Social Scientists）』という彼の著書のまえがきで，「データの質的分析の特定のスタイル（グラウンデッド・セオリー）（イタリックスは原書）」（Strauss, 1987, p. i）という形でGTに言及している。彼はこの本の序論でGTについて以下のように記している。

　　「したがって，それ（GT）は，実際には特別の方法あるいは技法なのではない。むしろ，質的分析を実践するための一つのスタイルなのであって，これには，理論的サンプリングのような独特の諸特徴と，それから，絶えざる比較をすることやコーディング・パラダイムを活用することといった（概念の展開と密度を保証するための）一定の方法論的なガイドラインが含まれているのである」。(p. 5)

　当初からグレーザーはこれが十分な，体系的な調査研究方法であると言っていた。今日では完全な体系的な調査研究方法であると一般に認識されている。確認するが，私はストラウスから多くを学んだ。彼は明晰な社会学者であり，優しく，支援的で，思いやりのある人であった。だからこそ私は彼を私の博士論文審査委員会の主査に選んだ。グレーザーもまた私の博士論文の審査委員であった。幸いにもGTに関する彼らの理解の違いが私の研究を阻害することはなかった。彼らは私の方法論的アプローチ，それが『発見』で描き出されていたGTの方法であることに支持的であった。

第Ⅰ部　クラシック・グラウンデッド・セオリーの指導

　大学院で学んで以来，私は『発見』とグレーザーのその後の著作による GT を使い，そして教えてきた。なぜならそれはより完全にデータに根ざした理論を生み出すからであり，その結果，その理論は行為にとってよりふさわしいものになるからである。クラシック GT においては，そのプロセス全体を通じ，すべての事柄は他の情報源からインポートされるのではなく，データの絶えざる比較を通して，理論にいたる道筋を「〔自ら〕獲得し」なければならないのである。

　『発見』の出版後，グレーザーは多くの本を書き，クラシック GT を拡大するとともに，より詳細に理路整然とさせ（Glaser, 1978；1992；1996；1998；2001；2003；2005；2006；2008；2009），また GT の論集を編集（Glaser, 1993；1994；1995；1996）し，ホルトン（Holton）と一冊の共編の書物を著わした（Glaser & Holton, 2007）。ストラウスは単著として，GT をタイトルに使っていないが，GT に関する著書が一冊ある（Strauss, 1987）。ストラウスはコービン（Corbin, J.）と共著で『Basics of Qualitative Research（邦題：質的研究の基礎）』というタイトルの GT の本を初版，第 2 版（ストラウスは第 2 版が出版される前に亡くなった）を出版している（Strauss & Cobin 1990；1998）。〔それらの書物の中で展開された〕GT に関するストラウスとコービンの見解は，『発見』〔という著作〕とその著作で導入された方法論をグレーザーが〔その後〕拡大した形で行なった明確な表現内容からは相当異なるものであった。このことが理由となって，グレーザーは，1992年に出版した彼の『グラウンデッド・セオリー分析の基礎 (Basics of Grounded Theory Analysis)』（Glaser, 1992）で，ストラウスとコービンに対して痛烈かつ徹底した反駁を行なった。その反駁の中で，彼は次のように書いている。

　　「本書で読者が読んだように，アンセルムと私は GT に対して重大な視座の違いがある。本書はストラウスの本を訂正することから始まったのだが，ストラウスは実際には異なる方法論をずっと活用してきていたのだということを示して終わることになった。それはたぶん1967年の出発の時からだったのだろう。そしてこのことは，つい最近の私たちの明確な表明と定式化（訳者注：ストラウスとコービンの1990年の共著の出版およびグレーザー

第1章 なぜクラシック・グラウンデッド・セオリーなのか

の1992年の本書の出版を指す）まで明確ではなかった」。(Glaser, 1992, p. 122)

　グレーザーとストラウスの分岐や GT の「構成主義」「モデル改造」バージョンといった GT の急増は，本章のタイトル「なぜクラシック・グラウンデッド・セオリーなのか」の核心に迫るものである。私が社会学を学ぶ学部生だった1967年，個人的に GT を発見した当時，GT がとても魅力的なものだと思えた。なぜなら，第1にはブラウォイ (Burawoy, 1991, p. 275) が後に記したように，「GT は一般大衆向きの社会学であり，われわれのデータを誰もが，まさしく最良の科学的理論に変換することができる方法だ」からである。第2には，「GT の応用を望む人，変化を引き起こすことを望む人には誰にでも，〔その現実の状況において〕コントロールできる理論的立脚点を持ち込むことができる」見込みが備わっているからである (Glaser & Strauss, 1965, p. 268)。この見込みを追い求めて私はクラシック GT の論理とプロセスを行為の舞台へと拡大する方法を展開してきている (Simmons, 1994 ; Simmons & Gregory, 2003)[3]。実際にクラシック GT を現実世界で応用することと，その応用の仕方を教えることは，私の専門職人生の第一の関心事であり念願となって現在に至っている。

　理論がより〔データに〕根ざしていればいるほど，その理論はよりコントロール可能な理論的立脚点が存在するのは当然であり，それゆえ，その理論は行為の基礎としてますます価値の高いものになるだろうということ，〔この主張〕は理にかなったものである。要するに，方法としてのクラシック GT は，ストラウスのバージョンも含む様々な形態の「モデル改造」バージョンや「構成主義」バージョン，「発展的」バージョンと比較して，現存するものの影響を受けることがなく，より完全にデータに根ざした GT，より濃密で，より豊かな GT を生み出すのである。そしてまさにそれゆえに，変革のためのアクションをデザインするのに適しているのだ。

　私はよく学生に「あなたが〈存在すること（what is）〉を明確かつ正確に理解するのでない限り，あなたが望んでいる〈存在すべきこと（what ought to be）〉を獲得する見込みはないのです」と教えている。クラシック GT は他のバージョンの GT よりも，〈存在すること〉の，明確かつ正確な理解を提供す

る方法を備えている。クラシック GT は,忠実な構成主義者なら,見過ごすことのできない構成主義の要素であると見なすだろうことを,たとえ気づかずに組み入れていたとしても,先入観を最小化することを重要視しているので,「データにおいて現実に起こっていること(what is actually happening in the data)」(Glaser, 1978, p. 57) と「実際に進行していること (what is really going on)」(Glaser, 1988, p. 12)〔、この二つの方が〕、優位を占めることになるだろう。構成主義の要素は,社会科学者の特定の目的に合っているかもしれないが,成功する行為は理論がデータに可能な限り忠実であることを要求している。

1 構成主義 vs. 客観主義

グレーザーが「モデル改造」と表現したり,ミルズらが「発展的」と表現したバージョンの,すべてではないにしろほとんどの GT のバリエーションはシャーマズの構成主義 GT のカテゴリーに包括される。シャーマズは構成主義 GT を彼女の言う「客観主義グラウンデッド・セオリー (以下,客観主義 GT)」と併記した (Charmaz, 2000 ; 2006)。シャーマズは,用語解説 (2006) で構成主義を次のように定義している。

> 「構成主義は,社会科学者が,現実がどのように作られるのかを提唱する視座である。この視座は,調査研究者を含む参加している人々によって現実が構成されることが当然だとする。構成主義者は研究する現象の解釈そのものが構成されると認識している」。

彼女は客観主義 GT を次のように定義している。

> 「…〔これは〕GT の一つのアプローチで,そこでは,調査研究者が,感情に動かされることがなく,調査研究参加者からの分離を保持したニュートラルな観察者の役割をとり,彼らの世界を外側からの専門家として分析し,調査研究上の関係と参加者の表現を問題のないものとして取り扱う。客観主義 GT は実証主義的質的調査研究の一形態であり,したがって,

第1章　なぜクラシック・グラウンデッド・セオリーなのか

実証主義伝統の仮定や論理の多くに同意する」。

彼女はこれらのカテゴリーを理念型と見ており，完全に分離したものとして提案していないことは明らかである。

> 「私は，GT の構成主義と客観主義の形態をここで明確化のために併記した。しかしながら，あなたがたが特定の研究を構成主義か客観主義か判定する場合，その判定は，研究のカギとなる特徴がどちらの伝統に一致するものなのかその程度によるものなのである」。(Charmaz, 2006, p. 130)

彼女は，ストラウスとグレーザーを客観主義のカテゴリーに位置付けているように思われる。

> 「このアプローチでは，GT がデータから作り出す概念上の意味はデータに由来するものである。つまり意味はデータに内在しており，グラウンデッド・セオリストがそれを発見するのである（例えば Corbin & Strauss, 1990；Glaser, 1978；Glaser & Strauss, 1967 を参照されたい）」。(Charmaz, 2006, p. 131)

ミルズらは，GT を「伝統的」か「発展的」かという異なったアプローチでカテゴリー化した。シャーマズと異なり，彼らはグレーザーとストラウスを異なったカテゴリーに位置付けた。彼らはグレーザーを伝統的なカテゴリーに位置付けたが，これはシャーマズの客観主義カテゴリーと対応しているように見える。彼らはストラウスとコービンを発展的というカテゴリーの下に位置付けている。〔というのも〕「私たちはここで，構成主義 GT の発展を，ストラウスとコービンの初期の仕事から社会学者キャシー・シャーマズの仕事に至るまでの GT の発展を取り扱うことにする」(Mills et al., 2006, p. 2)〔としているのだから〕。

このタイプのカテゴリー化は GT のクラシックと他のバージョンの違いについての一般的理解に寄与するかもしれないが，しかし，それはまた同時に混

乱に導くことになるかもしれない。特にグレーザーと，ストラウスとコービンの位置付けが（分類）枠組みの間で合致しない時には，そうである。それらはまた，古くからの社会・行動科学における二元論的修辞学的格闘——すなわち，科学的理解に対する実証主義的アプローチと解釈主義的アプローチの間の修辞学的格闘——を反映しているものである。このディベートに見られるように，あまり洞察力のない観察者は単純化しすぎるリスクに走ってしまう。GTについての，特にクラシックGTについての矛盾した解釈が多数存在するが，こうした事情は，各批評家の選ぶ存在論的，認識論的，方法論的パラダイムが，それぞれの視座の構成主義的基盤として貢献するその程度を際立たせているのだ。

　もし私がカテゴリー化するなら，ストラウスとコービンを構成主義／発展的カテゴリーに入れ，グレーザーをどちらにも属させない。私は，ストラウスとコービンは，他のモデル改造されたGTと合わせて構成主義のカテゴリーにフィットすると考える。なぜならば，彼らは不必要な，あらかじめ予想した要素をデータ収集と分析に組み入れるからである。これはグレーザーが指摘した（Glaser, 1978；1992；1998；2001；2003）ように，いとも簡単にリサーチプロセスにおいて，多様な形での無理強いや押しつけ（forcing）という結果に行きつきやすいのである。グレーザーは最初から，プロセスにおけるすべてが，その道筋を「〔自力で〕獲得し」なければならないと力説している。グレーザーは，この指摘を多くのGTの出版の中でしているが，特に2003年の文献の第4章を参照されたい。

　GTの方法は，当初から先入観を最小化するように，理論が体系的にデータから直接創発されることを確実にするためにデザインされた。理論が可能な限り完全にデータに根ざしていることを確実にするために，研究者が入れ込んでくる構成主義的要素を研究のプロセスから徹頭徹尾排除するようにデザインされたのである。この理由から，私は「構成主義GT」という用語は理屈に合わず矛盾したものだと見ている。シャーマズへの応答として，グレーザーは，それを「誤った名称」と言及した（Glaser, 2002）。

　より適切な用語としては，実験計画法とその修正バージョンの間に区別を設けたのと同じように「準グラウンデッド・セオリー」となるかもしれない。実

第1章 なぜクラシック・グラウンデッド・セオリーなのか

験計画法に関連する準実験計画法のように，GT のモデル改造，構成主義，発展的アプローチはクラシック GT の専門用語（Glaser, 2009）や標準やルールの中のいくつかのものは活用するのだが，しかし，これらのアプローチは重大なバリエーションを——つまり，〔調査研究の〕成果に影響を与え，それを脆弱にし，そして〔データ上の〕根拠を持たないものにしてしまう可能性を持ったバリエーションを——含んでいるのだ。

しかしながら，準実験計画法は，純粋な実験計画法が重要な倫理的，方法論的，また実践状況的に問題が発生しそうな場合において，実験計画法に近づくようにデザインされた経緯がある。これは，GT の構成主義的（モデル改造，発展的）形態にはあてはまらない。それらを使う選択が研究状況の要求から生じているのではなく，存在論的仮説からきているからである。準実験計画法が純粋な方法論よりも説得力のない結果を生み出すように，モデル改造された GT はクラシック GT の方法論の目的を脆弱化させてしまう。その目的とは研究者が人間的に可能な限りであるが，すべての段階において体系的にデータに立脚した理論を生成することを可能にさせる研究プロセスを提供するものなのである。

ここで鍵となるフレーズは，「人間的に可能な限り」である。忠実な構成主義の立場なら，人間の知識はすべて，〔それが〕どのように導き出されるかにかかわらず，人間の構成物であり，必然的に解釈を含むものだという点を堅持するだろう。最も基盤となる存在論的，認識論的レベルでは，これが当てはまるかもしれない。何ものであれ，それを調査研究して理解することは，自分自身の中の何かをその‘何ものか’の中に組み込まないでは不可能だということ——そうしたことはその通りかもしれない。しかしだからと言って，そのことは，調査研究のデザインとプロセスの中に，研究者自身の理論的パラダイムや政治的もしくは職業的イデオロギー，さらには理論的思弁や，あるいは個人的な先入観的選好を意図的に組み入れることを選択するための正当な理由にはならないのである。もちろん，〔これは〕その研究者が研究のデザインとプロセスに，労せずして得た信用を与えようとするのでなければ，〔の話〕である。グレーザー（Glaser, 2002, p. 6）が述べているように，「構成主義は無理強いや押しつけを正当化することに使われている。もし調査研究者がデータを構成す

第I部　クラシック・グラウンデッド・セオリーの指導

る一部であろうとしているのなら，その研究者は，彼の方法でそれを構成してもいいのだと言うようなものである」。グレーザーは，「調査研究者のデータへの相互交流のインパクトが，参加者よりも重要であるようにしてしまう」と主張している。

　忠実な構成主義の立場では，先入観なしに，あるいは研究者自身の持っている何かを調査研究に組み込むことなしに，調査研究を行なうことができると考える人々は，自分自身をだましているにすぎないのだと考える。この本質的に同語反復的な議論は，科学を含めてあらゆる人間的意味を誰も逃れられないあるカテゴリーの中に置く。最も根本的なレベルにおいて，それは本当かもしれないが，すべてを包摂，説明するカテゴリーは，差異やニュアンスを提供しないため本当は何も説明しない。この点に関しては，より穏健な立場を取った方が分析上のワナにはまることが少なくなるだろう。

　忠実で頑固で純粋主義の立場をとることを前提にする場合を除いて，私はクラシックGTが構成主義と客観主義の二分法に適切にフィットしているとは思わない。シャーマズはこの可能性を考慮に入れていると思われる。というのは（前にも引用したが）彼女は次のように述べているからである。「あなたがたが特定の研究を構成主義か客観主義か判定する場合，その判定は，研究のカギとなる特徴がどちらの伝統に一致するものなのか，その程度によるものなのである」（Charmaz, 2006, p. 130）。しかし，私のここでの見方に反して，彼女はクラシックGTを客観主義カテゴリーにかなりしっかりと位置付けた。

　しかし，クラシックGTは，構成主義と客観主義のどちらか一方に与することなく，両方が持つ理にかなった要素を事実上組み入れている。クラシックGT調査研究のプロセスは，構成主義であることを可能な限り最小化するのであるが，しかし重層的な視座や意味の創出などについてのクラシックGTの見方や扱い方は構成主義の方向へ傾斜しがちなのである。この傾向は，GT調査研究者の視座は多くの視座の中の一つにすぎないというグレーザー（Glaser, 2002）の認識についても見て取れるものである。グレーザーとは違って，真の客観主義者たちは，常識的な意味や解釈を，実証主義的科学の意味や解釈と，競合はするがしかしより劣ったものであると見なしている。

　構造やプロセスのような共通の一般的な社会学的コンセプトの承認と，「基

底的，潜在的」パターン（Glaser, 2001, p. 5）を確認し，名づける責任は，客観主義の「真実についての仮定」や，「外的現実」を要求しない（Puddephatt, 2006, p. 5 の Charmaz）。シャーマズはこれを認識し，以下のように述べている。

> 「私は，よい社会学者は常に隠れた仮説を探していると思う。そして，表面の下に何があるのか，何が暗黙か，何が境界かを探す意向，そして何が確かな位置であるか仮定する傾向は，私は構成主義的なアプローチに非常に適していると思う。私はそれが必ずしも客観主義であるとは思わない。ある一定の構造の存在を前提とすることは客観主義的ということになるだろう。しかしながら，見る，深く見る，そして隠されたものを探してみることは，社会構成主義とGTと完全に一致していると言えるであろう」。(p. 10)

「ある一定の構造の存在を前提する」ことは，ケタ外れに強固な先入観を構成するであろうしそれはクラシック GT およびグレーザーの立場とは完全に矛盾するであろう。このことを前提とすると私は，シャーマズの提示がグレーザーのポジションからどれくらい異なっているのか明確ではなくなってしまう。人は，潜在的パターンの構造もしくはプロセスを，それらが「先行するもの」と見ていなくても，あるいはそれらに「物のような」特質を賦与しなくても，概念的にネーミングを行なうことができる（Durkheim, 1938）。「基礎的社会心理過程」と，「基礎的社会構造過程」の2つを含むグレーザーの一般的な理論的コードである「基礎的社会過程」（Glaser, 1978）で，グレーザーは，時間，場所，人々を抽象したものである**創発的な**パターンや構造つまり，ほとんど知覚できないパターンや構造の存在を許容している（Glaser & Holton, 2005）。しかしながら，彼は**ある一定の**構造あるいはプロセスを前提要件とはしていないのである（p. 5, p. 11）。

先入観を最小化すること，データに忠実であり続けること，解釈というよりもネーミングを行なうこと，創発的に出現するようにすること，無理強いや押しつけに抵抗すること，客観性（この用語は客観主義を意味しているわけではない）という理想への献身を堅持し続けること，これらは，クラシック GT が熟練

を積みよく訓練された調査研究者たちに認める能力であり，また，「一般化すること，単純化すること，無駄のない言明，〔各々の〕フィールドを超越するように抽象的用語で普遍化すること」（Puddephatt, 2006, p. 5 の Charmaz）というのは，GT が狙いとするところである。これらの能力と狙いに対してクラシック GT は信頼を置いているわけだが，もしもそうした信頼が客観主義的なものであるのなら，クラシック GT は確かに，デュルケム（Durkheim）の客観主義よりも，またデュルケムからヒントを得たその他の実証主義者たちの客観主義よりも，明らかにより配慮の行きとどいた，より寛容な形態の客観主義である。

　私は，極めて厳格で体系的，経験的な性質，そしてグレーザーが量的方法に多くを負っていると認める「質的数学」の論理（Glaser, 1998；2003）から，クラシック GT は実証主義的社会科学の趣きと方針を借りてきていると思っている。しかし，このような特性以外は，GT はそのパラダイムを少しも共有しておらず，存在論／認識論的仮定の基礎とはなっていない。当時，グレーザーは量的方法の実証主義的方向性に強く批判的であった。しかしながら彼は GT を発展させるために，彼〔自身〕が実証主義のより好ましい諸側面と見なしているものについては，これを活用するのであった。

　シャーマズ（Gharmaz, 2006, p. 9）が「それ（GT）は，ミックスメソッドを用いたプロジェクトにおいて，GT を時折採用する量的調査研究者から承認を得た」と指摘し，彼女はさらに，「GT は厳格さと使い勝手の良いことのみではなく，その実証主義的諸前提によっても知られるようになった」と述べている。このように，彼女は，実証主義者が最低でもクラシック GT との類似性を認識するのに，基礎的な仮定を共有していることを指摘しているように見える。

　多くの流派の社会科学者はグレーザーとストラウスの著作とグレーザーの著作に，いろいろな前提を読み込んでいるように私には見える。あたかも 2 人が実際に言わんとしたことを言い損ねてしまったように，である。私はクラシック GT（その他の方法も）の基準を研究者自身の好む視座から活用し，解釈するのは不適切だと思う。それはその独自の用語で理解できるし，されるべきである。グレーザー（Glaser, 1992；1998；2003）が一貫して主張しているように，GT は（構成主義に向かいがちな）質的方法ではなく，（客観主義に向かいがちな）

量的方法でもない。それは独特で一般性を備え持った方法，帰納的で概念・理論を生成する方法なのである。この方法は，もし二元論的発想の中に無理やり押し込めることをしなければ〔構成主義と客観主義の〕双方から借りるものはあるかもしれないが，しかしそのどちらでもないのである。

2 構成主義

調査研究者から構成主義の諸要素を注ぎこまれる機会はデータ収集と分析の両方の間で発生してしまう。しかしながらクラシック GT はこれをできる限り予防するためにデザインされている。

（1）データ収集

ほとんどの GT 研究者は自分自身でデータを収集する。高い概念的収穫があるので，非構造的な，開かれた（open-ended）インタビューを実施する。このタイプのインタビューは，それが巧みに行なわれれば，インタビューをする側がインタビューに構成主義的な諸要素を入れ込む機会を最小化させ，実施できる。グレーザー（Glaser, 2002）が指摘するように，「もしデータがインタビューを受ける側の応答を強要したり煽ったりするようなインタビュー・ガイドを通して収集されれば，そのデータはインタビューをする側が押しつける相互作用のバイアスによって，ある程度構成されていることになる。しかし，受け身的で，構造化されていない，GT のインタビューと観察方法でデータ収集がなされれば，構成主義の諸要素を最小化することができる」（p. 10）。

一般的に研究者はインタビューガイドを持たずに，「グランド・ツアー（大旅行）」クエスチョン〔つまりは，問題を絞り込まずになるべく広く網をかけるような形での〕や聴き取りでインタビューを始める。グランド・ツアー・クエスチョンは応答する人々に対して，一般的なトピックの分野について，（調査研究者にとってではなく）**彼ら自身にとって関連のあることを**，彼ら自身の思い通りに話し合ってほしい，そうすることが彼らは求められているのだと伝えるようにデザインされている。優れたグランド・ツアー・クエスチョンは可能な限り開かれた形のフレーズを用いる。理論的サンプリング[(4)]を通じ，グランド・ツ

第 I 部　クラシック・グラウンデッド・セオリーの指導

アー・クエスチョンは理論が創発されるに従って，より特化された質問に変わっていく。しかし，データ収集上の必要性がより選択的になったとしても，可能な限り誘導的ではない方法で質問される。引き続きされる質問は，その直前の質問に応答した回答との関わりで組み立てられる。これらの方法によって，意識的な調査研究者は構成主義的な諸要素と関連性がインタビューに入り込むことを防ぐことができる。グレーザー（Glaser, 2002）は，以下のように述べている。

　　「多くの GT のインタビューは非常に受動的な傾聴である。そして〔まず傾聴し〕その後，理論的サンプリングのプロセスにおいて，〔そのサンプリング〕場面を広げる時に他の参加者たちに対して，創発されたカテゴリーに基づいて焦点化された質問をするのである。〔こうした事情にあるので〕たとえデータが解釈的なものであったとしても，〔インタビューをする側と参加者たちによって〕共同で構成された解釈がそのデータを特徴付けるのは難しい」。(p. 5)

　研究過程が進んでいくと，理論的サンプリングが研究者に「何のデータを次に収集するか，どこでそれが見つかるか」（Glaser & Strauss, 1967, p. 45）について情報を提供し，データ収集をガイドしてくれる。この方法では，インタビューのトピックスは以前のデータから発見された何かや，創発された理論に基づくものである。これは研究者の先入観や，受け取られた構成主義の諸要素が挿入されるのを防御してくれる。

　仮に研究者が，クラシック GT ではない諸形態が許容する仮定的質問やカテゴリーをもってフィールドに入るとすれば，〔理論の〕創発的出現や〔データに〕根ざすことは脱線させられてしまう。グラウンデッド・セオリストと自認する人々が，特に必要もないのにこの選択をしてしまうことに，私はいつも興味をそそられてきた。前述したように，たとえ深い存在論的，認識論的レベルにおいて，ある程度の構成主義が避けられないとしても，そのことは，構成主義を招き入れるようなことを正当化するものではない。GT の重要な原則の一つは，仮定や先入観を推奨するのではなく，最小限化することである。

(2) 分　　析

　分析に関連して言えば，クラシック GT の最も基本となるレベルにおいては，単純に次のことを要求する。すなわち調査研究者はどのようなデータであったとしても，データにあるパターンを探し求めること，そのパターンに名前を付けること（概念化），概念化されたパターンの間の関係を見極めていき，そしてそれらを書き出して理論に仕上げていくこと，〔しかも〕この全プロセスを通して，データに根ざすことを維持しながら行なうことである。私たちが〔分析に〕用いるのは言葉だけである（数字によって言葉を避けることができるではないかと考える人がいるかもしれないが，数字は，言葉でもって〔内実を〕授けられるまでは，空虚な抽象概念なのである）ということを考慮すると，これらは，解釈・構成主義を可能な限り最小化してくれる手続きなのである。〔そこでは〕ネーミングされるパターンとそのパターンを表現するために選ばれる単語やフレーズとの間に，可能な限り最高の適合性を達成するために，特別な注意が払われる。私が学生によく言うことであるが，「あなたの理論の読者はデータにアクセスしない。だから，あなたが選ぶ言葉やフレーズがデータとなるだろう」。

　一般にクラシック GT は実行可能なことのみを要求している。つまり，調査研究者が可能な限りオープンでいること，先入観を一時停止し最小化することの真剣な試みや，そして常にデータに忠実であり続けることが求められている。クラシック GT は，調査研究者に認識論的な「あなたはどのようにして知識を得たのか」という質問に答える自信を与えてくれる。なぜなら，そのプロセスはどのポイントにおいても，脱構築されてデータに回帰することができるからである。GT の構成主義的な形態とは異なり，労せずして獲得された現存の質問や概念，アイディアや理論，イデオロギーやフレームワーク等などを意図的に活用することは禁止されているのである。

3　客観主義

　客観主義とクラシック GT に関して，シャーマズのような多くの批評家は，『発見』におけるグレーザーとストラウスおよびその後のグレーザー（クラシック GT）は，客観主義（現実主義，実証主義）の立場をとっていると主張する。

なぜならば，彼らは基盤的現実を仮定しているからであり，しかもこの現実は，（クラシック）GT を用いることを通して発見することができるからである。これは皮肉にも構成主義の解釈であり，この解釈には，『発見』とその後のグレーザーの文献にはまさに存在しない意味が投影されていると私は思う。このことは，上記の批判的な著者たちがクラシック GT における客観主義についてテクストからの明確で具体的な実例が不足したままで一般的断言をしてしまったことを示している。その正反対であることを指し示している言明を見出すのが困難ではないにもかかわらず，である。グレーザーは次のように明確に述べている（Glaser, 2002）。

　　「GT は視座を基盤とした方法論であり，人々の視座は様々である。私たちが『死にゆくことのアウェアネス』（Glaser & Strauss, 1965）で示したように，調査研究の参加者の重層的な視座は，彼らの行動の多様性に決定的な影響を持っている。参加者の間に重層的な視座があるということは多くの場合その通りなのであり，だからこそ GT 調査研究者はそれら複数の視座に同意し，そして，それら複数の視座を概念化という抽象レベルにまで高め，そこに，基底的，もしくは潜在的パターン，〔つまり〕もう一つの視座を見ることを期待するのである」。(p. 5)

　潜在的，もしくは基底的パターンとそれに関連する重層的視座は潜在的で強情な客観的現実を作らないのである！「潜在的パターン」や「基底的パターン」は「客観的現実」と同義語ではない。もし，『発見』におけるグレーザーとストラウスとその後のグレーザーのクラシック GT の明確な表現が，客観的現実を発見する方法について意識されたものであれば，彼らはそのことを明白に述べているはずであろう。彼らが社会科学〔の分野〕におけるこの古くからの論争に気付かずにいたというわけでないことは確かである。グレーザーとストラウスの言葉に客観的現実を認める著者たちは，グレーザーとストラウスが意識していない潜在的パターンのエビデンスを見出したことになる。これはグレーザーとストラウスが彼ら自身の立場を理解していなかったと暗示していることになる。

第1章　なぜクラシック・グラウンデッド・セオリーなのか

　さらに，前述の引用で，グレーザーは，グラウンデッド・セオリストたちの抽象が単にもう一つの視座に過ぎないと彼自身は見ていることを明確にした。彼は，グラウンデッド・セオリストたちの抽象化が「唯一の」視座であると述べても暗示してもいない。一つの客観的現実が存在するという立場をとる人々は，科学的表現をそうした現実と常識を認識論的に健全な形で反映しているもの（複数）と見る〔と同時に〕，主観的解釈を認識論的に欠陥のあるものと見る。客観主義と異なり，クラシック GT は複数の主観的現実から独立した一つの堅固な客観主義的現実を発見するものではなく，パターン化された複数の主観的現実を発見し概念化し説明すること，についてのものである。しかも，〔そこで見出される〕意味連続的な構成物，創発された社会的構成物であることを十分認めて，そうするのである。これは，デュルケム（Durkheim, 1938）の「社会が優先する」という客観主義の主張と異なっている。

　これらのパターンの多くは人間の経験の基盤であり，そして時間と環境を超えて変革と変動にさらされているにもかかわらず永続性がある。「関係をはぐくんでいる（cultivating relationships）」（Simmons, 1993），「服役している（doing time）」（Lee, 1993），「支え強化している（shoring up）」（Patnode, 2004），「変化を切り抜けている（weathering change）」（Raffanti, 2005），「てこ入れしている（leveraging）」（Spieker Slaughter, 2006），「新しい経験の舵を取っている（navigating a new experience）」（Vander Linden, 2005；2008），「システムを働かせている（working the system）」（Stillman, 2007），「可能性を極大化している（maximizing potential）」（Maddy, 2007）等など，その他無数の基本的で持続的な行動パターンに人はたずさわっているのだ。これらは，グレーザーのいう基底的，潜在的パターンである。もちろん，その行動がある潜在的パターンに寄与している人々にとっては，そのパターンに容易に気付くようになるか気付きやすくなる。例えば，私の牛乳配達員とその顧客の間の関係についての研究（Simmons, 1993）で私は「関係をはぐくんでいる」というコア・カテゴリーを発見した。私がデータ収集をした牛乳配達員たちとこのコンセプトを共有する前には，彼らは「関係をはぐくんでいる」ことと，それが彼らの仕事の重要な部分であることに気付いていなかった。後に私が，このことを指摘すると，彼らはすぐに理解できた。そして，私がインフォーマルに提供した理論を足がかりにして，

39

彼らは「はぐくむ」戦略を強化し，そのことがよりうまくなった。潜在化していたことが即時に明白になり，修正可能なものとなったのである。

　人間の行動はパターン化されたものであり，そのパターンはしばしば基底的，潜在的で，そしてそれが持続していることは，避けることのできない真実である。実質的に，説明を目的とした方法や理論はすべて，パターンの認識と理解もしくはパターンの説明である。他の説明的方法と異なっているわけではないが，クラシック GT はデータの中に発見された行動のパターン，あるものは潜在的で，あるものはそうではないが，を見極めるためにデザインされた。クラシック GT と他の方法の主たる違いは，クラシック GT が，いま述べたことを帰納的に行なうことである。しかも，構成主義の諸要素を意図的に組み入れることをせず，データから直接的に諸概念のネーミングを概念レベルで行なうことである。

　グレーザーとストラウスとそれに続くグレーザーの著作には，その他にもクラシック GT が基底的，強固な現実を仮定しているというアイディアとは逆のものを示す明確なインディケーターがある。例えば，『理論的感受性（Theoretical Sensitivity)』において，グレーザーは，「GT のゴールは，理論の生成である。その理論は，関係している人々にとって関連があり，問題になっている行動のパターンを説明する理論である」(p. 93) と述べている。〔そこで「関係している人々にとって関連があり，問題になっている行動」というのは〕つまりは，複数の主観的現実のことである。もう一つの例は，質的データ分析における「やっかいな正確さ」(p. 1) の役割に関するグレーザーの批判（Glaser, 2002）である。公平に見て客観主義者たちは正確さに熱をあげていると言っていい。興味深いことに，プデファット（Puddephatt, 2006）によるシャーマズへのインタビューにおいて，シャーマズは，「〔グレーザーの「厄介な正確さ」への懸念を念頭に置きながら，〕そのことは通常の実証主義に多少とも反旗をひるがえしているのです。ちなみに，実証主義は正確さを目指しているのですが」と述べている。この時，彼女は，客観主義とグレーザーの「厄介な正確さ」に対する懸念との間の矛盾を認めていたのである。しかしながら，シャーマズは，このことを，グレーザーは彼女やその他の人々が主張するほどの客観主義者ではないのかもしれないということを示す指標として見るのではなく，単に「風変り」(p. 10)

第1章　なぜクラシック・グラウンデッド・セオリーなのか

と見ているのである。

　もしだれかの主たる興味が，社会学的理論を実践的行動の基盤として使用することであるなら，ある点では，客観主義と構成主義の間，だれがどちらか，どの程度かという修辞学的格闘が大きく取るに足らないものになり，針の上の天使を数えるような時間の無駄でさえある。実践的視座からは，客観主義／構成主義のディベートは，決して決着がつくことのない，古い難解なものである。おそらく社会・行動科学においてある立場の強さは，認識論や存在論よりも専門職業上の政治の方により関係している。もし私たちが，存在論的・認識論的純粋さを求めて妥協しないままでいるなら，長く待たなければならない。乳児（＝貴重なもの）を風呂の水（＝無用なもの）といっしょに捨ててしまわないように気をつけよう。

　行為のシナリオにおいては，ある理論の試金石は，その理論が行為にとって役立つその程度である。社会的世界では，建設的変化をもたらそうとする行為者たちは，理論が構成主義か客観主義の存在論的・認識論的仮定という土台によって展開されているかどうかという点については，何らの投資〔つまりは思い入れ〕もしないし，普通は何らの配慮もしていない。彼らは，その理論が彼らの努力や活動に関連しているかどうか，使い勝手がよいかだけを気にする。彼らはまさしく理論が役に立つことを望んでいるのである。

　もしある理論が，参加者たちの取り組んでいる特定の問題か論点をめぐる行為の現場に根ざしており，しかもその現場から産出されているならば，その理論はそれだけ，〔次のような形で〕変革の役に立つ可能性が高くなるだろう。つまり，〔参加者たちが〕強く望んでいる変革（これは一つの主観的な論点である）を計画し引き起こすための理論的な足がかりとして，〔しかも〕意図せざる結果を最小限にとどめながら，である。問題の理論がどの程度まで構成主義的なものか客観主義的なものかということは，究極のところでは，その理論がどのぐらい役に立つかということと認識論的に関係しているかもしれない——このように主張しようとすれば，確かにそれはできるかもしれない。しかしその中身がどうなのかは，使ってみなければわからないのである。

　上で提案したように，忠実な構成主義か客観主義の姿勢は，興味深い哲学的ディベートとなるだろう。しかし，そうしたことは，結局のところ，現実世界

第Ⅰ部　クラシック・グラウンデッド・セオリーの指導

に少しもインパクトを残さない。クラシック GT は，両者の絶対的な諸特徴よりもむしろ理にかなった限定的な諸特徴を採用し，そして実践レベルでの活用が最大限可能な代替的選択肢を提供することによって両者の中間テリトリーに位置する。なぜならば，クラシック GT は説明的理論をデータの中にしっかりと根づかせ，そして，効果的な行動と変化の先導のための理論的立脚点を提供するからである。頑固な構成主義者と客観主義者には修辞学的格闘を継続させておくことにして，その他の人々はと言えば，グレーザーが学生たちに言うように「〔つべこべ言わずに〕ただ研究しよう！」〔ということである〕。

注
(1) グレーザーは『グラウンデッド・セオリーの実践 (Doing Grounded Theory)』(1998)の第2章で，彼がどのようにコロンビア大学大学院での教授陣からの学びを GT に変容させていったのかページを割いている。より深い議論は本書の Holton の論稿を参照されたい。
(2) グレーザーの1978年の『理論的感受性 (Theoretical Sensitivity)』から多くの示唆を得ているとストラウス自身が認めていることにより，それほど違いが目立つものではないが，相違点はストラウスの1987年の『社会科学者のための質的分析 (Qualitative Analysis for Social Scientists)』で見ることができる。ストラウスはこれらの相違は些細なことであると見ている。彼は「グレーザーの教育的戦術，また実際の調査の実施においても相違があるが，しかしこれらの相違は些細なことである」と述べている (p. xiv)。
(3) 私は，グレーザーとストラウスの大学院生だった時にアクションの基盤として GT を用いる核となるアイディアを開発した。私は，グレーザーとストラウスのセミナーに人数制限があったので，サンフランシスコ・エリアの他大学の大学院生のために自宅で毎週セミナーを開催していた。私のアイディアは一人のメンバーが「グレーザーとストラウスは GT は行為のための理論的立脚点を提供すると述べているが，どのようにということは言っていない」と述べたことへの応答であった。それから次週までに私はどのようにすればこれが可能となるのかということについて，メモを書いた。私はこれ以来，私の様々な専門職としての領域でこのアイディアをグラウンデッド・セラピーとグラウンデッド・アクションとして使ってきた。グラウンデッド・アクションに関する論文のシリーズは Journal of General Evolution の World Futures の特集号 (Guest editors: Gregory & Raffanti, 2006) を参照されたい。

(4)「理論的サンプリングは理論を生成するためのデータ収集の過程である。調査者がデータの収集，コード化，分析を同時に行なうことによって次に何のデータをどこで収集するのかを決定する。それは理論が創発的に出現するのにまかせて，彼の理論を発展させるためである」。(Glaser & Strauss, 1967, p. 45)

(5) クラシック GT では質的なデータ，特にオープン・エンドなインタビューが最も一般的に用いられるが，グレーザーは「すべてがデータである」と主張している (Glaser, 1998, p. 8)。「GT は質的なデータを取り扱うのにすぐれているが，量的と質的の間の闘いには何も関係ないことである。GT は質的なイデオロギーを強化するのに発見されているのではない」(Glaser, 1998, p. 43)。クラシック GT の量的なデータについての検討は2008年のグレーザーの論稿を参照されたい（Glaser, 2008）。

(6) グレーザーが「潜在的（latent）」と「基底的（underlying）」を２つの異なった現象を表現することを意識して使い分けているのか，それとも単によくある文体上の道具として——つまり，２つの用語を同じ意味だと確認するために——用いただけなのかは，必ずしも明確ではない。それはさておき，「基底的」は「潜在的」よりも「客観的現実」のことを暗示しているかもしれないが，いずれの用語も「客観的現実」の同義語ではない。しかしながら，「潜在的」と「基底的」は『ロジェット国際類義語辞典（Roget's International Thesaurus 4th Edition)』や他の類義語辞典では相互参照されている。多くの単語のように，両方の用語は複数の意味を持ち，そのいくつかは他のものと比較すると「客観的現実」をより示唆する。一般に，他者によって使われる言葉の意味のバリエーションの中のどれをある個人が選択するか，あるいはどの意味を読み込むかは，特定の存在論的視点に関係している可能性が高いようである。そしてそれは，その言葉の使用者について，その人が抱く構成主義的諸前提をしばしば露わにする。

参考文献

Bryant, A. (2002a). Re-grounding grounded theory. *Journal of Information Technology Theory and Application*.

Bryant, A. (2002b). Bryant responds: Urquhart offers credence to positivism. *Journal of Information Technology Theory and Application*, 4(3). Art. 6.

Burawoy, M. et al. (1991). *Ethnography Unbound : Power and Resistance in the Modern Metropolis*, Berkeley : University of California Press.

Charmaz, K. (2000). Grounded theory : Objectivist and constructivist methods. In N. Denzin & Y. Lincoln (Eds.), *Handbook of qualitative research*, 2nd edition (pp. 509-535). Thousand Oaks, CA : Sage Publications.

Charmaz, K. (2006). *Constructing grounded theory: A practical guide through qualitative analysis.* Los Angeles, CA: Sage Publications. (=2008, 抱井尚子・末田清子監訳『グラウンデッド・セオリーの構築――社会構成主義からの挑戦』ナカニシヤ出版)

Durkheim, E. (1938). *The rules of sociological method.* (Ed. By G. E. G. Catlin) (S. A. Solovay & J. H. Mueller, Trans.). Chicago, IL: University of Chicago Press. (=1978, 宮島喬訳『社会学的方法の基準』岩波書店)

Glaser, B. G. (1978). *Theoretical sensitivity.* Mill Valley, CA: Sociology Press.

Glaser, B. G. (1992). *Basics of grounded theory analysis: Emergence vs. forcing.* Mill Valley, CA: Sociology Press.

Glaser, B. G. (1993). (Ed.). *Examples of grounded theory: A reader.* Mill Valley, CA: Sociology Press.

Glaser, B. G. (1994). (Ed.). *More grounded theory methodology: A reader.* Mill Valley, CA: Sociology Press.

Glaser, B. G. (1995). (Ed.). *Grounded Theory: 1984-1994.* Mill Valley, CA: Sociology Press.

Glaser, B. G. (1996). (Ed.). *Gerund grounded theory: The basic social process dissertation.* Mill Valley, CA: Sociology Press.

Glaser, B. G. (1998). *Doing grounded theory: Issues and discussions.* Mill Valley, CA: Sociology Press.

Glaser, B. G. (2001). *The grounded theory perspective: Conceptualization contrasted with description.* Mill Valley, CA: Sociology Press.

Glaser, B. G. (2003). *The grounded theory perspective II: Description's remodeling of grounded theory methodology.* Mill Valley, CA: Sociology Press.

Glaser, B. G. (2005). *The grounded theory perspective III: Theoretical coding.* Mill Valley, CA: Sociology Press.

Glaser, B. G. (2006). *Doing formal grounded theory: A proposal.* Mill Valley, CA: Sociology Press.

Glaser, B. G. (2008). *Doing quantitative grounded theory.* Mill Valley, CA: Sociology Press.

Glaser, B. G. (2009). *Jargonizing: Using the grounded theory vocabulary.* Mill Valley, CA: Sociology Press.

Glaser, B. G. & Holton, J. A. (2005). Basic Social Processes. *The Grounded Theory Review*, 4(3), pp. 1-21.

Glaser, B. G. & Holton, J. A. (2007). (Eds.). *The grounded theory seminar reader.*

Mill Valley, CA : Sociology Press.
Glaser, B. G. & Strauss, A. L. (1965). *Awareness of dying*. Chicago IL : Aldine Publishing Company.（＝1988，木下康仁訳『「死のアウェアネス理論」と看護――死の認識と終末期ケア』医学書院）
Glaser, B. G. & Strauss, A. L. (1967). *The discovery of grounded theory*. Chicago IL : Aldine Publishing Company.（＝1996，後藤隆・大出春江・水野節夫訳『データ対話型理論の発見――調査からいかに理論をうみだすか』新曜社）
Gregory, T. A. & Raffanti, M. A. (Guest Eds.). (2006). Grounded action : An evolutionary systems methodology [special issue]. *World Futures : the Journal of General Evolution*, 62(7).
Haig, B. D. (1995). Grounded theory as scientific method, *Philosophy of Education*, Retrieved from http://www.ed.uiuc.edu/eps/pes-yearbook/95_docs/haig.html
Kools, S., McCarthy, M., Durham, R. & Robrecht, L. (1996). Dimensional analysis : Broadening the conception of grounded theory. *Qualitative health research*, 6(3), pp. 312-330.
Lee, J. (1993). Doing time. In B. G. Glaser (Ed.), *Examples of grounded theory : A reader* (pp. 283-308). Mill Valley, CA : Sociology Press.
Maddy, M. D. (2007). Maximizing potential : A grounded theory study. *Dissertation Abstracts International*, 69/01. (UMI No. 3300310)
Martin, V. B. (2007). The postmodern turn : Shall classic grounded theory take that detour? A review essay. *The Grounded Theory Review*, 5(2/3), pp. 119-129.
Mills, J., Bonner, A. & Francis, K. (2006). The development of constructivist grounded theory. *International Journal of Qualitative Methods*, 5(1), pp. 25-35.
Patnode, G. R. (2004). Shoring up : A grounded theory of process in political leadership. *Dissertaton Abstracts International*, 66/01, 250. (UMI No. 3160516)
Puddephatt, A. J. (2006). Special : An interview with Kathy Charmaz : on constructing grounded theory. *Qualitative Sociology Review*, 2(3), pp. 5-20.
Raffanti, M. A. (2005). Weathering change : A grounded theory study of organizations in flux. *Dissertation Abstracts International*, 66/03, 853. (UMI No. 3166425)
Simmons, O. E. (1993). The milkman and his customer : A cultivated relationship. In B. G. Glaser (Ed.), *Examples of grounded theory : A reader* (pp. 4-31). Mill Valley, CA : Sociology Press. (Reprinted from Bigus, O. E. (1972, July). *Urban Life and Culture*, 1, pp. 131-165).
Simmons, O. E. (1994). Grounded therapy. In B. G. Glaser (Ed.), *More grounded*

theory methodology : A reader (pp. 4-37). Mill Valley, CA : Sociology Press.

Simmons, O. E. & Gregory, T. A. (2003). Grounded action : Achieving optimal and sustainable change. *Forum : Qualitative Social Research*, 4(3), Art. 27.

Spieker Slaughter, S. A. (2006). Leveraging : A grounded theory of collaboration. *Dissertation Abstracts International*, 67/02. (UMI No. 3208849)

Stillman, S. B. (2007). Working the system : Aligning to advantage : A grounded theory. *Dissertation Abstracts International*, 68/10. (UMI No. 3287694)

Strauss, A. L. (1987). *Qualitative analysis for social scientists.* Cambridge, England : Cambridge University Press.

Strauss, A. & Corbin, J. (1990). *Basics of qualitative research : Grounded theory procedures and techniques.* Newbury Park, CA : Sage Publications.（＝1999, 南裕子監訳『質的研究の基礎――グラウンデッド・セオリーの技法と手順』医学書院）

Strauss, A. & Corbin, J. (1998) *Basics of Qualitative Research : Techniques and procedures for developing grounded theory.* (2nd ed.) Newbury Park, CA : Sage Publications.（＝2004, 操華子・森岡崇訳『質的研究の基礎――グラウンデッド・セオリー開発の技法と手順』医学書院）

Urquhart, C. (2002). Regrounding grounded theory-or reinforcing old prejudices? A brief reply to Bryant. *Journal of Information Technology Theory and Application*, 4(3), Art. 5.

Vander Linden, K. (2005). Navigating a new experience : A grounded theory. *Dissertation Abstracts International*, 67/02. (UMI No. 3208852)

Vander Linden, K. (2008) Navigating new experiences : A basic social process. *The Grounded Theory Review*, 7(3), pp. 39-62.

第2章　概念発見のための雰囲気づくり

アストリッド・ユンニルド

　グラウンデッド・セオリー（以下，GT）セミナーは，博士課程レベル以上の研究者のための国際ワークショップの舞台において，その地位を確立してきた。一般的に，博士号取得への道程が既存の体系にしたがって構成される傾向にあるなかで，GTセミナーは，理論化のための体系化された技量を発達させる補足的な道を提供している。GTセミナー以外のところでは，駆け出しの調査研究者は，理論検証や理論間比較，問題解決などの方法についての訓練は受けるものの，理論生成となると，その訓練はめったに行なわれることがない。その際しばしばなされる主張はと言うと，理論化アプローチは駆け出しの者には難し過ぎるかもしれないし，地位を確立した調査研究者にとってさえもそうかもしれない，というものである。それゆえ，GT問題解決セミナーは，駆け出しの研究者が新しい理論を生成するための具体的な手順について対面的に指導を受ける，数少ない場の一つなのである。

　本章では，**雰囲気づくり**（atmosphering〔訳者注：atmosphereを動名詞化したもの〕）がGTセミナーの場において概念発見の手助けとなることを提案する。雰囲気づくりは，博士号候補者や研究者だけでなく教員や指導教員にも関わるものである。まさにこの用語については，本章をとおして徹底的に議論することになるが，その目的は何より，学習環境における開放的な精神，雰囲気，性格，趣き，あるいは「空気」がもつ潜在的な影響力に注意を向けることにある。この用語は，バーニー・グレーザー（Glaser, B.）が教育者としてのキャリアを歩みだした初期の段階で編み出したものである。彼のGTセミナーでは，開講の際に意図的に言及されるものの，それ以上の詳しい説明がなされることはない。以下ではまず，雰囲気づくりのプロセスについて紹介し，講座としての

第Ⅰ部　クラシック・グラウンデッド・セオリーの指導

GT セミナーに関する追加的な背景情報を示す。続いて，本章における2つの中心的な用語，すなわち雰囲気づくりと概念発見について簡単に定義・議論し，その上で理論的命題について詳しく論じる。最後に，学習の雰囲気づくりに関して，カール・ロジャーズ（Rogers, C.）のパーソンセンタード理論の教育的側面を踏まえた，より一般的な議論を行ない，本章を結ぶ。

1　命題の概要

　本研究の命題は，次のとおりである。すなわち，GT セミナーのコンテクストにおける概念発見のための雰囲気づくりとは，参加者の学習曲線を一定の時間枠のなかで可能な限り高めることを目指す，意識的な指導行為である。雰囲気づくりというのは，それ自体としては，GT セミナーの前・間・後にかけて連続的に続く意識的な複合的行為群を指すものである。それらの行為は，構造的および心理社会的なかたちで現れ，セミナーの構成の仕方が，個人や集団の創発的な学習プロセスを条件づける場となる。こうした特別な学習環境において，多国籍かつ分野横断的で，緩やかに組織化されたネットワークの仲間として，研究者は招き入れられる。彼らはそのネットワークのなかで，GT を理論的および実践的に用いる術を次第に習得するのである。

　以上の命題は，2000年代の5年間に実施された，およそ十数回の問題解決セミナーから得たデータの比較に基づいたものである。既存の学習理論と簡単に比較してみれば，その命題がそれなりに根拠のあるものであることがわかる。この命題が示唆していることは，概念発見のための雰囲気づくりが，新しい理論の生成のための，全体論的で体験的，そして探索的でありながらデータに根ざした指導法であるということである。雰囲気づくりというこのアプローチは，参加者の学習曲線やその場その場での特定のニーズに関する過去および現在のデータにしっかりと根ざしており，実践への理論の応用に関するものなのである。そういうものとして，このアプローチは，GT そのものの実際のフィールドで，GT の信用性や関連性がどのように検証されうるのかを実際に示すものである。

第2章 概念発見のための雰囲気づくり

2 遊び心による良い雰囲気

　理論化技術の向上へと駆り立てる中心的要素について，より踏み込んだ分析に入る前に，本章の主題に対する読者諸氏の感受性を高めることにしよう。そこで以下に，ユーモラスな方法による「即興的なつかみ」とでも呼べそうな事例を紹介する。

　ロンドンのコヴェントガーデンにあるレストランでのこと。様々な研究分野，国々から集まったおよそ十数名の研究者が，まさに席に着こうとするときのことである。長机のまわりは混みあっており，とてもざわついていた。すると突然，私の隣の男性が，きつい米語なまりで叫んだ。「おっ，どうしたんだい？」彼は満面に笑みを浮かべ，まるで，はてなマークのような目をしている。言葉が発せられている間，彼の口はゆっくりと動いており，一瞬一瞬が誇張されている。まるで何か劇的なことが起きたかのように。そして，まさにそうなりかけた。彼は椅子から転げ落ちそうになったのである。どうやら椅子の具合が悪かったようだ。次の瞬間，彼はくるりと回って椅子をつかみ，息を吹きかけて元に戻した。やはり大げさな動きで，また，冷やかすような表情を浮かべている。それから，グループの誰かほかに彼の行動を見ていなかったか確かめるかのごとく，彼はテーブルのまわりを素早く見回す。そのとき私は，その男性が誰なのかまだわからなかった。しかし，彼のしぐさが非常におかしかったため，私たちは2人とも大笑いしたのだった。私は次の瞬間，GTの共同提唱者であるバーニー・グレーザーと会話していることに気づいたのである。

　その後，グレーザーの行動パターンを繰り返し比較してわかったのは，ロンドンのインフォーマルな場面での数分間のうちに，彼が即興的なつかみを実践していたということである。私はその当時，彼の雰囲気づくりのパターンや雰囲気づくりという用語に気づくことなく，明確な目的のもと，明確な方法で雰囲気づけられていたのである。

　このエピソードは，幾つかの理由から示唆に富んでいる。まず，人物であれ本であれ，はたまた芸術作品であれ理論であれ，最初の出会いが秘めている永続的効果を，あなどるべきではないということだ。きわめて影響力のある人と

の出会いの後でさえ，思い出されるのは，傾向的に言って，そこで言われたり行なわれたことのほんの断片にしかすぎない——これが多くの人々に共有されている経験である。実際に覚えていがちなのは結局のところ，状況を取り囲む雰囲気の方である。また，人は最初の出会いで打ち解けた場合，次はより開放的になる傾向にある。真正なコミュニケーション感覚による信頼の構築プロセスが始まっていたのかもしれない。逆に，最初の出会いで嫌悪感が生まれれば，当事者たちがのちに信頼関係を築く可能性は低いだろう。

以上のエピソードに見られるこうした連鎖がまた例示しているのは，良い雰囲気は偶然に創り出されるものではないということだ。そのためには，2人の当事者のうち少なくとも一方が，意識的に動き出すことが求められる。本事例の場合，グレーザーは意識的にユーモラスなアプローチを見せたわけだが，そうしたアプローチは，彼個人がその状況から距離を取っていることを示すものであった。その場にいながらその場のことは「心配しないで」と言っているかのように，である。これは，彼がGTを指導する際にしばしば行なう，より一般的なパターンとしての遊び心を予感させるものだった。問題や状況について希望を明らかに持てずまともに受けとめられない場合，彼自身の用語で逆転的ユーモアと呼ぶものに彼はしばしば救いを求める。この独特なかたちの遊び心は，思いやりのあるアイロニーと言えば，最もうまく説明できるかもしれない。つまり，一見して明らかにそれとわかる問題や状況を逆転させてしまうので，それが非常に面白おかしくなるという意味である。

初めての問題解決セミナーは独特で心を開かせる体験だったと，GT理論化に取り組んだ調査研究者たちはしばしば述べる。参加者たちは，次のように言っている。「私はずっとGTのことを考えながら，家に帰りました」。「このGTセミナーは，他の方々と一緒に学習し交流する素晴らしいやり方です」。「バーニーが行なう話の組み合わせが真に狙っているのは，対人的なメンターシップなくして容易には発展しえない，研究者間の『能力』のモードを整える点にあります」。さらに，ある参加者は「先行文献をねじ曲げて特定領域理論の中に入れ込むのと，帰納的理論を既存の学説体系(セオリー)のなかに位置づけるのとでは，全く異なることです」と強調している。

私は，GTセミナーに何度か参加し，3日間のあいだにグループのなかで進

化する分析技術の渦巻くような湧出と氾濫に繰り返しさらされるうちに，データに根ざした概念化の一つの学び方としての問題診断法に関心をもつようになった。グループのなかで生み出された気力がその後数カ月にわたって続くほど，セミナー参加者が活気づけられたのは何故だろうか。また，参加者の多くは何故，他の学術セミナーの環境に比べて GT セミナーが，知的な意味で非常に挑戦的かつ有益で，にもかかわらず非常に面白いものとして体験したのだろうか。

3 セミナー環境を調査研究する

そこで私は，セミナーで何が起きているのかを観察し，そのプロセスについてメモを取り始めた。様々な研究分野，国籍，そして多様な学術レベルにある博士号候補者や円熟した学者たちが個人の限界を超え，研究を記述レベルから概念レベルへと引き上げるうえで，セミナーがどのように寄与しているのかを明らかにしたかったのである。この観察から生まれた命題——**概念発見のための雰囲気づくり**——は，GT セミナーのモデルがどのようにして参加者の概念的研究の技量向上をサポートし，高めるのかを説明するものである。以下でさらに詳しく論じるように，本研究は，高等教育などのその他の学習状況に対しても示唆に富むことになるかもしれない。

GT セミナーのコンテクストにおける概念発見のための雰囲気づくりとは，概念的理論化に向けた生産的な訓練と新たな学習意識を15-20名規模の研究者グループで促すことを目的とした，意識的な教育プロセスである。人と人とが関わりあう時，そこには雰囲気(トーニング)が醸し出す相互作用プロセスが絶えず展開している点に本理論は着目する。つまり，意識的にであれ無意識的にであれ，人々は互いに雰囲気を醸し出す可能性があるということ，この点を，本理論は意識させるのである。より具体的に言えば，概念発見のための雰囲気づくりというのは，多変数からなる意識的な雰囲気醸成行為群であり，セミナーの前・間・後に遂行されるものである。構造的レベルでは，これらの行為は，**相互交流主義・飛び込み／飛び出し・感覚の調和／雰囲気・ドレスダウン・集団的個人主義**の5つの独特な枠組み原理を含むものである。これらの構造的原理によって，

指導者を巻き込みながら参加者たちの内部と間で，**初期コンタクト・集中的コンタクト・終了コンタクト**とでも呼べそうな接触が促される。この接触によって，今度は，各自のデータに対する本質的な寄り添いが個々の調査研究者の中に生み出されることになるかもしれない。これが，生産的な結果を確実に生み出す手助けとなる。したがって，それぞれの接触段階は，心理社会的な雰囲気づくりの一連の行為がなされる循環的なプロセスなのである。指導者であるグレーザーは，概念レベルを高めるための土壌を養う開放性や認識を提供するために，こうした行為に着手するのである。このプロセスにおいてグレーザーは，参加者にとって指導役のロール・モデルとなる。

　心理社会的な雰囲気づくりには，参加者が「既成の枠にとらわれずに」思考するよう刺激することを意図した行動全般が含まれる。講義やいわゆる問題解決セミナーにおいて，参加者は GT 教育の人間的な諸側面，とりわけ**真正な参加・明確さ・完全な受容・遊び心**についても教育と指導を受ける。「問題相談者」が継続中の研究を発表し，各自の GT 学習の段階での手助けを求めるセミナーの場では特に，率直な好奇心や積極的な問題解決といった諸特性が奨励される。セミナーの開講中，参加者が対等な仲間として，また**互恵的な刺激者**としての役割に次第に入り込んでいくのに応じて，そうした参加者たちによって，様々な相互作用的アプローチが映し出される。

　GT セミナーの特定の概念的環境では，状況に関わる形で真正な参加や自己表現をすることが求められる。グレーザーが体現しているように，指導者の自己認識や自己受容は，参加者自身の状況的な感受性に影響を及ぼす。彼の行動パターンやアプローチの切り替えは，その時々にグループで生じることに応じてなされる。グレーザーによると，「ワークショップは大まかなアウトラインを除いて，事前に計画を立てることができない」(Glaser, 1998) のであり，「詳細が浮上してくるのに合わせて，参加者の力量レベルに従って，その場で詳細な計画が立てられるのである」(Glaser, 1998, p. 231)。グループを直面する問題の限界にまで導くために，通常，いくつかの講義を準備して移動すると彼は説明している。

　それゆえ GT セミナーにおいて，固定観念を「打ち破る」グレーザーの様々なやり方に多くの参加者が驚かされるのも，不思議ではないだろう。先入

観を捨てること，そして話そのもののために「話を物語ること」。埋論を実践的に応用するというグレーザーの立場からすると，発想を記述レベルから概念レベルへと乗り越えていくためには，まさにこれら2つこそが，意識的に取り組まなければならない問題なのである。直面する課題に応じて，コミュニケーションのあり方が決められるのである。したがって，概念発見の雰囲気づくりは，自己との接触，つまり個人的接触と，自己自身と周辺環境との接触，つまりは関係的接触に関わるものである。とりわけ本命題は，人々との信頼，並びに人々同士の信頼を最短時間で構築する方法について明らかにする。

以下ではまず，講座としてのGTセミナーについて手短に説明し，次に鍵となる理論的概念である**雰囲気づくり**と**概念発見**について紹介する。続いて概念発見の雰囲気づくりの含意について詳しく論じる。最後にその含意について，雰囲気づくりに関連した学習理論という，より広いパースペクティブから議論する。

4　グラウンデッド・セオリー・セミナーの背景と目的

GTセミナーは，ヨーロッパや北米，そしてアジアでも年に数回，実施されている。セミナーを行なうのは，バーニー・グレーザー博士やGT研究所のフェローたちで，全大陸の様々な学問分野から参加者を惹きつけている。セミナーから数十もの学位論文が生み出されてきたことに示唆されるように，そのモデルは目的にかなったものである。彼らがセミナーを始めたのは，2000年前後である。グレーザーはその頃には，カリフォルニア大学サンフランシスコ校（UCSF）で博士号候補者を何十名も指導した経験を持つ，国際的に著名な学者となっていた。セミナーは，彼がUCSFでかつて開講していた通年のGTセミナーをもとにしたものだった。のちに3日間のワークショップに短縮され，各自の所属機関で指導教員を持ちながらも，GTについては具体的な指導＝助言者のいない博士号候補者を手助けする機会として展開された。グレーザーは長年にわたり，彼の文献をもとにGTの習得に取り組む世界中の研究者から数多くの質問を受けていたが，そうした質問が，彼がセミナーのやり方を計画する際に自らの手法を実践的に用いるためのデータとなった。

セミナーを計画する際にグレーザーが陥っていたジレンマは，GT 法の基礎を学ぶのに，およそ 1 年半の集中的な学習を要することだった（Glaser, 1998）。計画がいくら効率的であったとしても，数日間の集中的な指導で習得できるものではないのだ。理論展開の具体的な段取りをまとめあげる力を，グレーザーは「遅延行為プロセス」と呼ぶが，このプロセスの比較的ゆっくりとしたペースは，潜在意識の処理スピードにぴったりと合っているのである。そこで想定されているのは，研究の中心を演繹的思考から帰納的思考へと変えること以上のものである。すなわち，概念的なアプローチを統合するために記述的な志向性を捨てることもしくは脱構築が必要となる。こうして，セミナーは参加者にとって，通常 2 年から 4 年かかる GT を用いた研究プロジェクトを進める間，おもに**インスピレーションのループ**（Gynnild, 2007）として機能するのだ。インスピレーションのループとは，研究上の問題を創造的に処理する間のエネルギーや内在的な動機づけを高める，様々なブレーキやギアのシフトを意味する。

セミナーは当初から，いずれの大学の授業計画やカリキュラムからも独立してアレンジされてきた。セミナーは世界中のあらゆる大陸からやってくる調査研究者たちに求められているものだが，その多くは特に，様々な道を歩む博士課程在籍中の自主的な個人参加者である。各セミナーには，十数名の「問題相談者」と 6 ～ 8 名の「オブザーバー」が参加できる。オブザーバーは，何か進行中の研究を提出するわけではないが，他の参加者の研究についての解決志向的な議論には参加する。彼らはしばしば，GT の実践経験がある選ばれた調査研究者である。2002 年にパリで実施された，ヨーロッパでは初めてのセミナー以来，世界中で数十もの学位論文が，セミナーでのアドバイスの直接的な成果として生み出されてきた。このセミナーモデルはのちに，グレーザーの初期のセミナーで指導を受けた，GT 研究所の多くのフェローが採用している。

GT セミナーの主な目的は，各参加者が概念的研究のための技量を伸ばし，自律的な研究を続けられるようサポートし，そして促すことである。グレーザー自身が明確に述べているように，調査研究のいかなる段階であれ，彼は参加者をもう一歩先に進めさせたいのであり，全体的な目標は，人々が博士号を取得する手助けをすることなのである。さらに，参加者の理論化技術を限られた時間のなかで可能なかぎり伸ばすため，セミナーは，広い意味で「何が実際

に起きているのか」をより認識できるように計画されているようだ。

「何が起きているのか」という言葉には，認識をめぐる2つの側面がある。1つは，データに対する感受性，すなわちGTが分類したデータの諸層（あいまいなデータ・解釈されたデータ・適切と見なされるデータ・基準となるデータ）の同定方法を学ぶことである（Glaser, 1998）。そして，1つ目から引き出される2つ目の側面は，目的に合った参加である。しっかりと参加し，グループ環境や自らの心のなかで起きていることに集中するには，相当の訓練が必要である。グループが大きくなればなるほど，各個人は集中的な議論から離脱し，その人なりのやり方で思考が浮遊していきやすくなる。こうした多面的な難題は，いくつかの雰囲気づくりのアプローチによって解決されるのだが，そうしたアプローチが狙いとしているのは，データの中にあるかもしれないものを見聞きし，経験する新しい方法を発見するために動き始めることなのである。

5 雰囲気づくりと概念発見という概念

「雰囲気づくり」とは，名詞の「雰囲気」から造られた動名詞である。書き言葉として，この概念がグレーザーの文献（Glaser, 1998）やセミナー以外で言及されることは，ほとんどない。少なくとも辞書では，まだ認知された用語ではない。一方で名詞の「雰囲気」とは，『オックスフォード辞典』によると，場や状況から心が受けとめる（良い悪い様々な）印象のことである。また『ビジュアル類義語辞典』では，「特定の環境あるいは取り囲む影響」と定義されている。

何よりまず，雰囲気という名詞を動名詞で用いることに，少しばかり違和感を覚えるかもしれないが，社会的行為の観点からは，驚異的な発見をもたらしてくれるものなのである。と言うのは，名詞の「雰囲気」の場合，何らかの環境や周囲の影響は，個人のコントロールが及ばないものを暗示するのに対し，それを動名詞化することによって，雰囲気づくりは，行為という含意を持つことになるからである。それは，誰かが誰かに対して行う活動であり，そこでは2人以上の当事者による相互作用が生まれている。つまり，雰囲気づくりという動名詞は，人と人とが交わりあう時，意識的であれ無意識的であれ，互いに

雰囲気を醸成しあうことをも示唆するのだ。この雰囲気醸成プロセスを認識した者ならば，能動的あるいは受動的な応答・相互行為のいずれかを意識的に選択することができる。しかしながら，雰囲気づくりが常に展開していることを認識していない者は，置かれた状況に対してなすすべがないと思い，他者の行為の受動的な受け手となってしまうかもしれない。学習者どうしの自律的な関与を指導者が呼び覚ますことは，学習環境における一つの主要な課題である。言い換えれば，どの程度，雰囲気づくりについて認識しているかで，個々人が状況をコントロールし，また責任を負う程度も影響を受けるということである。仮の結論を言うとすれば要するに，雰囲気づくりとは，他者に影響を与えるために特定の環境を創り出す，個人的な機会の認識に関するものである。

概念発見は，本研究の主要なカテゴリーだが，この重要なもう一つの用語もまた，既存の文献ではめったに見当たらないものである。この用語は，情報科学（デジタルテキストのうちに特定の概念を探索するデータマイニングプログラムを設計する研究分野〔Butcher, Bhushan & Sumner, 2007〕）やオンラインおよびオフライン教育のアプローチ（Alessi, 2000；Furth, 1963）の諸研究と結びつきがある。発見という名詞はよく知られたものだが，これは簡単に言えば，何か新しい物事を見つけ出す行為である。学術的な専門分野との関連では，『オックスフォード辞典』は「発見」という用語を，「新しい現象もしくは行為，出来事の観察。そして，それらの知識を説明する新しい論理を抽象的思考や日常的経験から付与すること」と定義している。発見に関連する用語は，探究，知識，行為，学ぶことと感知すること，それに疑問を投げかけることである。疑問は，あらゆる発見において先導的な役割を果たす。なぜなら，疑問がなければ，行動パターンの新しい観察や推論，解明は，どのようなものであれ，生まれることはないだろうから。したがって，発見というのは，関心対象のフィールドで起きていることを見つけ出す行為，プロセスであり，その結果として認識が生まれる。概念発見という概念が強調するのは，発見の方向性である。つまり，この概念は，事実に関わる想像もしくは「発想」に関わっているのである（Rennie, Phillips & Quartaro, 1988）。つまり概念発見は，それ自体としては，パースペクティブに対する新しいパースペクティブの創出に関わるものである。それは，雰囲気づくりが抽象的概念化に向けて開かれていくために必要な第一

歩となる，発展的な道すじなのである（Kolb, 1984 ; 1999）。

　こうした特別なコンテクストから，参加者の大多数に心理的な安心感が生まれる。そして，参加者が心理的に安心できる空間を創り出すことで，生産的な研究作業のためのエネルギーが解き放たれるのである。

　グレーザーの著作においても，そうした安心できる心理的空間を読者のなかに創り出すため，同じように雰囲気づくりの戦略が採られている。彼は自著の編集を拒むが，これは，アイディアが提示の仕方に勝っていることを示すためである。これは，セミナーにおける彼のドレスダウンと似たものだ。アイディアに集中することで思考のダイナミズムが生み出され，常に前向きに進んでいく。後ろ向きに提示の仕方を振り返ることによって，概念的思考の進展が阻まれるということがないのである。つまり，概念発見のための雰囲気づくりのために，彼の著作ではテクストによるアプローチが採られる一方で，GT セミナーでは人々に関わる多面的アプローチが採られるのである。

6　構造化の原理

　GT セミナーは，特定の仮想的(バーチャル)会場や現実の会場で行なわれる。後者は，セミナーが行なわれる実在の場所のことである。前者の仮想的会場とは，セミナーの進行役が開設・運営するもので，ウィキをはじめとしたインターネット・フォーラムなどを含んでいる。この場合，参加者はセミナーの前後にグループ学習に参加し貢献することが期待されている。グレーザーが，そこでの議論に参加することはない。なぜなら，診断すべき具体的な問題について，彼はなるべく事前に知りたくないからである。とは言え，それは，参加者が実際に会う前につながりを持つ良い機会となっている。

　こうした仮想的および現実的な枠組みにおける第1の構造化原理は，相互交流主義である。この概念は，概念発見のための重要な一前提としての多様性と多数性の存在を確認するものである。相互交流主義とは，参加者たちの研究分野と調査研究領域，それから GT スキルのレベルが，セミナーという場で理論的には無限に相互交流する可能性に開かれていることである。博士号候補者が誰であっても，その人物が研究で現に置かれている立場・水準で手助けをす

ること。これを目標として定めているので，多様性が，一つの基本的アイディアとなる。つまり，参加者の能力やスキルレベルが相補的であると，互いに上手く助けあえる，という考えをベースにしているのである。相互交流主義はまた，文化や国籍などの背景の面での多様性も示している。構造的アプローチとして，相互交流主義によって，生産的で協力的な分かち合いのために，参加者どうしの非生産的な競い合いはたしなめられる。ある参加者は，私に宛てたeメールでこのように述べている。

　「同じようなセミナーには参加したことがないですね。インフォーマルな雰囲気が素晴らしかったですが，プレゼンテーションするとなるとやはり緊張しました。しかし，まわりの皆さんが，批判するのではなく助けてくれるとわかっていました。それが，良いのです」。

　第2は，飛び込み／飛び出しの原理である。この特質は，現実のセミナーの場所を選ぶ際の指針を提供するものである。言うまでもないが，他の多くの学術セミナーや会議と同じように，GTセミナーがパリやロンドン，ニューヨーク，サンフランシスコといった巨大な国際的拠点都市の近くで主として開催されるのには，実用的な理由がある。なぜなら，大都市であればアクセスしやすいため，参加者が移動時間や費用を節約できるからである。しかしながら抽象化を特徴とするGTの見方からすると，この原理は，参加者にとって束の間の脱コンテクスト化に寄与する。参加者は，インスピレーションのループ（実際はGTセミナー）に入っていくとなると，日常の習慣や環境を文字どおり忘れ去らなければならない。ある参加者は，こう述べる。

　「セミナーの場所は，幾つかの点で私に影響を与えます。こうして世界に出ることで，一瞬にして大都市の創造性に富んだつながりのただ中に身を置くわけです。ふだんの仲間から離れるわけですが，それでも他の学問分野の方々と一緒にいることで，大いに学んでいると感じます。そのおかげで，多くの刺激が生まれるのです」。

第2章　概念発見のための雰囲気づくり

　日常環境からの身体的な脱コンテクスト化は，潜在意識にも影響を及ぼし，新しい発見への開放プロセスを加速させる（May, 1994 ; Gynnild, 2007）。そうした意味で，参加者は慣れ親しんだ場所から飛び出すのだ。参加者どうしが大抵の場合ファーストネームで知り合うようになるのも，時間と場所と人々に，ある種の激変を一時的にもたらすものとして飛び込み／飛び出し原理の経験に一役買うことになる。

　概念発見のための雰囲気づくりにおける第3の構造化の特質は，感覚の調和と私が呼んできたものである。この特質は，諸感覚の意図的な相互作用を促し，刺激を与えることに関わるものである。多くのアカデミックな場では，聴覚が特別な扱いを受けている。しばしば講義や論文のプレゼンテーションでは，聴くことと読むことをつうじた公平な知的論理づけが中心に据えられる。その一方で，他の感覚情報は，注目されない。しかしGTセミナーでは，すべての主要な感覚器官に（つまり聴覚や視覚だけでなく触覚や味覚にも）訴えかけることが，雰囲気づくりの一部となるようだ。情報は，それを非常に敏感に受容するこれらの感覚器官によって，物質的世界から心的領域へと変換される。人がいる場であればどこでも，感覚的情報が視覚・聴覚・身体的感覚システムにおいて多面的に処理されているのである。そして，そうしたメッセージがどの程度，感知され，さらに処理されるかは，その場で受容する者の意識や注意深さの程度による。

　セミナーの前に行なわれる懇親会でまず最初に醸し出されてくる温かい雰囲気をつくりだすには，インフォーマルであることが重要になる。懇親会では参加者どうしで自己紹介しあい，食事会へと招待されるが，インフォーマルであることによって不安の軽減が促されるのと同時に，これから経験することへの参加者たちの期待が高まるのである。こうした会合は二者関係の脱構築，つまり，あらゆるやり取りが対等な者どうしで行なわれることを含意する，関係の対等化の手段であると，グレーザーは考える。

　感覚の調和のもう一つの側面は，目的に合った場の雰囲気である。この概念は，飛び込み／飛び出しの枠組みのなかでの場所選びに関わるものだ。目的に合った場の雰囲気とは，建物や都市内部の地域といった特定の物理的環境から人が感じ取る雰囲気のことである。会場は，しばしばクラシックな建物のうち

に見出される。クラシックな建物はそれ自体，日常生活のありふれた平凡さとは異なる特別な雰囲気，いやむしろ高揚した雰囲気を醸し出す。ごく一部の例外を除き，気持ちを高揚させてくれる歴史的コンテクストのなかでセミナーに参加すると，上品さや豊かさといったエネルギーが満ち溢れるなかで，幸福感や創造的フロー感覚が養われるのである。

　そこではさらに，固定観念の脱構築も手助けされる。と言うのは，コンテクストのうちに閉ざされた環境から離れることで，参加者は，時間と空間と人々の関係を超え，記述レベルから抽象的レベルへの移行が促されるからである。感覚の調和というのは，さもなければ概念発見の過程でエネルギーを奪いかねない，要らぬ不安からの解放に関わることなのである。あるいは，置かれた状況において目的に適っているものを選択すると同時に，最高の水準にこだわることにより，参加者が評価や敬意を感じとり，その刺激に応えるということである。暗黙のうちにではあるが，感覚の調和には，一般的な感受性を高めるのに様々なかたちで影響を及ぼす可能性のある環境の上手な切り替えを促すことが含まれている。例えばセミナーの部屋は，休憩中に互いに少し触れ合うくらい小規模なものかもしれない。そうした場合，運動感覚への訴求は，インフォーマルに打ち解けさせ，他人と実際に「触れ合う」一つの方法なのである。

　雰囲気づくりの第4の構造化的原理は，ドレスダウンである。これは，インフォーマルさを強調し，まわりをリラックスさせるもので，研究者の間ではよく知られたパターンである。ドレスダウンは，GTセミナーにおけるグレーザーの風貌の一環をなすもので，対等な者どうしとしての関わりというアプローチを体現しているものだ。

　最後の第5の構造化原理は，集団的個人主義である。この原理が意味するのは，GTセミナーのモデルが，グループ全体のセッションを求めるニーズと個人向けセッションを求めるニーズという，参加者たちの二元的なニーズを同時に満たそうとするものであるということだ。15人から20人のグループにおいて，個人セッションの時間が12人まで与えられる。そしてこれらのセッションの進行中には，指導者が主導するグループ全体の問題診断に，皆で取り組むのである。そこでは，当人が次のステップへと進むには，どういった調査研究上の問題が解決される必要があるのかに焦点があてられる。また，参加者は博士論文

を書く全期間を通してオブザーバーになる選択肢も持っている。実際のところオブザーバーという立場になると、自身の研究については発表しなくてもよいが、代わりに他の参加者への助言を積極的にしなければならない。さらに、3日目にセミナーリーダー（この文脈ではグレーザー）と1対1あるいは2対1で議論を行なうという選択肢が、集団的個人主義の原理には暗に含まれているのである。集団的個人主義は、複数的経験性——すなわち複数の学問分野や理論展開の複数の段階の枠を横断する形で概念化に取り組むことで、参加者は近道をする——という考え方を支持するものである。

以上では、GTセミナーの雰囲気づくりにおける主な**構造化的**特徴群について理論化してきた。それらはいずれも枠組みであり、また参加者がすぐにわかる、物理的に観察可能な事実でもある。構造化の議論は、様々な国や学問分野から集まってくる発展途上のGT理論家たちの概念的な問題診断のために最高の環境を創り出すための前提としてなされてきたのである。こうした構造化によって、生産的な理論化のための**雰囲気の醸成**が促されるのである。

7 相互作用の原理

心理社会的なレベルにおける、GTセミナーの前・間・後の雰囲気づくりの多様な行為群は、循環的な相互作用プロセスの諸相であると言える。それには、初期コンタクト、集中的コンタクト、そして終了コンタクトがある。

初期コンタクトとは、セミナーで生起する相互作用の導入的段階、より具体的には開講前夜のインフォーマルな懇親会や初日開講時のことである。次に集中的コンタクトとは、講義や問題診断が進行するあいだの、グループとの／グループ内部での相互作用の極めて集中した段階を指す。そして終了コンタクトとは、最後の締めの局面での一連の出来事、すなわち総括セッションと、これに続くセミナーとは別の場所で開かれるインフォーマルな食事会のことである。忘れてはならないのは、セミナーの前にオンラインでディスカッショングループが立ち上げられ、参加者が前もって互いに知り合うようになるプロセスを開始できる場合には、初期コンタクトおよび終了コンタクトの段階が、さらに時間的な広がりを持つ可能性があるということである。

次に進む前に，留意しておくべきことがある。それは，本章での理論化の作業は，非常に実りある学習環境を経験的なデータに根ざしながら促進する点に焦点化したものだということである。分析の関心は，GTの指導に関するグレーザーの理論化が，実際のところどのように展開するのかという点にある。しかしながら，他人と馴染むようになる最初のステップの強烈さと時間的な長さは，様々である。本章冒頭で紹介した懇親会でのグレーザーと私の出会いに例示されるように，時には氷が瞬く間に溶けることがある。彼は，壊れた椅子を用いた大げさな演技を，ユーモアを交えてこなすことで，初期コンタクトから集中的コンタクトへの移行をものの数秒でやってのけた。これは，印象操作（Goffman, 1959）の実演である。彼は，それを迅速かつ自然に行なったのだ。もちろん，同じ状況に対して，彼は別のアプローチも取りえただろう。雰囲気づくりに関する相互作用の諸原理の分析が示唆するのは，GTセミナーの最初の数時間のうちに築かれる心理的空間が，翌日以降の雰囲気の基調をなすということだ。

心理社会的なレベルにおいて雰囲気づくりと同義的に用いられる用語があるとすれば，それはトーニング（雰囲気の醸成）だろう。音楽においてトーニングとは，音符の特定の高さ，音質，持続時間，つまり音の特徴を意味する。また，スピーチや著述におけるトーニングとは表現のされ方の様式，つまり表現の確かさや調子，質に関わるものを指す（dictionary.com）。セミナーの開講時に雰囲気づくりとは何かを説明するのに，グレーザーはこの概念を繰り返し用いている。「つまり大事なのは，トーニングなのです。まずはトーン（雰囲気）を整え，そしてそのトーンに乗るのです。開放的なものであれフレンドリーなものであれ，はたまた無礼なものであっても，とにかくそのトーンに乗るのです」。彼はそう話すとともに，参加者たちに狙い通りのインパクトをもたらすために多弦楽器として自らを常に使いこなすのだと明言する。以下では，セミナーのコンテクストでグレーザーが指導者として用いる，雰囲気づくりのための心理社会的アプローチの主要原理について議論しよう。いずれの原理も，認識に関わるものである。

私は第1の原理を**集中的参加**と呼んでいる。これには，起きていることに対する指導者の感受性や直接的なイニシアチブ，反応が含まれる。集中的参加の

構築は，まず参加者各人とのアイコンタクトとグループ全体とのアイコンタクトから始まる。つづいて，疑問の提起，積極的な傾聴，さらなる疑問の提起，詳細な説明の要求，熟考のための小休止，ロールプレイング，冗談。これらを，注意深く切り替えていくのだ。いずれのアプローチも，よく知られたもの，知られていないもの，探索的なものなど様々だが，抽象的な概念で溢れている。概念の負荷が大きすぎる時，グレーザーは指導者として，それらのアプローチのより洗練された諸局面を行ったり来たりすることになるかもしれない。すべてはコンテクスト次第なのである。ゆっくりとしたペースで話すので，それぞれの言葉は厳粛さを帯びてくることになる。さらに彼だけでなく，参加者もまた熟考のために立ち止まり，ペースがさらに遅くなる。小休止が数分間，続く場合も時にはあるかもしれない。このペースが時間の激変（速かったり遅かったり）を感じ取るのに一役買うのである。熟考のために立ち止まることで，積極的な傾聴や疑問の提起，そして冗談の切り替えが，よりはっきりしたものとなる。私がある参加者に向かって，「熱心に思索に耽ってらっしゃるようですね」とコメントしたところ，彼はこう説明してくれた。「ええ，本当に傾聴しているのですよ。一所懸命に傾聴しているので，他の人たちにも聞こえてしまうのではないでしょうか」。アプローチに多様性があることが，エネルギーや集中力を維持するのに寄与しているのである。

　集中的参加には，自分自身に意識を向けること――つまり自己認識――と，他者に意識を向けること――つまり共感的認識――の双方が関わっている。表情や身振り手振りは，集中的参加を際立たせる。集中的参加の諸相の切り替えは，頻繁かつたやすく，そして真正さを暗示するやり方で行なわれる。指導者の相互作用パターンが誠実に見えれば，指導者の存在や考え方に対して参加者はつながりを感じやすい。目的に合った参加においては，参加者がエネルギーを維持するためにブレーキやギアのシフトを必要としているのかどうかを洞察する力，要するに，微かな兆しを見抜く配慮が，指導へのアプローチとして大事にされるのである。

　第2の原理は，明確さである。グレーザーの著作やセミナーで繰り返し指摘されているように，方法としてのGTは，データへの信頼を基盤にしている（Glaser & Strauss, 1967 ; Glaser, 1978）。しかし，データに対して必要とされる感

第Ⅰ部　クラシック・グラウンデッド・セオリーの指導

受性とデータへの接近とをわがものにするためには，意欲的な GT 研究者ならば，通常は憶測を捨てる必要がある。GT において，それは結局のところデータを信頼しないということになるのだから。そこで，調査研究者たちがデータを信頼するよう促すには，彼らに方法（GT）を信頼してもらう必要があることを，セミナーリーダーは認識しておくことが極めて重要になるように思われる。そうした信頼は，方法（GT）が機能し，関連があるのだという確信や信念を含意している。そしてそのことは，フィールドで専門的技能を実際に発揮してみせることをセミナーリーダーに暗に求めることになるのである。リラックスしていること，柔軟であること，そして状況をコントロールしていること。これらは，明確であることによる信頼構築の一翼を担っている。

　グレーザーはセミナーにおいても，彼の著作の場合と同じような方法で，つまり理論化の際に明確であることとデータへの接近を保持することによって信頼を構築する。専門家としての権威は，次のようにして築かれる。GT とは何であり何でないのか，わかりやすく明確に述べること。彼自身のこれまでのキャリアや GT を用いた成功例について詳しく話すこと。セミナーの目標とその到達方法を概念化すること。セミナーの間とセミナーの結果として，専門家としても個人としても，どういった経験をすることになるのかについて，参加者にアドバイスすること。つまり，ここでのリストには，個人としての発見や専門家としての発見，どの調査研究者でもキャリアをとおして直面しがちな感情や疑問など全般が含まれている。グレーザーの分析によると，混乱，貢献，オリジナリティ，自律性，ふさぎこみ，信頼の構築，エンパワメント，インスピレーション，ネットワークづくり，そして「喜びによる若返り感覚」といった問題が関わっているのだ。彼はまた，次のような形ではっきりさせている。

　　「私たちは，パースペクティブに関するパースペクティブを提示しようとしているのです。データを見るでしょう。そうしたらそのデータに合った潜在的な概念を呼び出してみてほしいのです。あなた方には，抽象的になっていくスタートを切ってもらいたいのです。ですから，データから離れ，時間，場所，そして人から抽象化して概念レベルに達するようにする。そして，生活の一般的パターンについて語り始めるのです。私が我慢でき

ないことを1つ挙げるとすれば，それは取るに足りない細かい話題です」。

　明確さの別の様相は，概念化を手助けする具体的事例をふんだんに用いる点にも現れる。しばしば引き合いに出されるのは，テキサス州ダラスの例である。グレーザーはちょうどセミナーを終えたばかりで，空港までの最も速い行き方を知りたかった。

　　「そこには10人の参加者がいて，それぞれが異なる行き方の理論を導きだしました。それは，軍の特殊部隊を指揮するようなものです。空港まで車を運転していくというだけでは駄目なのです。彼らはみんな，長い時間をかけて集めてきたいくつかの指標をもとにした理論をそれぞれ持っていたのです。道はこれでなければならないとか，あれでなければならない，といった具合にです。そして私は，そのうちの1つの理論にしたがったところ，飛行機にちゃんと間に合いました。いいですか。最も気取らない普通の理論の1つは，ここからあそこまで，どうやって行けばよいかというものです。交通パターンをもとにした様々な指標をベースに理論化するのです。交換可能な指標をもとにして，いつもやっていることです」。

　心理社会的な雰囲気づくりの第3の原理は，完全な受容である。GTセミナーの参加者の多くが，非常に短い時間のうちにグループの内部で創り出される開放性の度合いに驚かされる。さらに，彼らが語るのは，GTに不慣れな場合であっても，議論への生産的で自律的な貢献者として受け容れられ，評価されている感じがするということである。完全な受容は，参加者の研究に対する本物の好奇心や，持ち込まれた調査研究上の諸問題に対して批判的になるのではない形で助言しようとする姿勢に示される。助言を求めることはまた，他の人々が信頼に値すると信任状を付与する方法の1つである。

　グレーザーは，参加者それぞれが自分のデータの専門家であることを強調するが，そうすることによって，彼は概念発見に向けた対等な者どうしの回路を切り拓くのである。こうすることで，グループの中と個人の心の中でのアイディア展開に向けたらせん状の動きが促される。完全な受容というアプローチ

には，例えば人やアイディア，そして調査研究上の諸問題といったものに対する，批判的でない形での開放性が含まれている。しかしこのアプローチにおいては，個人的なものや感情的なもの，政治的なものなど，その状況における先入観を意識的に切り捨てた公平な態度もまた求められる。そうした公平な態度はすなわち，新しい何かを取り入れるために古いものを棄てるということである（May, 1994）。

　換言すると GT の実践とは，批判的判断から自由な姿勢に馴れるという訓練を含意している。つまるところ，このアプローチには意識的に公平な態度であることが求められているのだ。グループを前にして上手く報告できていないことを心配する者に対し，グレーザーは次のように述べたことがある。

> 「あなたが話している最中，私はずっとデータのことだけを考えています。そのデータを概念レベルで超えていこうとしているのです」。

彼は，すっかりアイディアのことに集中していたのだった。

　次の原理は，活力である。グレーザーは彼自身の方法の共同発見者として，GT の指導に献身的なだけでなく，それに対する情熱をもっている。問題診断セミナーで彼が自ら示す「お手本」は，GT の手続きに基づいた理論生成に注ぎ込まれるエネルギーの生きた証である。彼はまた，GT の専門的技術の開発から生み出されてくるエンパワメントや自律性の生きた証でもある。セミナーの長所の 1 つについて，彼は次のように強調している。

> 「GT とは，若返ることなのです。セミナーで周りを見回せばわかるでしょうが，GT を学ぼうとしている人たちは，概して歳をとっています。彼らは，迷っても構わないし，常に何でもわかっているというわけではないことを理解した年ごろを迎えているのです。タラさんのことを話しましたか？　彼女が学び始めたのは80歳でしたが，コア・カテゴリーを見つけた時は，30歳の人のように走り回っていました」。

　GT に力や持続性(デュラビリティ)があるということは，GT によって生成された理論の

例——それぞれの分野に変化をもたらしてきた理論の例——を提供することを通して，繰り返し明らかにされているのである。

　この「若返り効果」は，GTの際立った特徴である探究的機会と結びつくものかもしれない。探究するのも，新しい潜在パターンの第一発見者になるのも，楽しいことである。この事実から，概念発見のための雰囲気づくりにおける第5の相互作用原理が導き出される。すなわち，遊び心である。世界で最も円熟したGT理論家であるグレーザーは，直観力のある専門技術レベルに達している（Gynnild, 2007）。直観力のある専門技術で含意されているのは，集中的参加や明確さ，完全な受容，活力といった技法を難なく駆使することであり，異なった心理状態を素早く切り替えることである。それは，理論化のタンゴのように思考と行為が収斂する状態であり，そこでは時間が状況に応じて圧縮されたり引き延ばされたりするのだ。

　こうしてグレーザーは，指導者の行為やその様式を如何にすればしっかりとコントロールできるのか，手本を示すのである。参加者たちが「次のステップに進む」のを手助けするために，彼は問題診断者として，常に手を替え品を替え，様々な人間的アプローチの持ち駒を駆使しているのである。遊び心は，置かれた状況に対する公平な態度の証でもある。ユーモラスにコメントできないほど深刻なことなど無いのである。ユーモアはエネルギーの維持に寄与し，また人々に軌道を外さないように指示する鷹揚なやり方である。遊び心はさらに，探求やグループ内で何かを突発的にやり始めるための心理的空間の創出にも寄与する。そして，議論を打ち切ったり遮ったりするには勇気がいるが，遊び心はまたそうしたリスクを冒すこともすすめる。なぜなら，ユーモラスなアプローチには，さもなければやっかいなことになっていたかもしれない状況を和らげる可能性があるからである。グレーザーは，GTと質的データ分析の違いをしばしば示す際，「物語を語るのはやめなさい」とユーモラスに述べる。GTの観点からすれば，物語では話は進めど概念が出てくることはなく，研究者に対して何ら示唆するものがないのだ。

　開講セッションの総括にあたって，グレーザーは次のように言うかもしれない。「私たちはチャンスを掴もうとしているのです。互いに本音を言い合い，そして許容しようとしているのです。おおいに笑い，泣いても構わないので

す」。この発言で彼が参加者たちにはっきり示しているのは、探求的な理論化のための開かれた空間創出の手助けがなされているということだ。グループが「雰囲気づいた」，つまり始める時がきたということである。

8 パーソンセンタード理論との類似点

　仮の結論としてということになるが、概念発見のための雰囲気づくりに関する以上の分析が示唆しているのは、グレーザーの GT 指導法が GT の実践でもあるということだ。ここでなお、答えておかなければならない問題がある。それは、概念発見のための雰囲気づくりが知的キャリアにおける指導や学習に関する既存の諸理論とどのような点で類似しているのかということである。以下ではまず、学習のための良い雰囲気づくりの重要性について、明確に触れている研究文献を簡単に参照する。続いて、ロジャーズのパーソンセンタード（人間中心的）理論（Rogers, 1951 ; 1969）に代表される人間性経験心理学の主要な諸側面に焦点を絞って議論する。この理論は本章で論じてきた、データに根ざした雰囲気づくりのアプローチと非常に親和的なようである。他に関連しそうな理論には、経験学習論（Kolb, 1984 ; 1999）や、精神療法から派生した社会的学習に関するより一般的な議論系譜がある。ただし、これらに限られるわけではない。

　学習のための良い雰囲気づくりは、指導者や研究者をこれまで常に悩ませてきた問題である。しかし未だ、明確な定義や説明が十分になされていない。ガブリエリによると、雰囲気という用語は「わかりにくい『業界的な』流行り言葉となっていて、指導者や調査研究者たちは本質的な定義をすることなく、ただ印象主義的な好感因子についてそれとなく言及しているだけである」(Gabbrielli, 2009)。そこで本研究が提起するのは、雰囲気づくりという動名詞が学習論文献における欠落を補うものとなるのではないかということだ。

　いくつかの研究（Maley, 1994 ; Gabbrielli, 2009）によると、良い学習環境を創りだすには教室の雰囲気が重要であることを、教師や指導者たちは直観的に感じとる傾向がある。ヤング（Young, 1991）が示唆するには、学習者の安心感や不安感の低さは、ぼんやりとした雰囲気の知覚としばしば関連している。これ

はつまり，学習者には不必要なまでに，不快で落ち着かず，フラストレーションのたまる経験をさせかねない活動や環境の不在という具合に表現することができるかもしれない。また，一部の研究者（Hadfield, 1992 ; Maley, 1994）の主張では，グループやクラスの雰囲気や相性が重要である。マレーによると，教室は心理社会的，感情的な出会いが生まれる人間味あふれる舞台であり，また教室内での学習者の行為は大抵，指導者が認めていることに従ったものである（Maley, 1994）。

しかしながら，雰囲気という概念は学習論文献において，あまり言及されていない。

より一般的な学習コンテクストでは，心理社会的な相互作用原理は，物理的枠組みや哲学的枠組みよりも広い範囲で分析されている。ちなみに，後者の枠組みの考察は明らかに，指導や学習の周縁でなされている。それゆえに，ヒューマニスティックな教育心理学，特にアメリカの心理学者カール・ロジャーズが展開したパーソンセンタード理論で提示・議論される幾つかの主要な問題が注目されるのである。彼の理論の紹介で最もよく知られているのは，*Freedom to Learn*（Rogers, 1969 ; 1983 ; Rogers & Freiberg, 1994）の3つの版だが，これらはいずれも1951年以降の彼の来談者中心療法に基づいており，教育の領域でさらに展開されたものである。ロジャーズのパーソンセンタード理論はGTと同じように，学習や人間的成長に対する全体論的アプローチを代表するものである。それは主要な学習理論として，西洋世界における経験的な教育・学習デザインに多大な影響を与えてきた。

グレーザーの指導法の関心は，専門分野や地域の枠を超えたものであり，理論家としての調査研究者のスキル開発にある。一方のロジャーズが関心を寄せるのは，個々人が民主主義社会において最適に機能する人間，市民，そしてリーダーになるのを手助けする教育である。また，グレーザーは，抽象的概念化の専門技術を開発するために，時間や空間，そして人に対して公平な態度をとることを強調する（Kolb, 1984）。一方でロジャーズが強調するのは，社会のなかで十分に機能する参画者であるための，より一般的な諸側面である。ロジャーズはまた，有意義な学習は，学習者の自己に対する脅威が最小化され，経験を分節化して認識することが促される環境で，最も効果的に促進されるも

のだと強調している。こうした主張は，GTセミナーで実践される，データに根ざした雰囲気づくりのアプローチと合致している。

　さらに，学習に対するアプローチでは，グレーザーとロジャーズはともに，経験に開かれ，そして経験から理論化することに関心を寄せている。また，ファシリテーターと学習者の関係における特徴的な態度の質が，かなりの学習効果を生み出すと，ロジャーズ（Rogers, 1969）は主張する。そうした態度は，すべてファシリテーター側のアプローチに関わるもので，3つのアイディアに要約できる。すなわち，真実性／純粋性，受容，そして共感である。

　真実性／純粋性とは，指導者やファシリテーターが自分らしくあること，そしてその振る舞いのあり方に関わるものである。価値評価と表現とが一致していれば，表面や建前を取り繕うことなく学習者との関係に入っていけるかもしれない。経験したとおりに自らの感情を認識し，適切なコミュニケーションをとる。そうすることで，人間どうしの真実の／純粋な出会いが生まれるのである。非常に目立つ第2の特質は，ロジャーズが「尊重，受容，信頼」と呼ぶものである。これは，ある種の所有欲のない配慮である。相手をありのまま評価し受け容れることで，ファシリテーターはその状況や相手への信頼を示すのである。同様の姿勢は，GTの指導におけるグレーザーの集中的参加や完全な受容といったアプローチにも見られる。

　ロジャーズが提唱する，自発的で経験的な学習の雰囲気づくりを促す第3の特質は，共感的理解である。この側面は，ファシリテーターや指導者の側の感受性や認識に関わる。共感という言葉でもってロジャーズが言わんとしているのは，指導者が相手の立場に立ち，その目線からものを見ることができるという姿勢のことである。学習者が批判されているのではなく，理解してもらえていると感じる場合，有意義な学習となる可能性が高くなる。参加者たちはGTセミナーで「共感的理解」を経験する傾向があるのだが，しかしGTの観点からすれば，そこで見られる「共感的理解」は，指導者（つまりグレーザー）個人の，人間的理解の技量に主として依拠しているわけではない。「共感的理解」に相当するものは，むしろGTを指導する実際の領域で集められた経験的データに根ざしているのである。したがって，そうしたデータの徹底的な分析の結果生み出されてくる理論化によって提供されたものは，セミナー計画を立

案する際の基本的部分なのである。セミナーごとに，新しいデータに応じて理論の調整・修正がなされ，そうした作業を通して，参加者のニーズに応じた計画の関連性と適切性が保証されるのである。

　GTセミナーとパーソンセンタードな教育アプローチのもう一つの類似点としては，指導法の柔軟さや指導計画の透明性があげられる。その計画には通常，関連する実際の問題の解決や，各個人のニーズを満たすことを意図した指導，そして対等な者どうしのチュートリアルが含まれる。さらに言えば，学習者とファシリテーターの特徴として，いずれのアプローチにも共通するのは，人間的な変化や成長に対して前向きで，開放的であることだ。ロジャーズによると，ここでもまた，まずはファシリテーターが学習者を純粋に信頼することからすべては始まり，次に，受容的かつ共感的な雰囲気づくりへと続くのである。また，所与の限界や事情の下で，許容性や受容性，そして学習者の信頼性のある雰囲気を創出することも重要であると，彼は強調する。これはまた，概念発見のための雰囲気づくりにおける明確さや完全な受容の側面と非常に親和的な論点なのである。要するに，学習が高められやすいコンテクストというのは，学習者が評価され信頼に値すると感じる環境（Thorne, 1992 ; McCombs, 2004），つまり，よい雰囲気や空気が創り出されている環境で，互助的な関係を築き，学習プロセスを自らコントロールする感覚を持ち，そして他者と共に／互いから学びあえるコンテクストである。

　以上の簡単な比較から明らかになるのは，GTとパーソンセンタードな学習との間には，心理社会的な観点からすると指導上いくつかの非常に興味深い類似点があるということだ。ただし，相違点も同様に数多くあるだろう。両アプローチの強みは，学習の場における参加や関係の質，そしてロール・モデルとしての指導者・ファシリテーターの機能への焦点化にある。ロジャーズが真実性や純粋性，一致性と呼ぶものを，グレーザーはよりインフォーマルに「言ったことを行なうこと／言行の一致」と呼ぶ。この論点はまた，ダブルループ理論とも非常に親和的なものである。さらにまた，この理論は，アージリスとショーン（Argyris & Schön, 1974, 1992）にその概要が提示されている「行為理論」のパースペクティブに基づいている。行為理論における重要な特徴の一つに，個人が信奉している理論（つまり，これからしようと言っていること）と実際

に用いられている理論（つまり，実際にすること）との相違がある。こうして，ダブルループ学習における主要な関心もまた，応用型 GT やパーソンセンタードな教育と同じように，言行の一致を実現することなのである。これらの理論にはすべて，確実に機能する好みのアプローチがあるのである。

　しかしながら，GT における指導や教育の際には，データに寄り添い続けるという格律が採用される。この格律が含意しているのは，その指導法の適用が参加者たちに関連がありかつ重要なことに関する GT のやり方に従ってなされるということである。概念発見のための雰囲気づくりが示しているのは，指導の観点から言うと，(GT の要件である) 開放的になる／開放的であり続けることは，自己やその周囲の絶え間ない認識以上のものに関わっているということである。つまり，この雰囲気づくりが関わるのは，社会的・文化的・心理的境界を越えて様々な研究分野から集まってくる調査研究者たちの間に，特定の概念的な心的態度を創出し醸成することなのである。そうしたものとして，GT セミナーの場での雰囲気づくりのアプローチは，調査研究の基本的部分を支えている。つまり，抽象的概念化や学術的理論化が備えている一般的関連性や確実性，そして信頼性といったものの支えとなっているのである。

参考文献

Alessi, S. (2000). Designing educational support in system dynamics based interaction learning environments. *Simulation Gaming*, Volume 31(2), pp. 178-196.

Argyris, C. & Schön, D. (1974, 1992). *Theory in practice. Increasing professional effectiveness.* San Francisco : Jossey-Bass Inc.

Butcher, K. R., Bhushan, S. & Sumner, T. (2007). Multimedia display for conceptual discovery : Informaton seeking and strand maps. *Multimedia Systems*, 11(3), pp. 236-248.

Furth, H. G. (1963). Conceptual discovery and control on a pictorial part-whole task as a function of age, intelligence and language. *Journal of Educational Psychology*, 54(4), pp. 191-196.

Glaser, B. G. & Strauss, A. L. (1967). *The discovery of grounded theory : Strategies for qualitative research.* Mill Valley, CA : Sociology Press. (= 1996，後藤隆・大出春江・水野節夫訳『データ対話型理論の発見——調査からいかに理論をうみだすか』新曜社)

Glaser, B. G. (1978). *Theoretical Sensitivity : Advances in the methodology of grounded theory*. Mill Valley, CA : Sociology Press.

Glaser, B. G. (1998). *Doing grounded theory : Issues and discussions*. Mill Valley, CA : Sociology Press.

Gabbrielli, R. R. P. (2009). Demystifying classroom atmosphere. *The ELJ Journal*, Volume 1(2).

Goffman, E. (1959). *The presentation of self in everyday life*. New York, NY : Anchor books.（＝1974，石黒毅訳『行為と演技──日常生活における自己呈示』誠信書房）

Gynnild, A. (2006). Growing open : The transition from QDA to grounded theory. *Grounded Theory Review*, 6(1), pp. 61-78.

Gynnild, A. (2007). Creative cycling of news professionals. *Grounded Theory Review*, 6(2), pp. 67-94.

Hadfield, J. (1992). *Classroom dynamics*. Oxford : Oxford University Press.

Kolb, D. (1984). *Experiental learning : Experience as the source of learning and development*. Englewood Cliffs, New Jersey : Prentice Hall.

Kolb, D. (1999). *The Kolb learning style inventory*, Version 3. Boston : Hay Group.

Lei, P. W. & Wu, Q. (2007). Introduction to structural equation modeling : Issues and practical considerations. *Instructional Topics in Education Measurement*, 26(3), pp. 33-43.

McCombs, B. L. (2004). *The learner-centered psychological principles : A framework for balancing a focus on academic achievement with a focus on social and emotional learning needs*, In J. E. Zins, R. P. (New York : Teachers).

Maley, A. (1994). The anatomy of atmosphere, *Practical English Teaching*, 14(3), pp. 67-68.

May, R. (1994). *Courage to Create*. New York : W. W. Norton.（＝1981，小野泰博訳『創造への勇気』誠信書房）

Rennie, D. L., Phillips, J. R. & Quartaro, G. K. (1988). Grounded theory, a promising approach to conceptualization in psychology. *Canadian Psychology*, 29(2), pp. 139-150.

Rogers, C. (1951). *Client-centered therapy : Its current practice, implications and theory*. London : Constable.（＝2005，保坂亨・諸富祥彦・末武康弘訳『クライアント中心療法』岩崎学術出版社）

Rogers, C. (1969). *Freedom to learn : A view of what education might become*. Columbus, Ohio : Charles Merill.（＝1972，友田不二男訳『創造への教育──学習

心理への挑戦（上・下巻）』岩崎学術出版社）

Rogers, C. (1983). *Freedom to learn for the 80s*. Columbus, OH : Charles Merrill. （=『新・創造への教育（3分冊）』岩崎学術出版社；①友田不二男監訳，1984『自由の教室』；②伊東博監訳，1984『人間中心の教師』；③友田不二男監訳，1985『教育への挑戦』）

Rogers, C. & Freiberg, H. J. (1994). *Freedom to learn*, third edition. New Jersey : Prentice Hall Inc.（=2006，畠瀬稔・村田進訳『学習する自由 第3版』コスモス・ライブラリー）

Thorne, B. (1992). *Carl Rogers*. London : Sage.（=2003，諸富祥彦監訳『カール・ロジャーズ』コスモス・ライブラリー）

Young, D. J. (1991). *Affect in foreign language and second language learning. A practical guide to creating a low-anxiety classroom atmosphere*. New York : Mc Graw-Hill.

第3章 グラウンデッド・セオリーを用いた博士課程の遂行
―― スーパーバイザー - 研究者の視座

ウェンディ・ガスリー
アンディ・ロー

　本章は，グラウンデッド・セオリー（以下，GT）を用いた博士論文執筆の経験豊富なスーパーバイザーであるアンディ・ロー（Lowe, A.）と，彼の大学院生であったウェンディ・ガスリー（Guthrie, W.）のコラボレーションによって書かれた。ガスリーの博士論文 "Keeping Clients in Line"（Guthrie, 2000）はグレーザーが外部審査委員を務めた。本章を執筆する主な動機は，保守的な大学において，クラシック・グラウンデッド・セオリー（以下，クラシック GT）で博士研究を遂行するにあたっておそらく直面するであろう障害のいくつかを，どのように解決することができるのか，博士課程のスーパーバイザーと研究者の両者を支援することである。本章では，クラシック GT という研究方法を用いて行なわれる，各研究者の博士号取得を確かなものにするために直面し，扱わなければならない5点の主たる課題について確認しておく。それらは以下の5点である。

① 博士号を取得する目的について合意を形成すること。
② 最も適切なスーパーバイザーを探して評価すること。
③ 大学の規定が研究過程にどのようなインパクトをあたえる可能性があるかを理解すること。
④ 論文審査委員会のマネジメントの方法。
⑤ 出　版。

将来を根づかせるために
　時代の先端を行くことは時に難しい。バーニー・グレーザー（Glaser, B.）は

これを認めていた。経験豊富な GT の研究者もこれを指摘するだろう。GT 研究を遂行するにあたっては，なぜ，どんな理由でということを何度説明しなければならなかっただろうか。もちろん，GT が提供できることを骨身を惜しまずわかりやすく説明していくことの必要性に驚かされるべきではない。複雑でまだよく知られていない事柄は，それが適用されるのに時間もかかるし，実際，ある種のものは，他のものより長い時間がかかってしまうのである。私たちはグレーザーが何年も前に，GT は20年から30年ほど時代の先を行っているのだと言っていたことを覚えている。

　私たちは GT を用いて博士号を取得しようとしている人たちが直面するだろうと思われる多面的なチャレンジについての意識向上と，スーパーバイザーが成功裏に学位授与までのルートを案内できるよう本章を執筆した。このアドバイスは，駆け出しの GT を用いる研究者，GT については初歩のスーパーバイザー，また GT の知識に馴染みがないのは自分たちだけではないのだということを知って安心感を得たい人々のために書かれている。ここで提供されるアドバイスは，経験を通じて発見されたよくある落とし穴を避けるように考えられている。

　私たちは 2 つの基本的方法によって博士課程の道のりがスムーズになるよう，情報を提供することを望んでいる。第 1 に，私たちの担当した章が，博士号取得に向けての研究の進展に影響を及ぼす重要な論点についての読者の意識のレベルを向上させること，第 2 に，そしてそうすることを通して，何があなたへの挑戦として直面してくるのか，予期できるようにしたい。そして最低でも，あなたは他者の経験による後知恵の効果で，適切な決定ができるようになるに違いない。私たちがこの研究方法についてのテスト・パイロットであり，あなたが事故を起こして炎上する必要がないようにしたい。私たちは，私たちの経験を基盤として，あなた方が敏速に研究を進展できる機会をつかみ，そして何よりも GT の旅の楽しさに招待したいと考えている。

1　博士号を取得する目的について合意を形成すること

　中世以降，西ヨーロッパの大学は様々なタイプの学位を授与してきた。ヨー

第3章　グラウンデッド・セオリーを用いた博士課程の遂行

ロッパの大学は押しなべてキリスト教会によって統制されてきた。教会は知識と権力の両方の唯一の管理者であることを要求した。最初に授与された博士の学位は，すべて神学博士であり，次に修士号（マスター・オブ・アーツとマスター・オブ・サイエンス）が授与された。博士号（PhD）はすべての高等学位の中で最も新しい学位である。現代の博士号は1850年代のドイツをアカデミックなルーツとしており，その直後アメリカに渡った。その後，イギリスに渡り，そして全世界に広がった。伝統的に博士号保持者はスーパービジョンなしに質の高い研究を実践することができる資格を獲得した人とされている。こんにち，世界では博士号の目的とねらいが非常に多様化している。この多様性は同じ国の異なる大学間でも拡大している。一方の極に完全に型にはまった博士号の課程がある中で，他方の極では博士号は漠然としており，不明瞭なものである。博士号が評価される方法についてさえも大変多様化している。オーストラリアのほとんどの大学の博士号候補者は博士論文の口頭試問の機会がない。博士号の研究者は単に論文を提出し，委員会による文書での評価を待つのみとなっている。他国の博士号候補者は博士論文の口頭試問の機会があるが，その方法や課程の進め方は多種多様である。博士号の研究者とスーパーバイザーの重要な課題は，博士号取得のプロセスが始まるはるか以前に，そのプロセスに関する深い理解が必要となっている。

（1）博士号はどういうものであるべきか

博士号は，知的自律と創造性を達成するエンパワメントのプロセスであるべきだ。博士号は，個人的自信を高める重要な媒体であるべきである。これは博士になるというプロセスである。研究者として知的独立性を得ることと同時に，博士号コミュニティという社会グループのメンバーにもなっていくのである。

（2）博士号はどういうものであるべきではないか

博士号は単に他の人々の個人的な欲求や要求を満たすだけのためになされるべきものではない。このタイプの「代用博士号」は知的自律性も個人的自信も達成しない。親からの期待や，親たち自身の機会や達成の欠如が，しばしば本人のよりよい決定に反して博士課程に入ることを強制する。博士号は他の人の

ものではなく，研究者本人のものであるべきだ．

（3）グラウンデッド・セオリーによる博士号が異なっているのはなぜか

どのように GT を使うかをあなたは本当に発見したいのだということ，この点について入念に確認することは重要なことである．詰まるところ，他にも様々な方法が存在するのである．先ずは博士号のための学びの動機，特にクラシック GT を使いたい理由について，自分自身に問いかけなさい．このような基本的な事柄を検証し終えたなら，他者からの良質のサポートを探し出しなさい．最初にすべきことは，選択した方法論を活用する理論がはっきりと書かれているテキストブックに取り組むことである．信頼できる主要な根本資料は，通常1967年に発刊されたグレーザーとストラウスによる『グラウンデッド・セオリーの発見』を除いては，ソシオロジー出版社を通して入手することができる．そして，本物に精通するために GT〔活用〕の〔具体的〕実践例が書かれたテキスト（Glaser, 1993；1995；Glaser & Strauss, 1971, 1972〔訳者注：1972はグレーザーの単著〕）を読むとよい．

私たちはこの方法のエキスパートたちが，どのように GT に向けられた挑戦に挑んでいるのか観察するために，良質の GT の見本を学ぶことを薦めたい．可能であればワークショップに参加して，より経験を積んだ研究者たちがその技を実践している様子を検討してみるとよい．仲間との対話に励み，よく構成された文献の多様な例を読むことで，GT 研究の成分と，それらがどのように統合されているのかに敏感になれる．可能であれば小さな執筆グループを作って，継続的に集まることである．もしこのオプションが物理的に実行できなければ，バーチャルな環境を活用することを考えることだ．グループの枠を作っておくことで孤立感による否定的なインパクトの可能性を避けることができる．また，それは執筆することの訓練的アプローチを作るというボーナスにもなる．この提案の目的は執筆することをルーティン化することであり，それは，研究を前進させる力をつけることでもある．データ収集のプロセスに専念しすぎることはたやすいが，それによって，執筆することと分析することに必要な労力を費やしてしまう．

データ生成と協調させながらそのデータを分析し始めることは極めて重要で

第3章　グラウンデッド・セオリーを用いた博士課程の遂行

ある。すばらしいデータを在庫品のように積み上げて，後から分析しようとしてもいくらよく見ても支援のしようがない。さらに悪いことにこのような逆効果を招く活動のタイプは，理論的サンプリングのプロセスを最も効果的に活用するのに失敗することになってしまうので，フィールドにいる時間が不必要に長くなる危険性がある。フィールドからさらに多くのすばらしいデータを生成することは，多少とも興奮させられることかもしれないが，GTの手順を厳守することは，そうしたことが起こってしまい，（肝心の分析作業から）エネルギーがそらされてしまうことを予防してくれるのである。

　無差別なデータ収集に傾くことは，たとえ魅惑的なことであったとしても，私たちはそうした傾向を避けなければならない——このようにクラシックGTは述べている。さらに，それは私たちにすぐに分析に取りかかるように促し，その結果，データ収集のプロセス全体が見事に焦点化されてくるようになる。なぜならば，それはまさに現在進行中の分析から創発されるものに直接ガイドされるからである。このようにして，データ収集の活動が目的的でよく方向付けされるのである。

　データを分析し始めるにあたって，ある程度の不安を感じるのは普通である。博士号の課程を歩み始めたにもかかわらず，自分自身に分析力や課題遂行能力がないことに気がついてしまうことが，どんなに辛いことか想像に難くない。このようなケースはありそうもないと，自分自身を納得させ，データの意味を理解するための最初の挑戦を始めなさい。自分自身を厳格に訓練して，オープンコーディングに入っていくためのデータの分析の作業をしなさい。

　無能かもしれない自分自身を露呈させることを避けるのは人間の性で，これが分析に飛び込みそれに入り込むことに対して基本的に気が進まないことを説明するかもしれない。単にこの現象を意識しておこう。それを恥ずかしさの可能性と世間のあざけりの脅しのリスクと向き合う方法として合理的に扱う。これらの心配はノーマルで正当なことであると認める。できる限り早くから分析を始めることを意識的に選ぶ。これは学習の課題である。これらは難しい課題の最初の試みで，最終のプロダクトではない。最初から完璧性を期待すべきではない。分析のプロセスを始めることは，単に上のようなことであり，それにエネルギーを入れることである。

第Ⅰ部　クラシック・グラウンデッド・セオリーの指導

　初めて GT を実施するにあたってはこれに伴う特別の難しさがある。これらには気づいていた方がいいが，不必要に心配することはない。新人にとっては，鍵となるテキストは最初難しく見える。かつてスキー，サーフィン，乗馬の教本を読んだことがあるだろうか。これらの教本がどんなによく書かれていたとしても，**本来の経験のフルレンジを感じることのマネをすることなどできない**のである。GT の利用についてもそれと違いはないのだ。確かに，この方法論を描写し，その使い方やクラシック GT をどのように実施するかについて執筆されているテキストブック，『発見』（Glaser & Strauss, 1967）や『理論的感受性（Theoretical Sensitivity）』（Glaser, 1978）を何度も読むことは大切である。GT を発見し始めてから何年も経ったところで，これらの情報源を再訪してみると，異なった観点を投げかけてくれるのである。つまり，熟達したレベルでクラシック GT を実践する際に**本当に関わりのあること**が存在するのだが，そうしたことに関して，以前には気づけなかったニュアンスを，経験に基づき，そして時の経過とともに，明かしてくれる観点を，それらの書物は投げかけてくれるのである。

　スキルは，GT の実践を行なうことで磨きがかけられるようになる。スキルが発達すると，より深い理解が可能となり，テクストが新しい意味をおびてくる。知識が成長するにつれて，GT を実践する際の手腕は増していく。また，私たちは省みることができるようになり，データから理論を生成する能力がどのように展開してきたかを目に見えるようにすることができるようになる。これにはエンパワーされる。私たちはまた，グラウンデッド・セオリストとして，さらに成長する仕方を正確に指摘し始めることができるようになる。というのも，GT 調査研究を実践する際の微妙な機微を，より十全に把握することが可能になってくるからである。これらは，徐々におこってくることである。GT を実践しているのだと自称している多くの人たちは，実際には GT の実践を行なっていない。実践でこの方法論の本来の方法の実施に失敗するのには多くの理由がある。これらの理由は以下の通りである。

- GT が提供する正当性を欲する人。このタイプは本人たちの前提的な理解を手放すことができない。彼らは管理することを要求し，その結果と

して通常，データにある現実を反映していない既存の知識に根付いた「偽」の理論をもたらすことになる。彼らはそれぞれの分野のエキスパートで，すでに答えを知っていると思っており，それらの答えを体系的に発見したように見せかけたいのである。専門家はすべての答えを持っているわけではないことを承認できない。それでは専門家ではないと思っているのだろうか。この意味では，クラシック GT は博識の専門家の社会的に構成された神話に挑戦する。それゆえ，GT は反体制とみなされ，正当派ではないというラベルを貼られてしまう危険をおかすことになる。

- GT はしばしば間違った使われ方をしており，それがまた間違った使用を生み出すことになる。例えば，「誰かが GT をこのように使ったので，私もそうしよう，このように使わなければならない」といったものである。
- GT を実施するために必然的に伴うことを時間をかけて正確に理解する努力をしない人々がいる。このような人たちは，GT を敏速で簡単な方法だと思っているので GT のかけがねを外してしまうのである。
- 何が良質の GT か判断できる人が少なすぎる。そのような評価を担当している人たちは，そうした仕事に対してしばしば不適切な基準を押し付けることになり，間違った使い方を永続させてしまうのである。

　GT の1つの鍵となる側面は，高度で効果的な焦点化であり，それはデータを生成すると同時に分析するという要求に応える結果として生ずるのである。この統合は，理論の創発に関連性がある直接的な活動を刺激する。これには無駄がどこにもない。あまりにも早く明確に発見されたようなものに飛びつくことは避けた方がいいとアドバイスしておく。比較的経験の浅い GT の研究者の場合，重要な活動が行なわれているところについて誤った解釈を早まってしてしまうリスクがある。データをコーディングするプロセスを続けることでこの傾向を回避し，何が本当に重要なのかを見つけることができる。

　GT の研究方法は，研究者がデータに埋め込まれている潜在的パターンを創発させることを要求する。それは，人間の行動は潜在的パターンの分析によっ

て理解できるという信念に基づいて予見されている。GTの方法は，他者の先入観に根差すものではない。いくつかの大学組織にとっては，これは耐え難いものであろう。

　GTによる博士号は，すべての人のものではない。これは，概念化を好み，しかも不確定な状況に対する高い耐性のある研究者に最もよく合う。文脈上の基盤や既存の知識基盤に焦点化されたものでもない。これは推論的な文献レビューに先導されるものでもないであろう。非常に具体的な研究目的を研究の初めに与えることもできないであろう。これはクラシックGTを用いて博士号の過程を進めるにあたって，組織からの要求に従うために文献レビューや非常に具体的な研究目的を書くことが不可能であると言っているのではない。これは博士課程に在籍する初心者のGTの研究者が，クラシックGTの研究方法の基礎的な原則を無視することなく，組織からの要求を満たすことの重要性を学習する必要性を意味している。これらの二重の目的を達成することは，特にGTに対して明らかに敵対している組織環境に置かれている際には，当初は不可能に見える。しかし，絶望しなくてもよい。博士課程の個々の研究者は，大学の力強い組織力に常に攻撃されるであろうが，このバランスの悪さを成功裏に処理する方法がある。

　博士課程に在籍する初心者のGTの研究者にとって重要な課題は，クラシックGTの方法に違反することなく大学の組織的要求を満たすことが可能であるという事実を理解することである。これを達成する方法は，双方の課題を別々に取り扱うことである。最初に，あなたは大学からの基礎的な組織的要求を満たさなければならない。なぜならば，そうしなければあなたが在籍することも，博士号を授与されることもないだろうからである。もし，規定に博士研究の計画が文献レビューを含まなければならないと書かれているのであれば，文献をレビューする。もし，規定が，博士論文の最初の章は文献レビューでなければならないとするなら，文献をレビューする。しかしながら，博士課程に在籍する初心者のGTの研究者が理解すべき最重要点は，博士論文にわざとらしい文献レビューを後から付けるようなことではなく，むしろ**先ず**は正統な方法でGTを実施することである。文献レビューはクラシックGTの方法では，核となる変数が創発された後に書かれる。現実に何が起こるかと言えば，

一度核変数が創発されると，外部審査委員は研究が進展する前にされたどのような文献レビューよりもかなり興味をもつだろう。

　GT 研究方法は今日では強健で，正当な研究方法論として国際的に認識されているが，その力は幾人かの学者（Strauss & Corbin, 1990）が，それぞれの記述的調査研究を GT 研究とラベルを貼ったことによって減少させられた。何か完全に違ったものに GT というラベルをつけてハイジャックしてしまった著者たちさえもいたのである。大志を抱く GT での博士課程の研究者は，偽物とは異なるクラシック GT というものを認識できなければならない。ただしこれは簡単にできることでもある。GT 研究方法にクラシックなアプローチをする唯一の正当な資源は，GT 研究所のウェブサイト（www.groundedtheory.com）とグレーザー博士による出版物で読むことができる。〔これ以外の〕他の GT の翻案なるものを利用する研究者たちは，自分たち自身を欺き他者たちを惑わすことになるだろう。クラシック GT の研究方法はプロセスの各ステップが非常に明確に輪郭化された非常に具体的な方法論である。このプロセスを応用して修正する人はその研究に GT を用いたとすべきではない。彼らはその代わりに，研究が GT に「影響された」とか，「刺激された」として，彼らが用いた研究方法に新しいラベルを創造すべきである。最低でも，スーパーバイザーは方法論的な明確さを主張すべきである。この実践は練磨される価値がある。なぜならば，その実践はどのように研究プロセスが展開されるのかについて，明確にしておく必要性を 1 つのルーティンとして設定し，知的コンピテンスの指標としての役割を果たすからである。

2　最も適切なスーパーバイザーを探して評価すること

　歴史的に見れば，多くの GT を用いる博士課程の研究者は「マイナス・メンタリング」のアプローチを実践してきた。「マイナス・メンタリング」とは，知識があり経験を積んだ GT による研究のスーパーバイザーを得ることなしに研究者が GT の研究を実施することを意味する。各研究者には，所属する組織内に，GT のプロセスは知らないが，博士課程の組織が要求する事柄には精通しているスーパーバイザーがいることが多い。こうして，「マイナス・メ

ンティー」は，経験を積んだ GT 研究者と実践者からの支援とガイダンスを求めることになり，そうした人々は非正規のメンターとなるのである。このような GT のメンターにはアカデミックなネットワーク，学会，ジャーナルやオンラインのディスカッショングループを通じて，また GT 研究所のウェブサイトで出会うことができる。

　GT による博士課程の研究者の公的なスーパーバイザーが経験を積んだ GT の実践者であることは，未だ珍しいことではあるが，年ごとに増えている。この場合，GT による博士課程の完遂まで，伝統的なスーパービジョンのモデルにより，スーパーバイザーとスーパーバイジーが共に有益な契約関係に入ることになる。近年では，インターネットを基盤として，スーパービジョンの契約がスーパーバイザーと研究者が地理的に離れた場所によるケースでも可能となっている。例えば，アンディはタイのバンコク在住であるが，彼の最近のメンティーである GT を用いた博士課程の研究者であるクリスティアンセン（Christiansen, 2007〔訳者注：参考文献不明〕）は 7,000 マイル離れたフェロー島在住だった。このケースではスーパーバイザーが最低でも年に一度は顔を合わせるミーティングを持つことを契約に明記したことで，満足な結果を達成することができた。GT オンラインのサイト（www.groundedtheoryonline.com）は，研究者をサポートすることに熱心な貴重な場を提供し，クラシック GT の研究者が容易に適切な資格のあるスーパービジョンを探し，インターネットベースの方法論のワークショップに申し込むことができる。

　アンディは，スーパーバイザーの視座から，GT を用いた博士課程のスーパービジョンをインターネットで実施することを推奨できることを見出している。スーパーバイザーと博士課程の研究者の両者にとって好都合なのは，e メールの送受信が記録されることである。通常の大学を基盤としたスーパービジョンでは，すべてのスーパーバイザーが研究者との相互交流の記録をすべて残してはいないだろう。e メールによるコミュニケーションの他の効果は，掲げられた課題についての返答を時間をかけて考えられることにある。ブロードバンドのサービス，ビデオ会議の機会が世界中に広がることで，このような相互交流の形がより実施可能となってくる。最後に，インターネットを基盤とした博士課程の学生とスーパーバイザーによる年に一度の顔を合わせるミーティ

ングが可能であれば，そのミーティングは，相当焦点化され，生産的になるだろう。

（1）最も適切なスーパーバイザーを得ることを確実にする方法

多くの初心者の博士課程の研究者は，スーパーバイザーになる可能性のある人の背景を確認することに心地悪さを感じるかもしれない。しかし，博士課程の研究者が博士号取得を完遂できない主たる理由の一つに貧弱なスーパービジョンが挙げられるのだから，そのような心配をすべきではない。多くの大学では，組織的な博士課程のスーパービジョンのトレーニングが欠如している。そのため研究者は，選択した大学院に博士課程のスーパービジョンの「メンタリング」のシステムが確立しているかどうかを確認することが重要となっている。このようなシステムの形とは，博士課程のスーパーバイザーが，日常ベースで他の同僚，教員により博士課程のスーパービジョンの作業を補助し合えるOJTでもある。アカデミックなキャリアの成功が，博士課程のスーパーバイザーとしての実力に必ずしも結びついていないため，このようなシステムが必要となる。

アカデミックなキャリアとしての仕事は，学内行政，教育，研究，出版の4つの仕事に分けられる。アカデミックなキャリアで早く出世するには，この4つの活動を適切に優先順位を付けてこなすことである。博士課程のスーパーバイザーとして避けるタイプは，PRATと呼ばれる人たちである。PRATは，まず彼自身の出版（publication），研究（research），学内行政（administration）を優先し，最後に教育とスーパービジョン（teaching and supervision）を位置付ける人のことである。経験のない博士課程の研究者がPRATと関わることが危険である理由は，博士課程のスーパービジョンがPRATにとっては優先順位の最後に位置付けられており，それを学内行政と教育の合わさったものと見ていることにある。学内行政と教育活動で卓越することは，彼らの個人的な出世には価値がない。これは，アカデミックな組織に存在する組織的賞賛の構造の結果である。経験のない博士課程の研究者は，アカデミックなキャリアでTRAPと呼ばれる人たちを探すべきである。このアカデミックな人たちは教育（teaching），研究（research），学内行政（administration），出版（publication）

というならびで仕事の優先順位付けをしており，学生と研究者との時間を優先させている。

　研究者はスーパーバイザーになる可能性のある人のこれまでのスーパービジョンの経験を詳細に確認しなければならない。事務的にスーパーバイザーを研究者にあてがう大学院組織は避けるべきである。研究者は最初に注意深くスーパーバイザー候補の可能性のある全員を調べなければならない。これは，最初に，候補者のスーパービジョンの記録を正確にアセスメントすることで可能となる。スーパーバイザーの実力を確認するためには，最低でも3つの方法がある。最初に，博士課程への入学を希望する大学の図書館に行く。図書司書に，あなたが興味のある分野で，研究者とスーパーバイザーの双方によって選択された研究分野で博士号を授与された論文がどこにあるか尋ねる。次に，スーパーバイザーになる可能性のある人がスーパービジョンを実施した研究者全員を確認し，その人たちに会えるようにしてみる。もしそれが不可能なら，eメールアドレスを調べて，次の質問をしてみるのである。

- 博士課程でどのくらいの期間がかかったか。
- この人がスーパービジョンをした他の研究者に会うことをすすめるか。
- 最初の博士課程のスーパービジョンのミーティングでは何をしたか。
- 年に何回のミーティングが予定されたか。
- どのようなゴールや目的がそのミーティングで合意されたか。
- スーパーバイザーのスーパービジョンの体制で最もよかった面は何か。
- スーパーバイザーのスーパービジョンの体制で最も悪かった面は何か。
- あなたのスーパーバイザーを私の博士課程の適任者として推薦するか。
- スーパーバイザーは最初のミーティングで，あなたに博士課程全体の見取り図を提示したか。
- 博士課程のどのポイントで，スーパーバイザーが博士号への正式なアセスメントの基準の細部を説明したか。

（2）不適切なスーパーバイザーを持ってしまった結末

結末の一つとして，あなたは代理のスーパーバイザーを見つけなければなら

第3章　グラウンデッド・セオリーを用いた博士課程の遂行

ないかもしれない。代理スーパーバイザーは，博士課程の研究者に博士課程全体を通しての継続的な支援をボランティアで提供する人である。代理スーパーバイザーは公式な立場を持たないし，金銭的報酬も受け取らない。なぜ代理スーパーバイザーはスーパーバイズすることに同意するのだろうか。アンディが博士課程に在籍していた際に，彼は，経験のない不適切なスーパーバイザーにあたってしまったが，彼の博士号は代理スーパーバイザーのタイムリーな介入によって救われた。彼のケースでは，代理スーパーバイザーは彼が博士課程に入学した大学院と違った大学の教授であった。代理スーパーバイザーは，アンディが国際学会で研究報告をしているのを聞いて，彼の研究に親切に肯定的なコメントをし，より進展させるためにいくつかの指摘をした。代理スーパーバイザーは，アカデミックな世界において，支援を必要としている人に，支援を提供しようとする親切な人がいることによって，存在しているのである。しかし，代理スーパーバイザーを探すことを念頭にして博士課程に進む戦略は賢くない。あなた自身のスーパーバイザーがしっかりと仕事をしてくれるように注意しておく方がはるかに賢いことである。

　これとは別の結末として，博士課程のスーパーバイザーを辞めさせなければならないかもしれないということがある。これはかなり厳しい行動であるが，しかしこれが博士課程の研究者に可能な唯一の道を開く方法になることもある。アンディはある会議で，別の大学の若い博士課程の研究者がアプローチしてきたことを思い出す（実はアンディ自身，この別の大学で働いていて，しかもずっと後になってそこで彼自身の博士号を取得していたのである）。その博士課程の研究者は，非常に怠惰で知識のないスーパーバイザーをあてがわれて，（にもかかわらず）その研究者自身のものとされる貧弱な作業ゆえに博士課程を辞めなければならなそうな危険にさらされていると説明した。実際には，フィードバックがなくて，スーパービジョンが全般的になかったことこそがこの問題の原因であった。その博士課程の研究者はアジアから来ており，教師，特に博士課程のスーパーバイザーを公に批判するのはまったくなじみのないことであった。アンディは，彼に，「粗悪なスーパービジョン」として正式に苦情申し立てをし，学生組合の弁護士にコンタクトをとり，スーパービジョンの料金と研究過程で生じた生活費などを返金するように法的な手続きをとるようにアドバイスした。このア

ドバイスは完璧にうまくいった。大学はその怠惰な博士課程のスーパーバイザーの行動を調査し，他の研究者からも彼の行動についての苦情があることがわかった。大学はその博士課程の研究者に謝罪し，より経験のある博士課程のスーパーバイザーを担当させた。その研究者は2008年にその後の問題を発生させることなく博士号を取得した。

3 大学の規定が研究過程にどのようにインパクトをあたえる可能性があるかを理解すること

すべての大学には，多種多様な規定がある。すべての大学では博士課程の研究者に公式の研究計画を書かせる。これを達成するにはいくつかの異なったやり方があり，同一の研究プロジェクトであったとしても，最も効率のよい結果を得るために，3つの異なった研究計画をそれぞれの聴衆に合わせて書くとよいだろう。研究計画はそれを提示する聴衆によって使い分けるのである。研究計画の聴衆の大きなカテゴリーとしては3つあり，スーパーバイザー，博士課程の研究組織，外部の助成団体である。

（1）スーパーバイザーに対する非公式の研究計画

スーパーバイザーに対する研究計画は，あなたがどのようなタイプのスーパービジョン関係の確立を望んでいるかに焦点化すべきである。これはあなたが，適切な期間内に博士号を確実に取得できるよう好ましいスーパービジョンのパターンを明確に指摘すべきであるということを意味する。このために，研究者はスーパービジョンのミーティングの性質と回数について注意深く考えなければならない。一般的には，日程を重視するよりもむしろ目標達成に基盤をおくスーパービジョンのミーティングがより効果的である。研究者は，スーパーバイザーからの文章によるフィードバックが頻繁に受けられるような仕組みを確立させておかなければならない。フィードバックの仕組みは，博士号が評価を受ける際に，研究者自身の技能上の欠点と不適切なスーパービジョンのパターンとを見分けられるようにするための安全装置である。

（2）大学に対する公式の研究計画

　初心者の GT による博士課程の研究者は，博士号を取得しようとする大学の詳細なガイドラインに従わなければならない。もし，大学が柔軟性のない詳細な研究計画の手続きと構成を用意していないのであれば，研究者はそのアドバンテージを完全に利用し，下記のような GT による博士課程の研究計画を書くことを勧めたい。

- 事前理解：筆者（研究者）の当該分野に対する事前の経験の要約を含む。これは研究データの生成と解釈に影響を及ぼす可能性のある筆者の主観的な影響の概括を含む。
- パイロットスタディ：研究課題のうち，主たる課題について，よりよい理解を得るため，初期データを生成する段階。
- 研究目的の精錬：パイロットスタディからの指標と，筆者の主題理解との対話が研究アジェンダをより焦点化する。
- 選択された研究デザインのアウトライン：使用される研究手続きの説明を含む選択された研究方法の記述と選択された研究方法の正当化。
- 生成されたデータの説明：生成されたデータの分析と統合。
- データの解釈と比較文献検討：データの簡潔な解釈の後，比較文献検討がある。
- 推奨（リコメンデーション）：研究コミュニティ，政策立案者など，異なった構成員に対する政策のガイドラインや指標。

　もし大学が博士号の構成や形式，プロセスに適用される明確で柔軟性のない，詳細な規定を備えていたとしてもクラシック GT の研究者やスーパーバイザーがパニックに陥る必要はない。そのような場合は大学の規定に完全に従わなければならないが，それは熟達したやり方ですべきである。すべての公式な研究計画は明記された通りに正確に提出されるべきである。これは研究を正式な文献検討をもって開始する必要があることを意味しているかもしれない。柔軟性のない規定に対処するには，最低でも 2 つの異なった創造的なアプローチがある。一つ目の方法は「プレ GT」と呼ぶことができるし，もう一つの方法

は「ポストGT」と呼ばれる。

（3）「プレ・グラウンデッド・セオリー」の研究計画

大学の規定に完全に従うために論理的にもっともらしい（しかし〔実際の研究とは〕ほとんど関係のない）文献レビューを書く。

（4）「ポスト・グラウンデッド・セオリー」の研究計画

ここでは，研究者が最初にクラシックGTの研究を正しい方法で完結させ，次に，大学の規定に完全に従うために論文を書きなおす。博士号が授与された後に，クラシックGTに戻して出版する。

（5）外部助成金を得るための研究計画

ここでは，初心者のGTによる博士課程の研究者が財源をコントロールする人たちに自分のアイディアをより効果的に提示するのを助ける一般的なガイドラインを提示する。研究計画は主たる研究目的の言明と下記の項目を含むべきである。

- 研究分野を明記し当該研究が位置づけられる文脈を説明する。
- 研究計画の潜在的前提を明確化する。
- 異なる分野の構成員に対して研究結果がもたらす可能性のある価値の明記。
- 研究の意図，操作方法，選択または推奨された方法が，選ばれた問題のタイプに適切である理由を含む詳細な研究デザイン。クラシックGTの研究を判断する場合の主要な基準については，グレーザー（Glaser, 1978）に明確に述べられている。
- 成功裏に完成させるために必要な（財政的，技術的，人的資源を含む）詳細な資源計画を明記する。
- 研究プロジェクトの鍵となるポイントを示し，特に，研究プロジェクトのスポンサーにいつフィードバックされる予定であるかを示した詳細な時間計画の作成。

第3章　グラウンデッド・セオリーを用いた博士課程の遂行

- 研究終了後に採用されるべき普及戦略のタイプの説明。

上記に加えて，初心者の研究者は下記の質問を自らに問いかけるべきである。

- 私が話しているのは何のストーリーだろうか。すべての研究プロジェクトは大変異なった背景と興味のある人によって書かれる。これはそれぞれの研究プロジェクトに与えられるだろう視座に影響を及ぼす。前述したような課題の文脈の中でストーリーを与えることで，スポンサーとなる人が提示された計画に，より個人的に興味を持つ手助けになるかもしれない。それはまた研究者に特定の研究トピックに興味を持った動機についてより正直に，透明に，オープンでいることを強制する。
- 提示される研究計画の聴衆はだれか。研究者は，研究計画が助成，承認，モラルや知的支援の請願であるのか，あるいはむしろ，正直に単に研究スーパーバイザーやスーパーバイザー委員会の承認を得るためのものかを決定しなければならない。時には，このニードが同じプロジェクトの異なった研究計画を書く必要性を発生させるかもしれない。その計画が狙いとするのが異なった聴衆であるかもしれないからである。例えば，アカデミックな助成団体は研究デザインのアカデミックな信頼性を強調するだろうし，実践者は実践者で研究成果の有用性により興味を持つだろう。
- なぜそれが重要なのか。研究計画の読者と評価者はとても忙しく，面白くない平凡な計画や，要求されている形式と構成の基礎的な項目を欠いた計画を読みたくない。研究者は，読者に対して——さらに言えば，自分たち自身に対しても——，読みごたえと構成の視座両方からの興味ある計画を書く義務がある，このように主張することができるだろう。
- なぜ今なのか，なぜ私なのか。研究計画が書かれた時点においてはすでに，選ばれた主題の分野に関して自分の知識が十分にあるという感覚が存在する。これは，特に研究助成に申し込む際に言えることだが，研究計画に切迫感を添えた書き方をすることによって，研究が実施されなかった場合の諸帰結を説明することによって，はっきりと表明すること

ができる。特に，研究者は，自分が持っているユニークな資質やスキル——研究成果を達成することを可能にしてくれるだろう資質やスキル——を，意識的に力説して（関係者たちに）伝えるということを勧めたい。

研究者は下記のこともまた頭に入れておくべきである。

- 研究計画を完璧に仕上げる。
- 研究計画は決して孤立して書かれるべきではない。そのアドバイス，支援，批判的コメントが，しばしば，研究を成功裏に進展させる可能性を強化してくれるような高度に経験を積んだ人々が他にたくさん居るのである。
- 十分な時間をかけること：よい研究計画を立案するには時間がかかる。探索の時間を過ごすことは無駄ではない。計画を詳細に進展させる前に，成功している他の計画を調査するのは価値があるかもしれない。それらの計画は公開のドメインか，さもなければ個人的なつて（工夫）で入手できる。過去に受理された計画を概括することは，必要な助成金獲得や成功する研究計画を提出することを援助するかもしれない。何かを提出するには前もって他者の努力から学んでおく。すべての政府系研究団体は，それぞれのウェブサイトを持っているので，他の研究計画を概括しておく作業が現在大変やりやすくなった。博士論文や博士論文の計画を書くことが必要とされるときに，適切な研究分野の関連のある文献に内部，外部からアクセスすることは重要である。アカデミックな研究のための計画を何度も書き直さなければならないこと以上の欲求不満はない。外部資金による研究の場合には，明らかに次はないのである。
- 財政支援では，あらゆる機会を熟考する：通常の政府の研究団体に加えて，多くの特定の慈善組織は財政資源の提供可能性のある研究財団を持っている。企業から資金を得ることも可能であるが，どのような研究成果の可能性があげられるか，過度に評価せず，時間枠について正直に申請する方が賢い。資金獲得で最も有効な技術は「雪だるま方式」と呼

ばれているものである。これが起こるのは最初の適度な金額が，他団体の協働の説得に成功し，他の団体からのさらなる資金を呼び込み，徐々に増加していくためである。あなたの研究のトピックに関連する組織は，プロジェクトのうちいくらか，または全額を補助することに興味があるかもしれない。どのような組織であってもアプローチする前に「何が彼らのためになるのか」という質問が注意深く考えられなければならない。

- 計画について議論すること：どのような計画であったとしても，提出する前に可能な限り，同僚を含めて，経験を積んだ研究のプロと意見交換することである。このプロセスは，これらの組織の研究内容が，あなたのプロジェクトと関連して理解されるため，外部資金の獲得にあたっては，特に重要である。
- 計画のすべての財政的要求を正当化すること：この場合，与えられたプロジェクトに関係する財政的要求を明確にするだけでは十分ではない。支出についても正当化しておく必要がある。これには多くの理由がある。あまり明白ではないがその理由の一つとして，要求されていることに細心の配慮がされていればいるほどスポンサーになり得る組織に提供する肯定的なメッセージがそれだけ多くなるということがある。最初に，そうしたやり方は，研究者が，浪費しようとしているのではなく，信頼できることを具体的に示すことになる。次に，それは研究者が着手しようとしているプロジェクトの性質に確固たる知的把握があることを提示する。そして最後に，それがまさにプロフェッショナルなのである。

どの研究方法が最もよいのかという堂々巡りの議論によって脱線させられるのは間違いである。その代わりに2つの側面に焦点化する。一つは，問題の性質である。そして次に，研究者の能力，才能，スキル，気性の程度である。あるタイプの問題には，帰納法的研究が最も相応しく，他のものは演繹法的研究が相応しい。すべての研究は双方の方法論的アプローチの要素を含むのであって，純粋主義者は核心を完全に逃してしまうかもしれない。良い研究を遂行するためには，研究問題の性質の明確な知的把握と，自分自身の感情と知的能力の深い理解が要求される。

もし研究者が，旅そのものが，到着地より重要であることを思い出すならば，興味深い研究に着手できるだけでなく，狭まってしまった可能性のある自分自身の考え方を変化させたり，拡大させたりすることができるかもしれない。

4 論文審査委員会のマネジメント——正式な博士号評価プロセスの生き残り方

　もし大学が許可するなら，博士課程の研究者とスーパーバイザーの双方にとって委員会のメンバーを選択するのは重要である。もし，博士課程の研究者にもスーパーバイザーにもこの選択プロセスに影響を与える役割がないとすれば，論文の評価プロセスにおいても問題になる範囲が広がってくる。クラシックGTは，多くの指導的な学者たちにまだ完全には理解されていない。一方の極には，単なる無視をする人々がおり，もう一方の極には偏見を持つ人々がいる。委員会にこのどちらかの人たちが存在していると問題を抱えることになる。このようなことが起こらないようにする一つの方法は，研究を定期的に発表し，学会で報告することである。これによってあなたの研究を意識する枠が拡大されるだろうし，博士号の委員会メンバーとなる可能性のある人たちからなるあなたの個人的なネットワークが拡大されることになるだろう。

　スカンジナビアの国々では，評価プロセスはより透明な形で実施される。そのプロセスはたいてい2部構成になっている。最初の部分は博士課程の委員会のみが参加するもので，次の部分は一般公衆にも参加が呼びかけられる儀式的な手続きである。博士号授与の決定は一般の参加の後まで発表されないが，その決定は現実には博士課程の委員会によってのみなされる。アンディがスーパーバイズした博士課程研究者の一人はデンマークの大学に論文を提出し，満足な結果を得た。彼の委員会は3人の教授から成り立っており，そのうちの2人はクラシックGTの方法に明らかに敵対していた。彼への公式の評価に先立って，その博士号候補者は博士課程の委員会から論文についての非常に詳細な書面によるレポートを受け取った。博士課程の研究者は同じように書面形式での詳細な反駁で応答したかった。以下はアンディが彼に送ったメールを一部抽出したものである。

第3章　グラウンデッド・セオリーを用いた博士課程の遂行

「委員会からの書面によるコメントにどのように答えるかについて最も重要なことは，大学にとって何が正しい手順なのかを確認することです。あなたは博士号候補者として評価に先立って公式な書面による応答をすることを期待されているのでしょうか。それとも，当日に応答することのみを期待されているのでしょうか。私は，提出期限日までにあなたと委員会との間に必要のない不和を作らないことがとても大切なので，あなたにこれらの質問をしているのです。評価に先立つ公式な書面による応答を正式に要求されても，それが大学から期待されていないのであれば，詳細な反論を書面で提出することは私なら断じてやらないでしょう。その代わりに，私は当日に委員会の委員と議論できることが楽しみになるような詳細なコメントに感謝すると委員会に書き送るでしょう。なぜ，委員会に対する詳細な反論を書面で提出することが良くないアイディアなのか，それには，5つの理由があります。最初に，もし委員会のメンバーが，現時点であなたの視座に同意していないのであれば，彼らは最後まで同意しないでしょう。書面で提出することは，彼らの偏見を強化するだけです。公開討論という開かれた場で彼らと面と向かって話すことは，彼ら自身の視座を再考するピア・プレッシャーになるでしょう。2つ目に，私たちは自分が完全に是認されていない書面によるコミュニケーションを受けると，偏見を強化しがちであり，対立と敵意が見られるようになります。新しい視座は口頭によって取り込む方が常に容易です。3つ目に，もしあなたが評価に先だって詳細な書面による反論を返送することを選択すれば，委員会は批判のための新しい批判方向を見つけ出してくるかもしれません。4つ目に，もしあなたが，詳細に書かれた反論を博士号の評価以前に送らなかったら，委員会はあなたが彼らのコメントにどのように反応するつもりなのか，わからないので不利になります。これは，評価のプロセスにおいて，あなたのアドバンテージの1つになります。最後に，あなたの反応を保留しておくことは，あなた自身の知的成熟の発現を提示することになります。あなたの情熱の砲火(ファイア)を評価まで保留しておくことによって，あなたは研究が重層的な視座を持っていることを，これからの人生においても承認できるということを示しているのです。書面による反論を送る誘惑に負けないこと

は，なぜ異なった視座が存在するのかを議論する能力をあなたが持っていることを示してくれるのです。もしあなたがリラックスして，対立的ではないマナーで接すれば，議論の道筋の力によって委員会メンバーを説得する確率がそれだけ高くなるでしょう。博士号候補者はたとえ才気に溢れていたとしても横柄になってはいけないのです。もし，あなたが公式の評価に先だって委員会に詳細な反論を送ったとすれば，彼らはあなたをかなり横柄な人物だと考えるでしょう。評価の日にはリラックスして，笑って，委員会が質問することに対して謙虚でいることです。たとえ彼らが，相当異なっていたとしても，彼らもまた正当な視座を持っているという可能性を否定することなしに，あなたの視座を温和に説明するのです。

　公式な評価に先だって博士課程の委員会から論文に対する詳細なコメントを送ってもらっていることは，あなたにとっては特権的な位置にいられることを思い出してほしいのです。もしあなたが見事にふるまえば，あなたは，評価におけるストレスフルかもしれない対立を，あなたの研究について，自信を持って明確に説明する人生の最高の機会に変化させることができるのです。結局のところ，だれもあなた以上にあなたの研究のことを知っている人はいないのです。博士号を取得することは，博士になる基礎的社会過程の最後の部分です。あなたは，博士課程の委員会のメンバーに，あなたが博士号取得者たちからなる広いコミュニティの一部にすでになりつつあることを，礼儀正しく，適切な形ではっきりと提示しなければならないのです。言い換えれば，あなたは今や，「彼らの一人」であることを見せなければならないのです。これはあなたが，「無知」や「不適切」と思われるようなコメントを聞いたときに，直観的な反論でもって反応する前に，少し待つことを意味します。少し待った後に，コメントに上手に感謝し，それから議論におけるあなたの道筋を礼儀正しく説明します。博士になるにあたっては，あなたは視座を持っていること，そしてそれを明確に表現できることが最も重要なことなのです。委員会から一見すると「否定的な」「誤解された」ようなコメントがあったのは，あなたに博士号のコミュニティに参加する価値があるかを提示する機会を与えて，あなたの反応をみるために計画的に論争が作られたものかもしれません。委員会の

第3章　グラウンデッド・セオリーを用いた博士課程の遂行

視座からすれば，博士号を得ることはただ強健で健全に研究を行なうことについてだけでなく，あなたが知的自律を提示できるかどうかを調べるものでもあるのです。

私は，なぜあなたが評価の前に詳細な書面による反論を返送したい気持ちを抑えなければならないかをずいぶんと説明しました。しかしながら規定が公式の評価の前に書面による返答を要求しているのなら，簡潔に礼儀正しく，そして謎めいた方法で行ないなさい。」（アンディ・ロウの個人的コミュニケーション　2007年9月1日付け）

私たちは，この博士候補者が2007年に博士号を取得したことを報告できることを喜んでいる。

5　出　版

すべての一流の博士論文は実質と興味関心とを兼ね備えた論点に取り組んでいるという際立った強みを持っている。そのため論文がジャーナルや出版社用に適切な形で編集されると，出版される可能性は高い。論文は異なったジャーナルのニーズに合わせて再編集される必要があるかもしれないことを覚えておくとよい。はじめに，私たちの研究を出版するにあたっての失敗経験についてふれておきたい。15年前，アンディはグレーザー博士にビジネスのマーケティング理論にクラシック GT が与える影響について共著を書くことを提案し，同意を得た。彼らは論文を書いて，その分野で権威ある学術的なジャーナルに投稿した。3人の「匿名の」（ブラインド）評価者が一致してその論文を却下した。最初の評価者は，この論文は GT のことを明らかに理解していない人によって書かれたと言った。2人目の評価者は，この論文の執筆者は英語圏の人ではなく，英語を母国語としていないので，より技術力のある翻訳者を雇うべきであると述べた。後からわかったことだが，この評価者はノルウェーの人だった。最後の評価者は引用が不十分であると言った。

これらのコメントからいくつかの教訓を得た。最初に，偏見と無知が学術的な出版の世界で健在だということである。2つ目に，100を超える学術的な

ジャーナルがあり，しばしば研究を位置づけるのにどのジャーナルを選択するかということの方が，論文そのものよりも大切だということである。最後に，各ジャーナルの編集委員会については，注意深く綿密に調査しなければならないということである。これは，出版のために研究を投稿するに先立って，偏見と無知の程度と性質をより効果的に評価できるようにするためである。

しかしながらクラシックGTを使った博士論文は，人間行動の本質的な潜在的パターンを明らかにするであろうし，これらのパターンはオリジナルな文脈を超越したものである。これは学術的なジャーナルで出版を可能にするはずの3つの重要なメリットがある。第1に，研究を発表できる学術的なジャーナルの幅が広がるということ。一つのクラシックGTによる研究は，方法論のジャーナル，内容に関係するジャーナル，さらには研究戦略のジャーナルで出版される可能性を持っている。2つ目に，GTの著者は，より出版のオプションを広げる抽象度の高いレベルの理論にGTを書きなおすこともできる。最後に，それほど多くはないが，GTの著者は，フォーマル理論を生成し，より拡大されたタイトルで出版できる可能性がある。

参考文献

Glaser, B. G. (1972). *Experts versus layman: A study of the patsy and the subcontractor.* Mill Valley, CA: Sociology Press.

Glaser, B. G. (1978). *Theoretical sensitivity: Advances in the methodology of grounded theory.* Mill Valley, CA: Sociology, Press.

Glaser, B. G. (1992). *Basics of grounded theory: Emergence vs. forcing.* Mill Valley, CA: Sociology Press.

Glaser, B. G. (1993). *Examples of Grounded theory: A Reader.* Mill Valley, CA: Sociology Press.

Glaser, B. G. (Ed.). (1995). *Grounded theory: 1984-1994: A Reader* (Vols. 1-2). Mill Valley, CA: Sociology Press.

Glaser, B. G. & Strauss, A. L. (1967). *The Discovery of Grounded Theory: Strategies for Qualitative Research.* Chicago: Aldine. (=1996, 後藤隆・大出春江・水野節夫訳『データ対話型理論の発見——調査からいかに理論をうみだすか』新曜社)

Glaser, B. G. & Strauss, A. L. (1971). *Status passage.* London: Routledge and Kegan Paul.

Guthrie, W. (2000). Keeping clients in line : A grounded theory explaining how veterinary surgeons control their clients (Doctoral dissertation, unpublished). University of Strathclyde, Glasgow.

Lowe, A. (1998). Managing the post merger aftermath by default remodeling. *Management Decision*, 36(2), pp. 102-110.

Strauss, A. & Corbin, J. (1990). *Basics of qualitative research : Grounded theory procedures and techniques*. Newbury Pak, CA & London : Sage.（＝1999，南裕子監訳『質的研究の基礎──グラウンデッド・セオリーの技法と手順』医学書院）

第4章 方法論を助言者による指導のない状態で学ぶこと

アントワネット・マコーリン
アルヴィータ・ナサニエル
トム・アンドリュース

　助言者なしでグラウンデッド・セオリー（以下，GT）を学ぶことが方法論の展開にどのように強い影響を及ぼすのか，またそうした学習の仕方がこれほどに流布しているモデル改造にどのように貢献することになるのか——この２点の検討が本章の目的である（訳者注：助言者〔メンター，mentor〕は，優れた経験者で，経験のより少ない人を一定期間にわたって指導する人；モデル改造〔remodeling〕は，原型を改変して不全にすること）。多くの調査研究者たちが，経験を積んだ GT 調査研究者の指導なしで GT を学んでいるが，そのことが原因で起こった認識論的論争がある。この論争によって GT の方法（研究諸手続き）と方法論はその信用を失墜してしまったのだが，そうした論争が最終的研究結果に及ぼした影響は何か，と言えば，研究結果をより記述的なものにしただけであって，他にはほとんど何もなかったのではないか，本章ではこのように主張される。まず，助言者が指導するという形でのサポートを受けながら GT を学ぶことに関連するいくつかの背景的論点について，そのあらましが述べられ，次に，方法論の間違った理解と正しい理解が明らかにされる。続いて認識論的論争が分析されるが，これは特に構成主義からの挑戦を引き合いに出して例証される。この挑戦が GT の展開に過大とも言える影響を与えてきたからである。終わりに，方法論のモデル改造によって学問的知識の展開にもたらされる道徳的含意が論じられる。結論部分では，助言者が指導する取り組みと，助言者が指導することがかなわない場合に，そのことが学問のあり方にどのような形で影響を与えるのかについて思索をめぐらすことにする。

第4章　方法論を助言者による指導のない状態で学ぶこと

1　背　景

　GTは，一つの，広く用いられている調査研究方法論(リサーチ・メソドロジー)であり，多くの学問分野での知識展開に重要な貢献をしてきている。実際の諸状況における行動と行為を理解することが方法論で強調されており（Glaser & Strauss, 1967），この点が調査研究者たちにとっての魅力の重要な要素になっている。ある特定の環境における様々な行動とその意味を説明することに実際に焦点を当ててそれを狙っている一つの方法論に，ありとあらゆる学問領域からの初学者レベルの調査研究者たちが惹きつけられるというのは，驚くべきことではない。興味関心のある領域で研究参加者たち自身が調査研究上の問題を見つけ出し，行為を説明する。そうした期待が，多くの人々に熱意をもって抱かれたのである。しかし，その熱意が方法論の厳密さを掘り崩すことになった。というのも，これほどにも多くの新しい調査研究者たちが，GTを試行錯誤（モード）での学習——つまり，助言者による指導のない状態（マイナス・メンターシップ，minus mentorship）——で学んだからである。他のいずれの研究方法論もそうであるように，GTは独自の研究諸手続きを持っており，それらは初学者が，経験を積んだ調査研究者に助言者(メンター)になってもらっている時に理解がより容易になるのである。

　実際，バーニー・グレーザー（Glaser, 1998）は，GT調査研究を学ぶ学生たちを助言者が指導する(メンタリング)ことの重要性を認識し，この方法論はGTの経験を積んだ調査研究者との徒弟的な取り組み（apprenticeship）で学ばれるものだと示唆している。この特典を持たない人々は，「自分なりに意味がとれる仕方」（Corbin, 2009, p. 52）でGTの方法論を解釈して方法（研究諸手続き）を自分流に用いるままに放置されている。他方，ミル・バレー，ロンドン，ニューヨークに通ったことのある人々がいる。そこでは，初学者レベルの調査研究者たちがグレーザーから学ぶ場として，GT研究所主催の問題解決セミナー（The Grounded Theory Institute Troubleshooting Seminars）が開催されており，これに参加するためである。このセミナーは学者たちの国際的なコミュニティになってきており，そこでカリスマ助言者(マスター・メンター)やGTの経験を積んだ調査研究者たちか

ら学ぶことが，多くの参加者たちにとって画期的な学習経験になっている。セミナーの学習環境は，「ああ！　そうか」と驚きをもって学ぶ体験に満ちていて，それが方法論を活性化させ，指導が活かされやすい時間になっている。競争的ではない雰囲気のなかでのクラス・ディスカッションとカリスマ助言者(マスター・メンター)との1対1の会話によって，学び手は潜在的可能性を持った理論展開の片鱗を垣間見ることになる。思考は挑戦を受け，学び手たちは絶えず，「概念化するように！（to conceptualize!）　概念化するように！　概念化するように！」と説き勧められる。「創発的出現に身を委ね（trust in emergence）」「（論より証拠で）ただだだやることです！（just do it!）」——こうしたやんわりとした指導(ガイダンス)と基本姿勢を思い出させるための助言によって学び手たちは勇気づけられ，この方法の，より確信を持った活用者になっていくのである。支持的(サポーティブ)な学習環境のなかで，学び手たちは，お互いからも学んで方法論上の考え方を明確にしていっている。助言者が指導することは，間違いなく，GT法を次の世代に引き継ぐ上での死活問題になっているのである。

　助言者が指導することがGT調査研究のトレーニングにとってその本質的な構成要素の一つであるという議論はめったにされないが，助言者(メンター)が指導する取り組みは，理解を前進させるものだ。助言者が指導することが実質的になされるのは，思慮分別があり，知識が豊富で，ある領域において高度に尊敬されている人物が，初心者といっしょに仕事をしながらゆっくりと自信を持たせ，そうした助言者(メンター)から指導を受けるその人（メンティー，mentee）が自己を伸ばして，潜在している可能性を関心領域で十分に展開するように勇気づけ鼓舞する時である（Carroll, 2004）。実際，フラー（Fuller, 2000）は，「助言者(メンター)が指導する取り組みが存在することは…（中略）…調査研究に積極的に関わっていく意欲を持つ個人のための，また，最終的には，次世代の（学者たち）の育成のための基準の設定において，決定的な役割を果たす」（p. 2）と主張した。学び手を卓越させ学識を備えるところまで導き動機づける上で，助言者(メンター)が指導する取り組みには計り知れない価値がある。助言者が指導すること(メンタリング)は，方法論への参入を支援するだけでなく，新進のメンバーを学者コミュニティへと方向づけて社会化するのである（Schumacher, Risco & Conway, 2008）。長年にわたって，グレーザーは，GTを学ぶ世界各地の調査研究者たちの助言

第4章 方法論を助言者による指導のない状態で学ぶこと

者になることを、進んで引き受けてきている。セミナーは、学び手たちが、似た状況にいる他の人たちと出会って、ネットワークを作る場である。そこでは会話が盛んに行なわれ、調査研究者たちは、聴き、思索を深め理解を新たにしている。調査研究者たちの問題があればそれにカリスマ助言者が敏感に応答するので、彼らの弱点が緩和される。残念なことに、調査研究者の多くがこのような支援を受けることが少ない環境で方法論を学んでいる。そうした環境がモデル改造の始まる場なのである。

多くの調査研究者が助言者(メンター)の指導なしで GT を学ぶことが原因になって、個人個人が GT の方法論をありとあらゆる仕方で解釈してきた結果、今日では GT の方法に数種類の異なるバージョンがあるというところまできている (Morse, Stern, Corbin, Bowers & Clarke, 2009)。実際、シャーマズ (Charmaz, 2009) は、GT は包括的な用語であって、いろいろな方法を指し示しこれらを一つに束ねたものだと考えている。この問題の重要な要素は、初学者レベルの調査研究者が、調査研究活動に実際に携わるまでは、GT 法の微妙な差異を正しく評価できることはめったにないということである。したがって、調査研究者が、もし GT にまったく親しんでいない質的調査研究者からの指導のもとで学んでいれば、その学び手は、GT という専門性を持つ方法論におけるものとはかけ離れた質的一般化の影響にさらされることになる。調査研究の学び手は文献から理解しようとするものだが、そこに書かれていることの多くが方法論的には不正確なのである。評判の高い国際的諸ジャーナルに掲載された GT 調査研究がオリジナルの方法論とはほとんど共通点を持っていないといったことは、十分すぎると言ってよいほど頻繁に見られることなのである。

こうした諸問題の多くは、この方法論の創始者たち (Glaser & Strauss, 1967) が、研究方法をさらに詳細に説明した時 (Corbin & Strauss, 2008; Glaser, 1978; Strauss, 1987; Strauss & Corbin, 1990; 1998) に始まった。GT の2つのバージョンが出現したのである。オリジナルの研究方法――これは現在、クラシック・グラウンデッド・セオリー(以下、クラシック GT)として知られている――と、ストラウスとコービンのモデルがそれである。後者のバージョンが刺激となって一つの論争が起こり、この論争はそれ以降、方法論の展開に強い影響を与えた (Glaser, 1992)。ストラウスとコービンの GT は、クラシック GT と一定の

103

特性を共有している。つまり,比較分析,理論的サンプリング,メモを作ること,飽和,が両者の研究方法には含まれている。しかし,両者の理論展開の目的となると異なっている可能性がある。記述に焦点を置く調査研究者たちがいる一方で,実践分野の諸学問領域の知識の展開にとっては,概念化と統合化と理論的説明が基本であると考える研究者たちもいる (Corbin, 2009)。記述的な契機を入れ込んだ概念モデルは確かに実践に対して一定の説明を与えるが,その説明は,クラシック GT に典型的に見られる統合された理論的説明とはきわめて異なっている (Glaser, 2001)。〔ところで,創始者たちの間で出現した2つのバージョンとは別に,〕GT には,モースら (Morse et al., 2009) が指摘した,いろいろな解釈がある。後者は,モースらが言うとおり,これほど多くの調査研究者が助言者による指導なしで方法論を学んだことが原因になって生じた可能性がある。このことが,ありとあらゆる誤解の原因になったのである。

2　間違った理解から正しい理解へ

会計学,ビジネス研究,教育,工学,情報マネジメント,ジャーナリズム,マネジメント研究,メディア研究,医学,看護,サイコセラピー,心理学,ソーシャルワーク,社会学,スポーツ科学,獣医学に GT が位置を占めていることに示されるように,GT 調査研究者たちの背景になっている専門的職業の範囲は広く,また,どの専門的職業もそれぞれ異なる学問領域のイデオロギーを基礎にしている。これらのすべてが方法論の理解の仕方に影響を及ぼすのである。学問領域が多様であることを論点にする必要はないが,各専門的職業がそれぞれに持つ価値観とそれぞれの学問領域のイデオロギーは絡み合わさっており——学問領域によって程度の差はあるが——存在論,認識論,および方法論がどのように理解されるかに影響を与えている。どの学問領域にもそれぞれ,知識の価値,知識の産出と教育に影響を及ぼす独自の強調点があり,それと同時に,どの学問領域にも共通する,科学的厳密さを支配する諸ルールや諸規定がある。方法,例えばデータ収集のための技法は,方法論に従って定義されるものであり,行為の計画は哲学的視座の影響を受け,哲学的視座は認識論によって基礎づけられる (Crotty, 1998)。しかしながら,いくつかの学問

領域では，方法，方法論，および認識論に関するいろいろな誤解が大きな混乱を生み出した（Harding, 1987）。それぞれの専門職が行なう知識上の主張は，個人主義的知識観——つまり，学問分野としての知識の発展を危うくしてきている個人主義的知識観——と密接な関係を持つようになってきているのである（Gergen, 1994）。

これとは対照的に，方法論とはどういったものであるか，あるいはどういったものであるべきかについて，その学問領域としての解釈があって，これが理解のあり方を限定し，GT のモデル改造に貢献してきた。例えば，比較的新しい複数の専門職は，採用した方法論を，その学問領域のアジェンダ（行動計画）に従って解釈してきた。知識の産出に向かうイノベーション的な研究方法が歓迎され（Cutcliffe, 2005），これに従って，（GT の）方法論は，その学問領域を前進させるという狙いに合うように改変された。その結果，メンバーたちが正当な専門職であると認められることが可能になった。これは，看護では広く行なわれたし（Morse et al., 2009），社会学でもある程度行なわれた（Charmaz, 2006 ; Clarke, 2005）ことであり，ここでは，理論展開が，その学問領域の知識展開を前進させるための一つの戦略として用いられたのである（Meleis, 1997）。この戦略は，専門知識とは理論的な抽象的知識であるという信念を支持していた（Abbott, 1988）。

抽象的知識というこの論点は，GT のモデル改造の基底にある「概念化 - 記述」論争に目を向けさせることになる。実践についての理論的説明を産み出す調査研究者もいたが，その一方で，実践について抽象化してもそれはおそらく個々の日常的諸活動を説明できないだろうという理由で，理論を退ける人たちもあった。知識の価値についてのこの後者の信念は，質的記述を本物の正当な知識であるとして好むタイプの GT 調査研究者たちがいる理由を説明してくれるかもしれない。ガーゲン（Gergen, 1994）は，世界についての様々な記述は，次の点で問題をはらんでいると論じている。つまり，記述的言語は表象上の問題をめぐる争点を提起しているが，この表象上の争点は理論展開や理論的言語とは相容れないものであること，他方，理論展開や理論的言語は現実世界の出来事の予測を目的にしたもの〔であって，記述的言語と理論展開や理論的言語との両者の間には緊張関係があるの〕だ，ということである。助言者なしで方法論を

第 I 部　クラシック・グラウンデッド・セオリーの指導

学ぶ調査研究者たちは，クラシック GT の土台を支えているこのような微妙な違いを理解していなかったようである。全員ではないが，一定の人々が理論展開を退けていた学問領域でこういうことが起こった時には，実践についての理論的統合は記述的な問題解決枠組みに取って代わられ，しかも，方法論上の厳密さについての論点が持ち出されることは全くなかったのである。

　方法論上の厳密さにかかわる間違った理解に加えて，方法論上のもう一つの間違った理解は，哲学にかかわることである。グレーザー（Glaser, 1998）は，GT は，没哲学的，すなわち哲学とは無関係であると明言している。それにもかかわらず，多くの調査研究者たちが GT をシンボリック相互作用論と結びつけている。ストラウスが，相互作用主義者およびプラグマティストとしてそうした社会学的伝統を十分に展開したシカゴ大学と，強力な結びつきをもっていたこと（Strauss & Corbin, 1998 ; Layder, 2000）がよくその理由にされている。しかし，GT は，シンボリック相互作用論に土台を支えられてはいない。何人もの著者（McDonald & Schreiber, 2001 ; Milliken & Schreiber, 2001）が主張しているとおりである。グレーザー（Glaser, 2005）はこのことについてはっきり説明し，〔もしそのコードがデータの中に出現してくるならば，という条件付きの話として〕シンボリック相互作用論は理論展開に活用できるかもしれない一つの潜在的な理論的コードであると論じている。アルベッソンとスコルドバーク（Alvesson & Skoldberg, 2000）は，GT とシンボリック相互作用論は自動的に結合しているわけではないと認めており，モース（Morse, 2009）は，シンボリック相互作用論との結びつきはイノベーションを促進すると主張している。シャーマズ（Charmaz, 2000）も同様に哲学的空白を認めて，GT を構成主義（constructivism）のなかに位置づけた。この見解は多くの人々（Charmaz, 2004 ; Freeman, McWilliam, MacKinnon, DeLucia & Rappolt, 2009 ; Jones, Torres & Arminio, 2006 ; Kushner & Morrow, 2003 ; McDonald & Schreiber, 2001 ; Morse et al., 2009）に受け容れられてきた。構成主義は，個人の心に実在するものにスポットを当てている（Lincoln & Guba, 1985）ものだが，GT を構成主義と哲学的に関連づけるということは，オリジナルの GT の見地からすると適当ではない。この哲学的位置づけは，そうした位置づけの姿勢が理論展開にどのような影響を及ぼすかを，助言者なしで調査研究を学ぶ人たちが正しく理解しないために，GT のモ

第4章　方法論を助言者による指導のない状態で学ぶこと

デル改造に寄与し，科学的厳密さを損なったのである。

　方法論的イノベーションについての理解はいろいろで混乱を来たしている。つまり，賞賛する人々がいる一方で，イノベーション的な皮相性は学問領域の理解を進めることにも知識の発展にもほとんど寄与しないという理由から，望ましくないとする人々もいるのである（Travers, 2009）。方法論的イノベーションは，様々な外観のなかに見られる。「修辞学的策略」（Alvesson & Skoldberg, 2000, p. 3），「緊張，格闘，解決」（Morse, 2009, p. 13），柔軟な発展（Layder, 2000），最先端のディスカッション（Gubrium & Holstein, 2003）などの外観のなかでは，イノベーションは近代化と結びつけられ，また，新しさは既に存在するものや既に存在することを改善させる，という前提と結びつけられる（Travers, 2009）。このように，どちらかといえばイノベーションは，伝統に疑問を投げかけ，方法論を批判的に再検討する位置にあり，こうした再検討は，真実を明らかにするために必要なものである（Denzin & Lincoln, 2005）と見られることの方が多い。この方向の見方に沿うものだが，クラシックGTには必須の創発的出現（emergence）という概念は，方法論的イノベーションへのパスポートと見なされている。創発的出現は，幅のある解釈を生じさせることになり，そしていろいろな学問領域の調査研究者たちがそれらの解釈を見当違いの感激をもって信奉してきているのである（ちなみに，この感激によって，質的調査研究の再活性化がもたらされているのだが）（Kushner & Morrow, 2003）。方法論のこうした非常に創造的な改変の最終的結果は，と言うと，それは，方法論的厳密さの掘り崩しであって，そこでは理論は探索的分析以上のものではなくなっているほどである。ここでの問題の重要な要素は，方法論の理解の不十分さである。

　同様の方法論上の間違った理解がもう一つあって，それは，GT研究の目的は基礎的社会的プロセスを発見することであって（Charmaz, 2008），もしこの発見が起こらなければ理論展開は限界のあるものになる（Cutcliffe, 2000）とする見解にかかわることである。GTの理論展開は基礎的社会的プロセスの生成に限定されるものではないのだが，この事実はすっかり見落とされてしまっているようである（ちなみに，基礎的社会的プロセスは，調査研究に関連しているかもしれないし，そうでないかもしれないのである）。GT調査研究における社会的プロセスの位置づけのこうした解釈は，最近なされた方法論上の否認（Charmaz,

2008)でもないし立場の変更（Bryant & Charmaz, 2007）でもない。しかしながら，そうした解釈が，基礎的社会的プロセスの位置づけの一つの再解釈（Reed & Runquist, 2007）を導き出すことになったことは確かであり，結果的に，それは，特に看護学における学問上の知識産出のアジェンダと一致するものだったのである。この論争は，方法論的なディスカッションにほとんど何も加えることはなく，ただ混乱を大きくしただけであった。

　ブライアントとシャーマズ（Bryant & Charmaz, 2007）は GT をいろいろな研究方法から成る集合と見なしているが，彼らは，これまで述べてきた方法論上の混乱に刺激されて，そうした見解を持つにいたったのかもしれない。そうした見方が暗に意味したのは，調査研究者たちが方法論を個々に解釈するのは自由であるということであった。その結果，解釈の幅が広がり，おそらくは質的調査研究一般を正当化することになったのだろう（Glaser, 2003）。しかしながら，生み出された最終的研究結果は，と言うと，クラシック GT とはきわめて異なるものであった。GT のこの大仕掛けなモデル改造について説明するのは難しいことであるが，その点についての一つの説明を提供してくれるものがあるとすれば，それは，方法についての部分的な読書と部分的な理解に起因する貧弱な学識である。綿密な研究と調査研究の現場での応用，そうしたものからだけ学ぶことのできることがあるのだが，そうしたことについて──GT をまったく活用したことがないというのに──，権威をもって著述をしたためる著者たちが，多過ぎると言っていいぐらい存在するのである（Glaser & Holton, 2007）。

　興味深いことに，シャーマズ（Charmaz, 2000）は，GT の諸戦略を活用することのめったにない調査研究者のほとんどは，理解が不十分であり，しばしば容認される範囲を超えて諸戦略を改変すると認めている。では，GT とは何だろうか？　クラシック GT というものは，潜在しているパターンを概念化して体系的に理論を産出するための，一つの純然たる帰納的方法論なのである（Glaser, 1998；2003）。個々人は常に自分に関連のある諸問題を解くという活動の渦中にあって，そうした形で生活＝人生の社会的組織化はなされているのだ──これが，クラシック GT が前提していることである。GT の目的は，そうしたいろいろな問題がどのようにしてなんとかやり遂げられているのか，と

いう点についての理論的な説明を与えることである。理論は，記述や解釈の範囲を超えて行なわれる概念化に基づくものであり，時間と場所と人(ピープル)の3つからの抽象なのである (Glaser, 2002)。要するに，クラシック GT の分析は，研究参加者たちの「声」を記述することではなく，抽象的な理論的説明を行なうことなのである (Glaser, 2002)。

グレーザー (Glaser, 2008) は，GT は質的データにも量的データにも活用することができるだけの一般性を持った方法 (Glaser & Strauss, 1967) であるということを調査研究者たちに思い起こさせながら，その理解を促してきた。GT 調査研究の目的は行動の様々なグループ・パターンを説明する一つの理論を産出することであるが，しかし分析の単位は個々の行動である。説明は概念的であって相互行為的ではなく (Glaser, 2005)，個々の諸経験を解釈することに焦点を当てる質的調査研究もしくは純然たる帰納的質的分析とは異なっている。すなわち，GT は，質的データ分析 (qualitative data analysis, QDA) とは対照をなすものである。QDA の場合は，概念化や一般化よりもむしろ解釈に重きが置かれている。QDA の目的は，データが共同で組み立てられるときに生じるバイアスを低減するために，再帰性を活用して，研究参加者の声の正確な表象を産出することである。このように，これら2つのアプローチは全く異なっており，QDA は研究参加者の生きられた経験を強調するものである (Patton, 2002)。これとは対照的に，GT は人々の主たる関心事と，それらがどのように繰り返し解決されたりあるいは処理されたりしているのかを吟味する (Glaser, 1978)。これらの2つのアプローチは，それぞれの起源を，さらに広い認識論的論争に持っている。

3 認識論的論争

シャーマズ (Charmaz, 2000 ; 2006) は GT の構成主義バージョンによって知られているが，彼女は，認識論的論争を切り開き，「GT の方法論をさらに解釈的社会科学の方向へとシフトさせていった」(Charmaz, 2009, p. 136) のである。シャーマズは，クラシック GT は客観主義に土台を支えられた実証主義的なものであり，客観的な外的現実を前提にしていると主張する。クロッティ

(Crotty, 1998) の指摘では，構成主義 (constructivism) は個人の独自の諸経験に関わり，一方，構築主義 (constructionism) は文化が世界観に及ぼす影響に関わるのだということである。構成主義は個々人の心に存在するものを説明するのに有用であり，一方，構築主義は社会的関係を理解することに焦点を置く。調査研究パラダイムとしての構築主義は，客観的現実の存在を否定し，それに代わって相対主義的な存在論的立場を前提とする (Mills, Bonner & Francis, 2006b)。この議論を GT に適用して，構成主義の視座は多元的な現実を認め，真理は一つの中立的客観的外的現実から創発的に出現してくるというグレーザーの前提を拒否するのである (ちなみに，グレーザーの場合，データの収集と分析にあたって調査研究者は研究参加者から完全に分離独立していると，構成主義の視座からは考えられている)。

シャーマズ (Charmaz, 2009) は，認識論的レベルで構成主義グラウンデッド・セオリー (以下，構成主義 GT) はクラシック GT に対して論議を挑んでいるのだと認めており，このバージョンは，オリジナルの方法の「現代的修正」(Charmaz, 2009, p. 129) だと主張する。シャーマズ (Charmaz, 2009) によれば，構成主義は，質的調査研究に本来的に備わっている複数的主観性を認めることによって，古典的な客観的立場に対抗する別の立場を提供しているのである。シャーマズは，構成主義 GT は，本質的に相互行為的であると示唆する。調査研究者と研究参加者との間での相互行為をとおしてデータを共同で構成することが行なわれ，そのことによって，個人の声がデータの収集と分析の最重要部分に位置することが保証されるのである (Charmaz, 2004)。構成主義 GT 理論家は，研究参加者に近づいていって，「その経験の中に入り込み，そしてその経験を分析する」(Charmaz, 2009, p. 142) ことを目指すのである。解釈というものは研究参加者たちと共鳴し合いそして研究参加者たちによってその妥当性が検証される——解釈とはそうしたものだと構成主義 GT 理論家は請け合っている。質的調査研究においては再帰性が活用されているにもかかわらず，クラシック GT の立場からすると，構成主義 GT の場合，そこで見られるという質的調査研究への研究参加者の積極的関わりには疑問の余地がある。また，構成主義こそが，オリジナルの方法論に備わっていた存在論的および認識論的な相違を統合する一つの方法なのだ (Charmaz, 2009) という主張に対しても異

議が唱えられているのである。

　シャーマズ (Charmaz, 2000) の構成主義の見解は，多元的現実が存在することを前提にしており，一つの外的現実があるとみなす客観主義 GT とはきわめて対照的である (Charmaz, 2009)。シャーマズの諸前提は，有力な社会構築主義 (social constructionism) を展開したバーガーとラックマン (Berger & Luckmann, 1967,〔訳者注：原著には '1991' とあるが，これは '1967' の誤植と見なす，以下同〕) の諸前提とは相容れない。バーガーとラックマン (Berger & Luckmann, 1967) は，社会を，客観的現実および主観的現実の両者として存在すると見る。人々は，それぞれの社会的世界のなかで相互行為をしながら他の人々に影響を与え，それと同時に「ふつうの人が毎日の生活をなんとかやり遂げていくのに活用する自明視された共通の知識」(Cheek, Shoebridge, Willis & Zadoroznyj, 1996, p. 150) になじむようになっていく。この知識は，社会的に受容されている諸行動，諸役割，社会のなかで正当だとされている諸信念から成っている。

　バーガーとラックマン (Berger & Luckmann, 1967) は，社会を，人間によって生み出された一つの客観的現実であり，しかし，それにもかかわらず人々にとっては主観的なレベルで現実性を帯びているものと見ている。ガーゲン (Gergen, 1994) は，個々人は，諸行為とそれらの諸行為に与えられた意味に従って現実を積極的に創り出していると示唆する。社会は，諸行為，諸相互行為，諸解釈の集積であり，これらは諸社会構造よりももっと重要な意味を持っているのである。このようにして，現実は社会的に定義されている——その主観的な理解と客観的な理解は異なるが。客観的現実は，社会を構造化している諸ルールに関わるものである。主観的現実は，会話のように，他の人々と容易に共有されている概念を指している。共有された意味と理解は織り合わされて自明なものとなり，結果としてそれらの諸概念は用いられるたびに定義される必要がなくなる (Berger & Luckmann, 1967)。社会構築主義のこの見方は，人々が自分の主要な関心事を解決もしくは処理する際の行動の諸パターンの概念化を目指すクラシック GT とは矛盾しない。しかし，より相対主義的な構成主義とは，相容れない。多元的現実があるのだから，そうした現実の多元的解釈があるのだ，と相対主義は主張するのである (Bury, 1986)。

　相対主義は認識論的論争を複雑化させている。なぜなら，現実についての一

つの説明が他の説明より良いと判断する方法がないからである (Burr, 1995)。シャーマズ (Charmaz, 2009) はこの問題を認識しているが、しかし、質的調査研究と特に GT は年月を経て変化してきていると考えている。構成主義 GT 理論家は特定の状況におけるデータを掬いあげるのであり、したがってデータは蓋然的、相対主義的、部分的なもので、その時点の諸条件に依存していると考える。この視座は、バーガーとラックマン (Berger & Luckmann, 1967) の見方、それからグレーザー (Glaser, 2001) の見方とは異なっている。しかしこの立場は、質的調査研究の中に相対主義的立場を取り入れる傾向が増していることとは整合している。多様な視座の存在は、質的パラダイムのなかで産出される知識の正当性をむしばんでしまうという事実があるにもかかわらず、である。この後者の論点について言えば、もしあらゆる視座が妥当であれば、どのようにして真理を判断するのだろうか？　もし質的知識が不確かであれば、調査研究の関連性が議論の余地のあるものになり、特にヘルスケアに関わる調査研究との関連では、その知識の有用性が問われる可能性がある (Murphy et al., 1998)。

　シャーマズ (Charmaz, 2000) は、研究参加者たちが声を持っていることを保証することによって関連性の問題に取り組んでいる。声は個人の創造的表現であると見なされ、その表現は、研究参加者の主観的経験が豊かで含蓄に富んだ記述の形で発現することを保証し、しかも、そのことは、その研究参加者個人によって検証されるはずのものである (Morse & Field, 1996)。データの創造的表現は、データ収集に対する調査研究者効果を媒介し研究参加者の主観的経験の豊かで含蓄に富んだ記述という形での発現を保証することを意図している。そして、これらのことは、個々の研究参加者たちに従う形で検証されることになるはずなのである (Morse & Field, 1996)。これが構成主義的理論産出につながるのだと主張されるが、にもかかわらず、その最終的な研究結果はたいてい多様な記述であって、理論産出とはほど遠いものである。社会的世界の存在と、それから調査研究者の役割はある特定の領域で起こっていることを見つけ出すこと、この2点をグレーザー (Glaser, 1998) は主張しているのだが、にもかかわらず、認識論的諸論点は、明らかに、方法論のモデル改造が生み出されるほどにまで、方法論的緊張を引き起こしてきているのである。多元的な現実が存在しており、それらの現実は人々の持つ異なった視座に依存しているのである

(Glaser & Strauss, 1967)。こうして，調査研究者は研究参加者にとっての関心事である諸問題にこそ焦点を置くべきである（Mullen & Reynolds, 1994）という考えは，この認識論的論争のなかで見失われてしまったようである。

　全体的に見ると，現実主義と相対主義が，一方の極に客観的現実を置き，もう一方の極に多元的現実を置く認識論的視座の連続体の両極を，それぞれ代表していることは明らかである。両者の立場はともに，質的調査研究にとって問題をはらんでいる。前者はクラシック GT の基本原則と矛盾しており，後者は，調査研究の機能と効用についての疑問へと導くことになる。現実主義の立場を取ると，研究結果を調査研究者が解釈するその仕方を無視することになり，また，報告されることは，認識可能で独立した現実についての真実な一解釈，もしくは信頼に値する一解釈である，と仮定することになるのだ。一方，相対主義を取ると，完全に知ることのできるものは何もなく，多元的現実があるだけであって，社会的な現象に関する真実の表象の主張という観点からすると，他の現実よりまさっている現実というものは存在しない，とする結論に導かれていく。

　ハマースレイ（Hammersley, 1992）はしかし，客観的現実と多元的現実の間の中間的な位置で，調査研究者が微妙な現実主義の立場をとることはできないだろうかとして，「現実主義 - 相対主義」論争を解決する可能性を提言している。その立場は，独立の現実を認めるが，現実に直接にアクセスする可能性は否定し，理論的表象という形で説明することを強調する。この中道路線は，常識的知識を有用と見なすが，その一方であらゆるタイプの知識に妥当性があるとする見方を拒絶する。知識は調査研究者とは独立したものであるという見方を拒絶し，調査研究者の現実は確実に知り得る，とするのがその中心的主張である。〔他方，〕現実主義と相対主義は，双方とも，それぞれの立場の出発点として，知識は調査研究者からは独立したものであるという形で知識を定義しており，この点で，両者は〔同じ〕知識観を共有しているのである。その結果，質的調査研究における今日の対立的な分裂が生じているのだ。したがってこのような定義の仕方を避けることによって，両者の哲学的視座にともなって生ずる，調査研究に対する否定的な意味合いを避けることができるというのが，ハマースレイの主張である。

一方，ブライキー（Blaikie, 2000）は，調査研究への実践的な（プラグマティック）アプローチの方がより重要であると示唆して，哲学を強調することに異議を唱えている。マーフィーら（Murphy et al., 1998）は，質的調査研究には意味について様々な推論を行なう傾向があると述べている。さらにダナーマーク（Danermark, 2002）は，質的調査研究における最近の趨勢は，「現実主義‐相対主義」論争を越えた動きをしつつある（Danermark, 2002 ; Denzin & Lincoln, 2000）と主張する。それにもかかわらず，エイヴィス（Avis, 2003）は，真実に対する関心を実践的な（プラグマティック）認識論に置き換えることによって，方法論と認識論とのもつれを解きほぐすことを支持している。ちなみに，実践的認識論は，ある知識の主張を支持するために提示された諸議論の内的一貫性に依存するものなのである。内的一貫性は，証拠と社会理論と存在している知識，これら三者の間の適合性に基礎を置くものであって，そこでは，この議論に道徳的な関心事が持ち込まれてくることになる。

4　道徳的関心事

道徳的諸論点は，人生への敬意，自由，愛などの，重要な社会的諸価値を扱う。それは，罪，恥，自尊心，勇気，希望など，道義心を引き起こす感情についてのことがらであり，「ねばならない」「べきである」「正しい」「間違っている」「良い」「悪い」などの言葉でもって私たちが反応していることがらである。また，なかなか説明がつかないような，ふだんどおりではない紛糾や挫折感，解決しにくさや困難なことがらである（Jameton, 1984）。「善行をする（doing good）」が諸学問領域の基本的な目的なのだから，専門職の生活——それは実践と調査研究である——のあらゆる面は，あらゆる行為が道徳的基盤を備えもつという点で道徳的関心事で染め上げられているのである。一つの学問領域内での調査研究の目的は，すでに知られていることにさらに新たな知を付加することであり，その学問領域の知識の実践的な適用を改善させることであり，そして生活のどこかの側面を高めることである。したがって，本章でここまで検討してきた方法論的，認識論的，あるいは存在論的な，より一般的な諸論点のいかんを問わず，一つの学問領域における知識の産出と調査研究は道徳的負荷

第4章 方法論を助言者による指導のない状態で学ぶこと

を担っているのである。

　調査研究は，一つの学問領域の総体的な目標にとって極めて重要である。化学的あるいは分子的レベルでの研究が重要な場合もあるし，社会的／行動的なレベルでの研究が重要な場合もある。GT の諸理論はこの社会／行動の領域，すなわち人々が自分たちの生活を生きている行動圏に焦点を置く。クラシック GT は，社会／行動の領域に焦点を置くという観点から人々の経験を理解しようとするところが，諸方法のなかで独特である。人々は一定レベルの尊敬と自律性に値するものだとほとんどの専門職の倫理綱領が示唆しているが，もしそうであるとすれば，どのような探究も，個々人の諸問題を彼ら自身の視点から理解しようとすることをその出発点とするものである。クラシック GT 理論家は，調査研究に対して，偏った考え，あらかじめ想定されたものや関連性のない考え，あるいは人為的な考えを押しつけるのではなく，関連している人々にとって重要な問題から始める。GT 理論家は，人々が自分の最も基本的な諸問題にどのように従事しているかを，概念レベルで描こうと努めるのだ。こうして GT は，人々の生活の中心になっている諸概念を掘り出すための最良の方法を提供しているのである。GT 理論家は，その人を重んじ，その人の生活の情況を謙虚に理解しようと努める。つまり，道徳的に関連のあるアプローチなのである。

　クラシック GT 法を活用する理論家は，根拠を持ったデータから理論が自然な形で創発的に出現することを可能にする（Glaser, 1978）。したがって，質的データに基づいたクラシック GT の諸理論は，抽象的であり概念的ではあるが，研究参加者たちが認識したとおりの現実の姿と実体を維持しているのである。これが，クラシック GT の諸理論には人々の心を捉える「つかみ」がある理由である（Glaser, 1978）。理論に表現されているのと同じ現象を経験したことのある人々は，その理論によって彼ら自身の真実に直ちに気づくものだ。彼らはその理論を理解し，現実についてそこに提示されている説明を承認するのである。

　GT の文脈においては，真実は主観的であると同時に相対的である。真実は情報提供者の現実認識に関わっているのだ。多くの人々が示唆しているように，もし GT 方法論がアメリカ・プラグマティズムに基礎を置いているのであれ

ば、私たちはパース（Peirce）と共に、理想的観念（アイディアル）としての真実は調査者の「最終的見解（final opinion）」であると主張することができるかもしれない（Peirce, 1868, CP 5. 311；Peirce, 1878, CP 5. 407）。このように、理論家たちは根拠を持ったデータ（すなわち、様々な標本の母集団という視点からの真実）を収集するので、修正可能な概念的諸理論が創発的に出現するのである。したがって、後に続く諸研究が先行する諸理論を修正し、そのようにして理想的観念（アイディアル）としての現実のさらに優れた描写の方向へと進んでいき、もしかしたら最終的見解を見出すということがあるかもしれないのである。

　学問領域に特有の調査研究の道徳的基礎は、その専門職の究極の目標いかんにかかっている。クラシック GT は真実を探求しようとする。すなわち、クラシック GT の目標は、個々人によって経験され、理解され、そして伝えられたものとしての、重要な諸問題と社会的行動の諸パターンを、理論家の偏った見方、価値判断、解釈を離れて発見することである。それは、人間の経験を理解しようとするための独特な理論産出アプローチである。社会科学における調査研究の道徳的な責務は、専門職のサービスを必要としている人々に対して建設的に影響を及ぼすために活用することのできる、可能なかぎり最良の知識を産出することである。したがって、クラシック GT の諸原則を堅持することは、学問領域の調査研究において妥当な道徳的正当性を持つように思われる。さらに言えば、不適切なデータ、歪曲され、情報が誤って伝えられ、偏っているデータ、あるいは気まぐれに解釈されたデータと、思慮に欠け、先入見に基づいた形で行なわれる調査研究データの分析——こうしたものは、学問領域の展開の中枢をなす道徳的責務を遂行できずに終わるのである。

　これらのことから、オリジナルのクラシック GT 法をモデル改造することには、道徳的含意が密接に関わっていることが示唆される。調査研究におけるポスト‐モダンの、GT とはほとんど接点を持たない諸方法は、オリジナルの GT 法の存在論的、認識論的、方法論的立場から逸脱した派生的な自称 GT 法を生み出してきた。これらのうちのいくつかは、グレーザーによって初めて記述された GT 法（Glaser, 1965；1978；1992；1993；1998；1999；2001；2005；Glaser & Strauss, 1967；Glaser & Tarozzi, 2007）とは、方法論的な類似点がほとんどないのである。オリジナルの**クラシック** GT の基本原則から非論理的に偏向し

ている諸方法は，GTとそれ以外の方法との間の区別を不明確にするので，学者の間に混乱を作りだし（Baker, Wuest & Stern, 1992），またGTの諸研究の信頼性を疑わせるのである。長年にわたって学者たちが指摘しているように，GTの本質とプロセスに関する諸見解の対立と未解決の諸論点は存在し続けているのである（Anderson, 1991; Annells, 2006; Backman & Kyngas, 1998; Baker et al., 1992; Benoliel, 1996; Boychuk Duchscher & Morgan, 2004; Cutcliffe, 2000; 2005; Eaves, 2001; Elliott & Lazenbatt, 2005; Fleming & Moloney, 1996; Glaser, 2002; Greckhamer & Koro-Ljungberg, 2005; Heath & Cowley, 2004; Katada, 1990; Kushner & Morrow, 2003; Lingard, Albert & Levinson, 2008; Lomborg & Kirkevold, 2003; Mills, Bonner & Francis, 2006a; 2006b; Mills, Chapman, Bonner & Francis, 2007; Reed & Runquist, 2007; Teram, Schachter & Stalker, 2005; Wilson & Hutchinson, 1996; Wolanin, 1977）。モデル改造の産物である修正主義の諸方法は，オリジナルのクラシックGT法の存在論的立場と認識論的立場を誤って解釈している。こうした方法論上の混乱のために，この方法に詳しくない学者たちがGTの諸理論の信頼性を疑うのは道理にかなったことかもしれない。そうだとすれば最良のGT研究でさえ，その真実性を割り引かれてしまう可能性がある。以上のことから，理論を産出することを目指す調査研究において，自分の生活を調査された人々が認めるような真実を発見することに失敗している理論は，理論の直接目標も最終目標も両方とも達成しないという理由で，本質的に道徳に反しているのである。

　GTは，質的データとともに活用される調査研究方法の中で，最も人気のあるものの一つである。GT法のクラシックの方法とモデル改造された諸バージョンに関する論議は，広まりすぎていると言っていいほどである。方法のモデル改造は，理論展開にとって多くの含意を提起している。それは，方法間の境界をあいまいにし，諸理論の妥当性と信頼性を疑問視させ，学生たちや学者たちを混乱させ，そして，学問領域の進歩と発展を遅らせている。本章で議論されたモデル改造に関する諸論点の大半は，これほど多くの調査研究者たちが，GTを助言者なしで学んできているという事実に由来する可能性があるとはいえ，学者たちがそれぞれの学問領域において，方法論的厳格さの欠如に論戦を挑まず，それに結びついたずさんな学識を受容してきていることには驚くばか

りである。しかし問題を確認することは，変化のための触媒になりうるものだ。もしGT調査研究者がGT調査研究者でない人のスーパーバイズを受けなければならないような場合には，そうした状況を変える必要があるのだが，そこで求められる変化とは，そのスーパーバイザーが，今や国際的にしっかりと定着している，メンターが方法論を指導する取り組み(メソドロジカル・メンターシップ)を得ようと努めなければならないということである。調査研究者たちを導くためにはメンターが方法論を指導する取り組み(メソドロジカル・メンターシップ)が必須である。調査研究者たちは調査研究プロセスに携わっているのだから。今日では，GT初学者たちにとってはありとあらゆるリソースがある。調査研究を学ぶ人が，熟達した助言者(メンター)なしで調査研究のプロセスをやり通す必要はなにもないのである。幸いなことに，様々なサポート・システムを利用することができる。個人ベース，オンライン，オリジナルの著者が著わした書物を通して，そして世界的規模で行なわれるセミナーをとおしてなどである。厳格な学識を育成するための次のステップは，GTに詳しくないスーパーバイザーが，自らの限界を認識して，学生たちを，調査研究の厳格さが促進されるGTの学者たちの国際的なコミュニティに送り出すことである。

5　結　　論

　GTに関して現在流行しているいろいろな理解は，この方法についての部分的な読解と部分的な理解に基づいたずさんな学識によるものと結論せざるを得ない。社会科学の文献には概念化の戦略についての議論がなく，概念化が何を意味しているかについての理解はほとんどみられない。これが直接に影響して，GTを構成主義の視点から再概念化することが無批判に決定され，その最終産物が概念的ではなく本質的に記述的なものになってしまうという結果をもたらしてきている。好意的であったとしても，存在論と認識論の現在流行しているいろいろな理解に一致したやり方でGTを書き直す試みは，この方法論を誤って伝え，その理論産出能力の土台を掘り崩す結果をもたらしているのだ。単純明快な方法論を，その単純さを維持しようとする様々な試みを無視して，公然と複雑にしてきているのである。こうした事態は，これほど多くの学生た

ちがこの方法論を助言者なしで学んでおり，GTを理解していない質的調査研究者たちと一緒に研究をしていることが理由で起こってきていることなのかもしれない。だが，たとえそうだったとしても，社会科学の調査研究の知的信用を危険に陥らせるやり方でGTが用いられている現在の状況を許容してしまうのではなく，GTは理論産出を導く概念化の方法論なのだということを再び強調することが喫緊の課題なのである。この方法論の共同創始者が認識できないようなGTの諸解釈に対しては，最低限，そのことに注意を向け応答を返す道徳的な責務と責任があるのだ。行なわれなければならないことは多いのである。

参考文献

Abbott, A. (1988). *The system of the professions.* London: University of Chicago Press.

Alvesson, M. & Skoldberg, K. (2000). *Reflexive methodology: New issues for qualitative research.* London: Sage.

Anderson, M. A. (1991). Use of grounded theory methodology in a descriptive research design. *Abnf Journal*, 2(2), pp. 28-32.

Annells, M. (2006). Triangulation of qualitative approaches: Hermeneutical phenomenology and grounded theory. *Journal of Advanced Nursing*, 56(1), pp. 55-61.

Avis, M. (2003). Do we need methodological theory to do qualitative research? *Qualitative Health Research*, 13(7), pp. 995-1004.

Backman, K. & Kyngas, H. (1998). Challenges of the grounded theory approach to a novice researcher. *Hoitotiede*, 10(5), pp. 263-270.

Baker, C., Wuest, J. & Stern, P. N. (1992). Method slurring: The grounded theory/phenomenology example. *Journal of Advanced Nursing*, 17(11), pp. 1355-1360.

Benoliel, J. Q. (1996). Grounded theory and nursing knowledge. *Qualitative Health Research*, 6(3), pp. 406-427.

Berger, P. & Luckman, T. (1967). *The social construction of reality.* New York: Penguin. (=1997, 山口節郎訳『日常世界の構成——アイデンティティと社会の弁証法』新曜社)

Blaikie, N. W. H. (2000). *Designing social research: The logic of anticipation.* Malden, MA: Polity Press.

Boychuk Duchscher, J. E. & Morgan, D. (2004). Grounded theory: Reflections on the emergence vs. forcing debate. *Journal of Advanced Nursing*, 48(6), pp. 605-612.

Bryant, A. & Charmaz, K. (2007). Grounded theory in historical perspective: An epistemological account. In A. Bryant & K. Charmaz (Eds.), *The handbook of grounded theory* (pp. 31-57). London: Sage.

Bunch, E. H. (2004). Commentary on the application of grounded theory and symbolic interactionism. *Scandinavian Journal of Caring Science*, 18(4), p. 441.

Burr, V. (1995). *An introduction to social constructionism*. London, United Kingdom: Routledge.

Bury, M. (1986). Social constructionism and the development of medical sociology. *Sociology of Health and Illness*, 8(2), pp. 137-169.

Carroll, K. (2004). Mentoring: A human becoming perspective. *Nursing Science Quarterly*, 17(4), pp. 318-322.

Charmaz, K. (2000). Grounded theory: Objectivist and constructivist methods. In N. Denzin & Y. S. Lincoln (Eds.), *Handbook of qualitative research* (2nd ed., pp. 509-535). London: Sage. (=2006, 山内祐平・河西由美子訳「グラウンデッド・セオリー――客観主義的方法と構成主義的方法」平山満義監訳・藤原顕編訳『質的研究の設計と戦略』［質的研究ハンドブック2巻］北大路書房, 169-197頁)

Charmaz, K. (2004). Grounded theory. In S. Nagy Hesse-Biber & P. Levy (Eds.), *Approaches to qualitative research: A reader on theory and practice* (pp. 496-521). New York: Oxford University Press.

Charmaz, K. (2006). *Constructing grounded theory. A practical guide through qualitative analysis*. London: Sage.

Charmaz, K. (2008). Reconstructing grounded theory. In L. Bickman, P. Alasuutari & J. Brannen (Eds.), *Handbook of social research* (pp. 461-478). London: Sage.

Charmaz, K. (2009). Shifting the grounds: Constructivist grounded theory methods. In J. M. Morse, P. N. Stern, J. M. Corbin, B. Bowers & A. E. Clarke (Eds.), *Developing grounded theory: The second generation* (pp. 127-154). Walnut Creek, CA: University of Arizona Press.

Cheek, J., Shoebridge, J., Willis, E. & Zadoroznyj, M. (1996). *Society and health: Social theory for health workers*. Melbourne, Australia: Longman.

Clarke, A. E. (2005). *Situational analysis: Grounded theory after the postmodern turn*. Thousand Oaks, CA: Sage.

Corbin, J. M. (2009). Taking an analytic journey. In J. M. Morse, P. N. Stern, J. M. Corbin, B. Bowers & A. E. Clarke (Eds.), *Developing grounded theory: The second generation* (pp. 35-53). Walnut Creek, CA: University of Arizona Press.

Corbin, J. A. & Strauss, A. L. (2008). *Basics of qualitative research: Techniques and procedures for developing grounded theory* (3rd ed.). Newbury Park, CA: Sage. (= 2012, 操華子・森岡崇訳『質的研究の基礎——グラウンデッド・セオリー開発の技法と手順 第3版』医学書院)

Crotty, M. (1998). *The foundations of social research: Meaning and perspective in the research process.* Sydney, Australia: Allen and Unwin.

Cutcliffe, J. R. (2000). Methodological issues in grounded theory. *Journal of Advanced Nursing*, 31(6), pp. 1476-1484.

Cutcliffe, J. R. (2005). Adapt or adopt: Developing and transgressing the methodological boundaries of grounded theory. *Journal of Advanced Nursing*, 51(4), pp. 421-428.

Danermark, B. (2002). *Explaining society: An introduction to critical realism in the social sciences.* London: Routledge.

Denzin, N. & Lincoln, Y. S. (2005). *The Sage handbook of qualitative research.* London: Sage.

Eaves, Y. D. (2001). A synthesis technique for grounded theory data analysis. *Journal of Advanced Nursing*, 35(5), pp. 654-663.

Elliott, N. & Lazenbatt, A. (2005). How to recognizes a 'quality' grounded theory research study. *Australian Journal of Advanced Nursing*, 22(3), pp. 48-52.

Fleming, V. E. & Moloney, J. A. (1996). Critical social theory as a grounded process. *International Journal of Nursing Practice*, 2(3), pp. 118-121.

Freeman, A. R., McWilliam, C. L., MacKinnon, J. R., DeLuca, S. & Rappolt, S. G. (2009). Health professionals' enactment of their accountability options: Doing the best they can. *Social Sciences and Medicine*, 69(7), pp. 1063-1071.

Fuller, S. S. (2000). Enabling, empowering, inspiring: Research and mentorship through the years. *Bulletin of the Medical Library Association*, 88(1), pp. 1-10.

Gergen, K. J. (1994). *Realities and relationships: Soundings in social constructionism.* Cambridge, MA: Harvard University Press.

Glaser, B. G. (1965). The constant comparative method of qualitative analysis. *Social Problems*, 12, p. 10.

Glaser, B. G. (1978). *Theoretical sensitivity: Advances in the methodology of grounded theory.* Mill Valley, CA: Sociology Press.

Glaser, B. G. (1992). *Emergence vs forcing: Basics of grounded theory analysis.* Mill Valley, CA: Sociology Press.

Glaser, B. G. (1993). *Examples of grounded theory: A reader.* Mill Valley, CA: Sociology Press.

Glaser, B. G. (1998). *Doing grounded theory: Issues and discussion.* Mill Valley, CA: Sociology Press.

Glaser, B. G. (1999). The future of grounded theory. *Qualitative Health Research,* 9(6), p. 10.

Glaser, B. G. (2001). *The grounded theory perspective: Conceptualization contrasted with description.* Mill Valley, CA: Sociology Press.

Glaser, B. G. (2002). Constructivist grounded theory? *Forum Qualitative Social Research,* 3(3).

Glaser, B. G. (2003). *The grounded theory perspective II: Description's remodeling of grounded theory.* Mill Valley, CA: Sociology Press.

Glaser, B. G. (2005). *The grounded theory perspective III: Theoretical coding.* Mill Valley, CA: Sociology Press.

Glaser, B. G. (2008). *Doing formal grounded theory.* Mill Valley, CA: Sociology Press.

Glaser, B. G. & Holton, J. A. (2007). *The grounded theory seminar reader.* Mill Valley, CA: Sociology Press.

Glaser, B. G. & Strauss, A. L. (1967). *The discovery of grounded theory: Strategies for qualitative research.* Chicago, IL: Aldine Publishing. (=1996, 後藤隆・大出春江・水野節夫訳『データ対話型理論の発見──調査からいかに理論をうみだすか』新曜社)

Glaser, B. G. & Tarozzi, M. (2007). Forty years after discovery: Grounded theory worldwide. *The Grounded Theory Review: An International Journal, Special Issue,* pp. 21-41.

Greckhamer, T. & Koro-Ljungberg, M. (2005). The erosion of a method: Examples from grounded theory. *International Journal of Qualitative Studies in Education,* 18(6), pp. 729-750.

Gubrium, J. & Holstein, J. (Eds.). (2003). *Postmodern interviewing.* Thousand Oaks, CA: Sage.

Hammersley, M. (1992). *What's wrong with ethnography? Methodological explorations.* London: Routledge.

Harding, S. (1987). *Feminism and methodology.* Bloomington, IND: Indiana University Press.

Heath, H. & Cowley, S. (2004). Developing a grounded theory approach: A comparison of Glaser and Strauss. *International Journal of Nursing Studies*, 41(2), pp. 141-150.

Jameton, A. (1984). *Nursing practice: The ethical issues.* Englewood Cliffs, NJ: Prentice-Hall.

Jones, S. R., Torres, V. & Arminio, J. (2006). *Negotiating complexities of qualitative research in higher education.* New York: Routledge.

Katada, N. (1990). Grounded theory approach: Trends in grounded theory in nursing research. *Kango Kenkyu*, 23(3), pp. 283-289. (=1990, 片田範子「看護研究方法における Grounded Theory 活用の動向——米国を中心に」『看護研究』23（3），283-289頁）

Kushner, K. E. & Morrow, R. (2003). Grounded theory, feminist theory, critical theory: Toward theoretical triangulation. *Advances in Nursing Science*, 26(1), pp. 30-43.

Layder, D. (2000). *New strategies in social research.* Cambridge, MA: Polity Press.

Lincoln, Y. S. & Guba, E. G. (1985). *Naturalistic inquiry.* Beverly Hills, CA: Sage.

Lingard, L., Albert, M. & Levinson, W. (2008). Grounded theory, mixed methods, and action research. *British Medical Journal*, 337, p. 567.

Lomborg, K. & Kirkevold, M. (2003). Truth and validity in grounded theory – a reconsidered realist interpretation of the criteria: Fit, work, relevance and modifiability. *Nursing Philosophy*, 4(3), pp. 189-200.

McDonald, M. & Schreiber, R. (2001). Constructing and deconstructing: Grounded theory in a postmodern world. In R. S. Schreiber & P. N. Stern (Eds.), *Using grounded theory in nursing* (pp. 17-34). New York: Springer.

Meleis, A. I. (1997). *Theoretical nursing: Development and progress* (3rd ed.). Philadelphia, PA: Lippincott.

Milliken, P. J. & Schreiber, R. S. (2001). Can you "do" grounded theory without symbolic interactionism? In R. S. Schreiber & P. N. Stern (Eds.), *Using grounded theory in nursing* (pp. 177-190). New York: Springer.

Mills, J., Bonner, A. & Francis, K. (2006a). Adopting a constructivist approach to grounded theory: Implications for research design. *International Journal of Nursing Practice*, 12(1), pp. 8-13.

Mills, J., Bonner, A. & Francis, K. (2006b). The development of constructivist grounded theory. *International Journal of Qualitative Methods,* 5(1), pp. 1-10.

Mills, J., Chapman, Y., Bonner, A. & Francis, K. (2007). Grounded theory: A methodological spiral from positivism to postmodernism. *Journal of Advanced Nursing,* 58(1), pp. 72-79.

Morse, J. M. (2009). Tussles, tensions, and resolutions. In J. M. Morse, P. N. Stern, J. M. Corbin, B. Bowers & A. E. Clarke (Eds.), *Developing grounded theory: The second generation* (pp. 13-22). Walnut Creek, CA: University of Arizona Press.

Morse, J. M. & Field, P. A. (1996). *Nursing research: The application of qualitative approaches.* London: Chapman and Hall.

Morse, J. M., Stern, P. N., Corbin, J. M., Bowers, B. & Clarke, A. E. (2009). *Developing grounded theory: The second generation.* Walnut Creek, CA: University of Arizona Press.

Mullen, P. D. & Reynolds, R. (1994). The potential of grounded theory for health education research: Linking theory to practice. In B. G. Glaser (Ed.), *More grounded theory methodology* (pp. 127-145). Mill Valley, CA: Sociology Press.

Murphy, E., Dingwall, R., Greatbatch, D., Parker, S. & Watson, P. et al. (1998). Qualitative research methods in health technology assessment: A review of the literature. *Health Technology Assessment,* 2(16).

Patton, M. Q. (2002). *Qualitative evaluation and research methods.* Thousand Oaks, CA: Sage.

Peirce, C. S. (1868). Some consequences of four incapacities. *Journal of Speculative Philosophy,* 2(1868), pp. 140-157. Reprinted (CP 5. 264-317), (CE 2, 211-242), (EP 1, 28-55). Eprint. NB. Misprints in CP and Eprint copy. Accessed July 11, 2008 at http://www.cspeirce.com/menu/library/bycsp/conseq/cn-frame.htm

Peirce, C. S. (1878). How to make our ideas clear. *Popular Science Monthly,* 12(1878), pp. 286-302. Reprinted (CP 5.388-410), (CE 3, 257-276), (EP 1, 124-141). Eprint. Accessed July 11, 2008, at http://en.wikisource.org/wild/How_to_Make_Our_Ideas_Clear

Peirce, C. S. (1901). Truth and falsity and error (in part). In J. M. Baldwin (Ed.), *Dictionary of Philosophy and Psychology,* vol. 2. Reprinted (CP 5.565-573), (pp. 720-758).

Reed, P. G. & Runquist, J. J. (2007). Reformulation of a methodological concept in grounded theory. *Nursing Science Quarterly,* 20(2), pp. 118-122.

Schumacher, G., Risco, K. & Conway, A. (2008). The Schumacher model: Fostering scholarship and excellence in nursing and for recruiting and grooming new faculty. *Journal of Nursing Education*, 47(12), pp. 571-575.

Strauss, A. L. (1987). *Qualitative analysis for social scientists.* New York: Cambridge University Press.

Strauss, A. L. & Corbin, J. M. (1990). *Basics of qualitative research: Grounded theory procedures and techniques.* Newbury Park, CA: Sage. (=1999, 南裕子監訳, 操華子・森岡崇・志自岐康子・竹崎久美子訳『質的研究の基礎——グラウンデッド・セオリーの技法と手順』医学書院)

Strauss, A. L. & Corbin, J. M. (1998). *Basics of qualitative research: Techniques and procedures for developing grounded theory* (2nd ed.). Thousand Oaks, CA: Sage. (=2004, 操華子・森岡崇訳『質的研究の基礎——グラウンデッド・セオリー開発の技法と手順 第2版』医学書院)

Teram, E., Schachter, C. L. & Stalker, C. A. (2005). The case for integrating grounded theory and participatory action research: Empowering clients to inform professiopal practice. *Qualitative Health Research*, 15(8), pp. 1129-1140.

Travers, M. (2009). New methods, old problems: A skeptical view of innovation in qualitative research. *Qualitative Research*, 9(2), pp. 161-179.

Wilson, H. S. & Hutchinson, S. A. (1996). Methodological mistakes in grounded theory. *Nursing Research*, 45(2), pp. 122-124.

Wolanin, M. O. (1977). Confusion study: Use of grounded theory as methodology. *Community Nursing Research*, 8, pp. 68-75.

第Ⅱ部　グラウンデッド・セオリーの実践

第5章　オンラインでのグラウンデッド・セオリー・インタビューの実施

ヘレン・スコット

　私は，世界中の人と連絡をとるのにビデオカンファレンスのソフトウェアを利用している。この方法で，すべての大陸の人がリアルタイムで同じミーティングの場に集まり，お互いをスクリーンで見て，複雑な意見交換をしたり発表を行なったりできることに大変満足している。ビデオを用いるコミュニケーションは，テクストのみのチャットの一次元的な性質とは完全に異なる経験だが，オンラインでデータ収集をする際には，これらのコミュニケーションの道筋のどちらでも，とてもうまく使うことができる。2003年に初めてデータ収集を始めた当時は，まだオンラインでのインタビューは大変新しい技術であり，テクストでのデータ収集が主であった。その時はまだ，映像と音を用いたコミュニケーションは「インターネットが使えるコンピュータならどれでも行なえること」(Mann & Stewart, 2002, p.3) ではなかった。ビデオカンファレンスは遠い夢のような話であり，グラウンデッド・セオリー（以下，GT）の研究のためのデータ収集方法としてオンラインインタビューを利用するなど，聞いたことがなかった。私の経験からすると，オンラインインタビューはGTの研究に大変役立ち，理論的にもよく当てはまるものである。しかし，それには重要なポイントが2つある。1点目は，研究者がGTの見地からインタビューデザインの基本を考えているということ。2点目は，その技術を研究者側も研究参加者側もうまく使いこなすことができ，そのやりとりのスピードに支障がないことである。本章では，オンラインインタビューのための技術，倫理の問題，データの質の問題について取り上げながら，前述の2つの課題について論じることにする。

第5章　オンラインでのグラウンデッド・セオリー・インタビューの実施

1　会話のようにインタビューをする

　GT の研究者は**インタビュー**という言葉について，最も寛大な定義を用いている。すなわち「平等な立場にある者の間での会話であり，研究参加者によってリードされるもの」というものである（Glaser, 2003b）。調査研究者の目的は，自分たちにとって一番問題となっていることを話すことができる，と研究参加者が感じられるような状況を作り上げること，つまりは「打ち明け話を促す」（Glaser, 1998, p. 111）ことである。インタビューを始める良い方法は，大まかな質問から始めることである（Nathaniel, 2008 ; Simmons, 2010）。グレーザー（Glaser）は「今日の調子はいかがですか？」「お元気ですか？」といった非常に広い質問から始めることを勧めている（Glaser, 2003b）。自由回答の質問をすることには勇気がいる。参加者が研究課題について話さない恐れがあるからである。一部の新米の研究者にとって「（インタビューが）うまくいかないこと」による思わしくない結末はあまりに損失が大きく，コントロールしたいというニードは大きい。方法を理解することは，未熟な研究者がコントロールを放棄するのを助けることになるだろうから，方法が探索的なものであると肝に銘じておくことは重要である。また GT は実際の人々からなる母集団の主要な問題や，それらの問題がどのように解決されたり処理されたりしたかを概念化するものであると認識することが，決定的に重要である（Glaser, 1992, p. 22）。それゆえ GT の研究者にとっては，研究課題について予め何も知らないようにしておき，参加者に問題が何であるかを押しつけないようにしておくことが必須で，参加者自身が主要な問題だと思うことについてよく耳を傾けて聞くことが不可欠である。このように，研究の初めの段階では研究者は可能な限り広い質問から始め，参加者が会話をリードするのに寄りそっていくと良いだろう。オンラインにおいてこれらのことがどのように行なわれるか，以下で述べていく。

　インターネットを通して私たちがコミュニケーションをとれる方法には，テクストのみ，音声のみ，音声と映像のみ，また，それらを組み合わせたものがある。コミュニケーションは，1 対 1 でも，3 人以上のグループでもとれる。

第Ⅱ部　グラウンデッド・セオリーの実践

表 5-1　オンラインコミュニケーションのソフトウェア

	1対1のインタビュー	グループインタビュー
テクスト： email（同時でない）	多数あり。 Facebook（http://www.facebook.com）	Yahoo Groups（http://groups.yahoo.com） Windows Live Groups（http://groups.live.com） Google Groups（http://groups.google.com）
テクスト： チャット（同時）	Yahoo Messenger（http://messenger.yahoo.com/features/chatrooms） Windows Live Messenger 2011（http://explore.live.com/windows-live-messenger?os=other） Google Talk（http://www.google.com/talk） Skype（http://www.skype.com） Facebook（http://www.facebook.com）	
音声 （同時でない）	Ipadio（http://www.ipadio.com） Wimba（http://www.wimba.com）	
音声＋音声と映像 （同時）	Nefsis（http://www.nefsis.com） Skype（http://www.skype.com） ooVoo（http://www.oovoo.com） Webex（http://www.webex.com） Adobe Connect（http://www.adobe.com/products/adobeconnect.html）	

　参加者が同時にオンライン上にいる時は，同時にコミュニケーションを行なうこともできるし，また，相手が自分の好きな時にメッセージを受け取れるように残しておく（それは同時かもしれないし同時でないかもしれない）というように同時でなく行なうこともできる。表5-1にはいくつかの最近のソフトウェアをリストしてあるので，研究者はこれらの利用を検討できるはずである。これらには，同時にコミュニケーションするものと，同時でないものがある。

　インタビューという目的のためにどのスタイルを用いるかという選択は，個別の特徴や能力，制限や好みを理解している参加者自身に任せるのが最適である。同時的でない方法は，人々が忙しい生活を送っている場合に好まれ，質問への回答はその人の個別のスケジュールに簡単に合わせることができるものである。同時的タイプのセッションは，語学能力を高める機会として用いられるといった文字の読み書きの問題がある場合とか，何かコミュニケーションが難しいことがあって同時的なコミュニケーションによって意味の明確化が絶えず可能になる場合などに好まれるかもしれない。あるいは，同時的な会話は，研究者と研究参加者がたまたま同時にオンライン上にいて，同じ技術を使っていて時間的にも可能である時に実現する場合もある。

第5章 オンラインでのグラウンデッド・セオリー・インタビューの実施

　オンラインでインタビューを行なう時の最初の目標は，参加者の実際上・認識上のリスクを最小限にすることである。参加者が技術的にも感情的にも快適に感じることができ，経験をオンライン上で共有できるような条件を作ることが重要である。倫理審査委員会から求められる研究過程や研究上の行動は，対象者の側に信頼を確立するうえで役立つかもしれない（オンラインデータ収集の倫理的アプローチの開発についての説明はスコット〔Scott, 2007a〕参照）。例えばインタビューデータがどのように用いられ，保存され，破棄されるかを注意深く詳細に示した情報シート，いつでも参加を取りやめる権利，秘密保持の権利などはすべて，参加者への尊重の姿勢を伝えるものだ。このようにして研究者は，インタビュー過程の最初から参加者の信頼を獲得するように働きかける。**雰囲気づくりとトーンづくり**は，グレーザーがセミナーで用いる2つの技術で，人々が自分たちのアイディアを分かち合う危険を冒しても安全だと思えるような情緒的状況を創り出すためのものである（Glaser, 2003b）。直接顔を合わせるミーティングの場合，雰囲気づくりには，アクセスのしやすさ，明るさ，温度，騒音，清潔さ，空間やプライバシーを考慮しながら，それらに資する物理的環境を選択することなどが含まれる。オンラインのミーティングは，ソフトウェアが，馴染みのものか直感的に使えるもので，信頼性があり，アクセスしやすく，プライバシーが保たれるものである場合に活発になる。トーンづくりはコミュニケーションのスタイルや内容の方にもっと関連しており，そこで語られることや行なわれることが，参加者に危害を及ぼすことがなく，参加者は尊重され，批判や判断を下されることがないということを，参加者に示すように設計しておくことである。研究の文脈では，これこそが実践の場での倫理なのである。

　研究参加者の技術的な快適さに関しては，参加者のオンラインの利用経験と処理能力に見合ったコミュニケーションツールを使うことが重要な原則である。もし参加者がすでにすぐれたインターネット接続状態になく，きちんと作動するヘッドホンとマイクのセットを持っていないのなら，スカイプ（http://www.skype.com）の利用を提案するのは避けるべきである。前もってソフトウェアを使う練習をして，使用されるあらゆるハードウェア（ヘッドホンやマイクなど）を確認しておくことである。こうすればインタビュアーのコミュニケー

ション方法についての自信が増し，参加者が経験するかもしれない基本的な問題を解決できるようになるかもしれない。コミュニケーションのソフトウェアを上手に使用することで，参加者の時間を無駄にせずにすむし，技術的に自信のない人たちの問題の原因になることを避けることができる。このような人たちは，問題が起きてしまうと，それでなくても脆弱な自信レベルをさらに傷つけてしまう可能性があるのだから。同様に，相応する利益が重要であったり，参加者が能力ある IT 利用者として知られていたりするのでなければ，インタビューに参加するために新しいソフトウェアをダウンロードしたりインストールしたりするように参加者に依頼することは避けるべきである。たとえ参加者が IT 能力があったとしても，容量が十分かどうか，参加者が適切なハードウェアを持ちそれをうまく使いこなせるかどうかを確かめる必要があることを考えれば，それはリスクの高い戦略である。インタビューに同意したということで，すでに研究参加者の寛大さは十分に発揮されている状況であり，一つの人間関係を始める時に，そうしたことを求めるのは多大な要求である。しかし一方で，参加者にもハードウェアにもインターネット接続にも自信がある時には，よい質のビデオカンファレンスのソフトウェアをダウンロードしたりインストールしたりすることは比較的単純であり，それによるコミュニケーションの豊かさを考えれば努力に値する。しかし，技術的に明るくない人に IT 関連機器と格闘するよう依頼することは，彼らにとっても時間の無駄でありフラストレーションのもととなってしまい，私の倫理的規範である「（参加者に）害を及ぼさない」ということに反するものである。

2　個別インタビュー——e メールとチャット

　私が e メールを使ってインタビューを始めた当初に心配したことは，対象者が自分の考えを十分に深いところまで話してくれるだろうか，ということだった。私はよく「お元気ですか？」と最初に尋ねた。直接会ってインタビューをする時には，ここから会話を始めることはたやすい。しかし，電子メールという即時性がなく集中した世界においては，有用な反応を引き出すにはこの質問だけでは十分ではない。文字によるコミュニケーションのデータ量は相対的に

第5章 オンラインでのグラウンデッド・セオリー・インタビューの実施

少ないが，そうした条件下では，単刀直入にアプローチすることが有用な反応を最も引き出しやすいと考え，自分が研究している実質的領域について述べることにしている。私は参加者の経験について尋ねているので，彼らがどのように感じるか，何を考えているかについて尋ねる。自分の調査研究では，質問を以下のように組み立てた。

- オンライン学習に関するあなた自身の経験について，どういったことを感じていますか？
- オンラインで作業／学習する際に，あなたにとって何が問題となりますか？
- どのようにそれらの問題を解決しますか？／しましたか？
- 私がまだ尋ねていないことで他に何か私が知っておくべきことはありますか？

最後の2つの質問は，有用な情報をわずかしか引き出せず，すぐに除外された。その情報を得るよりよい方法は，フォローアップのeメールでより詳細な情報をくれるように依頼することであった。一方，最初の2つの質問に答えるのには，参加者はかなりの労力を費やしてくれた。以下に示すのは，どのように感じたかについて問われたある参加者の回答である（ここに再現するテクストは受け取ったそのままのものである）。

「私は1月に3単位目に入ります。今のところ嫌な経験をしたというほどのことはありません。それは教室での学習からは変化した形であり，私は宿題と試験が来た時にストレスを感じなくて済むように日常的な学習作業を組み立てようとまだ試みています。今のところは悲惨なほど失敗しています。私にとってオンライン学習の難しい点は，仕事上の要求と家事の務めをこなさなければならないので，非常に遅れを取りやすいことです。オンライン学習は仕事を持っている人たちには便利だと思いますが，毎日勉強する時間を確保するのでなければ，とても難しい時もあります」。（参加者A，私信，2005年7月）

そして，以下が，彼が経験した問題である。

　「現時点で私が抱えている大きな問題は，こことイギリスの時差のことです。時期にもよるのですが，ここはイギリスからは4～5時間の遅れがあって，この時差が仮想授業の際の頭痛の種です。すべてのクラスが，普段なら眠っている時間帯か仕事をしている時間帯に開催されるのです。……あるオンラインユニットでは『仮想グループ』に入れられました。私のグループにはイギリスから3人と私たち（この同じ時間帯の地域から）2人がいました。そのような状況では勿論私たちはめったに『会う』ことがありませんでしたし，私は私たちがグループにいることの学習効果を最大化できたとは思えないのです」。（参加者A，私信，2005年7月）

ここには学習時間を確保し生活に組み込んでいくという大きな関心事と，どのようにこの人物がこの関心事を処理できなかったのかが，これ以上ないほど明確に表現されている。この関心事は他の参加者たちからも何度も聞かされたものである。私は，最初の回答を受け取った時，不明瞭だと感じたり，もう少し情報を得る必要があると判断したりした場合は，参加者の言葉を引用し，この件について「もっと詳しく教えてほしい」と頼むことにしている。例えば，私は，ある参加者に次のようなeメールを送った。その内容は，「あなたは『仕事と家庭生活で忙しい日々の中，自分自身の勉強時間の計画を立てることも，オンライン学習の利点である』と書かれています。これについてもう少し説明してくださいませんか？」というものであった。参加者の書いた内容を引用し，より詳細な情報を依頼することはとても有効なテクニックで，音声や対面の状況で同様のテクニックを使用する時と同様にオンラインの世界でも機能するものである。研究が進むにつれて，私はより具体的な質問をするようになった。例えば，別のある参加者にはこう書き送った。

　「あなたはその学習があなたにとって価値がより少なくなってゆくと感じる過程を記述しておられます。それにもかかわらずあなたはコースを修了し，ということは掲示の回数からみてもわかるように出席回数を満たし

たに違いありません。コースを受講する間に学習の仕方や学習の理由は変わっていきましたか？」

彼の回答はこういうものだった。

「私は修了要件を満たしました。その理由は，コースの料金を支払ってしまっていたので修了認定が欲しかったからです。私は気力と興味関心を失いました。何かを学び自分自身を高めるためにコースを受けたいと始めた当初は思っていたのですが，これが最後には単にただ早く終わりたい！という思いに変わっていました。興味を感じる教材を精選して取り上げ，読むべき課題を読み，課題のために学習しました。私は最終論文を書きましたが，それは，自分自身のプライドと満足感のためでした」。(参加者D，私信，2005年3月)

ｅメールのやりとりのペース配分も重要で，私はこのことについても対象者から手がかりを得る。相手からの返信が素早かったら私も素早く返信する。しかしｅメールの返信が遅い場合は，すぐに返信することは参加者に負担がかかり不親切なように思えるので，もっと時間が経ってからメールを返信する。参加者に調査協力への感謝の意を伝えることがとてもよいマナーであることは明らかだが，分析が進むうちに，もしさらに質問が出てきたら，再度メールをしてもよいかどうかを尋ねることにしている。一般的に言って，参加者の方々は協力の意志を示してくれるのだが，その寛大さには頭が下がる思いである。

私は，チャットのソフトウェアを使う時にも同様の質問を使う。チャットはより問題が生じやすいが，私が学んだ主要な教訓は次のようなものである。

- 忍耐が本質的に重要である。文字でチャットをするとイライラするほど時間を要するからである。
- 中断しないこと。
- ウェブカメラはチャット相手が注意して耳を傾けていることが参加者に見えるため有用である。

- チャットの内容は非線形で一筋縄ではいかないこともある。そのため，話の道筋を見失わないように話し合いの内容を上下にざっと見る必要がある。

　時折，チャット相手がタイプ入力を終ったか否かの判断が難しいことがある。この場合何もせず様子を見ていることが有用だとわかった。もし入力開始が早すぎて相手を中断させてしまうと，別の話の道筋が始められ，参加者は最初のスレッドについて言いたいことのすべてが言い終わっておらず，会話はとても乱れてしまうのである。ある初期のチャットのセッションでは，私が邪魔をしたにもかかわらず，チャット相手が私の邪魔を完全に無視して自分の言いたいことを書き続けてくれたのでとてもうまくいった。しかし，チャットの楽しみは，それがよりダイナミックなもので，研究者が会話の最中により詳細な質問ができることにある。下に示すチャットは私（訳者注：ヘレン）の研究の後の局面で見られたもので，そこでは「時間」が参加者たちにとっての問題なのだと気づき，彼らがその問題をどのように処理するのかについてもっと情報を得ようとしていた時のものである。

　　ポール：僕は仕事以外に教会活動もしているから，ずっと前から計画を立てておいて，めちゃくちゃになってしまわないようにする必要があります。
　　ヘレン：（考え中……）
　　ヘレン：自分が質問したいことに確信がないので言葉にするのが難しい。
　　ヘレン：それは，あなたが計画を立てるためにたどる思考過程に関わると思います。
　　ヘレン：？
　　ポール：あなたが言っているのは，僕がスケジュール表を作る時に僕の頭の中でどんなことが行き来しているか，ということ？
　　ヘレン：ええ，そうだと思います。
　　ポール：そうだなあ，ユニットの始めには，最初にどのようにコースが評価されるかを見ます。コースワークと成績評価がある場合，それ

らがどれくらい時間的に離れているかを見ます。(これがあなたが尋ねていることですか,それとも,全くの的はずれですか?)
ヘレン:それがまさに私が知りたかったことです。
ポール:それは良かった。それじゃあ次のステップ……(参加者E,私信,2005年9月)

このようにして,どのようにポールが生活に学習を取り入れていったのかについての会話がいくらか詳しく続くのである。これは,文字通り一行ずつのコーディングをすることが役に立たない時の良い例でもある。ここでは会話の詳細が私の研究に関連するのではなく,多くの行に見られるかもしれない出来事を探しているのである。逆に,何の出来事にも気づかない多くの行があるかもしれないが,それはそれで良いのである。

3　eメールによるグループディスカッション

グループディスカッションで「打ち明け話を促す」ことができるかどうかは,インタビューのデザインと媒体(ソフトウェア)にかかっている。インタビューのデザインには,ファシリテーターの役割や介入の量およびタイプが含まれるだろう。参加者たちの主な関心事についての関連する情報や,どのようにして主な関心事を解決しているかを共有できるよう,参加者たちに促したり挑んだりするだけでなく,オンラインでのコミュニケーションの過程において,参加者たちをコーチする必要もあるかもしれない。

少なくとも最初はオンライン学習の協働的受講者としての問題とオンライングループインタビューへの参加者としての問題は類似しがちであり,皆の目的はオンラインカンファレンスのスキルを上げることである。オンライン上でのコミュニケーションおよび学習は,実施の仕方がまずい場合には悲惨な経験になりうる (Hara & Kling, 2000)。従って,成功に資するデザインにすることが本質的に重要である。サルモン (Salmon, 2000) は,自立したオンライン学習者になる過程で経験するステージを記述し,学習デザインや調整役としての行動のための戦略を提供している。これは,オンライン学習者になる過程の中で,参

加することを励まし,能力や快適さを育めるよう励ますことを目的としたものである。私は,サルモンのモデルの最初の3ステージの活用を推奨する。すなわち,「アクセスと動機づけ」「オンラインへの社会化」「情報交換」で,これらはグループインタビュー過程をデザインする時とファシリテーターの行動を伝える時のステージである。

　Yahoo!® Groups は有用なコミュニケーションツールであり,次の2つの機能を提供している。一つはインターネットに接続されているあらゆるコンピュータからアクセスを可能にするウェブ上の掲示板である。もう一つはeメールを用いたグループディスカッションが可能になるグループアドレスである。例えば,eメールの場合,アドレスを間違えたり入力を忘れたりすると,グループメンバーがディスカッションから取り残されてしまうため,グループアドレスを使うことが必須である。あまりeメールの**返信機能**に慣れ親しんでいない新メンバーがいる時には,グループアドレスは特に役に立つ。また,いずれのソフトウェアを選択しても,(グループに「参加」しなければいけないというのとは対照的に)グループにメンバーを「加える」機能があるため,個々人の被る不便さが最小限ですむのでこれを提案する。

　グループを設定する過程は,

- 倫理的問題に関する事項を含めた招待メールを個人宛に送り参加を呼びかける。
- その個人からインフォームド・コンセント事項付きの承認の連絡を受け取る。
- 個人をグループに加える。
- 個人に歓迎のメッセージを送り,すべてのメンバーが加えられるまでメールをグループには送らないように依頼する。
- すべてのグループメンバーに招待メールを送り,自己紹介をするよう伝える。
- 最初の質問をグループの全員に送信する。

といった具合になるかもしれない。

参加者たちのオンラインコミュニケーションの経験が少ない場合，研究者の役割は，初めにどのようにするかやって見せ，ディスカッションに弾みが出てきたらディスカッションからゆっくりと距離を取り，ディスカッションが停滞してきたら刺激して促すことである。実際には，

- 研究者側の関心事に参加者たちがかかずらわってその時間を浪費している暇はないので，参加者ができる限り困難を感じないやり方でグループに参加できるように，すぐれた仕組みを準備しておく必要がある。
- ネット掲示板を立ち上げたり，論点を要約したりすることは，概念的基盤を作り会話をそこから前進させるのに役立つ。

さらに研究者は，ファシリテーターとして議論を促進する機能と，研究者の側の介入によってディスカッションを妨げたり方向づけたりすべきではないというGT理論家の研究者としての懸念・関心との緊張をうまくやりくりしなければならない，の3点である。

本格的にグループディスカッションを始める前に，辛抱強い複数の友人を見つけて練習することをお勧めする。

4 チャットを使ったグループインタビュー

チャットソフトウェアを使ったグループセッションは，無秩序になりうる。一人の参加者のコメントが2～3行以上書かれ，その間に他の人々のコメントがそれを分断してしまったりすることがあるからである。習熟していない人や入力が遅い人は圧倒されてしまうかもしれない。私はだからメラニー・ハード＝ホワイトのチャットガイドライン（Heard-White, Saunders, & Pincas, 2004）を勧め，図5-1に示すような座席表の使用を提案している。入力を終了した時に'#'で示すというような基本的なチャットの慣習を用いることも勧めている。さらに，長いメッセージは複数行に分けて書き，メッセージが続くことを示すため省略記号（……）をタイプし，新たな行の初めにも同様の記号をつけて，メッセージが続いていることを示すやり方を提案する。このテクニックを使う

第Ⅱ部　グラウンデッド・セオリーの実践

図5-1　グループでのチャットセッションのためのチャット計画と座席計画の一例

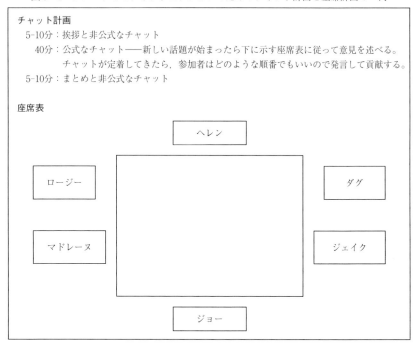

と参加者が「話す」空間を作り出し，他の参加者たちが会話のペースをより良くするのに役立つ。

　文書でのコミュニケーションでうれしいのは，次の2つである。1つ目はデータがすでにデジタル化され保存されているため，研究者はフィールドノートを作る必要がないこと。2つ目は多くの回線容量を必要としないことである。他方，音声と音声／映像による方法の2つの問題は，研究者がフィールドノートを作らなければならないことと，大量の回線容量を必要とすることである。

5　音声および音声と映像によるインタビュー

　携帯電話の普及により，世界中のほとんどの地域で遠隔地間の音声による会話が当たり前になってきた。例えばスカイプを使った1対1のインタビューは携帯電話と非常に似た経験で，これは特に最近，多くの新しい携帯電話がスカ

第5章 オンラインでのグラウンデッド・セオリー・インタビューの実施

イプ可能モードにできるためである。研究者にとって一番の問題となるのは，研究者と研究参加者の両者に，会話するための可能な限り安全な時間とスペースを持てるようにすることである。インターネットを使うにはインターネットに接続し特別なソフトウェアを開く必要があるため，私は時間の予約を依頼する。オンラインの音声インタビューは，対面式の会話と同様の流れに沿って実施できる。両方とも，研究者がおおまかな質問（グランド・ツアー・クエスチョン）をした後は，研究者はなるべく話さないようにして，積極的な傾聴に努めると良い。研究参加者の語りが止まったら，研究者は研究参加者が最後に語った言葉を単に繰り返すだけにとどめることを勧める。必要な時は追加質問をするが，それも今までに話された内容に限り，「〜についてもうすこしお話しいただけますか」などの質問を用いる。

　音声と映像による会話も，同じように行なうことができる。その場合は，傾聴している様子が動きで示せるのが追加の利点である。例えば，うなずいたり，ほほえんだり，真剣に聞いていたり，乗り出したりしている，といった具合にである。私は，音声のみ，または音声と映像によるグループインタビューを行なう時には，メラニー・ハード＝ホワイトのテクニックを用いるとともに，研究参加者たちを私の家のキッチンテーブル（のイメージ）の周りに「座る」ように誘うことによって，リラックスできる雰囲気を作り出すように努めている。研究参加者は座席表に座っている順番に発言を求められる。会話を途中でさえぎることは許容されるのかとか，コメントは求められた時にするのかについて，事前に合意しておくことは役に立つ。

　音声のみおよび音声と映像が可能なソフトウェアは，参加者の能力と参加者・研究者双方の回線容量のどちらについても，より要求度が高い。インターネットに慣れていない参加者が音声のみ，または音声と映像が可能なソフトウェアを用いることを求める場合には，私は，PC画面の図を含むとても正確な操作手順書を送るとともに，問題点を解決しておけるように少し早めに会っておくことを提案する。さらに可能ならば，私は，チャット，eメール，電話など別のコミュニケーションの回線を準備し，接続の問題に対応できるようにしている。このように準備しても時には十分でない場合がある。例えば，手順書のPC画面の図が参加者のインターネットブラウザのものと少し異なってい

たり，ファイアーウォールがアクセスを遮断してしまったり，ハードウェアが不適合を起こすことなどである。理由は多くあり多様でもありうるので，このような場合には，別の媒体を試みるのがベストである。参加者たちが接続できた場合は映像を使用することから始めるが，回線容量が十分でなく映像か音声のどちらかをあきらめなければならない時には，私たちは映像を止める。時には，回線容量が単に不適切で接続が度々切断されることがある。こうした場合には，中断されストレスもあるので，日程を変更したり，別の媒体を試したりするのがベストである。

　データの捕捉（data capture）にはフィールドノートを用いる。1対1のインタビューの場合，私は聞きながらメモをとる。グループディスカッションの場合は，短いメモをとり，事後にフィールドノートを書き上げる方が簡単である。GT の研究者の中には，ノートをとることは会話から注意がそれてしまうかもしれないので，フィールドノートは事後だけにとることを主張する人もいる。私は，これについては，研究者や参加者個々人が決めるべきことだと考える。例えば，私がメモをとると，参加者たちがリラックスでき，インタビューの速さを彼らが調節できるようになることがわかった。時には参加者が考えるために話を止め，心地よい沈黙の時間になる。その間，私はそれまでの話の内容に追いつくためにノートを取り続ける。私は過去にインタビュー内容を録音したことがない。なぜなら，それだけの分量のデータを分析するために費やす時間はそこから得る利益を上回るだろうと考えるからである。多くの研究者が，監査目的でモニタリングしたり，倫理的行動を証明するためにインタビュー内容を録音することを必要とされている。私の考えでは，そのようなプロジェクト上の懸念・関心のために参加者たちのプライバシー侵害のリスクを冒すというのは倫理的でないことだが，それだけではなく，インタビューを録音することは GT のプロセスを破壊するものである。

6　倫理的問題

　倫理的にみて適切にオンラインからデータ収集するための私のアプローチは，注意深い文献検討の結果であり（Scott, 2007a），経験を積んで発展してきたも

第5章　オンラインでのグラウンデッド・セオリー・インタビューの実施

のである。研究目的のために計画した交流は，どんな時でもインフォームド・コンセントが必要である。よって，研究者が私的または半私的な会合からデータ収集するにも，同意を得ることが必要となる。研究者の存在は会合に何らかの影響を与えうるものだし，フィールドノートに個人を特定する情報が含まれる可能性があるからである。同様の理由で，公的なイベントで研究者が参加者と私的に交流する場合にも，インフォームド・コンセントを得ることが適切である。公開のオンラインチャットルームやその他のオンラインフォーラムからデータ収集をすべきか，（仮にする場合には）どのようにデータ収集をすべきかにも，倫理的な課題がある。私は次のようなシャーフ（Sharf, 1999）のガイドラインに同意する。

　「参加者自身が形成しているバーチャルコミュニティにおいては，研究者は，たとえそれが公にアクセス可能な語りあいであったとしても，メンバーの心理的な境界や目的，脆弱性，プライバシーを尊重するだけの感受性を保持し，これを示すように努めるべきである」。(p. 255)

　しかし，GTの特有の性質により，私は，公的に得られる情報または計画せずに実施した観察の場合には，職務の一環として集められた情報を含め，インフォームド・コンセントは必要ないのではないかと考えている（英国，ウェールズ，北アイルランドの国営保健サービス〔NHS〕は私の意見に同意していない）。GTを産み出すためには，データを収集してそれを試しに分析すること，そのようにして得られた断片〔的な諸情報〕から抽象して諸概念を産み出すこと，そしてそれらの諸概念を一つの理論的全体へと再統合すること，これらの作業がすべて必要とされる。構築されたGTを説明する際には，直接的な語りの引用を用いて概念を例示するのでなければ，参加者の発言等から個人が特定されるリスクはない。そのため，私は引用に関しては同意を得るようにしている。計画にない観察を利用する時の注意は，第1にフィールドノートから個人が特定されないようにすること，第2にフィールドノートを害のない内容に限り，万一データを紛失したり誤った使い方をしたりしたとしても，個人を害することがないようにすることである。これら2つの問題を避ける方法は，これらの観

143

察事項を頭のなかでコード化して，これらのコードに対してメモをとることであろう。そうすれば時間や人，場所を抽象化するので観察された個人を守ることができるはずである。著名な同僚の研究者が，観察してコードにしたことを研究に使わないことは非倫理的と見なすことができるかもしれないと述べたことがある。同じように GT 理論家にとっては，研究者の仕事の一環として，もしくは具体的な研究活動の過程で意識的に，または無意識的に(アンインテンショナリー)収集した貴重な観察データを使わないことも，非倫理的かもしれないと主張しうるだろう。

7 オンラインで「良い」グラウンデッド・セオリーのためのデータを収集する

しかし，もし研究参加者が倫理的でなかったらどうだろう。オンラインではたやすく嘘をつける。彼らが嘘をついたらどうだろうか？ 信頼でき妥当な研究の産出を可能にする「良い」GT データを収集することが，あらゆる GT 理論家にとっての関心事である。しかし，何が「良い」質のデータで，どのようにしたらこれを効果的に主張できるだろうか？ フィリップスとピュー（Phillips & Pugh, 2000）は，「データ理論」を書いた時にこのデータの質への懸念について述べており，このことを彼らは「データ源の適切性と信頼性への懸念を持つ」と記述している（p. 61）。私たちは，データが研究の対象となっている実質的な領域や集団(ポピュレーション)に関係していなければならないこと，起きている出来事の観察や，形態にかかわらず公的私的な記録からデータ収集することができることを知っている（Glaser, 1998, p. 8）。したがって，収集されたデータが，研究対象となる実質的な領域や集団から直接収集されたものであるか，研究対象の実質的な領域や集団に関するデータであるなら，それは適切なデータだと考えられる。

しかし，それらは本当に信頼できるデータだろうか？ もしフィリップスとピューが，信頼できるデータということで，研究参加者が真実を語っているのだということを確かめたいと思っているのだとしたら，信頼性についてのこの解釈は GT においては不適切であると，GT 理論家は主張するだろう。GT 理論家にとって，データのタイプには，

- 基準となるデータ<ruby>ベースライン</ruby>:「研究参加者が提供できる限りのベストな記述」
- 適切と見なされるデータ<ruby>プロパーライン</ruby>:「研究参加者が研究者に話すことが適切と考えたもの」
- 解釈されたデータ:「訓練を受けた専門職の語ったもの。ちなみに、他の人々もそのデータを自分と同じ専門のやり方で見るように確認することがその専門職の仕事である」
- あやふやなデータ:「研究者に何を話したとしても研究参加者には何の利害もないので、ただ単にあやふやに話しているにすぎないデータ」
(Glaser, 1998, p. 9)

が含まれる。

もしある個人がわざと研究者に「嘘」をついたとしたら、そしてもし研究者がその「嘘」を基準となるデータとして受け入れてそれを「嘘」と認識しなかったら、そのような場合、以下のいずれかになる。

- その「嘘」は、なんらかのパターンを構成することはなく、個別の出来事になる。あるいはまた、
- それは、「真実」としてその他の「真実」と比較され、一つのより大きなパターンに包摂される。または、
- その他の似かよった「嘘」と比べられ、パターンを作り出し、理論の一部に組み込まれる。

2つ目の場合は、見落とされる側面ができるだろう。最後の場合は、できあがった理論が目的としている実質的な領域の行動を説明することはなさそうで、失敗した GT になるだろう。GT 法はプロセスである。すなわち、もし研究者がその方法を固守すれば、GT を作り出しはするだろうが、そのセオリーの質はその研究者のスキルや能力によるだろう。研究者が意図的に嘘を語られてしまい、しかもその「嘘」に気づくことができず、それに相応した分析をすることに失敗した場合には、研究者の能力が問われることになる。しかし、研究者の能力は参加者が本当のことを話しているかどうかという問題とは別の話であ

り，研究者の責任であって方法の問題ではない。その一方，GT 理論家が，飽和するカテゴリーのパターン決定をデータに依存していることは確かである。そのためデータが十分にあることが求められる。この点にこそデータ収集する者としての私の主要な関心があった。オンライン上の会話の特性として，すべての言葉をデジタル方式でコード化し録音することは可能であるが，そのような場合，研究参加者たちは自分たちにとって何が重要かについて，オンライン上で十分詳細に話してくれるだろうか，という問いへの関心である。

　収集されたデータが十分であるかどうかや，その研究が理論的に見て十分に完成されているかどうかは，GT 研究のすべての時点において明らかである。原則的に言って，分析者は概念が飽和しているかどうかを見極めることができるだろう。概念は，「より多くの出来事と比べてもそのカテゴリーにもうそれ以上の新たな特性が産み出されず，しかもそのことが検証される時，飽和しているのであり，指標の交換可能性によって，飽和が達成されるのである」(Glaser, 1998, p. 141)。指標の交換可能性とは，どの概念に関しても，次に発見される指標が現在あるどの指標とも，何らの効果もない形で交換可能となった状態のことである。ここで，「何らの効果もない」と言っているのは，その概念や，その名前，諸特性，諸次元，様々な度合いなどをさらに展開させることがない，ということである (Glaser, 2003b ; 1998, p. 183)。飽和していない諸概念からなる未完成の研究が産み出すのは，十分に現象を説明することができず，関係性も不十分である薄っぺらな理論でしかなく，研究者はそのことに気づくだろう。このようなわけで，グレーザーはデータの質のことを次のように書いている。

　　　「要するに，どんなタイプのデータを収集したとしても，研究者がデータに対してとりわけ注意を払わなくても，データはデータである。データが自ら出現（emerge）し，その意味の帰納的把握(インデュース)に任せるのが研究者の仕事なのである」。(Glaser, 1998, p. 9)

したがって，十分にデータが収集されているということだけが問題なのである。研究参加者の一人が嘘をついたかどうかは問題にはならない。もしすべて

の研究参加者が嘘をついたとしても問題ではない。この場合，研究者が嘘を認識し，それに応じた分析をして「データの意味の帰納的把握ができ」るかどうかが問題なのである，とグレーザーは前述の引用と同じ一節において主張している。研究者がデータの意味の帰納的把握を適切にできたかどうかは，結果として創出された理論の事後評価，次の2点に関わる事後評価で判定されるだろう。一つは，その理論がデータとの関連性，適合性，機能性をもち，しかも修正可能であるかどうか，である。もう一つは，研究に顔を出す登場人物たちが自分たちの主要な関心事をどのように解決したり処理したりしたかを説明できるかどうか，という点である（Glaser, 1998, p. 18）。したがって，良いGTのデータというものは登場人物の主な関心事と取り組んでいる，ということになる。ここで話がもとに戻って循環的議論をすることになるが，オンラインでそうしたデータをうまく引き出す可能性を持った方法については，すでに述べておいた。

8 オンライン上の補足的なデータ源

インタビューはGTの研究者にとってデータ源の一つに過ぎない。ワールド・ワイド・ウェブ（World Wide Web）でその他のデータを検索することも，研究上役に立つ可能性がある。データを見つけるツールとデータ源は絶えず変化しているので，最初は最近のツールを探すために検索エンジンを用いると良い。これはとても簡単なことで，「画像を検索」または「チャットルームを検索」などのような検索語を入力するとよいだろう。検索エンジンには，Google（http://www.google.co.uk），Yahoo!（http://uk.serch.yahoo.com）などがある。Google Alert（http://googlealert.com）は，Googleの索引がつけられているウェブの個所をスキャンして，選択した検索用語で定義されたコンテンツの新情報をメールで知らせてくれる。ニュース切り抜きサービスでは，World News（http://wn.com）やNetvibes（http://www.netvibes.com）がネット上で閲覧可能な「出版物」のウェブサイトをスキャンしてくれる。（そのウェブにアクセスするには，登録が求められるという意味で）ウェブ上でアクセス制限がかかっているデータの検索は，通常，適切なサイトを探し出すという問題である（例えば

Facebook〔http://www.facebook.com〕や英国の Financial Times〔http://www.ft.com〕などは，登録してからそのサイトの検索ツールを使う。私は，過去に Google Images〔http://images.google.com〕から役立つ画像を，Facebook や Twitter〔http://twitter.com〕から引用データを，そして YouTube〔http://www.youtube.com/〕からはビデオを見つけて使ったことがある）。ブログも有用なデータ源になりうる。Paltalk（http://www.paltalk.com）のようなチャットルームは同時的な会話の，そして，フォーラムは特定あるいは一般的なトピックに関する非同時的な会話の，有用なデータ源となろう。Google Blog Search（http://blogserch.google.com）と Social Mention（http://socialmention.com）は，社会ネットワークに関するデータ探しに役立つツールである。

　インターネットの楽しみの一つは，文字がコミュニケーション媒体の一つにすぎず，公的私的データ源にビデオ，音声，映像があることだ。コミュニケーションを一人の人と，または一群の人々の中でのみ私的に共有できるサイトがあって，これによってインタビューを補完するデータ収集技術を開発することが可能となっている。例えば，参加者にオンラインで日記，ビデオ日記，日記の録音をつけるよう依頼したり，ビデオや映像，画像などを用いてコミュニケーションをすることも可能である。データはオンラインからの収集ではなかったが，クレッケルウィッツ（Krekelwitz, 2010）は，研究参加者たちが子どもの頃に受けた虐待について語る方法を見つける技術として，研究参加者の画像を繊細かつ想像力豊かに用いた。ニルソン（Nilsson, 2007）は，「重度な認知機能障害を持つ人々がジョイ・スティックのレバー操作による車いすの訓練で利益を得ることができるか，どのようにそれができるか」という課題をビデオを用いて研究し，この種のデータがすばらしい GT を構築したことを証明している。もしデータをオンラインで収集することが適切，簡便または必要ならば，画像とテキストは flickr（http://www.flickr.com）で，ビデオとテキストは YouTube（http://www.youtube.com）で，音声とテキストは Ipadio（http://www.ipadio.com）で，一人の人とのみか一群の人々のなかでのみ私的に，または一般公開の形で，共有が可能である。研究参加者がカメラやビデオレコーダーやコンピュータつきのマイクを使える人であれば，特にすぐれた支援体制とデモおよび教育訓練があれば，これらのシステムは非常に簡単に利用できる。

9 結　論

インターネットは，地理的または時間的に離れた研究参加者からデータ収集する機会を与えてくれる解放的な手段である。付随する問題点としては，インターネットに接続されていなければならないことと，使用するコミュニケーションツールのレベルに応じたインターネットユーザーの能力が求められることである。インターネットに接続する集団(ポピュレーション)があったとして，オンラインのコミュニケーションより対面での対話の方が，より良いデータを得られるだろうか？　おそらくそうだろう。それでは限られた時間のなかで地理的もしくは時間的に離れている集団に対して，面と向かっての対話の方が，より良いデータを得ることができるだろうか？　それはたぶんできないだろう。オンライン資源に接続し，十分なデータを得ることができるだろうか？　はい，私はできると思う。

参考文献

Bergman, M. K. (2001). The deep web: Surfacing hidden value. Retrieved from http://beta.brightplanet.com/deepcontent/tutorials/DeepWeb/index.asp

Glaser, B. G. (1978). *Theoretical sensitivity: Advances in the methodology of grounded theory.* Mill Valley, CA: Sociology Press.

Glaser, B. (1992). *Basics of grounded theory analysis.* Mill Valley, CA: Sociology Press.

Glaser, B. (1998). *Doing grounded theory: Issues and discussions.* Mill Valley, CA: Sociology Press.

Glaser, B. (2003a). *The grounded theory perspective II: Description's remodeling of grounded theory methodology.* Mill Valley, CA: Sociology Press.

Glaser, B. (2003b, April). *A teachable moment.* Paper presented at the Grounded Theory Research Seminar, London, England.

Glaser, B. (2005a). *The grounded theory perspective III: Theoretical coding.* Mill Valley, CA: Sociology Press.

Glaser, B. (2005b, May). *A teachable moment.* Paper presented at the Grounded Theory Research Seminar, Mill Valley, CA.

Hara, N. & Kling, R. (2000). Student distress in a web-based distance education course. *Information, Communication & Society*, 3(4), pp. 557-559.

Heard-White, M., Saunders, G. & Pincas, A. (2004). *Report into the use of CHAT in education. Final report for project of effective use of CHAT in online learning.* Institute of Education, University of London.

Krekelwitz, C. (2010). *Self-care of incest survivor mothers.* (Doctoral dissertation, University of Manitoba). Retrieved from http://hdl.handle.net/1993/4203

Nathaniel, A. (2008). Eliciting spill: A methodological note. *Grounded Theory Review*, 7(1). (http://groundedtheoryreview.com/2008/03/30/1063/, 2016.6.23.)

Nilsson, L. (2007). *Driving to Learn. The process of growing consciousness of tool use – a grounded theory of de-plateauing.* (Doctoral dissertation). Lund University, Sweden.

Mann, C. & Stewart, F. (2002). *Internet communication and qualitative research : A handbook for researching online.* London : SAGE publications.

Phillips, E. & Pugh, D. (2000). *How to get a PhD* (2nd ed). Buckingham : Open University Press.

Salmon, G. (2000). *E-Moderating the key to teaching and learning online.* London, Sterling VA : Kogan Page.

Scott, H. (2007a). The temporal integration of connected study into a structured life : A grounded theory. In B. G. Glaser & J. A. Holton (Eds.), *The grounded theory seminar reader 2007* (pp. 145-162). Mill Valley, CA : Sociology Press.

Scott, H. (2007b). The temporal integration of connected study into a structured life : A grounded *theory.* (Doctoral dissertation). University of Portsmouth, England.

Sharf, B. F. (1999). Beyond netiquette : The ethics of doing naturalistic discourse research on the internet. In S. Jones (Ed.), *Doing internet research ; Critical issues and methods for examining the net.* London : Sage Publications.

Simmons, O. E. (2010). Is that a real theory or did you just make it up? : Teaching classic grounded theory. *Grounded Theory Review*, 9(2) (http://groundedtheoryreview.com/wp-content/uploads/2012/06/GT-Review-vol-9-no-21.pdf, 2016.6.23)

Walsh, Y. S. (2009). *A qualitative exploration of cultic experience in relation to mental health difficulties.* (Doctoral dissertation). City University, London, England.

第6章 グラウンデッド・セオリー調査研究におけるビデオ手法の活用

リスベス・ニルソン

　私は，重度の認知機能障害のある人々を対象として働いている。本章では，担当する患者や利用者に対する私の実践を研究対象として捉え，今までに直面し，また今後も直面するであろう課題について述べる。重度の認知機能障害のある人々を対象として働くことは，意味の伝達が主として言葉ではなく行動によって行なわれるという，まったく新しいコミュニケーション・システムを学ばなければいけないことを意味する。この領域で研究をする際は，解釈の難しい行動の中に表現される微妙な意味合いの収集および分析を可能にする，極めて感受性の高い調査方法が求められる。ここでは，グラウンデッド・セオリー（以下，GT）を採用した理由，またオーディオ・ビジュアル技術の利用とGTの原則との間に潜在的に存在する矛盾を，いかに解消したかについて述べる。また，データの収集，オーディオ・ビジュアルを利用したデータ獲得手法，およびデータ分析についても論ずる。さらには倫理的課題を取り上げGTの視座からオーディオ・ビジュアル・データの使用に関する問題点をまとめる。

　私の研究は，リハビリテーションと作業療法の分野において実施されており，より具体的には重度の認知機能障害のある人々という特定領域を対象としている。担当するそれぞれの患者およびクライエントは，身体的にも知的にも能力に著しい制約があるが，そうした能力を拡大できる潜在的可能性を有している。私はファシリテーターとして，患者やクライエントの学習や能力発達を可能にしてくれる道具として電動車椅子を用いている。どの利用者も自分の手を一種のツールとして認識するようになり，それを用いジョイスティックを動かすことで車椅子が動くことを習得できる。つまり，こうした一連の操作を車椅子の操作と結び付け，頭の中で理解できるようになることが，彼らと共に歩んでい

く道筋の第一歩となるのである。私はこれを Driving to Learn TM（学習への駆動）と命名している（Nilsson & Nyberg, 2003；Nilsson, 2007；2010）。

このプロジェクトは1992年に開始され，当初の参加者は2名であったが，最終的には合計で126名にまで増加し，参加者の全員が，いずれかの時点で電動車椅子を利用していた。こうして開発された GT は，（脱停滞を促す正しい諸特性を人々が利用できる場合という条件付きで）発達や学習に関して人々が他人や自身の予想をどのようにして上回る──脱停滞する──のかを説明するものである（Nilsson, 2005；2007；2010）。この研究は，イギリスに拠点を持つ国際的団体である「姿勢と移動グループ（Posture and Mobility Group）」による「認知機能障害を持つ人々のための電動移動に関する実践ガイドライン」（Wang, Durkin, Nilsson & Nisbet, 2010）の開発に示唆を与えている。

1　グラウンデッド・セオリーとオーディオ・ビデオによるデータ獲得

私は GT の方法論に関心を持つようになったが，これは，人間の活動や関心事に焦点を当てることを専門とする健康科学の分野においてよく採用されている方法論である。この調査研究方法の選択は，データの記録方法つまりデータ獲得の方法の決定と密接に関わる形で行なわれた。面接や観察を行なう際に推奨されている方法は，ペンと紙を用いるかワードプロセッサーを使用する形で，データをテクストとしてフィールドノートに記録していくという方法である。ファシリテーターとしての自分自身の実践を研究対象としているので，ファシリテーターと研究者の双方の役割を満足のいく形で同時にこなすことは不可能である。実践セッションへの私の最初の取り組み方というのは，参加者との1対1のやり取りに焦点を合わせ，その時点で参加者の反応やセッションの結果に対する適切な応答や適応についての判断を行なうものである。実践セッションによっては，私以外のファシリテーターが参加している場合もあるので，いずれの瞬間においても，関与する人々や物理的な環境と複合的なやり取りが行なわれている可能性がある。フィールドノートだけでは，1回のセッションにおいて異なる多数のレベルで展開される複数のやり取りや応答について適切な形で記録することは不可能である。他方，ビデオで記録されたセッ

第6章　グラウンデッド・セオリー調査研究におけるビデオ手法の活用

ションの方は，多面的なデータ源を提供してくれるので，多様な視点からの多数の人々による分析，多くの異なる出来事や様々な期間にわたる分析を行なうことができる（Gallup, 1994）。したがって，この研究プロジェクトにおいてオーディオ・ビジュアル・データを用いることは，主として，十分なデータを収集する必要性によって導かれているのである。ちなみに，これらの十分なデータがあるので，参加者たちには重度の認知機能障害が見られるにもかかわらず，彼らの関心事項についての理解を分析者は引き出してくることができるのである。

　さらに，私にとっての初期の問題としては，フィールドノートを書くことができていても，私の眼に映っていたことを理解することができないという事態が時々発生したことがあった。私には，眼に映っていたことに気づきこれを認識する手助けをしてくれる方法，つまり参加者の行動的言語（行動の意味）を学習するための手助けの方法が必要であった。ライリーとマニアス（Riley & Manias, 2004）は，ビデオ記録は，見る者にとって，同時にないしは時間の経過とともに発生する複数の行動を認識する手助けができると述べている。その一例として，ビデオ記録の早送りによって研究者は高速で動く画像を手に入れることになり，記録されている活動に対する新たな視点を研究者が獲得できる可能性があげられる。逆にスローモーションやフレームごとの再生では，瞬時に行なわれた事象やプロセスを分析したり比較したりすることが可能となる。これは，ビデオならではの可能性であり，重要な活動の連鎖を新たなビデオ録画と繰り返し比較検討することで，他の手法では認識されないままになってしまうだろう変化やプロセスの発見に繋がる可能性がある（Nilsson & Nyberg, 2003）。私の研究における参加者は，各種の身体的制約が加わるため，自身の体験や感情を，話し言葉で表現することや伝えることができない。彼らのボディランゲージや表情，発声は曖昧であり，意味を解釈しにくい場合が多い。こうして，オーディオ・ビジュアル・データを繰り返し見ることで，参加者が電動車椅子を実際に扱う場合の反応ややり取りを評価・再評価し，可能な解釈を取捨選択することは，これまでも，そして現在も不可欠なことなのである。

　とはいえ，データの獲得にオーディオ・ビジュアルの手法を利用するという選択は，GTの手法と矛盾するものであると思われた。特にグレーザー（Glaser, 1998)は研究者に対して,面談の録音と逐語録化とを避けるように勧めている。『GT の実践――争点と討議上の論点』(Glaser, 1998)の第 7 章は,まさにこの問題を扱ったものである。そこでは録音とそれに伴う各種の手続きを避けることが勧められているのだが,その理由としては,逐語録化を研究者自ら行なうことは多くの時間を要することや,逐語録化する者の雇用には資金的コストがかかることなどが挙げられている。さらにグレーザー(Glaser, 1998)は,GT を用いる研究者が,自分自身のデータを対象にしてフィールドノーツを作成し,その作業を通して潜在的創造性が刺激を受けることや方法論的技術が開発されることの重要性を主張している(p. 112)。調査研究者や GT 理論家以外の人物によって逐語録化が行なわれる場合には,フィールドノートを創り,自分自身の潜在的創造性にアクセスする機会は失われてしまうのだから。

　しかしながら,グレーザーが音声の逐語録からコーディングすることを避ける最も重要な理由の一つとして,研究者が細部にこだわり過ぎてこれに呑みこまれてしまうことを防止するということがある。大量の逐語録データは,多数の事象を立ち上がらせ,研究者は,潜在的なコードの巨大な山の中に閉じ込められてしまい,データの中からインディケーターやパターンなどを発見することができなくなる。事象を何一つ欠くことなく録音することは,GT のプロセスを阻害するのである。この問題の原因の一つとしては,「すべてがデータである」(Glaser, 2001, p. 145)という至上命題があるかもしれない。グレーザー(Glaser, 1998)は,データの種類にかかわらず,「研究者にとって関心のある研究エリアに立ち現れるものは,GT にとってはすべてデータなのである」(p. 8)と主張している。この自由度の高い視点は,「研究者はどのようなデータであれ,特定のデータを特に重要であるとか,客観的であるとか,有効であるとかなどと信じ込む必要がない。発見した事象をすべて『データ』として扱い,絶えず他のデータと比較検討し,概念を生み出し,そして関わりのあるパターンを導き出してくるだけでよいのである」(Glaser, 1998, p. 8)ということを意味している。しかしながらこれは,あらゆるデータを集めてくるべきだ,という意味ではない。むしろグレーザー(Glaser, 1998)の主張によれば,GT の専門家は,フィールドノートを作成し,中核となるカテゴリーが創発的に出現してきた時点でデータ収集とデータ分析の範囲を速やかに限定する動きへと移行す

第6章　グラウンデッド・セオリー調査研究におけるビデオ手法の活用

べきなのである。

　研究者は，ビデオ録画を利用することによって多くのデータを収集し過ぎてしまうというリスクを生み，「データに呑みこまれてしまう」という惨事を招く恐れがある（Glaser, 2003, p. 24）。ビデオ録画には音声データと画像データの両方が含まれており，そこにあるデータ量は甚大なものである。同時に回っているカメラが2台以上あり，1つの活動シーンを複数の視点から捉える場合などは，とりわけこのデータ量は膨大なものになる。したがって，焦点をどの側面に合わせるべきか，その選択肢は多数存在するが，抽出し分析するデータの選択は研究プロジェクトの開始時点では明らかにできないかもしれない。

　興味深いこととして，ライリーとマニアス（Riley & Manias, 2004）も，データ分析の最中に発生する「データに呑みこまれてしまう」という問題と，ビデオ・データの分析手法が未発達であり公表されている論文では不適切にしか説明されていない状況を指摘している。異なる領域で研究に際してビデオ手法を用いている何人かの著者たちも同様の主張をしている（Janhonen & Sarja, 2000 ; Goldman, Pea, Barron & Derry, 2007 ; Yu, Zong, Smith, Park & Huang, 2009 ; Durkin, 2009）。こうした著者たちも，ビデオというメディアが集める情報量が多すぎるために，データの分析が困難であると述べている。つまり，ビデオ記録のなかに何を探し出し，何に焦点を絞ればよいのかの判断が最も困難なことであると感じている人々が多いのである。さらに，ビデオの流れの中で特定の分析プロセスに関連づける形で意味のある箇所の選択をどのように行なうのか，という問題も認められている（Parmeggiani, 2008）。こうした認識への関心は部分的には，人類学の分野に由来するものかもしれない。人類学の研究者たちは，書かれた言葉を処理し分析する方法は心得ているものの，実生活の場面において録画されたビデオに見られる各種のコミュニケーションや行動の多様な形態を認識することには慣れていないのである（Hall, 1984）。

　コンピュータのコーディングソフトを利用した場合においても，データ過多の問題は解決できそうにない。多くの場合，逐語録化とコーディングソフトを利用しても，コードが氾濫する結果をもたらし，潜在的パターンの創発的出現や発見の障害になり，結果として分析が表面的で浅いものになってしまう。グレーザーの主張によれば，カテゴリー分類や並べ替えを迅速に行なう技術に

第Ⅱ部　グラウンデッド・セオリーの実践

よって，記述的なアプローチはやりやすくなると考えられるが，創造性の発達や概念化のスキル，GT の実施能力は阻害されてしまう。関連性や隠れた概念，そしてそれらを統合する能力は，研究者自身の頭の中で発揮されるのであって，コンピュータが行なう仕事ではない（Glaser, 2003, p. 17）のである。したがって，このようなデータ収集と分析技術は，GT の方法論においては推奨されていないのである。

　私も，録音のマイナス面に関しては，グレーザー（Glaser, 1998 ; 2003）の議論の進め方(リーズニング)に同意しており，それはオーディオ・ビジュアル録画の利用にも該当するものである。しかしながら，前述したようにビデオ録画を慎重に利用すれば，ビデオのデータを第一次データとして利用できる状況も存在している。研究者は自分の見ているものに気づくことを学び，データに対する感受性を磨くことを学ばなくてはならない状況というものがあって，そうした状況では，ビデオ録画を基本的なデータとして利用することは研究者にワクワクする機会を提供してくれるのである。また，このような状況においては，ビデオのデータは，関心のある分野における活動の音響映像を1人もしくは2人以上の専門家が繰り返し閲覧できる形，すなわち，まず自分の見ているものに気づき，次に見て取った事象を比較検討することができる形で提供することにより，概念の創発的出現と生成に貢献できるのである。こうした場合，データは，記述的な完璧さや検証を可能にするためにではなく，概念化を可能にするために，つまり仮説や理論に統合されることになるはずの諸概念を生成するために記録されているのである（Glaser, 1998, p. 107）。

　私は2003年に，初めてバーニー・グレーザーの問題解決セミナーに参加した際，既に10年以上ビデオによるデータを利用していた。私は自分自身の複数のビデオ録画を持参したが，これは，問題解決の一部として私の調査研究を視覚化するためであった。私の経験では，一般的に言って，言葉による説明だけでは，参加者のイメージや電動車椅子での参加者の活動のイメージについて人々が把握するということは不可能であった。私がセミナーの開始前にビデオ・プレイヤーでの再生を試していると，他のセミナー参加者の一人から，GT 研究では記録物そのものを使うべきではないとの声が上がった。無論，インタビューの音声記録に関してはそのとおりであった。しかしながら，私が使用し

第6章　グラウンデッド・セオリー調査研究におけるビデオ手法の活用

たのは，音声ではなく動画記録であり，しかも非言語的コミュニケーションをしている人々の活動と，電動移動を実際に行なうというコンテクストでのツール（電動車椅子のジョイスティック）とのやり取り，それから他の人たちとのやり取り――これらを把握することを目的としていたのである。

　そのビデオ録画を見た後，バーニー・グレーザーは，この分野においてはこれ以外にデータを収集する方法がない（個人的な通信，2003年9月23日）と述べている。ビデオの中の参加者たちは言葉を話すことができなかったため，関心の対象となっていた分野で進行していたことを説明するオリジナルな情報は，ただ一つ参加者たちの電動車椅子上での活動しかなかった。参加者たちと関係の深い人々との面談データについても収集され，それはビデオ・データを補完する意味はあったと思われる。しかしながら，面談データのみに限定された場合，十分な分析は困難であり，それだけでは，参加者が電動車椅子の練習をしている間に体験したプロセスを理解するために必要な情報を提供することは不可能である。さらに，深刻な認知機能障害のある人々が能力を発達させるペースはきわめてゆっくりとしたものである。そのため，観察者が参加者の行動や活動のわずかな変化やニュアンスを記憶し，比較検討することは，記憶を呼び起こす手助けとなるビデオ・データなしでは不可能に近い。また，さらに，この種の参加者たちによる非言語的なコミュニケーションや活動，やり取りのなかに微細な変化や多様性を認め解釈するには，研究者が感受性を発達させることが必要であるが，それもビデオ・データなしでは容易なことではない。

　言葉を話さない参加者というのは，GTの方法論の適用においては新しい分野である。そのためグレーザー（個人的な通信，2003年9月23日）は，こうした参加者に関して以前からの録音を避けるようにという勧告を修正している。こうした参加者の場合には，この特定の関心分野での行動における能力を所与とする時，分析対象とする事象の特定化を適切に行なえるようにするためには，オーディオ・ビジュアル・データを集めるしか，データ獲得の方法が存在しないのだから。

第Ⅱ部　グラウンデッド・セオリーの実践

2　データの収集とデータの獲得

　データの獲得とは，明らかにしようとする事象に関する，生データを集める過程および技術を意味する。熟練した GT の専門家は，フィールドノートに事象を記録しようとするため，データの獲得は，データ収集の過程における補助的なステップである。フィールドノート作成の方法として私が好きなのは，実際のセッション直後にノートをとり，そのノートをビデオのどのセクションを最初に見るかの手がかりとして活用することである。そして，残りのビデオを見る前に，関連する場面の連鎖を見て，オリジナルのフィールドノートを補う。テープの残りを繰り返し視聴し，フィールドノートに加えて記録すべき新しい事象を探す。

　データを獲得するために録画しようとする GT の専門家は，なぜビデオを使用する方法を選んだのか，そして，彼らが選択した設定の中でビデオ方式をどのように適用するのかを明確にしておく必要がある。さらに，フィールドにおける行為者たちの主な関心事について研究者が理解できるための有用なデータを得るために，録画に使用する機器や，どのシーンやできごとを撮るかについての計画が必要である。ビデオ方式の使用に関する一般的なガイドラインは，録画のための事前計画や録画条件の事前設定に非常に気を配っている（Derry, 2007）。しかし，GT を用いた研究においてビデオ方式を用いる場合，このレベルの細かいことは，それほど重要ではない。最も重要なことは，実際の興味ある分野において潜在的な社会的パターンを発見することができるようになるために，様々な条件の下で撮影された多くの活動連鎖に由来するビデオ・データを継続的に比較できる能力なのである。

　GT 研究のためにビデオ・データの収集を計画し組み立てるとき，研究の当初計画を持っていることは重要である。研究者は，個々人のまたはグループの相互作用の概観や，活動遂行中の手の動きや顔の表情の詳細な観察といった異なる視点を記録することを望むかもしれない。記録はまた，2 つ以上のカメラを使用することで，活動のコンテクストを異なる角度と異なる視点から撮影することもできる（Fielding, Lee & Blank, 2008）。例えばダーキン（Darkin, 2006）

第6章 グラウンデッド・セオリー調査研究におけるビデオ手法の活用

は，電動車椅子使用の学習をしている子どもに見られる様々な視点をつかまえるために，電動車椅子に搭載された4つの小さいカメラを使用した。また，ザイオとシーガルとマッケンジーの3人（Xiao, Seagull & Mackenzie, 2004）は，トラウマ回復支援チームの活動現場の概観を捉えるために2つの天井取り付けカメラとチームの一員の頭上に装着したカメラを使用した。このように，研究者の計画には，いつ，どこで，どのようにビデオ・データを収集するのか，場面の記録はどの視点からするのか，誰がカメラを操作すべきなのか，どれくらいの量のデータを収集すべきなのかといった点についてのアウトラインが示されているかもしれない。研究者は，分析がデータ収集の新しい方向を示した時にはその計画を修正もしくは変更する心づもりを持っているべきなのである。

　私は，研究プロジェクトの資金的制約のせいで，最初はやむを得ず，実践セッション中にビデオカメラを自ら配置し，操作しなければならなかった。プロジェクトの後半になってビデオ撮りセッションの経験が豊富になってくるにつれて，私は，カメラの配置のコントロールと，記録用にはどのような視点をどのくらいの距離から採用すべきなのか，その選択のコントロールをできていることが有益だということがわかるようになった。現在私の好むテクニックは，活動場面の周辺に広角レンズを搭載したビデオカメラ1台を三脚で配置することである。その目的は，ビデオ機器の様々な機能やビデオフィルム制作の技術に過度に気を取られることなく，シーン全体の可能な限り最高のショットを獲得することにある。また，介入性の最も少ない状況で，関心のある場面（コンテクスト）における人々と物との間の相互作用とコミュニケーションの進行を捉えることをも目的としている。時には広角レンズをズームレンズに置き換えることもあるが，ズームレンズが動いている間は，たとえ遠隔制御装置の助けを借りたとしても，その使用にあたっては比較的高い注意力が必要となる。全体的に，このアプローチの記録方法は，焦点とする活動の視点を狭めすぎてしまう危険性を回避する手助けとなる（Riley & Manias, 2004）。私はまた，後になってからの分析で，価値や意味をもった場面連鎖が明らかになることがしばしばあるため，関心のある事象が起こっているようには見えなくても，カメラを回しておくことが重要であることがわかった。

　今日のCDまたはDVDに保存することができるデジタルビデオ録画は，

マークしておいた鍵となる出来事に対する瞬間毎の迅速かつ容易なアクセスを可能にし，またテープの録音に比べ物理的保管場所も少なくてよい。しかし，撮影した映像を視聴し編集するために，特殊なソフトウェアがインストールされているコンピュータが必要かもしれない。この記録，保存および編集用の新しい機器に見られるめざましい開発速度が意味しているのは，研究にビデオ・データを使用する方法を決定する前に考慮すべき技術的課題がますます存在してきているということである。技術開発の変化が急激であることから，私は，研究目的に適した機器に関する最新の広告情報をインターネットで検索することを勧める。また，デリー（Derry, 2007）のようなオンラインガイドラインも非常に参考になるかもしれない。

3　データ分析

　実践セッション実施の目的は，参加者の好奇心と主体性を促進し，そして，彼らが電動車椅子でできることや使い方を探し出すのを励ますことである。したがって分析の最初の焦点は，参加者が，彼らにとって新しく，なじみの薄い機器である電動車椅子と出会った際の反応と行動である。初期段階の分析は，ビデオ録画の詳細な観察を伴うものであり，この局面では，参加者の観察可能な外観的変化のすべて，および，彼らの反応，行動，活動に関する変化のすべてに対して常に気をつけ，そして開かれていなければならない。限られたレパートリーのコミュニケーション行動のみを身につけている人々は，様々な意味を伴う様々な状況においても同じ行動をとる可能性がある。一つの行動が一つの特定の意味と連動している，すなわち，一つの意味が一つの行動と常に連動しているということを前提としないことが重要である。もし，その行動に関して別の認識が生じたならば，最初の解釈は脇に置いておいて新たに解釈を行ない，次にその新しい解釈とそれまでの解釈とを比較する必要がある。私は，一つのコミュニケーション行動に関して5つの異なる意味を捉えたこともあるし，それ以上の解釈も可能かもしれない。私が観察したことを記述したものは，当初は，参加者の電動車椅子との関係性に関する経験と反応の解釈の一つの基準として用いられる。例えば，ある参加者は，電動車椅子に座っている時，脇

第6章 グラウンデッド・セオリー調査研究におけるビデオ手法の活用

を締めて両腕を体に密着させたままであった。彼の行動は，新しい未知の状況に対する防御行為と解釈された。また，別の参加者は，ジョイスティックを繰り返し突っつき，トレイを叩き，足載せ台(フットレスト)を踏みつけた。彼の行動は，自分の行為が起こし得る影響を見つけ出してくるための意図的な探索行為と解釈された。

　最初は，様々な参加者の行動の間に異なるパターンを認識することが非常に難しく，時には認識が遅れてやってくることもあった。例えば，ある種のまねる行為が上半身の揺れとともに観察された。「身体の揺れ」は非常にわかりやすく，即座に「椅子が動くことを求めている」とコード化した。(ある人が，車の「ブルーン，ブルーン」という擬音になるはずの口の動かし方をした場合のように)「口による物まね」という事象は，最初はわかりにくかった。しかし，後になって，私は，そこで何が起こっていたのか認知し，「椅子が動くものであることを知っていることを示す物まね」と見立てを変更した。このような事象は，再活性化された視覚的記憶からも引き起こされるかもしれない。時には，新しい事象が，以前には一つの事象だとは気づいていなかった事象に関する視覚的記憶を呼び起こすこともあった。それはまさに，新しい事象に照らしてそうした事象として認知することになったものなのである。

　カテゴリーの新しいインディケーターやカテゴリーの変更には様々な解釈がありうるわけだが，そうした解釈については，参加者と密接な関わりのある人々とも議論がなされた。私は，鍵となる出来事と私が考えている事態を捉えた短いビデオのシーンを見てもらうために両親やスタッフや専門家を招聘し，その後，参加者に関する知識を踏まえて，彼らが目にした場面の解釈を提供してもらった。私たちは，協働してめいめいが記録を再視聴し，参加者の外見や活動の記録から可能な解釈を提供し合った。感情や関与や忍耐の表現，互恵的相互作用への努力，自主性の刺激，行動の適応，資源と環境の活用——こういったことに関する観察と解釈は，個別的な形で，もしくはスーパービジョングループ内で他のファシリテーターたちと一緒の形で，議論された。これらの助力は非常に貴重なものであった。それは，私の解釈の幅を広げたり，私の解釈の支持や修正をしてくれただけでなく，自分自身を表現するのに言語を用いることができない参加者たちのことをもっと良く知る上でも助けとなったから

である。

　プロジェクト開始直後の記録は，ほぼすべての実践セッションにおいて作成された。つまり，参加者ごとに毎週2時間程度の記録が作られたのである。4カ月経過後からは，記録は2週間に1回に減らされた。後に参加者は，開始月に週1回，その後の6カ月間は月に2回，ついで年に4回記録されるようになった。こうしたデータの実際の量と複雑さは，圧倒的なものになり得る。質的調査研究分野においては，ビデオ記録された情報を電子化するのかどうか，するとしたらどのようにするのかについて意見が分かれている。コンピュータ・プログラムは，録画記録のインデックス付け，コーディング，注釈付け，構造化および編集により，質的マルチメディアの分析を支援するために設計されている。特にGT方法論において用いるために設計されたものもあるとも言われている（Parmeggiani, 2008）。しかしながら，生データと編集されたビデオクリップの電子化と保存には，ハードディスクのスペースを大量に必要とする。また，コンピュータに録画データを転送する方法やソフトウェアの使用方法を学習するためには多くの時間がかかる。新しい技術はその技術を用いることで時間を費しすぎない限りで用いること，さらに，その技術が研究手続きを支配してしまわないことを確かめること，この2点を，私としては助言する。生データを断片にしてしまわないこともまた非常に重要である。後になって，ある特定の事象を文脈の中で考察するために新しい視点からデータを視聴する必要が生じてくる可能性もある。もし，出来事の連鎖が数多くの断片に分解されていたら，その連鎖を再構築することは，おそらく困難であろう。というのは，文脈を無視して断片を操作することは即座に混乱を招くことになるからである。

　データ分析中と「データに呑みこまれてしまう」時点でのリスクは，一つの固定観念に囚われてしまって，わかりきったことにだけ眼を向けてしまうことである。これを克服する一つの方法は，記録を視聴している時最初に眼に飛び込んできた細かいところ——それは，物まねや動作かもしれないし，アイコンタクトを保持したり避けたりする仕方かもしれない——の詳細に焦点を絞り込むことである。ビデオ手法を用いた研究文献においては，文字に起こすべきか否か，また，それをどのように行なうべきかについての議論がある（Goldman et al., 2007 ; Derry, 2007)。私の経験によれば，研究の初期段階においてデータとして獲得された活動を言葉に変換すること，そして観察された活動を事細かに文字に起こすことは，大量の小さな出来事の集合体の中で目立つものに注目する感受性を高める上で重要である。このように感受性を高めることによって，ビデオに記録されている行為の細かな詳細，変化，逸脱に気づくようになることが可能になる。

　それを長期間続けると，事象に注目する感受性がさらに高まり，インディケーターを認識することがより容易になる。録画からフィールドノートを作成することが容易になれば，そしてフィールドノートが短いものになればなるだけ，録画を文字に起こす必要性はなくなってくるのである。人の相互作用やコミュニケーションは，複数のレベルで行なわれるため，個々の観察者は，彼らの人生で学んできたことによって，それぞれ少しずつ異なる世界が見えることになるであろう（Hall, 1984）。私は，どの側面を観察すべきかに関して，これまでに学んで先入観になっている考え方を克服することを学んだ。そして，複眼的方法で観察する能力，すなわち，同時に2つ以上の次元に注目することができる能力を身につけた。人は，明々白々な活動や言葉のやりとりとは異なるレベルで起こる他者とのコミュニケーションや相互作用——これには，模倣，ジェスチャー，韻律，中断，感情の起伏などの微妙なニュアンス表現が含まれる——を認識する才能を身につける。これらの認識はスナップ写真や短い場面連鎖として私の記憶に保持されており，分析に彩りを添えてくれる。これらの能力は，次の2つの方法で分析を高速化する。1つ目は，ある事象に気づくために特定の録画を何度も見直す必要が少なくなることであり，2つ目は，事象に注目したり，これを比較したりすることにより熟達するようになることである。

　にもかかわらず，実践のコンテクストを分析するのは，非常に複雑なことである。異なる行為者たちの相互作用がどのように作用し，実践セッションの結果に影響を与えているかについて解釈するために，その詳細のすべてを観察し，フィールドノートの作成を行なうことは興味をそそられることである。そこには，次のような注目すべき多数の細かな点がある。姿勢とボディランゲージと顔の表情，注意・焦点・認識のサイン，伝達行動と発声と話し方とイントネー

ション，時間配分や空間の使い方，接触・操作・制御・実行の様式，そして情動的な反応といった具合に，である。分析の際は，それぞれの参加者の言葉遣いや韻律，表情の物まね，ボディランゲージのような伝達表現に焦点を当てることになる。また，活動のコンテクストや参加者たちの活動の仕方——つまり，実践セッションにおける様々な対象や（例えばファシリテーターや調査研究者，家族や他のスタッフ，専門家といった）活動に参加している人々に対する接近・関わり・相互作用・反応の仕方——にも焦点を当てるのである。これらすべての事象は，実際的な関心領域における参加者の主な関心事とその解決の仕方を理解しようと努める際には興味のあることである。

　私の研究における絶えざる比較分析は，フィールドノートとフィールドノートの間，フィールドノートまたはビデオ録画についての映像もしくは音声記憶と創出途上にあるコードとの間で行なわれた。ビデオ記録から得た新しい観察もまた古いフィールドノートまたはインタビューに由来するフィールドノートと比較された。例えば，口による物まねをしながら身体を揺らすという事象は，この参加者をよく知っている人物たちとのインタビューと比較された。この人物たちの話では，参加者のこの組み合わせによる活動は，車椅子に座った状態では典型的なものであり，時には音声も加わることもあるということであった。こうした比較によって観察の解釈は強化された。この絶えざる比較分析によって抽象化された諸インディケーターと諸コンセプトには，姿勢，体動，手足の動き，顔の表情，敏感さ，情動，アイコンタクトと視線の固定，物体や他者とのやりとりにおけるテンポとペース，因果関係の理解，そして自身による活動の開始が含まれていた。

　研究者が次にどこでサンプリングするべきかに影響するのは，創発的に出現しつつある理論なので，データ収集の方向を示す初めの計画は，絶えざる比較分析がデータ収集および分析の新たな方向を示す時には，修正されなければならない。このことは，なじみのある場面で何が記録されるべきか，どの新しい場面を含むべきか，そしてどの見地からデータを分析するべきかに関して柔軟であることを意味する。したがって，理論的サンプリングは，年齢，認知機能障害のレベル，身体障害の度合い，追加的な行動障害や感覚障害に関連する多様な特徴を持った，より多くの参加者，さらには典型的な発達をとげつつあっ

た幼児たちの観察を包含することとなった。幼児が電動車椅子をジョイスティックで操作する活動を分析したことは、既に行なっていた認知機能障害のある参加者の分析から引き出されていた複数のインディケーターやコンセプトを比較し系統だてるための信頼できる枠組みを提供してくれた。この典型的な発達の途上にある幼児の活動との比較は、認知機能障害のある参加者のジョイスティック使用方法習得に関するインディケーターの創発的出現のための貴重な踏み台になった。

　分析に導かれて、私は、ファシリテーターが実践セッションに強い影響を与えていること、したがって、ファシリテーターの影響に関する理論的サンプリングが必要なのだということに気づくことになった。研究が進むにつれて、私は、自分自身の実践もまた変化させていき、私のファシリテーターとしての方法をおおむね開発し、修正した方法で他のファシリテーターの訓練を行なった。私は、参加者だけでなく、調査研究者もファシリテーターも学んでいたことに気づいた。このようなことから、私は参加者と調査者（参加者の学びと調査者の学び）、ファシリテーターと参加者（参加者の学びとファシリテーターの学び）、調査者とファシリテーター（ファシリテーターの学びと調査者の学び）という6つのさらなる視点から相互作用を分析するためにビデオ・データの再検討を行なった（訳者注：6つの視点として挙げられている3点目から6点目までの並び方は――本文とカッコ内との対応関係がついていないという意味で――変則的なものであるが、ここでは原文のまま訳出してあることをお断わりしておく）。8フェーズの学習過程を説明する理論は既に開発されていたが、これらの視点を追加した分析によって、すべての参加者が同じような学習のプロセスをとるものの、その成績、抽象度および認知的達成のレベルは異なるという理論を開発し、説明力を高めた。このように異なる人々同士のやりとりを分析することはより高いレベルでの概念化をもたらし、ビデオ・データが、複雑なインディケーターを認識する上で助けになるだけでなく、非常に複雑な社会状況における理論的サンプリングをも促進することを主張するように導いてくれた。

4 倫理的配慮

オーディオ・ビデオを使用したデータ獲得技術は，従来の観察方法より積極的かつ介入的であり，録画された参加者の匿名性とプライバシーに欠けることから，どのように映像データを使用し編集するかということに関して特別な配慮を要する（Riley & Manias, 2004）。そこで参加者に対し，研究の目的について，また機密性や対立し合う利害や調査研究者の安全に関する調査研究の可能性とリスクについて，適切かつ正確な情報を提供することが不可欠である（Morse, 2007）。また，参加者もしくは代弁者の参加へのインフォームド・コンセントを得ることも重要である（Broyles, Tate & Happ, 2008）。未成年，また重症疾患や認知障害を持つ人のような，意思決定能力が減少した弱者の場合には，倫理的配慮はさらに重要である（Stineman & Musick, 2001; Broyles et al., 2008）。デリー（Derry, 2007）も，撮影記録がどのようにして安全に保管され，どのくらいの期間保存され，またどのような目的に使用されるかの言明を含めることを推奨している。私の研究において，参加者は2つの選択内容からなる特別な文書に署名した。1つ目は，ビデオ録画を，この研究だけのためのデータとして使用することの承諾。2つ目は，ビデオ録画の一部を，他のコミュニティーでの実演活動，教育，調査研究のために使用することへの自主的な同意だった。録画の使用に関する参加者の意思決定へのこのアプローチは，最近の映像データ収集における倫理上の懸念に関するガイドラインでも推奨されている（Derry, 2007）。

5 ビデオ・データとグラウンデッド・セオリー

グレーザー（Glaser, 1998）は，リアルタイムのインタビューと具体的表現行動(エンボディード)の観察が，興味のある分野における人々の主たる関心事を明らかにすることにつながるとしている（p. 109）。ビデオ・データは，複数の視点による分析が可能な異なる次元または側面をマルチチャンネル化して提供してくれる多次元的情報源である。ビデオ・データは，コミュニケーション，情動，運動能力，

活動,環境との物理的・社会的相互作用などの個人的な次元を可視化する(Goodwin, 2003)。ビデオ・データはまた,個人的な次元と対人的活動や相互作用に影響を与える空間的および時間的側面も可視化する。それから最後に,複数の活動や相互作用が一つのビデオの連鎖の中で同時に起こるということがありうる。ホール(Hall, 1969 ; 1973 ; 1984)はこの議論に同意して,映画やビデオ・データが,「人々がどのように空間(Hall, 1969)や時間(Hall, 1984)を活用しているのか,また,どのようにして文化によって異なる方法でお互いが関係を持つのか,そして,いつ,どこで,その活動が行なわれているのか」(Hall, 1973)といった点に関して,人々がその活動をしているコンテクストの中で,人々の行動と活動を分析する複数の視点を提供してくれると主張している。これらの視点はまた,GT リサーチの実際のフィールドでの人々の関心事と行動を理解するためにも重要であるので,当然の結果として,ビデオ・データはGT による調査研究で極めて価値がある可能性を持っているということになる。

　ビデオ・データを使用することを考えている GT 理論家は,自分が興味を持つ特定の分野にアクセスしやすく,そこで収録するデータを最も実り多く獲得できそうな方法を決定しなければならない。過剰または過少なビデオ・データは,パターンや理論の創発的出現を妨げる可能性がある。分析のためのコンピュータ・ソフトウェアを使用すると,現行の分析の速度は上がるが,表面的になる危険性がある。ソフトウェアを学習するために費やされる時間をデータと,絶えざる比較過程に没頭することに費やす方が良いかもしれない。グレーザー(Glaser, 1998)が警告するように,技術的な罠に気づく必要がある(p. 185)。ビデオ方式は,研究目的にだけでなく,記録に収められた参加者たちとその他の人々にも敬意を払うという思いやりのある思慮に富んだやり方で用いられれば,最も有用で価値があるであろう。私の見解では,興味を持っている実際のフィールドにおいてビデオ方式のような技術を使うことによって,GTを用いる研究者は,人々が特定の状況における主な関心事をどのように解決しているかについて新たな洞察力を得ることが可能である。ビデオ・データを使用すべきかどうかは,データ収集と保存のためにどの方法を用いるかによるのではなく,そのデータをどのように分析のために用いるかによるのである。

第Ⅱ部　グラウンデッド・セオリーの実践

6　一般的な考察

　ビデオ・データは，主要なデータ源となるかもしれないし，研究プロジェクトで収集された他のデータを補完するものにもなるかもしれない。それは，運動行事，ビデオ会議，インターネット上のつながり，ウェブサイトからアップロードしたビデオクリップ，あるいは街の公園や空港の環境監視など，様々な環境から作られるかもしれない。あるいは，ビデオ・データが参加者自身によって作成されることもある。例えば，自由回答の質問を参加者に示し，カメラの視点の選択やどの事象を録画するかについては彼らに任せるというアプローチがあるだろう。このようなビデオ日記は，長期間にわたる参加者個人の人生観（Buchwald, Schantz-Laursen & Delmar, 2009）や慢性疾患をかかえて生きるというような特別な生活経験（Rich, Lamola, Gordon & Chalfen, 2000）について明らかにする可能性がある。これに類似した例になるが，参加者の家庭環境においてビデオに記録されたインタビューが，プライベートな環境づくりが生命を脅かす病気に罹っている経験にどのような影響を与えるのかということに関する彼ら自身の見解についての洞察を与えてくれた（Downing, Jr., 2008a；2008b）。さらにビデオ・データの分析は，重要な要素を引き出すことにつながる可能性があって，こうして会話をもっと進展させるための主題として使用することができるのである。ビデオ・データの収集の仕方には様々なものがあり，最終的にどの方法を使用するかは，データの源泉，その調査研究方法論に固有の目標，および調査研究者のデジタルテクノロジーの熟知度による。ビデオ・データの逐語化またはコンピューター化することが適切かどうかも，同じように，その調査研究のアプローチや，参加者のコミュニケーションもしくは言語，文化の違いそして特定の状況を研究する目的によるのである。最後に，ビデオ・データは単独の調査研究者や調査研究チームだけでなく，一人の参加者や参加者のグループによって，別々にまたは一緒に視聴され，比較され，分析されることもあるかもしれない。誰が視聴者になるかは，関心の向けられた分野におけるコンテクストの複雑さ，焦点をあてている活動，行為をしている人々によるであろう。

7 結　論

　ビデオ・データは，関心のある特定の分野における人々の活動と相互作用に関するすばらしい情報源となり得る。記録物には永続性があるので，一人でもそれ以上の人でも，1回でもそれ以上の回数でも，録画の視聴が可能であり，また，録画の全体をそっくりそのままの状態でも短いセクションを複数のワンカットとして繰り返す形ででも，あるいはビデオの流れの中の意味のある部分を示すワンカットの集合としても，視聴でき，さらには，単一の録画機会としても複数の録画機会としても視聴することが可能なのである。生の記録の密度，豊かさ，そして多次元性は，コミュニケーション，活動，物体や他者との相互作用といった多角的視点からの分析を可能にする。公共空間の監視のための記録でさえ，GT 理論家にとっての情報源となるかもしれない。私の調査研究プロジェクトにおいては，参加者の新しい活動と以前の活動に関して遡って比較する機会や，ビデオ記録の特定の部分を選択して複数の関係者に活動の変化を視聴してもらって，その変化のありうる意味づけを解釈してもらう機会は，非常に貴重なものであった。オーディオ・ビデオの記録なしでは，後になってから各参加者の成果を評価することは不可能であっただろう。私は，ビデオ記録を用いて，新生面を切り開く調査研究に従事し，そして一つの理論を開発し，その理論は国際的に認められている（Nilsson, 2005；2007；2010）。このことにより，私は，GT への恩義を果たし，データ収集に関する新しいアイディアを吸収して適合させる能力を持つ GT 法の柔軟性と，複雑な社会的状況を説明する力との両方を立証したのである。

参考文献

Broyles, L. M., Tate, J. A. & Happ, M. (2008). Videorecording in clinical research: Mapping the ethical terrain. *Nursing Research*, 57(1), pp. 59-63.

Buchwald, D., Schantz-Laursen, B. & Delmar, C. (2009). Video diary data collection in research with children: An alternative method. *International Journal of Qualitative Methods*, 8(1), pp. 12-20.

Derry, S. J. (Ed.). (2007). *Guidelines for video research in education.* Recommendations from an expert panel. *Data research and development center, NOROC at the University of Chicago.* Retrieved from at http://drdu.uchicago.edu/what/video-research-guidelines.pdf

Downing, Jr., M. J. (2008a). Why video? How technology advances method. *The Qualitative Report,* 13(2), pp. 173-177.

Downing, Jr., M. J. (2008b). The role of home in HIV/Aids: A visual approach to understanding human‐environment interactions in the context of long-term illness. *Health & Place,* 14(2), pp. 313-322.

Durkin, J. (2006). *Developing powered mobility with children who have multiple and complex disabilities: Moving forward* (Doctoral dissertation). Department of Health Professions, Clinical Research Unit, University of Brighton, England.

Durkin, J. (2009). Discovering powered mobility skills with children: 'Responsive partners' in learning. *International Journal of Therapy and Rehabilitation,* 16(6).

Fielding, N., Lee, R. M. & Blank, G. (2008). *The Sage handbook of online research methods.* SAGE Publications Ltd.

Gallup, Jr., G. G. (1994). Self-recognition: Research strategies and experimental design. In S. T. Parker, R. W. Mitchell & M. L. Boccia (Eds.), *Self-awareness in animals and humans.* U.S.A.: Cambridge University Press.

Glaser, B. (1998). *Doing grounded theory. Issues and discussions.* Mill Valley, CA, U.S.A.: Sociology Press.

Glaser, B. (2001). *The grounded theory Perspective: Conceptualization contrasted with description.* Mill Valley, CA, U.S.A.: Sociology Press.

Glaser, B. (2003). *The grounded theory perspective II: Description's remodeling of grounded theory methodology.* Mill Valley, CA, U.S.A.: Sociology Press.

Goldman, R., Pea, R., Barron, B. & Derry, S. J. (Eds.). (2007). *Video research in the learning sciences.* Routledge.

Goodwin, C. (2003). The semiotic body in its environment. In J. Coupland & R. Gwyn (Eds.), *Discourses of the body.* New York: Palgrave / Macmillan, (pp. 19-42.)

Hall, E. T. (1969). *The hidden dimension.* New York: Anchor Books. (=1970, 日高敏隆・佐藤信行訳『かくれた次元』みすず書房)

Hall, E. T. (1973). *The silent language.* New York: Anchor Books. (=1966, 國弘正雄・長井善見・斎藤美津子共訳『沈黙のことば』南雲堂。なお，この邦訳は，原著の初版〔1959〕を翻訳したものである。)

Hall, E. T. (1983). *The dance of life.* New York: Anchor Books. (=1983, 宇波彰

訳『文化としての時間』TBS ブリタニカ。なお，この邦訳は，原著の初版〔1983〕を翻訳したものである。)

Janhonen, S. & Sarja, A. (2000). Data analysis method for evaluating dialogic learning. *Nurse Education Today*, 20, pp. 106-115.

Morse, J. (2007). Ethics in action: Ethical principles for doing qualitative health research. *Qualitative Health Research*, 17, pp. 1003-1005.

Nilsson, L. (2005, July). The discovery of a theory of de-plateauing. How to use video-recordings to collect data during studies with people not able to speak or to use alternative communication. (Grounded theory methodology, Session B: Health care, Thursday July 7), *The 37th World Congress of the International Institute of Sociology*, Stockholm. Retrieved from www.lisbethnilsson.se/presentation.htm

Nilsson, L. (2007). *Driving to learn. The process of growing consciousness of tool use - a grounded theory of de-plateauing.* (Doctoral dissertation). Lund University, Sweden.

Nilsson, L. (2010, May). Driving to Learn^{TM} an intervention for people with profound cognitive disabilities. *The 15th Congress of the World Federation of Occupational Therapists*, Santiago, Chile. Retrieved from www.lisbethnilsson.se/presentations.htm

Nilsson, L. & Nyberg, P. (2003). Driving to learn. A new concept for training children with profound cognitive in powered wheelchair. *American Journal of Occupational Therapy*, 57, pp. 229-233.

Parmeggiani, P. (2008). Teaching different research methods through the use of video analysis software for media students: A case study. *International Journal of Multiple Research Approaches*, 2(1), pp. 94-104.

Rich, M., Lamola, S., Gordon, J. & Chalfen, R. (2000). Video intervention/prevention assessment: A patient-centered methodology for understanding the adolescent illness experience. *Journal of Adolescent Health*, 27, pp. 155-165.

Riley, R. G. & Manias, E. (2004). The uses of photography in clinical nursing practice and research: a literature review. *Journal of Advanced Nursing*, 48(4), pp. 397-405.

Stineman, M. G. & Musick, D. W. (2001). Protection of human objects with disability: Guidelines for research. *Archives of Physical Medical Rehabilitation*, 82(2), pp. S9-S14.

Wang, R., Durkin, J., Nilsson, L. & Nisbet, P.(2010). Empowering children and adults with cognitive disabilities to learn skills for powered mobility: principles, evidence and recommendations, (workshop, Best Practice guidelines BPGW10), *the 4th* International Interdisciplinary Conference on Posture and Wheeled Mobility, June 79 2010, Glasgow, Scotland. Retrieved from www.lisbethnilsson.se/presentations.htm

Xiao, Y., Seagull, F. J. & Mackenzie, C. F. (2004). Adaptive leadership in trauma resuscitation teams: a grounded theory approach to video analysis. *Cognition, Technology & Work*, 6, pp. 158-164.

Yu, C., Zong, Y., Smith, T., Park, I. & Huang, W.(2009). Visual data mining of multimedia data for social and behavioral studies. *Information Visualization*, 8(1), pp. 56-70.

第7章 フォーカス・グループを活用する グラウンデッド・セオリーの展開

チェリ・アン・ハーナンデス

　研究をデザインするときに，調査研究者が熟考して行なう決断のうちで最も重要なことの一つは，データ収集方法（複数の場合もある）の決定である。これは，研究目的にかなう見込み，あるいはリサーチ・クエスチョンに答える見込みが最大になるようにするためである。データ源の主なタイプには，次のようなものがある。(a)研究参加者への聞き取り（インターネットや郵送によるサーベイ，個別の聞き取り，日程を決めて電話や面接で行なう1対1のインタビュー，フォーカス・グループ法），(b)観察（観察者が，研究対象になる現象を観察だけする場合から，全面的に参加する場合まで），(c)その他の，書かれた，語られた，あるいはビデオにとられた資源（記録文書，診療記録などのチャート・レビュー，図書館やウェブ上の資源，公文書資料）である。グラウンデッド・セオリー（以下，GT）は，特定領域グラウンデッド・セオリー（以下，特定領域GT），あるいはフォーマル・グラウンデッド・セオリー（以下，フォーマルGT）を産出するために行なう帰納的調査研究法であり，これを，調査研究インタビュー，観察，書かれた資料，あるいはこれらの組み合わせから産出される質的データや量的データを活用して行なう（Glaser & Strauss, 1967）。したがって，GT調査研究者は，どのタイプのデータも活用することができるのである。とはいえ，ほとんどのクラシック・グラウンデッド・セオリー（以下，クラシックGT）調査研究者は，インタビューを単独に，あるいはインタビューに上記のデータ源の一つかそれ以上を組み合わせて活用している。

　データ収集のためにインタビューを活用する場合，GTでは，1回に1人の研究参加者を対象にしてインタビューを行ない，データ分析についてはこれと同時進行で，つまり，インタビュー中とその次のインタビューとの間に行なう

というのが通常のアプローチである。本章は，インタビュー法としてはフォーカス・グループを活用し，しかもなお GT 方法論に忠実に則って進めるという，GT の発見に到達するための一つの代替的なアプローチを取り上げている。フォーカス・グループ法が GT 方法論にとって有用な技法であると認められるためには，関連性や一致に関して3つの基準が考慮されなければならない。それらは，データ源，方法の一致，そして GT という成果物の3つである。別の言い方をすれば，第1に，フォーカス・グループ・インタビューは，関連のあるデータ源であることが示される必要がある。第2に，フォーカス・グループ技法は，GT の方法論に一致していなければならない。そして第3に，フォーカス・グループ・インタビュー法を活用したときに，特定領域 GT が成果物として得られなければならないのである。本章では，これらの3つの基準すべてに取り組んでいきたい。

　フォーカス・グループ法は，質的データを収集するために用いられている (Côté-Arsenault & Morrison-Beedy, 2005) 一つの一般性のある調査研究技法 (Merton, Kendall & Fiske, 1990, p. xxvii) であって，調査研究方法論ではない。したがって，フォーカス・グループ法を採用する GT 調査研究者は，両立しないかもしれない方法論を混ぜ合わせているのではないかという不安をもつ必要はないのである。グレーザーは，「すべてがデータである (All is data)」(Glaser, 1998) とくり返して述べており，これはグレーザーの「格言」の一つである (Glaser, 2003, p. 167) と明言している。さらに，グレーザー (Glaser, 2001) は，「いろいろな種類のインタビュー」(p. 140) は，GT 調査研究者がデータ収集のために持っている選択肢である，と述べている。これらのことから，フォーカス・グループ・インタビューというデータ収集法から得たデータは，GT 調査研究において活用するための関連のあるタイプのデータであると主張できる。これに加えて，グレーザーは，先行調査研究のデータ・セットを活用して GT を実践すること，すなわち二次分析 (Glaser, 1978, p. 53 ; 2001, p. 55) を推奨してきている。したがって，以前に収集されたフォーカス・グループ・データも，GT 調査研究者にとっての関連のある調査研究データ源で常にあり続けている。グレーザーとストラウスは，様々な調査研究者が GT 方法論を活用する場合に，GT 方法論とは異なる戦略あるいは技法を活用するように導く調査研究環

第7章 フォーカス・グループを活用するグラウンデッド・セオリーの展開

境に出会うことになるであろうと，1967年という早期から認識しており（Glaser & Strauss, p. 77），グレーザーはその後も新しい方向へのこうした激励をくり返している（Glaser, 1978, p. 158）。これらのことから，本章では，フォーカス・グループ・インタビュー・データを，特定領域 GT を産出するためのオリジナルなデータ源として活用することを提案するのである。

本章では，フォーカス・グループ・インタビュー法が，GT の発見をどのようにして促進できるかを述べたい。そのプロセスを例証するために，心疾患をもつ女性の特定領域 GT である"相互的制約（reciprocal restricting）"の発見にいたった最初の部分を説明したいと思う。初めに，フォーカス・グループ法の歴史を簡単にレビューして，GT の実践においてフォーカス・グループ法を活用する場合の用い方，取り組むべき課題，および利点の理解に必要とされる文脈的情報を提供したい。結論では，GT 調査研究においてデータを収集するためにフォーカス・グループを活用するときの限界と回避できる落とし穴を概観し，期待できる利点の輪郭を述べたいと思う。

1 フォーカス・グループの展開の歴史

フォーカス・グループ調査研究法は，グループに対する焦点化されたインタビュー（Merton, Fiske & Kendall, 1956）として始まり，1943年という早期に，マートン（Merton）とケンダル（Kendall）が活用したものである。焦点化されたグループ・インタビューのオリジナルの意図をマートンら（Merton et al., 1990, p. 25）は，「ある一つの経験を評価することであり，一般的な見解を導き出すことではない」と述べている。しかし，評価の対象になった経験のタイプは，研究参加者の，研究参加の時点より前の時点での反応であった。それは，映画やラジオあるいは印刷資料を用いて，例えば戦争というトピックを1回参加者に示し（これが刺激である），この刺激に対する研究参加者の反応として得られた。「焦点化されたインタビューの第1の目的は，過去の特定の状況のなかで経験したことを，可能なかぎり完全な報告として引き出すこと」（Merton et al., 1990, p. 17）であった。マートンの調査研究チームにとっては，「質的に焦点化されたグループ・インタビューは，新しいアイディアと新しい仮説を得る

ための源泉として利用されたのであって，諸反応のあらかじめ識別されていた質的なパターンについて，その範囲や分布に関する証拠を見つけ出すためではなかった」(p. xxii) のである。GT 調査研究の実践においてフォーカス・グループ・インタビューを行なう場合には，逆に，調査研究者は，研究参加者の現在進行している状況のなかでのいろいろな問題とその解決を探索する。その状況というのは，例えば慢性疾患の経験，家族の問題，仕事生活，あるいは組織における経験，などである。クラシック GT の方法論とマートンら (Merton et al., 1990) によって初めて記述された焦点化されたグループ・インタビューとの違いについては，その一部を表7-1に示しておく。こうした違いがあるからと言って，GT 調査研究のためにフォーカス・グループ・インタビューを活用することが妨げられるわけではない。しかしながら，これらの違いは，こうしたインタビューを行なうにあたって調査研究者が考慮する必要のある重要な領域なのであり，また，場合によっては微小な変更を正当化するかもしれないものである。

　マートンら (Merton et al., 1990) は，彼らのオリジナルのアプローチの主要な原則の要点を提示している。彼らのオリジナルの方法の下記の諸側面は，今日に引き継がれて調査研究者たちに活用されているものである。すなわち(a) 6〜12人の参加者のグループをリクルートすること (p. xxv)。(b) より大きな生産性を得るために均質なグループを形成すること (p. 137)。(c) 研究参加者が自身にとって意味があると思っていることを応答できるようにするために，非指示的アプローチを採用すること (p. 14)。つまり，グループの諸状況や反応を構造化してはならないこと (p. 34)。(d) 同じ状況にいる人々の間で見られる会話のような (p. 151) 形式ばらない雰囲気を創り出すこと (p. 38)。(e) グループの相互作用と形式ばらない雰囲気を促進するために，席の配置を円形にすること (p. 140)。(f) インタビューを開始する時の説明では，参加者の間で多様な異なる意見が出てくるかもしれないがそれでよいこと，正しい答えも間違った答えもないことを伝えておくこと (pp. 146, 147, 175)。(g) 用意するインタビューガイドは一般的なトピックをカバーしたものだが，そこでの質問は融通の利かない固定したものではないこと (p. 48)。(h) 関連した反応を参加者がすべて出し切るまでは，一つのトピック領域に留まること (p. 76)。(i) その場には熟達し

第7章 フォーカス・グループを活用するグラウンデッド・セオリーの展開

表7-1 焦点化されたグループ・インタビューと，クラシック・グラウンデッド・セオリー方法論との比較

両者に関係する諸特徴	グループへの焦点化されたインタビュー (Merton, Fiske & Kendall, 1990)	クラシック・グラウンデッド・セオリー方法論 (Glaser & Strauss, 1967; Glaser, 1978; 1992; 1998; 2001; 2005)
目　的	1回の刺激として与えられた状況に対する，参加者たちのそれ以前の諸反応について可能なかぎり完全な報告を引き出してくること (p. 21)。	データからコア・カテゴリーについての理論を発見すること (Glaser, 2005)。特定の（経験的）領域における問題とその解決を見つけ出すこと (Glaser, 2001)。
調査される状況のタイプ	映画，ラジオ放送あるいは特定の印刷物などの刺激として与えられた出来事に対する参加者たちのそれ以前の諸経験の想起。	あらかじめ想定された問題は何もなしに始める (Glaser, 1992; 2001)。病気，家族，組織，その他の状況における現在進行中の経験。
文献のレビュー	対象者が巻きこまれたことのある特定の状況については，事前の分析が終わっている (p. 4)。「取り上げた状況については，仮説上重要とされる要素やパターン，プロセス，および全体構造」(p. 3) を，調査研究者はすでに分析している。	コア・カテゴリーが創発的に出現するまで保留される (Glaser & Strauss, 1967; Glaser, 1998)。大学や学会から文献レビューが義務づけられている場合には，調査研究者は，すべての先入観の作動を一時的な停止状態にさせておき，理論感受的であるように努力する。
インタビュー・クエスチョン	関連のあるトピック領域と質問――これらは取り上げた状況についての事前の分析から導き出された仮説を反映させたものだが――を示すインタビュー・ガイドを用意する (p. 41)。インタビューのスケジュールは動かせないものではなく，予期しなかった反応は受け入れられるだけの余裕のあるものである (p. 48)。	参加者が話し始められるように，秘密暴露的な質問を活用する。そうすれば，インタビューが進むにつれて，関連のある質問が創発的に出現するであろう (Glaser, 1978)。
最終成果物	刺激として与えられた状況とそれへの諸反応に含まれている，範囲，具体性，深さ，個人的文脈の全体的な報告であり，「それらの反応の本質と意味を理解するために必須である」(p. 21) と考えられるもの。	関連のある問題とその解決の創発的出現である (Glaser, 1978; 2005)。コア・カテゴリーと，その諸特性およびその諸サブ・コア・カテゴリーの間の諸関係を書き上げたもの (Glaser, 1978; 1992)。

たファシリテーターがいること。その人物は，典型的な諸問題を認識しており，それらの一つ一つについて対応できるだけの知識と技能を身につけていること (p. 17)。これらの諸原則は，インタビューの参加者にとって心地よいオープンな雰囲気を創り出すという，GT 調査研究者が活用しているタイプのアプローチと適度に調和しているし，調査研究の状況において健全なグループ・ダイナミックスを促進する，というアプローチにも一致している。しかし，GT 調査研究方法論においては，アプローチはさらにより非指示的なのであって，参加者は，自由回答形式の「秘密暴露的な質問（spill questions）」に反応してディスカッションを続けることを通して，自身の経験を説明するために「進むはずの方向」へと，インタビューを導く自由をもっているのである。

　フォーカス・グループ・インタビュー技法が展開されて以来70年以上が経過し，その間に，多くの学問領域の調査研究者たちがこの技法をそれぞれの調査研究にとっての必要性に適合させる形で拡大して活用してきた。これに伴って，この方法の目的と活用にいろいろな変化がもたらされてきた。フォーカス・グループ法の目的は，もはや，1回の過去の経験の影響を理解することには限られず，1回の現在の経験（例えば，あるタイプのマーケット・リサーチ）をはじめとして，現在進行中の経験を評価すること（例えば，教育機関の認証）へと，また，組織や状況，あるいは慢性疾患（例えば，女性における心疾患の経験）の過去と現在進行中の経験を描写し，記述し，あるいは説明するための調査研究をすることへと多様化してきている。調査研究の目的によっては，フォーカス・グループ技法のその他の側面についても変更を必要とするようになるであろう。ここで言うその他の側面とは，グループあたりの参加者の人数，フォーカス・グループの長さ，インタビュー・クエスチョンのタイプと源泉，焦点をグループの意見の一致に当てるのかそれとも多面的な見方に当てるのかという焦点化の仕方，（研究用具や研究的介入の評価，記述，説明，もしくは展開を含めて）多様な目的もしくはこうしたインタビューに望まれる成果物などのことである。次節では，心疾患をもつ女性の研究において，特定領域 GT を産み出すために，フォーカス・グループ技法が活用されたその実際のところを概説したい。

2 グラウンデッド・セオリーにおけるフォーカス・グループ

　フォーカス・グループ・インタビューは，理論生成に適していると推奨されてきており（Morgan & Krueger, 1993），これは，クラシック GT の目的と一致している。さらに，後に述べるようないくつかの利点もあるので，フォーカス・グループ・インタビューを活用する GT 調査研究者が増えてきている。本節では，データ収集法としてフォーカス・グループ・インタビューを活用してクラシック GT を実践するときに，考察されるべき諸論点について概要を述べたい。諸論点を，心疾患をもって生活している女性の研究において実際に活用した状況の中で検討していくことにする。GT 方法論には，2つの重要な側面がある。それは，理論的感受性に注意を傾けること（Glaser, 1978）と GT の絶えざる比較法を活用するデータ分析（Glaser, 1965 ; Glaser & Strauss, 1967）である。この2つの側面は，GT を引き出すためにフォーカス・グループ法を活用するときに，変更を加えられずに保持される。そうすることによって，GT 方法論の本来の特質（インテグリティー）が保たれるのである。

　フォーカス・グループ・インタビュー技法の活用を選択するに先だって，GT 調査研究者は，この技法のなかの，特定領域 GT の展開に最も一致するバリエーションを理解して活用することが必要である。GT 調査研究者は，ある特定の領域についてもっと知りたいという一般的な好奇心をもって，しかし，大多数の他の調査研究者とは違い，確定的なリサーチ・クエスチョン，あるいは言明された（先験的な）仮説をもたずに調査研究を開始する（Hernandez, 2010）。心筋梗塞，あるいは狭心症を経験した女性の研究の研究目的は，心疾患をもって生活する経験を理解することであった。この研究の最初の研究デザインは，女性たちの心疾患の経験についてのデータを収集するためにフォーカス・グループを連続して行なうというものであり，主題分析（thematic analysis）が計画された。しかし，携わった調査研究者が経験の豊かな GT 調査研究者だったので，フォーカス・グループ・データの分析を，GT の絶えざる比較法によるデータ分析を活用して行なった。

3 段取りの計画局面

　フォーカス・グループ・インタビューの段取りを計画するのは、個別インタビューの場合より時間がかかり、リクルートには時間がとられてしまうものである (Krueger, 2006)。参加者の仕事、家族、およびレジャーを調整できる日と時間を見つけることに挑戦する必要があるからである。「姿を見せない」比率のことを考え合わせて、余裕をもたせた数の参加者をリクルートすることが大切であり、10～25％増が奨められている (Halcomb, Gholizadeh, DiGiacomo, Phillips & Davidson, 2007; Krueger, 1994)。フォーカス・グループを複数回計画する場合には、日程は、回ごとに違う曜日（週末か週日か）か違う時間（午前か、午後か、あるいは夕方か）にすると、参加者の多様性がより大きいグループが得られる可能性がある。心疾患をもつ女性のフォーカス・グループでは、予定した日と時間帯に10人を期待していたが、参加できたのは7人だけだった。GTを行なう場合、参加者には、自身の経験の諸側面——しかも参加者本人が重要かつ関連があると感じる諸側面——を話し合うのに、十分な時間が必要である。したがって、3時間のフォーカス・グループの場合は、7-10人でそれ以上の参加者がリクルートされるべきではなく、2時間のフォーカス・グループの時間しかないのであれば、より少なく（4-6人の参加者に）するべきである。グループの大きさと、それに伴っておこるフォーカス・グループ・メンバーたちの参加との間には負の関係がある (Albrecht, Johnson & Walthier, 1993) ので、各フォーカス・グループのためにリクルートする参加者の数については、調査研究者は注意深く考慮する必要がある。

　フォーカス・グループを一人の調査研究者が運営することは可能だが、フォーカス・グループ・セッションを行なっている間は、数人の調査研究者の出席が必要とされることが多い。そして調査研究チームのメンバーたちは、主調査者、フォーカス・グループ・モデレーター（ファシリテーター）、および1人かそれ以上の人数の記録者などといった、特定の任務をもつことになるだろう (Côté-Arsenault & Morrison-Beedy, 2005, p.175)。ハルコームら (Halcomb et al., 2007) は、経験のある調査研究者が最小限で2人、その1人はフォーカス・

第7章 フォーカス・グループを活用するグラウンデッド・セオリーの展開

グループ・ファシリテーター，もう1人はフィールドノート作成者の役割をもつことを奨めている。フィールドノートとして何が書かれるべきかについては，生成されつつある主要なアイディア，意味のありそうな表現の引用，重要そうな観察内容，および記録者の洞察あるいは解釈（Krueger, 2006, p. 478），顔の表情に現れた表現とボディランゲージ（Côté-Arsenault & Morrison-Beedy, 2005）などが示唆されている。記録者はまた，参加者の快適さのレベルをモニターし，必要に応じてファシリテーターにこれをフィードバックすることが必要である（Halcomb et al., 2007）。記録者には，これらの他に，記録機器の状態をモニターすることと，録音テープあるいはビデオテープを必要な時に交換するという大事な役割がある。心疾患調査研究チームの場合には，メンバー3人全員がフォーカス・グループ・インタビューに参加した。1人はグループ・ファシリテーターになり，他の1人はフリップ・チャートに情報を記録し，最後の1人は2台の録音装置を管理した。

　グレーザー（Glaser, 1992）は，個別インタビューでの音声録音を奨めていた（pp. 19-20）が，最近，一人で研究する調査研究者については，この提案を取り消している。理由は，データを分析する時期が遅くなることやデータ量への懸念，これらに起因する理論的サンプリングの遅れ，研究予定表と研究費用へのマイナスの影響などに関する懸念（Glaser, 1998, pp. 107-109；2001, pp. 54, 161, 166）である。しかし，グレーザー（Glaser, 1998）は，調査研究者のチームには，録音が必要かもしれない（p. 107）と認めている。ちなみに，録音は，フォーカス・グループ調査研究では，行なわれるのが普通である。個別インタビューは，これに加えて，フォーカス・グループ・インタビューよりペースがずっと遅いということがある。フォーカス・グループでは，ファシリテーターは，メンバー全員の参加を促すために，参加者たちのボディランゲージを認識もしくは「読みとる」形でグループ・ダイナミックスをモニターするという追加的任務をもっている。ある参加者があるトピックに再び戻りたいとか追加したいと望んでいるのだが，それでいて口を挟むのは控えて黙っているかもしれない，などといったことがありえて，そうした場合，ボディランゲージには参加者の願いが反映されているのである。このように，必須のデータが失われるのを予防するためには，フォーカス・グループの会話を録音あるいは録画することが

重要なことなのである。心疾患研究では，録音機の不具合や録音機が止まったのを見つけ損ねるなどといったことがおこってデータが失われるのを予防するために，二重録音システムが用いられた。もっとも，二重システムにしたので，1組の録音テープのテープ起こしがなされている間に，もう1組をフォーカス・グループ直後のデータ分析と理論的メモの作成にも活用することができた。

　熟練した逐語録作成者の活用がなされる時には，次のフォーカス・グループのリクルートが終了するよりずっと前に，録音テープはそのテープ起こしと確認と分析をすることができる。さらにまた，調査研究者が個別インタビューをフォーカス・グループと同程度の数の参加者に対して行なって分析する場合に比べれば，何カ月も早いかもしれない。新しい録音技術が出てきているし，音声認識ソフトも次第に洗練されてきているので，音声データの逐語録作成はほとんど即時に行なわれるようになっていくであろう。フォーカス・グループ・インタビューを録音するその他の重要な理由としては，このデータ収集技法が他に比較して非常に速いペースで進行すること，参加者がそれぞれ自分の話す順番を待ちかまえているので，参加者が内省する時間が他に比較して少なくなること，参加者数が多いこと，などである。これらのことをすべて取り込んだ適切なフィールドノートを作成して，このような早いペースの会話で2時間から3時間の間に話されたことを把握するのは，どんな調査研究者にとってもおそらく不可能である。ということはつまり，録音に失敗すると，参加者たちの経験に関連していることというよりもむしろ，記録者である彼／彼女のもっていた先入観と一致する情報を「思い出す」という結果になってしまい，したがって，その帰結として，理論的感受性が引き下げられることになるであろう。

4　フォーカス・グループ法

　マートンら（Merton et al., 1990）の焦点化されたグループ・インタビューの参加者の数とタイプに関係するオリジナルの原則と，フォーカス・グループのファシリテーション法（雰囲気の創出，開始時の説明，非指示的アプローチ，インタビュー・ガイド）は，データ収集のための妥当な戦略として現在も生き続けている。また，調査研究の承認・資金援助団体は，人間を対象にする調査研究の

方針として，とりわけ書面でのインフォームド・コンセントと匿名性と機密性に関するガイドラインを用いることを義務付けている。これにともない，インタビューの対象者は，仮名あるいは番号だけで特定されることが必要になる。これは，参加者が選んだコード・ネームかもしれないし調査研究者が割り当てたものかもしれない。あるいは，ファースト・ネームを用い，後でフォーカス・グループの記録の参加者の名前の箇所に数字などのコード・ネームを挿入する方法を，代替的に用いることもできる。しかし，後者の方法は推奨されない。というのも，フォーカス・グループ・インタビューの間にファースト・ネームが用いられれば匿名性が失われてしまうし，本名が音声テープに録音されれば，そして特に，その録音テープが二次データ分析に用いられるような場合には，個人が特定される機会が確実に増すからである。心疾患調査研究は，倫理審査の承認を私が所属する大学から受け，そこではフォーカス・グループのためのマートンの主要な原則が厳守された（表7-2を参照）。このフォーカス・グループは，年齢が35〜75歳の女性7人からなり，うち4人は心筋梗塞を経験しており，残りの3人は狭心症の診断を受けていた。3時間のフォーカス・グループが，大学のミーティング・ルームで，プライバシーを守り，じゃまが入らないようにドアを閉めて行なわれた。参加者たちは，自身のコード・ネームを選び，このコード・ネームがカードボード・サインに記入されて，フォーカス・グループ・セッションの間を通じて用いられやすいように，テーブルの上のそれぞれの参加者のすぐ前に置かれた。

　フォーカス・グループが行なわれている間，参加者は，1つのテーブルを囲んで座り，テーブルの中央には録音機が2台置かれていた。グループ・ファシリテーターは参加者を迎え入れフォーカス・グループを開始したが，そこでファシリテーターは，開口一番，常にコード・ネームを使うようにと依頼した。匿名性を保つためと，データの記録者が参加者たちの発言を引用する際に正しいコード・ネームに割り当てるのを助けるために，である。ファシリテーターはまた，このミーティングの目的はグループの合意を得ることではないこと，それからさまざまな異なる経験が非常に重要になるであろうことを強調した。そして1人，2人の参加者が会話を独占するのを避けるために，各質問にどの参加者も答える機会が与えられるような方策を，参加者たち自身が決めたので

表7-2 フォーカス・グループの諸規準と心疾患研究の履行の実際との比較

両者に関係する諸特徴	グループに対する焦点化されたインタビュー（Merton, Fiske & Kendall, 1990）	女性と心疾患研究
グループの大きさ	6-12人の個人	7人の女性
グループのタイプ	より大きな生産性を得るために，均質のグループ（p. 137）。	参加者は全員が心疾患（狭心症あるいは心筋梗塞）をもって生活している女性であった。
ファシリテーター	典型的な問題を知っていて特定することができ，これらに対応することができる熟達したファシリテーター（p. 17）。	フォーカス・グループ・ファシリテーションとクラシック GT との両方に熟達しているファシリテーター。
座席の配置と雰囲気	グループの相互作用を促進させるために（p. 140），また，形式ばらない話しやすい雰囲気を創り出すために（pp. 38, 140, 151），円形の座席配置を活用する。	女性たちは，心地よい専用の一室で，1つのテーブルを囲んで座った。形式ばらない日常会話による相互作用が起きるように進められた。
開始時点での説明	同意できない意見が出る可能性があってよい。ここでは正しい答えも間違った答えもない（pp. 146-147, 175）。	経験についても，意見についても，共通するものと個人的なものとの両方が歓迎された。両方とも研究にとって重要であることが述べられた。共通の見解に行きつくことが目的ではないと，強調された。
インタビュー・ガイドとアプローチ	一般的なトピックの部分について準備する。しかし，質問は，固定されたものではない（p. 48）。参加者が自身にとって重要なことに応答できるようにするために，非指示的アプローチにする（p. 14）。	自由回答形式の質問で，一般的な「トピック」を7つ準備した。参加者は，自身にとって重要なことを話すように，と励まされた。なぜなら，研究者たちは心疾患をもった経験がないので，心疾患に直接関連したことを知らないのだから，と。トピックは，参加者たちが自身の経験を次々と引き継ぐ形で提供し，他の参加者たちがそれに反応したときには，その方向に転じられた。

ある。その方策というのはこういうものだった。先ず，参加者がテーブルを囲んで座った席順で1人ずつ順番に話すようにする。次に，新らしい質問への応答のラウンドを始める場合には，その前の質問を開始した人とは別の人が口火を切ることができるようにしておいて，新しく口火を切った人から始めて席順に進むようにしたのである。参加者には，後に話し合うことのポイントを書き留めておくために，紙とペンが配られた。他の参加者が話していることに反応

を示したり，会話につけ加えたい何か別のことを思いついた時のために，である。一つの質問に参加者全員が答え終わった時点で，さらに話し合いたいことがある人には，本人が望むだけの時間や話す機会が与えられた。研究に関わる自由回答式の一般的な質問のリストが用意してあったが，参加者は開始時点での説明で，それらは話を始めるための取っ掛かりにすぎず，参加者が重要と思っていることとは本当は関連していないかもしれないので，そうした場合には，参加者たちが関連すると思っている方向に会話を進めていっても構わない，と伝えられた。

5 データの分析

前に述べたように，心疾患研究のデータ分析の最初の意図は，フォーカス・グループ・データを主題分析することであった。この主題分析からは，心疾患をもつ女性の経験の3つの主要なプロセス——遅らせる，否定する，抑制する——にその他のサブ・プロセス，例えば，比較するなどが伴っていることを報告するという結果になった（Hernandez, Williamson & Kane, 2003 ; 2004）。しかし主研究者が経験豊かな GT 理論家なので，GT の分析方法である1行ごとの分析法（line-by-line method of analysis）を活用し，データの絶えざる比較（Glaser, 1978, p. 57）を行ない，こちらのプロセスで初めて，"相互的制約（reciprocal restricting）"という特定領域 GT が創発的に出現するという結果が得られたのである。

GT がフォーカス・グループ・データを用いて活用される場合も，分析法は同じに維持される。もし違いがあるとすれば，唯一，フォーカス・グループの参加者たちが，フォーカス・グループ・セッションの間，自身の経験を他の人の経験と絶えず比較しているので，特定領域コードが特定されるスピードがより速くなる可能性があるかもしれないことである。心疾患研究では，このオープンコーディングの過程で，特定領域コードである**対象素材埋め込まれ型**（イン・ヴィーヴォ）のコード（'毎日毎日している'，'気をつけている'，'範囲を押し広げている'など）と，**社会学的構成概念型**のコード（'否定する'，'遅延させる'，'最小化する'など）の双方が見出された。決定的なアイディアが「ひらめいた」ときには，コーディ

ングを一時中断して，出現しつつあるコードについてメモを書いた。そしてついに，この経験的領域における行動を説明し，主要な関心事・心配ごとについての継続的な解決を可能にしているカテゴリー——コア・カテゴリー——が，"相互的制約"として創発的に出現した。女性たちは，心疾患（心筋梗塞の経験，あるいは狭心症）とともに生活するという自身の問題を，心疾患の及ぼす影響に自身の方から制約をかける一方で，同時に，心疾患が自身の生活とライフスタイルに制約をかけることを承認するという，"相互的制約"のプロセスを通して解決していたのである。

　選択的コーディングの過程に入ると，コア・カテゴリーに関連する概念だけがコード化された。調査研究者は，メモを書き留めることを通して特定領域コードの再吟味を続け，それらのコードをより大きなカテゴリーに位置づけていき，最終的に，それらのコードはすべて一緒に，「相互作用コーディング系」(Glaser, 1978, p. 76)に由来する理論的コードに当てはまることがわかった。「相互効果」という相互作用の理論的コードは，データを分析している間に見出されたいくつかの理論的コード——すなわち「プロセス系」「戦略系」「相互作用系」——の中の一つであった。これら3つのコーディング系はすべて，GT調査研究において発見される可能性がある理論的コードとして，1978年にグレーザーによって特定されたものである。女性たちが自身の心疾患の影響を制約するために活用していた戦略あるいは作戦には，主要なものが6つあり，これら6つの主要な戦略のそれぞれの中には，その戦略の土台を固めているいくつかのプロセスがあった。その6つの戦略は，'遅延させる'，'否定する'，'焦点化する'，'限界を押し広げる'，'最小化する'，'復帰を強いる'，であった。'遅延させる'と'否定する'は，まだ診断されていない時に心疾患の徴候を経験した女性たちが活用していた戦略であり，'否定する'は，狭心症あるいは心筋梗塞の診断を受けた後にも継続して活用されていた。一方，この7人の女性たちの生活に対して制約をかけるという，心疾患の方に帰属させることができるかもしれない「戦略／作戦」が4つあった。'注目を競う'，'制限する'，'縮小する'，'変更を強いる'がそれである。これら4つのカテゴリーの間には，これらの戦略を反映している副次的なプロセスが存在した。これらの戦略およびプロセスの理論的コードは，すべて重要なものであったが，しかしそれ

らはいずれも，より低いレベルのコードであって，その他の特定領域コードをすべて包摂することはできないか，一緒にまとめて一つの統合的な理論にすることはできないものだった。「相互効果」という「相互作用の理論的コード」だけが，コア・カテゴリーである"相互的制約"と，その諸特性，およびその他（コア・カテゴリーでない諸カテゴリー）との関係を捉えた概念的モデルであることが論証され，したがって，この研究の全体を包括する理論的コードであると断定された。

　本節では，フォーカス・グループ・インタビューがデータ収集方法として活用された場合に，GT 方法論の主要なプロセスに従うことができるということ，また，一つの特定領域 GT という「成果物」が創発的に出現することが可能だということを，論証した。次の節では，データを収集するためにフォーカス・グループを活用する場合のありうる限界を述べて，それらの限界が，調査研究者の GT 研究に否定的な影響を及ぼすのを避けることができるようにしたいと思う。

6　データ収集のためのフォーカス・グループの限界

　フォーカス・グループ・インタビューの技法には，活用される研究方法論が GT であるか否かにはかかわらず，いくつかの限界が存在する可能性がある。本節では，これらのありうる限界の検討に取り組むことにする。

（1）文化／グループ・ダイナミックス
　フォーカス・グループは，ある文化にとっては受け入れられるものではないかもしれない（Halcomb et al., 2007）。否定的なグループ・ダイナミックスが展開されれば，それが参加の程度，あるいは表現の自由を制限し，そのために最終的成果としての特定領域理論の信頼性が否定的な影響を受ける可能性がある。しかし，この落とし穴は，熟達したファシリテーターを活用し，また，開始時の説明で，研究目的と参加者の「役割」について十分なオリエンテーションを行なっておけば克服できるものである。もう一つの戦略は，参加者に一つに限定することを勧め，より多くのフォーカス・グループに参加するのを避けさせ

ることである。参加者は，同席している参加者とは再び会うことがないと予想できる時には，そこで取り上げられているトピックについてより進んで話し合うかもしれないからである。また，調査研究の本来の特質を危うくする可能性のあるパワー・ダイナミックスや，「集団思考」のような否定的なグループ・プロセスが生じるのを防ぐためにも，連続したフォーカス・グループの活用には抑制がかけられているのである（Côté-Arsenault & Morrison-Beedy, 2005）。

（2）理論的サンプリング

　GT 方法論と組み合わせて活用された場合に，フォーカス・グループの活用において起こりうる最も重要な問題は，理論的サンプリングをすることができないという問題が起こりうることである。これは，創発的出現の途上にあるコード／カテゴリーを飽和させうるだけの貢献ができる参加者を，調査研究者がリクルートすることができない場合が起こるかもしれないということである。個別インタビューを活用する GT とは異なり，フォーカス・グループにおいては，選んだ全員がフォーカス・グループの参加者になることができるように，参加者を「前もって」選ばなければならない。これは，特定領域コード／カテゴリーが見出されるより前に参加者が選ばれているということであり，したがって，個別インタビューを行なう時に通常行なわれているのとは違って，理論的サンプリング（つまり，創発的に出現しつつある理論に基づいたサンプリング）に基づいて参加者の選択を行なうことができないことを意味している。理論的サンプリングを促進することのできる一つの戦略は，フォーカス・グループ・セッションでの調査研究者の記録方法の一つとしてフリップ・チャートを活用することであり，もう一つは参加者が覚え書きを書くための紙を活用することである。個々の参加者が話した単語や言い回しをフォーカス・グループの全員がたやすく見ることができるように，フリップ・チャートに手早く書き留める役割を，一人の調査研究者に割り当てておくべきである。このようにしてフリップ・チャートにキー・ポイントを書いて示しておくと，次に続く話し手たちが，そのキー・ポイントに付け加えて自身の経験を反映させて話しやすくなるのだから。同じように，参加者に，覚え書きを書くためのカードか紙を配布しておけば，参加者が，1）前の応答で話し忘れた重要な情報や，あるいは，

2）他の人の話を聞いて「ひらめいた」ことなどを紙の上に保存しておくことができるので，自分の番になった時にこの情報を声に出して言い表わすことができるのである。さらに，次のフォーカス・グループが行なわれる前に，各フォーカス・グループ・インタビューの分析を行なって，それまでのフォーカス・グループから出現したことと関係するトピック領域を次のフォーカス・グループ・インタビューで活用することによっても，理論的サンプリングは促進されるであろう。最後に，調査研究者によっては，フォーカス・グループ・インタビューと個別インタビューとを一つの研究の中で組み合わせることによって，このセクションで指摘してきたようなありうる問題を緩和している者もいる。

（3）グラウンデッド・セオリー方法論からの逸脱

　GT方法論とフォーカス・グループ・インタビューとの組み合わせは，次第に普及してきている。グレーザー（Glaser, 1998）は調査研究者たちに，彼ら自身の望む方向でGTを採用するように，ただし，GT方法論の諸パラメーター（特性値）の中に留まりながらそうするようにと奨励した。本章で私は，グループ・インタビューをデータ収集法の一つのタイプとして活用することはそうした一つの方向であること，しかも，GT方法論の本来の特性（インティグリティ）を危険にさらすものではないことを主張している。フォーカス・グループ技法を活用して収集可能なデータのタイプの適切性，絶えざる比較法による分析に従う能力，"相互的制約"という特定領域GTの創発的出現，これら3点を論証するために心疾患をもつ7人の女性たちを相手にして行なわれたフォーカス・グループの実例が活用された。しかし，もしGT方法論に一致するやり方でフォーカス・グループ・インタビュー技法が実施されなかったり，収集されたデータが分析されなかったりした場合には，その調査研究の成果物はよく統合された特定領域GTにはならないかもしれない。例えば，ウェブとケヴァーン（Webb & Kevern, 2001）によれば，フォーカス・グループ・インタビューをGT方法論と結びつけた研究を1990年から1999年にかけて公表した看護の調査研究者たちは，GT方法論の主要な諸規準（キャノンズ）に従うことをおろそかにしていたということである。つまり，彼らは，データ収集とデータ分析との同時遂行を怠っていた（最も頻

繁に見られる問題である）し，また，絶えざる比較によるコーディングというよりもむしろ主題分析を用いたコーディングを行なっていたのである。（ちなみに，主題分析は，多くのフォーカス・グループ調査研究者に好まれている戦略であるのに対して，絶えざる比較による分析ではコア・カテゴリーとその諸特性，それからコア・カテゴリー以外の関連するカテゴリーが産みだされるのであるが）。これらの問題は，さらに近年の文献にも引き続き現れている。例えば，2型糖尿病をもって英国で暮らしている南アジア人におけるリスク認知に関する調査研究（Macaden & Clarke, 2006）では，コア・カテゴリーについて何も記述されていなかったのである。こうした逸脱例を踏まえるなら，フォーカス・グループ技法をデータ収集法として活用しようと希望する GT 調査研究者は，この主要な2つの落とし穴に気をつけ，GT のプロセスに忠実でありつづけるべきなのである。

7 グラウンデッド・セオリー調査研究における フォーカス・グループ・インタビューの利点

フォーカス・グループは近年，看護，健康，社会科学などの領域においてインタビューおよびデータ収集法として人気を得ている（Halcomb et al., 2007 ; Webb & Kevern, 2001）。フォーカス・グループには，その活用の増加を促進しているいくつもの利点がある。

（1）時間的および資金的資源

フォーカス・グループ・インタビューの一つの主要な利点は，個別インタビューより，かかる時間が少なく費用効果が高いこと（Halcomb et al., 2007）であると主張されている。例えば，6〜10人のフォーカス・グループに必要な時間はおおむね3時間であるが，一方，同じ人数の個別インタビューには，研究者の時間の制約と参加者の都合次第で，少なくともこの時間の3倍を必要とするようであり，その期間は，数週間あるいは数カ月に広がるであろう。これらの利点はそれだけで注目すべきことであり，時間的制約の大きい大学院生や，研究費用が最低限しかないかまったくない研究者にとってのこの方法の魅力を反映しているのであろう。

（2）参 加 者

　フォーカス・グループのもう一つの利点は，より多彩な人々を含むことができる可能性である。研究者と1対1では口を慎む参加者も，「抑制はグループの状況ではしばしば緩められる」(Krueger, 1994, p. 34) ので，仲間といっしょでなら喜んで参加する人が多いかもしれない。似た状況にいる人々の意見やメモと比べる機会をただただ歓迎するという人々もいるかもしれない。これまでの参加者から私が最もよく耳にした意見は，グループの他の参加者からいかに多くを学んだか／楽しんだかということであった。個別インタビューの方が回数が多くて時間が多くかかってしまうかもしれないと思っている人，あるいは，自宅での個別インタビューには気が進まない参加者の場合にも，フォーカス・グループに出席することが魅力的な選択肢になるかもしれない。

　参加者の中には，自分の反応は，グループの文脈の中での方が匿名性が高くなるだろうと思っている人もいるので，個別インタビューよりもむしろフォーカス・グループに出席することを好む人もいるかもしれない。同様に，個別のインタビューで主張や議論をするには内気すぎる人は，グループの中で気持ちや経験を表現したいのかもしれない。

（3）グラウンデッド・セオリーの創発的出現

　フォーカス・グループによるデータ収集の，GT調査研究者にとっての主要な利点は，コア・カテゴリーがより速やかに，フォーカス・グループ・インタビューを行なっている間に創発的に出現する可能性である。時には，熟練したファシリテーターとGT調査研究者が行なう2時間ないし3時間のフォーカス・グループは，主な諸カテゴリーとその諸特性，あるいは場合によってはコア・カテゴリーそのものの創発的出現を喚起するのに十分である。この利点の可能性は，心疾患をもった7人の女性についての調査研究において発見された。コア・カテゴリーが，10の主なカテゴリーとそれらの諸特性を伴って，ただ1回の3時間のフォーカス・グループ・インタビューの後で創発的に出現したのである。コア・カテゴリーの創発的出現のこの迅速性の理由は，不明であるが，ここで少しばかり仮定的に提示するならば，次の3点を挙げることができる。つまり，①GTで個別のインタビューが活用される場合には，10人の参加

者をインタビューするよりもずっと前の時点でコア・カテゴリーが創発的に出現するということがしばしばある。したがって，6-10人のフォーカス・グループ・セッションの間に互いの経験を絶えず比較しあっている参加者たちの発言に調査研究者たちが耳を傾けている場合には，主な諸カテゴリーとコア・カテゴリーの創発的出現が迅速に起こりうるということである。②フォーカス・グループの中での，重要な情報を保存するためのフリップ・チャートと参加者の覚え書きの活用は，理論的サンプリングを促進することができること。③前述のような環境に起因して生じる前意識的な加工処理の存在，である。

8　結　　論

　フォーカス・グループは，データ収集法としての様々な強みのゆえに，また，この技法が用いられる可能性がある研究環境の多様性のゆえに，事実上ほとんどの学問領域で次第に普及してきている。本章において私は，心疾患とともに生活している女性の調査研究において得られた"相互的制約"の理論という特定領域 GT の展開にとってのフォーカス・グループ・インタビューの有用性を論証した。フォーカス・グループ・インタビューの，GT との適合性が，①得ることのできるデータのタイプ，②GT の絶えざる比較法によるデータ分析に従う能力，③一つの特定領域理論である GT という成果物の創発的出現，これらをもって，関連性にかなっていることが示された。GT 理論家は，フォーカス・グループ法が，GT の諸規準を侵害しているのではないかと恐れる必要はない。なぜなら，フォーカス・グループ法は，単に，データを得るためのもう一つの方法にすぎないからであり，さらに，GT の格言は，「すべてがデータである」(Glaser, 1998) なのだから。GT 調査研究者が，フォーカス・グループ・インタビューのありうる落とし穴を避けて利点を活用することができるように，フォーカス・グループ・インタビュー法のありうる限界と利点が記述された。GT を産出するためにフォーカス・グループ・インタビューを活用することは，次のような3つの条件が整っている場合には，非常に効果的なものになりうる。その条件とは，第1に，調査研究チームのメンバーが，インタビューの諸状況を注意深く計画して組織化していること，第2に，フォーカ

ス・グループ・ファシリテーターがファシリテーションの技能を十分発達させていて，形式ばらない心地よい環境を常に創り出しているので，そこでは参加者全員が自由に話し相互作用しそして聞いてもらえること，そして第3に，GT方法論が注意深く順守されていること，これら3つである。

参考文献

Albrecht, T. L., Johnson, G. M. & Walthier, J. B. (1993). Understanding communication processes in focus groups. In D. L. Morgan (Ed.), *Successful focus groups: Advancing the state of the art* (pp. 51-64). Newbury Park, CA: Sage.

Côté-Arsenault, D. & Morrison-Beedy, D. (2005). Maintaining your focus in focus groups: Avoiding common mistakes. *Research in Nursing & Health*, 28, pp. 172-179.

Glaser, B. G. (1965). The constant comparative method of qualitative analysis. *Social Problems*, 12, pp. 436-445.

Glaser, B. G. (1978). *Theoretical sensitivity*. Mill Valley, CA: Sociology Press.

Glaser, B. G. (1992). *Basics of Grounded Theory Analysis: Emerging vs. forcing*. Mill Valley, CA: Sociology Press.

Glaser, B. G. (1998). *Doing Grounded Theory: Issues and discussions*. Mill Valley, CA: Sociology Press.

Glaser, B. G. (2001). *The Grounded Theory perspective: Conceptualization contrasted with description*. Mill Valley, CA: Sociology Press.

Glaser, B. G. (2003). *The Grounded Theory perspective II: Description's remodeling of grounded theory methodology*. Mill Valley, CA: Sociology Press.

Glaser, B. G. (2005). *The Grounded Theory perspective III: Theoretical coding*. Mill Valley, CA: Sociology Press.

Glaser, B. G. & Strauss, A. L. (1967). *The discovery of Grounded Theory: Strategies for qualitative research*. New York, NY: Aldine.

Halcomb, E. J., Gholizadeh, L., DiGiacomo, M., Phillips, J. & Davidson, P. M. (2007). Literature review. Considerations in undertaking focus group research with culturally and linguistically diverse groups. *Journal of Clinical Nursing*, 16, pp. 1000-1011.

Hernandez, C. A. (2010). Getting grounded: Using Glaserian grounded theory to conduct nursing research. *Canadian Journal of Nursing Research*, 42, pp. 150-163.

Hernandez, C. A., Williamson, K. & Kane, D. (2003, May). *Women's experience of symptomatic heart disease.* Poster session presented at the 4th Advances in Qualitative Methods conference, Banff, AB.

Hernandez, C. A., Williamson, K. & Kane, D. (2004, May). *Women's experience of symptomatic heart disease.* Paper presented at the annual conference and meeting of the Midwest Nursing Society, St. Louis, MO.

Krueger, R. A. (1994). *Focus groups: A practical guide for applied research* (2nd ed.). Thousand Oaks, CA: Sage.

Krueger, R. A. (2006). Analyzing focus group interviews. *Journal of Wound, Ostomy & Continence Nursing,* 33, pp. 478-481.

Macaden, L. & Clarke, C. L. (2006). Risk perception among older South Asian people in the UK with Type 2 diabetes. *International Journal of Older People Nursing,* 1, pp. 177-181.

Merton, R. K., Fiske, M. & Kendall, P. L. (1990). *The Focused Interview: A manual of problems and procedures* (2nd ed.). New York, NY: Free Press.

Merton, R. K., Kendall, P. & Fiske, P. (1956). *The Focused Interview.* Glencoe, IL: Free Press.

Morgan, D. L. & Krueger, R. A. (1993). When to use focus groups and how. In D. L. Morgan (Ed.), *Successful focus groups: Advancing the state of the art* (pp. 3-19). Newbury Park, CA: Sage.

Webb, C. & Kevern, J. (2001). Focus groups as a research method: A critique of some aspects of their use in nursing research. *Journal of Advanced Nursing,* 33, pp. 798-805.

第8章　グラウンデッド・セオリーを用いた調査研究における質的調査研究ソフトウェアの利用と有効性

マイケル・トーマス

　科学技術には興味深い特性がある。それは，私たちがどうやら，その誘惑的アイロニーにとらわれて科学技術を好んだり嫌ったりしているようだということである。科学技術は力を与えるが，その一方で脅威ももたらす。人の興味をかきたてて鼓舞するが，その一方で人をおどして恐れさせもする。科学技術は，現存する権力構造を再編成し，いま確立している規範や文化やこの世界で存在する様式を消滅させる。科学技術には常に将来は有望という保証がついているが，それらの保証は大抵が救世主待望的・福音主義的で熱烈なものである（Nye, 2006 ; Feenberg, 2002）。科学技術を熱狂的に支持する人たちは，普通，近代主義の中心的支柱に備わっている恩恵に言及する。つまり，効率性，予測可能性，質よりも量の強調，そしてこれらを追求するためになされる人間を介さないコントロールへの委託がそれである（Ritzer, 1993）。科学技術は，私たちの生活をより良いものにすることを約束し，それは進歩そのものの主要な推進契機であるとさえ考えられるようになってきており，そこで想像される未来は常に現在よりも良いとされるのである。

　科学技術を適用する際の問題の根幹は，その科学技術の，微妙なニュアンスを持った調整である。つまり，適用するにあたって，ツールには微妙な差異がつけられなければならず，そうすることによって，ツールは周囲の事情（コンテクスト）に適合したものでなければならないのである。本章における科学技術の適合性のある活用とは，コンピュータ・ソフトウェア（以下，ソフトウェア），およびその他の科学技術ツールを，クラシック・グラウンデット・セオリー（以下，クラシックGT）を用いた調査研究に役立てるために活用することである。一見したところでは，クラシックGTを追求する（Glaser & Strauss,

1967 ; Glaser, 1978 ; 1998 ; 2009) のに，高度科学技術ツールを活用するのは，何か矛盾しているように思えるかもしれない。私が強く主張したいことは，科学技術が思慮深く，かつ内省的に活用されるなら，科学技術は，データによって方向づけされ帰納的に展開される理論のための方法論上のツールとして，クラシック GT の活用を，強力に支援することができるということである。

1 科学技術

　GT と，高度科学技術環境に対する GT の適合性をめぐる諸論点の検討に進む前に，「高度科学技術 (technology-rich)」という用語を私がどのような意味で用いているかを説明しておかなければならない。「テクノロジー (technology)」という用語は，ギリシア語の「technos」を語源とし，「技術」もしくは「何かを行なう技術あるいは仕方」という意味である。デュセック (Dusek, 2006) は，科学技術のいろいろな定義を組み合わせて，「科学的知識もしくはその他の知識を，秩序立ったシステムによって，実際の課題に適用することであり，このシステムには，人々とその諸組織，生産的技能，生き物，機械が含まれる (p. 35)」としている。科学技術という用語は，しかし，現代では，最近発明されてそれらが何かを生み出す過程が複雑なツール，しかもそれを使って役に立たせることが時に期待どおりにはいかず，暫定的なままのツール，そうしたツールを使って何かを行なう仕方のことを意味するようになってきている。この意味では，電気冷蔵庫は科学技術ではなくて，家庭用電気器具であると定義される。電気冷蔵庫は，科学技術から生まれているのだが，信頼性と有用性がとても高いので，透過性（トランスペアレント）（訳者注：コンピュータ用語。プロセスやソフトウェアの具体的な動きをユーザーが意識しないで操作できること。ここでは，電気冷蔵庫の機械としての動きなどを意識しないで利用できること）を備えたものとなり，（ここでいう科学技術の世界から）私たちの生活という背景へと消え去っていっているのである。他方，コンピュータは最新かつ複雑なもので確かに生活を変えつつあるものだが，私たちの生活においては，上の意味での透過性について一定の欠如が見られる。つまり，コンピュータは我々の生活に完全には統合されていないし，人々にとってどこか謎めいたところが残されたま

まなのである。ここで大切な注意点は，科学技術は作業や仕事のために使われない限り，換言すれば，問題を解くために使われない限り，ツールではないということである。科学技術はそれ自体，作業や仕事上の諸問題を解くための解決策でなければならないのであって，諸問題を探し求めて追い求められる解決策と考えられるべきではないのである。

2　理　　論

　理論（セオリー，theory）という用語は，ギリシア語の「theoria」からきており，（提案すること，あるいは提案された案，つまり）命題という意味である。より科学的な言い方をすれば，理論とは，集合的レベルでの予測力と説明力をもつ仮説の統合体のことである。理論は，（自らが）抽象化され得ることを狙いとしていて，これは，理論の提供する命題は一般化が可能なはずであるという意味である。理論の最高の形は，普遍的なものである。そのような理論は，常に「役に立つ（work）」のである。「理論」という用語は別の意味でも使われている。重力理論，進化論のような科学における意味である。また，（情報や証拠がほとんどないところで行なう）当て推量という意味でも（誤って）使われている。また，イデオロギー的意味でも使われている。理論は〔対象とする〕データ群の中のある要素を前景化させて際立たせ，それ以外の要素を目立たないように後景へと追いやるためのレンズであるかもしれない。批判理論の展開では，データの中から，他の事柄ではなく，ある事柄を際立たせることを可能にする，魔術的な力を用いる筋として，理論を活用する。ある理論への固執は特定の大義・主張に対する忠誠の象徴になる可能性がある。理論は，知のための用語である。私たちは，何らかの仕方で，知に到達するかもしれない。私たちは，真理に一致している命題を論理的に産出するかもしれないし，経験を通して産出するかもしれない。論理的命題は，その他の確立された命題，もしくはみんなの同意で決められた命題から演繹される。経験的命題は，私たちの環境の中にある諸パターンを認識する方法によって帰納される。「プロセスは，展開をとげていく時間的諸連鎖から成り立っており，これらの諸連鎖は，明確な始まりと終わりとを示す識別可能な標識（マーカー）と，その中間での基準点（ベンチ

マーク）を持っているかもしれない」(Charmaz, 2006, p. 10)。パターンとは，過去の出来事に共通する特徴をもって繰り返し起こっていると認識された出来事のことである。GT における，また一般的に質的調査研究における調査研究の目標は，仮説を検証することではなく，仮説を産出すること，しかも，論理演繹的にではなく，帰納的に産出することである。データの潜在的プロセスやパターンは，突き止められ名前をつけられるべきであって，これは，そうすることによって，問いの畳みかけと帰納的理論への統合が可能になるようにするために，である。どのような先入観も，可能な範囲で除外されるべきである。もちろん，これは最も厳密な意味では実際には不可能なことであるが，私たちは初期局面では可能な限りオープンでいようと努力する。あらかじめ何もかも説明可能なふりをする「偉大なる白人の父親」〔的〕理論は，持ち込まれるべきではないのである (Glaser, 1998, p. 71)。

3 アフォーダンスと適合性

　あるツールが使用可能かどうか，もしくは使用すべきかどうか，そして，どのように使えるか，あるいはどのように使うべきかを決める際に，私たちは，そのツールのアフォーダンス（訳者注：提供するもの。用意したり備えたりするもの）と適合性を探索して，私たちがなぜそのツールを使うことを望むのかと問いたださなければならない。そのツールは問題を探索するための解決策なのか？　そのツールを適用すると，誰が勝者で誰が敗者になるのか？　コンピュータもソフトウェアも，〔さらに言えば〕すべてのツールは，アフォーダンスを持っている。アフォーダンスは特徴であり，特徴には含意もしくは帰結が伴うのである。GT 自体が，含意もしくは帰結を有する一定のアフォーダンスを持つ方法論なのである。あることはこの方法論を活用して実施できるが，あることは実施できないのである。高度科学技術ツールのアフォーダンスについて考えをめぐらすときには，私たちは，技術好きの人とラダイト（技術革新反対者）についてよく考えなければならない。ちょうどだまされやすい人（カモ）とセールスマンについてよく考えてみるように，である。技術好きの人は科学技術のユートピア（理想郷）的理想主義に耽る。科学技術は良いものであり，

科学技術を適用することができない問題などないのだ，と。もう一方の極には，ラダイトがいて，この人は，科学技術をひどく嫌い，あたかもディストピア（地獄郷）的最終的破局が近いと大騒ぎする。GT を相手にする科学技術の活用について十分情報に基づいた決定（インフォームド・ディシジョン）を行なうためには，私たちはどうしても，適合性の見地から考えなければならないし，アフォーダンスに関して考えなければならないのである。私たちはラダイトであってはならないし，抑制のない技術好きに屈してもならないのである。私は質的調査研究のソフトウェアの活用に当たって，ユートピア的理想主義の感覚もディストピア的感覚も助長したいとは思わない。私たちは，率直に「このツールは適切な活用を提供しているだろうか」と問うべきなのである。私たちが心に留めなければならない警告は，ツールの特徴がその活用を方向づける要因になっているということである。新品の（杭打ち・砕石用の両手で使う）大ハンマーを買う人は，それを使って打ち砕くものを探すだろう。ツールおよびツールの特徴と，ツールの使用者との間には相互的関係がある。そのために，私たちが，特定の目的にとってのそのツールの適合性を評価するときには，そのツールのアフォーダンスが問いただされなければならないのである。そこで私たちとしては，何が GT に適しているのかという問いに向かい，次には（そこで得た）諸原則を私たちが探究するソフトウェア・ツールのアフォーダンスと提携させていかなければならない。

4　グラウンデッド・セオリーの方法

　簡潔にするために，GT の諸方法を，サンプリング（sampling）の手順，コード化（coding）の手順，メモ作り（memoing）の手順，絶えざる比較（constant comparison），執筆（writing）にまとめることにしよう。サンプリング（sampling）とはデータ収集のための手段の選択のことである。この選択は，GT を用いる研究では通常，インタビューをする研究参加者を選ぶこと，もしくは調査研究者自身が没頭することになるだろうコンテクストを選ぶことである。統計的方法を用いる調査研究においては，サンプリングにあたっての無作為性の前提は不可欠のものである。なぜなら，統計的な主張は，より大きな母

集団をサンプルが代表できていることに関連してなされるものだからである。（サンプルの代表性が確実であれば）そのサンプルについてなされた主張は，合理的にその母集団に外挿することができるかもしれない。質的調査研究においては，サンプルを通しての代表性の主張は，その調査研究の「消費者」に転移される（訳者注：つまり，研究結果を自分の問題・関心事に適用する人が，その研究結果が代表性を主張できるかどうかを決める）のである。GT は，研究結果として産出された理論的主張を一般化する可能性をまさに主張する質的調査研究の流派であるけれども，その主張は統計的なものではない。

　コード化（coding）は，調査研究者がデータのまとまりに，非常に切り詰めた形でではあるが意味のある名前をつけていく手順のことである。データがこのようなやり方で分析の俎上にのせられると，出来事（インシデント）が繰り返し起こっていることに（調査研究者は）気がつくかもしれない。そうすれば，データの中の潜在的パターンが創発的に出現するのである。一旦そのパターンに名前が付けられると，それらは比較され対比され，さらに問いを畳みかけられることになるかもしれない。オープンコード化とは，このような名前を，あらかじめ想定されたコード群など何もない状態で，データにつけていくことである。コード化をしているときには，調査研究者は「この出来事はどんなパターンを指し示しているのだろうか？」，「これは何の例なのだろうか？」，あるいは「ああそうか！　……がまた出てきているが，これは……」と自問するのである（Glaser, 1978）。ひとたびパターンが創発的に出現してくると，調査研究者は，さらに問いを畳みかけるべき諸概念（コンセプツ）を突きとめることができる。これが，理論的サンプリングを進めることを可能にしてくれるのである。つまりデータを収集するためにフィールドに戻ることを，しかも，今度は（その研究において）既に分析されたデータが産み出したものに導かれてフィールドに戻ることを可能にしてくれるのである。これによってまた選択的コード化も可能になる。選択的コード化というのは，データの中にあるそのカテゴリーの追加の出来事を見つけ出すために，その研究ですでに創発的に出現していた一つのパターンの名前を活用するという意味である。これはそのコードの有用性を試す（テストする）のである。このことをグレーザーは「コード化が完了した」のかどうかを見るために，「そのコードのためにコード化をする」ことであると示唆している。（訳者注：観察さ

れる出来事がすべていずれかのコードに含まれるようになって，追加されるコードがなくなればコード化は完了したと考える。）諸コードが互いに折り込まれ縮約され，その結果，カテゴリーが包摂する範囲は次第に拡大し，関連するデータは次第に多くなる。この，コードどうしを絶えず比較し，しかもデータにも戻るプロセスは，絶えざる比較（Glaser & Strauss, 1967）と呼ばれる。これは，創発的に出現する概念をふるいにかけ，えり分けをして絶えず精緻にしていくプロセスである。こうして最終的に，最も重要な一つの概念が創発的に出現する。それが核になるカテゴリー(コア・カテゴリー)もしくは核になる変数(コア・ヴァリアブル)となる。

　理論的コードは，概念について精査し，またコード間の関係性を引き出すことを手助けするために活用することができるかもしれない。多数の理論的コードもしくはコード化集合(ファミリー)が存在する。最も俎上に載せられているものは，6Cs（causes〔原因〕, conditions〔条件〕, contexts〔コンテクスト〕, contingencies〔偶発事件〕, consequences〔帰結〕, covariances〔共分散〕）（Glaser, 1978, p. 74）である。私は，stages〔段階〕, typologies〔類型〕, limits〔限度〕, 循環〔cycles〕が，6Csと同様に特に有用であることに気がついた。

　GTにおける非常に重要な手順であるにもかかわらず，どういうわけか多くの論文から漏れているのが，メモ作り（memoing）である。メモ作りとは，コード化がどのように進行しているか，どんな概念が創発的に出現しつつあるのかもしれないという点について書き留めることである。それは基本的には調査研究者が思考をめぐらすところである。これは書き留めるという方法で行なわれる。メモはインフォーマルな形で書き留められるべきであり，このメモは並べ替え可能なものであるべきである。後になって理論の執筆ということが行なわれる際に，メモは並べ替えられて諸カテゴリーの中に取り入れられて書き上げられるのである。グレーザーは，人は本を書くのではなく，むしろ理論についての本を'書き上げる'のだと述べている。

　まとめると，GTの仕事を手伝うツールは，帰納の助けにならなければならない。そのツールは記述を越えて概念化を支援しなければならないのであり，オープンコード化や選択的コード化，さらには理論的コード化の助けにならなければならない。利用者が概念間の関係性でもって実験をすることができなければならず，異なるタイプのコード化を支援して，絶えざる比較を支援できる

ように，コードとメモとデータの間を繋げることができなくてはならない。異なる種類のコードの並べ替えと，それからメモの執筆とメモの並べ替えとを支援しなければならない。また，執筆と，概念や仮説やモデルの視覚化の創造も支援すべきである。GT の仕事を手伝うツールは，（ただ単にテクスト・データだけではなく）その他の異なるタイプのデータが利用できれば有用であろうし，そのツールを用いて数学的な相関をテストできると有用であろう。そのツールは，利用者が創発的に出現しつつある理論を，文献上で関係のある既存の理論と結びつけられるはずである。それは多様な利用者を支援するはずだし，信頼性があり安定していて作業が途切れたりしないように継ぎ目なく作動しなければならない。最高のツールは科学技術というよりもむしろ家庭用電気器具なのであり，つまりは，活用が容易でツールと悪戦苦闘する必要がないので，利用者が自分の課題に集中できるようなものであるべきなのである。

5　利点と問題点

　質的調査研究ソフトウェア・ツールのアフォーダンスは，GT 調査研究者にとって多くの利点を提供してくれる。それらの利点を，考慮すべき問題点とともにここで探索する。繰り返しになるが，ここでの基本的な前提は，ツールはそのツール自身のアフォーダンスを持っており，そのアフォーダンスが利用者に影響を与え，それ故に分析そのものにも影響を与えるということである。

6　数　量　化

　質的調査研究ソフトウェア（Qualitative Research Software, 以下，QRS）はテクスト・データの数量化を容易にするものである。ある種の方法でどれくらいのテクストがコード化されてきたのかという点について述べることは容易だし，いかに多くのコードが活用されたか，そしてどれぐらいの頻度でコードが活用されたかという点について主張することも容易である。しかし，ここでの問題点は，調査研究者にとっては数量化が抗しがたいほどに魅力的なものかもしれないということであり，GT 調査研究者たる者は，この数量化がなぜ行なわれ

ているのか，そして，この数量化は創発的に出現しつつある理論にどう概念的に関係するのかを理解すべきなのである。数量化したものとして報告することができるというだけで数量化が行なわれているのだろうか？　より科学的に聞こえる試みがここにはあるのだろうか？　理論へと統合される共分散が，あるいはさらに問いを畳みかけていくことができるかもしれない共分散が発見されているのだろうか？　質的調査研究者が，既存の理論的枠組みを，コード化図式(スキーム)を伴っている調査研究に持ち込んでくるということはよくあることである。こうした問いは，空の容器なのであって，この空の容器はその後データで満たされるのである。上に挙げたような問いの投げかけが含意しているのは，あるカテゴリーは他のカテゴリーよりも多くのデータで満たされるであろうということであり，データの中には，そのデータが容易にカテゴリーには入り込んでいけないという点で，いわゆるカモノハシ問題に陥っているものがあるかもしれないのである。(訳者注：カモノハシは19世紀末のヨーロッパで，その分類学的な帰属をめぐって大論争が繰り広げられた。)そうしたものはGTではない。GTにおいては，既存の(カテゴリーという)空の容器は存在しないのである。(つまり)カテゴリーは帰納的に築き上げられなければならないのである。GT調査研究者にとって数量化は非常に有用なツールになる可能性はあるのだが，数量化それ自体が目的ではないのであって，数量化は理論に入っていく道を自ら獲得しなければならないのである。QRSを利用している調査研究者は，数量化することについてデータの要請に基づく概念的理由を持たなければならないのであって，ソフトウェアがその論理を強引に押しつけるべきではないのだ。

7　コード化されたテクストを呼び出すこと

　QRSは，データを，コードやメモや，資料として用いた元の記録といとも容易に結びつけてくれる。このことは次の2点で役に立つ。ひとつは，その結果，調査研究者が何らかの方法でコード化をした元のテクストすべてに戻って見ることを素早く何の苦労もなくできることであり，もう一つは，これによって，データからの引用を非常に簡単にしてくれることである。研究参加者〔の発言〕を引用することは，質的調査研究報告では一般に行なわれていることで

ある。こうした引用は，調査研究報告が信頼できるという感覚を生み出し，そこで用いられているカテゴリーが公明正大で適切なものであったと，読者が納得しやすいようにしてくれる。それはまたデータに生彩も添えてくれるのである。コンピュータ・プログラムは，テクストの特定のくだりや画像や，録音もしくは録画のある瞬間などが，媒体のどの位置に記録されているかを調査研究者が捜し出すのを助けてくれる。特定の画像やくだりにコードがつけられてリンクされるかもしれない。〔そうした場合には〕そのコードは後日，全体をカバーする分析の一部として引き出されてくるかもしれない。コンピュータ・プログラムは，メモがソート（並べ替え）可能であることを見込んでおり，メモをコードや他のメモ，さらにはデータの中のある瞬間などとリンクさせてくれるので，こうした結びつきは簡単に見て取ることが可能である。コンピュータ・プログラムは監査証跡――つまりデータシステムの利用状況を原記録から出力まで追跡できる記録――を創り出し，この監査証跡は厳密さと妥当性についての主張の助けになる。

　このようにしてリンクすることに伴う問題の一つは，そのリンクが固定的なものへと化石化するかもしれないということである。つまり，そのリンクは暫定的に創られたものであったかもしれないのに，それが本物のリンクと感じられはじめるかもしれないのである。データベースに対する信頼は容易に見当違いなものになってしまうかもしれないのだ。GT 調査研究者は柔軟であり続けなければならない。ソフトウェアを用いて（コンピュータ）画面に表示されるリンクは，紙に書かれたものよりも，もっとリアルで，もっとはっきりしていて，事実にもっと基づいているようにさえ思われるかもしれないのだから。（したがって，GT 調査研究者は，画面上の）リンクを，メモとしてしっかり書き留めて，そのリンクがデジタル的に生み出される固定的化石化を緩和しなければならない。

　GT はまた，GT 研究とは一つの概念あるいは概念の小集合を相手にした研究であることを強調する。GT は概念的なものに焦点を当てる研究であるべきなのであって，他の流儀の研究――例えばエスノグラフィー――のように，記述に焦点を当てることはないのである。こうして GT の論文は，データからの非常に多くの引用は避ける傾向があり，その代わりに，〔GT が〕提案してい

る，帰納的に展開される理論の内的作用の方に焦点を当てるのである。

8 厳密さの感覚

QRS は調査研究に厳密さの感覚を浸透させる。〔その結果〕QRS が用いられたと記載するだけで，調査研究の評価者が，その調査研究の企画は厳密で体系的な性質をもっていると納得するのに十分であるといったことになるかもしれない。こう言うと，私がこの問題を社会的な擬制として扱っているように聞こえるが，必ずしもそうではないのである。すべての研究は説得力をもたなければならないのであって，説得力は妥当性の一部なのである（質的調査研究における妥当性の一種としての説得力については Lincoln & Guba, 1985 を参照のこと）。しかし，GT 調査研究者は，データに潜在しているパターンを発見し，概念を産出し最終的には帰納的理論を産出するために，それらのパターンを相手にして問いを畳みかけていくことにかかわっているのだ。絶えざる比較法自体は，（GT で創発的に出現する）理論の妥当性を実証するために活用されるのである（Glaser, 1998）。GT 調査研究者が自らに対して問わなくてはならないのは，「私は，厳密さの感覚（この感覚は，〔本当は〕フェアではない〔ものなのだ〕）でもって読者の目をくらますためにだけ，QRS を用いているにすぎないのか？」という問いである。質的調査研究の分野全体にとっての一つの問題は，もし QRS があらゆるところに偏在しかつ一様なものになっていけば，調査研究に対する不適切な期待を生み出すかもしれないということである。つまり，質的調査研究を強制的にただ 1 つのアプローチにしてしまうことは，起こらないともかぎらない重大な問題なのである。もし，誰もが同一のソフトウェアを使うようになれば，いくつかの質的調査研究の伝統が不当にも周縁に追いやられてしまう可能性がでてくるのである。

9 科学主義を浸透させること

QRS は調査研究に厳密さの感覚を浸透させるために使われるかもしれないが，それだけではなく，科学的であるという感覚を浸透させるためにも使われ

るかもしれない。その点では，こうした客観主義の観点から見ると，研究でQRS が利用されたという理由だけで，その調査研究はましな研究であると見なされるかもしれない。これは危険なことである。質的調査研究のコミュニティに属する多くの研究者たちが，そもそも科学的調査研究について恐れていたまさにその事態が，ソフトウェアによって復活されるのである。近代主義が強調すること——つまり，効率性，客観性，質より量の強調，予測可能性，人間を介さないコントロールへの委託——に対する批判は，それらが人間らしさを失わせるということなのである。科学はあたかも非難の余地がなく，バイアスといった人間的諸問題から自由に行なわれているが，そうした科学を疑うところから，ポストモダンの調査研究は始まっているのであり，多くの研究者が科学においてこの点を問い質してきたのである。質的調査研究者たちはそうした事態から逃れてきた（はずだったのに）まさにそうした事態が，ソフトウェアとともに復活されるのである。GT 調査研究者は「この QRS を用いることで私は何を失いつつあるのか？」，あるいは「私は，適切ではない方法を使って，より科学的であろうとしているのではないか？」と自らに問わなければならない。

10　メモとコードとデータを結びつけること

すでに述べた QRS のすばらしい側面の一つは，データと様々なタイプのコードとメモ〔，これら3者〕の間の結びつきをこれらのツールが創り出すことができる能力〔を備えていること〕である。このような仕方で，QRS は調査研究者の絶えざる比較を強力に支援することができるかもしれない。このように QRS は有用ではあるが，我々は既に次のようなマイナス面についてもみてきた。つまり，QRS はこれらの結びつきを固定的なものへと化石化させてしまうかもしれないということ，コードやメモは自発性やそれらの自由な形式という性質を喪失するかもしれず，こうして調査研究者の理論的感受性を妨害してしまうかもしれない，というのが，それである。

11　ツールについて調べてみること

　私はかつて QRS NVivo に関するワークショップを開催したことがある。参加者はみな自分のデータを持ち寄り，このツールが自分の調査研究に対して何をしてくれるのかと，大いに期待していた。(けれども，)この信頼は見当違いのものである。というのは，このソフトウェアはそうした分析を行なうものではないのだから。さらにこれに続いて，その場でのすべての努力は，ワークショップ参加者のデータに対して，というよりもむしろ，このソフトウェアを使うための技術的な問題についていろいろと考えることに集中した。「リンクはどのように挿入するのですか？」「他の人が閲覧できるようにプロジェクトを保存するにはどうしたらいいのですか？」ソフトウェアのこのような機能がすべてトランスペアレント（訳注：ソフトウェアのプログラムの動きなどを意識しないで利用できる）になっていることが，GT 調査研究者にとっては重要である。QRS ツールは急峻な学習曲線を描き得るので，このこと自体が，ある種の調査研究者たちにとっては QRS が適切ではないことを示しているのかもしれない。しかし私は同時に，質的調査研究者たちに，これを理由にソフトウェア・ツールの使用を早まって諦めてしまうことはしないようにと警告したい。どんなツールでも楽々と使えるようになるためには多少の練習が必要なのだから。

12　メモ作りよりもコード化を重視すること

　QRS を利用している調査研究者たちから，私は，彼らのプロジェクトをひとめ見て，彼らがその意味を理解できるように手助けしてほしいと頼まれる機会がしばしばあった。これは不思議な要求である。彼らは日ごろ QRS を用いて多くの記録をコード化し，その過程で多くのコードを産出してきている。そうして彼らはいま，コードと，元の資料にした記録のデータベースにアスターリスク（＝星印）をつけたまま放置されたのだが，次にどうしたらいいのかわからないのである。このことは，ほとんどの場合，二重の問題をはらんでいる。

問題のひとつは、彼らが作り出しているコードが多すぎて、それらを単にまだ統合していないか、あるいは、一つの出来事をコードとしてしまい、パターンに対してではなく一つの出来事に対して名前をつけたので、多すぎるコードを抱えることになっているということである。しかしこれらはまた、メモ作りをしないままにコード化をするという、もう一つの問題である可能性がある。メモ作りをすることこそが GT における醍醐味なのである。コード化は、メモ作りをするために中断されなくてはならないのだ。私は自分自身が QRS を使うときには、なぜかコード化に夢中になってしまってコード化を中断してメモ作りをすることが少なくなってしまいがちだということに気がついた。ソフトウェアのアフォーダンスが、メモ作りよりもコード化を促すのだと私は信じている。このことは、QRS を完全に避けてしまう理由にはならないが、GT 調査研究者は、メモ作りをすることなしにコード化することに、警戒を怠ってはならないのである。

13 　自動コード化

　QRS は利用者にデータを自動的にコード化させてくれる。利用者は、特定の単語や句に対して、QRS に一つの几帳面な仕方でタグやコードを付けさせることができるのである。特定の発言や発言者、画像の一部、音盤やテープ記録の一部さえもが、自動的にコード化され得るし、それらはそのようにしてデータベースの一部となる。これらのコードは、次には、カテゴリー間の関係を書き留めるために、質問を投げかけることができる。自動コード化はこのようにとても有用でありうるのだが、しかし、危険でもある。というのも、可能であればところかまわず自動コード化したい衝動が強くなる可能性——特にデータの山に直面した時にはそうなのだが——があるからである。問題は、このような使い方では自動コード化の行為そのものが、カテゴリーの前後関係を断ち切って脱コンテクスト化してしまうということである。こうした使い方では、パターンは発見されない。つまり、そのパターンは先入観に基づいたものであり、その後そのパターンがデータに押し付けられるのである。これは帰納的で理論感受的な GT の性質とはまったく逆である。自動コード化を可能に

するための本当のルールは、理論へ進むための方法をルールが自ら獲得するべきなのであり、コンテクストという性質は決して失われるべきではないのである。

14 視覚化されたものを創造すること

ソフトウェアは計算に特に優れているので、量的データを驚くほど説得的な形で視覚化するために用いることができる。こうして作り出されたものは、非常に説得力があるので、「インフォ・ポルノ（情報ポルノ）」とさえ言われるほどである（periodic table of visualizations 視覚化の周期表〔訳者注：Ralph Lengler & Martin Eppler, www-visual-literacy.org など〕を参照されたい）。QRSでは、コードとメモとデータ、それに元となる資料、これら4者間に埋め込まれたリンクでもって質的概念地図の作成を簡単に行なうことができる。多くの調査研究者は、自分たちが「生来」視覚的人間であること、そうして視覚化されたものやそれらを自分たちが作り出すのはとても有用だとわかっていることを主張する。視覚化されたものは、データを表示するために、あるいは調査研究に関して報告するために用いられるだけではなく、データを探索するためのメモとしてそれ自体が作り出されることもあるかもしれない。視覚化されたメモは、GTにおける分析ツールとしてとても力強いものになる可能性がある。こうした視覚化されたものは実際に力をもちうるのだが、しかし、それらは〔対象を〕解明するのと同じぐらい〔対象を〕無用なものにしてしまうかもしれない。それらはまた、諸概念を（文字で）書き出すことや、そうして書き出された諸概念を、そのニュアンスを微妙に説明してくれる見事な散文でもって説明することの代用にはならない。概念地図を作成することはまた、カテゴリー間の概念的関係について行なわれるパス解析スタイルの仮説化に特権を与えることができる。このこと自体は非常に適切なことかもしれないが、共分散というアイディアと、統計学的に有意な共分散を問うことを（調査研究者に）押しつける方向に進む可能性もある。そのことは、（調査研究の目的によっては）適切かもしれないし適切ではないかもしれない。再度述べておくが、ツールがその論理を強引にGT調査研究者に押しつけてはならないのである。つまり、ツールは、批判的かつ

思慮深く用いられなければならないのであり，ツールのアフォーダンスと調査研究におけるツールの役割は承認されていなければならないのである。

15　デジタル・メディアのコード化

　多くの QRS パッケージには現在，静止画や動画，音声録音のようなデジタル・メディアのコード化能力が備わっているので，QRS は GT を用いた調査研究にとってますます使い勝手が良いものになりつつある。画像を例にとれば，ある画像セクションはある方法でコード化され，その他のセクションは別の方法でコード化されるといった具合に，異なった方法でのコード化が可能である。これはすでにインタビューの逐語録のためだけではなくなっているのである。再度述べるが，それらは多様なコードやメモ，文書，その他のデータと結びつけられることになるかもしれない。この点に関する技術的な問題は，私も痛感したことだが，こうした結びつきが新しいコンピュータに対してさえ生み出す認識上の負荷は相当なものになりうるのであり，私自身コンピュータがクラッシュするという問題に直面したことがあった。これはコンピュータの処理能力を増大することで解決することができるかもしれないが，この問題は，ここで言及に値する注意を2点ほど提起することになる。ひとつは，ソフトウェアのパッケージには最先端のコンピュータの能力を試そうとする傾向があるということである。これは，ソフトウェアのパッケージがより多くをこなそうとすると，コンピュータの処理能力をより必要とし，より新しいバージョンのソフトウェアは，さらに増大した処理能力を必要とする傾向があることを意味する。ソフトウェア・パッケージの新しいバージョンもまた，ソフトウェア設計者が十分に精査していないため，バグ（＝コンピュータ・プログラムの欠陥）を含んでいる可能性がある。更新が永続するこの循環は，ソフトウェアがいくつかの問題で永久に悩ませられる状態を生じさせやすい。ソフトウェアについて学ぶことは困難なものとなりうるのであり，新しいバージョンは驚くほど急峻な学習曲線を備えている可能性があるのだ。GT 調査研究者は「この QRS を使うことは価値よりもトラブルの方が多くないだろうか」という簡単な質問をすることなく，これに引き込まれないよう注意していなければならない。

16　多様な調査研究者たちと分析を共有すること

　これは思われているほど簡単なことではないが，実を言うと，QRSを活用する大きな利点である。今日，調査研究者たちは，異なった国々にいるかもしれないし，それでいてデータと分析にアクセスする必要があるかもしれない。これを実現することは電子的にのみ可能なのである。ここでの問題は，既存のコード化図式に決めることを特権化してしまうということである。もうひとつの問題は使用されているソフトウェアは複数の例示がなくてはならず，データが信頼性と安全性のある場所に保存されていなければならないという点である。Google Documentsのようなツールがこのような問題を簡単にしてくれており，しかも無料である。データセットと分析の人為的結果が共有可能であるというアフォーダンスの結果として生み出されてくる一つの傾向として，いくつかのオンライン・ジャーナルでは調査研究論文がデータセットへのリンクを含むようにという依頼を出し始めているということがある。これは調査研究参加者と調査研究者の双方に倫理と個人情報についての問題を提起している。研究で書かれたメモはすべて公開されるべきなのか。それから，誰がデータの所有者なのかという疑問もまた存在する。学術雑誌の場合，典型的には論文の著者というよりも学術雑誌の方が論文の著作権をもつが，これがデータセットの場合に当てはまるかどうかについてははっきりしていない。デジタル・データを生成することや複写すること，共有することは容易であるが，こうした事情から，決して明白とは言い難い含意が数多く存在するのである。

17　文献の取り扱い

　QRSは文献についてのコード化とメモ作りで助けとなりうる。こうして文献がデータとなるのである。概念的カテゴリーが創発的に浮上した後にこれがなされると，QRSは有用である。GTにおける重要な側面は，調査研究が行なわれる以前には文献検討がなされないことである。伝統的な文献検討は調査研究に先だって行なわれ，仮説を立案し調査研究でそれを検証することになる。

GTは帰納的であることを主張し，既存の理論的枠組を考慮しないことを主張するので，調査研究の初期段階での文献検討は不適切ということになる。しかしこのことは，GT調査研究者が文献をないがしろにしていると言っている訳ではない。文献検討は調査研究の前よりもむしろ調査研究の後に行なわれる。QRSは，文献に由来する諸要素へのタグづけもしくはコード化が可能なので，この統合を容易にすることができ，そしてこれらの関連づけは，後に調査研究の執筆局面において引き出すことができるのである。

18　残された問題点

　残された問題点はGTの分析のためのソフトウェアの活用である。ソフトウェアは調査研究の特定の場所を作り出すという点で悪名高い。あなたは，特定の機器を仕事用に使えるようにするためにという事情から，あなたのオフィスに突然縛りつけられてはいないだろうか。ソフトウェアへの支出もよく考えなくてはならない。多くの人が，一方でGTを実践しようとしながら，同時に他方で，データを詳しく調べる手助けをしてもらうためにコンサルタントもしくは大学院生を雇っている。GTにおいてコード化を手伝う人は理論を創造することを分かち合っているのだから，その功績は明記されるべきである。

　QRSを使用する際には，頻繁にデータのバックアップを行ない，データの保存のためにクラウド・コンピューティングの記憶装置（以下，クラウド・ストレージ）を活用されたい。オンライン上にデータを保存するために利用可能な多くのオンライン・サービスが，無料で利用できるサービスさえ存在する。クラウド・ストレージの利用はプライバシーに関する懸念材料とバランスをとるべきであり，そうしていれば絶対確実という具合にみなされるべきではないが，そうしたサービスは調査研究者が容易にオンラインに乗ってデータにアクセスできるのではないかと合理的に期待ができる場合には役に立つものである。

19　いくつかの具体的ツールの概要

　コンピュータ技術は短命性という性質をそなえているので，この章のような

第8章 グラウンデッド・セオリーを用いた調査研究における質的調査研究ソフトウェアの利用と有効性

表8-1 質的調査研究ソフトウェア（QRS）の利用に伴う利点と問題点

利　　点	問　　題　　点
数量化	数量化は抗しがたいほど魅力的なものかもしれない。
コード化されたテクストを呼び出すこと	データベースに対する信念は見当違いなものかもしれない。
厳密さの感覚を浸透させること	GTは〔単なる〕調査結果ではないし、また検証〔を意図したもの〕でもない。
科学主義（客観主義）を浸透させること	数量的分析によって人間らしさが失われてしまうと多くの調査研究者たちが苦言を呈しているのだが、まさにその人間らしさの喪失感覚が復活させられてしまう。
メモとコードとデータを結びつけること	メモは自発性やその自由な形式という性質を喪失し、結合が固定的なものへと化石化してしまうかもしれない。
リンクのある概念地図の作成	概念地図というものは〔対象を〕解明するのと同じぐらい〔対象を〕無用なものにしてしまうかもしれない。概念地図を作成することはまた、〔カテゴリー間の〕概念的関係について行なわれるパス解析スタイルの仮説化に特権を与えることになる。
多様な調査研究者たちと分析を共有すること	これは思われているほど容易なことではなく、また、既存のコード化図式を選んでこれに決めてしまうのを特権化することになる。
自動コード化	自動コード化は脱コンテクスト化してしまう。コード化は機械がある時とない時とではやり方が異なる。
多様なデジタル・メディアのコード化（もはや単なるインタビューの逐語録ではない）	これは、ソフトウェアなしで容易に行なうことができるので、ソフトウェアの使用は、価値よりもトラブルの方が多くなりはしないかどうか、という問いを提起することになる。
コード化とリンクのための文献の取り入れ	すべての文献がデジタル化されるわけではないので、QRSが役に立つようになるには別のステップが必要となる。これは、私たちが文字起こしの生成の際に見たように、容易にデータの過重な負荷へと導く可能性がある。

文書の中でソフトウェアの具体的なタイトルについて記すことは，本来的に危険なことではあるが，触れるに値するソフトウェアのタイトルがいくつかある。また，質的分析を支援することを目的に設計されたソフトウェアの新たな傾向を代表するタイトルについても触れることにする。私としては，ソフトウェアのアフォーダンスこそは，調査研究者が焦点を当てるべきものだということ，それから，ツールのアフォーダンスはツールからの出力に対する含意を持っていること，この2点をここでもまた強調しておく。私は，これらのツールに対する見解が，新技術に対して熱狂的であったり，それとは逆に科学技術恐怖症であったりすることは，有用でないこともまた強調する。GT は理論の帰納的展開に利用される方法論なのである。データに根拠を持った仮説を展開する際に調査研究者を支援してくれるものであればどんなものでも，それは調査研究者にとってはかっこうの獲物なのである。グレーザーなら「すべてがデータである」(Glaser,1998) と言うだろうが，それと同じように，すべてのツールもデータの分析とデータ・マネジメントと執筆のために使われるべきなのである。以下ではこれらのツールをレビューするわけだが，どのツールがいいかと推奨するためにこれを行なうのがここでの私の意図ではない。そうではなくて，それらのツールの概要をただ単に提供することが——つまり，いくつかのツールについて，そのツールで何をするべきかというよりむしろそのツールは何ができるかを概括することが——狙いなのである。ソフトウェアのガイドはプログラムに何ができるかに焦点を当てがちで，手軽に使えることや学習曲線，そして効率的で効果的な質的データ分析のためのパワーをそのプログラムが備えている点を強調する傾向がある。ソフトウェアのガイドは，質的データ分析の特定の流派やアプローチについて言及していないし，もちろん，GT についても言及していない。これらのツールは方法論の学習の代用品ではない。調査研究者はむしろ，質的調査研究ソフトウェアを用いることについての見識があり適切な決定ができる以前に GT をしっかりと身につけておかなければならないのである。

20　分析ツール

　以下に記すツールは特に質的調査研究を支援するために設計されたものである。これらすべてのツールはテキストのコード化，およびテキストとコードの関係性構築を支援する。NVivo はわりにポピュラーな質的調査研究ソフトウェア・パッケージのひとつであり，元々は GT を念頭に設計されたものである。オーストラリアに本部を置く QSR 社により開発され，NUD*IST を発展させたものである。NVivo を活用すれば，今では，テキストだけでなくメディアのファイルも分析でき，参考文献の書誌データを取り込むことができる。XSight もまた QSR 社によって開発され，NVivo より簡素で，期間がより短く，それほど複雑ではない調査研究向けに設計されている。ATLAS.ti は世界中で使われているもうひとつの強靭な質的調査研究ツールで，マルチメディア分析とたくさんの視覚化ツールを支援している。Dedoose は皮肉なタイトルだが，(質的分析と量的分析との両方が可能な) ミックス・メソッドのアプローチのために設計されている。このソフトウェアでは，利用者はコードに重みづけができる。重みづけは特定の方法によってどのくらいのテキストがコード化されたかというものである必要はなくて，この機能によって調査研究者はコードがどのくらい重要かという標識(タグ)を付けることができるのである。視覚化はデータと結合され，文書資料は「フェイスシート」データ，もしくは Dedoose では「ディスクリプター(=記述子)・セット」と呼ばれるタグ付けが可能となる。AnSWR もまた量的アプローチと質的アプローチの統合のために設計されており，テキストのコード化と図のコード化を可能にしている。ALCESTE (Analyse Lexicale par Contexte d'un Ensemble de Segment de Texte：コンテクストの観点からのテキスト部分集合の語彙解析) はテキスト分析を統計学モデルと結合したものである。EZ-TEXT は複数の利用者がコードブックを取り込むことを可能にするので，異なったコーダーが同時にソフトウェアを利用することができる。Qualrus はコーダー間の取り決め機能を有しており，これをコンピュータ・プログラムの最高レベルの機能性の内に組み込んでいる。Hyper Research や The Ethnograph や MAXqda は使ってみるに値する他の分析ツー

ルである。

(1) マッピング・ツール (地図作成ツール)

分析ツールに加えて，利用者が概念地図と同様なやり方でカテゴリー間の関係性を探求もしくは論証できるように設計されたソフトウェア・パッケージも存在する。Free Mind はコンピュータ・プログラム言語 JAVA で記述された概念地図作成のためのソフトウェアである。このソフトウェアは簡素であるが，動作が安定しており，無料で提供されている。UCINET は NetMap で作動する，もうひとつの概念地図作成ソフトウェアである。このソフトウェアにより利用者はノード間の関連性の視覚化を生成することができる。ArcGIS は地理データの相互作用のために利用される。SoNIA (Social Network Image Animator) は JAVA を基にしたコンピュータ・プログラムで，ネットワークのノード間の関係性を示すことのできるアニメーション，もしくはビデオ映像を生成することができるものである。このソフトウェアは経年変化する関係性を表示するためにとても強力にできている。このソフトウェアは GT 調査研究者が時間感覚的にどのようにデータが適合しているかという点に関するアイディアを発展させる際に利用することができる。視覚化ツールおよびモデリング・ツールは，あらゆる場所で活躍する調査研究者たちにとって，より強力でより利用しやすくなってきつつある。

(2) メディア・ユーティリティ

GT 調査研究者がメディアとつきあう際に使い勝手がよいと考えるかもしれないツールがいくつかある。iMovie もしくは MovieMaker はビデオ映像の簡単な編集の際に役に立つものである。Audacity はオーディオ・ファイルの編集もしくは複製に当たって，さらにまたオーディオ・ファイルの保存形式を変更する際に有用であり，Virtual Dub はビデオ映像の編集とテロップ追加の際に役に立つ。Transana はウィスコンシン大学で作成されたソフトウェアでテキストとビデオ映像を結びつける。それは，利用者に文字起こしと，文字起こしをしたものとメディアとを同期させることを可能にしている。Transcriber と Praat はオーディオ・ファイルの特定の瞬間と文字起こしされたテクスト

とを調整するために設計されたソフトウェアである。Praat は音韻関係の言語分析ツールを含んでいる。このような言語パターンや発声パターンを視覚化するツールはその他にも多数存在する。

(3) 文献目録ソフトウェア

これは GT に基づいた分析に含まれるわけではないが，図書目録作成ツールはいたるところに見られるようになっている。例えば，EndNote や Pro-Cite，RefWorks である。これらのプログラムにより利用者は文献のデータベースを構築することができる。利用者は雑誌論文を投稿する際，自動的に文献リストを生成でき，様々な引用形式を決定し，それに合わせて文献リストを出力することができる。この方式のすばらしいところは，これを図書館が共有することができるということである。オンライン図書館もまた，利用者がオンライン上で発見した文献をダウンロードすることを可能にしている。Zotero は Web ブラウザのプラグイン (=プラグ接続式の) 製品であり，Web ブラウザから直接入力する形でのデータベースの構築を可能にしている。

(4) 執筆ツール

現在，利用者の執筆作業を支援するソフトウェアがいくつかある。これは利用者が生成されたテクストを小さなまとまりにしてそれらを組み込まれた結合によって繋ぎ合わせることで成し遂げられる。これによって，メモの並べ替え可能なコレクションは繋ぎ合わされ，配置，再配置されるだろう。この支援にはひな形が利用可能である。これらのツールは，メモの並べ替えという GT の実践と非常にうまく関連づけられるものである。例えば Scrivner は利用者に，掲示板であるスクリーンと，掲示板の上に配置された形での表題付けが可能な索引カードとを提供する。このソフトウェアにはまた，執筆者に言葉上のゴールを与えるという良い特長がある。例えば，私が毎日1,000語を執筆する必要がある場合，入力しながら目標達成にどのくらい近づいているか，その進展度合を示すアイコンがディスプレイされるだろう。Scrivner は元々 MAC ユーザーのみを相手にしたソフトウェアであったが，現在では Windows の利用者にも提供されている。

もうひとつのツールは WritersCafé と呼ばれている。このプログラムもまたメモの並べ替えができ，より長い原稿執筆の展開を支援するが，三幕ものや殺人ミステリーなどの多くのジャンルを提供するという特長がある。このプログラムはまた，スクリーン上での単語の並べ替えを可能にするが，この機能は，創造を促す強力な誘導因子である。これらはまたリンクによって結びつけることができる。このツールの力を強調することは困難である。これらは「想像力の遊戯場」と呼ばれている。WritersCafé と同じように，Story Space は，創造的なテクスト執筆を展開させるために設計されており，利用者が型にはまらない形での執筆と「戯れる」ことができる環境なのである。

21　おわりに

グレーサー (Glaser, 1998) は，部分的にではあるが，GT が「使える」ことを強調することによって，GT の方法論の活用を推奨している。この基準は GT の分析の役に立つ形での高度科学技術ツールの活用にも当てはめることができるかもしれない。これは「使える」だろうか，あるいは逆に邪魔になるだろうか，ということである。ここでまた，QRS の活用に関する決断をする際に GT 調査研究者が用いることができる発見促進的な質問群を提供する。そのツールはわざわざ骨を折るだけの価値があるだろうか。そのツールは分析を強化することになるだろうか。実際のところ，私はなぜそれを使っているのか。内省的で繊細で，そしてオープンであり続けることによって，クラシック GT 調査研究者は質的調査研究のソフトウェアの適切な活用について，熟慮された決断，情報に基づいた決断をすることができるかもしれないのである。

参考文献

Charmaz, K. (2006). *Constructing grounded theory : A practical guide through qualitative analysis.* London : Sage.（= 2008，抱井尚子・末田清子監訳，『グラウンデッド・セオリーの構築――社会構成主義からの挑戦』ナカニシヤ出版）

Dusek, V. (2006). *Philosophy of technology : An introduction.* Maiden, MA : Blackwell Publishing.

Feenberg, A. (2002). *Transforming technology : A critical theory revisited.* Oxford : Oxford University Press.

Glaser, B. (1978). *Theoretical sensitivity : Advances in the methodology of grounded theory.* Mill Valley, CA : Sociology Press.

Glaser, B. (1998). *Doing grounded theory : Issues and discussions.* Mill Valley, CA : Sociology Press.

Glaser, B. (2009). *Jargonizing : The use of the grounded theory vocabulary.* Mill Valley, CA : Sociology Press.

Glaser, B. & Strauss, A. (1967). *The discovery of grounded theory : Strategies for qualitative research.* Chicago : Aldine. (=1996, 後藤隆・大出春江・水野節夫訳『データ対話型理論の発見――調査からいかに理論を生みだすか』新曜社)

Lincoln, Y. S. & Guba, E. G. (1985). *Naturalistic inquiry.* Beverly Hills, CA : Sage.

Nye, D. E. (2006). *Technology matters : Questions to live with.* Cambridge, MA. : The MIT Press.

Ritzer, G. (1993). *The McDonaldization of Society.* Thousand Oaks, CA : Pine Forge. (=2001, 正岡寛司監訳『マクドナルド化の世界――そのテーマは何か？』早稲田大学出版部)

第9章	西欧社会における死にゆくことの脱タブー化 ——死にゆく状況におけるアウェアネスからコントロールへ

ハンス・スレシウス

　本章において，私は"死にゆくことの脱タブー化（De-tabooing dying）"という一つの創発的に出現しつつあるグラウンデッド・セオリー（以下，GT と略記）を提示しようと思う。このセオリーは，西欧社会における死と死にゆくことに対する構造的および態度的変化を示唆している。本章の出自は『死にゆくことのアウェアネス（Awareness of Dying）』（1965）という GT のモノグラフである。GT はこのモノグラフによって世界に紹介されたのだった。本章で私は，〔"死にゆくことのアウェアネス"の特性の一つである〕'死にゆくことのオープン・アウェアネス'は，"脱タブー化"の第1段階に依存すると同時に，"脱タブー化"の第1段階そのものでもあるということを提唱する（ちなみに，この"脱タブー化"に続くのが'死にゆくことのコントロール'である）。本章では，まず，西欧のいくつかの社会における，死にゆくことへのタブーに対して，立法者の態度と一般の人々がとる態度との間に見られる緊張について，また，何らかの法構造に対してなされるタブーの克服に向けての諸変化について，考察する。次に，一般の人々の，また，特に死にゆく状況にある患者の'自律と自己決定に疑問を投げかけるタブー'を提示する。最後に，'死にゆくことのコントロール'と直面する際に見られる'タブーへの立場表明'という形での反応が提示される。同時に，'自律と自己決定に疑問を投げかけるタブー'が，'立場表明'に影響を与え，これが，しばしば，医師の役割の'脱パターナリズム化'に帰着することも示される。本研究の限界を述べる短い節の後に，結論を手短かに示して本章を終えることにする。
　20世紀の西欧社会においては，死と死にゆくことに対する態度の変化が，死にゆくことというテーマに関するタブーへと展開していった（Walter, 1991）。

第9章　西欧社会における死にゆくことの脱タブー化

タブーとは，社会的慣習あるいは情動的嫌悪によってもたらされるものであって，何かを「言うこと」あるいは「行なうこと」の制限や禁止のことである。死にゆくことをテーマに取り上げることを"脱タブー化"するまさにそのプロセスにおいて，死にゆくことへのタブーとの直面がなされているのである。そこで本章では，"脱タブー化"を論じ，'タブーへの立場表明'を"脱タブー化"の一つの特性として提示する。グレーザーとストラウスの，病院で死にゆく患者たちについての独創性に富んだ研究（Glaser & Strauss, 1965）は，患者の死のありようについて，またその死が訪れるであろう時期について，医療専門職者たち，宗教家，家族，友人たち，そして患者自身のなかの，誰が，何を知っているのかを明瞭に示している一つのアウェアネス・コンテクストのなかに，それぞれの死にゆく状況が存在していることを明らかにした。アウェアネス・コンテクストは，'閉鎖アウェアネス''オープン・アウェアネス'および（死にゆくことの）'疑念アウェアネス'として，そしてまた人々はそれぞれこれらのアウェアネス・コンテクストのどれかに従ってそれぞれに異なる行動をとっている，と説明された。グレーザーとストラウスの研究は，'オープン・アウェアネス'という新しい規範が，アメリカや，より広くは西欧社会の，病院で死にゆく状況において優勢になり始めていることを識別して示したのであった。'死にゆくことのオープン・アウェアネス・コンテクスト'が今日では規範になっていることに伴って，死にゆく状況における主要な推進者は，'死にゆく過程をコントロールする'者になってきているのである。死のありようとその時期をコントロールすることを可能にするための戦略には，生命維持治療の差控え，生命維持治療の中止，安楽死，自殺幇助，緩和ケアがある。生命維持治療の差控えあるいは中止，安楽死，自殺幇助の場合はいずれもすべて，患者の死を可能にするには第三者の存在を必要とするので，これら第三者のあり方に対して，様々な法的な問いがなげかけられている。これに対応して，患者たちは，他の人の援助を得て自らの死を成し遂げるための法的権利の獲得を求めているのである。このように，死にゆくことについての社会的なタブーに対して疑問を投げかける推進力が，死にゆく状況におかれた人々から出てきている。社会はいま，その社会が持っている死と死にゆくことのタブーに直面させられ，他の人の死を可能にすることの禁止を，修正するように迫られてい

るのである。

1 死にゆく過程をコントロールすること

（1）可逆的な戦略と不可逆的な戦略

'オープン・アウェアネス・コンテクスト'においては，死にゆく状況にある患者たちは，自分の診断と予後について，話を聞いて知っている。このことは，死にゆく過程における患者たちの自律を強靱にする潜在的な力を持つ。したがって'オープン・アウェアネス・コンテクスト'は，個人の自律を論拠にして正当化され得る。すなわち，人々は，自らの残されている日々について計画を立てることができるようにするために，また，死にゆくことの苦しい経験をコントロールすることに向かって徐々に進んでいくことができるようにするために，自分の身体と生命についての新しい知らせのなかの最も悪い知らせさえも知る権利を持っているのだという論拠である。したがって，死にゆくことについて語ることの"脱タブー化"には，'死にゆく過程をコントロールする'ことができるための諸戦略への高い関心が含まれる。諸戦略とは，可逆的な結果をもたらす戦略（例えば，緩和的鎮静）か，あるいは，不可逆的な結果をもたらす戦略（例えば，安楽死，医師による自殺幇助）かのいずれかである（以下を参照されたい）。

'オープン・アウェアネス・コンテクスト'においては，ケアをする人々と，患者たちおよび重要な他者たちとの間での創造性のある交流が可能になる。その結果，看護師や医師が，疼痛やその他の苦痛をコントロールすることによって，死にゆく状況にある人のクオリティ・オブ・ライフ（訳者注：QOL：生命の質，生活の質，人生の質）を向上させ，そのようにして，その人が死にゆくことを安寧にするように働きかけることが行ないやすくなってくる。強い疼痛と不安をコントロールするためにモルヒネや鎮静剤を用いることを決断する場合，薬物依存の懸念に関しては，余命の見込みが非常に限られている人にとってこれは実際には意味を持たないので，その点での決断の困難さは軽減される。また，死にゆく状況にある患者が，症状をコントロールする様々な努力が続けられたにもかかわらず耐え難いほど苦しんでいる場合には，死にゆく状況にある

人が一時的な眠りに入ることができるのに十分なだけの深い沈静を誘発することが，医学的に可能である。これは，終末期の鎮静，あるいは緩和的鎮静としばしば呼ばれており，死にゆくことの可逆的なコントロールであって，不可逆的な結果をもたらす安楽死や自殺幇助とは異なるものである（Rietjens et al., 2006）。緩和ケアは，死にゆくことの様々な苦痛をコントロールする努力であり，その努力は，死にゆく状況にある人の生命の長さを短縮する意図を持たず，また延長する意図を持つものではなく，むしろ，死にゆく状況にある人の，生命の終結におけるクオリティ・オブ・ライフを高める意図を持って行なわれることがその特色である（Sepúlveda, Marlin, Yoshida & Ullrich, 2002）。緩和ケアは，1960年代のホスピスケアの哲学から展開し，現在では，グレーザーとストラウス（Glaser & Strauss, 1965）がかつて，「安寧なケア（comfort care）」と命名したケアを進展させたものになっている。

　'死にゆく過程をコントロールする'ために用いられる不可逆的な諸戦略は，患者の死をもたらす戦略であり，生命維持治療の中止あるいは差控え，安楽死，自殺幇助を含むものである。これらの戦略にはすべて，第三者の存在が必要とされている。ある人物が他の人物の死を招来させる，あるいは可能にさせることについての社会の対応の仕方は，諸法構造に成文化されている。そうした法構造が，"死にゆくことの脱タブー化"がしだいに進むことによって引き起こされてくる諸論点によって，いまでは疑問を投げかけられているのである。そこでの論点は，'死にゆく過程をコントロールする'という関心事と，そこで用いられる諸戦略である。

（2）"脱タブー化"の構造的徴候

　'死にゆく状況におけるオープン・アウェアネス・コンテクスト'に対して反対する，1960年代に一般的であった見解の論拠は，患者が自らの悪い予後について知らされるようなことがあれば，その知らされた人は自殺するかもしれない，というものであった。最近のデータは，この論拠をある程度支持している。それは，一般人の母集団と比較した場合に，相対的な自殺率が，がん患者においてより高く（Misono, Weiss, Fann, Redman & Yueh, 2008），またALS（筋萎縮性側索硬化症，ルー・ゲーリック病）患者においても同様に高い（Fang et al.,

2008)ことからである。'オープン・アウェアネス・コンテクスト'は，その一方で，コントロールするかたちで人の生命を終結させるという選択肢への認識を高めたこともまた，明らかである。

　欧米諸国のほとんどでは，生命維持治療の差控えあるいは中止という，不可逆的な戦略を用いて'死にゆくことをコントロール'することを合法としている。しかし，自殺幇助と安楽死を不法とする。一方，安楽死は，死にゆく状況において繰り返しなされた要請に従って，母親の生命を自ら終結させた一人の医師の事件の後，1970年代にオランダでは公的(コモン)なものになった。これは，オランダにおける安楽死の実施の展開における重要な事件である (De Wacher, 1989)。ゲアトゥルイダ・ポストマ医師 (Dr. Geertruida Postma) は，短期の禁固と1年の執行猶予を判決された。しかし，この時，裁判所は，安楽死を犯罪の対象から外すことを示唆し，2002年にオランダでは安楽死が法令に規定された一定の諸条件のもとで規制されることになった。この年にベルギーに類似の法令が導入され，2008年にはルクセンブルクにおいて，安楽死と自殺幇助が犯罪の対象から外された。ベルギー，オランダ，ルクセンブルクの3カ国は，ベネルクス同盟として協働しており，1975年以来，ベネルクス司法裁判所によって法令の制定を共有している。アメリカのオレゴン州では，医師による自殺幇助が1998年に合法化された。その後類似の法令が2009年にワシントン州で，2010年にモンタナ州で制定された。スイスでは，(医師によらない) 自殺幇助が1918年という遠い過去に合法化された。'死にゆくことをコントロールする'ことにおける"脱タブー化"の構造的な諸徴候には，このように，緩和ケアの進展と，ベネルクス諸国，スイス，アメリカのオレゴン，ワシントン，モンタナの各州での，安楽死と自殺幇助に対する自由主義的な法制定の展開，この両者が含まれているのである。

(3) 構造と態度の間の緊張

　生命を終結させる決断に対する態度に関する，ヨーロッパの6カ国とオーストラリアにおける最近のサーベイでは，スウェーデンの医師の84％は，「患者の明示的な要請に基づいて，生命の終結を早めるという明確な意図をもって薬物を投与，処方，あるいは提供する」ことを進んで行なうことは決してないだ

ろうと答えており (p. 2)，これと比較して，安楽死が犯罪の対象から外されているオランダでは15％である (Löfmark et al., 2008)。イタリアでは，この質問は，世論とあまりにも相反していて死にゆくことについてのタブーが非常に強いことが予想されたので，サーベイの質問項目に含まれなかった (Löfmark et al., 2008)。安楽死と自殺幇助に対するオランダ人の立場は，ある歴史を持っており，それは，オランダの寛容の歴史と絡み合わさっている (De Wachter, 1989；Emanuel, 1994)。オランダにおいては「安楽死」という言葉が混乱なく受け入れられているが，このことは，この国には実用性を重んじる文化があること，それから，隣国のドイツでそうであったのとは対照的に，「恩恵による死 (mercy killing)」という歴史的な不幸を持たなかったことで説明される。ナチスは「グナーデントート（訳者注：Gnadentod. 安楽死もしくは恩恵による死を意味するドイツ語。）」を行なった。「グナーデントート」は，1939年から1945年までの間に，ドイツとオーストリアの身体あるいは精神に障がいを持つ少なくとも20万人の市民たちの，薬物投与，飢え，ガス室による殺害を表す，典型的な婉曲表現法である (Proctor, 1988)。その結果として，ドイツ人の見解においては，安楽死や自殺幇助を否定する態度が支配的になっている (Cohen, Marcoux, Bilsen, Deboosere, van der Wal & Deliens, 2006)。さらに，1981-1999年にかけて安楽死に対する一般人の態度に関する比較研究がヨーロッパで行なわれたが (Cohen et al., 2006)，その研究によると，ドイツは安楽死に向かう態度の進展において否定的な傾向を示した唯一の国であった。安楽死と自殺幇助が不法とされている国々では，ほとんどの医師は，安楽死の実施と，自殺幇助の手段の提供について，消極的な意向を表明している。

　スウェーデンでは，イギリスや，アメリカの一部の州と同様に，大半の一般市民は安楽死や自殺幇助に賛成のようである (Cohen et al., 2006)。しかし，これらの国々の多数派の諸政党と，医学専門職は反対している。医師たちは，安楽死と自殺幇助を禁止する法制度と提携しているのであり，この立場は，政治的公正ということに影響される形でのパターナリズムとみなすことができるかもしれない。

（4）増大しつつある '自律に疑問を投げかけることへのタブー'

　医学的パターナリズムは，オックスフォード大学出版会の『簡明医学辞典（Concise Medical Dictionary, 2010）』では，「その人の最善の利益を得ようとして，その人自身の願望（自律）を踏みにじる態度または方針」と定義されている。しかし，自分自身の迫り来る死を知る患者の権利が認められつつある中で，新しいタブーが生じつつあり，そこでは，自律に見られる，自己決定をするという側面に対して，疑問を投げかけることが容認されにくくなってきているのである。個人の自律というものは，今日の生命倫理の議論における強力な概念の一つである。自己決定をすることは，社会レベルでの民主主義の理想に合った人権であると考えられており，このことは，私たちのデータで，一般的には死にゆくことのコントロールに賛成し，特に不可逆的なコントロールに賛成する主要な論拠として，「自律」を主張する人々が何百人もいたことから，明らかになったことである。サーベイからは，「どの人もみな自分自身の生命の主人なのです」とか「もし人が何かを決定すべきであるとすれば，それは自分の生と死についてです」といった引用をすることができるが，これらは，このような態度の例である。もう一つ，同様の態度を示すものとして，「自己決定はヘルスケアの自然な一部であるべきで，それは重い病のときにも同じです」を，私たちのサーベイでインタビューの際に得られたデータから引用する。驚くことではないが，死にゆくプロセスを自己決定しコントロールするという，死にゆく状況にいる患者の権利に疑問を投げかけることは，私たちの研究においては，多くの回答者が禁物だとしていた。このように，'死にゆくことのコントロール' に反対するタブーと，自律の側面としての自己決定に対して疑問を投げかけるタブーとの間の競争的な相互作用，あるいは互いに競い合う取り組みは，'脱パターナリズム化' という結果をもたらすことになり，'死にゆくことをコントロールする' 伝統的な医学的パターナリズムは，自己決定に対して疑問を投げかけるタブーに敗北しつつある。これはベネルクス諸国の医師の態度において，大多数が，安楽死と自殺幇助を支持している（Löfmark et al., 2008）ことから明らかである。

　'脱パターナリズム化' は，重要な概念(コンセプト)の一つである。というのも，それは，死にゆくことをテーマに取り上げることの "脱タブー化" の指標(インディケーター)であるとと

第9章　西欧社会における死にゆくことの脱タブー化

もに，死にゆくことの多くの状況において横断的に行なわれているタブーへの取り組みの一帰結でもあるのだから。このようにして，'脱パターナリズム化'は，西欧社会の一般的な態度と「死にゆくという具体的な状況」とを，つまりは，'死にゆくことのコントロール'とこの主義や思想の主唱者たちの態度とを結びつけているのである。私たちは，'死にゆくことのコントロール'に対する態度，それから特に安楽死と自殺幇助に対する態度の探索的調査を行なったが，まさにこの研究から，タブーと向き合う反応の一つである，'タブーへの立場表明'（タブー・ポジショニング）という概念が発見されたのであった。

（5）タブーへの立場表明（タブー・ポジショニング）

本章のデータは，(a)スウェーデン，デンマーク，ノルウェー，イギリス，アイルランド，カナダ，アメリカの，一般市民，看護師，医師，合計50余名を対象にしたフォーマルおよびインフォーマル・インタビュー，(b)470名のスウェーデンの医師と一般市民を対象にしたサーベイでの自由記述形式のコメント，(c)安楽死と自殺幇助について議論するインターネット・フォーラムへのアメリカの参加者40名が書き込んだインターネット・フォーラムへの掲示ポストの内容，および，(d)安楽死と自殺幇助に関する文献の諸事例，から構成されたものである。郵送法による2つの類似のサーベイが計画され，いずれのサーベイも，調査項目は，生命の終焉に関する一つのシナリオに基づいた，複数の選択肢を持つ15項目の意見表明と問いからなっていた。それぞれの調査項目の後にはすべて，自由記述のための余白が用意された。郵送法の第1の調査票のために，精神科，外科，一般診療科，老年科，内科，これらの専門的診療科から合計1,200名の医師が無作為に抽出された。他方，第2の調査票が，スウェーデンのストックホルム県（カウンティ）の在住者から無作為に抽出された1,200名に郵送された。返送率は，医師74％，一般市民58％であった。すべてのデータの分析は，グレーザーとストラウス（Glaser & Strauss, 1967），グレーザー（Glaser, 1978；1992；1998；2001；2003；2005；2007）を活用し，最近の諸論文（Thulesius, Håkansson & Petersson, 2003；2007；Thulesius & Grahn, 2007；Thulesius, Sallin, Lynöe & Löfmark, 2007）に報告されたように行なわれた。

'死にゆくことのコントロール'のタブーと'自律に疑問を投げかける'タ

ブーとの間の争いが，私たちのインタビュー・データとサーベイ・データの双方に観察された。回答者たちの'タブーへの立場表明（タブー・ポジショニング）'のプロセスは，'情動的な立場表明'から始まり，続いて，'内省的な立場表明'，'ラベルづけの取り組み'，'条件を明記しての立場表明'へと続き，最終的には，'新しい標準の擁護'へと進んでいる。

　この研究において私たちは，人々が，安楽死と自殺幇助に関連するタブーと，患者の'自律と自己決定に疑問を投げかけるタブー'という，現在展開しつつあるタブーとの間の相互作用の結果，生み出されてきつつある'立場表明'を確認した。この２つの傾向の間で問われているのは，「誰が死にゆくことを最終的にコントロールすべきなのか？」という問いに関わる権能と様々な価値なのである。医師を含めたヘルスケアのスタッフであるべきだろうか，それとも患者本人であるべきなのだろうか？　こうして，旧来のタブーと新しいタブーとの間での'立場表明'は，しばしば，安楽死と自殺幇助に対する賛成か反対かという直接的な'情動的な立場表明'から始まる。そこには，概念上の混乱も含まれている。すなわち，一般市民も医師も双方ともそうだったのだが，多くの回答者が，安楽死と自殺幇助，緩和的鎮静，生命維持治療の中止あるいは差控え，これらの間の区別をしていなかったのである。そこで私たちの分析は，人々が'死にゆくことのコントロール'に関わる諸論点に直面したときの最初の態度的反応は，認識を迂回することであり，内省が起きてくるのはその後だということを示唆した。この後に'内省的な立場表明'が続き，そこで，最初に示した情動的な反応について内省がなされ，その上で合理化がなされる。そしてまた，例えば「祝福を受けた救済」といった婉曲表現法や，例えば「殺人」などの非婉曲表現法を用いて'ラベルづけの取り組み'が行なわれるのである。

　タブーを表すために用いられている用語は，婉曲表現法が多いが，逆婉曲表現法を用いることもできる。『ウェブスター辞典（Webster's Dictionary）』によると，婉曲表現法とは，「ある表現が，受け手の感情を害したり，何か不快なことを暗示したりするかもしれない場合に，快い，あるいは感情をあまり害さない表現で代用すること」である。婉曲表現法に相対するのが逆婉曲表現法であり，これは，「（より）中立的な元の表現の代わりに，傷つけたり，感情を害させたり

する，あるいは不作法な言葉や言いまわしを使うこと」である。相互作用的な争いのなかで，もし一方の側が優位を獲得すれば，それは'条件を明示しての立場表明'になるであろう。これには，倫理的な推論と「緩やかなならわし(ソフト・ローズ)」が含まれる。これが時に「厳しいならわし(ハード・ローズ)」へと公式化されることになる。次いで，安楽死や医師による自殺幇助のような，'死にゆくことのコントロール'のための'新しい規範を擁護する'ことが起こる。この擁護するための争いでは，患者の'自律と自己決定に疑問を投げかける'ことは，ほとんど禁物とされるべきことなのである。

1）'情動的な立場表明'

これは，情動的に誘発された，認識的ではない反応であり，これによって'死にゆくことのコントロール'のタブーという論点に対する肯定的態度や否定的態度が生み出されるのである。タブーに直面したときにまず起こる反応は，通常，このように情動的で直接的な，胸の奥底から出てくる本能的な感情であって，内省が行なわれるための時間はない。'情動的な立場表明'は，そのタブーの論点が本人にとって十分に定義されるより前に起こるので，本章でこれまで議論された，'死にゆくことのコントロール'の戦略のタイプについての概念上の混乱を伴う。そのために，ここでは，概念的に分離する能力が他の場合より下がっているか，無力なものにさえなっているように見える。この場合，安楽死と医師による自殺幇助，生命維持治療の差控えが，それぞれ異なる存在であるとは見なされておらず，これらの概念が何を意味しているかを推定するのが困難なことが多い。したがって，人々は，自分がどういったことに対して'立場表明'をしているのかについて混乱するのである。ある医師はつぎのように語った。「死と死にゆくことをとりまく論点になると，概念の混乱が常に出てきます。この領域で議論がされる場合には，明快さというものはないのです」。私たちは，生命維持治療の差控えについては何も尋ねなかったのであるが，サーベイとインタビューの回答者の多くが，医師も一般市民も同じように，安楽死と自殺幇助を生命維持治療の差控えの同義語であるかのように捉えて回答していた。この概念の混同は，'タブーへの立場表明(タブー・ポジショニング)'の初期に起こっていた。直接的な'情動的な立場表明'は，それ以前の認識的な内省を伴っていないように見えるのだが，このパターンは，一般市民と医師の両者の

サーベイ・データ (Helgesson, Lindblad, Thulesius & Lynoe, 2009),およびインタビュー・データに頻繁に見られた。情動的反応に続いて,タブーの克服が示唆されている方向に肯定的であったり,否定的であったり,あるいは保留的であったりすることとして,'内省的な立場表明'が起こっている。これは,'例を持ち出す'こと,'比較する'こと,それから'合理化する'ことによる賛否の'推論'を伴っている。そして,ついには,賛成,反対,もしくは保留の姿勢に対して立場表明する形での態度が生じてくるのである。

2)'内省的な立場表明'

　これは,'死にゆくことをコントロールするタブー'の肯定と否定の双方を'推論する'ことによって,このタブーのコントロールについて認識上で熟考を重ねることを含んでいる。これと類似の取り組みは,'患者の自律に疑問を投げかけるタブー'にも起こっている。こうして,採用された立場が本人によって合理化されて説明されるのである。あるいは,あるスウェーデンの看護師が述べたように,「誰でもまず情動に基づいた態度を取り,その後でその見解を擁護するように理屈をつくりますよね」ということになる。そしていつかは,賛成,反対,保留という態度的姿勢の形で'タブーへの立場表明'(タブー・ポジショニング)が生じるのである。'死にゆくことのコントロール'の戦略のタイプが異なると,中には,肯定から保留へ,あるいは否定からやや肯定へと態度を変える回答者もいる。その回答者は,自分が内省の過程で提示する論拠が,問題のタブーを肯定かあるいは否定をするに足るだけ十分に強力であるかどうかによって,最終的に立場表明をやりなおしているのかもしれない。ある一般市民の回答者の次のような発言はこのことを例示している。つまり,「私がそのこと(安楽死)について考えなければならなくなった時にたとえ私自身にとってはそのこと(安楽死)が好ましいと思ったとしても,そのことを法制化するのはたぶん良いことではないでしょう」とその回答者は言っているのである。別の回答者——この人は医師なのだが——は,実際に行なわれた安楽死のケースのストーリーを聞きながら,まず初めは安楽死に対して肯定的で直接的な情動反応を示した。それから彼女は,内省を始めた。彼女は安楽死についての時間的な構成を論じ,それを妊娠中絶の時間的な構成と比較した。また,功利主義の論拠から,安楽死の肯定を主張し,安楽死が法的に規定されない場合には,安楽死が不法に行

なわれるであろう（これは，彼女が肯定している，法に規定された妊娠中絶について用いられたのと同様の議論であった）と論じた。こうして，安楽死は一定の時間的な枠組みとその他の諸条件の範囲内では合法的になる可能性がある，としたのだ。しかし最終的に彼女は，法制化に反対する議論に基づいた姿勢を採用して，「打ち勝ち難い苦痛という問題を解決する代替的な方法（緩和ケア）があるのですから，このこと（安楽死）は必要ありません」と結論づけたのである。

3）'推論'

様々なタイプの論拠を用いてタブーの克服の肯定もしくは否定を'推論する'ことは，'内省的な立場表明'の中心的部分である。安楽死と自殺幇助の支持者たちは，「高度の自律」や身体の所有権を論拠にするかもしれない。「私は自分の身体を所有しています。ですから，自分の生を支配しているのと同様に自分の死をも支配します」と。これは，生の自己決定を，死の自己決定に敷衍しているのである。安楽死と自殺幇助の反対者たちは，社会の支配と社会レベルでのコントロール（Bell, 1969）を守ろうとし，自律や自己コントロールに対しては，哲学，神学，もしくはヒューマニズムを論拠にして反対するかもしれない。インタビューに応じた医師の一人は，哲学者のカント（Kant）の「もし，自殺が許されるならば，すべてのことが許される」という言葉を引用した。この医師は，これが医師による自殺幇助に反対する，思慮ある論拠だと考えていた。

宗教は，この問題に関わる推論において一つの役割を演じている。イスラム教やユダヤ教，カトリックのそれぞれの文化では，死にゆくことの不可逆的なコントロールの戦略はすべて，強いタブーとされており，受け容れられないか，不法とされているかのいずれかなのだから。研究参加者たちはまた，医師の専門的役割と医師に課せられた職務を守ることによって，あるいは再定義することによって，'推論'していた。一人の医師は，「生命を奪うことは，医師の専門的役割の一部ではありません」と主張した。他方，別の医師は，「医師という職業はサービス業の一つです。患者の自己決定を適用すべきです」と言った。一人の一般市民の参加者は，「（医師による自殺幇助は）医師に課せられた職務ではありません。そのための判断基準があったとしても，常に危険（インセキュリティ）があります」と話し，また，別の一般市民の参加者は「（医師による自殺幇助を実施するの

第Ⅱ部　グラウンデッド・セオリーの実践

は,）特別な専門性をもった医師だけであって，それ以外の医師は行なうべきではありません」と提案した。

4）'事例を持ち出す'

私たちの回答者たちは，'死にゆくことのコントロール'の個人的なストーリーを語るという形で，'事例を持ち出す'ことがしばしばあった。多くの人が，自分自身の家族成員たちの症状が苦痛に満ちていて尊厳を損なうような経験であったことに言及し，そういう症状を回避するための方法として，安楽死と自殺幇助に賛成すると主張していた。彼らは，他のどんな人も「私の祖母のように苦しんで」は欲しくないから，'死にゆくことの不可逆的なコントロール'は，長引く苦痛を軽減する一つの方法として正当だ，としていた。あるアメリカのインターネット上のディスカッション・フォーラムで，一人の参加者は次のように書き込んでいた。「ALS（筋萎縮性側索硬化症）だった私の父は，レミントンライフル銃での自殺幇助を選びました。父の覚え書き用のメモには，私は自分がどこへ行こうとしているのかわかっている，私は少し速い列車に乗ると決めただけなのだ，と書いてありました」。医師の回答者たちからは，オランダとスイスの安楽死と自殺幇助について次のような事例が寄せられていた。「私にはあるスイスのクリニックに預託金を支払った身内たちがいます。ですから，この問題について論じ合うという考えは好きです」「私はスイスの EXIT（訳者注：'Exit' という自殺幇助ブログ〔http://assisted-dying.org/blog/2014/05/28/exit-in-switzerland-will-help-its-elderly-members-die/；2014年8月15日アクセス〕）について知っていますが，好きではありません」「患者はいつでもスイスに行くことができるのです」「それ（安楽死と自殺幇助）は，緩和治療にたずさわっている医師によって行なわれるべきではなく，スイスやオランダにあるようなある種の『死の執行』機関によって行なわれるべきです」といったものである。一般市民からも同様に，「安楽死について良い経験をもっているオランダ出身の同僚がいます」「オランダでそれが，いかに良いとみられているかについて考えるべきです。政府が，安楽死と自殺幇助について目を開いてほしいと私は思います」などの声が寄せられている。

何人かの回答者は，ペットの安楽死をとりあげて，動物は苦痛のコントロールが必要な段階になると人間よりもよい治療を受けていると論じていた。アメ

リカのインターネット上のディスカッション・フォーラムのある参加者は，「祖父ががんで亡くなるのを見ていました。彼は急激に衰弱したのですが，死に至るまで大変な苦痛を味わったのです。こんな成り行きをとるべきではありません。もし動物が病み苦しんで死にそうになっていれば，私たちはその苦痛から逃してやるではありませんか。人の場合にはどうしてそうしないのでしょう？」と書き込んでいた。ある医師の回答者は「動物の安楽死は獣医学なのだから，獣医師が行なうべきです」と言った。

　個々の事例や特別な状況から議論することでもって，安楽死と自殺幇助を受け容れることができた回答者もあった。あるヘルス・ワーカーは次のように言った。「私は安楽死と自殺幇助の法制化には反対です。けれども，一定の事例，例えば脳に転移があって歩けなくなった中年の患者のような場合には，考慮したいと思います。それから私の母の場合には，痛みのコントロールがうまくいかない末期がんで苦しんでいました。彼女は鎮静薬とモルヒネの入った点滴の投与を受け，それが徐々に増量されて死に至りました。それで結局よかったのです」。

　死にゆくことを，安楽死あるいは自殺幇助によって不可逆的にコントロールすることに反対する論拠は，乱用の危険，境界の不安定さ，施行上の過誤，専門家の役割の侵蝕であった。緩和ケアと緩和的鎮静治療が行なわれれば，安楽死と自殺幇助は不必要であるという議論もあった。限りのある眠りは，永遠の眠りより良いとしているのである。スウェーデンの医師たちは，「良い緩和ケアは，このような議論を不必要にすると思います」「医師による自殺幇助の代わりに，緩和ケア，可能であれば緩和的鎮静が継続して行なわれるべきです」といった見解を述べていた。

5）'ラベルづけの取り組み'

　これは，話題(ディスコース)の仕方をめぐる闘いである。タブーには，しばしば逆婉曲表現法で――つまり，軽蔑的で不快で政治的に公正でない，そうしたものとして経験される言葉でもって――ラベルづけされるという性質がある。政治的な公正性を獲得しようと試みたり，"脱タブー化"を支持しようとする場合，より不快な言葉に置き換えるために，不快さがより少ない言葉が必要とされる。'死にゆくことをコントロールする'ための異なる戦略が不快な言葉でラベルづけ

された場合，政治的に，より公正な婉曲表現法を用いてこれに対抗したのであり，その反対もある。婉曲表現法は，（禁制であるが）「政治的に公正」なことに対してしばしば用いられている（Burridge, 1996）ので，それからまた，政治的公正性の同義語は文化的感受性である（Andrews, 1996）ので，"脱タブー化"の一つの特性は，'政治的な公正化'と呼ばれてもよいかもしれない。婉曲表現法であれ逆婉曲表現法であれ，安楽死と自殺幇助にラベルづけをするわけだが，これらの表現法でもって議論するということは，'情動的な立場表明'を行なう局面と'内省的な立場表明'を行なう局面で出現している。'死にゆくことをコントロールする'ための異なる戦略の命名は，これらの問題の定義と密接に関連している。もし「殺人」が，安楽死に対する逆婉曲表現法によるラベルづけであるとすると，「尊厳死」は同じ出来事に対する婉曲表現法によるラベルづけの対応物なのである。ある医師の回答者は，「殺人，自殺といった否定的な意味合いをもつ言葉を用いるのは間違っています」と回答していた。また，ある一般市民の回答者は，「私は自殺よりもっと感じの良い言葉の方がいいと思います」と述べていた。'ラベルづけの取り組み'は，後に述べる'新たな標準の擁護'の一部分であるとも考えられる。

6）'条件を明記しての立場表明'

これは，タブーの克服の条件の明記がなされるという意味である。言い換えれば，'死にゆくことのコントロール'のタブーを克服するためには，異なる諸条件が満たされなくてはならないということである。この'条件の明記化'は，'脱タブー化'が進行していく過程で一般的に観察されるもので，安楽死と自殺幇助が選択されていて，それが最終的に正式な'法的な立場表明'となっているベネルクス三国やアメリカのオレゴン州やワシントン州の場合でも，同様である。安楽死や自殺幇助が容認される場合の条件を明記するためには，安全基準と法的基準が必要となる。'死にゆくことのコントロール'の乱用を防止するためには，多くの条件がみたされなければならない。自律と自己決定（セルフ・ルーリング）は必須である。コントロールされて死にゆくことは，それを，患者が，自分自身のために望んでいるのでなければならない。その決断は，他者たちの影響が原因となって引き起こされるべきものではない。ある医師の回答者は，「医師による自殺幇助は，それが患者の確かな願望であるという条件を法が求めるの

であれば，大丈夫です」と強調した。同じく，患者が不治の病を患っており，しかも余命が短いという条件が求められなければならない。'死にゆくことのコントロール'は，最終的には，老練な医師と威信ある法曹によって承認されなければならない。'死にゆくことのコントロール'の"脱タブー化"の，ある社会における最終的な具現形の一つは，このように，タブーの克服の法的な規定なのである。オランダのある法学の教授は，オランダの安楽死法がなぜ90頁以上になったのかを，次のように説明した。「私たちがタブーを克服するときには，こういうことが起きるのです。その場合，私たちは多くの予防措置でもってそのタブーに規制をかけることが必要なのです」。

7）'新しい標準を擁護する'

これは，安楽死と自殺幇助に対して自由主義的な諸法令を備えた社会で起こるものである。ちなみに，そのような社会では，'自己決定に疑問を投げかける'タブーが'死にゆくことをコントロールする'タブーとの取り組みに勝利してきているのである。ベネルクス三国やアメリカのオレゴン州，ワシントン州，モンタナ州のように，安楽死と自殺幇助のタブーが既に法的に乗り越えられている場合には，多くの人々がその新しい標準を擁護しているのだ。その新しい標準に疑問を投げかけるのは，禁物になってきているからである。オランダのある医師は言った。「いまや人々は，それ（安楽死と自殺幇助）を，人権であると考えています」。そして人権に対して疑問を投げかけることは，民主主義社会においてはタブーである。オランダの公開討論会ではこのことが明らかに現れており，そこでは安楽死と自殺幇助に対する批判はほとんど反民主主義的と見なされているのである。こうして，'新しい標準を擁護すること'が"脱タブー化"の一つの活動であるのに対して，安楽死と自殺幇助に対する批判は一つの再タブー化の試みなのである。

このように'死にゆくことのコントロール'への関心が高まりつつあることは，西欧世界においてタブーが克服されつつあり，力を失いつつあることを示しているように思われる。医師による自殺幇助に関するスウェーデンにおけるサーベイ（Helgesson, Lindblad, Thulesius & Lynoe, 2009）の参加者からの次のようなコメント——つまり，「このような質問に答えるのは，気味が悪くて恐ろしい感じがします」——は，'死にゆくことの不可逆的なコントロール'に対す

るタブーの例示となっている。しかし，このタブーはまさに緩和されようとしているのであって，その証拠に，同じサーベイの中で，回答者たちの多くが，医師も一般市民も，このような難しい論点を持ち出したサーベイを自発的に高く評価していた。「最後になりますが，興味深い質問紙調査でした」「複雑ですが，大変重要なサーベイです」「この調査に参加させてもらって感謝しています」「このような論点を研究するのは，すばらしいことです」などの声は，この調査研究の率直さに対する感謝の念を表している意見であった。しかしながら，死と死にゆくことは，いまだ，私たちが自由に論じ合うことのできない種類のことがらであって，この論題にはタブーとしての特徴が付与されている。スウェーデンの医師で国会議員でもある人物が，なぜ緩和ケアがいまだに議論されるべき優先事項のままになっているのかと問われて，「とても多くの人々が，死について話したいとは思っていないのです」と答えていた。

（6）文献における脱タブー化

　死にゆくことの"脱タブー化"の議論は『死にゆくことのアウェアネス』（Glaser & Strauss, 1965）で始まり，"生命の終結期のがんケアのバランスをとる（Balancing End-of-Life Cancer Care）"というもう一つのGT（Thulesius, Håkansson & Petersson, 2003 ; 2007）でもって収斂している。"バランスをとる"は，ヘルスケアのスタッフや医師たちの問題解決の諸戦略を説明し，生命の終結期におけるケア，並びに，死にゆくことがキュア（医学的治療）と安寧なケアとの間でどのようにコントロールされているか，この2点についての包括的な視座を提供している。"バランスをとる"成果がどのような特徴を持つものになるかは'歩み寄り'によって決まるが，その最良の場合は'最適化状況'であり，最悪の場合は'欺瞞'である。'死にゆくことのコントロール'の"脱タブー化"は，生命の終結に関する人々の態度の変化と法的変化を説明し，合わせて，死にゆくことのタブーとパターナリズムのタブーとの間での様々なタイプの'立場表明'を含むものである。'歩み寄り'は'立場表明'の一特性であり，'立場表明'は'立場表明'でまた生命の終結期における多くの異なるケアの選択肢の間で"バランスをとる"ための重要な部分になっている。

　自殺の研究者であるスウェーデンの精神科医に，私の"脱タブー化"セオ

第9章　西欧社会における死にゆくことの脱タブー化

リーを紹介したところ，彼は，スウェーデンでは，政府の自殺に関するゼロ・ビジョン・プログラムが発足した後に，自殺の話題の仕方の一つの"脱タブー化"が始まっていた（Beskow, 2009）のだと話してくれた。そこで彼は，この領域における教育と研究のために増大した資源を活用して，自殺の"脱タブー化"を奨励したのである（Beskow, 2010）。こうした影響は，GTのコンセプトの持つ伝播力の一例であって，一つのGTのコンセプトは，このようにして，それが発見された領域外の文献にも影響を与えているのである。シーレス（Seales, 2000）は，'死にゆくことのコントロール'の"脱タブー化"の重要性を支持し，本章で提示したものと類似の結論を導き出している。すなわち，'死にゆくことのオープン認識'が，'死にゆくことのコントロール'のための道を開いたのであり，コントロールは安楽死と自殺幇助あるいは緩和ケアによって達成可能になる（Bernheim et al., 2008）というのが，その結論である。

　医学関係以外の文献における"脱タブー化"を検索すると，フランコ独裁政権後のスペイン映画に関する一論文に，性（セクシュアリティ）の"脱タブー化"に言及した内容が簡単に記述されているのが見出された。この論文には，ペドロ・アルモドヴァ（Pedro Almodovar）やビガス・ルナ（Vigas Luna）といった監督たちが，"脱タブー化"を行なっている人物の例として挙げられている（Pappova, 2009）。また，西ヨーロッパにおける極右勢力への投票行動の分析において，ある著者たちは，移民制限強化政策が"脱タブー化"のプロセスを引き起こしたとし，そうした政策によって，移民を批判し右翼政党への投票をすることのタブー度が弱められていると示唆した（Lubbers, Gijsberts & Scheepers, 2002）。"脱タブー化"は，このように，ヨーロッパにおいて過去10年間に右翼政党への投票数が増加している現象を部分的に説明できたのである。さらに，アマゾンにおける猟鳥獣類保護に関連してタブー化が簡単に触れられていた。特定のタイプの動物を狩猟することのタブー化は，その種を絶滅から保護する助けになるであろう（Hames, 2007）と記されていた。しかし，これらのどの文献にも，"脱タブー化"／タブー化のサブ・コア・カテゴリーもしくは概念的諸特性は提示されておらず，そこでのタブー化／"脱タブー化"の概念としての活用が，より低次の理論的レベルのものであることが示されている。また，本章の研究は，調査で提示した諸論点について研究参加者たちに考える

ことを依頼しているわけだが，そのこと自体が一つの"脱タブー化"の行為であり，出現しつつある"脱タブー化"プロセスの一部となってきており，また，研究が公表されることによって，"脱タブー化"に関する論考の一部を形成することになるであろう——このように主張することができる。

(7) 本章の限界

　"死にゆくこと"という主題は，"脱タブー化"されるプロセスにはない，あるいは，"死にゆくこと"と'死にゆくことのコントロール'は，真のタブー・トピックであったことはこれまでない，という反論があるかもしれない。本章で理論化された，タブーへの反応，すなわち'情動的な立場表明'や，それにつづく，認識のレベルで'内省すること'や'条件を明記すること'は，私たちのインタビュー，サーベイ，インターネット・フォーラムのデータの中の多数の人々の間で見られたことである。あるタブーに対する直接的な情動的反応（これを私たちは'情動的な立場表明'と呼んでいるが）は，通常の心理的態度レベルでの反応の一部である。この態度のプロセスは情動とともに始まる。大脳の右半球が「好きか嫌いか」を決定し，印象主義が支配するのである。観察に基づくこの所見は，通俗的な神経科学的諸所見によっても，また，意思決定にとって情動がいかに重要であるかを強調する諸理論（Damasio, 1994）によっても支持されている。例えば，ある道徳的判断の理論によれば，道徳的判断には認識のプロセスと情動のプロセスがともに決定的な役割を演じており，時には互いに競い合う役割を演じているとされており，これは本章で提示された'情動的な立場表明'とよく共鳴し合っている（Greene, Nystrom, Engell, Darley & Cohen, 2004）。

　本章の場合，一般市民の態度に関連しているデータは，スウェーデンの最大の都市部に住んでいる人々から集められたサーベイでのコメントから得たものである。もし，田舎の地域に住んでいる人々から集められたデータもまたサンプルとして用いていたならば，安楽死と自殺幇助に対する意見は，肯定の度合いがより少なかったかもしれない。その理由は，安楽死と自殺幇助がオランダの都市部では田舎の地域の2倍普及している（Marquet, Bartelds, Visser, Spreeuwenberg & Peters, 2003）からである。

2 結　論

　現在,"死にゆくことの脱タブー化"と,特に'死にゆくことのコントロール'は,西欧社会において死にゆくことについて語る際の最も今日的な諸論点について,その核心を説明していることを本章は示唆している。"脱タブー化"は,死にゆく状況における'オープン・アウェアネス・コンテクスト'とともに始まっていた。これに続いて,死にゆくプロセスを,諸戦略を用いて'コントロール'することに関心が向かっている。用いられる戦略は,可逆的か不可逆的かのいずれかであり,可逆的戦略は緩和ケア,不可逆的戦略は安楽死,自殺幇助,生命維持治療の差控え,生命維持治療の中止である。安楽死と自殺幇助に賛成の論拠のリストの上位に,個人の自律があげられており,これは「生命の所有権」として表現することができる。したがって,'死にゆくことのコントロール'の"脱タブー化"には,自律における'自己決定の側面に疑問を投げかける'ことの'タブー化'が含まれる。'死にゆくことのコントロール'が昔ある時に医療専門職の手の内に握られてそのままになっている場合には,その権能の患者への移転が生じ,それが医師たちの'脱パターナリズム'をもたらす結果になっている。

　"脱タブー化"にはまた,その理論上の諸特性として'タブーへの立場表明'〔タブー・ポジショニング〕——つまり'死にゆくことのコントロール'に直面して示す反応——が含まれている。最初の段階である'情動的な立場表明'には,'死にゆくことのコントロール'に用いることのできる異なる戦略間の混同が含まれている。'立場表明'は,そののち,'内省する'ことによって認識的なものになり,また'死にゆくことのコントロール'の異なるタイプについて'例を持ち出す'ことによって'推論する'ことになり,さらにまた婉曲表現法と非婉曲表現法とを用いて'ラベルづけの取り組み'を行ない,そして,死にゆくことの不可逆的なコントロールが受け入れられている場合には'条件の明記'を行ない,安楽死と自殺幇助が一定の諸条件のもとで許可されているところでは,最終的にはその社会の法が定めることとなる。そのうち,これら新しい諸法は'擁護'され,それらを批判することは政治的に公正ではないこと

になり,こうして,'自律に対して疑問を投げかける'タブーという新しいタブーの一部になるのである。

緩和ケアは,生きることに焦点を置きながら,症状をコントロールすることによって生命の終結期の苦痛をできるだけ少なくすることを目的にしている。安楽死と自殺幇助は,不治の病の患者の,回復の見込みのない生命に限界を定めることによって,また,現在の苦痛や予想される苦痛に対して,コントロールされて時宜を得てはいるが,しかし不可逆的な方法を用いることによって,苦痛を和らげるのである。死にゆく道程のこれら2つのコントロールの方法はともに,そのケアと,そのケアを取り囲む意思決定に,身内たちと重要な他者たちを関わらせることの重要性を強調している。また,両者とも,苦痛の軽減,患者の自律,患者の自己決定を目標にしているが,死が起こってしまえば患者の自己決定は消滅させられてしまう。したがって,死にゆくことの可逆的なコントロールである緩和的鎮静という選択肢は,安楽死,あるいは自殺幇助による不可逆的なコントロールに比較して,患者の自己決定と個人の自律をより擁護するものなのである。

参考文献

Andrews, E. (1996). Cultural Sensitivity and Political Correctness: The Linguistic Problem of Naming. *American Speech*, 71, pp. 389-404.

Bell, D. (1969). The idea of a Social Report. *The Public Interest*, No. 15, Spring, pp. 72-84.

Bernheim, J. L., Deschepper, R., Distelmans, W., Mullie, A., Bilsen, J. & Deliens, L. (2008). Development of palliative care and legalisation of euthanasia: Antagonism or synergy? *British Medical Journal*, 336, pp. 864-867.

Beskow, J. (2009). Deeper knowledge of suicidality necessary. Cognitive perspectives on the debate about the zero vision. *Läkartidningen*, 106, pp. 1917, 1918. Swedish.

Beskow J. (2010). Let us break the suicide taboo! *Läkartidningen*, 107, pp. 960-961. Swedish.

Burridge, K. (1996). Political correctness: euphemism with attitude. *English Today*, 12, pp. 42-43.

Cohen, J., Marcoux, I., Bilsen, J., Deboosere, P., van der Wal, G. & Deliens, L.(2006).

Trends in acceptance of euthanasia among the general public in 12 European countries (1981-1999). *European Journal of Public Health*, 16, pp. 663-669.

Damasio, A. (1994). *Descartes' error. Emotion, reason and the human brain.* New York, NY: G. P. Putnam's Sons.

De Wachter, M. A. M. (1989). Active euthanasia in the Netherlands. *Journal of the American Medical Association*, 262, pp. 3316-3319.

Emanuel, E. J. (1994). Euthanasia. Historical, Ethical, and Empiric Perspectives. *Archives of Internal Medicine*, 154, pp. 1890-1901.

Fang, F., Valdimarsdóttir, U., Fürst, C. J., Hultman, C., Fall, K., Sparén, P. & Ye, W. (2008). Suicide among patients with amyotrophic lateral sclerosis. *Brain*, 131, pp. 2729-2733.

Glaser, B. G. (1978). *Theoretical sensitivity: Advances in the methodology of grounded theory.* Mill Valley, CA: Sociology Press.

Glaser, B. G. (1992). *Basics of grounded theory analysis: Emergence vs. forcing.* Mill Valley, CA: Sociology Press.

Glaser, B. G. (1998). *Doing grounded theory: Issues and discussions.* Mill Valley, CA: Sociology Press.

Glaser, B. G. (2001). *The grounded theory perspective: Conceptualization contrasted with description.* Mill Valley, CA: Sociology Press.

Glaser, B. G. (2003). *The grounded theory perspective II: Description's remodeling of grounded theory methodology.* Mill Valley, CA: Sociology Press.

Glaser, B. G. (2005). *The grounded theory perspective III: Theoretical coding.* Mill Valley, CA: Sociology Press.

Glaser, B. G. (2007). *Doing formal grounded theory.* Mill Valley, CA: Sociology Press.

Glaser, B. G. & Strauss, A. L. (1965). *Awareness of dying.* Chicago, IL: Aldine. (=1988, 木下康仁訳『死のアウェアネス理論と看護――死の認識と終末期ケア』医学書院)

Glaser, B. G. & Strauss, A. L. (1967). *The discovery of grounded theory: Strategies for qualitative research.* Chicago: Aldine. (=1996, 後藤隆・大出春江・水野節夫訳『データ対話型理論の発見――調査からいかに理論をうみだすか』新曜社)

Glaser, B. G. & Strauss, A. L. (1971). *Status passage: A formal theory.* Mill Valley, CA: Sociology Press.

Greene, J. D., Nystrom, L. E., Engell, A. D., Dailey, J. M. & Cohen, J. D. (2004). The neural bases of cognitive conflict and control in moral judgment. *Neuron*, 44, pp.

389-400.

Hames, R. (2007). Game conservation or Efficient Hunting. In D. J. Penn & I. Mysterud (Eds.), *Evolutionary perspectives on Environmental problems*. New Brunswick, NJ: Transaction Publishers.

Helgesson, G., Lindblad, A. B., Thulesius, H. & Lynoe, N. (2009). Reasoning about physician-assisted suicide: analysis of comments by physicians and the Swedish general public. *Clinical Ethics*, 4, pp. 19-25.

Löfmark, R., Nilstun, T., Cartwright, C., Fischer, S., van der Heide, A., Mortier, F., Norup, M., Simonato, L. & Onwuteaka-Philipsen, B. D. (2008). EURELD Consortium. Physicians' experiences with end-of-life decision-making: survey in 6 European countries and Australia. *Bio Med Central Medicine*, 6, p. 4.

Lubbers, M., Gijsberts, M. & Scheepers, P. (2002). Extreme right-wing voting in Western Europe. *European Journal of Political Research*, 41, pp. 345-378.

Marquet, R. L., Bartelds, A., Visser, G. J., Spreeuwenberg, P. & Peters, L. (2003). Twenty five years of requests for euthanasia and physician assisted suicide in Dutch general practice: trend analysis. *British Medical Journal*, 327, pp. 201-202.

Misono S., Weiss N. S., Fann, J. R., Redman, M. & Yueh, B. (2008). Incidence of suicide in persons with cancer. *Journal of Clinical Oncology*, 26, pp. 4731-4738.

Pappova, P. (2009). Multiculturalism and a Search for Identity in Spanish Film Production after the Fall of Francoism. *Ars Aeterna*, 1, pp. 63-71.

Proctor, R. N. (1988). *Racial hygiene: Medicine under the Nazis*. Cambridge, MA: Harvard University Press.

Rietjens, J. A., van Delden, J. J., van der Heide, A., Vrakking, A. M., Onwuteaka-Philipsen, B. D., van der Maas, P. J. & van der Wal, G. (2006). Terminal sedation and euthanasia: a comparison of clinical practices. *Archives of Internal Medicine*, 166, pp. 749-753.

Oxford's Concise Medical Dictionary (2010). Oxford UK: Oxford University Press.

Seale, C. (2000). Changing patterns of death and dying. *Social Science and Medicine*, 51, pp. 917-930.

Sepúlveda, C., Marlin, A., Yoshida, T. & Ullrich, A. (2002). Palliative Care: the World Health Organization's global perspective. *Journal of Pain and Symptom Management*, 24, pp. 91-96.

Taboo. (2011). *Visual Thesaurus*. Retrieved from http://www.visualthesaurus.com/

Thulesius, H., Håkansson, A. & Petersson, K. (2003). Balancing: a basic process in end-of-life cancer care. *Qualitative Health Research*, 10, pp. 1353-1377.

Thulesius, H. & Grahn, B. (2007). Reincentivizing—a new theory of work and work absence. *Bio Med Central Health Services Research*, 7, p. 100.

Thulesius, H., Håkansson, A. & Petersson, K. (2007). Between comfort and cure - basic balancing strategies in end-of-life cancer care. In J. Holton, & B. Glaser (Eds.), *The grounded theory seminar reader*. Mill Valley, CA: Sociology Press.

Thulesius, H., Sallin, K., Lynöe, N. & Löfmark, R. (2007). Proximity morality in medical school-medical students forming physician morality "on the job": grounded theory analysis of a student survey. *Bio Med Central Medical Education*, 7, p. 27.

Walter, T. (1991). Modern death: Taboo or not taboo? *Sociology*, 25, pp. 293-310.

第10章　グラウンデッド・セオリーの翻訳について
――翻訳することがグラウンデッド・セオリーの実践である場合

マッシミリアーノ・タロッツィ

　私は大学で質的研究の方法，特にグラウンデッド・セオリー（以下，GT）を教えている教育学の分野の社会調査研究者である。私は翻訳研究の専門家でも言語学者でもないが，長年にわたって GT の翻訳に関する理論的問題を扱っている。本章で記す考えは，私が『グラウンデッド・セオリーの発見（The Discovery of Grounded Theory : Strategies for qualitative research』（Glaser, B. & Strauss, A, 1967. 邦題：データ対話型理論の発見――調査からいかに理論をうみだすか。以下，『GT の発見』）のイタリア語の翻訳者であるという事実，そしてまた『GT の発見』の著者の一人であるグレーザー（Glaser, B. G.）とこの本に関して私からのいくつかの質問について議論する機会があったことに由来している。複雑な主題に関する有名な本の場合によくあるように，この優れた基本書の翻訳には，2 年間にわたる緻密な作業が求められた。

　英語は私の母語ではないが，私が読む大多数の方法論の文献は英語で書かれており，これは学術界で活動している英語を母国語としないすべての人と同様である。これらの文献は，私が教える方法論コースの主要な参考文献で，この方法論コースはイタリア語で行なわれている。私は，私のインタビューやコード，カテゴリー，メモを国際的調査研究の共通語である英語に翻訳し，私のイタリアでの研究に関する論文や発表の準備をすることが多い。また国際調査研究チームのメンバーとして仕事をすることは，私に翻訳理論を論じるきっかけを与えてくれている。私は非イタリア語で話す同僚と調査研究データを共有したい場合，あるいはより具体的に言えば，彼らに元々はイタリア語で書かれていた分析の外部審査を依頼する場合には，私は，データとコードをイタリア語から英語に翻訳しなければならない（あるいは国際的な調査結果をイタリアの

聴衆たちに発表する場合には，英語をイタリア語に翻訳する）。

　英語が母国語でない人々には非常に一般的である，このような一貫した言語の鍛錬のせいで，私は，調査研究関連の翻訳の諸問題を当然のこととは見なすことができない。バイリンガルの調査研究者として，私は言語の使用は中立的ではない調査研究ツールであると考えるようになった。さらに本章において，私は，GTでの研究を遂行している時に翻訳を扱うことは，困難な問題点としてというよりも資源として見なされるべきであることを主張する。そうすることは，分析者に更なる分析ツールを提供してくれるのだからである。皮肉なことであるが，目下の構築主義の風潮において，言語の重要な役割はいくらか過大評価されているにもかかわらず，わずかな例外（Shklarow, 2009）を除けば，翻訳の問題はいかにも当然のことのように扱われ，また無視されるような状況であることには驚かされる。本章において，私は，GTの翻訳が調査研究に不可欠なものでありうることを読者に意識させたいのである。

1　要約と理論的根拠(ラショナル)

　私は顕微鏡の下に顕微鏡を置くつもりである。言い換えれば，私は調査研究の際，特にGTを使用している時には，翻訳の文化的・言語学的な含意を考慮に入れておきたいと考える。私は翻訳プロセスを中立的ではないツールとして仮定するのだが，そうだとすれば，GTによれば，それは一つの手段ではなく「データ」と見なすことができる。本章は，2つの主要なトピックについて議論することを目標とする。一つは，GTを創設することになった基本的テクストを翻訳するという私の経験から生み出されてきた方法論的示唆，特に翻訳研究に関する最近の研究の観点からのものである。2つ目は，GTの実践におけるバイリンガルに焦点を当てた方法論的含意である。

　認識論のレベルにおいても翻訳研究の観点から言っても，私が徹底した構築主義者ではないことは，ここで触れておくだけの価値があると思う。様々な意味を単に伝達する時だけというよりも，それらの意味を構築していく時に言語が果たす重要な役割を無視するのは難しいことではあるが，私としては，翻訳のプロセスによって引き起こされた諸問題によって，極端な相対主義の立場に

走ることを強制され,同じことを2つの言語で説明することは不可能であると考えることを強制されることになるはずだとは信じていない。翻訳〔の分野〕におけるデリダ(Derrida, 1995)の脱構築主義は,一つの言語の中の一つの単語と別の言語の中のこれに呼応する単語とが同義的意味を持つ可能性を否定し,翻訳者というものは,原書からはかけ離れたところに存在する自律的な作品の胡散臭い著者とみなされている。

ウンベルト・エーコ(Umberto Eco)によれば,翻訳者は,意味が同じ(そっくりそのまま)という一般的な可能性に傾斜しがちだが,「命題内容」に関しては限定的になる傾向がある(Eco, 2003a)とする。エーコは,自動翻訳機械の失敗が証明しているように,文字通りの翻訳は不可能であると主張する。しかしながら翻訳では,人がほとんど同じことを言うことができると彼は信じている。ここで言う「ほとんど」というのは,命題内容,及び言語学の成果,とりわけ文化的交渉の結果のことである(Eco, 2003b)。「翻訳をするということは,一つの言語の内部システムとその言語で作成された文章の構造を理解し,テクスト・システムの分身を創出することを意味する。このテクスト・システムの分身は,ある種の記述の下,読者にいくつかのレベルで〔元のテクスト・レベルと〕類似した効果を産み出すことができるのである。そのレベルとは,意味論的と構文論的,文体論的,韻律的,音-記号的さらに(テクストがそうした意図を持っている場合には)情動的なものである」(Eco, 2003a, p. 16.〔本章の著者による〕私訳)。言語学的並びに文化的交渉のプロセスが欠如した翻訳の不可能性を例示するためには,イタリア人の読者たちは,「translate.google.com」か「Yahoo's Babelfish」を用いて『発見』の第1段落を翻訳することで,イタリア語への自動翻訳の落とし穴を立証することができる。英語の読者たちは,Babelfish のイタリア語の英語への自動的再翻訳をも楽しめるかもしれない(表10-1)。(訳者注:原著では英語からイタリア語への翻訳と再翻訳であるが,ここではイタリア語の翻訳部分は日本語訳にしてある)。

本章では,私は,翻訳研究に関する新しい文献によりながら,翻訳にあたってはどんな種類の交渉プロセスが分析および解釈を必要とするのかを示したい。その上で,私は,このような問題を扱うことが,その方法の本質とその方法の使用法のよりよい理解へと導くことのできる実践であると主張する。

第10章 グラウンデッド・セオリーの翻訳について

表10-1 『GTの発見』の最初の段落の翻訳と再翻訳（訳者注：原著では英語とイタリア語）

オリジナル	自動翻訳	人間の解釈の入った翻訳	自動再翻訳
The discovery of grounded theory Most writing on sociological method has been concerned with how accurate facts can be obtained and how theory can thereby be more rigorously tested.	グラウンデッド・セオリーの発見 社会学的な方法でほとんどの執筆が懸念されているどのように正確な事実が得られるし、どのように理論がより厳密なテストそれによりすることができます。	グラウンデッド・セオリーの発見 社会学的方法に関するほとんどの著作は、どうすれば正確な事実を手に入れられるか、そのことによって、どうしたら理論がより厳密にテストできるか、に関心をよせてきた。	the discovery of the theory to earth The majority of writing on the sociological method has been interested with precise facts like can be obtained like theory and can therefore be more rigorously heads.

2 翻訳することはグラウンデッド・セオリーの実践である

　イターロ・カルヴィーノ（Italo Calvino）は、彼が執筆した『エッセー』の一つで「翻訳することは文章を読み取る真の方法である」（Calvino, 1995）と述べている。彼は、すべての良き読者に翻訳の実践を勧めるが、その理由は、他人（彼／彼女）の著作を異なる言語に翻訳し、それを原文と比較する、あるいは同じテクストの異なる翻訳同士を比較し合うことでのみ、人は他人（の著作）を真に読むことになるのだと彼が信じているからである。言語間の翻訳に関連した作業は、人にテクストを解釈させ、したがって十分に理解できるようにさせるのである。これがノンフィクションのテクストだけでなく、革命的な調査研究方法を示している社会学の古典を相手にして行なわれる場合には、このような理解のしかたは、その方法の鍵となる諸概念の意義を発見するユニークな方法になりうる。

　その理由は、あらゆる翻訳には理解するというプロセスが潜在的に含まれているからである。あるいは、ジョージ・シュタイナー（George Steiner）が述べているように、「理解は翻訳なのである」（Steiner, 1975）。分析と解釈という行為は、2つのテクスト間の翻訳に埋め込まれているだけでなく、それらのテクストがその根を持つ2つの文化的・言語学的な百科事典の間にも埋め込まれているのである。

第Ⅱ部　グラウンデッド・セオリーの実践

　あらゆる翻訳は一つの言語からもう一つの言語への言葉の移動であり文化間交流であるというアイディアは，翻訳研究におけるポストモダンの文化的転回の成果であるだけではない。紀元前1世紀，キケロ（Cicero）は『最高の弁論家について』（De optimo genere oratorum）のなかで，単語を単語へと逐語訳することは適切ではないと記した。必要なのは用語の力と有効性を活かしておくことなのであって，そうすることによって，もともとの単語から離れることを翻訳者が求められることになったとしても，である。

　『GTの発見』のようなテクストを翻訳するためには，元の言語に精通しているだけでは十分でなく，その主題を熟知していることが極めて重要である。キケロはデモステネスやアッティカの他の雄弁家たちの演説をギリシア語からラテン語に翻訳した時，彼は自分自身が一人の雄弁家として翻訳することが必要であると主張した。同様に，私はグレーザーとストラウスの著作をまずは社会調査研究者として，次に翻訳者としてイタリア語に表現した。『GTの発見』の翻訳を始めたプロの翻訳家は，英語の運用力は私より優れていたのだが，かなりしばしば，その本の社会学的トピックや『GTの発見』を明るみに出すことになった文化的・科学的な背景に精通していない人々に典型的にみられる誤った理解や考えに陥っていた。

　私は，抽象的な本，しかも常に雄弁とは言えない方法論の本を適切に翻訳するためには，そのテクストの文化的環境を知っているだけでは不十分であると信じている。最も重要なことは，翻訳者がその調査研究に関する直接的な知識と具体的経験を持っていることであり，そうした事情があるからこそ，その翻訳者は，そうでなければ曖昧なままか文脈から切り離されたままになるであろう専門用語や概念を明確にすることができるのである。それは，この方法であれ他の方法であれ幅広く読んでいるだけというのとは正反対のことであって，生きられた経験を持っているということの価値なのである。内発的な表現や原文の実例，ニュアンスの意味を深く理解し正確に翻訳するためには，それと同じプロセスを経験したことがなければならないのである。

　例えば，形容詞の「theoretical（理論的）」をイタリア語に翻訳することは，この言葉が曖昧なので非常に困難である。しかし，これは『発見』という本の中では，サンプリングと調査研究者の態度（理論的感受性）の双方を修飾する

表 10-2 「Theoretical（理論的な）」に関する 2 つの異なる翻訳の比較

理論的サンプリング	理論的	Teorico	一般的に使用、「概念的」に相当する	Campionamento teorico
理論的感受性		Teoretico	哲学的で「思弁的」に相当する	Sensibilità teoretica

重要な形容詞である。イタリア語で、これは「teorico（概念的）」あるいは「teoretico（理論的）」のいずれかとして翻訳することができる。後者は「speculative（思弁的）」に相当する典型的に哲学的な形容詞であって、一方では「practical（実際的）」の反対語であり、もう一方では「empirical（経験的な）」の反対語である。前者は何が理論に関係しているかを示している一般的に使われる形容詞であり、およそ「conceptual（概念的）」に相当する。私は両方を使用し、「sampling（サンプリング）」には「teorico（概念的）」を、「sensitivity（感受性）」には「teoretica（理論的）」を用いた。私としては、サンプリングが概念化とデータ分析のプロセスと緊密に関連するという意味を含ませたかったからである。その結果、teorico（概念的）は、それほど抽象的でも思弁的でも哲学的でもありすぎず、しかしそれでいて理論の創発性との関連を持った用語として、よりよく機能したのである。他方、「sensitivity（感受性）」は哲学的な徳目であって、ギリシア語の「theorein（理論的）」に根ざしており、したがって「teoretica（理論的）」はこの側面を強調したものである。

現代の翻訳研究は、翻訳を文化間の仲介の行為であると考える点で一致している。言語と文化との関連には以下のようないくつかの意味合いがある。

① もしこの関連が無視されれば、誤解を引き起こすかもしれない。意味は常に文化的モデルを反映する。〔例えば〕イタリアの諺に「寝坊する人は魚を捕らえない」（"chi dorme non piglia pesci"）というものがあるが、この諺は英語の「早起き鳥は虫を捕らえる」に類似している。しかし、このイタリアの慣用語は怠惰を含んでいると推定することができ、怠惰は社会的・文化的にネガティブな態度であるという理解を前提にしている。そうでなければ、それは理解されえないのである。同様に、たとえクイーンズ・イングリッシュを知っていたとしても、共通の文化的背景

を共有しない人の場合には,"It's raining cats and dogs"（訳者注：文字通り訳せば,「雨が降っている猫と犬」といったところか。「ひどいどしゃ降りである」という意味）という英語の表現を理解することができない。

② もっと頻繁に（見られることだが）,文化的背景を無視する翻訳の意味論的なパワーは貧しくなり,また,意味論的なパワーを劇的に弛緩させてしまう。良い例としては,イタリア語の中にぴったりの同意語がない"grounded"のような重要な用語の翻訳がある。"grounded"は機械翻訳ができない（Babelfishはこれを,"teoria al suolo"と,〔つまり〕まさに文字どおり,地面／土壌への理論と翻訳した）。しかし実際のところ,groundedは数えきれないほどの色あいの意味を持っている。動詞 ground の過去分詞は「根ざした,あるいは基礎を置いた」という意味だけではなく,「海底に触れて移動することができない船やボート」とか,あるいは「離陸の許可が出ていない航空機,最初の基本原理を教えること,製図の背景を用意すること」といった意味となる可能性がある。だから,理論をデータに ground させるということは,物質的＝具体的なことを示すと同時に根底的であるということを示す響きをもっており,つまりこのことは,創造的認識論を経験という肥沃な腐葉土のうちに決定的な形で,そして時には荒々しいとさえ思えてしまう形で根づかせることなのである。しかし同時にそれは非常に精密かつ正確に根づかせることが必要である。より進んだ建設のための基礎として,つまりその上に複雑なフォーマル理論を構築する基礎として役に立つことができるようにするために,である。このような理論は,事実に基づいていたり,データから経験的に引き出されてくるものだが,それだけではない。有機的に成長するためには,生きられた経験という根覆いをされた腐葉土や堆肥を必要とするのである。

③ 私は,意味のこうした微妙な違いを,そうした微妙な違いを当然のこととは思わずに分析してきたが,これはただただそのテクストを翻訳しなければならなかったからであった。しかしながら,"grounded"という用語の意味論的領域の詮索と探索を行なったので,グレーザーとストラウスによって開始された方法の具体的な性質を限定する鍵となるこの

考えを適用する方法とともに、この用語の関連性や意味、実用性をよりよく理解することができたのである。この意味で、翻訳することは『GT の発見』を読みこの方法の鍵となるいくつかの概念の意味をつかむ「真」の方法であった。すなわち、理論とは何か、理論を創造するとはどういうことなのか、調査研究者はどのようにして理論的に仕事を行なうことができるのか、理論的感受性とは何かといった問いの把握がそれである。これらすべての問題は、"grounded" という言葉の内に織り込まれているすべての意味を展開させる必要性から提起されたものである。ちなみに、私は、以前には、この言葉を、特別な注意を払わずに当然のように単純に使っていたのである。

④ 最後に、私は、翻訳をするということがその情報源を含む元の文化（culture-source）と翻訳が生み出されてくることになる対象の文化（culture-target）の両方との接触を持続する方法であると強調したい。『GT の発見』を翻訳することはイタリアに GT を紹介・導入する方法であった。この目的は、この文化的事業を進めた人々にとって非常に明確なものであった。この意味で、この『GT の発見』のイタリア語訳本の編集者であるストラティ（Strati）と私は、翻訳が、今やクラシックと認識されている元の原本に文献学的敬意を払うべきか、あるいは、現代イタリアの読者に対する実践的価値を伴って現に息づいている仕事と見なした方がいいのか、討論した。

これは、典型的な翻訳者のジレンマであって、マルティン・ルター（Martin Luther）による聖書のドイツ語への翻訳のような有名な歴史的事例にも見られるものである。ルターはその著作を記述するにあたって、翻訳する（übersetzen）とドイツ語にする（verdeutschen）を相互互換的に使ったとウンベルト・エーコは述べている。こうすることで、明らかに、ルターは翻訳を文化的同化と見なしていたのである。

別の文化からテクストを翻訳するときには常に、「自国語化」か「外国語化」かという選択がある（Venuti, 1995）。自国語化モードで翻訳をしている場合、翻訳者と編集者は、できる限り文化的な相違を軽く扱う決断をしているのであ

る。訳文としてのぎこちなさをすべて取り除き，翻訳者を消し去り，翻訳対象となる文化の文献学的範囲に翻訳の元となったテクストを引き寄せることによって，である。それは，一種の文化的同化の作業であり，ある程度自国文化中心主義的なもので，そこでは自国の支配的文化が優先する。これに対して，外国語化とは，元の文化の語法が持っている'疎外化的'諸要素を意図的に保持することを意味する。そうした諸要素は，テクストの全体としての文体の滑らかさを傷つけることになるかもしれないが，ホストであるこちらの文化からの相違と距離を読者に気づかせるのには役立つ。

　このような区別はそれ自体として重要である。それは，GT の使い手が翻訳プロセスの文化的含意について考えるのにかなり役に立つかもしれない。さらに，すぐ上で触れた選択肢は，支配的な西洋モデルへの文化的同化を回避することの重要性を強調する方法として，ポスト・コロニアルな志向を持った学者たちによって採用され称賛されている。私たち（訳者注：タロッツィ（Trozzi）氏とストラッティ（Strati）氏）の場合，リスクは逆のものであった。イタリア人として私たちは二重の主導権による包囲という危険にさらされていたのだから。社会科学におけるアングロ・サクソン文化の主導権と，科学的コミュニティにおける英語の現在時点での優位が，それである。私たちは，社会学的な主流派の言語（ダイアレクト）であるアメリカ英語から『GT の発見』を翻訳していた。パワフルな文化に由来するテクストは，たとえそれが翻訳のなされる対象文化の読者にとってはわかりづらくなったとしても，原語のままのキーワードで翻訳される傾向があるのだ。

　実際，（他のいくつかのヨーロッパの言語とは対照的に）(2) 私たちは "grounded theory" の表現をイタリア語に翻訳せず，それを英語のままでタイトルとテクストの中に残すこととした。この表現は，現在では学会でも一般にも広く普及しているので，これを翻訳したとすれば，一種の疑似外来性か疎外化的効果，もしくは喜劇的効果さえ作りだすことになったことだろう。これは単なる歴史上の理由からだけではないのだが，この表現を英語で40年以上使ってきた後では，人為的に新しい表現を導入する必要がなくなったのである。用語上の一致を探し求めている間に，翻訳者は文脈への関連のあるものだけを保ち，用語の一部の特性を放棄しなければならない。私たちが見てきたように，イタリア語

第10章　グラウンデッド・セオリーの翻訳について

一語であらわすには，"grounded" は意味が変化に富みすぎている用語なのである。これは本書の鍵となるアイディアであり核となる概念なので，私たちは，イタリア語の一つの意味だけを選択するということはせず，元の英語をそのまま使うことを望んだ。翻訳者はこの場合，屈服することなく見事にその義務を差し控えているのである。そうすることが，すべての翻訳者に要求される異文化間の交渉のプロセスの一部なのだから。

　ポスト・コロニアル的主張は別にして，自国語化対外国語化の区別は，私たちに「良い翻訳は常に翻訳された作品の理解への決定的(クリティカル)な貢献である」(Eco, 2003a, p. 247) というエーコの言明を思い出させてくれる。さらに，それはまた，なぜ翻訳者には可能性としてのユニークな翻訳，普遍的な語彙目録というものがないのかということでもある。単語もしくは陳述の意味は，単に言語学的構築物であるだけではなく，実用的，歴史的，記号的，そしてより広い意味では，文化的なものなのである。翻訳という実践を記号論の領域にまで拡大していくことになったのは（それまでは単なる言語学的実践と狭く限定されていたのだが），主としてローマン・ヤーコブソン (Jakobson, R., 1959) によるものである。しかしながら，調査研究方法論に関する基本書(テクスト)（特に『GT の発見』）の翻訳の場合，翻訳プロセスは記号論の範囲を侵略することだけに限定されない。それは，社会調査法の理解と活用までも扱う。『GT の発見』の執筆それ自体が GT であったとグレーザーは主張しているが，その主張を拡張して言えば，『GT の発見』を翻訳することは〔私たち（訳者注：タロッツィ氏とストラッティ氏）にとっては〕GT の実践のようなものであった。2007年の私たち（訳者注：タロッツィ氏とグレーザー氏）の会話 (Tarozzi & Glaser, 2007) の中で，イタリア語への翻訳の意味(センス)について話すと共に『発見』の起源に言及しながら，グレーザー氏は「この本自体が GT なのです。それは思いつきではありませんでした。それは『死にゆくことのアウェアネス (Awareness of Dying)』(Glaser, B. & Strauss, A., 1965)（訳者注：邦訳題『「死のアウェアネス理論」と看護——死の認識と終末期ケア』）と『死にゆくための時 (Time for Dying)』(Glaser, B. & Strauss, A., 1965) の実践に基づいたものです。ですからそれは調査に根ざしたものだったのです。それにはすさまじいつかみがあるのです」と言ったのだから。

　それと同じように，翻訳することは GT の実践なのである。その理由は，

表10-3 翻訳プロセスとグラウンデッド・セオリー分析プロセスとの類似性

翻訳プロセス	グラウンデッド・セオリーのプロセス
(元のテクストを) 読み取る	データ収集とオープンコード化
元のテクストの (記号論的) 分析	焦点化的／選択的コード化
解　釈	理論的コード化
翻訳対象となるテクスト内で詳述する	理論を統合する
翻訳対象となるテクスト内で執筆する	調査報告を執筆する

　すべての翻訳は解釈の一形態であり，意味の研究であり，(実際世界の現象というよりもむしろ) テクストの理解を目指した厳格な探究だからである。さらに，解釈学的観点からすれば，それはテクストの性質を全体的な現実へと拡大させるのである。ハイデッガー (Heidegger) からガダマー (Gadamer) にいたるまで，解釈することは翻訳することなのである。

　すでに述べた通り，私は解釈学的な伝統に属さない。私に関する限り，解釈することと翻訳することとの間には完全な一致は存在しない。しかしながら，翻訳は言語を媒体として使う解釈の一形態であることを否定することはできないし，翻訳には解釈という行為が常に先行すること (Eco, 2003a) も否定できない。翻訳は調査研究の実践と重なり合うわけではないけれども，両者は非常に密接に関連し合っているので，特に GT の枠組みの中では有用な方法論の示唆の相互的源泉となりうる。

　表10-3は2つの平行するプロセスの対応関係を概観したものである。

　翻訳は，意味を理解するプロセスであって，このプロセスにおいては，翻訳者は，元の言語の解釈・分析作業と，翻訳対象となる言語での詳述と執筆の実践を要求されることになる。翻訳者の予備的読解を〔GT における〕データ収集並びにその作業と同時進行のオープンコード化と比較すること，さらには，〔翻訳における〕予備的読解に続く記号論的分析と解釈局面を，〔GT における〕高度な理論的分析と比較すること，こうしたことは，誇張ではなく，可能だと私は信じている。

　さらに，翻訳は，意味が同じかどうかという点で文化システムと言語学的システムとの間に見られる不可避的なギャップを継続的に媒介するための交渉スキルを要求する。これらの交渉スキルは，ガイドラインや手続き，あるいは構

造化された教育コースによっては体系化されていないものだが，私に理論的感受性のいくつかの特徴を思い出させてくれる。これらの諸特徴は，〔GTの分析作業における〕弾みと洞察力，さらには様々な可能性を見すえることと関わりがあるものなのである。

3　分析的な資源としての別の言語によるコード化

　本章において私が取り組むと述べておいた2つ目のポイントは，調査研究者が理論生成を目的として帰納法と比較法を用いる場合，別の言語で調査を行なうことがパワフルな分析的資源であるという事実である。1959年，ローマン・ヤーコブソンは「翻訳の言語学的諸側面について」というエッセーを執筆し，翻訳を記号学や文化人類学，物語研究などのような他の学問領域と比較することによって重要な貢献を果たした。

　このエッセーにおいて，ヤーコブソンは翻訳の3つのタイプを識別した。

① 　言語内的なもの（あるいは言語内部的なもの）。
　　同一の言語の他の記号を通じての記号の解釈。これは，再定式化による同一の言語システムの範囲内での翻訳のことである。例えば，独身＝結婚していない，とか，口頭のメッセージの書き言葉の形態への書き写しがそれである。これは言い換えと呼ばれる。
② 　言語間的なもの。
　　別の言語の記号を通じての記号の解釈。これは，異なる言語システムによる記号の置き換えのことである。これは本来の意味での翻訳である。
③ 　記号間的なもの。
　　小説の映画への変換のような非言語の記号システムを通しての言語記号の解釈。このタイプの翻訳の中には，エクフラシス（造形芸術描写）も存在する。つまり，古代の修辞学の実践のことで，これは視覚的な芸術作品を書き言葉で翻訳することから成り立っていた。[3]

　これら3つのタイプは同じ特徴を共有している。すなわち，元のテクストの

文化および言語システムと到達点となるテクストの文化および言語システムとの間の意味がすべて完全に同じということは不可能であって，このことは，翻訳されたテクストを，元の言語に再度翻訳する時に明らかになる巨大な相違によってはっきりと証明されている通りである。

例えばある人が，エミール・リトレ（Emile Littre）によって編集された，ダンテの『神曲』の古典的なフランス語版をイタリア語に再度翻訳したとしよう。最終結果は，と言うと，おそらく元のものとは遠くかけ離れたものだろう（Steiner, 1975）。

しかしながら，ヤーコブソンの3つのタイプの翻訳は私たちの興味を喚起する。というのも，それらは，翻訳のプロセスとGTの分析プロセスとの類似性を強化し，そしてその類似性を強力な分析的資源として明らかにしているからである。例えば，事実や出来事や現象から得られたデータのテクストへの変換は，記号間の翻訳の作業として理解することができる。私が観察をデータ収集の道具として使う場合，コンテキスト内での何人かの〔観察〕対象者たちの行為を，詳述と分析が可能なテクストへと変換しているのである。それはエクフラシス（造形芸術描写）に類似した実践である。（グレーザーが提案するように）フィールドノーツに記録されたものであれテープレコーダーに記録されたものであれ，インタビューの書き写しは常に翻訳行為なのである。口頭のメッセージを書面に置き換えることは，書き写しか文字による表記なのであって，単に隠喩的な意味での翻訳に過ぎないと主張する論者がいる（Mounin, 1965）。しかしながら，GTにおける分析を目的としたインタビューの書き写しに関して言えば，すべての書き写しは翻訳でもあると私は信じている。書き写しに関しては何一つとして自動的なことはない。それは最初の分析のレベルなのである。なぜなら，それは，複雑な言語的・非言語的コミュニケーションを独特のテクスト的次元へと還元するという解釈の作業だからである（Tarozzi, 2008, p. 86）。

さらに，私たちが，別の言語でインタビューやコード化や文章化をすることによって，調査研究の道具として違った言語を使用する際には，常に，これらのデータや考えを別の言語的 - 文化的文脈に翻訳するにあたって，（注目すべき利点やプラス α の資源と共に），注意しておく必要のある明白な困難が存在するのである。

第10章 グラウンデッド・セオリーの翻訳について

図10-1 GT調査研究のための最初のコード・マップの例

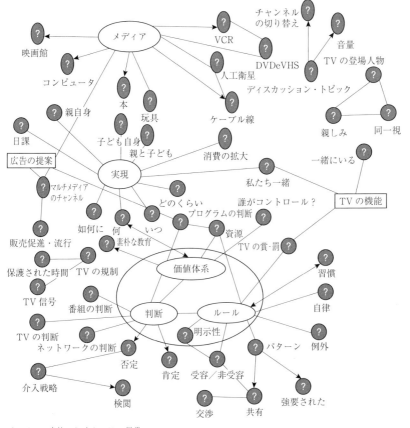

イタリアの家族における TV の鑑賞
家族による TV 管理のプロセス（ガバナンス）（2007）

　要するに，最狭義の方法論のレベルでは，私たちは GT を実践する際に，非母国語からの翻訳という問いを当然のように考えることができないのである。特に別の言語でのコード化には言語間の翻訳という継続的行為が求められ，それらの行為は，理解のための能力を増大し洗練された解釈の道具を追加し分析を洗練することになる。すべての言語間の翻訳は，元の言語での脱コード化と翻訳対象となる言語での再コード化という緻密な諸行為の結果である（ちなみに，これらの行為は，意味論的，構文的，実用論的というレベルで生じるものである）。

したがって，脱コード化と再コード化というこれらの継続的プロセスは，GTがデータ分析に要求するさまざまなコード化局面を支援し，より効果的なものとするのである。

例えば，数年前，私は自分の調査研究データを持ってグレーザーやそのグループと議論するために問題解決セミナーに参加した。最初の混沌としたコード・マップ（図10-1参照）を英語に翻訳しなければならなかったのだが，そのおかげで，先に言及しておいた言語間の翻訳の微妙な作業を実行に移すことになり，こうして，コード・マップを明確化し，関連するカテゴリーを創発的に浮上させ，それらの間の主要な結びつきを個別化し，いくつかの特徴を特定化することによって曖昧な諸概念を定義し，まだ粗雑な形ではあったが，核となるカテゴリーが組み込まれていた概念領域を認識することさえできたのである。

この場合，データとオープンコード化を翻訳するという通常なら退屈で時間がかかる作業が，分析を補う歓迎すべき道具になった。翻訳は常に理解 - 解釈 - 分析というプロセスを前提にするため，データを扱う調査研究者の手になる貴重で新しい道具に翻訳はなることができるのである。それは，GTの発見的な_{ヒューリスティック}基盤を象徴し強化する絶えざる比較の別のフィールドである。データ間，データとカテゴリーとの間，そしてカテゴリー間といった通常の比較があるわけだが，私たちは，これらの比較に，データとカテゴリーとを表現する異なる記号システムの間の比較を加えることができる。これは新しい概念化を産み出し，洞察の創発的浮上を促し，理論的感受性を鍛えるだろう。

4　イタリア語でコード化すること，英語でコード化すること

母国語と異なる言語でGTを実践することは，通常，調査研究者にとって資源なのだが，私たちは言語の特徴を真剣に考慮しなければならない。イタリア語は，特に，注意深くて豊かで洗練された記述を提供するのにふさわしい。そのため，イタリア語は，英語に比べて，調査研究の初期の諸局面とメモの方にふさわしいと思う。それは，英語が「孤立化的（あるいは分析的）言語」と呼ばれ，イタリア語がより「抑揚のある」（Comrie, 1989）言語と呼ばれる理由な

表10-4 孤立化的言語対抑揚のある言語，並びに GT 分析でのそれらの使用

英　　語	孤立化的	分　析　的	上級レベルでのコード化とメモ作りにふさわしい
イタリア語	抑揚のある	記　述　的	初期のコード化とメモ作りにふさわしい

のかもしれない。イタリア語には，文法上の諸関係を表現するいくつかの語形変化や，（性別や数字といった）名詞としての関係を表すカテゴリー，さらには正確な記述の可能性を広げる多くの動詞の語形変化があるのだ。

　他方で英語は，イタリア語よりも概念化に適した言語で，命題産出面でより大きなパワーを持っている。したがって英語は，命題言明の作成や諸概念のまとめ上げ，統合的な専門用語による複雑で扱いにくいカテゴリーの表現といった作業を行なうには，より適しているように思われる。このため，私は，概念のラベルづけが必要な上級レベルのコード化の際には英語の方を選択する。分析の初期段階（オープンコード化と最初のコード化）においては，イタリア語は元のデータにより密接に対応しているので，特に適している。分析が選択的コード化や理論的コード化〔局面〕に進めば進むほど，英語は〔諸概念の〕並べ替えと概念化のために，より適切なものになってくる。

　研究者は，言語使用の様々な含意について——つまり，比較的含意，文化的含意，それから人類学的含意について——長期にわたる議論に入り込むことができるかもしれない（ちなみに，ここで言う言語には，次のような特徴を持った諸命題の内部で，世界を組織化し，システム化し，コード化するという傾向がある。すなわち，これらの諸命題は，創造的で融通性のある言語，より記述的で物語的〔性格を備えた〕言語を用いるというよりもむしろ，諸概念を正誤判定のワナに落とし入れるものだ，ということである）。言語には，当該現象の解釈理論を構築するという観点から，何らかの形で世界を組織化する傾向があるわけだが，ここで私は調査研究者たちに，そうした言語の使用の諸帰結について注意を喚起するにとどめておく。いずれにしても，同一の対象についての２つの調査研究，つまり，同じ方法で，にもかかわらず異なる言語で実施される２つの調査研究は，わずかに異なった理論を産出するだろう〔と考えているのだ〕が，この点について，さらに調査研究をするだけの価値があると私は断言する。

調査研究実践における言語の典型的な特徴の含意に関して言えば，動名詞である"〜ing形"の使用はGT〔のやり方〕を象徴している。まずグレーザー（1978）が，そして次にシャーマズ（Charmaz, 2006）が，コード化とメモ作りにおいてカテゴリーを表現する形式として，動名詞の使用を勧めた。シャーマズによれば，それは「理論的感受性を育む。というのも，これらの単語は私たちを静的なトピックから離脱して生起しつつあるプロセスへと促し推し進めてくれるのだから」（Charmaz, 2006, p.136）ということである。

動名詞は，行為を含意する名詞として使用される動詞の現在分詞である。しかし，この形式はイタリア語あるいは他の多くの言語の中には存在しない。そのかわりに私たちは不定詞の形式を使うが，この形式は，概念的ラベルをやや冷淡で固定された記述に凝固させてしまうものである。イタリア語でコード化を行なっている時，私たちは，これらのより静的な文法形式でもって何とかやっていかなければならず，この静的な文法形式は，概念の動的な動きを暗示することも行為のパワーを開示することもないのである。

私たちがイタリア語で研究を行なっている際，私には英語でコード化してしまうということが非常によく起こる。これは，密度の濃い統合的な諸概念を表現するのに，この言語が柔軟性を備えているからであり，プロセスをより強調する狙いからである。そうでなければ，イタリア語の場合には，私たちは，より柔軟性のある名詞に頼らなければならないか，文法上の正確性は欠くがコードの持っている強烈さや情動喚起力を保持することが可能な表現を使わなければならない。英語は，イタリア語よりも統合的であり，より少ない単語で意味を凝縮させるので，カテゴリーと共にタイトルやスローガンを創造するのには完璧である。他方では，これらの英語での統合はイタリア語の場合ほど正確ではない。イタリア語は，調査研究者に対して，明快さと表現力をより備えた概念やカテゴリーを示すための，より多くの言語学的素子を提供してくれるのである。

5 結 論

過去40年間で，GTの方法論は特定の調査研究言語を提案，普及させてきた。

現在,「理論的サンプリング」や「コア・カテゴリー」「飽和」「絶えざる比較」のような表現は,世界中で流通し,社会科学の専門的な言語の一部になってきた。これらの表現はまた,この方法論の独創性と独自性の範囲を定めることに貢献してきた。

それにもかかわらず,バーニー・グレーザーは,GT の「ジャーゴン」(訳者注:身内や専門家仲間にしかわからない特殊な専門用語のこと)が世界中で流通していることを,彼の方法の瑣末化と見ている (Glaser, 2009)。皮肉にも,ジャーゴンは,それが世界の複雑性の瑣末化・狭小化を進めていく中で,正当化と資格付与とを行なうのである。GT は相当の成功を収めているが,グレーザーは,そうした GT の成功を,これまでのところでは,GT に貼りついている正当化の表現——つまり,そういう世間的成功のようなことがなければ,方法自体のより実質のある使用を越えて生き残っていたであろう術語体系——が広範囲にわたって使用されている点と結びついているものとみなしている。40年が過ぎこれらの表現が使い古され,それらが「人々の心を掴むだけの魅力」あるいはオリジナルな概念化のパワーを失ってしまったと彼は信じている。私にはこれが真実かどうか確かではないが,これらの概念的に密度の濃い表現を異なる文化的・言語的システムに翻訳することによって,私たちはその力を生き返らせることができると——つまり,それらの意味論レベルでの有意味性の保持と更新とを同時に達成することによってそうすることができると——私は信じている。

現代の社会調査研究のためにこれらの鍵になるアイディアを翻訳するにあたって,たとえ元の言語に最も忠実に一致する言葉を見つけることができない場合でも,私たちはほとんど同じことを言うことはできるのである。この「ほとんど」には,先に触れた交渉プロセスだけでなく,方法の批判的再考を通しての方法それ自体を刷新する可能性も含まれる。この方法の批判的再考は,1万 km (6,300マイル) と44年と遠く離れてはいるが,しかし体験的には,その方法が生成された場所に非常に近い観点からなされているものなのである。

注
(1) A・ストラッティ (A. Strati) 編, 2009, 『GT の発見』, M・タロッツィ (M.

Tarozz）訳，ローマ：アルモンド社。
(2) ドイツ語では，「Grounded Theory」は元の英語そのままの形であるが，この用語はまた"gegenstandsverankerte Theoriebildung"（対象に係留された理論構築）と翻訳することができる。フランス語では，"l'analyse par theorization ancree"と表現されている。スペイン語では"teoria fundamentada"，ポーランド語では"teorii ugrntowanej"，スウェーデン語では"Grundad teori"である。
(3) 例えばフーコーの『言葉と物』という本への導入部分にあるベラスケスの「ラス・メニーナス」という有名な絵画の描写を参照されたい。

参考文献

Arduini, S. & Stecconi, U. (2007). *Manuale di traduzione. Teorie e figure professionali.* Roma : Carocci.

Bassnett-Mcguire, S. & Trivedi, H. (Eds.) (1999). *Post-colonial translation. Theory and practice.* London : Routledge.

Calvino, I (1995). *Saggi 1948-85.* 2 vols. Edited by M. Barenghi. Milano : Mondadori, Tradurre e il vero modo di leggere un testo. Tomo II. pp. 1825-1831.

Charmaz, K. (2006). *Constructing grounded theory : a practical guide through qualitative analysis.* London : Sage Publications.

Comrie, B. (1989). *Language Universals and Linguistic Typology, 2nd ed.* Blackwell : Oxford. Translation from the Italian *Universali del linguaggio e tipologia linguistic.* Bologna : Il Mulino, 1983.

Derrida, J. (1995), Des tours de Babel. In Graham (Ed.), *Differences in translation.* Ithaca : Cornell University Press, pp. 209-248 (trad. It. In Nergaard (Ed.), *teorie contemporenee della traduzione.* Milano : Bompiani. 1995, pp. 367-418).

Eco, U. (2003a). *Dire quasi la stessa cosa.* Milano : Bompiani.

Eco, U. (2003b). *Mouse or rat? : translation as negotiation.* London : Weidenfeld & Nicolson.

Eco, U., & McEwen, A. (2001). *Experiences in translation. Toronto Italian studies.* Toronto : University of Toronto Press.

Glaser, B. G. (1978). *Theoretical sensitivity : advances in the methodology of grounded theory.* Mill Valley, CA : Sociology Press.

Glaser, B. (2009). *Jargonizing. Using the Grounded Theory Vocabulary.* Mill Valley, CA : Sociology Press.

Glaser, B. & Tarozzi, M. (2007). Forty years after Discovery. Grounded Theory worldwide. Barney Glaser in conversation with Massimiliano Tarozzi, In *The*

Grounded Theory Review, Special issue, November 2007, pp. 21-41.

Jakobson, R (1959). On linguistic aspects of translation. In *Saggi di linguistica generale*, Feltrinelli, 2002 (ed. or 1963).

Mounin, G. (1965). *Teoria e storia della traduzione.* Torino: Einaudi.

Shklarow, S. (2009). Grounding the Translation: Intertwining analysis and translation in cross-language grounded theory research. *The Grounded Theory Review*, vol. 8, no. 1, pp. 53-74.

Steiner, G. (1975). *After Babel: aspects of language and translation.* New York: Oxford University Press. (trad. it. Dopo Babele. Milano: Garzanti. 2004) (=1999 (上巻), 2009 (下巻), 亀山健吉訳『バベルの後に——言葉と翻訳の諸相』法政大学出版局)

Tarozzi, M. (2008). *Che cos'e la grounded theory.* Roma: Carocci.

Venuti, L. (1995). *The translator's invisibility.* London: Routledge. (Trad it. L'invisibilita del traduttore. Roma: Armando, 1999).

第Ⅲ部　歴史的・哲学的基盤

第11章　人生のレッスン
　　　——バーニー・グレーザーからグラウンデッド・セオリーを学ぶ

キャシー・シャーマズ

　本章では，バーニー・グレーザー（Glaser, B.）による初期のグラウンデッド・セオリー（以下，GT）教育について，カリフォルニア大学サンフランシスコ校（以下，UCSF）で1960・70年代に彼のもとで学んだ，博士課程の学生たちの視点から振り返る。彼の GT 連続講座は，UCSFの革新的な社会学プログラムの中核をなすものだった。クラスは，小規模（およそ10名弱）のワークショップ形式であったこと，各学生の分析作業を皆で進める責任を負ったこと，そして何よりバーニーの鋭い分析的精神のおかげで，刺激的でインスピレーションを与え，生産的なものだった。当時（そして今でも），質的な分析に関する公式講座に約2年もの時間をかけるというのは，驚くべきことであった。社会学における一部の博士課程プログラムではフィールド調査の講座が設けられていたが，そこで集中的に扱われたのは概してフィールドへの入り方や調査者の役割，データ収集の仕方といったことだった。その一方で，分析については扱われなかったのである。バーニーは著作や教育をとおして，分析の戦略を明確にし，フィールドの出来事や問題に対して有用な概念的分析を発展させようと，最前線に立った。

　では，バーニーのもとで一定の期間，学んだことは，初期の学生たちの人生やキャリアにおいて，どういった意味があったのだろうか。彼らがキャリアを終えようとしている（あるいは終えた）今，バーニーから学んだこと，そしてキャリアをとおして心に留めてきたことについて，本章で振り返ってもらうことにしよう。ここでは，私が見つけ出せるかぎり多くの門下生に送った自由回答式の質問用紙への回答，および幾つかの公刊されている言葉をもとに，彼らの声や回想，そして経験に光を当てる。

1 モノにする（Getting it）

　バーニーのGTセミナーの日常用語で「モノにする」とは，GTを理解するだけでなく，すぐに使えるという意味だった。しかしながら初期の学生の多くにとって，GTの論理や形式の理解は，調査や理論に対するそれまでの先入観を再考し，捨て去ることを迫るものだった。GTは，社会調査を行なう方法をめぐり1960年代に支配的だった前提に切り込んだばかりでなく，社会や社会関係について当時，一般的だった社会学的な認識を覆すものでもあった。論理演繹的な調査研究が，少なくともテキストブックに書かれていたように趨勢を占めていた当時，一方のGTは帰納的な論理から出発し，社会的現実をプロセスから構成されるものとして捉えた。多くの学生にとって，モノにするということは，調査研究や理論に新しい方法で取り組まなければならないということだったのである。モノにするために彼らが直面した困難について，トム・ロンナー（Lonner, T.）はこう表現する。

　「私がいたクラスの多くの人は，社会やコミュニティ，そして制度化のプロセスについて，きわめて構造化された見方を既にしていたのです。そして実際とは逆に，秩序は固定的であり，また変化は問題のあるものだと感じていた人が大半でした。世界が興味深いパターンや具体的な状況のなかで常に構築されていると理解することに，いくぶん違和感を覚えていたのです。そうしたことから，修了できたのは，記憶が確かなら，クラスのなかでほんのわずかです。と言うのも，別の見方で現実を理解できなかったからです。私もまた，バーニーの最初の授業で当初，そうした限界を感じていたことを認めなければなりません。クラスで初めて分析のプレゼンテーションをした時，バーニーがこう言ったのを覚えています。『トム，君はモノにできてないですね。このままだったら，セミナーを修了できないですよ』。私はモノにしていたつもりだったので，その時はとても怖かったです。このちょっとした出来事に対して，クラスの同輩たちの間には微かな嘲笑（シャーデンフロイデ）以上のものがありました。でも，私はセミナーを無事に

第Ⅲ部　歴史的・哲学的基盤

終えましたし，バーニーやアンセルム（ストラウス；Strauss, A.），レニー（シャッツマン；Schatzman, L.），フレッド（デイヴィス；Davis, F.），そしてキャロル（エステス；Estes, C.）が教え込んでくれたことは，全て吸収しました」。

私の記憶では，バーニーやアンセルムは，学生や若手の研究者が「モノにし」，そしてGTの世界になじむように，多大な労力と時間を費やしていた。当時のクラスには時々，他大学の教育学や公衆衛生学の博士課程あるいはポストドクターの学生，そして短期訪問研究者がいた。彼らの存在は，他の調査様式の限界を明らかにし，GTの長所を示そうとする，バーニーやアンセルムの情熱を掻き立てたようだった。学生のなかには既に，伝統的な調査法の限界に気づいている者もいた。彼らは，恰好のオーディエンスだった。そうした学生は，モノにしたのだった。デイビッド・ヘイズ＝バウティスタ（Hayes-Bautista, D.）は，質的研究法や新しい理論化の様式を探し求めるようになったきっかけについて，次のように説明する。

「私はもともと工学分野で指導を受けたので，量的な研究方法について大変よく理解していました（1963年に初めてアナログ式コンピュータのプログラムを書きました）。私は質的研究法と呼ばれるものについてとりわけ学びたかったのですが，バーニーのクラスは素晴らしい足掛かりになりました。私は当時（そして今でも），ラテン系アメリカ人の健康行動について分析する理論モデルにとても不満があったので，新しい理論モデルを創出するためのスキルを身につけたかったのです（私の研究史の回顧については，近著 *La Nueva California: Latinos in the Golden State* 〔University of California Press〕をご覧ください）。この講座は，まさにぴったりでした！理論的な展開について，思い描いていたとおりにできたのです。そして，それ以降もずっとできています」。

モノにし，それを維持するのは，常に上手くいったわけではない。また，参加者の出発点やモノにする速さも，様々だった。一部の優秀な学生は脱落し，

第11章　人生のレッスン

全くモノにできなかった者もいた。さらには，GT が各自の分野で受け入れてもらえるかどうかを疑う者も何人かいた。しかし，他の学生たちは耐え続けた。フィリス・スターン（Stern, 2009 ; Stern & Covan, 2001）の回想によると，セミナーの初回にクラスの規模を小さくするため，看護学生に辞退するよう，バーニーが求めたことがあった。その結果，看護学生のなかで彼女だけが参加し続けた。彼女が傾倒した結果は，数年経って，はっきりと出てきた。彼女はその時，バーニーのクラスで歓迎されていないばかりか，高等教育の詐称者のごとく感じていたと打ち明けた（Stern, 2009）。私の質問に対し，彼女はこう答えている。

　「私は最初，社会学のあらゆる専門用語にすっかり困惑しました。しかし，傾倒することで理解できるようになるとずっと信じていたら，少しずつですがモノにできたのです。クラスでは，お互いのデータを分析しあい，総じて刺激的でした」。

エレナ・コーバン（Covan, E.）は学習を始めた当初，GT に対して批判的で懐疑的だった。量的研究法の指導をしっかりと受けてきた彼女にとって，GT を採用することにどういった拒否感があったか，スターンとコーバン（Stern & Covan, 2001）はこう記述している。

　「『私を信じてついてきなさい』というバーニーのやり方では，GT に基づく質的研究の結果の受けが良いであろうと，彼女は信じることができなかった。こうした態度は，プロセス研究コースに参加する学生たちにも同じく見られた。…（中略）…しかし，既に学び終えた今，プロセス学習こそが GT を教える唯一の方法であると，私たちにははっきりとわかる。だが，学生たちは私たちが当初そうだったように，戸惑っているようである」。（p. 22）

遅かれ早かれバーニーのやり方に共鳴した学生たちは，人生を変える知の旅を始めたのだった。彼の指導法のおかげで私たちの作業では，『グラウンデッ

ド・セオリーの発見』(邦訳『データ対話型理論の発見』以下,『発見』)から学ぶこと以上のものが得られた。オーディス・シモンズ(Simmons, O.)のセミナー経験談は,多くの人々の回想をうまく表現している。

「彼のセミナーは,私の人生で最も刺激的な知的経験だったと思います。そこでバーニーは,『発見』のことだけでなく,たくさんのアイディアを紹介し,展開してくれました。それらは後に,『理論的感受性』をはじめとする著作群でまとめられました」。

2　成功する(Making it)

　GT のクラスにおいて「成功する」とは,大学院生としての価値を示すこと以上のものを意味した。それはすなわち,各自の分野で認められることであった。では,そのためにどうすればよいか。出版である。バーニーから GT を学ぶことで,その道が開けたのである。彼は,社会学や理論化そして成功について新しい考え方を提示し,そのなかで新進の研究者として「成功する」ための教訓を伝授した。彼は,学内委員会の職務や授業の準備,そして既存の理論や研究の影響の回避に至るまで,学界における多くの期待されていることや慣習を避けた。多作すぎる研究者,あるいは専門文献に目を向けるばかりで寡作な研究者にならないよう,バーニーは私たちに警鐘を鳴らした。職務や教育に関する彼のアドバイスは,私たちの一部が置かれた学術環境に合うものではなかったが,理論化についての考え方は合ったものだった。それは,きわめて庶民向けだったのである。1960年代当時の社会学においては理論と調査の間に激しい分裂が存在し,理論は特別なエリートの手の内に収められていた。そうしたなかでバーニーは,理論家を「偉大な男たち(原文ママ)」とする畏敬の念を切り崩した。GT は,私たちでも理論家,ひいては偉大な男たち——そして女たち——になれるツールを提供するものであると,彼は考えたのである。フィリス・スターンは,簡潔にこう述べる。「私たちは有名になれると,彼は言ったのです」。そして実際に,彼女は有名になった。

　バーニーは公刊を求めたが,一方でその神秘性を取り除いたのであった。私

第11章　人生のレッスン

たちは公刊すべきだし，またできるのだ，と。バーニーとアンセルムは，学位論文ではなく本を書くことを私たちに期待していると，当初から話していた。社会学大学院プログラムの1期生だった私の同輩は，その期待を真に受けた。しかし，GTによる学位論文を執筆した者のうち，完成後すぐにそれを公刊した者は誰もいなかった。その後，キャロライン・ウィーナー（Wiener, C.）が大学院プログラムに入った頃になると，バーニーが強調する公刊には論文も含めるようになっていたようだ。彼女はこう述べている。

　「最後に公刊しなければGTのクラスを修了することはできないと，彼は初日に言ったのですが，私は素直にそれを信じたのです。ですので，私はある夏に，*Social Science & Medicine* の編集者と，論文の細部について盛んにやり取りしました。その時，アンセルムからもバーニーからも手を借りることができませんでしたが，最終的にはそれを公刊することができました。言うまでもないですが，公刊しなさいとの彼の言葉を真に受けた者は，クラスのなかで他に誰もいませんでした」。

　ウィーナーの最初の論文は広く認められるようになり，病の社会学における重要な貢献として引用され続けている。1960・70年代と言えば，何かを公刊する社会学者など，ごくわずかしかいなかった。当時，大学院生がカンファレンスペーパーを発表することはめったになかったし，それを公刊するとなると，なおさらだった。しかし，そうした時代に，UCSFにおける社会学や看護学の初期の学生は論文を発表し（例えば，以下の文献を参照せよ。Beeson, 1975；Bigus, 1972；Calkins, 1970；1972；Hayes-Bautista, 1976；Suczek, 1972；Wiener, 1975；Wilson, 1977），そして後には本を公刊しはじめた。GTによる学位論文を，本として公刊した者もいた（Benoliel [Quint], 1967；Broadhead, 1983；Rosenbaum, 1981；Wiener, 1981；Wilson, 1982）。社会学プログラムの修了者のうち幾人かは既に亡くなったものの，彼らはバーニーやアンセルムの指導の跡を本のなかに残している（Biernacki, 1986；Cauhapé, 1983；Star, 1989）。

　バーニーの指導は，質的調査研究の分野の域を越えていた。博士号を取得した看護師の雇用が始まったのは，1970年代である。当時の大学では，看護学の

博士課程プログラムが新しく開設されていた。しかし，質的研究法は未だ論争の的だった。社会学ではアカデミックポストがほとんどなかったが，UCSFの多くの修了者は，調査や政策分析，非営利組織，そして行政機関で革新的なキャリアを築いた。量的研究者でも GT を用いることができるというバーニーの信念は，のちに量的研究者となる学生の共感を得た。ある者たちはサーベイ・リサーチの方法について教え，またデイビッド・ヘイズ＝バウティスタのように，巨大な量的データセットを用いた研究を再び行なう者もいた。

「バーニーはセミナーの終わりのころ，GT で量的データを用いることについて話しはじめました。基本的にそれこそが，およそ30年間にわたって私が行なってきたことなのです。実際のところたいていの人が，私のことを単なる量的研究の専門家だと思っています。ですが，私の量的データの使い方は，他の人々とはずいぶん異なります。例えば，いつものバーニーの問いかけをシンプルに繰り返すことで，私はラテン系アメリカ人疫学パラドクス・モデルを構築してきました。つまり，『では，データから何がわかるのだろうか』と。これまでと今との違いはと言えば，死亡データ，出生データ，退院データ，そして人口調査などの大規模なデータセットから，最近はデータが構成されている点です。医学教育の分野で，私はちょっとした異端児だと思われているかもしれないのですが，それは何もかも，バーニーの指導のおかげなのです」。

3　バーニーの指導への感謝

学生たちは，バーニーの指導やその方法に感謝した。質的な研究に疎い学生は GT を学び，新しい発見に駆り立てられた。また，既になじみのある学生の場合，**自前のアイディアを発展**，洗練，そしてチェックするための明確な戦略を得たのだった。クラスの形式は，GT の学び方に影響を与えた。看護学コースは教室環境における実践学習だったかもしれないのだが，社会学における1960年代の博士課程プログラムは，そうではなかった。さらに，クラス・セッションで学生を理論構築へと誘うバーニーの革新的な手法は，従来のセミ

ナーとはがらりと異なり，分析的思考を学生に促した。というのも当時，全国の一般的な大学院セミナーと言えば，各自の調査研究に関する新鮮なアイディアを導き出すことよりも，既存の研究文献を批判的に検討することが中心だったからである。

バーニーのクラスでは週ごとに 1 人の学生の研究を取り上げ，本人がその前の週に配布しておいたデータのコーディングや比較，そしてカテゴリー化の作業を行なった。そこでは書記役の学生を 1 人，バーニーが指名していたので，発表者本人は，その場で生み出されてくる分析について議論することに集中できた。議論は，分析に関する質疑応答をしているうちに，瞬く間に進んでいった。1960年代の大学院で見られた，粗暴な個人「攻撃」による，セミナーの同輩どうしの「点数稼ぎ」（ワン・アッピング）争いをバーニーは解決したのである。つまり同輩の理論的分析をより抽象的なレベルに引き上げることで，各自の賢さを示したのである。バーニーのセミナーの形式の良さについて，ある学生は端的に「毎週行なわれるあのセミナー形式は，大変素晴らしい」と評価する。

バーニーの指導スタイルは，分析の方向性を提示するかたわら，方法論的な戦略やデータ分析に関する創発的な発見を学生に促すものだった。各自の研究や実際の問題に合うように GT を用い順応させなさいと，バーニーもアンセルムも共に言っていたのを私は憶えている。オーディス・シモンズは，バーニーがそのように指導していた時のことを次のように思い出す。

　「バーニーは GT においてメモとは何かを説明する前に，私たちに向かって『家に帰って，幾つかメモを作ってきなさい』と指示を出したのです。学生たちが戸惑いながら互いに見つめあっていると，誰かがこう尋ねたのです。『バーニー，メモって，どんなのですか』。バーニーは，こう答えました。『何でもいいから，とにかく家に帰って何か書いてきて』。今では分かるのですが，バーニーは私たちに，各自の個性に合ったメモの取りかたを見つけ出してほしかったのです。私が GT を教える最近の学生は，課題を与えられる前に，明確で詳細な指示やモデル，例をしばしば求めます。しかしバーニーの指導を踏まえると，しばしば大きな驚きとともに『なるほど』と手を打つような気づきを得るには，学生に少し悩んでもら

うのが良いと思います。ですので私は意図的に,わずかに高度な『やり方』の指示だけを出すのです。そうすることで,より深い学習が促され,そして理解のレベルとは関係なく,たたき台のようなものが生まれると考えています」。

バーニーのもとでGTを「モノにした」学生たちは,彼らにとって有効な方法論を手にした。彼らはそれを使い,腕を磨いたのである。バーニーが長年主張してきたことだが,GTは単なる質的研究の方法ではなく,その用途はきわめて広い。GTの使用が多様な目的や課題に対して有効であることは,以下に述べられるトム・ロンナーの独創的なキャリアに例証されている。

「バーニーは,私にぴったりのツールを与えてくれたのです。そのおかげで,私は応用政策の分野で瞬く間にキャリアを築き,次のような調査研究を行なうことができました。現実のコミュニティについて(例.アラスカ先住民の村における社会的影響分析および改善,ワシントン州の公共サービス計画におけるコミュニティ・コントロール),現実の諸問題について(例.アラスカ州の自給自足に関する応用政策,アラスカ先住民のアルコール規制,ワシントン州のインディアン児童福祉コンプライアンス),現実の諸制度について(例.カリフォルニア州の病院・マネジドケア計画),文化展示の運営・演出(アラスカ州立博物館のディレクターを務めました)。もちろん私が導き出してきた知見は結果的に,政策領域で表現するのに大変有用であると思いました。それらは法や規制,そして政策となり,また実務でも活かされており,(私の観点からは)総じて良い結果を出しています」。

1970年代の大学院生の幾人かは,医療社会学の質的調査を行なう常勤研究者として,長年にわたってアンセルムと仕事を共にした。彼らは,アンセルムやバーニーと密に協働する機会のあった者たちと同じように,講座修了から長年経って,バーニーから学んだことが研究に活かされていることに気づいた。キャロライン・ウィーナーは,こう振り返る。

第11章 人生のレッスン

「彼は GT のよき指導者でしたし，彼もそう考えるように，アンセルムの手法よりも規則だてられたものでした。また，量的研究の指導の影響を彼がどう受けているのか，学生と研究を共にしはじめる数年後まで，私は本当にわかりませんでした。私は，双方からの学びをあわせて得られたと思います。バーニーが力点を置く特定領域理論からフォーマル理論への展開や，厳しく強調する基礎的な社会プロセスについては，彼の方法論セミナーから生まれた私の論文 "The Burden of Rheumatoid Arthritis" あるいは学位論文（本）*The Politics of Alcoholism* に反映されています。一方のアンセルムは，より自由な発想（彼が「ブルースカイング」と呼ぶもの。例えば，医療用器具の特性(プロパティ)を引き出すために，家電製品と比較するようなこと）を促したのです。もう1つ，私にとって重要だったのは，バークレーの公衆衛生学大学院での博士課程準備コースの担当がバーニーだったことです。そのせいで，私は量的研究の環境のなか，骨の折れる1年を過ごすことになったのです。そこでは常に GT について説明し，質的研究を弁護しなければなりませんでした。とても大変でしたが，その経験のおかげで GT に対する私の理解は洗練されました。そして嬉しいことに，私に対して最も辛辣だった人たちが，最後には私の本を学生に推薦したと数年後に知りました！」。

　学生のデータを読み，その社会的プロセスに関する分析枠組みを展開するバーニーの技量は，伝説的なものとなった。なかには，データの見通しを立てるために，彼の才能に頼る者もいた。彼は，セミナーの短い間にデータを熱心に読み込み，分析の概観を展開することができた。バーニーとアンセルムは2人とも近寄りやすく，学生の研究に興味をもち，そしてすぐに取り組んでくれた。最初の博士課程の学生は，のちの学生たちよりもかなりの世話を受けていたのかもしれない。しかし，彼らの素早い対応は，世代に関係なく言及されている。昼間に何かを2人に渡せば，アンセルムかバーニーのいずれか，あるいは双方が，それについてその日の夜に議論しようと呼びかけてくれた。私の場合，学位論文を執筆する頃になると，自前の分析を展開したかったので，バーニーやアンセルムに見せる前に相当な分析を行ない，執筆した。すると，バ

第Ⅲ部　歴史的・哲学的基盤

ニーやアンセルムの反応としては典型的だが，何章かを見せると，彼らは2人とも興奮し激励してくれたのだった。

　私が博士課程に入った1968年から，修了した1973年までの5年の間に，学部教員の間の軋轢が大きくなっていた。特にバーニーは，その軋轢の中心にいた。幾人かの教員は GT の価値について疑問を呈するようになり，それを私の学位論文審査の場を使って表明したのである。GT による学位論文（*Time and Identity : The Shaping of Selves of the Chronically Ill*）は，バーニーやアンセルムそして外部審査員を喜ばせたが，一方で他の学部教員の一部をかなりいらだたせるものだった。方法論が明確でない。データの魅力ある記述ではなく，理論枠組みが論文の構造を決定するのだ。長くて抽象的な分析には悲しい話が含まれており，ユーモアのあるすぐれた読み物を好む審査員が非常に驚くほど読む気を削いだのだった。しかし，私を凍りつかせた最も批判的な質問は，これだ。「どうして，たった55人のインタビューから，このような抽象的，理論的でドイツ人的（チュートニック）な分析を展開できたのですか」。著者が答える間もなく，バーニーがこう答えた。「なぜならこれは，単に55人のインタビューに関するものとかではなく，彼女の人生そのものだからです」。確かに，そうだったのである。私は，父と叔父の心臓病の影響が生活に長い影を落とす家庭環境で育ったのだった。身体的リハビリテーションの分野で働いた作業療法士としての私の短いキャリアの記憶は私の意識に刻みこまれ，リハビリテーションに関する後の2つのエスノグラフィーは強い印象を残した。バーニーの洞察力に対して，それから先入観ではなく経験が理論的分析の構築を支えていることを彼が認めてくれたことに対して，私は感謝している。

　最近のバーニーの学生の多くがそうであるように，フィリス・スターンは長年にわたって彼と仕事上の付き合いを続けた。彼女は，こう述べる。「なぜバーニーの弟子は，非常に忠誠心が強いのだろうか。それは，彼がそこにいるからだ。もしもつまずいていると思う場合，彼に電話やeメールをして，アドバイスをもらえるのだ」(Stern, 2009, p. 62)。彼のアドバイスは，初期に指導を受けた私たちの多くの者の研究生活の礎となった。ありがとう，バーニー。

注

40年以上が過ぎた今,GT の論理はより広く知れ渡っているが,教員たちは未だに,演繹的な研究法に対する学生の盲信と闘っているかもしれない(Hesse-Biber, 2007 を参照せよ)。

参考文献

Beeson, D. (1975). Women in aging studies : A critique and suggestions. *Social Problems*, 23(1), pp. 52-59.

Benoliel [Quint], J. (1967). *The nurse and the dying patient.* Chicago : Aldine.(= 1968, 武山満智子訳『看護婦と患者の死』医学書院)

Biernacki, P. L. (1986). *Pathways from heroin addiction : Recovery without treatment.* Philadelphia : Temple University Press.

Bigus, O. E. (1972). The milkman and his customer : A cultivated relationship. *Urban life and Culture*, 1(2), pp. 131-165.

Broadhead, R. (1983). *The private lives and professional identity of medical students.* New Brunswick, NJ : Transaction Books.

Calkins, K. (1970). Time : Perspectives, marking and styles of usage. *Social Problems*, 17(4), pp. 487-501.

Calkins, K. (1972). Shouldering a burden. *Omega*, 3(1), pp. 16-32.

Cauhapé, E. (1983). *Fresh starts : Men and women after divorce.* New York : Basic Books.

Charmaz, K. (1973). *Time and identity : The shaping of selves of the chronically ill.* Unpublished PhD Dissertation. University of California, San Francisco.

Glaser, B. G. & Strauss, A. L. (1967). *The Discovery of Grounded Theory.* Chicago : Aldine.(= 1996, 後藤隆・大出春江・水野節夫訳『データ対話型理論の発見——調査からいかに理論をうみだすか』新曜社)

Hayes-Bautista, D. (1976). Modifying the treatment : Patient compliance, patient control and medicine. *Social Science & Medicine*, 10, pp. 233-238.

Hayes-Bautista, D. (2004). *La Nueva California : Latinos in the Golden State.* Berkeley, CA : University of California Press.

Hesse-Biber, S. N. (2007). Teaching grounded theory. In A. Bryant & K. Charmaz (Eds.), *Handbook of grounded theory*, London : Sage, pp. 311-338.

Rosenbaum, M. (1981). *Women on heroin.* New Brunswick, NJ : Rutgers University Press.

Star, S. L. (1989). *Regions of the mind : Brain research and the quest for scientific certainty*. Palo Alto, CA: Stanford University Press.

Stern, P. N. (2009). In the beginning Glaser and Strauss created grounded theory. In J. M. Morse, P. N. Stern, J. Corbin, B. Bowers, K. Charmaz & A. E. Clarke. *Developing grounded theory: The second generation*. Walnut Creek, CA: Left Coast Press, pp. 23-29.

Stern, P. N. & Covan, E. K. (2001). Early grounded theory: Its processes and products. In R. S. Schreiber & P. N. Stern (Eds.), *Using grounded theory in nursing*. New York: Springer, pp. 17-34.

Suczek, B. (1972). The curious case of the "death" of Paul McCartney. *Urban Life and Culture*, 1(2), pp. 61-76.

Wiener, C. (1975). The burden of rheumatoid arthritis. *Social Science & Medicine*, 9, pp. 508-516.

Wiener, C. (1981). *The politics of alcoholism: Building an arena around a social problem*, New Brunswick: Transaction Books.

Wilson, H. S. (1977). Limited intrusion: Social control of outsiders in a healing community. *Nursing Research*, 26, pp. 105-111.

Wilson, H. S. (1982). *Deinstitutionalized residential care for the mentally disordered: The Soteria House approach*. New York: Grune & Stratton.

第12章　グラウンデッド・セオリーに適合する統合された哲学フレームワーク

アルヴィータ・ナサニエル

　ほぼ50年前，バーニー・グレーザー（Glaser, B.）とアンセルム・ストラウス（Strauss, A.）は，『グラウンデッド・セオリーの発見』（邦訳タイトル『データ対話型理論の発見——調査からいかに理論をうみだすか』）を出版し，そのことにより即座に，調査研究方法論に関する多くの教条主義的信条に挑戦することになる。グラウンデッド・セオリー（以下，GT）は，一つの革新的な新しい帰納法だったが，この方法は現象について，理論上完全な説明の発見に導くものであり，20世紀半ばの慣習的で演繹的な研究からの劇的な離脱を意味している。質的調査に関する一般的な信条に反して，GT の方法は厳密で科学的な標準を表示し，体系的なモードでの創発的出現，バイアスから自由なモードでの新しい真実の創発的出現をもたらしたのである。さらに，その概念上の性質のために，GT は，理論と調査研究との間の恣意的な分離を認めなかった（Charmaz, 2000）。不運にも，グレーザーもストラウスも，この方法の哲学的な基礎に対して明瞭な表現を与えなかった。そこで，その後何年にもわたって，様々な著者たちが，この方法の存在論的，認識論的，および方法論的土台の断片的な説明を提案することとなり，こうして，GT の方法の浸食と改造を促し，この方法の哲学的基礎に関して多様な考えを創り出したのである。本章の目的は，現存の統合された一つの哲学的枠組みを提案すること，つまりクラシック・グラウンデッド・セオリー（以下，クラシック GT）の方法に適合し，その厳密な科学的諸過程を下支えする哲学的枠組みを提案することである。

　なぜ調査研究方法論の哲学的な基礎を確認することが重要なのだろうか。もし注意深く関わるならば，ある所与の哲学の基本的原則や前提，信条はその存在論と認識論を一つの**方法論**にまとめあげる一助となって，方法論にまとまり

を与えることになる。哲学的な基礎は構造と論理と凝集力をもたらす。方法論は**方法**──つまり、データ収集やコード化、分析といった実際的諸段階や手続きと、さらには言語、イメージ、関係、意味を含む方法──にまで徹底されるものである。したがって、哲学の諸前提や信条は、方法の日常レベルでの実際的な応用と、方法の生み出す最終的な成果を染め上げることになる。これは、倫理的で論理的、真実に即していて凝集力のある調査研究、要するにすぐれた学識の諸特徴を具えた調査研究を生み出すのである。次のような単純な隠喩を考えてみることにしよう。つまり、その隠喩においては、（気候地図か道路地図、地形学的か政治的もしくは地質学的地図といった）あるタイプの地図が方法の哲学的な基礎を表し、地図製作者が調査研究者を表し、そして完成した地図が調査研究の成果を表しているとする。各々の地図は物理的には同じ地域の重要な諸特徴を描き出してはいるけれども、それぞれの地図には、ユニークな目的、言語、意味、外観、オーディエンス、それから実際的な用途がある。観察者が地図を見る場合、問題の地図はそれが表記するはずのものを正しく表記しており、事実として正確であるという信頼がある。同じことは調査研究においても該当するはずである。哲学的な基礎なしで彷徨い取り残される場合には、博士論文提出資格者たちであっても経験を積んだ GT 理論家であっても、凝集性のない非論理的な理論の展開と、あるべき理論についての自分たち自身の考えに適合する方法の改造、この両者を自由に行なうこととなる。したがって本章では包括的な哲学的視座に明確な表現を与えることにする。この視座は、GT 理論家たちに、論理的で説得力があり適合的で完全に統合された理論を展開するための明晰で体系的な基盤を提供するだろう。

　本章は、クラシック GT がチャールズ・サンダース・パース（Peirce, C.）のプラグマティズムの哲学、彼の認識論的および存在論的諸前提、それから科学的方法の相関的な原理、こうしたものとの一致度が高いことを実証するだろう。さらに本章は、パースの哲学が間接的にグレーザーとストラウスの両方に影響を及ぼしていたかもしれないことを提案する。実際、パースの哲学と GT との類似性は非常に顕著なものなので、パースの哲学が GT の由来を提供しているのではないかという思弁を働かせることができるかもしれない。本章は、いかなる点においてもクラシック GT を修正しようとするものではない。い

やそれどころかはっきり言わせてもらえば，元々はグレーザーとストラウスによって，そして後にはグレーザーによって記述されたクラシック GT は修正されるべきではないのである。このセオリーは，内的一貫性があり理にかなっており究極的に重要なものなのである。なぜなら，すぐれた GT は一貫して「新しい真実」を照らしだしているのだから。

1 プラグマティズムとクラシック・グラウンデッド・セオリーの創発的出現

（1）プラグマティズム

チャールズ・サンダース・パース（Charles Sanders Peirce, 1839-1914）はアメリカで最も多作の哲学者で1万2,000頁もの著述が公表されているが，まだ出版されていないものがさらに8万頁もある。彼の著作は散在しており，集めて分類することは困難である（Burch, 2008）。パースが書いたトピックは壮大な範囲に及ぶ。彼は，数学，物理学，経済学および社会諸科学について書いた。彼は，pragmatism（プラグマティズム，彼はその後それを再度 pragmataicism と命名した）の父として最も広く知られている。パースの哲学と論理は単純な記述では語れない。彼はアリストテレスやカント，ヘーゲル（Burch, 2008），それからスコトゥスのリアリズム（Peirce, 1955）の影響を受けていたが，独創的で高度に統合された哲学を展開した。

パースの著作は彼の複雑な文体と彼自身の創案になる言葉の使用のために理解するのが難しいかもしれない。例えば，形而上学について議論する場合，彼は特質や記号形式，インタープリタント（解釈項）のような用語を使用する（Peirce, 1868）。彼の後援者の1人への手紙でパースは，トーンとトークンとタイプについて，それから力動的(ダイナモイド)対象，直接的対象，抽象的(アブストラクティブ)対象，そして集合的でネセシタント必要かつ力動的な対象について書いているが，これらの用語は，彼の著作（Peirce, 1906/1992）のコンテクストの中では共通語レベルでの意味は持っていないのである。こうした事情から，パースは同時代の哲学者たちから非常な尊敬を受けているけれども，彼の業績は，哲学という学問領域の外にいた多くの人々には本質的に近づきがたいものであった。

パースは，野心的な人物だったので，彼の理論集合を包み込む体系化，統合

化された体系化でもって包括的な哲学を書くことを試みた。彼の目標は普遍的全体性を記述する一つのシステムを構築することだった (Houser & Kloesel, 1992b)。パースは，経験のもたらす意外な事実に常に開かれており，状況に応じてその理論を変更する覚悟を持った哲学者，漸進的変化を遂げていく哲学者と考えられていた。時間が経つにつれて，パースの体系的哲学は，彼が紡ぎ出した多くの別個の理論や学説から一つの合理的な全体へと一体化していったのである (Houser & Kloesel, 1992b)。

(2) グラウンデッド・セオリー

グレーザーとストラウスが GT 法を編み出した時，彼らはすでに高度に熟達した学者だった。両人は，最初から，彼らに影響を及ぼした教師たちに対して多くの功績を認めていたが，しかし彼らのどちらも GT の哲学的な基礎については十分な議論をしていなかった。彼らは出版物でチャールズ・サンダース・パースもしくはウィリアム・ジェームズ (James, W.) について言及してはいなかったけれども，GT 法が，次のような多様な研究の影響を受けていた点についてはしばしば触れている。つまり，コロンビア大学のラザースフェルド (Lazarsfeld, P.) の元でのグレーザーの量的数学・質的数学の研究，パリ大学でグレーザーが携わっていたテクスト分析の研究，マートン (Merton, R.) のもとでの理論構築に関するグレーザーの研究，シカゴ大学のブルーマー (Blumer, H.) のもとでストラウスが行なっていたシンボリック相互作用論に関する研究が，それである (Glaser, 1998; Glaser & Strauss, 1967)。これらの初期の影響は，GT 法の鍵となるプロセスの多くと関連づけることができるが，そうした影響は GT 法の最重要な哲学的基礎としての役割を果たすことはできない。クラシック GT は非哲学的なものであるとグレーザーは主張しているが (Glaser, 1998)，精密に吟味すると，GT のクラシックな方法はパースの著作と驚くほどの一致を示していることが明らかである (ちなみに，このクラシックな方法は，最初はグレーザーおよびストラウス〔Glaser & Strauss, 1967〕によって，さらにグレーザー〔Glaser, 1978; 1992; 1993; 1998; 1999; 2001; 2002; 改訂版 2007; 2005a; 2005b; Glaser & Tarozzi, 2007〕によって述べられたものである)。次に続くいくつかの節で示されるように，クラシック GT とパースの哲学とが一致しているというの

は驚くべきことではない。パースがグレーザーとストラウスの助言者たち(メンターズ)のうちの何人かに対して直接か間接の影響を及ぼしていた可能性は高いからである。

一般的にはそう信じられているが,しかしそうした考えに反して,シンボリック相互作用論はクラシックGTの哲学的な基礎ではない。しかしながら,グレーザーは,感受性を喚起しうる可能性を持った多数の枠組みの中の一つとしてこの存在論的視点を受け入れている。興味深いことには,シンボリック相互作用論者の視座がパースの哲学の一部によって影響を受けたという有力な証拠がある。パースの哲学の多くは,彼の友人であり後援者であったウィリアム・ジェームズによって前進させられた。彼の仕事をよりアクセス可能なものにするために,ジェームズは,より多くの人々が彼の仕事を理解できるようにパースの言わんとする真意を解釈しようと試みた(Redding, 2003)。このことは本章の目的にとって重要なことである。なぜなら,ジェームズとパースの両方がジョン・デューイ(Dewey, J.)とジョージ・ハーバート・ミード(Mead, G.)に影響を及ぼしており,彼らは彼らでシカゴ学派のハーバート・ブルーマーに影響を及ぼしていたからである(ちなみに,ブルーマーはシンボリック相互作用論との関連でその功績が認められている人物である。Blumer, 1969;Redding, 2003)。そしてブルーマーはストラウスに大きな影響を及ぼしている。

ポール・ラザースフェルドと質的分析に関する彼の研究は,初期のグレーザーに影響を与えたものである(Glaser, 1998;2005b;Glaser & Strauss, 1967)。ラザースフェルドの調査研究戦略はGTのプロセスの中で使用されるものに非常に似ている。その度合いはブルーマーの場合ほどではないが,ラザースフェルドもパースによって影響を受けていた。ラザースフェルドは,行動と科学的方法に関する実用的な考えという点でジェームズとデューイ(どちらもパースから強い影響を受けた)にその功績を認めている。彼は,プラグマティストたちは次のような2つの議論を圧縮する傾向があると主張した。「一つは,習慣は実際の行動によって表現され,次にはその影響を受けるという議論であり,もう一つは,習慣は推論に基づいたコンセプトとして行動の用語によってともかくも定義され『測定され』なければならないという議論である」(Lazarsfeld, 1972, p. 24)。このことによってラザースフェルドは,諸指標(インディケーターズ)と,基礎をなす諸特徴に対するそれら諸指標の確率論的関係に関

する質問へと導かれることになる。「それら（＝諸指標）を多く使用することによって，私たちの分類が正しいことを望む」(Lazarsfeld, 1972, p. 25) と彼は言っている。ラザースフェルドは諸コンセプトのこのタイプの指示的分類を**診断的手続き**と名づけた。これは，科学的方法と非常に関係する概念であり，また GT に絶対必須の概念である。

また，パースがグレーザーのもう一人の助言者であったロバート・マートンに影響を及ぼしていたかもしれないということを示す間接的証拠がある。パースは偶然に関する研究としての統計について書いていた。マートンは，社会調査研究の基礎としての統計の使用の虜となり，統計を，社会調査研究の価値を判断する際の決定的要因の一つと考えた。マートンは彼の後の著作のいくつかの個所で，パースの秘蔵っ子であったウィリアム・ジェームズのアイディアをはっきりと取り入れている (Merton, 1949/1968；1994)。例えば，マートンの自己成就の予言というコンセプト (Merton, 1949/1968) はウィリアム・ジェームズが『信ずる意志』で議論していたこと (James, 1896) に類似している。GT に対するパースの間接的影響は広範囲に及んでいるように思われる。

2　存在論

　科学的方法の出発点はその存在論的視座でなければならない。存在論は，「存在の性質および現実の絶対的な構造(カテゴリカル)」(Honderich, 1995, p. 634) のような論点を包括した形而上学の一部門として定義される。存在論は GT に関する議論にとって特に重要で，以下ではグレーザーとパースが共通に持っている３つの中心的な考え——つまり，客観的現実と潜在しているパターンと人間的視座——に照らして検討がなされるだろう。

(1) パースの存在論的視点
1) 現　実
　グレーザーと同様に，パースは「現実的(リアル)」を次のように定義した。つまり，「現実的」とは「どんなことであれ，私たちがたまたまそうだと考えていたことではないことであって，そのことについて私たちが考えるかもしれないこと

によっては影響を受けない」(Peirce, 1871, p. 88) ことである。すべての質問には一つの真実の答えか最終的結論というものがあって，誰もが絶えずそうしたものへと引き寄せられているのだ，とパースは書いた。彼はまた，その最終見解が恣意的で個人的なあらゆる考えからは独立したものであり，したがって「最終見解」で存在すると思われるものはすべて「現実的」なものである (Peirce, 1871) と提案した。言い換えれば，科学的証拠のすべての要素や断片は以前に知られていたものを増加させ，真実と現実の全体像に近づくものであるとパースは信じていたのである。そのプロセスが展開していくにつれて，実際的な意味で「現実的」なことは，その対象とそれを理解し伝える調査者の能力の両方から成り立つのである。

2）潜在しているパターン

グレーザーのように，パースは，ある特定の仕方で振る舞う傾向をもつ現象を認識していた。原始の宇宙は混沌であって，組織化の状態へと進展を遂げつつあるのだとパースは仮定した。この仮定は習慣獲得性という彼の概念を生み出すことになる。「物事には明確な諸特性を獲得しようとする傾向，原初からの根本傾向が存在する……」(Peirce, 1886/1992, p. 243) と彼は提案した。この発展論的観点(エボリュウショナリ)でもって，パースは彼の体系を以下のように記述した。

① 初めに原初的な出来事がある。
② 次に，連鎖を生む法則性がある。そして，
③ 第3には，偶然性（それは原初的な出来事をもたらす）と法則性（それは連鎖を生む）とを媒介する諸要素があるのだ，と。

さらに，習慣獲得性の傾向は徐々に発展していったはずで，したがってそれ自体を強化する傾向があるだろう，と彼は信じた。彼は，第三次性(サードネス)（あるいは表象）を自然界において操作されているものであると認めている。この概念に関連させて，彼は，第三次性によって自然界における予測可能性が，したがって科学的方法が可能になるのだという提案を行なったのである。

3）人間的視座

パースによれば，自然界および人々の間のコミュニケーションの理解は，

記号またはシンボルの使用を通してのみ生じうるものである。シンボルに関する彼の包括的な哲学は記号学(セミオティクス)と名づけられている。パースは3つのタイプの記号を識別した。第1の種類の記号は類似性，あるいは彼が**イコン**（類像）と名づけるものである。イコンの機能は，物事を単に模倣することによって，イコンが表す物事についての考えを伝えることである。第2の種類の記号は，**インディケーション**（指示）あるいは**インデックス**（指標）で，この場合は，インデックスが対象物の何かと物理的な結びつきを持っているという観点から，その対象に関する何かをそのインデックスが示す。第3の種類の記号は，一般的記号あるいは**シンボル**で，この場合には，シンボルにおける共通言語の使用によって，意味と関係している（Peirce, 1894/1992）。この第3の種類の記号であるシンボルこそが，人間的視座を視野に入れているのである。パースが記述しているように，シンボルは発話者と聴取者の双方によって理解される。各人はその人自身の解釈という媒介を通してシンボルを理解する。パースは3つのレベルの解釈（あるいは解釈項(インタープレタント)）を詳細に叙述している。パースの言語では，**意図的解釈項**とは発話者の心の中における決定のことである。**効果的解釈項**とは解釈者の心の中における翻訳である。そして**相互コミュニケーション的解釈項**（あるいは **cominterpretant**）とは，発話者と解釈者の心の中で融合された決定のことで，この決定によって真のコミュニケーションが可能となるとされる（Peirce, 1906/1992）。次のセクションで議論されるように，クラシック GT は各人の解釈（視座）の重要性を認識しており，この点でパースのシンボル観とその見方が一致している。さらに，パースの哲学のうちの，この小さいけれども重要な部分こそ，その後展開されることになるシンボリック相互作用論の諸理論のための舞台を準備するものなのである。

　パースは，インディケーター（諸指標）やその他の小さな情報のかけらを理解する際に用いる組織化の構造としてコンセプトを考えた。パースは，「概念発想(コンセプション)の機能は多様性を持った感覚的印象を単一のまとまりへと還元することであり，ある概念発想が妥当か否かの試金石は，その概念発想を導入しない場合には意識内容を単一のまとまりへと還元することが不可能であるという点にある」（Peirce, 1868, p. 1）と書いた。したがって，パースによれば，概念の機能とは多数の経験的データを意味のある一つの全体へと還元することなので

第12章　グラウンデッド・セオリーに適合する統合された哲学フレームワーク

ある。概念の妥当性を知ることができるのは，ただ，それらの概念の導入がなければ，意識の内容を意味のある全体に還元することができないからなのである。パースは，概念間の漸次的変化を示唆して，一つの概念が多様な感覚を一つにまとめ上げるかもしれないし，その概念と（その概念が適用される）多様な感覚とを一つにまとめ上げるには，別の概念が必要とされるかもしれない，等と明示している。

（2）クラシック・グラウンデッド・セオリーの存在論

　GTの方法を明確にしようとして，多数の人々がその存在論的位置に関する見解を公表している。存在論は重要であるが，これは，真実と現実の性質に関する判断が，データがどのように収集され，分析され，提示されるかを決定するからである。グレーザーとストラウスは存在論についてめったに議論しなかったので，GTの存在論的位置について公表された思弁や推論が満ち溢れている。他の人々による，GTの方法改造の突飛な試みが見られるわけだが，これらの思弁や推論はある程度そうした試みに対して責任があるのかもしれない。多くの人々が，GTに関して対立し合う考えを広範囲にわたって公表してきた（Annells, 1996；Benoliel, 1996；Boychuk-Duchscher & Morgan, 2004；Cutcliffe, 2000；Greckhamer & Koro-Ljungberg, 2005；Haig, 1995；Kinach, 1995；Lomborg & Kirkevold, 2003；McCann & Clark, 2003；Mills, Bonner & Francis, 2006；Reed & Runquist, 2007；Seaman, 2008）。方法を明確にするためのこれらの試みは，現実主義，構成主義，批判的現実主義，客観主義，相対主義，相互作用論，実証主義，ポスト実証主義などを含む，対立し合うラベル貼りの混乱へと導くことになった。学者たちが方法を分類する研究に携わっていくにつれて，GTという方法を下支えする隠された存在論的諸前提が（影響力の強いクラシックGT文献において）最初から欠如していたことによって一つの空白が創り出されたことが明らかになった。存在論的位置のこの欠如は隠された科学的な諸実践に通じていってしまったのである（Greckhamer & Koro-Ljungberg, 2005）。

　グレーザーの言葉からの推論は，この方法の存在論的位置を明確にする手助けをしてくれる。グレーザーは，

第Ⅲ部　歴史的・哲学的基盤

① 観察可能な一つの客観的現実が存在する
② 可能な限り，調査研究者は調査研究の参加者の観点からデータ収集を行なう
③ GT は潜在しているパターンに光を当てるものである

と認めている。

1 ）客観的観察

　パースのように，グレーザーは，客観的に観察することができる出来事が存在することを認めた。方法が十分に開発される前の1966年，グレーザーとストラウスはデータの収集とコード化と分析について以下のように記述していた。つまり，「すべてが重要かもしれないという理由から，フィールドワーカーが目に入ってくるものすべてに注意を向けるという混乱した状態でスタートするにしろ，もっと明確な目的をもって始めるにしろ，観察には仮説を立てるということがただちに伴うものである」(Glaser & Strauss, 1966, p. 56) と。『理論的感受性』においてグレーザーは「すぐれたアイディアを生成するには，分析者はさしあたり非市民(ノン・シティズン)であることが必要である。これは，客観性により近づき，データそれ自体に語らせることにより近づくことができるようにするためであり，データについての偏った見方を押しつけてくる可能性のある論点への志向性，データの中に埋め込まれている志向性からさらに距離を取る形で近づくことができるようにするためである」(Glaser, 1978 p. 8) と書いている。彼は続けて，「先入見を持たないフィールドワークからは単にバラバラの観察が生み出されるだけではないのか——このように分析者は初め感じるかもしれない。しかし，1日目がいいだろうが，分析者がデータの比較分析を開始するとすぐに，創発的にコードが出現し，理論的な手がかりが生み出され，理論的サンプリングが始まってくることになる」(Glaser, 1978, p. 46) と書く。これらのくだりは，調査研究者から分離独立した客観的現実をグレーザーが認めていることを明白に示している。

2 ）潜在しているパターン

　仮説と理論の開発には，観察することができる予測可能なパターンがあることが仮定されている。グレーザーは次のように書いている。すなわち，「GT

では，概念（コンセプト）とは，調査研究データに根ざし創発的に出現してくる社会的パターンに与えられた名前である。GT にとって，コンセプト（カテゴリー）は，交換可能な諸インデックスが概念的に飽和するまで，理論的サンプリングが行なわれたデータを絶えず比較することによって注意深く発見されるパターンを表示する。パターンは多くの出来事同士の比較や，生成された概念を出来事と比較することによって発見される（ちなみに，この概念は，カテゴリーによって名づけられたパターンを示し，またそのカテゴリーの諸特性であるサブ・パターンを示している）。…（中略）…GT は，潜在的構造分析の一形態であり，この潜在的構造分析はある特定領域かフォーマルな領域の基本のパターンを明らかにするものである」(Glaser, 2002, p. 4) と。GT の方法は，絶えざる比較と抽象化を通じてエラーまたはバイアスを修正する。この方法は，さらに根本的な潜在しているパターンを明確にするものである (Glaser, 2002, 改訂版，2007)。したがって，すべての GT は発見された潜在的社会的パターンを描き出すのである。

3）研究参加者の視座

GT 理論が共同構築された現実を取り扱うものだということをグレーザーは否定しているが，彼は調査研究参加者の視座に由来するグラウンデッドなデータの重要性を明らかに認識している。彼はそれを「視座に基づいた」方法論と呼ぶ (Glaser, 2002, 改訂版 2007)。GT は，参加者たちの視座から——参加者たちの言葉と行動から——，主な関心事とその解決を理解しようと努力する。グレーザーは，調査研究者が「起こっていること」の客観的理解に努め，次にそのことを概念化しようとすると言う。前述したように，この概念化はそれ以前に名前がつけられていなかった潜在しているパターンに焦点を合わせる。概念化はパースとグレーザーの双方にとって極めて重要なポイントなのである。

3 認 識 論

認識論は，「知識の性質とその可能性，範囲および一般的なバイアス」に関わる哲学の部門である (Honderich, 1995, p. 242)。プラグマティズムと GT は双方とも，客観的現実が存在することを示唆しているわけだが，そのように客観

的現実が存在する場合，人はどのようにしてそのことを理解するのだろうか。これは重要な問いである。なぜなら，認識論的立場に埋め込まれている諸仮定は調査研究過程の各ステップにとってきわめて重要な意味合いを持っているからである。プラグマティズムの認識論とクラシック GT は次の諸点において非常に類似している。つまり，両方とも概念を理解するためにシンボル（インディケーター）の分類とクラスター化に依拠している。両方とも，人がそれぞれ自分自身のユニークな観点からシンボルを理解し解釈するということを認識している。両方とも，自己修正という科学的プロセスの使用によって現実は理念的に知りうると提案している。そして両方とも新しい知識を発見する手段として演繹と帰納とアブダクションを利用する。これらが両者の類似点である。

（1）パースの記号論（セミオシス）

記号論は，客観的世界の理解ができるのはもっぱらシンボルの解釈を通じてだけであるという点でパースの認識論と結びついている。シンボルは，パースが「心を使うシンボル」（Peirce, 1894/1992）と評するものによって人を対象に結びつける。シンボルは意味と意義と解釈を持っている。記号（サイン）は，特質，関係，特徴，アイテム，出来事，状態，規則性，習慣および法則性を表示するシンボルである。

パースは異なるタイプの記号を識別するが，それらはお互いに関連しあっている（Peirce, 1894/1992）。インディケーターもしくは**インデックス**は記号の一種であり，これらのインデックスはそれらが（対象の）何かとの結びつきを持っていることによって対象に**関する**何かを示している。インデックスは，対象を動態的な関係に置くことによって，理解という過程を可能にするのである（Houser & Kloesel, 1992b; Peirce, 1894/1992）。インデックスは対象か経験と関係する，より小さな断片である。これは世界が心との間に創り出す最初の境界面，つまりは，まだ研究されず，説明されてもいない，直接にとられたスナップ写真なのである。インデックスは対象を人の経験というコンテクストの中に位置づけるのである。

（2）記号論とグラウンデッド・セオリー

　パースの記号論はGTと一致する。GTにおいては，インデックスは経験的な断片であり，調査者たちは，組織化とカテゴリー化と概念化と仮説構築の過程で，これらの断片でもって作業するのである。意味のある形でクラスター化されるとき，インデックスは各概念を定義し記述し，その概念を他のものから識別してくれる。人はインデックスを通して概念を理解するのである。グレーザーによれば，一旦コンセプトかカテゴリーが完全に理解されれば，インデックスは交換可能なものになる。例えば，人はどのようにして友達を認識するのだろうか。身体的な外観や声，香水，予測可能な行動などを含めて多くの指標（インディケーター）がある。友達を認識するために，人はありうるすべての指標を識別する必要はない。友達を識別するには友達の声の調子だけで十分である。この指標は，友達の他のあらゆる指標と交換可能である。それぞれが友人を示唆する記号なのである。どんなものでもその人物のアイデンティティを指し示し，それらのすべてが一緒になって友人のより鮮明で正確な画像を提供するだろう。

（3）プラグマティズムとグラウンデッド・セオリー

　少数の現存する同時代の出版物が，GTの基礎をなすプラグマティズム的諸前提を認めている（Annells, 1996; Kushner & Morrow, 2003; Lomborg & Kirkevold, 2003; Mills et al., 2006）。しかし，どの著作もパースのオリジナルな哲学に照らしてGTという方法を綿密に検討するということは行なっていない。GTのように，パースの哲学には，彼の後継者たちの手で多くの変形がなされてきた。しかしながら，パースのプラグマティズムに関するオリジナルな理論はGTの認識論および存在論と一致するものである。プラグマティズムの基礎を築く際に，パースは最高級のタイプに属する理解について以下のように記述した。「私たちが発想の対象を思いつく際にその対象はどういった効果を持つことになるのかを考えてみよう（そうした効果は，もしかしたら実際的な関連性を持つかもしれないのである）。その場合には，これらの効果に関する私たちの発想はその対象に関する私たちの発想の全体なのである」（Peirce, 1878, p. 132）。彼はさらに「思考の全機能は行為の習慣を生み出すことであり」，そして「その意味を展開するためには，私たちは物事がどういった習慣を生み出すのかを確定しな

くてはならない。というのも，物事が何を意味するのかは，単にそれがどういった習慣を含んでいるかということにすぎないのだから」(Peirce, 1878, p. 131) と断定している。「任意のシンボルの知的目的全体は合理的な行ないのすべての一般的なモードの合計という点にある。このことは，ありとあらゆる形での異なる事情や欲望に依存するという条件付きだが，シンボルの受容に続いて起こるだろう」(Peirce, 1905, p. 346)。パースにしては珍しいことだが，自分の書いたものの単純化を試みた中で，ウィリアム・ジェームズの次のようなプラグマティズムの定義の引用を行なっている。それによれば，プラグマティズムとは「概念の『意味』全体は，勧められるべき行ないという形で，もしくは予想される経験という形で，己を表現する教義のことである」(Peirce, nd/1992, p. 400)。この議論は，どのようにして GT と関連するのだろうか。パースと同じ核心点をつく形で，グレーザーは単純に「何が起きているのか？」と問いかけている。

　パースはアメリカのプラグマティズムの父として知られていたが，実際はその生涯を通じて物質に関わる科学者だった。概念の意味は，その実践的諸帰結の全集合から成り立っているとパースが書いた時，彼が言わんとしたのは，意味のある概念がある種の経験上の「実際価格」を持っているに違いないということであった。概念は経験的観察の集約結果による認識に役立つに違いないのである。概念の意味全体は可能な観察の全体のうちにあるとパースは信じていた (Burch, 2008)。こうして，パースは科学哲学を創造したが，この科学哲学は，観察可能なパターンと交換可能なインデックス，暫定的な仮説，それから修正可能な理論というグレーザーの概念化に向けての舞台を準備したのである。

4　方法論

　方法論とは，時折「科学の科学」(Honderich, 1995) と呼ばれることもある科学的方法に関する哲学的な研究のことである。特定の探究方法の妥当性如何は，その問題の方法がその基礎にある哲学的原理——つまり，その存在論と認識論——を徹底的に厳守するか否かにかかっている。パースは，存在論と認識論と方法論を完全かつ説得的な形で統合する哲学を展開した。さらに，パースの

第12章　グラウンデッド・セオリーに適合する統合された哲学フレームワーク

哲学はグレーザーのクラシックGTを合理的な形で下支えするものである。パースとグレーザーは2人とも，科学的方法に対する演繹，帰納およびアブダクションの三者の価値を理解していたし，すべてが一般的な方法で説明可能であると信じていた。

グレーザーのプロセスの概念と一致する形で，パースは，すべての出来事には原因があることを提案した。彼の推論は次のようなものであった。

① すべての出来事には原因があることを認めれば，私たちは，すべての事実には説明があることを認めることになるに違いない。
② 説明とは，物事の複雑な状態を説明するために，より単純な仮定を採用することである。
③ 説明可能性には明確で絶対的な限界というものは存在しない。
④ 物事を遡及していけば，現在は異質な物事でもかつては同質であったことがわかる。
⑤ 同質性から異質性を創造する際，**偶然性**には役割がある。つまり，混沌からの秩序を確立する際にである。
⑥ 無限後退において，私たちが遡及すればするほど，法則はそれだけ不明瞭なものになり，近づけば近づくほど完全な説明の方向に近づくことになる（Peirce, 1883/1992）。

蓋然性も信念も科学を規定するのには妥当ではなく，科学的探究はむしろ，アブダクション（仮説的推論）と演繹と帰納という3つのステップを繰り返すうちに達成されていくものであるとパースは主張した。パースにとっては，演繹とは「何かがその効力を発揮しているに**違いない**ことを証明するものであり，帰納とは何かがその効力を**実際**に発揮していることを示すものであり，そしてアブダクションとは何かがその効果を発揮している**かもしれない**ことを単に示唆するものなのである」（Peirce, 1901/1992, p. 216）。時の経過の中でパースが3つのタイプの科学的論理に関する見解を修正していたということ，したがって，パースの他の著作を読むことによって異なる結論に結びつく可能性があるという点については注意すべきである。しかしながら，一般的に言ってグレーザー

とパースは同じタイプの論理を，つまり，帰納と演繹とアブダクションを活用していたのである。パースは実験科学の方にもっと興味を持っていたので，パースの方法とグレーザーの方法との間ではこれら三者の序列と実際的な手続きは多少異なっている。しかしながら，グレーザーとパースの双方にとって3つのタイプの論理は統合されて科学的方法を形づくっているのである。

（1）帰　納

　パースは，帰納を「いくつかの事例から事柄が真実であると一般化することであり，同じことがその部類全体について当てはまるとみなす推論」（Peirce, 1898/1992, p. 189）と定義した。グレーザーは，帰納についてこれと同じ定義を受け入れているように見えるが，しかし，グレーザーの科学的方法はパースとは異なって帰納から始まっている。GTでは，説明は経験的なデータに根ざしていて，絶えざる比較のプロセスを通じて明確にされていく。グレーザー（Glaser, 1965）は**絶えざる比較法**という用語を作り出し，彼はこれをGT分析の鍵となる知的戦略として提案した。グレーザーとパースは双方とも，類似性によって項目の諸特徴をクラスターに分ける能力を科学的方法の核心と見なしている。クラスター化は形式的な諸概念に帰着する場合があり，仮説生成のために使用することができる（Burch, 2008；Glaser, 1978）。GTでは，分析家が経験的データを絶えず比較する反復プロセスの中で前後に行き来する過程で，理論が創発的に出現する（Glaser, 1965；1998）。この方法は，各々の概念をより根拠のあるものとする作用があるので，形式的な抽象度を高め，不十分なデータに見られる誤りを取り除く（Glaser, 1965；1998；1999）。グレーザーとパースがわずかながら分岐するのはまさにこの点においてである。パースは，理論展開というよりも実験の方に興味を持っていたので，彼は，常にというわけではないが通常は，経験的データとの比較を通じて理論を検証する方法として，帰納を見ていた（Houser & Kloesel, 1992a；1992b）。しかしながら，GT理論家にとっては，帰納が生じるのは，経験的なデータの観察が理論展開の基礎としての一般化と概念化へと導いていく時なのである。このようにパースとグレーザーとの間には科学的過程における帰納の位置づけという点でわずかに異なるねじれが見られるけれども，論理そのものは同じである。抽象的な推論が経験的デー

第12章　グラウンデッド・セオリーに適合する統合された哲学フレームワーク

タから生じてくるのだから。

（2）アブダクション（仮説的推論）

　パースによれば，「理論は驚くべき事実について説明するために必要であるという感覚によってアブダクションは動機づけられている。アブダクションは理論を求める。…（中略）…アブダクションにおいては，事実について熟慮を重ねることによって仮説が示唆されるのである」(Pierce, 1901/1992, p. 106)。パースはまた仮説という用語も用いた。「それ自体としてありそうであり，しかも事実をありそうなものにする場合，仮説を採用しなければならない」(Pierce, 1901/1992, p. 106) という具合にである。言い換えれば，アブダクションの論理は，仮説を立てる行為を刺激する。GT においては，概念やプロセスが創発的に出現してくると，理論家は試みの仮説つまりアブダクションを提案する。GT にとってアブダクションは必須である。関連し合った諸仮説が結合されて理論が形成されていくのだから。グレーザーとパースの双方にとって，アブダクションは何が実際に起こっているかという点に関する仮説を創り出す (Burch, 2008 ; Glaser, 1978 ; 1998)。グレーザーとパースは２人とも，新しい知識を発見する唯一の方法としてアブダクションを高く評価した (Glaser, 1978 ; Pierce, 1901/1992)。創発的出現に関するグレーザーの考えはパースの言葉に非常に似ている。「アブダクションは，最初，どのような具体的理論も視野に入れることなく，諸事実から始めていくものである。ただし，驚くべき事実を説明するために理論が必要であるという感覚によって動機づけられてはいるのだが」(Pierce, 1901/1992, p. 106)。アブダクションは常に，何らかの説明へと導く推論である。あるいは問題時点で流布している知識状態を所与とするとき，日常的にはそうしたことは予期していなかったであろう，という点でそれ以前には驚くべきことであった何らかの情報を日常的なものにする何かへと導く推論である (Burch, 2008)。こうしてグレーザーとパースの双方にとって，概念は経験的データから創発的に出現し，それらのデータは仮説を示唆し，その後理論へと帰着するものなのである。

(3) 演　繹

　グレーザーとパースは，パースが演繹を特別の場合への一般規則の適用として定義したのと同様の方法で演繹を定義した（Peirce, 1898/1992, p. 187）。演繹では，もし仮説が正しい場合には，どんな観察可能な現象が当然期待されるはずかという点に関する結論を引き出す（Burch, 2008）。パースは，「演繹は何かがそうであるに**違いない**ことを証明する」と結論を下した（Peirce, 1901/1992, p. 216）。グレーザーおよびパースは両者とも，仮説が真実であると仮定される場合，生じるに違いない他のものに関する結論として演繹的推論を見た。グレーザーでは，演繹は，理論を完成する役目をする。

　理論が創発的に出現し始める（アブダクションのプロセスを通じて）とともに，理論家は理論内部のギャップに気づくかもしれない。演繹的推理を通って，理論家は，次のデータを集める適切な方向に関する推論を作るだろう。グレーザーは演繹についてこのように議論する。

> 「概念的な仕上げとは，…（中略）…説明と解釈に関して理論を入念に作り上げるために，創発的に出現しつつある理論から，理論的可能性や蓋然性を体系的に演繹することである。これらの〔仮説的な〕可能性や蓋然性は，…（中略）…調査研究者をフィールドの所在地や比較グループに戻るようにと案内してくれるのである。…（中略）…どこにも導いていくことのないような演繹については，データが絶えず待ったをかけることになる。というのも，分析者は創発的に出現しつつある関連性から彼が向かうべき方向＝指示を受け取るのだから」。（Glaser, 1978, p. 40）

　したがって，グレーザーにとっては，演繹はさらに調査をしたその結果，理論を十分に膨らませて，関連性のあるデータをそこに沢山つめこむための最も適切な手段を指し示してくれる。パースの演繹の定義はグレーザーと一致する。しかし，科学的方法の中での演繹の彼の配置は異なる。パースは，実験科学者に仮説から予測を取り出すために演繹の利用を勧めるだろう（Peirce, 1901/1992）。

　グレーザーとパースの両者は，帰納，演繹，アブダクションを科学的プロセ

スにおいて反復する構成要素として活用した。さらに両者ともに，科学的方法とは本質的に公共性があり，その活動において再現が可能で，自己修正されていくものであると考えていた。両者は，調査者が厳密に方法に従う場合，異なる調査者がどこで始めても，彼らの結果が同じ結果の方へ収束し，さらなる研究がそれらの研究結果を修正する傾向を持つだろう，と信じた。この収束の理想的なポイントは，パースが「最終見解」として意味づけたものであり（Burch, 2008），グレーザーが変更可能な，自己修正していく理論として理想的な研究結果であると考えたものである。存在論，認識論，およびグレーザーとパースによって採用された方法論が最高点に達するのはこのポイントにおいてである。

5　結　論

この高度に統合された哲学的な基礎について思慮深い理解を持つことによって，GT 理論家は，GT 研究のプロセスおよび成果をよりよく理解することができる。この章は，パースによって確立された哲学的なフレームワークがクラシック GT の方法に適合し，そのプロセスを下支えするために合理的に活用することができることを提案する。

クラシック GT は，パースのプラグマティズム，彼の認識論・存在論の諸前提，およびこれらと相互に関連する方法論上の諸原則と高度に一致する。パースの幅広く統合的なアイディアは，学生や経験を積んだ GT 研究者に対し，クラシック GT という方法の基礎的で哲学的な前提として役立つことができ，この方法の浸食と間違った解釈を防ぐことができるだろう。

参考文献

Annells, M. (1996). Grounded theory method : Philosophical perspectives, paradigm of inquiry, and postmodernism. *Qualitative Health Research*, 6 (3), pp. 397-393（訳者注：頁数は原著ママ）.

Benoliel, J. Q. (1996). Grounded theory and nursing knowledge. *Qualitative Health Research*, 6(3), pp. 400-427.

Blumer, H. (1969). *Qualitative research methods for the social sciences.* Englewood

Cliffs, NJ : Prentice-Hall.

Boychuk-Duchsher, J. E. & Morgan, D. (2004). Grounded theory : Reflections on the emergence vs. forcing debate. *Jounal of Advanced Nursing*, 48(6), pp. 605-612.

Burch, R. (2008). Charles Sanders Peirce. In E. N. Zalta (Ed.), *The Sanford Encyclopedia of Philosophy* (Online ed.).

Charmaz, K. (2000). Grounded theory : Objectivist and constructivist methods. In N. K. Denzin & Y. S. Lincon (Eds.), *Handbook of Qualitative Research* (2nd ed., pp. 509-535), Thousand Oaks, CA : Sage. (= 2008, 井尚子・末田清子監訳『グラウンデッド・セオリーの構築――社会構成主義からの挑戦』ナカニシヤ出版)

Cutcliffe, J. R. (2000). Methodological issues in grounded theory. *Journal of Advanced Nursing*, 31(6), pp. 1476-1484.

Glaser, B. G. (1965). The constant comparative method of qualitative analysis. *Social problem*, 12, p. 10.

Glaser, B. G. (1978). *Theoretical sensitivity : Advances in the methodology of grounded theory.* Mill Valley, CA : Sociology Press.

Glaser, B. G. (1992). *Basics of grounded theory analysis : Emergence vs. forcing.* Mill Valley, CA : Sociology Press.

Glaser, B. G. (1993). *Examples of grounded theory : A reader.* Mill Valley, CA : Sociology Press.

Glaser, B. G. (1998). *Doing grounded theory : Issues and discussion.* Mill Valley, CA : Sociology Press.

Glaser, B. G. (1999). The future of grounded theory. [serial online]. *Qualitative Health Research*, 9(6), p. 10.

Glaser, B. G. (2001). *The grounded theory perspective : Conceptualization contrasted with description.* Mill Valley, CA : Sociology Press.

Glaser, B. G. (2002). Conceptualization : On theory and theorizing using grounded theory. *International Journal of Qualitative Methods*, 1(2), pp. 1-31.

Glaser, B. G. (2002, rev. 2007). Constructivist grounded theory. [Online Journal]. *Forum Qualitative Social Research*, 3(3).

Glaser, B. G. (2005a). *The grounded theory perspective 3 : Theoretical coding.* Mill Valley, CA : Sociology Press.

Glaser, B. G. (2005b). *The roots of grounded theory.* Paper presented at the 3rd International Qualitative Research convention, Johor Bahru, Malaysia.

Glaser, B. G. & Strauss, A. L. (1966). The purpose and credibility of qualitative research. *Nursing Research*, 15(1) pp. 56-61.

Glaser, B. G. & Strauss, A. L. (1967). *The discovery of grounded theory : Strategies for qualitative research.* Chicago : Aldine Pub. Co.（=1966, 後藤隆・大泉春江・水野節夫訳『データ対話型理論の発見——調査からいかに理論をうみだすか』新曜社）

Glaser, B. G. & Tarozzi, M. (2007). Forty years after Discovery : Grounded theory worldwide. *The Grounded Theory Review : An International Journal, Special Issue,* pp. 21-41.

Greckhamer, T. & Koro-Ljunberg, M. (2005). The erosion of a method : Examples from grounded theory. *International Journal of Qualitative Studies in Education,* 18(6), 729-750.

Haig, B. K. (1995). Grounded theory as a scientific method. *Philosophy of Education Yearbook.* Retrieved from http://www.ed.uiuc.edu/EPS/PES-Yearbook/95_docs/haig.html

Honderich, T. (Ed.). (1995). *The Oxford companion to philosophy.* New York, NY : Oxford University Press.

Houser, N. & Kloesel, C. (Eds.). (1992a). *The essential Peirce : Selected philosophical writings* (Vol. 2). Bloomington, IN : Indiana University Press.

Houser, N. & Kloesel, C. (Eds.). (1992b). *The essential Peirce : Selected philosophical writtings* (Vol. 2). Bloomington, IN : Indiana University Press.

James, W. (1898). *The will to believe and other essays in popular philosophy.* New York, NY : Longmans, Green, and Co.（=1961, 福鎌達夫訳『信ずる意志』日本教文社）

Kinach, B. M. (1995). Grounded theory as scientific method : Haig-inspired reflections on educational research methodology, *Philosophy of Education Yearbook* Retrieved from http://www.ed.unic.edu/EPS/PES-Yearbook/95_docs/kinach.html

Kushner, K. E. & Morrow, R. (2003). Grounded theory, feminist theory, critical theory : Toward theoretical triangulation. *Advances in Nursing Science,* 26(1), pp. 30-43.

Lazarsfeld, P. F. (1972). *Qualitative analysis : Historical and critical essays.* Boston, MA : Allyn and Bacon.（=1984, 西田春彦訳『質的分析方法——社会学論集』岩波書店）

Lomborg, K. & Kirkevold, M. (2003). Truth and validity in grounded theory : A reconsidered realist interpretation of the criteria ; fit, work, relevance and modifiability, *Nursing Philosophy,* 4(3), pp. 189-200.

McCann, T. V. & Clark, E. (2003). Grounded theory in nursing research : Part 1—Methodology. *Nursing Research*, 11(2), pp. 7-18.

Merton, R. K. (1949/1968). *Social theory and social structure* (Enlarged ed.). New York, NY : Free Press. (＝1961, 森東吾・森喜好夫・金沢実・中島竜太郎訳『社会理論と社会構造』みすず書房)

Merton, R. K. (1994). *A life of learning*. Paper presented at the Charles Homer Haskins Lecture for 1994, American Council of Learned Societies. Lecture retrieved from http://www.acls.org/Publications/OP/Haskins/1994_RobertKMerton.pdf

Mills, J., Bonner, A. & Francis, K. (2006). The development of constructivist grounded theory, *International Journal of Qualitative Methods*, 5(1), pp. 1-10.

Peirce, C. S. (1868). On a new list of categories. *Journal of Speculative Philosophy*, 2, pp. 103-114.

Peirce, C. S. (1871). Fraser's The Works of George Berkeley : A critical review by Charles Peirce. *North/American Review*, pp. 449-472.

Peirce, C. S. (1878). How to make our ideas clear. *Popular Science Monthly*, 12, pp. 286-302.

Peirce, C. S. (1883/1992). Design and chance. In N. Houser & C. Kloesel (Eds.), *The Essential Peirce ; Selected Philosophical Writings* (Vol. 1). Bloomington, IN : Indiana University Press.

Peirce, C. S. (1886/1992). One, Two, Three : Kantian categories. In N. Houser & C. Kloesel (Eds.), *The Essential Peirce : Selected Philosophical Writings* (Vol. 1). Bloomington, IN : Indiana University Press.

Peirce, C. S. (1894/1992). What is a sign. In N. Houser & C. Kloesel (Eds.), *The Essential Peirce : Selected Philosophical Writings* (Vol. 2). Bloomington, IN : Indiana University Press.

Peirce, C. S. (1898/1992). The first rule of logic. In N. Houser & C. Kloesel (Eds.), *The Essential Peirce : Selected Philosophical Writings* (Vol. 2). Bloomington, IN : Indiana University Press.

Peirce, C. S. (1901/1992). On the logic of drawing history from ancient documents. In N. Houser & C. Kloesel (Eds.), *The Essential Peirce : Selected Philosophical Writings* (Vol. 2). Bloomington, IN : Indiana University Press.

Peirce, C. S. (1905). Issues of pragmaticism. *The Monist*, 15, pp. 481-499.

Peirce, C. S. (1906/1992). Letters to Lady Welby. In N. Houser & C. Kloesel (Eds.), *The Essential Peirce : Selected Philosophical Writings* (Vol. 2). Bloomington, IN : Indiana University Press.

Peirce, C. S. (1955). *Philosophical writings of Peirce.* Mineola, NY : Dover Publications.

Peirce, C. S. (nd/1992). Pragmatism. In N. Houser & C. Kloesel (Eds.), *The Essential Peirce : Selected Philosophical Writings* (Vol. 2). Bloomington, IN : Indiana University Press.

Redding, P. (2003). Early American pragmatism. Retrieved from http://teaching.arts.usyd.edu.au/philosophy/phil3015/EarlyAmerPrag.html

Reed, P. G. & Runquist, J. J. (2007). Reformulation of a methodological concept in grounded theory. *Nursing Science Quarterly*, 20(2), pp. 118-122.

Seaman, J. (2008). Adopting a grounded theory approach to cultural-historical research : Conflicting methodologies or complementary methods? *International Journal of Qualitative Methods*, 7(1). Retrieved from http://ejounals.library.ualberta.ca/index.php/IJQM/article/view/1616/1145

第13章 バーニー・グレーザーの自律的創造性
――クラシック・グラウンデッド・セオリー方法論の創発的出現における早期の影響

ジュディス・ホルトン

　本章で私は，クラシック・グラウンデッド・セオリー（以下，クラシックGT），すなわちグラウンデッド・セオリー（以下，GT）の展開においてバーニー・グレーザー（Glaser, B.）の学問の歩みとその現れを形作るのにあずかった早期の様々な影響を論じることにしたい。グレーザーは，常々，彼がGTという概念上のアイディアを生み出してくる上でポール・ラザースフェルド（Lazarsfeld, P. F.）とロバート・マートン（Merton, R. K.）の両人が及ぼしてきた影響を認めてきた。本章では，この2人に加えて，リチャード・ラピエール（LaPiere, R.），ハンス・ゼッターバーグ（Zetterberg, H.），ハーバート・ハイマン（Hyman, H.），アルヴィン・グールドナー（Gouldner, A.），デイヴィッド・リースマン（Riesman, D.），ダニエル・ベル（Bell, D.），エドワード・シルズ（Shils, E.）といった社会学者たちを含め，その他の早期の影響も合わせて探っていくことにする。人生の早期に，これらの人物やその他の影響を受けてグレーザーの自律的創造性は鼓舞されたのであり，その創造性は，彼の学術上のキャリア全体を通して進歩・発展を遂げ，彼がGTを断固として前進させていくのを促したのではないか――私としてはこのように示唆したい。いやそれどころか，他の調査研究パラダイムとは異なるGTの方法論上の原則の多くを，これら早期に受けた影響の営みの中に垣間見ることができるのである。[1]

　実証主義的パラダイムにおいては，仮説のテストと検証のための理論的基盤，あらかじめ想定された理論的基盤が必要とされると前提されているが，グレーザーは，自律的創造性を体得していたために，こうした前提を事実上退けることによって，支配的な実証主義的伝統を乗り越え，経験世界（エンピリカル）のデータからの理論展開の方向へと踏み出すことができたのである――これが私の主張である。

そうすることを通して、グレーザーは、まだコロンビア大学の学生だった頃に GT 展開のための基礎を据え始めていた。この当時、ラザースフェルドやマートン、ゼッターバーグ、さらには同時代の他の学者たちの仕事の中には、方法論を革新するための核となるアイディアを見出すことができたが、彼はそうしたアイディアを摑み取るべく励んでいたのである。支配的な考え方を概念上で超えるという能力、グレーザーは、まさにこの能力を持っていたからこそ、実証主義の拘束的制限を押しつけることなく、豊かな可能性をもってデータに向かうというアンセルム・ストラウス（Strauss, A. L.）の質的研究パラダイムに接近することができたのであろう。ちなみに、この知的姿勢は、GT の創発的出現を促進したというだけではない。この姿勢は、GT についてのグレーザーの主張――つまり、GT は、一つの独特なパラダイムであり、そしてまた、どのような認識論的視座に対しても開かれた、さらには、どのようなタイプのデータも活用する、調査研究のための一般性のある方法論だというグレーザーの主張（Glaser, 2003 ; 2005a）――を支持しているのである。

「私は前方を見ます。後方に目を向けたり心を留めたりはめったにしません。ですから、私は自分が成したことよりも、現在成していることに依って生活しています。私の方位は未来です（今もなお）」。（バーニー・グレーザー）[2]

1　早期の様々な影響

グレーザーがコロンビア学派と交流があったことはよく知られており、そのことは GT に対する認識論上の重要な影響としてしばしばあげられている。その一方で、グレーザー自身は、彼の知的発達に対する重要なインパクトについては幼時に受けた影響も認めている。サンフランシスコの社交界に出入りする一族に生まれ、恵まれてはいたが、多分どちらかといえば孤独な子どもとして、自分は多くの時間を家の家事スタッフたちと一緒に過ごしていたとグレーザーは回想している。この環境は、社会的発達や社会的支持の必要性を満たしていたとしても、並外れた聡明さと活発な好奇心をもった子どもに十分な刺激

第Ⅲ部　歴史的・哲学的基盤

をいつも与えるといったことが，もしかしたらなかったのかもしれない。しかし，そうした環境にあったからこそ，グレーザーの自律性の感覚は，アメリカの多くの家庭の標準よりもかなり早い時期に芽生えることが可能になっていたのかもしれない。現状を単に受け入れるよりも，むしろ自分で観察し問いを発することを促す，そうした物の見方をグレーザーはするのだが，これは，このように早い時期から自律性が備わっていたからなのかもしれない。自律性はまた，グレーザーに，観察した内容を振り返り整理する時間，自分の周囲の社会的世界で起こっていた事態を理解する時間をもたらした。孤独は彼を書物の世界に導いた。彼は貪欲な読書家になり，古典文学や現代文学の原典を広範囲にわたって多読し，それらから様々なアイディアを掬いあげていった。これは，一方で，彼の早期から現れる概念化への感性が磨かれていくための肥沃な土壌を提供してくれていたかもしれない営みなのであり，他方では，社会現象をパターンとして捉えるソーシャル・パターニング（social patterning）という抽象性に魅了されてしまう性向，発達途上にあった性向である。ちなみに，後者の性向は，クラシック GT 理論家としての姿勢の一つの基本的特徴となっていくはずのものである。

　スタンフォード大学で最初の学位取得に向けて勉学に励んでいた時に私は「社会学に惹きつけられたのです」（Glaser, 本人との対談, 2008年8月22日），とグレーザーは語っている。彼は社会的行動を理解して説明したいという強い好奇心と生来の欲求を持っていたが，社会学は，そうしたものを加工処理する一つの視座を与えてくれたのであろう。彼の社会学への興味関心は，特に，スタンフォード大学の社会学者リチャード・ラピエール（Richard LaPiere, 1899-1986）によってかきたてられた。ラピエールは，フロイト派の精神分析に対して痛烈な攻撃をした（LaPiere, 1959）ことでおそらく最もよく知られている人物である。ラピエールについての回想録の中の賛辞には，「彼の人生における独創的…（中略）…な主題には，個人の責任と自己への信頼が含まれるが，彼はそれらの主題をプロテウスのごとき多面的な能力を発揮する形で例証した」（Dornbusch, Berger, Shaw & Snyder, 1986）と記されている。このようなラピエールは，グレーザーの自律性の発達に対して早期の影響を及ぼしていた可能性がある。

同時代人の中には，正統ではない彼の姿勢を受け入れ難いとする人々もいた（Coser, 1960）が，ラピエールの行なった批判は，当時の心理学において増大しつつあった一つの動きに特徴的なものであった。それは，フロイト派が強調する語りに基づく分析に対して異議を唱え，より全体論的な，気づきに基づく様々なアプローチに賛同する動きで，おそらくは1960年代のゲシュタルト・セラピー運動の出現のうちに最もよく体現されていたものだ。個人の独立という，ゲシュタルト・セラピーの中心的アイディアは，発達しつつあったグレーザーの自律性と強く共鳴し合っていたのではないだろうか。メタ認識のレベルでは，GTの出現とゲシュタルト・セラピーの出現——特にフリッツ・パールスとローラ・パールス（Fritz and Laura Perls）によって推し進められたカリフォルニアを拠点とした「生き方の流儀（way of life）」版セラピーの出現——とが同時期に起こっている（Perls, Hefferline & Goodman, 1951）ことからは，何らかの興味ある類似性を見出すことができるかもしれない。しかし，そうした点に踏み込んでいくことは本章の限界を越えるものである。

スタンフォード大学時代（1948-1952），グレーザーは外国留学に時間を使うようにと——つまり，卒業後，伝統に則った１年を使って旅行することを——奨励された（Stern, 2009b）。彼は留学先にパリを選び，ソルボンヌ大学で１年間学んだ。ここで彼は再び文学，フランス現代文学に焦点を当てたようである。そして，「テクスト分析（explication de texte）」として知られる文学作品分析のトレーニングを受けた。「テクスト分析」というのは，一編の文学作品の詳細な検討のことであって，その目的は，と言えば，表現の根底にある構造や構想，あるいはパターンを——表現の反復や分極化，矛盾等々のうちに見出される徴候を手がかりにして——抽出することであり，そうすることを通して，著者がまさに言わんとしている真意を引き出してくることなのである。「テクスト分析」は，グレーザーの貪欲な読書習慣に新たな次元を加え，後に，潜在的構造パターン分析（latent structure pattern analysis）において——つまり，GTの方法論にとっての堅固な土台である潜在的構造パターン分析において——概念的明晰さを確保していくための一つの重要な技法を彼にもたらすことになるようだ。データのオープンコード化のためのグレーザーの一連の問い[1]（Glaser, 1978, p. 57）は，今では有名なものだが，これらの問いは，「テクスト分析」という

第Ⅲ部　歴史的・哲学的基盤

伝統＝流儀に直接由来するものと見なすことができるだろう。

2　コロンビア大学

　パリで1年間を過ごした後，グレーザーは兵役につき，引き続きヨーロッパにもう2年間滞在した。1955年にアメリカに帰り，コロンビア大学で博士課程の研究を開始する。彼が在学した当時のコロンビア大学は，戦後を背景にして，スポットライトを科学の進歩に当てていた。諸社会科学は，科学としての地位を獲得すべく方法論上の努力を続けており，社会学は，データ分析の統計学的手法の進歩の成果を受けて，分野を挙げて理論検証を追求していた（Wilson, 1940）。一方，質的調査研究の方は，それはそれで行なわれていたが，それは，理論検証を目指す量的研究を構想するにあたって，その構想に奉仕させるために行なわれるのが通例だった。質的調査研究は，こうした代理役割においてそれ自身の価値を明らかに示していたのだが，それにもかかわらず，質的諸方法は理論の産出を目指すには適切さを欠いているという具合に周りからは見られており，この点に関する懸念は大きいままであった（Blumer, 1940）。

　グレーザー氏本人の言うところによれば，コロンビア大学の彼の教師陣に，社会学の有名人たちが含まれていたこと——最も著名だったのはマートン，ラザースフェルド，ゼッターバーグだった——，そのことは「全くの偶然の一致」（Glaser, 本人との対談, 2008年8月22日）だった。彼がコロンビア大学を選んだのはセレンディピティ的〔つまり，意識して探しているのではなかった宝物を，偶然に見つけたようなこと〕である，〔なぜなら，〕その時彼は，「巨人」の足元で学ぶことを特に追い求めていたわけではなく，様々なアイディアの，これまでとは別の源泉に対してただただ開かれていたのだから，とグレーザーは説明する。「ニューヨークは，研究しながら暮らすのに面白そうでした」（Glaser, 本人との対談, 2008年8月22日）。探索の旅が面白かったのなら，彼はぴったりの選択をしたのではないだろうか。のちにグレーザーの博士論文のスーパーバイザーになるゼッターバーグは，コロンビア大学の社会学部について，「1950年代と，バーニーが博士の学位を取得した1961年は，まさにアイディアと人を育てるための苗床でした」（Zetterberg, 本人とのeメール対談, 2008年9月9日）と

306

第13章 バーニー・グレーザーの自律的創造性

言う。この時代に執筆した著書の中でゼッターバーグが,「この世代の中の,社会学でいま訓練を受けている幸運なメンバーたちは,キャリアのスタートのその時点から,現実的な理論を構成することに向けて自らを方向づけた,まさに最初の学生たちになるであろう」(Zetterberg, 1954, p.21) と示唆したのは,コロンビア大学では,当時すでに研究方法論の移行の動きが見え始めていたことを論じたのであろう。

　コロンビア大学の「巨匠たち」の中のもう一人であるロバート・K・マートン (Robert K. Merton, 1910-2003) は,のちに,次のように述べることになる。

　「この時代のコロンビア大学の社会学から最も重要なことを生じさせたのは,学生たちであった…(中略)…学生たちの大きな同年代集団(コーホート)が,驚くべき数の異才を放つ学生たちを含んで続々とやってきて——これは第二次世界大戦の終結と,これに続く復員軍人援護法の施行に少なからざるものを負っていたのだが——,1940年代と50年代のコロンビア大学という舞台を輝かせたのである。彼らは大いに学んで知的興奮を生み出し,それが次には60年代,70年代に,新しい才能の滔々たる流れを私たちのところにもたらし続けてくれた…(中略)…才能に恵まれ,活気に満ちた大学院生たちが勢ぞろいして次から次へとやってきて,記憶に残るほどの効果的な環境——冷淡な傍観者たちは,これを,アイディアの空騒ぎと言うかもしれないが——を作り上げたのである。その環境は,彼ら一人ひとりにとってのものであり,それのみならず彼らの教師たちにとってのものでもあった。どのコーホートもそれぞれ,沢山の同輩の中でも第一人者だと,学生仲間たちにも,その教師たちにも認められた,特に記憶に残る学生代表団をもっていた」。(Merton, 1998, p.193)

　コロンビア大学の博士課程プログラムの一番のポイントは,人の自律性と独創性を発達させることであり,何らかの貢献をさせることであり,自らの力を賢明に活用することである (Glaser, 2005b),という具合にグレーザー氏としては考えていると記述している。「ポール(・ラザースフェルド)の『エラボレイション分析』では,二次データの活用と,観察されていない変数(バリアブル)(訳者注:変

数は，値が変化する概念）に焦点を当てること（発見）に，また，マートンの『理論化へのアプローチ』では，特に彼の，特定領域のデータについての理論的コーディング・モデルに，夢中になって取り組んだのです」（Glaser，本人とゼッターバーグとのeメール対談，2008年9月12日）。彼は，コロンビア大学において彼の知的発達に影響を及ぼす立場にあるラザースフェルド，マートン，そしてゼッターバーグを，独立性と創造性と自律性のモデルとしても語っている。その上で，しかし，自分は「彼らの様々なアイディアが欲しかったのであって，彼らの指図を求めたのではなかった…（中略）…私は彼らの様々なアイディアを活用した。私は，彼らのプロジェクトを正しいものとして当てにする研究をしなかった…（中略）…（私の）博士論文は，私の自律性と彼らの諸アイディアについての研究であった」（Glaser, 2005b）と強調する。彼のこの自律性への焦点化が，マートン（Merton, 1957）の，科学者のキャリアにおける社会組織化に関する仕事の影響を受けたことは疑う余地がない。事実，グレーザーの博士論文には，科学者のキャリアにおける自律性の役割が重要な意味を持って現れてくることになる（Glaser, 1961；1963a；1963b；1964a；1964b）。

3　マートン

　グレーザーは，マートンから，アイディアを得るための読み方，つまり，テクストを注意深く読み，概念(コンセプツ)が創発的に出現すれば，そこにアンダーラインをして，書きとめる，この読み方を学んだ（Glaser, 1998, pp. 29-30）。これが，彼の早期に受けた「テクスト分析」の訓練に追加されて，グレーザーに生来備わっている，創発的な概念上のアイディアのパターンを識別してそれに名を与える能力——この能力が，彼のGTセミナーの参加者を驚かせつづけている，彼の概念化の素晴らしさである——をさらに発達させた。マートンの仕事から学んで，後にGTに生かされることになる方法論上のその他のアイディアとしては，理論的サンプリングの先駆けとなるスノーボール・サンプリング（snowball sampling），創発的出現の先駆けとなるセレンディピティ（serendipity 偶然的出会い），および，データ収集と分析を織り交ぜることがある。もっとも，マートンの場合には，データ収集はあらかじめ作られた計画のとおりに行なわ

れたのだった（Glaser & Strauss, 1967, p. 49）が。また，グレーザーが指摘するように，「マートンは，調査研究によって検証したことを理論にフィードバックして，理論を修正することに心を奪われていた。つまり，彼の主要な関心事は，データと対話をして理論を修正することだったのであって，データと対話をして理論を産出することではなかったのである」（p. 2）。

　グレーザーは，マートンの「キャリアの承認（career recognition）」という概念を，「興味深く魅力に満ちた」，摑みのある概念だと捉えた。その上で，マートン（Merton, 1957）が既に展開し終えていたものであったにもかかわらず，この概念を，主として論理による思索であって，特定領域とはほとんど，あるいはまったく対話をしていない，抽象的過ぎるものだと考えたのである。グレーザーは，このことについて後に次のように語っている。「マートンが得た概念は正しいものだったのですが，しかし，概念を得るプロセスは正しくなかったのです。**ローカル**と**コスモポリタン**は，実際は，一人の人物が持っている２つの次元だったのですが，マートンはそのことを見なかった。彼の概念化は，概念的指標の絶えざる比較を通して経験世界と対話をする，ということをしていなかったのです」（Glaser, 本人との対談，2008年8月22日）。グレーザー（Glaser, 1961）は，彼自身の博士論文において，創発的に出現し，しかもデータと対話をしたものとしての概念を産出することを目指して，二次データを注意深く分析した。その結果，**謙虚な承認（modest recognition）**が，大半の科学者のキャリアの目標になっていると，提示した。これは，マートンの概念に理論化されていた，成功か失敗かという認識（オール・オア・ナッシング）とは異なる理解である。「謙虚な承認」をすることによって，普通の科学者は，ダーウィンのような科学界の大物と同じほどの大がかりな到達度を，キャリアの現実的な到達度として自分に期待するようなことから免れて，自分のキャリアを歩み，生活の糧を得，自分の貢献を承認することができているのである（Glaser, 1998, p. 83）。この論文には，経験世界と対話をすることが持っているパワーが歴然としていた。グレーザーが次のように記しているとおりである。「……私は，二次データに存在したデータを用いて，博士論文をすべて自力で書いた。…（中略）…論文はすんなりと合格した。私のスーパーバイザーのハンス・ゼッターバーグは大喜びだった。PFL（ラザースフェルド）は，〔謙虚な承認という〕コア変数と，新しい分析技法を展開

したことを，大いに喜んだ。ロバート・K・マートンは，私の論文が，彼の有名な論文である『科学における承認（Recognition in Science）』に対して，真剣な考慮を要する疑問を投げかけたので混乱していた」(Glaser, 2005c)。

彼自身のキャリアの非常に早期に得たこの経験を通して，グレーザーは，概念的分析は，獲得された関連性（earned relevance）を欠いてはならないと，強く確信した。獲得された関連性は，GTの分析の品質保証の一つになっていくはずのことである（Glaser, 2005c)。「データというものは物事が現にそうある通りのものなのだという考えを私は確信するようになった。人々には物事を理論的にみたいという見方があるのだが，データは，しばしば，そうした見方に『適合したもの』ではなかった。理論は，価値あるものであるためには『データに』適合していなければならなかったのである」(Glaser, 1998, p. 30)。グレーザーが非公式に思いめぐらしたところでは，他と比較しての相対的失敗（comparative failure）というマートンの認識は，職業上の承認に対するマートン自身の葛藤の投影であったのかもしれないが，一般的な標準ではなかったのである。「マートンが一人の，他と比較しての相対的失敗者であることは，私にははっきりしていました。私は『サイエンス』に掲載されたあの論文を書き，2,000部を世界各地に送りました」(Glaser, 本人との対談, 2008年8月23日; Glaser, 本人とゼッターバーグとのeメール対談, 2008年9月12日)。

グレーザーは，マートンの自己中心癖と，先入観をもつ性向を退けていたのかもしれないが，グレーザーの方法論展開へのマートンの影響は紛れもないものであり，それは，マートンが理論展開にとって不可欠だと強調していた概念的統合（Merton, 1968, p. 143）に，おそらく最も明らかに現れている。この考え方は，グレーザーが後に，組織化し統合して一つのGTという研究成果を生み出すためには，理論的コーディングが不可欠である（Glaser, 2005）と主張することと呼応し合っている。理論的コーディングは，グレーザーの一つの能力であり，彼には自然にできることなのであった。コロンビア大学のもう一人の社会学者バーナード・バーバー（Barber, B., 1938-1988）が，「バーニー，貴方はアイディアをどう統合し，どう並べかえるかがほんとうによくおわかりになるのですね」と言ったことをグレーザーは記憶している。後にこの会話について詳しく話した時に，グレーザーは，自分が無理なく自然に行なっていることが

実はおそらく自分に与えられた特別な才能なのだとわかったのは,彼にとっては思いがけないことだったと語った。つまり彼はそれまでは,自分以外の人も自分と同じように自然にできることだと思っていたのだった(Glaser,本人との対談,2008年8月22日)と認めているのである。

　グレーザーは次のように批評している。マートンは概念的に考えるようにと人に教えたのだが,教えた人たちが得た概念を歓迎しなかった。他方,彼の得た諸概念——それらをマートンは中範囲の理論と呼んだのだが——は,そう呼ぶにしては,抽象的すぎて関連性がなかった,と。「マートンの示唆は,革新的であるために何か新しいことを考え出さなければならないのではなく,いまある様々なアイディアの間に新しい関係を見出すことこそが必要だ,というものでした」(Glaser,本人との対談,2008年8月22日)。マートンは「創発的出現に通じる光をちらりちらり」(Glaser, 2005c)と持ち合わせているのだがと,グレーザーは,その点は認めている。しかし,グレーザーにしてみれば,概念が創発的に出現してくるように,開かれた立場でデータに接近することは,その後彼の第2の天性になっていくはずのことであって,マートンが示唆したような,既に学界に受け入れられている理論的枠組みを活用することは,彼がデータを「理解する」ためには必要がなかったのである。概念的抽象化は,アイディアをあらゆるところからありのままに掬い上げることを長年繰り返したのちのグレーザーには,無理なくできることであった。つまり,彼が掬い上げるアイディアは,行動に潜在している社会的諸パターンを説明するのに有効であることが調査研究の過程で明確になるであろうような心象であり,したがって,潜在している諸パターンは,無理に作り上げられるのではなく,概念の方に向かっている〔心象の形成〕が前意識的に加工処理されることを通して,創発的に出現してくるのである。

4　ラザースフェルド

　グレーザーは,ラザースフェルドについてバートン(Barton, 2001)が書いた論文を,GT の知的歴史を捉えている(Glaser,本人がバートンの論文の別刷に書き込んでいたメモ)としてあげている。「概念を明晰化するための調査研究につ

いて，その諸作業工程の論理を分析すること」(Barton, 2001, p. 246) は，ラザースフェルドの生涯にわたる基本であり，それはまたグレーザーにとっても同じであった (Glaser, 2005c)。調査研究の方法論の学術的展開によって広く知られているラザースフェルドは，様々な良い理論的研究が用いた「諸方法」を，それらの方法がどのようにして展開されたのかを知り，真に良い研究がなぜそれほど人を納得させるのかを確かめるために研究しようと唱えた。彼は，分析の仕方を「テクスト分析」によって教授し，概念を明晰化することを目指し，また，テクストをどのように解釈することが可能かではなく，その文章には何が確かに言われているのか，それを読み取るようにテクストを読むことが重要だと強調した。そのように読んでから，今度は，創発的に出現する概念化のきざしを確実で精密な概念にしていくために，互換可能な指標（訳者注：指標は，観察作業を行なうための具体的定義）を探し出すのだと，彼は教授したのである。親仏家を自認する彼は，グレーザーがフランスで「テクスト分析」の訓練を受けたことも，その能力を持つこともすぐに諒解した。この「テクスト分析」の持つ，経験世界を根拠にするという客観性は，後にクラシック GT の礎石になっていくはずのものである。

　ラザースフェルドが，様々な方法を超えて方法論を，また，様々な主義を超えて諸データを関心の的にするやり方——つまり彼の量的分析志向 (Glaser, 2008, p. 4) ——は，グレーザーという成長しつつある理論家の自律的創造性をとりこにし，概念的明晰さにおける彼の際立った才能の梃子になって，グレーザーを，理論の検証を超えて理論の発見を関心の的にする方向へと踏み出させ，そしてまた，様々なアイディアを識別して統合するグレーザー固有の性向を系統だてさせたのではないだろうか。概念的明晰さにおける彼の際立った才能とは，テクストが持っているはずの諸アイディア，諸パターン，諸構造に向かってテクストを読みこむ彼の才能であり，機能する（すなわち経験世界と対話されている）様々なアイディアを掬い上げる才能であり，それらの諸アイディアを概念的に展開する才能である。ラザースフェルドの，観察されていない諸変数を潜在的構造分析を用いて識別することへの興味と，同時分布の中の少数事例に焦点を当てることへの関心は，のちに，GT が，複雑な社会的プロセスを研究するために，それぞれが孤立している複数の変数に焦点を当てるのではなく，

潜在している諸パターンに焦点を当てるという形で創発的に出現するはずのことである。ラザースフェルドから，グレーザーは，「期待していないこと，予期していないことを探す」ことを学んだ（Glaser, 本人との談話，2008 年 8 月 22 日）。こうして，偶然的出合い（セレンディピティ）にグレーザーが焦点を当てたことは，グレーザーの，次のようなことへの抵抗感を増幅させたかもしれない。一つには，理論検証の追求が支配的であることへの抵抗感であり，次には，「科学的方法」が，細かな反発を繰り出してきて，研究トピックを狭くさせ，研究者のエネルギーを枯渇させ，その上で得られる研究結果は多くの場合，帰無仮説であることへの抵抗感である。これに比べ，セレンディピティは，エキサイティングだし，報いられる！

　グレーザーは，理論の産出における，実用との関連と価値を認めていたので，コロンビア大学のような諸機関で大規模調査事業の準備の過程で収集された経験世界のデータが，利用されないまま膨大な収蔵品になっているのは，莫大な資源をムダにしているのだと認識した。また，ラザースフェルドのインデックス（指標）形成プロセスを観察して，個性的な性質がそぎ落とされて要約されるのは損失であると考えた。そぎ落とすと，意味を持たないインデックスができることがあったからである。理論の産出より理論のテストに特権を与えること，特に，ラザースフェルドの学生が奨励されて行なっているような，仮説の帰納的な産出を，検証という外套の下に隠して偽装することにも，グレーザーは異議を唱えた。彼のアイディアは，インディケーターを単に要約するのではなく，それどころか，インディケーターとインディケーターを比較することであった。そうすることによって，概念の諸特性（プロパティズ）や諸次元（ディメンジョンズ）を産出する――つまり，意味のあるインデックスを産出する！（Glaser, 1998, p. 24）――ことであった。彼はこの絶えざる比較のプロセスを，死にゆくことの研究におけるデータ分析と，GT 方法論（Glaser, 1965 ; Glaser & Strauss, 1967）の，一つの基本的側面として展開し続けることになるはずである。ラザースフェルドのアドバイスで論理演繹的な仮説を検証することに研究時間をかけた学生たちは，これといった成果を得なかったのであるが，一方，グレーザーは，理論の創発的出現ということを受け入れるには，ラザースフェルドは実証主義の伝統に染め上げられすぎているのだ（Glaser, 1998, p. 23）と気づいていたのである。

ラザースフェルドの当時の諸著作には，後に GT の基本的要素になるはずの方法論上の多くのアイディアが，はっきりと見られる（Glaser, 2008）。例えば，ラザースフェルドは，彼の有名な研究である，『学問的精神（The Academic Mind）』（Lazarsfeld & Thielens, 1958）において，広範囲に収集されたデータとその分析を，よく統合された理論がそれらから生成される可能性のある「建築資材」（Lazarsfeld & Thielens, 1958, p. 160）であると，カント（Polanyi, 1951, 序文, p. v）に依拠して説明している。ここに，GT における，データ収集と分析と絶えざる比較法とを，相前後して繰り返すプロセスの片鱗を垣間見ることができる。グレーザーはまた，彼の有名な GT 格言である「すべてがデータである（All is data）」を，ラザースフェルドの影響に帰し（Glaser, 2005c），その他にも，ラザースフェルドの帰納的量的分析から学んで，後に GT の重要な要素になっていくはずの様々な分析技法を明らかにしている。それらは，特性空間分析（property space analysis），尺度理論（scale theory），質的演算（qualitative math），エラボレイション分析（elaboration analysis），内容分析（content analysis），コンテクスト分析（contextual analysis），サブストラクション（substruction），理由分析（reason analysis），二次分析（secondary analysis），多元的態度分布（multi-attitude distributions）である（Glaser, 1998, pp. 27-29；2008, pp. 4-5, 7）。ラザースフェルドには，方法論的イノベーションを追求するという目標とともに，（ラジオリサーチ研究所——これは後にコロンビア大学応用社会調査ビューローになる——用の資金を準備するために）調査研究の様々な具体的な道筋を追求するという必要性があった。こうした目標と必要性から，彼は，調査研究のフィールドというものを，より抽象的な——もしくはより一般的な——視座から見る方向に進んでいた。グレーザーは，これと類似の視座を採ることになるだろう。彼はこの視座に従って様々な方法や様々な概念を抽象化もしくは概念化すると，調査研究の特定領域が何かということは関連性がなくなっていくもの（Glaser，本人がバートンの2001年の論文の別刷に書き込んでいた見解）と考えていたようである。

　グレーザーは，ラザースフェルドの影響を，方法論の重要な4つの「種子を播いてくれた」として，GT の展開にとっての貢献を特に感謝して語っている。4つの種子とは，インデックス形成（index formation），インディケーターの互

換可能性（interchangeability of indicators），絶えざる比較分析（constant comparative analysis），およびコア変数分析（core variable analysis）である（Glaser, 2005c）。初めの2つはラザースフェルドの仕事（Lazarsfeld & Thielsens, 1958, pp. 402-407）に直接由来している。一方，絶えざる比較分析はグレーザーが自ら発見して展開したのであった。しかしグレーザーは，ラザースフェルドは「これを見逃したのだ…（中略）…この手法が持っている理論産出のパワーは素晴らしい。何という理論上の収穫であったことか。何という見逃しのミスであったことか。絶えざる比較の技法は，GTが理論を産出し発見するための有力な分析の手続きになった」（Glaser, 2005c）と記している。コア変数分析に関しては，グレーザーは次のように述べている。

> 「ラザースフェルドとジーレンス（Lazarsfeld & Thielens, 1958）は，コア変数分析モデルが大きな収穫をもたらすことを示していた。私は博士論文でこのモデルを'承認'インデックスに活用した。すると，データが文字通り口を開いて話し出し，'承認'についての探索と結果についてあり余るほどの発見を導いてくれた。私はコア変数という分析的な考え方を質的データに移しかえて，"死にゆくことのアウェアネス"（awareness of dying）というコア変数についての書物（Glaser & Strauss, 1965a）を書いた。…（中略）…このようにして，私はコア変数分析を，GTを産出する基本にした」。（Glaser, 2005c）

マートンとラザースフェルドは，同時代の多くの教授たちもそうだったのだが，大学院生を，教授自身が興味関心を持っている領域で仕事をするように役立たせたことでよく知られていたと，グレーザーもゼッターバーグも，遠回しに述べている。グレーザーの考えによれば，パーソンズ（Parsons, T.）やマートンのような当時の巨匠たちは，「……若い社会学者たちを，彼らの教師の仕事を試すテストをし，しかし仕事の真似はしないように訓練することによって，テストだけを行なう『プロレタリアート』大衆に対する『理論を所有する資本家』の役割を演じていた」（Glaser & Strauss, 1967, pp. 10-11）。「マートンは，どの人の自信も掘り崩し，まるで拘束服を着せるように創造性をがんじがらめに

して支配したのです」(Glaser, 本人との対談, 2008年8月22日)。ゼッターバーグが述べたところによれば，マートンは，「厳しい学位論文のアドバイザーでした。原稿を徹底的に点検して，飛切り上等の編集的助言を書き入れる——そのせいで，これは言い添えずにはいられないことですが，原稿が著者に返されるまでに桁違いに時間がかかったのです」。しかし，彼の専門の科学の社会学では，「コロンビア大学にしては驚くほどわずかしか博士論文が出なかったのです」(Zetterberg, 本人からのeメール, 2008年9月9日) ということである。ゼッターバーグは，ラザースフェルドについて，「彼自身が興味関心を持っている方法論の問題に関する博士論文だけを指導する教員でした。…(中略)…論文のトピックを決めるのは，当の大学院生ではなく，彼でした」(Zetterberg, 本人からのeメール, 2008年9月9日) と言う。

　グレーザーは，彼のコロンビア大学在学中にマートンが，専門職に関するマートン自身の理論に関係する研究をするために6人の博士号候補者とともに調査研究資金を獲得したのだが，その候補者が1人も博士の学位を取得しなかったことについて語っている。その調査研究は，マートンが推測して作った理論を6つの調査研究の概念枠組みとして活用するように組み立てられていた。研究の結果は，いくつかの相関関係がそれぞれ独立に存在することを示しただけであり，したがって発見は何も無かったのである。発見が無かったことは，「データが貧しい」ことに帰されて，研究を担当した学生たちは学位を取得できないまま去っていった (Glaser, 1998 ; 2005c)。このようないくつかの経験をして，グレーザーは，大学や学会という環境が持つ社会構造的な制約と，そうした制約が個人の創造性と知性を凍りつかせる効果を持っていることに失望させられたのかもしれない。そうであれば，なぜ彼が，博士号候補者たちに，スーパーバイザーたちと彼らの部局の社会構造的パワーに気を付けるようにと警告しつづけているのか，なぜ彼が，非常に多くのスーパーバイザーが学生の研究を管理して自分の物のように扱い，学生の行なった調査研究をもとに作成する論文の共著者になるように強いてまでさせる昨今の風潮を嘆いているのか，なぜ彼が，彼のセミナーを博士課程の院生たちの学位取得を援助することに焦点を当て続けているのかが，たぶん説明できるのではないだろうか。コロンビア大学のその不運な6人と，おそらく他にもいたであろう，自律性を持ちあわ

せず，創発的出現を通して発見に導いてくれるような方法論を持たずに，自分のキャリアの可能性における大きな賭けに敗れた院生たちの苦悩と失望を彼は間違いなく目の当たりにしたのだ。

　方法論上の様々なアイディアを「跳び回って掬い上げ」ている間，また，理論の産出についてのラザースフェルドの新しい見方のいくつかを吸収している間，グレーザーは知的自律性を保ち続けていたのであろう。コロンビア大学時代について，彼はのちに，「コロンビア大学でエラボレイション分析を身につけた人は他には誰もいませんでした。私は身につけましたし，ラザースフェルドはそのことをわかっていました。しかし，私は彼の子分ではありませんでした」(Glaser, 本人との対談, 2008年8月22日)と話すことになる。未成熟なインデックスは，潜在的構造分析によって完成されたインデックスに匹敵する効果をもっているとラザースフェルドは考えていたが，グレーザーは，ラザースフェルドのこの考えに，自分がどのような仕方で「ほんの少しだけ浸っていたか」という点について次のように述べている。

　　「後者（潜在的構造分析）は，一種の浪費でありその費用は高かった。こうした考えを持っていたので，私はその延長線上で一貫性分析（consistency analysis）という分析技法を開発した。そしてこれを，ラザースフェルドのエラボレイション分析モデルと理論的飽和という私のモデルと組み合わせて活用した。インディケーターの互換可能性と理論的飽和は，その後，特定領域理論を産出するためのGTの研究手続きの最重要の要素になったのである」。(Glaser, 2005c)

マートンとラザースフェルドの，人を支配するこうした性癖は，グレーザーの強靱に発達した自律性と真っ向から対立していたのであろう。これが，たぶん，グレーザーが博士論文のスーパーバイザーにゼッターバーグを選んだ理由であろう。グレーザーは次のように述べている。

　　「自分の研究に参加するようにといろいろ言ってくるラザースフェルドにもマートンにも，私は訓練期間の全体を通して抵抗した。…（中略）…

第Ⅲ部　歴史的・哲学的基盤

私には，個人的次元で彼らに割く時間はなかった。あるのは，彼らのアイディアに対してだけだった。創造性の基本を，マートンは科学の社会学に関する彼の著作ではっきりと示していた。創造性の基本は，自由自在に，期待をこめ，最大の成果と最大の創造性に向かって，様々なアイディアの関係を見て組み立てるために，自律的な自由さをもってアイディアについて思索し研究することであると，科学の社会学に関するマートンの著作に明らかにされていたのだから」。(Glaser, 2005c)

　実際，グレーザーは，彼の自律的な姿勢を鮮明に示す興味深い出来事を述べている。彼は，マートンの「役割理論」の授業でノートをとったこと，そのノートを清書して「アメリカ社会学レビュー（American Sociological Review）」に専門家による審査を受けるために投稿したと記している。「そうしてみて，他の人々がマートンの理論を匿名ではどのように考えているかを知って驚いた。…（中略）…わけのわからないおしゃべりの具象化だ，と言われたのだ」(Glaser, 2005c)。審査者たちが判断を下していたのは，巨匠の理論に対してだったのか，それとも，この学生の研究ノートに対してだったのかははっきりしないが，このような投稿をするとは，なんと大胆なことであろうか！

5　ゼッターバーグ

　物静かな話し振りのハンス・ゼッターバーグは，社会学を単に科学的なものとしてだけではなく，人間的なものとしても見ていた（Zetterberg, 1965）。グレーザーは，ゼッターバーグが，主眼を，社会理論の実用的価値と，理論展開のための基礎としての経験世界の調査研究の重要性に置いていることに，特に惹きつけられた。彼は，ゼッターバーグの有名な美術館研究（Zetterberg, 1962）をあげて，この研究は，GT の心象形成の進展にとって「最良の現実的な内容」を提供してくれているとりわけ意義深い研究であるとし，「なぜなら，ゼッターバーグは，推測による理論ではなく，実用性のある理論を生み出すために概念と概念を関係づけていましたから」（Glaser，本人との対談，2008年8月22日）と言う。ゼッターバーグへのeメールで，グレーザーは次のように述べ

ている。

　「私が GT の方法論を生成した時に拠り所にした主要な源泉は，あなたの2冊の著書でした。つまり，理論と証明に関する本と，それから社会理論と社会実践に関する本の2冊です。あなたのデータと理論が美術館の利用者をいかに増加させたかに感銘を受けました。すべての社会学理論はこのように実用的でなければならないだろう，そして，実用的であるためには，理論は経験世界と対話されていなければならない，そう考えたのです」。(Glaser，本人のゼッターバークへのeメール，2008年9月12日)

　社会学の実用的価値という考え方は，確かに，グレーザーがコロンビア大学に在学していた時代の最先端の思潮であった。シュルツ(Schulze, 1967)が述べるように，「戦後の社会問題への関心の増大，応用心理学の失敗，これと連動して起こった社会学の地位の向上，さらには社会行動プログラムへの基金の増加と連邦予算の増額などが重なり合って，応用社会学者に対して数多くの機会が創出されていた」(p. 1027)のである。社会科学者をコンサルタントと捉え，社会理論を実務家の問題解決に応用されるものとするゼッターバークの視座は，グレーザーが抱いていた社会学の実用的価値への関心と共鳴し合ったに違いなく，また，後に表明される，よい GT を評価する基準に反映されているのを見ることができる。すなわち，(a)適合する，(b)有効性を発揮する，(c)関連性を持つ，(d)新しいデータに基づいて速やかに修正できる(Glaser, 1978)——そうした理論という形である。

　しかし，グレーザーが「実用性への接近から GT へ向かった」発端は，ゼッターバーク自身の仕事ではなく，ラザースフェルドの「理由分析」だったかもしれない(Zetterberg，本人からのeメール，2008年9月9日)とゼッターバークの方はみなしているのであって，この点に注目してみるのは興味深いことだ。ラザースフェルドはこのアプローチを，消費者の購買行動を説明あるいは正当化するための研究である，自己報告による消費者調査において開発していたのだった。「この話の中心には，研究者の『説明図式』があります。それはこういうものです。行為者に，まず，その人が行なった事前の選択あるいは

状況について，何を選んだか，好きだったか，嫌いだったかをよく聴きます。次に，その同じ相手に，事後の選択あるいは状況について，何を選んだか，好きだったか，嫌いだったかを聴きます。その上で，それらに劣らず大切なことなのですが，その人物に，後者の選択肢の方へと方針を変えさせた原因としては，どんな引き金になるできごとがあったかをよく聴くのです」(Zetterberg, 2010) と，ゼッターバーグは説明する。そうすると，ここにはまた，研究対象になっている領域で「実際に起こっていること (what's really going on)」を見出すことが重要だという，いまでは有名な GT 格言のヒントもたぶんあったのだ。

　ゼッターバーグは，コロンビア大学で長く続いている論争，すなわち，マートン率いる，理論を通して社会学を進歩させることをよしとする陣営と，ラザースフェルド率いる，方法論を通して社会学を進歩させることをよしとする陣営との論争についても触れ，彼自身は理論派に与していたが，それは，彼が方法論者たちの議論を否定していたからではなく，全面的に認めていたからであった——というのは，「私たちの分野で最も称賛された調査研究プロジェクトでさえも，方法論的な観点から見ればまだ不十分な点があるのだ。…(中略)…例えば最大限の精度に向かって骨を折ったのに平凡な結論が出ている場合がそうである」(Zetterberg, 1954, pp. vii-viii) と述べている。彼は推測による理論に不満を表明し，それに代えて，「調査研究に基づいた理論」(p. 20) を，と呼びかけた。ただし，ラザースフェルドと同様に，彼の第一の関心事は，理論の検証だったのではあるが。ゼッターバーグは，同時代の社会学の，定義的，記述的傾向に対して警告を発し，そうではなく，それこそが実質的には人間科学であるところの，複雑な諸側面を統合して説明することによりいっそうの努力を傾けることを求めたのである。別の言い方をすれば，単に研究結果を記述したり，単に命題を提示することを超えて，命題をシステムあるいは理論に統合するためによりいっそうの努力を傾けるように求めたのだ。「命題こそが中心的要素なのであり，定義は補助的なものである」(Zetterberg, 1954, p. 22)。ゼッターバーグの，情報的価値の低い通常の命題と，情報的価値の高いより抽象的な理論的命題とを対比する見方の中に，クラシック GT 理論家は，後のグレーザーのアドバイスである「考える時は理論的に，書く時は具体的に

(think theoretically and write substantively)」(Glaser, 1998, p. 197) をたぶん垣間見るのではないだろうか。

　ゼッターバーグは,「分類学(タキソノミー)や記述的諸研究への興味関心からでは,説明に備えることができない」(p. 26) と述べて,同時代の研究者たちのタキソノミー重視を退けた。同様の声が,クラシック GT 理論家から,GT の数多くの「モデル改造」版に対して,そのやり方では,せいぜいよくて概念的な記述ができるだけであると,頻繁に繰り返されている (Glaser, 2003)。社会学理論家の主たる課題は,「一般性のある命題の発見」である (p. 28) とする彼の主張にもかかわらず,ゼッターバーグの第一の興味関心は,結局,社会理論の系統的な検証に留まっていた。すなわち彼は,「理論は,記述的研究ではなく検証的研究——特定の仮説をテストするために組み立てられた研究——を要約し,また,生み出す契機になる」(pp. 28-29) と述べているのである。さらに言えば,ゼッターバーグのこの1954年の著書が,グレーザーが後日行なっている GT の方法論の解説の観点からすると——特に,方法論の抜群のガイドである『理論的感受性 (Theoretical Sensitivity)』(Glaser, 1978) に関して——,もしかすると彼にとって一つのモデルになっていたのかもしれない。

　ゼッターバーグの解説では,「バーニーのアドバイザーとしての私の率直な野望は,彼の学位論文が,マートンと (ハーバート・) ハイマンとラザースフェルドがそれぞれに,博士課程の自分の学生に期待するであろうことの,総和となる程度に優れているべきである,ということでした。…(中略)…バーニーは,独立して,野心的に,注意く,遅れもなく,言い訳もなしに研究を進めました。…(中略)…彼の学位論文は第一に,マートンとハイマンとラザースフェルドの出した基準の相乗を満足させました。言い換えれば,非常に,非常に優れていたのです」(Zetterberg, 本人との e メール対談, 2008年9月9日) とのことであった。このようにして,グレーザーは,「コロンビア大学で相争う両陣営の間の葛藤の一つの休戦,つまり社会学部における理論派と経験派の間で対立するのではなく,むしろその両者の最良のアプローチを結合させるという形での調和」(Glaser, 1998, p. 31) を成し遂げていたのである。

　ゼッターバーグは,彼自身の出版社——ベドミンスター出版社——を設立していたのだが,このことでも,自ら出版業を営むことが持っている経験世界の

価値という側面でグレーザーに影響を及ぼしたのであろう（Zetterberg, 1961）。グレーザーが彼の GT セミナーでしばしば話していたように，自分のアイディアを誰が活用しているのか，その人たちは実際にどんな本を買いたいと思っているのか，購買の意向，その人々はどこにいるのか，その他のことを著者が知る方法が他にあるだろうか？　言い換えれば，グレーザーは，どんな著作の出版が次に求められているかを知ることができるように，出版とその受け入れられ方の潜在的パターンを発見したかったのだ。その結果，方法論の，あるいは特定領域理論のモノグラフと論文の出版が，50年近くにわたって積み重ねられたのである。一般性のある調査研究方法論を前進させることにおいて，このような積み重ねをしている学者は他には見当たらないと言ってよい。

　グレーザーの設立したソシオロジー出版社（Sociology Press）は，したがって，グレーザーの創造的自律性のもう一つの現れだと言える。大学人などが自ら出版業を営むのは一般的な基準ではないが，しかし，ソシオロジー出版社が「自費出版社」であるとの言及（Stern, 2009a, p. 59）に対して，グレーザーは，この出版社が GT の学術を前進させる上で少なからぬ価値を持っていることを特に示して，これを退けている。フィリス・スターンの言及について，彼は忠告して，次のように e メールを送った。

　　「おやおや，あなたはソシオロジー出版社のたいへん建設的な様々な成り行きを軽んじておられます。この出版社は，職員の給料，セミナー，ウェブサイト，世界各地に販売する書籍の保管，出版されないかもしれなかった書籍の出版，旅行奨励金などの費用をまかなっています。『GT レビュー』——この雑誌は，急に売れ出して，今では専門家による審査がなされています——の費用もそうです。私自身の著作だけでなく，読者たちなど他の人の GT を出版しています。…（中略）…こうしたことは，虚栄で，無価値な自費出版ではなく，学術的な貢献の様々な領域なのですが，それをあなたは貶めています。…（中略）…私の著書はよく売れています。どんなに古いものでもです。人々が必要としているのです。普通の出版社の困った特性は長いリストです。特に，価値が下落中で古くさくなってしまった出版物のリストです」。（Glaser, 本人とスターンとの e メール交信，

2009年5月26日，および27日）

6 その他の同時代の人々の影響

　ハーバート・ハイマン（Hyman, H., 1918-1985）は，ゼッターバーグが，彼は「二次分析のためのバイブル」を書いたと述べている人物であり，グレーザーが在学していた時期にコロンビア大学の教員の一人であった。ゼッターバーグは，コロンビア大学における二次分析の技術の定式化をハイマンに帰し，また，「ハイマンのいくつもの連邦サーベイへの関与は，コロンビア大学の大学院生たちに，学位論文のためのデータを探す便益を与えていました」(Zetterberg, 本人からのeメール，2008年9月9日）と言う。しかし，グレーザーは，二次分析への彼自身の関心と追求をハイマンに帰しておらず，その関心は当時の「はやりでした」(Glaser, 本人からのeメール，2008年9月12日）と言っている。

　グレーザーと学んだことのある人で，グレーザーが，どんな状況や問題についてであっても，研究をしている時は「開かれた姿勢を保つように（stay open）」(Glaser, 2005) と，事あるごとに呼びかけていると証言できる人は，学生時代に，君はこれを研究しなさいと始終言われて困っていたグレーザー自身の体験を，このような形で表現しているのだという見方で捉えれば，この呼びかけの真価を理解することができる。教師たちのあらかじめ想定された専門的興味関心が特権を持つ環境では，「理論をデータに結びつけることをしなければならなかったのだが，それは，理論が，現実と関連していない，あるいは結びついていないという理由で利用者から無視されてしまう事態を避け，値打ちのあるものとして注目されるためである，そのように私には思われた。帰納法にはデータが必要であった。しかし，演繹法に必要なのは論理だけなのであり，そこでは創造力豊かで理解力のある精神は，経験世界の出来事に対して閉じているのである」(Glaser, 1998, p. 31)。

　この開かれた姿勢への呼びかけは，確かに，ラザースフェルドの理由分析を思い起こさせるのだが，グレーザーは，アルヴィン・グールドナー（Alvin Gouldner, 1920-1980）に出会って，強く印象づけられたこともまた思い起こしている。それは，関心事についてあらかじめ想定されていたことが，調査研究の

場で実際に起こっていることとはいかに遠いものであり得るかということについてである。グレーザーは，グールドナーが一つの研究を例にして話したことを，あらためて語ってくれた。尖塔職人のリスクを引き受ける（リスク・テーキング）行動を研究するために，一人の学生がニューヨーク市に派遣された。その学生は，「職人たち」が彼らの仕事の流れのなかでリスクを引き受けることについて話す場面に出会うことができなくて困っていた。ある日，職人たちが仕事を始める前にストローで籤引きをしているのを見て，これは，起こり得るリスクを割り当てるためのプロセスとして籤引きを活用しているのに違いないと思った。ところが学生を驚かせたことには，そのかけひきはリスクとは何の関係もなかったのである。職人たちは，仕事中の覗き見に有利な窓の場所（ポジション）取りを籤引きで決めていたのだった！　専門家の側があらかじめ想定し関心を持っていたのは，リスク・テーキングだったのだが，その関心事は，実際に起こっていることに焦点をあてるということに，つまり「戦略的場所取り（strategic positioning）」の研究に取って代わられたのである。まさに，この例に示されたような，乗り越えてものを見る視座は，グレーザーの実際の生き方においても一つの特質になっている。これは，研究の上であれ，実際の生活上のことであれ，論点や問題について，限定的で特殊な細部に妨げられないようにして，抽象的なアイディアを粘り強く追い求めることに示されている。彼と親しく仕事をしたことのある人はみな，途方にくれるかやっかいな苦境に追い込まれた時に，乗り越えた物の見方をするように，と諭されたことがあると何度でも証言することができる。

　グレーザーの前進しつつある自律性に影響を及ぼすことになった人物は，もちろん，他にもあった。グレーザーは，著名な社会学者デイヴィッド・リースマン（Riesman, D., 1909-2002）の著作を読んだことをあげている。リースマンは，ネイサン・グレーザー（Glaser, N.）とルエル・デニー（Denny, R.）とともに，『孤独な群衆――変わりゆくアメリカ人の社会的性格の変化の研究（The Lonely Crowd : A study of the changing American character)』(1953) を著した。グレーザーの見方では，「内部指向」と「他人指向」という名句を創り出したこの書物は，個人としての自律性というアイディアを称揚したのである（Glaser, 本人との対談，2008年8月22日）。社会学者ダニエル・ベル（Bell, D., 1919–）も影響

を及ぼした一人である。彼の著書『イデオロギーの終焉（The End of Ideology)』（1962）は，タイム誌の『タイムズ文芸付録（Times Literary Supplement)』で，第二次世界大戦終結以降，最も影響のあった100冊の本の中の1冊に選ばれた。ベルは，グレーザーが学生だった時代にコロンビア大学で教えていたのである。1960年に名誉博士号を授与されている。彼は「終焉（endism)」という概念によって最も知られているといえるかもしれない。それは，歴史もイデオロギーもともに，西側の民主主義と資本主義の勝利の中で魅力のないものにされたというアイディアである。ベルのアイディアは，抽象的に過ぎ，経験世界の支持が十分でないと批判されていたとはいうものの，グレーザーにとっては，ベルは，知的自律性のもう一人のモデルになった。グレーザーは，ベルが，現体制にあらかじめ設定されている特権を否認したことに，身近さを感じたのかもしれない。

　グレーザーは，エドワード・シルズ（Shills, E., 1910-1995）も，初期に影響を受けた人物であるとしている。シルズは多作な作家であり，「19世紀のフランス文学，英文学，ロシア文学，および19世紀の政治，哲学，文芸学の書物の貪欲な読者」（Floud, 1996, p. 86）であった。オーソドックスでない行き方の学究者シルズは，大学院を拒絶してソーシャルワーカーとしての実務経験の方を選んでいた。しかし，のちに彼は，空虚な主知主義を乗り越える形で学問に対する猛烈な情熱と生産性とをもって大学に戻ることになるだろう（Dacre, 1996）。グレーザーは，シルズとリースマンについて話し，まさに自律性が2人を，抵抗，それに引き続いて起こってくる疎外，さらに起こってくる組織的な忌避，こういったことから脱出させ，だからこそ，彼らの前進する創造性を飛び散る火花のように活気づかせたのだと強調する。「前進する創造性にとっての危険は，アカデミックな規範の中に引き入れられてしまうことです。しかし，自律的な人々と，独自の資源を持っている人々にとっては，創造性がそれを回避させることができ，創造性の成長曲線を維持するという自由を与えてくれるのです」。(Glaser，本人との対談，2008年8月22日)

第Ⅲ部　歴史的・哲学的基盤

7　サンフランシスコに帰る

　博士論文を1961年に完成させて，グレーザーはサンフランシスコ・ベイ・エリアに帰り，すぐに執筆を開始した。それは豊富な発表の記録をつくっていくことになる（Glaser, 1961; 1963a; 1963b; 1964a; 1964b; 1965; 1966; Glaser & Strauss, 1965a; 1965b; 1966; 1967）。彼の博士論文は『組織内科学者——その専門的キャリア（Organizational Scientists: Their professional careers）』と題して出版されたのだが，この書物は，これら初期の発表論文の中の一つである。彼がそうした動きをし始めたタイミングは疑いもなく偶然のものだったし，彼の研究トピックは適切に選ばれたものであったが，そのトピックは，折から火がついていた科学の進歩への熱烈な入れ込み——特に宇宙競争——と共振れするものであった。この本の序文を書いたのは，アンセルム・ストラウス（Strauss, A.L.）であった。この時に，グレーザーは，その後，社会科学分野で最も広く認められることになるストラウスとの共同研究をスタートさせたのである。

　アンセルム・ストラウス（Anselm L. Strauss 1916-1996）は，1960年にシカゴからカリフォルニア大学サンフランシスコ校（UCSF）に移り，ここで彼が始めたのが，「健康と病気…（中略）…学生，組織，職業…（中略）…に関連する一連の多数の問題や論題を，社会学的に調査する同僚のグループ」（Maines, 1991, p. 4）を形成することであった。ストラウスは，質的方法とシンボリック相互作用論の視座に没頭するようになっていた。さらに，1960年代には，それまで量的方法論（例えば，変数分析）に与えられていた特権的な地位に取って代わる，シカゴ学派の注目すべき動きがはっきり見えてきていた。量的方法論は「個々に分断された研究結果」つまりコンテクストの欠けた研究結果を生み出しているが，コンテクストこそが社会学的変数を「複雑で，内面の動きをともなっている複合体」として特徴づけている，というのがその動きであった（Blumer, 1967, pp. 85, 92）。グレーザーは，ストラウスに合流して，後に彼らの有名な研究となる，アメリカの病院で死にゆくことの研究（Awareness of Dying, 邦訳『死のアウェアネス理論』と看護——死の認識と終末期ケア』以下，『死にゆくことのアウェアネス』）（Glaser & Strauss, 1965a）を開始した。この研究はフィールド

ノートから捕えられた観察データを中心にして進められており，グレーザーを含めて新しい調査研究パートナーたちには，フィールドワークとは異なった，相互補完的な役割が与えられた。ストラウスがフィールドワークを主導し，一方，グレーザーは方法論に焦点を当て，集められたデータの概念的コーディングに力を注いだ。このプロセスのかなり早い段階で，グレーザーに創発的に出現したのが，この研究はアウェアネス（awareness）インデックスであるという認識であった。これはラザースフェルドの懸念（apprehension）インデックス（Lazarsfeld & Thielens, 1958），および，グレーザー自身の承認（recognition）インデックス（Glaser, 1961；1964a；1964b）と方法論的に類似しているもう一つのインデックスである，と。

　このアウェアネスの研究（Glaser & Strauss, 1965a）は，GT が徐々に現れ出てくる歩みに沿ったもう一つの里程標になることだろう。ただし，グレーザーにとってこの研究が独特だった点は，方法論についてではなく——というのは，彼はこの研究では，彼自身が博士論文を通して考え出した諸方法をさらに精緻にし続けただけであったので——，この研究が彼に経験世界の質的データを徹底して扱う最初の機会を与えてくれたことであった。『グラウンデッド・セオリーの発見（The Discovery of Grounded Theory: Strategies for Qualitative Research）（邦訳『データ対話型理論の発見——調査からいかに理論をうみだすか』）（以下，『発見』）』（Glaser & Strauss, 1967）の2年前に発表されたグレーザーの1965年の論文「質的分析における絶えざる比較法」は，彼の統合的な概念形成を明確に示している。この論文の中で，彼は，量的方法論から明示的なコード化戦略を取り入れるために彼自身が用いている手続きを書き留め，これらの手続きを生成的な理論展開のための方法と結びつけたのである。同時に，絶えざる比較法を，より伝統的なアプローチ，つまり分析的帰納法（analytic induction）によって質的分析を行なうアプローチから区別したのである。博士研究に基づいた彼のその他の諸論文があって，それらもまた，彼が方法論上の技法をより早期から展開し用いていたことの証拠となっている。ちなみに，それらの技法は，ラザーズフェルドから学んでいたものなのであり，後には GT の展開の重要な要素になっていくものなのだが（Glaser, 1961；1963a；1963b；1964a；1964b）。

　このように，『死にゆくことのアウェアネス』は，よく言われているような

方法論上のユリーカ（見つけた！）の意味を持ったのではなく，コロンビア大学に在学していた時代に最初に形づくられた方法を，グレーザーがさらに綿密にし精錬した，単にもう一つの領域だったのである。ラザースフェルドのもとで彼がトレーニングを受けていた時に，ラザースフェルドは量的方法にも質的方法にも特権を与えず，むしろ双方の要素を包含していた (Glaser, 1998, p. 29) のだが，そうした事情から，グレーザーは，1960年代に生起しこれを特徴づけることになった客観主義と解釈主義の対立という調査研究方法論上の分水嶺を，乗り越えることができたのである。彼にとっては，プロセスは同じであった——データを注意深く読んでそのアイディアに対して概念的なラベルを与え，それらのラベルを比較して互換可能なインディケーターを探り，そして理論的飽和と最終的な統合に到達すればよいのである。「（博士論文で一貫性分析による量的 GT を行なったときも，死にゆくことの研究で質的データに対して絶えざる比較法を行なってコア・カテゴリーの創発的出現を見たときも）プロセスは同じであった。（質的データの方が）柔軟性がやや大きかったが，それは厳密さには関係がないことである」(Glaser, 1998, p. 27)。

UCSFで大学院生を教えながら，グレーザーは分析の一般性を考え始めた。死にゆくことの研究の間に，彼は GT のプロセスが創発的に出現してくるのを，方法論ノートを通して意識的に捕えていたというわけではなかった。しかし，出版された彼らの研究 (Glaser & Strauss, 1965a) に対して後に寄せられた相当に大きな関心を受けて，自分たちの方法論を出版することが望ましいとストラウスにほのめかした (Glaser, 1998, pp. 21-22)。ストラウスは彼に賛成し，進めるようにと励ました。グレーザーは，ストラウスがサバティカルでヨーロッパに滞在している間に，『発見』の大部分を書きあげた。このような経緯で，この方法論（つまり GT）の捕獲は，過去に遡る形で，すなわち，彼がコロンビア大学に在学していた時代から前意識的に加工処理していた分析の手続きを，言語化して引き出すことに基づいて，行なわれたのであった。

ストラウスはグレーザーのこの方法論についてトレーニングを受けたわけではなかった。マイネス (Maines, 1991) は，しかし，ストラウスはグレーザーの方法論の視座を採用し受け入れていたのだと示唆し，コービン (Corbin, 1991) は「……ストラウスはキャリアのもっと早い時期には方法の問題で苦労してい

たのだが，バーニー・グレーザーと一緒に仕事をやっていなかったとすれば，ストラウスが自分自身の分析的手続きをあれほどまで明示的に説明していたかどうかは疑わしい」(Corbin, 1991, p. 26) とグレーザーの貢献を認めている。一方，グレーザーによれば，ストラウスは『発見』では3章にわたって担当したことは確かだが，ストラウスの書いたものは概して，ストラウス自身の，アイデンティティ，時間性，行為と相互作用，社会秩序と社会構造といった論点の探究に対する興味関心に留まっていたと言えるであろう，とのことである。「彼は，彼の好みの理論的コードを越えられなかったのです」(Glaser, 本人からのeメール，2008年6月9日) とグレーザーは言う。マイネス (Maines, 1991) とコービン (Corbin, 1991) は上のような見解を打ち出したのだが，ストラウスは，この創発的出現の論理に則った方法論 (訳者注：クラシックGTを指す) を彼自身の研究に取り入れるほど十分には受け入れておらず，したがって，彼の書いたものは，その大半が概念的な記述であったとするのが，その特徴をより適切に表すように思われる。そうだとすれば，本当の「発見」は，もしかしたらストラウスがグレーザーの仕事を発見したことであって，さらに，それが，調査研究者たちを圧倒し閉口させてしまう質的データの性向についてのストラウス自身の方法論上の欲求不満を，解消しはじめるのを助けるという大きな価値を持っているのを発見したことだったかもしれない。グレーザーとストラウスの発見したアウェアネス・コンテクストという他に類のない概念が，病院で死にゆくことに応用されるのに比例して，台頭しつつあった医療社会学の分野において，この2人の研究者の知名度があがっていったことは確かである。ちょうど同じことが『発見』にも起こったのであり，質的調査研究という新たに台頭しつつあった領域——つまり，厳密な方法論的手続き，もしくは体系的な方法論的手続きが欠けていたために被害をこうむっていた領域——において，彼ら2人をブレイクさせることになったのである。

　コービン (Corbin, 1991) はストラウスの後期の仕事における方法論の持続的な展開を記述しているが，この方法論の展開は，おそらく実際には，方法論の明確さに到達するための彼の探究の現れであり，また，コンテクストに拘束された分析 (context-bound analysis) の分野でストラウスが受けていた早期の訓練とグレーザーの概念的抽象化 (conceptual abstraction) との間の調和を見出す

ための探究の現れなのであろう。それにもかかわらず古い習慣というものはなかなか滅びないもので，分析を補助するための構造を求めるという必要性，長い訓練の過程で身につけてきたストラウスの側の必要性と，現象の創発的出現に対してオープンでいることへの彼の居心地のわるさ，この二重の事情から，あらかじめ想定された理論的枠組みを執拗に押しつけてくるという事態に陥ってしまったのではないだろうか。ストラウスのこの必要性が，データの質的分析を行なうための緊密に構造化された指針（Strauss, 1987; Strauss & Corbin, 1990）を，さらに的確に捉え精緻化するという方向に彼の努力を向かわせることになったのだろう。こうしたストラウスの努力はまた，この有名な共同研究における（2人の研究者の）方法論上の明白な相違を示すものであった。

　グレーザーは，家屋の建築契約，安全な投資など日常生活上の関心事についてのトピックを含めて，広範囲の研究に GT の方法論を適用することを続けていたようである。グレーザーにとっては，研究方法論を実用的社会学として用いて精密にすることは，自然な展開であった。著作やセミナーにおいて，グレーザーは現在もなお，GT の持つ特定領域に密着するパワーを強調し続けており，このパワーは，関係性（relationships），親になること（parenting），キャリア（careers），健康とウェルネス（health and wellness）などの，人生の最も大事な領域に適用するに値すると，繰り返し提唱している。

8　グラウンデッド・セオリーを求めての「アイディア」をめぐる闘い

　『死にゆくことのアウェアネス』（Glaser & Strauss, 1965a）は，健康専門職者にも一般の読者向けの出版社にもよく受け入れられたのだが，その一方で『発見』（Glaser & Strauss, 1967）の方は，（いくぶんかは予想されていたことではあったが）一定の抵抗を伝統的な調査研究コミュニティから受けたのであった。ロウブサー（Loubser, J. 1968）は，本書は宣言書であると述べていた。つまり，「……ある種のタイプのアプローチのための論争と，自分でやるにはどうすればよいかを示した料理本的処方箋と，そして，著者たちが自分たちの調査研究で有用性を見出した戦略を同僚たちに示し共有しようとする一つの試み，そうしたものの奇妙な合成品である」（p. 774）というのである。この批判は，あら

第13章 バーニー・グレーザーの自律的創造性

かじめ形成され,しかも硬直した方法論上のドグマをおそらく反映していたのであり,グレーザーとストラウスは,まさにそうした種類のドグマに対する挑戦に乗り出していたのであった。スコット (Scott, 1971) はというと,彼は,「本書は,いくつかのより新しい社会学に対する一つの選択肢として,この分野の多くの若者たちにはアピールするはずである」(p. 336) とコメントする形で,『発見』をバッサリと切って捨てていたように思われる。この皮肉ともいえるレビューからは,理論の検証こそが「真」の科学であるという,この時代の支配的焦点をスコットが支持していて,そうした科学観を批判しているグレーザーとストラウスとは彼は関心を共有していないことが,はっきりと印象づけられる。この本に対するスコットの受け取り方は,この本のマーケティングから影響を受けていたのかもしれない。確かに,「最初のマーケティングはまったく間違っていた。出版社は,この本を入門書,学部学生のためのテキストブックとして販売促進をしていたのだから」と,グレーザーはセミナーで何度も話しているのだから。

　グレーザーとストラウスが用いている言葉を例に出して,GT は,シンボリック相互作用論にルーツを持つという所説を支持するものだと指摘する人もいるだろう。例えば,彼らの初期の著作 (Glaser & Strauss, 1965a; 1966) を読めば,社会的世界や偏見,さらにはフィールドワークの「現実生活」的性格との関連で質的データに焦点が当てられていること (1965a, p. 9; 1966, p. 59) を容易に目にすることができる。しかし,同じ論文には,超然たる公平さ,現地人 (native) になってしまうこと,アウトサイダー的地位,証拠,などに関する情報を提供する参照事項も数多く見出されるのであり,さらには,仮説の検証 (1966, pp. 57, 59) という,質的方法論とそれほど同調(シンクロ)しているとは言えない概念も見出されるのである。『発見』が出版されて以来,GT の哲学的立場に関して,アカデミック・サークルでかなりの混乱と議論が生じたのは確かである。GT は1950年代の科学的調査研究における実証主義のパラダイムの中から生じてきたものではあるが,GT 方法論の初期のアイディアの起源は,実証主義の持つ検証の重視を明らかに超えていたのである。ゼッターバーグは,グレーザーの GT 理論家としての立場はストラウスのシンボリック相互作用論と出会うまでは「目に見える」ものではなかったと示唆しているが,その後検討を

進めた結果,「『組織内科学者』と『発見』を後智慧を動員する形でじっくりと再読すれば,この結論は覆されるかもしれません」(Zetterberg, 本人とのeメール対談, 2008年9月9日) と付け加えている。

さらに言えば,(既存の)存在論的・認識論的陣営からの超越は,ストラウスが彼ら2人の研究に持ち込んできたシカゴ学派の影響に関する,グレーザー自身のコメントが,おそらく,最も明らかに示しているであろう。

> 「アンセルムから,私は,自分自身と他者たちへの自己表示を通して意味を作り出すというシンボリックな相互作用によって現実は社会的に構成されるものだということを,学び始めた。私は,人は意味を作り出す動物であることを学んだ。したがって,研究参加者に対して調査研究者の側が意味を無理やり押しつける必要はないのであって,むしろ,その人の持っている本来の意味によく耳を傾け,その人の物の見方をつかみ,その人自身の関心事を研究し,そしてして動機としてその人自身を突き動かしているものを研究する必要があるのだ——このように私には思えたのである」。(Glaser, 1998, p. 32)

この言明は,しかし,GTをシンボリック相互作用論に明け渡すというわけではない(そう言う人もいるのだが)。むしろ,グレーザーはここで,新しい種類のデータと,新しい認識論的視座でもって研究し始めたことを認めているにすぎないのである。もっとも,GTにおいては「すべてがデータである (all is data)」(Glaser, 2001, p. 145) のであり,社会的に構成されたデータは妥当なデータなのではあるが,かといって,そうしたデータが唯一の妥当なデータであるというわけではなく,したがって理論を生成するための他のタイプのデータよりも強い特権を与えられるものではないのである。むしろ,社会的に構成されたデータが持つ「印象主義的影響」(Glaser, 1998, p. 32) は,絶えざる比較分析と理論的サンプリングというGTの基本的な手続きを通して軽減されるのであり,そのようにして,多変量的で潜在的な社会的構成の諸パターンが創発的に出現することができるようになるのである。データがどのようなものであっても,また,調査研究者がどのような視座をデータに持ち込もうとも,このこ

第13章　バーニー・グレーザーの自律的創造性

とは変わらない。

　シャーマズ（Charmaz, 2000）は，この視座の混乱を，『発見』に明確な手続きが記述されていないことに帰している（p. 524）。しかし，私としては，混乱がこのように現れたように見えるのは，単に，クラシック GT 方法論の創発的出現の際の熟成期間を示しているにすぎないと考えている。この期間に，グレーザーは，理論の開発に関する多くのアイディアを——つまり，彼自身の博士論文の調査研究ですでに定式化し適用していた，理論の開発に関する多くのアイディアを——，ストラウスとの共同研究に持ち込んでいたのである。このような次第で，このプロセスは，自然な学習曲線を描いていたのであって，混乱と見なされている事態は，この方法論の展開と解明における正常で必要な段階だったのである。すなわち，この理論の発見は，**ユリーカ**（見つけた！）といった，瞬間的な出来事なのではなく，むしろ，通常見られるアイディアの展開の漸進的で蓄積的な把握のプロセス——つまりは，徐々に展開されていく創発的出現——だったのである。

　『グラウンデッド・セオリー分析の基礎——創発的出現対無理強い（Basics of Grounded Theory Analysis: Emergence vs. Forcing）』（Glaser, 1992）（以下，『基礎』）の出版が，グレーザーとストラウスのこの有名な共同研究における一大転機を告げ知らせるものであったことは，ほぼ確実である。この本は，GT の発展における画期的な出版になったと言えるであろう。『基礎』は，グレーザーがストラウスに，ジュリエット・コービンとの共著（Strauss & Corbin, 1990）を取り下げるようにと何回か説得を試みた後に書かれたものである。取り下げる代わりに，ストラウスはむしろ，彼の反論を出版するようにとグレーザーを励ました。ところが出版後グレーザーは UCSF で事実上追放された者の立場となり，「UCSF のメディカル・センターのネットワークをすべて失った」（Glaser, 本人との対談，2008年8月22日）のである。ストラウスとコービンの本に対するグレーザーの反論に対して UCSF の同僚たちは超越的立場から判断を下すということができなかった。少なくともそうした意志を示さなかった。その結果はと言うと，グレーザーをして，「自律的文脈の中での自律的人物」（Glaser, 本人との対談，2008年8月22日）としての立場，彼には馴染み深い立場に立ち返らせることとなり，元々構想されていた GT，すなわちクラシック GT の方法論

を明確化し進歩させることへと駆り立てることになったのであろう。

　『基礎』(Glaser, 1992) に関連して，グレーザーは，後日，「発見の方法としての GT の創始者は私だったのだということ，そして，アンセルムは創発的出現というアイディアについては何もわかっていなかったのだということを，私は発見したのだ」(Glaser, 2005b) とコメントすることになるだろう。しかしにもかかわらず，社会的に付与された虚構は虚構として仕方のないことなのだが，GT が質的パラダイムと関連しているという考え方は，この最も頻繁に引用されている社会科学の調査研究方法をめぐる様々な視座と学術上の言説とを支配し続けている。グレーザーは『発見』の執筆当時，先達であり定評のずっと高い学者であるストラウスがこの著作の執筆に自分と同程度に関わっており，したがってそこから推論すれば，GT の方法論の創発的出現と展開についても自分と同程度の貢献をしていると認めていたが，この事実は，グレーザーの本質的な謙虚さと，ストラウスとの共同研究において彼が経験していた喜び (Glaser, 1995) を示す証である。「フォーラム――質的社会調査研究 (Forum Qualitative Sozialforschung/Forum : Qualitative Social Research)」の編集者であるカチャ・ムルック (Katja Mruck) は，ストラウスとコービンは『発見』という遺産へのグレーザーの貢献を最初に傷つけてしまったことについて釈明する責任があるとグレーザーに示唆している。「……問題の一端は，ストラウスが『社会科学者のための質的分析 (Qualitative Analysis for Social Scientists)』で，あなたからの直接的な引用だということを明示しない形で，あなたの『理論的感受性 (Theoretical Sensitivity)』を広範囲にわたって使ってしまったことにあるのです。そのために，ストラウスのこの本がドイツ語に翻訳された後，あなたが1978年に『理論的感受性』で導入した多くの概念は，それに続くドイツ語の様々な文献にストラウスのものとして引用されてしまったのです」(Mruck, 本人のグレーザーへのeメール，2007年11月30日)。

　グレーザーのキャリアの軌跡は，彼の興味が個人的栄達にあるのではなく，アイディアを学者として追求するところにあることを示しているのではないだろうか。彼は GT を，創造性という学者としての伝統的な価値を保護するものであり，学者の追求における自律性を保護する基礎をなす柱石である (Glaser, 2008, p. 8) と語っている。彼は，自律性と創造性が基礎だというこの考えを，

どのような知的追求においても習慣にしていた。創造的自律性が彼を学会の承認という伝統的な虚飾を追い求める必要から解放し，彼の個人的な裕福さが経済的な独立のレベルを高くするように促していたのだったし，この高い経済的独立が彼の自律的な立場をなおいっそう補強していたのである。グレーザーはテニュア（終身在職権）を与えられることはなかったが，UCSF でのキャリア全体を通して常に大学が外部から得てくる研究資金を与えられていた（Glaser, 本人との e メール対談, 2009年3月28日）という事実は，彼を大学や学会の中の内なる聖域の周辺に留まらせることになったが，その一方で，彼の自律的創造性をいっそう助長した。先に追求と述べたが，ここで言う追求とはアイディアの追求のことであり，同僚からの賞賛をうけることではなかった。ストラウスは，この古典的な方法論に対するグレーザーの実質的な貢献，いや，それどころか根本的な貢献を，不注意にも軽んじてしまったのだが，その後になって初めて，グレーザーは，ストラウスを「おおっぴらに」非難したのである（Glaser, 1992）。その時でさえ，彼の批判は，優れた学者としての資質の不足への表明に限定されており，終始一貫して，彼が親しい個人的な友人であると考えているストラウスへの尊敬と感謝を忘れなかった。

9　遺産の受け継ぎ

　グレーザーは，彼の著書『量的グラウンデッド・セオリーの実践（Doing Quantitative Grounded Theory）』(2008) の出版を，「私の社会学のルーツへの一つの帰還であり，社会学のルーツを私は生涯大事にしています」(Glaser, 本人とゼッターバークとの対談, 2008年9月12日）と話している。GT についての哲学的論争は，様々な博士論文やカンファレンスでの発表や出版物で取り上げられ続けているが，グレーザーはそうしたものは修辞学的な格闘なのだから，おしまいにすべきであると主張し（Glaser, 1998），その代わりに，GT を，どのような認識論的視座とも，そしてまたどのような種類のデータとも適合させることのできる一般性のある方法論として位置づけ続けることを強調している（Glaser & Strauss, 1967, pp. 18, 21 ; Glaser, 1998, p. 43 ; 2003, p. 99）。このスタンスは，データ収集と分析とに関するグレーザーの超越的な視座と合致するものである。

第Ⅲ部　歴史的・哲学的基盤

　この認識論的に柔軟な視座は,『発見』で初めて記述されたものであるが,グレーザーはそこで,個々の研究者の存在論の視座(そして特定の方法論によって指図されていない視座)は,その研究者自身の理論的感受性と合わさって,「彼が関連するデータを捕え,そのデータをよく吟味することから意味のあるカテゴリーを抽象することを助けるであろう」(Glaser & Strauss, 1967, p. 3)と示唆している。

　彼の前期の著作(1992年より前)は,彼の幅広い読書や他の人の著書からのアイディアの統合を例証している。一方,後期の仕事は,彼自身のアイディアと方法論の展開が中心になってきている。このことは,彼の後期の仕事が焦点を狭くしたことを意味するのではまったくなく,正反対である。後期の出版物は,それぞれが,グレーザーの指針とガイダンスを求めて,ますます増加する学生たちの実際の経験と広く対話しているのである。

　ブライアントとシャーマズ(Bryant & Charmaz, 2007)は,グレーザーが,GTの発想・構想の仕方が複数ありうることに対して「ずいぶんと従順に」(p. 4)なってきているとほのめかした。彼らが何をもとにしてこのような勝手な推測をしたのかわからないが,グレーザーがGTのモデル改造を事実であると認めたことを,彼が承認を与えたと誤解してしまったとしか考えられない。従順になったという推断は,あのように熱心なモデル改造の努力を合法と認めることをサポートするかもしれないが,同じことをグレーザーが受容したというのは事実からほど遠いという以外にない(Glaser, 2009)。正真正銘のグレーザーらしいやり方で,彼はすでに,絶えることのないモデル改造の取り組みを超えることを選んでいるのである。ある視座が別の視座に対して持っている特定の長所を主張するよりもむしろ,グレーザーは,超越するという視座を採用するのである。彼の『専門用語化(Jargonizing)』(Glaser, 2009)という著作は,ブライアントとシャーマズ(Bryant & Charmaz, 2007)への一つの応答である。この本で彼は,GT専門用語化の潜在的パターンに関してデータ的に根拠を持った説明を読者に提供するとともに,専門用語化は,質的調査研究者たちが彼らの複合的な方法と視座を解説する際の手助けになっていることを示唆している(というのも,専門用語化は調査研究者たちに,確立された正当性と承認された厳密さの2つによって染め上げられた言語を提供することになるのだから)。この本を書

いている間，グレーザーは，いかにも彼らしい超越的視座を採用して次のように示唆した。「もし語彙がクラシック GT の方法論の主たる貢献であるならば，語彙は，この方法論を適切に活用するための最初のステップでありえるかもしれません」(Glaser，本人との対談，2008年8月22日)。

GT をモデル改造したり，あるいは「進化」させたりする様々な取り組みにくじけることなく，グレーザーは GT の方法論を前進させつづけている。彼は，そうした営みを，彼の著作とオンライン上での GT 研究所 (www.groundedtheory.com) と，さらには専門家による審査(ピア・レビュー)のシステムを持った国際的な「GT レビュー (www.groundedtheoryreview.com)」を通して，GT の基本的諸要素や諸プロセスを彫琢することによって行なっているのだ。さらに彼は，ヨーロッパでもアメリカでも GT 問題解決セミナーを定期的に主催し，世界中で GT 研究所の同志たちがリードする形で行なわれている追加のセミナーの後ろだてとなっている。これらは，彼の驚くべきエネルギーとライフワークへの絶えざる献身の一つの証である。

注
(1) 本章は，グレーザーと彼の同時代人たちの出版物に主に依拠している。また，ハンス・ゼッターバーグには，e メールの交換を通して当時の回想を伝えてもらった。そして，もちろん，グレーザーには，これまで7年間にわたって親しく協同作業をするという特別な恩恵を受けた。彼の回想と観察は，彼のものとして引用した。しかし，これらの他の本論文の視座は私自身のものであり，私たちの相互作用の成果として展開されたものである。
(2) グレーザーの e メールによる私信，2009年6月9日。
(3) グレーザーは後日，彼の論文「科学者とスーパーバイザーの関係性における牽引，自律，および互恵」の準備に，ゴールドナーの助力を得たことについて，感謝の意を表することになるはずである。
(4) コービン (Corbin, 1991) は，ストラウスが，(白日夢，および孤独な人々に関する彼の早期の研究から) 収集されたデータを分析できないでいたことを認め，それは，ストラウスが，何が実際に起こっているのかを見抜くためにデータの表面を突き抜けるにはどうすればよいか，概念を識別して名まえをつけるにはどのような方法を用いればよいか，概念を理論的な系統的記述にどのように関係づけるかという問題を抱えていたからではないか，と述べている。「私は彼が，折にふれて，主

題に正面から攻撃をかけるというよりは，主題の回りを回って話をしていると感じた。それはたぶん，言おうとしていることについて，彼自身がまだはっきりしていなかったからだったのだろう…（後略）…」(p. 36)。
(5) 出版されており，オンラインでソシオロジー出版社から入手可能である（www.sociologypress.com）。

訳者注
〔1〕
グレーザーは『理論的感受性（Theoretical Sensitivity）』の第4章「理論的コーディング（Theoretical coding）」の中で，GTのオープンコーディングをスムーズに首尾よく行なうために，データに向かって次のような3つの問いを投げかけることを心がけようと述べている (p. 57)。

先ず最も一般性のある問いとしては「このデータは何の研究のデータなのか？ (What is this data a study of?)」が，次に最も重要な問いとして「この出来事はどういうカテゴリーを示唆しているのか？ (What category does this incident indicate?)」が，そして最後に絶えず問い続ける問いとして「データの中では実際にはどういったことが生起しているのか？ (What is actually happening in the data?)」が提示されている。

さらに2番目の「この出来事はどういうカテゴリーを示唆しているのか？」は，「この出来事は出現しつつある理論のどういう部分のどういうカテゴリー，あるいはカテゴリーの特性を示唆しているのか？」を短縮した問いであると書かれている。

参考文献

Barton, A. H. (2001). Paul Lazarsfeld as institutional inventor. *International Journal of Public Opinion Research*, 13(3), pp. 245-269.

Bell, D. (1962). *The End of Ideology : On the exhaustion of political ideas in the fifties*. Glencoe, IL : Free Press.（=1969，岡田直之訳『イデオロギーの終焉——1950年代における政治思想の涸渇について』東京創元社）

Blumer, H. (1940). The Problem of the Concept in Social Psychology. *The American Journal of Sociology*, Vol. 45, no. 5, pp. 707-719.

Blumer, H. (1967). Sociological Analysis and the "Variable". In J. G. Manis & B. N. Meltzer (Eds.), *Symbolic Interaction : A reader in social psychology*, Boston : Allyn and Bacon.（=1991，後藤将之訳『シンボリック相互作用論——パースペクティヴと方法』勁草書房）

Bryant, A. & Charmaz, K. (Eds.). (2007). *The Sage Handbook of Grounded Theory*.

London : Sage Publications

Charmaz, K. (2000). Grounded theory : objectivist and constructivist methods. In N. K. Denzin & Y. S. Lincoln (Eds.), *Handbook of Qualitative Research* (2nd. ed.). Thousand Oaks : Sage Publications, Inc. (＝2006, 山内祐平・河西由美子訳「グラウンデッド・セオリー――客観主義的方法と構成主義的方法」平山満義監訳, 藤原顕編訳『質的研究の設計と戦略』[質的研究ハンドブック 2 巻] 北大路書房, 169-197頁)

Corbin, J. (1991). Anselm Strauss : An intellectual biography. In D. R. Maines (Ed.), *Social organization & social process : Essays in honor of Anselm Strauss*, pp. 24-25.

Coser, L. A. (1960). Book Review : The Freudian Ethic. *The Annals of the American Academy of Political and Social Science*, vol. 328, pp. 211-212.

Dacre, L. (1996). *Edward Shils (1910-1995)*. Minerva 34, pp. 85-93.

Dornbusch, S. M., Berger, J., Shaw, E. S. & Snyder, R. K. (1986). *Memorial Resolution : Richard T. LaPiere (1899-1986)*. Stanford University. Retrieved from : http://histsoc.stanford.edu/pdfmem/LaPiereR.pdf

Floud, J. (1996). *Edward Shils (1910-1995)*. Minerva 34, pp. 85-93.

Glaser, B. G. (1961). Some Functions of Recognition in a Research Organization : Unpublished doctoral dissertation, Columbia University.

Glaser, B. G. (1963a). Attraction, Autonomy, and Reciprocity in the Scientist-Supervisor Relationship. *Administrative Science Quarterly*, vol. 8, no. 3, pp. 379-398.

Glaser, B. G. (1963b). The Impact of Differential Promotion Systems on Careers. *AIEEE Transactions on Engineering Management*, vol. EM-10, no. 1, pp. 21-24.

Glaser, B. G. (1964a). *Organizational Scientists : Their professional careers*. Bobbs Merrill : New York.

Glaser, B. G. (1964b). Comparative Failure in Science. *Science*, vol. 143, no. 3610, pp. 1012-1014.

Glaser, B. G. (1965). The Constant Comparative Method of Qualitative Analysis. *Social Problems*, vol. 12, pp. 436-445.

Glaser, B. G. (1966). Disclosure of Terminal Illness. *Journal of Health and Human Behavior*, vol. 7, no. 2, pp. 83-91.

Glaser, B. G. (1972). *Experts versus Laymen : A study of the patsy and the subcontractor*. Mill Valley, CA : Sociology Press.

Glaser, B. G. (1978). *Theoretical Sensitivity : Advances in the methodology of grounded theory*. Mill Valley, CA : Sociology Press.

Glaser, B. G. (1992). *Basics of Grounded Theory Analysis: Emergence vs. forcing.* Mill Valley, CA: Sociology Press.

Glaser, B. G. (Ed.). (1995). In Honor of Anselm Strauss: Collaboration, in *Grounded Theory, 1984-1994.* Mill Valley: Sociology Press, pp. 103-109.

Glaser, B. G. (1998). *Doing Grounded Theory: Issues and discussions.* Mill Valley, CA: Sociology Press.

Glaser, B. G. (2001). *The Grounded Theory Perspective: Conceptualization contrasted with description.* Mill Valley, CA: Sociology Press.

Glaser, B. G. (2003). *The Grounded Theory Perspective II: Description's remodeling of grounded theory methodology.* Mill Valley, CA: Sociology Press.

Glaser, B. G. (2005a). *The Grounded Theory Perspective III: Theoretical coding.* Mill Valley, CA: Sociology Press.

Glaser, B. G. (2005b). On Being a Sociologist, Invited Address to the Sociology Department, Columbia University, January, 2005.

Glaser, B. G. (2005c). The Roots of Grounded Theory, Keynote address to the 3rd International Qualitative Research Convention, Johur Bahru, Malaysia, August 23.

Glaser, B. G. (2007). *Doing Formal Grounded Theory.* Mill Valley, CA: Sociology Press.

Glaser, B. G. (2008). *Doing Quantitative Grounded Theory.* Mill Valley, CA: Sociology Press.

Glaser, B. G. (2009). *Jargonizing: Using the Grounded Theory Vocabulary.* Mill Valley, CA: Sociology Press.

Glaser, B. G. & Crabtree, D. J. (1969). *Second Deeds Of Trust: How to Make Money Safely.* Mill Valley, CA: Sociology Press.

Glaser, B. G. & Strauss, A. L. (1965a). *Awareness of Dying.* Chicago: Aldine Publishing Company.

Glaser, B. G. & Strauss, A. L. (1965b). Discovery of substantive theory: A basic strategy underlying qualitative research. *American Behavioral Scientist,* vol. 8, no. 6, pp. 5-12.

Glaser, B. G. & Strauss, A. L. (1966). The purpose and credibility of qualitative research. *Nursing Research,* vol. 15, no. 1, pp. 56-61.

Glaser, B. G. & Strauss, A. L. (1967). *The Discovery of Grounded Theory: Strategies for Qualitative Research.* Hawthorne, NY: Aldine de Gruyter. (=1996, 後藤隆・大出春江・水野節夫訳『データ対話型理論の発見――調査からいかに理論をうみだすか』新曜社)

LaPiere, R. (1959). *The Freudian Ethic : An analysis of the subversion of American character*. New York : Duell, Sloan & Pearce.

Lazarsfeld, P. F. & Thielens Jr., W. (1958). *Academic Mind : Social scientists in a time of crisis*. Glencoe, IL : The Free Press.

Loubser, J. J. (1968). Book Review : The Discovery of Grounded Theory : Strategies for qualitative research. *The American Journal of Sociology*, vol. 73, no. 6, pp. 773-774.

Maines, D. R. (Ed.). (1991). *Social organization & social process : Essays in honor of Anselm Strauss*. - Corbin, Juliet, Anselm Strauss : An intellectual biography. New York : Aldine de Gruyter.

Merton, R. K. (1957). Priorities in Scientific Discovery. *American Sociological Review*, vol. 22, pp. 635-659.

Merton, R. K. (1968). *Social Theory and Social Structure*. New York : The Free Press. (＝1961, 森東吾・森好夫・金沢実・中島竜太郎訳『社会理論と社会構造』みすず書房 ［訳者注：邦訳は初版（1949）を翻訳したもの。Merton, R. K. (1968) とあるのは改訂版のこと］)

Merton, R. K. (1998) "Le style de recherche de Lazarsfeld". In Jacques Lautman & Bernard-Pierre Lécuyer (Eds.), *Paul Lazarsfeld (1901-1976) : La sociologic de Vienne à New York*. Paris : Editions L'Harmattan.

Perls, F., Hefferline, R. & Goodman, P. (1951) *Gestalt therapy : Excitement and growth in the human personality*. New York, NY : Julian.

Polanyi, M. (1951). *The Logic of Liberty*. Chicago : University of Chicago Press.

Riesman, D., Glazer, N. & Denney, R. (1953). *The Lonely Crowd : A study of the changing American character*, Garden City, NY : Doubleday Anchor. (＝2013, 加藤秀俊訳『孤独な群衆 上・下』みすず書房)

Schulze, R. (1967). Book review. Gouldner, A. W. & Miller, S. M. (1965). Applied Sociology : Opportunities and Problems. *American Sociological Review*, 32, 6, pp. 1027-1028.

Scott, J. C. (1971). Book Review : The Discovery of Grounded Theory : Strategies for qualitative research. *American Sociological Review*, vol. 36, no. 2, pp. 335-336.

Stern, P. M. (2009a). Glaserian grounded theory. In J. M. Morse, P. N. Stern, J. Corbin, B. Bowers, K. Charmaz & A. E. Clarke (Eds.), *Developing Grounded Theory : The second generation*, pp. 55-85. Walnut Creek, CA : Left Coast Press.

Stern, P. M. (2009b). In the beginning Glaser and Strauss created grounded theory. In J. M. Morse, P. N. Stern, J. Corbin, B. Bowers, K. Charmaz & A. E. Clarke

(Eds.), *Developing Grounded Theory : The second generation*, pp. 23-29. Walnut Creek, CA : Left Coast Press.

Strauss, A. L. (1987). *Qualitative Analysis for Social Scientists*. New York : Cambridge University Press.

Strauss, A. L. & Corbin, J. (1990). *Basics of Qualitative Research : Grounded theory procedures and techniques*. London : Sage. (＝1999, 南裕子監訳, 操華子・森岡崇・志自岐康子・竹崎久美子訳『質的研究の基礎——グラウンデッド・セオリーの技法と手順』医学書院)

Wilson, E. B. (1940). Methodology in the natural sciences and the social sciences. *The American Journal of Sociology*, 45, 5, pp. 655-668.

Zetterberg, H. L. (1954). *On Theory and Verification in Sociology*. Stockholm : Almquist & Wiksell.

Zetterberg, H. L. (1961). *To Publish Books by Scholars for Scholars*. Totowa, NJ : Bedminster Press.

Zetterberg, H. L. (1962). *Social Theory and Social Practice*. Edison, NJ : Transaction Publishers.

Zetterberg, H. L. (1965). *On Theory and Verification in Sociology. 3rd Ed.* Totowa, NJ : Bedminster Press. (＝1973, 安積仰也・金丸由雄訳『社会学的思考法——社会学の理論と証明』ミネルヴァ書房)

Zetterberg, H. L. (2010). *The Many-Splendored Society : Fuelled by symbols. Volume 3*. Scotts Valley, CA : Create Space.

第14章 どっしりと根を張ったバーニー・グレーザー

エヴァート・グメッソン

あなたが自分自身で発見する前に，あなたと秘密を共有させていただきたい。このバーニー・グレーザー（Glaser, B.）とグラウンデッド・セオリー（以下，GT）への賛辞を，私はまず私についてから始めることにする。これは，私の自己中心性を覆い隠すものであって，私が私自身の科学との関係を，いやそれどころか人生そのものとの関係をはぐくむための手段なのである。

私がいったんこのことを認めてしまうと，私の信用は失われていくことにならないだろうか？　そうかもしれない。しかしながら，（学界では普通そうしたことはしないが）自己弁護のために，私がありのままの真実を認めていると主張しておくことにしよう。学界のしきたり（お作法）では，より繊細な自己宣伝の方法を定めている。最も繊細で安全なものの一つは，信頼を増すために学界の有名人たちと彼らのブランドの後光効果を用いることだ。いわゆる国際的なトップ・ジャーナル（アメリカの専門誌のことである）から論文等を参照・引用することで，そういった後光効果が生じるのである。多くの出版物を出している人々，まさにそれ故に，その名前が幅広く知られておりグーグル検索で数多くヒットする人々——そうした人々によってそれらの著作は書かれたものである。彼らは，社会科学界の広告塔(ポスター・ネーム)の有名人なのだ。まさにセックスピストルズのジョニー・ロットンとシド・ヴィジャスがロック音楽業界において，またトム・クルーズとジュリア・ロバーツが映画業界でそうであるように，である。特に今日のようにランキングやインターネット検索の時代には，参考文献が引用されればされるほど，その文献はますます引用されるようになっている。もし一般に認められた参考文献をあなたの投稿原稿に参考文献リスト一覧の形で掲載していないと，二重目隠し状態で査読を行なう査読者たちはひどくうろた

第Ⅲ部　歴史的・哲学的基盤

えてしまって，改訂のための機会を提供することなくその原稿を拒否しさえするだろう。あなたは，一般的に学界に受け入れられた「知」という重い荷物を前に運んでいくことを示さねばならない。参考文献への言及は，有名人の名を引き合いに出すということになり下がるのである。著者たちへの指示は，古典的映画の『カサブランカ』における警察署長からの命令と同じである。何か困ったことが署長によって発見された時の彼の命令はと言うと，「お決まりの容疑者どもを検挙せよ！」というものだったのである。

　もしも科学者たちが自慢しているほど合理的なのだとすれば，もちろん彼らは，自分の出版物に関連のある参考文献を用いるべきだろう。たとえそれらの参考文献を執筆したのが誰であろうと——つまり，一般に認められている科学者たちであろうとなかろうと——，どのような形式で出版され，どのような言語で書かれていたとしても，である。

　自己中心的であることは，それ自体として悪いわけではない。ジャーナルの評者たちや審査員たち，補助金や昇格審査委員会によって押しつけられた制限を感じることなく，自分の個人的興味関心や結論，個人的意見や提案を共有できるということは解放的なことである。リスクを背負うのは自分だし，安全ネットはなく，ただ急激な下降があるだけのことだ。私は，コンプレックスをもち奇異な言動をするうぬぼれ屋で，最悪の場合には非科学的だと烙印を押されてしまう，そのように判断されることを読者に求めているのかもしれない。私は，不意を襲われて弱みを握られたとしても，誰の後ろにも隠れることはできない。しかし私はまた，創造的であり率直でユニーク，それどころか才気煥発ですばらしいとさえ見なされる機会を持ってもいるのである。

　自己中心性は，偉大な運転手，おそらく，最大の運転手だ。しかしこのことは，単に利己的であることと同じではない。あなたもまた何かに繋がっているかもしれず，その何かによって他の人々も利益を得ることができるかもしれないのである。この場合には，自己の利害は共通の利害と一致するし，両者とも，その後ずっと幸せに暮らすことができることになるのである。グレーザーは，GTを通して何かに繋げているのだ。その方法論や応用は，基礎がしっかりしているために，進化し続けている。しかし，ある人が根を張っている(グラウンデッド)と言うことは，気持ちを高揚させているようには聞こえないかもしれない。地上からう

まく飛び立つことができない鷲のように，である。グレーザーの場合はそれとは違う。彼の調査研究は実世界のデータに基づいたものだし，彼の生活はデータが彼に教えるものに基づいている。そしてそのことが彼を飛翔させるのである。これは矛盾しているように聞こえるかもしれないが，生活とは矛盾したものであり，あいまいで複雑なものなのである。

　私は，自分が望んでいる水準にまで GT をマスターするということは決してないだろう。グレーザーとの関係性においては，明らかに私がドクター・ワトソンで彼がシャーロック・ホームズなのである。しかし GT は，私にとっての方法の一部になっている。とりわけ GT は私に実質的で真正なデータの重要性について気づかせてくれるし，帰納的な立場を通しての創発的出現の美しさ，標準として受け入れられているカテゴリーの危うさ，それから記述から概念化に向けての不可避の遍歴にも気づかせてくれるのである。ここでは，私はこの知識を他の知識や経験と並置することにする。

1　データの諸源泉とペルソナ

　私たちは，現実について教えてくれ，以前には見えなかったものを見せてくれるかもしれないデータを，どこから得るのだろうか。「型にはまった回答」では，「外部から」ということになる。しかし，ただ一つの脳だけで，天空の銀河に見られるのと同じくらい多くの結節点とリンクを（そう，私は脳をネットワークとして見ているのである）おそらく持っている。脳は，宇宙の複雑性と多様性をまさに反映しているのである。自己相似的な幾何学言語では，同じ形や柄がますます小さな断片のうちに繰り返し現れてくるのである。私の脳が銀河より小さいのは，ただ物理的観点からのみのことなのだ。その内容は同じくらい豊かなものなのだから。

　誰の脳宇宙も，選択される必要があるデータの源泉の一つである。データは外的インタビューや観察にその基礎をもちうるわけだが，それと同じように，データはまた，内観を通して，内的インタビューや観察にもその基礎を持つことができるものである。私たちすべてをネットワークというコンテクストで見るなら，次のようなことが生じる。もしも私があなたをインタビューすれば，

私はあなたの外部宇宙に入ることになり，その外部宇宙は，もちろん，私にとっては一つの内部宇宙である。そして，あなたが私をインタビューすれば，あなたは私の内部宇宙に入ることになり，その内部宇宙は，あなたにとっては一つの外部宇宙なのだ。このようにして私たちの宇宙は繋がっているのである。私たちは，個人主義の時代に生きている（これは，人類の歴史においてはきわめて最近のことだ）が，私たちはまた，すべて繋がっていると認めてもいるのである。私たちがグローバルな世界に，それどころかグローバルな村に住んでいるのだと，この頃，私は繰り返し言われている。

　早い段階で私は，正真正銘の科学とは客観的なものであると教えられた。科学者たちは，事実に基づく現実を扱っていて，私たちの分野に対して，そして，もしかしたら社会全体に対しても，大きな貢献をしていると考えるのを好むものである。彼らは，実務家たちや政治家たち，それに一般の人々が行使している錬金術を暴きだしその骨格が剥きだしになるまでもっていく。科学者たちの中には，不朽の名声を得たりノーベル賞を受賞したりすることを，少なくともキャンパスの建物が彼らの名をとって命名されることを望んでいる人々がいるのである。

　まず第1に，私は客観性の優位性を信じるようにだまされていたのである。私は徐々に，「客観性」は科学者からそのペルソナを奪ってしまうことを，そして調査研究者の個人的資質が重要なのだということを感じるようになった。私は，科学が客観的でも主観的でもあるということ，対象と距離を置くことと対象に関わること，そうした両方の性質をもつものだということを感じていると認める勇気を奮い起こした。その証拠は？　というと，それは簡単なことである。根拠のある諸事実（ソリッド）は得がたいものなのである。例えば，現在の金融危機における事実とは何だろうか。そして，オバマ大統領の巧みな話術の背後にある現実とは何だろうか。私は，私自身の経験と直感を信頼しなければならない。しかし，私は，知識が創発的に出現してくるのにまかせ，かつ私自身がその知識を押しつけないようにしながら，オープンで，内省的で，そして体系的な心でもって物事に対処しなければならない。要するに，私は，責任をとらなければならないのだし，他人を信頼するよりももっと私自身を信頼しなければならないのである。蓄積された経験と旺盛な好奇心があれば，最後には，それは知

恵になるかもしれないのだ。私たちはみな「知恵のある人」でありたいのではないだろうか？

　原理主義者の解釈によれば，西洋科学は人類から引き離され，それ自身の荘厳な生を生きている。調査研究は厳密なもので，合理的論理に厳格に従いながら，現実についての真実への王道を歩んでいるのである。それは知の王冠を象徴している。すべての他の「知」は，まやかしか，少なくとも劣ったものである。もし調査研究者が対象と関わりをもつようになると，情動，共感もしくは反感といった人生＝生活の非合理的次元によって堕落させられてしまうことになり，本当の現実を見ることができないとされる。他の調査研究者たちがほぼ同じ結果を得ることができ，そのことによってあなたの調査研究を再現し検証することができる——これが信頼性ということの意味なのである。科学は，こういったことを扱うことができるだろうか。もちろん可能である，社会生活が単純で静的なものだとしたらの話だが。社会現象の中には，おそらく単純で静的なものもあるだろう。しかし，より典型的な場合について言えば，社会現象というものは，複雑で絶えず動いており，噴火の渦中にある火山のように煮えたぎりうなりをあげているものなのだ。さらにまた，明確な因果関係を構築する独立変数と従属変数の概念は，過度に単純化しすぎている。人生＝生活のダイナミズムや相互作用においては，AはときにBを引き起こすが，またときにはBはAを引き起こし，さらにAとBはお互いに引き起こし合う。そして彼らはお互いにうんざりして，関係を一時的に絶つか，もしかしたら永久に分離してしまうということもあるのだ。さらに始末の悪いことには，AとBだけではないのである。両者は，複雑でかつコンテクストに依存した様々な影響のネットワーク内に存在しているのであり，しかも，そのネットワークは，まさに無視されてしまっているのである。

　私は当初，科学は「無原罪懐胎（The Immaculate Conception）」であるに違いなく，イエスは西洋科学にとってのメタファーであると考えていた。諸科学は宇宙の救世主であり神からの人類への贈り物であり，そして代理人たちの中には自分たちを神々と見なしている者もいる——このように多くの科学は考えている。医学は，疑う余地もなくその典型＝縮図であり現代のイエスである。また医学博士や製薬会社はイエスの弟子たちなのだ。イエスはメタファーを愛

したが，私はこのケースにおいてはそうではないと確信している。科学は私たちの時代の宗教であり，大学はその大聖堂，そして教授は枢機卿や司祭なのである。しかし，人生＝生活の閃光は，相互作用的な関与なしに本当に発火されうるだろうか。つまり，科学は「無原罪懐胎」の結果でありうるだろうか。

（私たちの「啓蒙」時代とは対照的に）「暗黒」時代においては，師匠と弟子，助言者（メンター）と若き秘蔵っ子（プロテジェイ）という関係は，学びの制度だった。その良い面は，師匠と共にいることによって弟子には明示知と暗黙知の両方の知識が与えられるだろうということだ。他方，その悪い面はと言うと，弟子が遺伝子操作されたスコットランドの羊ドリーのような単なるクローンになってしまうか，師匠の言葉をただ単に伝える物真似の声色使いや伝道者になってしまうかもしれないということである。私は，そうした弟子たちが師匠の名声を維持するのに汲々としているうちに，やがては，そのことで拘束されてしまい，弟子たち自身で何ごとも創り出すことができなくなってしまうというありさまを目の当たりにしてきた。彼らは，「私の師匠だったら，何を言っていただろうか，あるいは何をしていただろうか」と問い続けている。師匠の遺産は，何年も経ったあとに重荷や妨害になりうるのである。と同時に，師匠の知を活き活きとしたままに保つということは，本質的に重要なことだ。さもなければ，その知は希釈され誤解され，もしくはただ忘れ去られてしまうかもしれないのだから。イエスは愛を説いたが，その弟子たちは戦争を始める動機を見つけたのだった。マルクスは平等と連帯を説き，その結果，様々な独裁政権の到来を招いたのである。GTは，もう一つの質的・帰納的アプローチにすぎないものになるかもしれないし，アクション・リサーチはアンケート調査の一つになる。そして統計調査は，事実だとみせかけている数字の背後に，これらの数字が蓄積された一連の近似値と不確実性を実際には表しているに過ぎないという事実を隠しているのである。

2　イメージと代用品のテロリズム

ベルギーの芸術家ルネ・マグリット（René Magritte）による有名な絵画は，伝統的な喫煙用パイプ，すなわち，あごひげのある赤銅色に日焼けした漁師が

よく喫煙していたタイプのパイプを表している。この絵画は,「イメージの裏切り」と呼ばれ,パイプの下に「これは,パイプではない」と書かれている。その絵は一見奇妙なものとして際立っているかもしれないが,当然ながらパイプではない。つまり,この絵はパイプのイメージなのだ。この想像上のパイプは,2つの次元に還元される。一つは,この絵のパイプが実際に触れたり回転させることができないということ,もう一つは,火をつけられないために煙も出ずタバコの匂いもしないということである。

　結論として次のことが言えるだろう。それは,パイプのイメージがデータという点で貧しいのに対して,本物のパイプはデータという点では豊かだということだ。

　今日至るところに存在し侵入してくるメディアは,私たちにイメージ,音声,テクスト,音楽や音響効果を浴びせかけてくる。私たちが虚構的なものから事実的なものを,ノイズから情報を,そしてメディア広報担当者たちの誘惑的なストーリーからまやかしではない本物のストーリーを区別するということは,できたとしても,相当に難しい。

　今日では,イメージの方が実物よりも高得点を上げるのだ。ビジネススクールやマーケティングでは,ブランドのマネジメントが神のような地位を獲得している。ブランドはシンボルであり,そのイメージは見る人の観点から形づくられているのだ。そのコツは,ブランドをプラスの連想で満たすストーリーを伝えておいて,後はそのブランドを維持することである。これはますますいっそう手の込んだトリックを通して行なわれる。商品が良いかどうかは消費者たちの間での認識にすぎないというのが,ブランド主義の主張である。もしスーパーマーケットにあるかなりの量の好みのヨーグルトでもって自分たちがスリムさを維持でき,良性のバクテリアで腸の動きが刺激されるだろう——このように消費者たちが信じているのなら,彼らはそのヨーグルトを買うだろう。たとえそうした商品のうちのほんのわずかしか,その「約束」を果たしていないとしても,である。ただただそう主張し続けるのだ！　信用できるようにしておくように！　ブランドを維持しておきなさい。必ずしもその商品の本当の価値を,ではなくてである。見かけこそがすべてなのだから。

　かなり年配のある眼科医（私は彼のことを知識の人であるだけでなく知恵の人で

もあると思っているのだが）が私にこう言った。「若い医者たちは，身体的診断の仕方を知らないんだよ。彼らは，科学技術や検査結果や画像に頼りきっていて，患者たちをＸ線検査に送りこむことを日課にしているんだ」と。Ｘ線やより高度なデジタル断層写真は，裁判における証拠として提出され受理されうる画像を生み出す。専門的視覚による視診や患者が出すシグナルに対する敏感さ，暗黙知や継続的なクリニックでの勤務から観察されるパターンに基づいた医師の専門的評価は，検査に由来する写真や数値ほど信頼されないのである。私たちは，画像や言葉や数字（そうしたものは，現実を映し出しはするが，その映し出し方はしばしば不完全なものだ）を現実と見間違ってしまう，そうした社会の中で生きているのである。実践的行動や結果はそれほど重要でなくなってしまっているのだ。科学という儀式が世界の見方を押しつけてしまうのである。

3 広く受け入れられている諸カテゴリーのテロリズム

テロリズムは，身体的なものやセンセーショナルなものだけではない。それは，いつの間にか私たちの生活に入り込み，私たちは，すでに受け入れられているカテゴリーの奨励者として無邪気に行動させられているのである。GTは，そうした受け入れられ主流となっている諸カテゴリー，その出現場所を知っているのは神のみであると言っていい諸カテゴリーの敵なのである。カテゴリーの中には，ある特定の時間や場所というコンテクストで関連性を持っていたものもあるかもしれない。これらのカテゴリーは，時に完全に定着したものになってしまって，私たちを一生拘束するものになる。またカテゴリーの中には，圧倒的な二分法になっているものもあって，この二分法は，人生を（この二分法によって生み出されるコンフリクトを伴った）対立物へと追い込んでしまうのである。そこでは，すべての物事は，白か黒のどちらかとなる。通常，これらの二分法は，昔から蓄積されてきた遺産であって，それらは，ただの民間伝承かもしれないし，誤解や魔術かもしれない。私は，その二分法のいくつかに挑んできた。例えば，商品対サービス，供給業者対顧客，量的方法対質的方法，そして社会科学対自然科学対人文科学といったものに対して，である（Gummesson, 2006；2007）。人々は，この二分法においては安全だと感じている。誰も

が自分にふさわしい場所をわきまえているのだから。これらの二分法を強制的に押しつけてくるテロリスト的カテゴリーは，しばしばその定義のされ方がひどく，いい加減なものである（いやしくも定義されるとしての話だが）。それらは，しっかりと定着しているので，たとえ廃墟になったとしても，ライン川沿いにそびえ立つ古城のように永遠に存在し続けるようになる。そうしたカテゴリーは，教科書の中で奨励されていて，カテゴリーとしては誤ったものであると明らかになった後になっても，若い学生たちは何世紀も何十年もそれらのカテゴリーにさらされているのだ。

　例えば，グレーザーは，GT は一般的方法論であって，（慣習的には質的なものとカテゴリー化されているけれども）ただ単に質的＝定性的なものではないと強調している。しかしながら，これはいくぶん漠然としているが，カテゴリーとはしばしばそのようなものなのである。それらのカテゴリーは，ベッドに合わせてその中身を引き伸ばしたり短縮したりすると言われる「プロクルーステースのベッド」となるのであって，そこでは，ベッドから手足がはみ出すと同時にベッドには空いたスペースができてしまうのである。グレーザーとストラウスによる最初の本（Glaser & Strauss, 1967）である『グラウンデッド・セオリーの発見』は，「質的調査研究のための諸戦略」という副題を持っている。ストラウスとコービンの本（Strauss & Corbin, 1990）の場合は，これとは逆になっていて，『質的調査研究の基礎』というタイトルに「グラウンデッド・セオリーの手順とテクニック」という副題がつけられている。そしてその第 3 版（Corbin & Strauss, 2008）では，表紙からその副題は取り除かれ，「質的調査研究」の部分だけが残されて目を引くようになっている。他方，グレーザーの最新の著作のなかの 1 冊のタイトルは『量的グラウンデッド・セオリーの実践』(2008) というものだ。質的 - 量的という二分法は，合理的な理由が何一つないというのに，科学分野での敵意を作り出すために用いられているのである。これらのカテゴリーは，異なったシンボルと異なった構造，異なった強さと弱さを持った異なった言語を表しているのである。しかし，それらはまた同じく，主観的仮説や個人的判断，近似値に依存してもいるのである。これらは両者とも，結果から結論を導きだし行動をおこす誰か第三者を必要とする。量的／質的という分割は，あらゆる場合にどちらの方が卓越しているのかという点

についての無意味な競争を引き起こしているのだ。それは，ニセのランクづけなのである。大工の方が教授たちよりも賢い。彼らは，ハンマーとのこぎりの間で内戦を布告することなどしないし，重要性と関連性という序列で両者のランクづけをしようとはしないのだから。

4 有言実行

　私が科学を理解するために絶え間なくもがいていたのと同時期に，独創性に富んだ貢献をしたまさにその人物を知るようになったことは，私の助けになったということを私は発見したのだった。私は，グレーザーのキッチンで，カリフォルニアの山脈での彼とのハイキングで，そして7月4日にマイケル・ムーア（Michael Moore）のドキュメンタリー映画「華氏911」を見たミル・バレー映画館でグレーザーと共に過ごすことで，彼の著作群を読むよりもGTというものについての理解をはるかに深めたのである。このことは，彼の著作群の価値を貶めているわけではない。それらの著作は，重要な補足（情報）であって，（GT理解の完成を助けてくれる）「失われた環」の追加を可能にし，私の心の中の霧を晴らすことができるものなのである。先に述べたことは，記述された言葉が，実際の行為ほどには私にインパクトを与えなかったことを意味している。

　グレーザーと私は1984年に初めて出会ったのだが，あることが私に衝撃を与えた。それは，私の専門分野であるマーケティングやマネジメントを知ることなしに，私が話そうとしたことを彼がすぐに把握したことである。彼は対話を先へと進めたかったのだ。また彼は，論文や講義を通じてだけでなく自分の行為を通じて理論的感受性について実地に説明してくれた。それは，私の知的能力への疑いを表情に出しながら，私の言ったことがまったく根拠のないことだと結論づけて，軽蔑的な笑みでもってあらゆることに応じていた，私の教授たちの一人とは対照的なことだった。この教授は，いつも予測可能で信頼できたが，どん詰まりで将来性のない人だったのである。

　グレーザーはGTを生きている。GTは彼のペルソナの大切な部分なのである。何人の政治家たちが彼らの約束を果たしており，彼らのうちの何人が有権

者たちに生きるようにと要求している人生を生きているだろうか。何人の経済学者たちがお金の扱い方を知っているだろうか。グローバルな金融システムの危機をちょっと見てごらんなさい！　何人の法律家たちが法に従って生きているだろうか。彼らは，真に倫理基準にかない首尾一貫した法システムに本来備わっている知恵の代わりに，断片化され首尾一貫性を欠いた法「システム」の専門技術的知識をただただ冷笑的に利用しているだけではないだろうか。何人の医学専門家たちが健康的な生活を送っているだろうか。グレーザーは，世界で名高い社会学者となったが，彼は，建築会社と金融ビジネス，それから出版社をスタートさせるために自分の科学的方法を活用した。そしてそれらはすべて成功している。彼のウインドサーフィンのスキルはGT研究の成果である。要するに，彼のミニGTの数々はあらゆる職業分野において彼がすぐに要点をつかめるように助けてくれているのである。彼は自分が説いていることを実際にやっており，GT方法論を体現しているのである。

　個人的には，私は自分の経験を様々な抽象化や一般化へと転移させることを得意としている（「経験上の〔empirical〕」とは，元来，経験的〔experiential〕であることを意味していたのである）。他方，私は，一般的なものや抽象的なものを具体的な個人的現実へと転移させるということになると不得手で，まったくの役立たずになることさえある。他の人々にとっては，そうしたことは異なっているのかもしれない。だからこそ，私たちの相違点を大いに活用することにしよう。私の一般的な結論は，いかなる科学や方法論も知性だけでなく生身のものであり二本の足で歩いている，というものだ。パラダイムとは二足歩行なのである。

5　ロール・モデルを変える
——ビッグルスワース少佐からグレーザー博士へ

　私たちは人生行路を歩む中で何人かのヒーローたちを捨てさり，別のヒーローたちを選び出す。私の若い頃のヒーローは「ビッグルス」のあだ名をもつビッグルスワース少佐だった。彼は，「キャプテン（＝大佐）」というペン・ネームをもつW・E・ジョーンズ（W. E. Johns）によって書かれた104冊にもなる本の対象（つまり中心人物）である。ビッグルスは数十年間あらゆる戦争やテロリスト（との戦い）を首尾よく戦い抜いてきたパイロットだった。ビッグル

スもグレーザーも，この世界をよりよい場所にするための使命をもった男たちなのである。彼らは異なったツールを用いる。ビッグルスは航空機と銃をもち，グレーザーは言葉で戦う。しかしビッグルス・シリーズの本のタイトルはグレーザーにとてもよく合うかもしれない。例えば『ビッグルス，徹底的に調査する』とか『ビッグルスによる（問題の）整理と解明』といったタイトルの場合にビッグルスの代わりに，グレーザーを置き換えてみよう。

　彼らはどちらも，実に方々へと飛び回っている。例えば『ビッグルス，北に飛ぶ』『ビッグルス，南に飛ぶ』『ビッグルス，東に飛ぶ』『ビッグルス，西に飛ぶ』といった具合に，である。『世界の果てのビッグルス』というものさえある。バークレーでの大学教授職を諦めた後，グレーザーはミル・バレーの森で学問的隠遁者となり，ビジネスの世界に参入した。学問世界の地平線から，彼は長い間，世界の果てにいたのである。1994年，私は GT に関する講演をしてもらうためにグレーザーをストックホルムに招聘した。彼は「私がアメリカを離れるのはこの25年で初めてだ」と言っていた。それ以来，彼は，ビッグルスの歩みを辿って，北へ南へ，そして東へ西へと飛び回っている。

　しかしながら，グレーザーの名前がピッタリと適合しないビッグルスのタイトルが一つあるかもしれない。それは，『ビッグルス，独り行く』だ。グレーザーはそのようなことをしようとはしないだろう。彼は，彼の妻や子どもたち，その配偶者たちといった彼の取り巻きの人々と，彼を賞賛している弟子たち，すなわち彼の「グラウンディーズ（groundies）」と一緒にやって来る。このようにして彼は，大学や個人的な1対1のふれあいというコンテクストだけでなく，家族や友人たちというコンテクストでも人々に知られるようになっているのである。

6　正統派グラウンデッド・セオリーもしくは軽量型グラウンデッド・セオリー？

　1990年のストラウスとコービンによる本の出版は，グレーザーと私をさらに接近させることになった。その本は「賞賛と感謝でもって」グレーザーに捧げられていたが，その本の出版は彼を動転させた。1992年，彼はストラウス・コービン版に対抗する形で「（データの）創発的出現対無理強い」という副題が

つけられた『グラウンデッド・セオリー分析の基礎』を出版し，その本を私に送ってくれた。その本は，彼自身の出版社であるソシオロジー出版社によって出版されたものである（他のどこで出版するだろうか？）。私は博士課程のコースで何年間も両方の著作を使用した。方法論というものは神によって与えられたものではないことを示すために，である。共著者であり親密な友人であったとしても仲違いする可能性があるのだから。

長い間相棒であったアンセルムとグレーザーが敵同士になったと一般的には考えられていたし，私も前もって予想されていた同じ罠にはまってしまったのである。しかし，彼らは敵同士になったわけではなかった。私はこの２冊の本の（出版の）背後にあるストーリーをすべてここで語ることはできない。これがハリウッドと映画産業で起きていたとしたら『ナショナル・インクワイラー (The National Enquirer)』を刊行させることになっていたことだろう。しかし誰が社会科学者たち（のそういった事情）について読みたいと思うだろうか。ストラウスは，1996年に死去した。私は一度も彼に会うことはなく，私はそれが残念でならない。

この出来事は，方法論がどれだけ厳密に応用されるべきなのかということを前面に押し出すことになった。私が1984年にグレーザーに初めて会ったとき，彼は次のような事実に悩まされていた。多くの人々が GT 研究を行なったと主張しながら，彼らがやっていたことはいくつかの GT 戦略の応用をしただけで，しかも上手にやってはいなかったという事実がそれである。GT は批判を受け，グレーザーはそれを不当だと考えていた。過去数十年間，GT は，正統でクラシックな GT から軽量型 GT にいたるまでの全範囲にわたる応用になってきている。私の研究分野のマネジメントやビジネスにおける首尾一貫して正統な GT の応用について最近の例を挙げるとすれば，クリスティアンセンの本（Christiansen, 2007）がそれに当たる。GT から触発された調査研究もあって（私もこのカテゴリーに入るのだが），そこでは GT は，ある種の戦略や手順でもって貢献している。ただし，それらは本格的な GT ではないし，そのように装うべきではない。それは，1カロリー分だけの軽量型 GT なのだから。

第Ⅲ部　歴史的・哲学的基盤

7　高級ブランド（プレミアム）

　GTのブランドは様々な使い方によって薄められてしまったのだろうか。それとも逆に，そういった使い方がブランドを強めたのだろうか。ブランド，特に高級ブランドは，人々を導くストーリーになる。もしブランドが本当の内容を表していて単なる表面的な上辺だけのイメージではないとしたら，よく知られたブランドというものは，人々に話しかけることを可能にする独特の場所なのである。私は一度イギリスのマンチェスターにあるミッドランドホテルに滞在した。そこのエントランスにある銘板には，ここはロールス氏がロイス氏と初めて会った場所であると記されていた。ロンドンで私はもう一つの銘板をある家で見つけた（私は，その家が古い病院だったと思っているが，どこだったか忘れてしまった）。その銘板には，ここはシャーロック・ホームズがドクター・ワトソンと初めて会った場所だと書かれていた。この2つの銘板は，事実とフィクションとの間の違いを例示しているが，両者を区別する困難さもまた例示している。ロールス＝ロイスは現実のものだが，シャーロック・ホームズとドクター・ワトソンは短編集の中の架空の人物である。しかしそういうものであっても，ある意味では彼らは現実なのである。彼らは本の中で読めるしスクリーンや舞台で見ることができる。役者たちは架空の人物たちの代理として装っている現実の人々であり，この架空の人物たちは人物たちで，実体のある知識の統合もしくは抽象物なのかもしれない。しかし彼らは現実の人間ではなく，役を演じているのであり，そっくりさんなのである。

　おまけとして言えば，シャーロック・ホームズのストーリーは方法論に関する様々な事例として読むこともできる。ホームズはデータについて熱心だった。彼は観察しインタビューをしデータを比較した。彼は，犯罪のシーンでほんの少しのタバコや吸い差しを見つけたのではない。彼はタバコの具体的な製造元を見つけ出したのである。彼はそのタバコがどこで製造されたのかを知っていたし，どの店でそれを買うことができるのか，どんなタイプの人々がそのタバコを吸うのかを知っていたのである。

　グレーザーとストラウスそしてGTは，自動車業界と探偵小説業界におけ

る，ロールス＝ロイスやシャーロック・ホームズとドクター・ワトソンと同様に，社会科学業界におけるブランドとしてとても良く知られている。しかし偉大な社会科学者たちを記念する銘板というものがあるだろうか。私は「ここはストラウス氏がグレーザー氏に初めて会ったところです」と書かれている銘板を見てみたいものだ。グレーザーはどこでその邂逅が起きたのかを知っていると私は確信している。今や GT は相当な年齢に入り理不尽な運命という辛辣な批判を生き延びたのだから，銘板でもってそのことを記念する時がきたのだと私は思う。

8　アカデミックな儀式もしくは利用可能な結果

　科学の特質は公認された方法の体系的応用であると，私も教えられてきた。もしあなたがこれらの方法に従うなら，あなたは間違えることはありえないし，批判されることもなく学問的な終身在職権への平穏な道を危険にさらすこともありえない。あなたは安全なのである。そのように選ばれた少年たちや少女たちの一人なのだから。今日，医学は諸科学の科学であると主張している。すなわち，医学はそれ自体を「生命科学」の一部とみなしているのである。しかしそうだとすれば，脂肪はある時は危険だというのに翌日には健康によいといったことがどのようにして可能なのだろうか。長い間，脂肪は肥満の原因であると主張されてきた。しかし今やその犯人は炭水化物なのだ。おそらくそれはどちらでもないのだろう。単一の要因が単一の普遍的結果を生み出すというばかげたほど過度に単純化され断片化された「説明」は，ただただ未成熟な諸前提のみに基礎を置いているのである。人間存在というもの――身体と魂――は，複雑な諸システムの中で生きている複雑なシステムの一つなのだ。その結果は，一群の諸要因によって引き起こされており――ネットワーク理論の用語を用いて言えば，一群の，様々な「スケール・フリー型ネットワーク」[1]の中での結節点（ノード）やリンクやそれらの相互作用によって引き起こされており――，最終的には，それらの諸要因が患者の健康を決定することになるのである。科学は，ある偶然的な，コンテクストのない結果によって引き起こされるイメージや儀式学，さらには傲慢にただ委ねておくことはできないのだ。関連性と妥当性は

大部分が消失してしまった。しかし，そうなってしまったなどということは決して認められないだろうし，誰も責任を取ることはない。この儀式が——つまりは方法と専門技術が——最重要なことなのである。調査研究者は，熟練を積んだ専門技術者，つまり決して咎められることのない科学官僚の地位に降格されてしまい，そして次のように言うのである。「私は公認された科学的手続きに従ったのだ！」と。もし医師が処方した薬剤で患者たちがよくならなかったり，病気がもっとひどくなってしまったとしても，医師は公認された主流派の知識を遵守しているかどうかで評価されるのであって，患者たちを治療する能力で評価されるのではない。細かい専門技術が現実生活を暗いコーナーへと押しやってしまっているのである。

　不幸なことに，なりふりかまわず大学での出世(キャリア)を築きあげたい教授たちは，学問的専門用語や手の込んだ調査研究テクニック，歴史理論によって目をくらまされてしまっているので，アメリカの専門的キャリアシステムという，世界に押しつけられている増大する力に屈服するのである。世界でナンバーワンのマネジメントの指導者(グル)であるドラッカー（Drucker, 1988）は，次のように警告している。

　　「……私たちは，学界においてもマネジメントにおいても，うわべだけの優秀さをパフォーマンスの本質であると見誤る傾向があります。しかし，詭弁に騙されてしまうことは——つまり，小利口なテクニックを理解と見間違い，脚注を学識と勘違いし，そして流行を真実と誤解することは——たやすいことなのです」。

　というわけで私たちが用いる方法論は，些細なように聞こえるだろうが，良いものでなければならない。GT は，良い方法論，もしかしたら最良の方法論かもしれない。私はまた，ケーススタディ調査研究やアクション・リサーチ，ネットワーク理論が好みだ。これらは GT と競争しているわけではなく共存しうるのである。

　科学は必ずしも啓発へと至る王道ではないと私は徐々に理解した。科学は，学問的なエセ人生へと至る，官僚のけがらわしい道でもありうるのである。本

第14章　どっしりと根を張ったバーニー・グレーザー

当の科学者たちは革新者であり起業家なのだ。そして彼らは，学問領域において「ずっと同じことの繰り返し」と「私もです」という追随主義の行き詰まりを破壊してくれるのである。

9　終わりのない旅における途中下車

　私がこの一文を書いたのは，グレーザーによってほめそやされるためでも，彼によって批判されるためでもない。私は，私の立ち位置や私がその立ち位置についてどのように感じているのかを表現するためにこれを書いたのである。もし私が自分自身の科学的思考や科学的行動と折り合いをつけることができないのだとしたら，私は，どのようにして，（誰であれ）私に耳を傾けることを期待できるだろうか。個人はいくつかの核になる特質をもっているものだが，いくつもの身体ももっているのである。つまり，個人はその他すべての個人とは異なっているのだ。グレーザーとGTに関する私の理解とそれらへの私自身の投影――それらが私の現実を創り出している。私たちは，あるコンテクストの中で――もしくは私たちが相互行為をするその内部での関係ネットワークの中で――生きている。そして，まさにここが私のペルソナが形作られる場所なのである。私たちは社会的相互行為を通して，そうした存在になる。単独で隠遁している人物としては，私たちは誰に対しても何者でもない。もしかしたら自分自身に対しては別かもしれないが。

　グレーザーと私に共通していることが一つある。それは，本物であり，有言実行で，私たちが本当に信じていることを奨励し，欠陥があると私たちが信じていることに対しては抵抗し，権力の圧力や一時のはかない誇大宣伝には屈服しない――こうしたことを強く望んでいることである。しかし社会諸科学への私の貢献が何がしかのインパクトをもつかどうか，生き続けるかどうかについては，私にはわからない。もしかしたら，私の主要な貢献は，グレーザーの本――彼はそれらの本を何年にもわたって私に贈呈してくれたのだが――の中の2冊に書かれていることに反映されているのかもしれない。『グラウンデッド・セオリーの実践――その問題と議論』（1998）において，彼は（私のことを）次のように書いている。「本書へ向かって世界中を旅することを私に始めさせ

てくれたエヴァートへ」。そして『量的グラウンデッド・セオリーの実践』(2008)においては,「20年前に私を目覚めさせてくれたエヴァートに敬意を表して」とある。私は,教育科学の故スーベン・ストルボーン（Styrborn, S.）教授と共同で,名誉博士号のためのストックホルム大学評議員会にグレーザーを推薦する提案を行なった。彼は1999年に博士号を授与されたが,この博士号は容易に得られる称号ではない。ストックホルム大学での社会科学（部門）における他の名誉博士号の取得者には,イギリスのケンブリッジ大学のアマルティア・セン（Sen, A., 後のノーベル賞受賞者）や,社会学者でありアメリカのスタンフォード大学出身のネットワークのスペシャリスト,マーク・グラノヴェッター（Granovetter, M.）がいる。

この出来事は,ストックホルム・シティ・ホールで開催された年次祝賀会において,新しい博士たちへの記章を正式に授与する人物に私が（ストックホルム大学社会科学学部によって）選出されたのと同じ年に起こったことである。私は,グレーザーの頭に月桂冠を置き,彼にディプロマと博士のリングを手渡し,簡単な彼の紹介を行なった。それは良い気分だった。

私は,グレーザーがなぜもっと名誉博士号を受賞しないのか不思議でならない。

真実を発見し知識と知恵を獲得し全世界をより良い場所にするという科学的研究の元来のアイディアは,圧倒的な官僚主義的・儀式主義的・政治的・金融的組織（アパラタス）によって呑み込まれつつある。この組織は部分的に,諸科学それ自体の中の圧力団体,助成金や研究奨励金の委員会,評価団体や認可団体,株式会社,政治家および政府機関によってコントロールされている。科学のブランドを維持することの方がその中身よりずっと重要になってきているのである。広告代理店やPRのコンサルタント,ロビーイストやリポーターたちは,ますます前進を続けていく科学のイメージを創造するのに忙しいのだ。知識社会や知識に基礎をおく会社,知識労働者,専門家,証拠に基礎をおく（エビデンス・ベイスト）医学は,そうした誇大宣伝的表現のいくつかのものなのである。知識や専門技術は必要だが,それらは,知恵へと超越していかない限り無意味なのである。

本章の冒頭で警告しておいたように,ここまで書いてきたことは臆面もなく自己中心的な説明になってしまっている。科学の背後の人間存在を認めている

第14章 どっしりと根を張ったバーニー・グレーザー

のだから。その面では，私は首尾一貫していて成功していると思う。私は，より多くの学者たちが自由な雰囲気の中で，自分たちのペルソナをほんの少しでも外に出し，認められたエリートの背後に隠れるのをやめることを願っている。あなたが他の人々から学ぶべきなのは言うまでもない。しかしあなたは彼らによってクローンにされるべきではない。結局のところ，科学者のパーソナリティは科学者の最も重要な調査研究上の手段なのだから。

これで，今のところ，私の自己本位的な小旅行を終わりにする。科学は一つの旅であり旅がゴールなのである。そしてそこには終着駅はないのだ。

注

(1) （訳者注）スケール・フリー型ネットワークとは，アルバート・ラズロ・バラバシが新たに構築を目指したモデルである。バラバシによれば，「ネットワークは成長と優先的選択という2つの法則に支配されている」という (Barabási, 2002 = 2002, p. 126)。この指摘は，「従来のモデルから大きく離れることを意味し」た (ibid)。

なぜならば，そもそも，ダンカン・ワッツが提唱したスモールワールド・ネットワークでは，比較的少数の人を介して人々とつながれており，ここでは，一定のノード数とランダムに結ばれるリンクが仮定されていたからである。

一方，スケール・フリー型ネットワークでは，「小さな中核部分から出発して，新たにノードを付け加えることで成長する。そして新しいノードは，たくさんのリンクを獲得しているノードを優先的に選択する」(ibid)。例えば，友人ネットワークにおいて，多くの場合数名の友人をもつ。他方，ずば抜けて友人数の多い人を見ることもできる。後者は，ウェブ内でもずば抜けて枝の多い頂点（ハブ）として見ることができる。また，ごく一部の人々はきわめて多い収入を，多くの人々はわずかな収入を得る「『金持ちはもっと金持ちに』という現象」が見られる（ベキ法則）。

すなわち，スケール・フリー型ネットワークでは，「新しいノードがリンク先を決める際には」，ベキ法則に従って「リンクの多いノードを優先的に選択」し，「多数のリンクを獲得したハブが少数誕生する」のである。

ここでは，例えば生体活動に関わる一つの栄養素（タンパク質など）をノードとし，その相互作用をリンクとすると，一部の栄養素がリンクを集める構造となることで，患者の健康が決定されることを意味している。

(Barabási, A. L. (2002) *LINKED : The New Science of Networks*. Perseus Books Group〔=2002, 青木薫訳『新ネットワーク思考　世界のしくみを読み解

く』NHK 出版〕；Watts, D. (2003) *Six Degrees : The Science of Connected Age.* Norton.〔= 2004，辻竜平・友知政樹訳『スモールワールド・ネットワーク——世界を知るための新科学的思考』阪急コミュニケーションズ〕，参照）

参考文献

Christiansen, Ó. (2007). *Opportumizing : How companies create, identify, seize and exploit situations to sustain their survival or growth. An orthodox grounded theory approach.* Torshavn : Faroe Islands University.

Corbin, J. & Strauss, A. (2008). *Basics of Qualitative Research.* Thousand Oaks, CA : Sage(3rd ed.).（= 2012，操華子・森岡崇訳『質的研究の基礎——グラウンデッド・セオリー開発の技法と手順』医学書院）

Drucker, P.(1988). Teaching the Work of Management. *New Management Magazine*, 6(2).

Glaser, B. G.(1992). *Basics of Grounded Theory Analysis : Emergence vs. Forcing.* Mill Valley, CA : Sociology Press.

Glaser, B. G.(1998). *Doing Quantitative Grounded Theory : Issues and Discussions.* Mill Valley, CA : Sociology Press.

Glaser, B. G. & Strauss, A. L. (1967). *The Discovery of Grounded Theory.* New York : Aldine.（= 1996，後藤隆・大出春江・水野節夫訳『データ対話型理論の発見——調査からいかに理論をうみだすか』新曜社）

Gummesson, E.(2006). Qualitative Research in Management : Addressing Complexity, Context and Persona. *Management Decision*, 44(2), pp. 167-179.

Gummesson, E.(2007). Exit Services Marketing—Enter Service Marketing. *Journal of Customer Behaviour*, 6(2), pp. 113-141.

Strauss, A. & Corbin, J. (1990). *Basics of Qualitative Research.* Newbury Park, CA : Sage(1st ed.).（= 1999，南裕子監訳，操華子・森岡崇・志自岐康子・竹崎久美子訳『質的研究の基礎——グラウンデッド・セオリーの技法と手順』医学書院）

第15章　アイディアを生きる
――バーニー・グレーザーとの生活史的インタビュー

アストリッド・ユンニルド

　人はどうやって自分自身になるのか？　これは，職業上でも個人的にも，バーニー・グレーザー（Glaser, B.）氏の生涯の大半を通して彼の興味をそそってきた問いの一つである。このインタビューでグレーザー氏は，社会科学調査研究における彼の並みはずれた経歴に決定的な影響を及ぼした体験について語っている。グレーザー氏はここで初めて，「データに忠実であれ」というグラウンデッド・セオリー（以下，GT）の原則，アイディアの真の源泉であるGTの原則にインスピレーションを与えたものは精神分析であるということを明かしている。彼はまた，実生活のあらゆる分野でGTをどのようにしてうまく使ってきたかということ，さらに，どんな障害物であっても，剣を用いるスタイルの合気道（訳者注：剣（木剣）杖などを用いて稽古をする合気道の武器術のこと）を抽象的な意味で用いることで，どのようにして克服しプラスの方向に向け直すことができるかということを論ずる。

　「どなたですか？」
　か細く震えがちな声がドアのわずかに開いた隙間からひそかに聞こえてくる。それは，人にはいられるのを怖がっている老女のような声に聞こえる。それで一瞬，私は手元にあるこのアパートの住まいの番号は間違っているのだろうかと思う。すると突然，安全鍵が取り外され，そこにグレーザー氏が定番のスウェットシャツを着て，着古したカレッジパンツをはいて，ニコッと笑って立っている。
　少しためらった後で，彼の陰鬱な声は正常に戻り，何事もなかったように続ける。

「やあ，こんにちは，さあ，お入りなさい。ちょうど朝食を食べようとしているところなんです。あなたもどうですか」

それは，金曜日の朝の陽も高くなっている頃，マンハッタンの地上14階でのことであり，2度目のGTセミナーは終了している。グレーザー氏はニューヨークの自分のアパートでスクランブル・エッグと紅茶一杯を準備している。彼は年に1回のGTセミナー開催中にはここに滞在することになっているのだ。

GTの共同創設者である彼は今80歳代で，少々疲れてはいるが，幸せそうで活気に満ち溢れているように見える。彼は，新しく家具調度を備えたアパートの中をゆっくりとぶらつきながら，悪ふざけをしており，そうすることでこれから始まる対談のために必要なウォーミングアップをしているのだ。グレーザー氏は自分の朝食をテーブル（食卓）の所に持って来る。私が対談はテープに録音しますがいいですかと聞くと，少し驚く。そもそも彼は，彼の大半の著作の中でテープ録音はしないようにとわざわざ注意しているのだから。その論拠は，テープ起こしは時間がかかりすぎる作業であって，調査研究者を細かいところに，つまり，GTの生成にとっては余分な細かいところに縛りつけてしまうからである。それにもかかわらず，彼のGTとは違ったところで記述の正確さが要求されることがあるという点は尊重しますよ，と彼は言う。さあ，自由に質問をしてください。

> Interviewer（＝聞き手。以下，I）：わかりました。それでは始めます。私たちは食事中に話をしていますが，あなたは，GTセミナーをしている時に，セミナーの前と後で参加者たちをいつも外食に誘っていますね。博士号志願者にGTを教えている時，みんなで一緒に食事をすることを重視するのはどうしてなのですか。
>
> Glaser（＝グレーザー。以下，G）：なぜですかって？ それは明白ですね。参加者たちが気力を落とさないように身体と思考の二項対立を最大限脱構築するためですよ。
>
> I：カリフォルニア大学サンフランシスコ校（the University of California, San Francisco，以下，UCSF）にいた時，教授としても何か似たようなこと

をされましたか．

G：まったく同じことをしたんです．教授と学生という力関係を殺ぐために必要なことは何でもしました．私たちはカジュアルな服装をし，全員に話をさせ，表現させ，教室を動き回らせました．私はアイディアで生きているからです．社会的地位やそうした意味でのアイデンティティによってではなく，です．私のアイデンティティはアイディアを持つ人であって，社会的ポジションと権力を持った人ではないのです．アイディアは，ポジションよりもはるかに強力なのです．

I：あなたはどこからそのインスピレーションを得たのですか．

G：自分からです．それはバーニー自身を発揮することなのです．私はUC で一番若い教授でした．47歳か48歳でした．それは大変威信のあるものでしたが，私はその威信を独占することはありませんでした．私は人々と向き合う際，決して威信とポジションを利用しなかったのです．別の表現に言い換えましょう．私は社会学と科学を研究しました．科学者たちは彼らに威信があるから有名になるのでしょうか．違います．彼らの**アイディア**で有名になるのです．

1　UCSF を去る

　グレーザー氏が大学でのキャリアに別れを告げてから20年が経つ．彼はその後，カリフォルニアのミル・バレーを本拠地にして彼自身の調査研究とビジネスの分野を確立し，それを続行してきた．彼は，1992年に62歳で出版した『グラウンデッド・セオリーの基礎（The Basics of Grounded Theory）』（以下，『基礎』）という，論争を巻き起こした本を著わした後，まもなく大学を去ったのである．

I：あなたが UCSF を去る直前と直後では状況はどんなだったのですか．

G：私が記憶している限りでは，私たちはいつも研究奨励金を使っていました．それで，連中が奨励金を使い果たしたのだと思います．それは，多くの要因が絡んで徐々に経過していくといった感じのものでした．ビ

ジネスは好調でした。私が『基礎』を出版し，そのせいでみんなが落ち込んだのです。アンセルム（訳者注：アンセルム・ストラウス〔Strauss, A.〕氏）も研究奨励金が底をつき始めていました。なくなるといったことでさえなく，徐々に進行していったのです。私はそのことにそれほど気づいていたとは思いません。

I：しかし，そのことがあなたのキャリアを変えたのでしょう？

G：うーん，私は，その頃はもう教えていませんでした。でも私はまだ書いていたんですよ。それは大分裂だの大分離だの危機だのといったことではなくて，むしろ，あることはもっとやって別のことはあまりやらないようにするという具合に物事が進行していったにすぎません。私は『基礎』で多くの人々を敵に回してしまったと思います。それは，彼らが私を追い出したからということではなく，突然，調査研究のお金がこなくなったのです。そうしたことも進行したのです。

I：あなたが『グラウンデッド・セオリーの発見』（邦訳『データ対話型理論の発見――調査からいかに理論をうみだすか』以下『発見』）を出版してから40年以上経ち，制度上のアカデミー界を離れてからほぼ20年経っていますが，あなたは以前にもまして多くの GT セミナーを運営しています。あなたの本のほぼ半分は60歳以降に書かれたものです。博士号志願者の数が増えている状況の中で，あなたは彼らが学位を取るのを手助けしています。それなのに，あなたのパーソナリティや人生・生活の多くの側面についてはほとんど知られていません。もしあなたがご自身を一言で表現するとしたら，様々な概念の背後にいるあなたは何者ですか，グレーザーさん。

G：私です。それがどこに由来するものかを言いたくはないのですが，でも私はすでにあなたに言ってしまっていると思います。そうでしょう。

I：どういう意味ですか？

G：人々はどうやって自分自身になるのでしょうか？

グレーザー氏は彼のティーカップから目を離して上を見る。

第15章　アイディアを生きる

G：私の私は，いかなるアイデンティティよりも大きいのです。それはどこから生じたのでしょうか，まさに私自身を発揮するということは。私は自分自身の出版社を所有し，住宅を40戸所有しています。そういったものはどこに由来するのでしょうか。まさに自分自身を発揮しているのであり，そして私自身であることによって私は教えているのです。私はCEO（訳者注：chief executive officer；最高経営責任者）であるとかそういったことについて言っているのではありません。このようにまさに自分自身であることは，自分が何者であれ，社会的アイデンティティを凌駕しています。でもほとんどの人は自分たちが何者なのかわからないので，自分たちのアイデンティティにしがみついているのです。そしてアイデンティティというのは，社会によって彼らに与えられるものです。彼らはただ，その社会の要求するアイデンティティを動員することをやっているだけなのです。

突然グレーザー氏の顔が明るくなる。彼はくすくす笑い，右腕を興奮した少年のように振り始める。「窓の外にいるあの男性をご覧なさい。おや，まあ，驚いたね」。

それは映画のワン・シーンのようだ。3人の男性がマンハッタンのマンションの14階の窓の外側から私たちを見ている。彼らはゆっくり上昇していく厚板の上に座っている。窓ふき屋だ。彼らは後ろに揺れていて，その上，ほほえんでもいる。グレーザー氏は突然笑い出す。次の瞬間，彼は再び深く考え込んでいる。

G：つまり，人々はどうして，自分自身にならないのでしょうか？　ポジションとは対立しているから？　専門用語にしばられているから？　その他何であれ，これらとは対立しているからなのでしょうか？
Ｉ：あなたはどのようにして自分自身になったのですか？
G：うーん，その理由は，たいていの人が経験することのできない重大な影響を及ぼした子育てにあります。3つの要因があります，いや，4つの要因です。1つ目は，私の両親が，こうしろああしろとは絶対に言わ

第Ⅲ部　歴史的・哲学的基盤

なかったことです。彼らは決して評価というものをしませんでした。私はいつも自立していたのです。でも我が家は裕福で使用人がいました。使用人が私の世話をしてくれたのですが、その人は、我が家ならこうしているはずだと私が考えていることに基づいてやってくれたのです。何でもそうしてくれました。ある日、私はこう言ったのです。「ママ、ぼくは5歳だよ。幼稚園に行く時期じゃないの」。母は、知らなかったわと言い、私をお抱えの運転手付きで幼稚園に送り出しました。我が家には2階と1階にそれぞれメイドがいて、料理人と数人の運転手と、洗濯だけするメイドがいたのです。彼らは全員――こういう言い方をしてもよければ、ですが――私の判断に従ったのです。しかし、私はいつも自立していました。そして、そのやり方は、聡明な人々にはプラスの方向に作用するのです。これが私の子育ての仕方です。子どもたちに何をしろとは絶対言わない。おまえたちの判断を信用するよ、といつも言うのです。そうすると彼らは、自分の判断がどう働いたかを検討するために、親のところにやってきて、自分のやっていることを話すのです。まあ、そういうわけで、私は、5歳で自立していました。私の両親は、私が大学に行ったことなどほとんど知らなかったのです。

I：それじゃあ、あなたはご両親とはあまり接触していなかったのですか？

G：毎日彼らと夕食を共にしていました。両親とは、たくさん接触していました。彼らはいつも身近な所にいたのです。そうなんですが、私がここで言っているのは、彼らはいいとか悪いとか決して評価しなかったということです。彼らは、私にこれをやれとかあれをやれと要求しませんでした。私はいつも自分の好きなようにしていてそれでよかったのです。そして、私もそのことを好ましくないとは決して思いませんでした。そういう風だったので、私はたくさん生み出せるようになったのです。たいていの人は、自分は適切に評価されようとしているのかどうかとか、自分は、母親が自分にしてほしいと思っていること等をしているのかどうかとか、いつも思い悩んでいます。彼らは自己評価をして、うまくいくのだろうか、認められることになるのだろうかと悩みます。私には一

度もそういう問題はありませんでした。それに，私はとても頭が良かったので，いつも本を読んでいました。何かあれば，使用人と話し合いました。

Ｉ：何を読んだのですか。

Ｇ：何でもです。私はいつも読書をしていました。

長い沈黙がある。

2 　精神分析

Ｇ：それから，さらに自分自身になるために，私は３回精神分析を受けました。

グレーザー氏は，このくだりを述べている時は，非常にゆっくり話す。彼は心の中にもぐってはるか遠い過去に行っているように見える。長い沈黙がある。

Ｉ：……何歳の時でしたか？

Ｇ：22歳と24歳と26歳の時です。いずれの時も数年かかって前方に進めるようになりました。

Ｉ：なぜそうしたのですか？

Ｇ：さらに自分自身になるためです。私が精神分析を受けた理由は，ドイツに１年間住んでいて若いドイツ人女性と仲良くなっていたからです。私たちは同棲していました。彼女をアメリカに連れて帰ってきたところ，彼女は私を見捨てたのです。私は打ちひしがれました。多分今思うと幸運だったのでしょうが。

Ｉ：それで精神分析を望んだのですね。

Ｇ：そうです。そのことで私は本当に傷ついたのです。私は精神分析を受けるたびに自分自身のことが随分わかりました。

Ｉ：精神分析を受けている期間に，あなたが学んだことの中で一番重要なことは何でしたか？

G：当ててごらんなさい。

I：もっと自分自身になることですか。

G：いいえ。それ（自分が抱えている問題）が何であるかを理解するために，正確なデータを得ることです。そのやり方は GT で使われていますが，誰もそのことに気がついていない。データへの真の献身，真の源泉は，精神分析に由来するものだったのです。本当ですよ。結果がこの私，たくさんの異なったアイディアを一つのパッケージに入れているこの私です。精神分析では，自分自身であることとまさに自分自身であるとは何であるかを正確に凝視することを学ぶのです。

I：精神分析を自分自身がわかるようになる孤独なやり方として見る人々もいるでしょう。つまり，精神分析家は口数が多いということでは知られていないという意味です。

G：必ずしもそういう具合に作用するわけではありません。相互作用があります。私は人と気楽にやっていけるタイプの男です。1人でいることはある種消耗なことです。だからこそ，1人でいる方法を見つける必要があります。私は，何時間も使ってデータをあるがままに正確に凝視しようと努力しました。そうして人間関係というものについてたくさん学びました。

彼は，もう一休みしてから，人間関係について学んだことと，とりわけ人がずっと裏切られていた場合における人間関係の対処の仕方に関する例を述べる。

G：そうした時，まず初めに起こることはというと，その人の所へ行って「ありがとう，私に何かお手伝いできることはありますか？」と言うことです。そのわけは，……一体誰があなたを裏切った人を必要としますか？　その人があなたから去って行くように仕向けるのです。

I：もし人々があなたに何かひどいことをした場合，あなたは，初めに彼らを助けて，それから彼らを放免するのですか？

G：そうです。その人を助けてあげます。その人を抱きしめてそれから追い払うのです。

第15章　アイディアを生きる

Ｉ：その体験はあなたの人生でどのように役立ってきたのでしょうか？

Ｇ：それはまさにデータなのです。私がそのような振舞いをすると，たいていの人はとてもうろたえます。彼らは，自分たちの方が裏切られたと思います。怒ったりといったことをするのです。でも，彼らはこの世で一番幸運な人々なのですよ。

Ｉ：それは，ダライラマが言ったことと共振しています。彼はこう言っています。「あなたは，あなたの足をこっそり蹴飛ばす人たちを常に敬愛すべきです。そのわけは，彼らこそがあなたが人生の中で前に進んでいくのを本当に手助けしてくれる人たちだからです」。

Ｇ：それがまさに自分自身であるということの一例です。

突然，再び，グレーザー氏は窓の外にいる新しい友人たちに手を振りながらとても陽気な顔を装っている。今度は，彼らはゆっくりとした動きで下っている。次の瞬間，グレーザー氏は再び真面目になってきて非常にゆっくりと語る。

Ｇ：しかし，私は，パターンというものを信頼します。人々はその人のパターンを除いて他のことは何もすることができません。

Ｉ：ということはつまり，例えるとあなたが住宅建設の責任者になっている時には……。

Ｇ：……その場合，私は彼らを監督（コントロール）する必要はないのです。私は巨大な仮想の組織を運営しています。大きなものです。しかし私は，各人がすることはわかっています。彼らはただ彼ら自身のパターンを使って行なうということが私にはわかっているので，ほとんどいつも何も言いません。

Ｉ：それは，身近な人にもあなたが考えた理論を実践しているということですか。それとも，彼らを知るようになるだけで，彼らのパターンを使うということが，わかるのですか。

Ｇ：大概は彼らを知るようになるだけで，です。

第Ⅲ部　歴史的・哲学的基盤

3　アンセルム・ストラウス氏と共同研究を行なう

Ｉ：あなたはストラウス氏との関係についても予見することができましたか？

Ｇ：いいえ。しかし私は，時が経つうちに，彼のパターンを発見しました。彼はいつも，彼の本の共同執筆をする他の人たちと繋がりを持っていました。

Ｉ：あなたは，彼のパターンの中には，他の人たちからの影響を受けることにあらがえないという面があったと言っているのですか。

Ｇ：彼は正教授で人々は彼の承認を欲しがりました。彼は誰にでもオーケーを出したし，実際決して人を支配したがらなかった。彼はオーケーを出していました。彼はその権力を行使したのです。それから彼は彼らと一緒に本を書きました。しかし，彼らが本の大半を書いたのです。いやもちろん彼は単独でも本を書いています，少しですが。そして私はそのパターンに吸い込まれ，それでいて，その当時にはそのことに気がついてはいなかったのです。私は喜んで本を書きました。

Ｉ：私は，あなたのすべての本が，「アンセルムに」捧げられていることに気がつきました。あなたは，共同でやったことに対して，彼があなたにどんな閃きを与えてくれたかに対して，いつも彼に感謝しています。『基礎』の出版後まもなくのことですが，あなたは，彼のための記念論文集で，いい共同研究だったことを強調していました。

Ｇ：彼は愛すべき人物でした。私たちは親しい友人でした。彼こそまさに，私に『基礎』を書くように言った人だったのです。彼は威張り散らすようなことはしなかった。彼は，誰でも，行きたい方向に行かせてあげたのです。そうすることでアンセルム自身も自分の思い通りの道を行くことができたのです。

Ｉ：あなた方は私生活ではいつでも友人でしたか。

Ｇ：まったくその通りです。私は彼が亡くなる数日前に彼と話しています。

Ｉ：多くの学者や研究者たちは，あなたが1992年に出版した『基礎』であ

なたとアンセルムが研究職上の決裂をしたことについて，とても憂慮しています。それはどんなものだったのですか？

G：どういう意味ですか？

I：あなたは，この論争についての人々の好奇心にはうんざりしていますか？

G：うーん，私は，クラシック・グラウンデッド・セオリー（以下，クラシックGT）を軌道にのせておくために『基礎』を書きました。アンセルムは，「それ（訳者注：アンセルム・ストラウス氏とジュリー・コービン〔Corbin, J.〕さんが1990年に出版した *Basics of Qualitative Research*〔邦訳『質的研究の基礎』〕のこと）が気に入らないのなら，それについて本を書きなさい」と言ってくれたのです。しかしですね，……私は，本をたくさん読みますが，あなたは，本が読まれるという法則(ルール)をご存じですよね。

I：本が引用されるということですか？

G：いいえ，**不協和音**が生じると，誰もがそれをわかろうとするから，本がたくさん読まれるのです。

I：あなたとストラウスとの間に生じた不協和音は，あなたのキャリアと著作にとっては良かったのだというように考えましたか。

G：ある程度まではそうです。私は，多くの人がこの先何年間もそのことを理解しようと努めてくれるだろうということがわかっていました。それは人が何か意味のあることを書いた時，人々がやることなのです。もし，あなたがよく読まれる本を書きたかったら，不協和音を生じるものを書きなさい。そうすると，読者たちは，あなたが本当に言おうとしていることを理解しようと努めてくれるかもしれません。

4　非営利としてのグラウンデッド・セオリー・ビジネス

1990年代初頭，研究職上ストラウス氏から別れ，UCSFを去った後，グレーザー氏は彼の4つの違うビジネスを継続し拡張していった。それらは，ソシオロジー出版社，GT研究所，ハワイでの賃貸住宅経営，貸借取引ビジネス会社である。ビジネスは，現場での2つのGT，それから非営利としてはソシ

オロジー出版社と GT 研究所の 2 つで，それらの結果としてすべて展開された。彼はまたオンライン上で GT 理論家たちの世界的規模のネットワークの拡張にも携わっている。

> Ｉ：なぜソシオロジー出版社を非営利出版として運営しているのですか。それから，なぜあなたはあなた自身の本を出版することを選んだのですか。
>
> Ｇ：私の最初の本は，すべてアルダイン社から出版されました。でも私は，ご存じのように，搾取とか読者との接触が取れないとか，アイディアを広めることへの制限とか，本の認知や評価の悪夢にうんざりしたのです。私は，『基礎』にとても情熱を燃え立たせていたものですから，GT は本当はどんなものかが人々にわかるように，様々な例を出版したのだと思います。私が行なったものはすべて即座に出版されています。しかも，ソシオロジー出版社は一般の出版社がやらないこともするのです。購読者全員が，自分の名前と住所を教えるということを契約の中に入れ込むという試みをやっています。こうすると，本を買う人が何を書き何を考えているかをその人たちにたずねることができるのです。人々が本の注文で電話をかけてくると，私は彼らに一撃を加えてびっくりさせます。「グレーザー博士でしょうか」。すかさず私は「ハイ，こちらはバーニーです」と応対します。まあ，こういった一撃です。そうするとですね，……私は，本がどんなところで使われているのか観察することができるし，どういったところで私の本を使った授業が行なわれているのかがわかるのです。一般の出版社を使っている時には得られないあらゆる種類のデータを得るのです。一般の出版社を使うと 1 年の終わりには単に概略報告(サマリー)を得るだけなのです。
>
> Ｉ：あなたはそのデータを何に使いますか。
>
> Ｇ：GT がどこで熱心に支持されているか知るのに使うのです。ある人がニュージーランドから電話をかけてきて本を買いたいと言いました。彼は私に話し始め，とうとう私をニュージーランドに招待してくれたのです。つまりですね，そのデータによって私は，どこの大学生がどこの大

第15章　アイディアを生きる

学から買っているのかがわかるのです。私はデータを見るだけで非常に多くのことを学びます。それからインターネットに載せてあるソシオロジー出版社は，本を売るのに役立っていますし，ペイパル（訳者注：Paypal eメールアカウントとインターネットを利用した決済サービスを提供するアメリカの企業）も本を売るのに役立っています。でも版権は私たちの世界ではナンセンスですよ。非営利の出版業に儲けはないのですから。版権は知的資本とは違います。知的資本は非常に重要です。企業秘密ですから。

Ｉ：あなたの今まで出した中で2番目に新しい本である『専門用語化——GTの語彙を用いる』は，セイジ社で出版された『GTハンドブック』の内容を詳細に分析・吟味しています。あなたが分析した著作の執筆者たちからどんな反応がありましたか。

Ｇ：あまりありません。彼らは，私の本をよく理解しようとはしていませんでした。でも多くの人がこの本を買ってくれています。読者は多くの異なった形で読んでいることでしょう。それこそが，書き手が学ばなければならないことです。書き手は読者がどのように本を解釈しようとしているのかについてはまったくわからないのですから。読み方に規制[コントロール]はありません。あなたのキャリアが循環していくように，読者は，その本の中にあらゆる種類の異なった物事があることがわかり始めます。しかし，言っていることが何であれ，アイディアの中には心を摑むものが沢山あります。

　それから，あなたは，どうしてそんなに多くの物事をすることができるのかということを，おたずねになる。自分らしさを発揮しているだけなんです。大抵の場合，私は彼らのパターンを信頼していて，たいていは誰に対しても何をするかを言う必要がないのです。つまり，こういうことです。私はお金を持っているのです。私にはハワイにすばらしい支配人がいて，その人がすべての不動産を管理しています。私は帳簿の記入と賃貸をしています。でも支配人は私に電話をかけてくるんです。それで，私が彼女を愛しているよと言うと，彼女は「私もあなたを愛しているわ」と言います。それから私は，男性を1人雇っています。彼は走

り回って私の所有する住宅をすべて管理しています。私は約30戸の家を所有しているのですが，それでも何をなすべきかを彼に命じたことは一度もありません。彼は，いつもペンキを塗ったり修理をしたりなどして走り回っていて，「バーニー，これでいいですか？」と言うので，私は「君の判断に任せるよ」と言います。私は，彼らの持つパターンに従うようにさせておくだけで，（経営は）差引損得がないようにだけしておいてくれ，と言います。そうやって私は自分自身を発揮します。自分自身を発揮するということは，人々のパターンを見守ることなのです。ひとたび彼らのパターンがわかると，彼らは何か他のことをすることはできません。彼らが騙していなければの話ですが。しかも，私は私を騙した人に出会ったことはないのです。

　他人を騙す人ですら，彼らのパターンに従っています。私は非常に道徳的な人間です。ですから，私は彼らのパターンを逆手に取ることはしません。それに……わかるでしょう。

5　言葉を使って合気道をする

Ｉ：あなたがあなた自身と他の人々の「気」(エナジー)を使うやり方は柔術の原理・原則を連想させてくれます。起立して敵を打ち負かそうとする代わりに，相手の気を自分自身に有利になるように転換するのですから。

Ｇ：まさにその通りです！　私は，合気道（剣を用いる柔術）を毎日欠かさずやっています。気をつかんだらもっと素早く引っぱるのです。ブロックしてはいけません。まさにそれは相手のパターンなのですから。つまりですね，私たちが行なったセミナーは信じられないほどのエリート主義的なもので，オープンで柔軟性があり，現に進行していることを把握するのです。しかし一般の人々には身体と魂とがバラバラにならないように維持する構造が必要です。そして，そうした人たちは，一つのコースだけのパターンを持っています。私は銀行に私専属の送金業務を行なう人を雇っていますが，その人はこのパターンなのです。私が電話して「私のビジネスはどうなってるの？」と聞くと，彼は何もかも教えてく

れます。しかし私が尋ねなくてはなりません。それから，私は，私に代わってあらゆる種類のことをしてくれる便利屋も雇っています。それは非常に簡単なことです。
Ｉ：それは，誰もあなたに痛手を負わせることは不可能だという意味ですか。
Ｇ：もちろん，可能性はあります。しかし用いるのは，相手を攻撃しないパターンです。
Ｉ：どうやってそれをするのですか。
Ｇ：あなたができるやり方なら何でもいいのです。私があなたに話しているのは，とても若々しくなるやり方です。なぜなら消耗しないからです。ですから，あなたはあなたの子どもさんたちに２度と何をすべきかを言うことはありませんよ。ある一つのことを除いてですが。

　その一つというのは，博士号を取ることです。それは他の方法では手に入れることのできないであろう社会的価値をもたらすからです。そんなわけで，私は，子どもたちに大学に行きなさいと言ったことはありません。リザはイェール大学に行きましたし，ジルとボニーは（カリフォルニア大学）バークレー校に行きました。

6　日々の生活

Ｉ：あなたは人々に自分のパターンに従うようにさせることの容易さについて話してくれました。でも，あなたの娘さんのジルに聞いた話では，あなたは，彼女が今まで出会った人の中で一番勤勉な人だそうです。私は，あなたの毎日の生活スケジュールについて知りたいのです。
Ｇ：うーん，私は10年間トレーナーをつけています。私は彼女に一つだけ言ったことがあります。「もし私があなたのことを憎んでいなければ，あなたはあなたの仕事をやっていないよね」。彼女はとても頭がいい女性なので，皮肉を理解して，しきりに笑うんです。でも，彼女のおかげで私は調子がいい。私はまもなくスキーの練習を始めようと思っています。彼女は週に３日，朝７時にやってきます。トレーニングの後，私は

> 階下にあるオフィスに行きます。それは住宅で私はそこではどうしても1人でいなくてはならないのです。私は普段より速く作業したり考えたりするので，他の人がそこにいることに耐えられないからです。そして私は色々な作業をしたり本の荷造りをしたり電話をかけたりして走り回っています。それから郵便局に行って戻ってきます。時々自転車でも行くし徒歩でも行きます。でも大抵は自分で運転して行きます。ディナーは何にするのかを知るためにキャロラインにちょっと会います。彼女は私に似ているので，長々とした説明に我慢できないのです。

グレーザー氏は，キャロラインは彼の「4番目の女性(レイディー)」であると付け加える。彼は3回結婚している。彼の最初の奥さんは1970年代に亡くなった。グレーザー氏は，自分は何十年もの間ずっと，彼の女性たちのためにノックアウトされたふりをしてきたが，そのことで自分が生産的な活動路線から外れることは決してなかったと言う。

> I：1978年の『理論的感受性』と1992年の『基礎』との間に長い空白期間があって，その間あなたは多くの本を産出していませんでした。69歳になった1998年以降，1年か2年おきに本を書いています。何が原因で生産性がこのように突然変化することになったのでしょうか。
> G：あなたは宇宙を信じますか。
> I：それはあなたが宇宙を信じるということをどういう意味で言っているのかによります。私の場合は，連想が沢山湧いてきますが，それらは，あなたの連想とは違っているかもしれません。
> G：うーん，あなたの考えは正しいですよ。と言うか，核心をついています。明白ではありませんか？　私が本をたくさん書き始めたのはいつからだったでしょうか？
> I：1998年以降です。
> G：そして1998年には何が起こったんでしょう。
> I：私は，あなたの奥さんが事故にあったということを知っています。
> G：全くその通りです。それからもう一つあるんです。私はストックホル

ム大学で名誉博士号を得たのです。それで突然，私は，名誉博士号を自分の業績にふさわしいものにするために，あるいは，自分を名誉博士号をもらうのにふさわしい人物にするために，多くの時間と多くのやる気を出す必要に迫られたのです。授与された価値を獲得するために現地に行くことだってできたし，自分の本の中のあらゆるナンセンスを訂正する作業を始めることだってできたんです。言い換えると，キャロラインが事故にあってあまり自分ですることができなくなってしまったのです。そのことが私の人生にストップをかけたでしょうか？

　いやいや，それが私の人生の新たな1頁を開いてくれたのです。そのおかげで，私は本を書く膨大な時間を手に入れたのですから。彼女はあまり自分ではできなくなったのですが，私が依然として忙しく仕事をしていて，彼女の事故が私の人生や生活を脅かしてはいないのだという風に考えるのが好きだったのです。このような状況におかれると，男性の90％は外に出ていって積極的に活動するために離婚しているのではないでしょうか。ところが，私はそのおかげで，多くの時間を本当に手に入れたと考えたのです。興味深いでしょう！　言い換えると，これこそが，私が宇宙という言葉を使う時に意味していることなのです。宇宙はあなたが発展させていく物事を与えてくれるのです。

Ｉ：何がいつ起こるのか，ということは偶然ではない——これが，あなたがおっしゃっている意味なのですか？

Ｇ：それが偶然でないかどうかはわかりません。偶然じゃなかったらちょっと不気味になりますよ。それは起こったのです。つまり，私は本が書けるようになるから，そのことが起こってほしいとは，まったく願っていなかった。しかし，そのことの前には，彼女は毎月1週間ここに滞在していて，私はニューヨークに行ったり来たりしていました。そして，私は自分に必要な時間が取れていなかったのです。私には沢山の1人の時間が必要なのです。

Ｉ：あなたは普通，いつあなたに必要な1人の時間を取りますか。

Ｇ：事務所では朝，夜は夕食後です。それでもって私の生活がダメになることはなかったのです。私はそれを変えて，それから，それを改善する

方法を見つけたのです。彼女は，私自身の活動を曲げるようなことは決してしなかったし，喜んでいました。私たちは，よく一緒に過ごしたものです。彼女はとても賢くて，よくしゃべっていました。彼女は『専門用語化』という本は素晴らしいと思っています。
I：あなた方はいい関係を築いているようですね。
G：そうです。つまり，宇宙はいつでも私のために道を開いてくれます。ほとんどいつも，私は待っているだけです。例えば，彼女が事故にあった時……。

突然，グレーザー氏は立ち上がって，アパートの壁の全面を覆っている本棚の方に向かっている。彼は，ある男性によって書かれた本を探している。その人は，グレーザー氏によると，「その事故」として知られている出来事の後，生活を立て直すという最初の難しい局面におかれている時期に，彼の人生を救ってくれた人である。グレーザー氏の奥さんのキャロラインは，インド旅行中に自動車事故にあい重傷だった。この友人のジョンは図書を探す作業が好きで，グレーザー氏に，私が出かけて行って，SCI患者——つまり脊髄治療処置を必要とする患者——の配偶者による介護に関するあらゆる入手可能な論文を見つけてきてあげるよ，と言ったのである。

G：それらの論文は素晴らしく，しかも彼はそれらをすべて私に送ってくれました。彼は人生の窮地から私を救ってくれたのです。これこそが，宇宙が道を開いてくれるということじゃありませんか？　興味深いでしょう？　その論文が述べている最も重要なことの一つは，まず第1に，介護者にすっかり依存してしまう介護はやらない，ということです。別の言い方をすると，被介護者をもっと自立するようにさせるのです。そうしないと，介護者は何度も繰り返して被介護者の世話をしなければならなくなります。それから，私たちはセミプロの介護労働者を雇ったのです。それらの論文には，自分の方が倒れずにSCIの問題を抱えた配偶者の世話をする仕方について，沢山の役に立つ情報が書いてありました。

第15章　アイディアを生きる

　別の場合にも，宇宙は（道を）開いてくれました。40歳の時，私はとても体の具合がずっと悪かったのです。どうしてそうなのか，私はわかりませんでした。その頃，私にはとても親しい友人がいました。彼はとても頭のいい精神分析家でした。私たちは，ダイエット調査に関するある仕事を一緒にやり始めていました。これは70年代の初期で，彼は，患者たちを被験者にして，ダイエットが人々の思考態度にどのような効果を及ぼすかについて，テストをしていました。彼は，同僚全員にも彼が考えたダイエットを試してもらいました。私たちは，それを，食べ物の観点からではなく――そのやり方は時間の無駄なので――新陳代謝に費やされる化学物質の観点から分析しました。

　例えば，酸，アルコールで処理されたものの１回分の摂取量と濃度に含まれる酸です。化学物質は，体液の濃度にまで浸透していきます。それで，私は，彼が考えたすべてのダイエットを試してみました。彼の友人たちは，社交のための夕食会には行けないし何も食べられないので，うろたえるようになりました。ダイエットを続けることができない人が数人出てきました。彼らはダイエットを中止した時，自殺したい衝動に駆られたのです。それで，彼は，死を自分の責任として抱え込むみたいなことは危険すぎると考え始めました。彼の同僚たちは，彼は頭がおかしい，精神分析の試験を受けただけなんだ，と言い始めました。いずれにせよ，彼は私を治してくれたのです。そんなわけで，私は40歳でダイエットを始めました。それ以来，私は心身とも全く健康です。私は一時本当に具合が悪かったのですよ。

Ｉ：その原因は何だったのですか？

Ｇ：糖分と酸の摂取過剰です。私たちは模擬実験に基づいてその原因を解明しました。たった２つの物質だけでした。酸とアルコールです。ですから，正しい飲食物を食べている限り，私は今では馬のようにたくさん食べることができます。私は健康診断のために，いつも掛かりつけの医者のところに行きます。前回行った時は，彼のスキー旅行の話で15分も使ってしまいました。それから私は，「私の方はどうですか」と聞いたんです。すると彼は「ああ，そうそう，私は，病人だけを診察するん

ね」と言っていました。もうおわかりのように，これが，私がこんなに健康でいられる理由なのです。

　……それに私はそれ以来一度もアルコール類を飲んだことはありません。16歳の時，一度飲もうとしたことがありますが，気分が悪くなったんです。いいですか，（健康のためには）これはもう一つの秘訣なのです。もしあなたが自分の子どもにこうしなさいと言い始めると，子どもは，それを嫌がります。ですから，彼らに決してこうしなさいと言わないことです。彼らがやっていることだけを相手にするのです。それから，私は，自分自身が好きです。いいですか，これも秘訣です。私は自分のことがとても好きなんです。だから，どうして，私は自分を惨めにするようなことをするでしょうか？　私はとても価値があって，それで，私は，あのような価値のあるものを創造しているのです。人々は，自殺，酒の飲み過ぎ，喫煙，肉体疲労など，あらゆることをやっているんですよ。

I：そういう人たちを見ると，じゃあ，どう思いますか？

G：私が自分自身の最良の友なのです。これは，自分を守るという問題ではありません。これは，あなたは自分が好きなんだということを示す，……ある種，生き方の問題なのです。例えば，あなたがパーティーに行くとします。すると，自分自身のことが本当に好きじゃないという人がいます。パーティーがお開きになる間際の5分間に，誰かにあなたはそれでいいのですよと言ってもらわない限り，ほとんどの人は自分自身のことが好きじゃないんです。それからさらにもう一つ，そういう人たちは別の肯定的な評価が必要なのです。

I：あなたは，自分が自分自身の最良の友であることに関心を持っていますね。はるか昔に，精神分析を受けていなかったとして，それでもあなたのキャリアはうまくいっていたと思いますか？　現在のあなたと同じ人にはなっていなかったでしょうね。

G：まあ，なっていなかったでしょう。しかし，それは現実に起こったのです。それは，あれかこれかという二者択一ではないのです。そうですね，自分が変わっていなかったなら，私は恐らく死んでいたでしょう。いいですか，医者がこう言っていたのです。「あなたは健康です。だか

第15章 アイディアを生きる

ら，私としては，あなたのことをどうしたらいいのかわかりません」って。それは生き方(ザ・パス)に関するものだったのです。それは，人がなぜあることがしたいのかという理由ではまったくない。それは，人がなぜあることをし続けるのかという理由なのです。私がよく知っているある人は，私が仏教徒だと思ったそうです。今になって言うことができるのですが，その人を悩ませたのは，「ああ，仏教徒もそうするという意味ですか？」ということだったのです。おわかりになるように，ほとんどの人は，私があなたに言っていることは，仏法上の霊的な掟が元になっているに違いないと思ったのでしょう。しかし，仏教徒は，あなたが仏教に帰依している限り，あなたをあなた自身であるがままにしておくという傾向があるのだと思います。このように，それは，親がするコントロールから霊的なコントロールへ，ということなのです。

Ｉ：それが，あなたがどんな宗教にも決して関心を持っていなかった理由なのですか？

Ｇ：そうです。私にとってそれはいつもコントロールなのです。連中は，あなた方をつなげたがるのです。

Ｉ：コントロールと言えば，染め上げ（imbuement）というのはあなたにとってどういう意味なのですか？

Ｇ：それはGTの主要な用法の一つです。それは人の考え方を染め上げる。あなたは，記述をすることになっているところを概念で考えますか。例を挙げてみましょう。ある時，私の元妻の1人が私と一緒にスキーに行きました。その時私は「後について来なさい。離れないで」と言ったのです。彼女は笑って，それからうつ伏せで倒れてケガをしました。それでもスキーを続けました。彼女は異常な行動をしていると，私は思い始めました。人々はケガがひどくなるまで異常な行動をしてしまいます。これこそが，この「スーパーノーマライジング」理論の一部なのです。それは人の考え方を染め上げるのです。結局，彼女は救急病棟に入院しました。染め上げに関するこれらすべてのアイディアがあります。あなたの論文は私の考え方も染め上げたのですよ。それは，まさに人の考え方の一部になります。例えば，もし私の仕事上のパートナーがコント

ロール狂で,彼のパターンの一つはコントロールをし続けるということ
だ,と私が知っていたとします。私はコントロールされるタイプではな
いのですが,それでも彼の方が強ければ完全コントロールになるし,私
が勝てば,私流の仕切り分けが行なわれるでしょう。ですから,もし私
が本当に彼に関わってほしくない場合は,私は本当に彼を外して,私が
その仕切り分けを行ないます。ですから,彼は置き去りにされます。で
も私が思うに,仕切り分けという観点からは……。

グレーザー氏は自分で話すのを中断して,「興味深いでしょう」と付け加え
る。突然電話が鳴り出したので立ち上がる。電話で,「やあ,今日は。私は今,
とても興味深いインタビューに没頭しているところなんだ。そうだ,私のこと
だよ。つまらないって言うのかい? 終わったら電話するよ」。
　グレーザー氏は,多かれ少なかれ,彼自身の言葉を使うと「真逆のユーモ
ア」にハマっていて,それは自己を皮肉るという好意的表現形式になることが
よくある。「まあ,いろいろ言いたいことがあるんだが」。グレーザー氏は今,
クラシック GT を詳細に叙述しようとしている人たちについて話しているの
だ。

7　受け入れと線引き

I：あなたがたった今,他の人々について語っている話から判断しますと,
あなたは彼らの行為が嫌いなのかもしれないけれど,その人たちを人と
しては十分に受け入れているように見えます。
G：うーん。私は受け入れということについてはよくわかりません。私は,
彼らは問題ないと思います。私は,自分にできる限り彼らを受け入れて
いるだけなのです。つまり,私も 1 人の人間にすぎません。だから,私
にも様々な欲求や必要があります。いや,かつてそうした必要があった
と思います。私は,自分がそれを必要としていてもしていなくても,彼
らをそのまま受け入れるのです。そういうわけで,私はいつでも私自身
の必要に応じて彼らを受け入れたり対応したりしています。

第15章 アイディアを生きる

Ｉ：調査研究上で GT を線引きするあなたの作業は，概念というものの著作権の保護は難しいということを示しています。将来，あなたはそのジレンマに対してどのような解決があると見ていますか？

Ｇ：私はジレンマがあるとは全く思っていません。いいですか！　私は方法論を研究したのです。方法論というのは，あなたが誰かに対処の仕方を教えたい時のものなのです。それなのに，あなたが教えてあげたい人は，そのやり方を教えてもらいたくない。彼らは自分流でやりたいのです。ですから，所有権は存在しません。一人占めにすることはありません。私は科学社会学を研究しました。科学社会学にはアイディアだけがあります。GT 専門用語の方が，GT の方法以上によく使われているということは，まさに純然たる事実です。それは，それ（訳者注：GT 専門用語）自体が一つの GT なのだから，GT はどんなにすぐれたものであるかという考えに基づいているのです。

　ですから，もちろん，私はそれ（訳者注：GT 専門用語）を試しては訂正し，人々にはっきりとした理解を促します。でも，それ（訳者注：GT）は，世の中にあるままを扱っているのです。それは絶対権力のようになるでしょう。それは恐ろしくてひどいもので，相変わらず続いています。大量虐殺は恐ろしいことですが，続いていきます。やむことがないのです。GT は，とても知性が高くて概念化できる人たちだけのためのものです。しかし，人々は（そうしたこととは関係なく）調査研究をしなければなりません。だから，私たちは人々を惹きつける形でさらに改良しているのだと思います。

　あのですね，セミナーの後で参加者たちがやってきて，GT がわかったので実践しなければならないと言います。彼らは魅了されたので，彼らなりのやり方で使ってみたいのです。記述ほど退屈なものはない――これが「染め上げ」の観点からの答えです。いずれにしても，記述を一般化することはできません。いや，できるんですが，それは，……。これであなたの質問に対する答になりますか？　他になすべきことはありません。そこにあるがままをただ認めるだけなのです。QDA（訳者注：質的データ分析）の普及を支配しているのは，社会構造的に作られた

フィクション（虚構）です。私は，この部門をベースにしたものを必要としません。……つまりその，クラシックGTの方が仕切っているのですから。それはそれ自体に人の心を捉える力があります。それが研究所で上級GTトレーニング部門（Department of Advanced GT Training）を始めたいと思っている理由です。そこは，上級GTをトレーニングするところで，互いに助け合おうとする人々が沢山います。これであなたの質問に答えたことになるでしょうか？　それは終わりになることはないでしょうが，それ（訳者注：GT）を説明することはできて，あなたやその他の人々がその説明を理解するようになるでしょう。ですから，GT方法論はその概念に人の心を捉えるものがあるというのは，不幸なことでしょうか？　そういうことは帰結なのです。止められないのです。

I：あなたはモデル改造（remodeling）への取り組みに投資していますが，この投資は，あなた個人の時間と労力を犠牲にしていたのでしょうか？それとも，それはいい感触を得たのでしょうか？

G：これらの変数が重要なのかどうか，私にはわかりません。それはただ，私の後に続く人々にとっては，それがモデル改造をしているのだということを明らかにさせているのです。専門用語化が終わりになることはないだろうということに私は気がつきました。ですから，専門用語化によって人々はクラシックGTのやり方に招き入れられるのだということが私にはわかるのです。彼らは，それ（訳者注：専門用語化）を実践し始めると，どこにも行きつかないことに気がつきます。つまり，それは単なるアイディアであり，それをきちんとしてほしいと思う人たちのためにきちんとしておこうとすることなのです。質的分析作業のために専門用語を使う人々がますます多くなっています。しかしもっと多くの人が，クラシックGTの理論家になっているのです。私はそう思います。ですから，どうなるのか様子を見ることにしましょう。つまり，私はもちろん，それを正しくやるのを学びたいと思っているグループと一緒にすることに異存はありません。

8　論評すること

Ｉ：あなたは学術出版社の論評システムにいつも批判的でした。しかしながら，論評が一般的に欠落していることは学術上のテクストの質を危険にさらすことになりませんか？

Ｇ：いいえ，絶対にありません。否，否，否です。私は5歳の時から自分の人生を自分で決めていたということを覚えていますか。今まで誰も私の人生を肯定も否定もしませんでした。私はただやっただけです。どうして人はあなたに対して，こうすべきだとかああすべきだとか言えますか？　どうやって人々があなたの本を判断しようとしているのか，あなたには見当がつきませんよ。あなたは自分が書いたものを受け入れなければなりません。だから，もし仮に他の人たちが前もって，あなたの書いたものを論評することができるとしたら，その人たちは，あなたに，あなたが書いたものを受け入れさせないし，あなたに全く責任を持たせないことになるのです。それでは，あなたは誰かにそれでいいよ，とか，褒め言葉を言ってもらいたいのですか。あなたはその人たちからの褒め言葉が必要なんですか？

Ｉ：論評のプロセスは，偶発的な評価やコントロールとしてではなく，アイディアをさらに展開するのに貢献する一つの方法として見られているのかもしれません。アイディアを改良することによって，普通，学問的な業績の質も高められます。

Ｇ：よい評者がいれば，確かにそうでしょう。しかし，それは私が考えているのとは違いますよ。

Ｉ：なぜ違うのですか？

Ｇ：私は『基礎』を書いた時，人に見せました。多くの人が「それは出版しないように。面倒なことになるから」「あなたは間違っている」と言ったのです。その時，私は，ぶつかったのだということがわかりました。私を批判できる人はほとんどいません。私が批判を許した唯一の人はジュディですが，彼女は決して手を加えることをしません。彼女は私

が疲れていると手伝ってくれるんです。言い換えると，私は，英語ではなくて，アイディアのことが心配なのです。そして私はアイディアを統合するのがとても得意です。私は以前，読解を教えていましたからね。読解は家屋を見るのに似ています。それは，構造があります。それは人間によって造られています。あなたはただ構造とパターンを理解しなければなりません。そうすれば30分で本を読むことができます。これが論評についての質問に対する私の答えだと思います。あなたが作ったのです。どうして連中にそれがわかるのですか？　それは，『発見』が出版されたのは，質的という言葉がタイトルに入っていて，しかもそれが入っていれば売れるだろうという理由からだと言っているようなものです。

I：うーん，家を建てることを話していた時に，あなたは，雇った職人たちはとても上手で，あなたが嵌めていたドアのうちのいくつかについては改良さえしたと指摘しました。異なった人たちが何度も，家を構成する諸要素や諸部分を追加したり改良することができて彼ら全員が家をより良いものにするのに貢献しており，それでもなおそれはあなたの家である——こうしたことは，事実ではありませんか？

G：はい，誰でもドアを改良することができます。だけど，私はそういうことは気にしていません。私のドアはうまくいっていたのですから。しかし，執筆の際にそのやり方がうまくいくということに私は確信が持てません。それは，あなたがあなたのパターン，あなたの論文などの構成パターンに本当に入れ込みたいものに対して，他の人がどのくらい干渉したいかによるのです。例えば，あなたは，アイディアをパラグラフの最初の部分か，あるいは最後の部分に入れることができます。そのアイディアを章の導入部に入れるか節に入れることもできます。あらゆるタイプの構成の仕方があるのですよ。私はこういったすべてのやり方を調べ上げてから構成の仕方を見つけ出します。例えば，『専門用語化』の構成を行なった時には，私は新しいやり方でやりました。いつものやり方でする時間がなかったものですから。それは，詳しく書くことでした。この世で書くにまさるものはありませんからね。私にとっては，詳しく

書くにはデータが必要です。そういうわけで，私は評者が役に立つとは思いません。あなたが知っている人で，あるやり方で論評してくれる評者を選ぶことだってできるのですから。私が『GT の実践』を書いた時，フィリス・スターンは私にひどく腹を立てて，原稿にもう一度手を入れてほしいと言ってきました。彼女は，英語のエラーが沢山あるので書いたものを台無しにしてしまうと言ったのです。そんなわけで，私は原稿に再度手を入れてもらい，再出版してもらいました。しかし，彼らにアイディアを変えることは許しませんでした。私が書いた別の本のことですが，私はその原稿をイギリス人の編集者に任せました。すると彼はそれを改竄してしまったのです。それで私は直された個所をすべて元に戻しました。

　2人とも，筆者である本人に向かって，これはよくてあれはダメだと言うなんて思い上がりだね。私は学生の頃，論文を書いている時にそういうことを知ったのです。あなたにA評価をつける人もいれば，Cをつける人もいます。評価をするその人に一体どんな権利があるというのでしょうか？　私が教えていた時自分の学生たちに義務づけたのは，自分の専門分野の研究者による論評をしてもらって学術雑誌に論文を公表してもらうことでした。だって，彼らの論文がいいか悪いかなんて，私にどうしてわかるんですか？　どんな風にして私が沢山の論文を即座に学術雑誌に公表してもらったかわかりますか？　私は，投稿予定のその専門雑誌を調べてその方式（フォーマット）を見つけ，そのやり方で書きました。その方式にピッタリおさめる必要があるのです。

Ｉ：あなたは調査研究の完全自律性を強調していますが，それは，複数の専門分野からなる国際的な調査研究協力の目標と完全には一致しません。この国際的な調査研究協力は学会で主要な問題の一つとなってきているのですが。

Ｇ：それは興味深いですね。私の息子は，書き言葉で高度に構成された分野でそのことを経験しているところです。あのですね，数年前に誰かが私のところにやってきて，こう言うことができたでしょうか？「ねえ，あなたは専門用語化について本を書くべきですよ！」ってね。私はその

時点まで，専門用語化というものが存在していたということすら知らなかったのですよ。ところが，専門用語化は——仮に誰かがそれを本当に理解できるとすれば，の話ですが，——200頁の本よりももっと力を得るようになりました。私はあなたの執筆の密度を高くする秘訣を知っています。しかしほとんどの評者は緻密な文章に耐えられません。でも，私は学生たちを対象にして本を書いていますが，彼らは理解するでしょう。

I：それじゃ，その秘訣は何ですか？

G：本に詳しく書き込むことです。本をただ書くのではなくて，あらゆる種類のアイディアをうまく整理するのです。このやり方ですると，5つのアイディアを一つのパラグラフに入れ込むことができます。一つの章にたった一つのアイディアを入れて10年かけて記述するやり方とは対照的にです。

I：いくつかのセミナーであなたは，理論的なコード化を行なう際には，社会的過程についてだけ考えるべきで，心理的側面についてはそれほど考えなくていいと警告していましたね。

G：うーん，多くの人々は，心理的な背景事情を抱えているので，自分の気持ちを語る傾向があります。しかし，私たちがやっているのは社会的行為です。私たちは現に起こっていることを研究しているのです。人はみな，基本的な社会的諸過程を経験しています。それらは人々に関係しています。それ（社会的過程というもの）は，すべてが心理的システムとは限らないのです。それは心理＝社会的システムなのです。私はいつも言っていたのですが，私は心理学センターで，状況の中で生起する精神の病いについて講義をしていたことがあるのです。これは，状況が原因で人々がかかる精神の病いのことです。

I：あなたは，心理的過程は社会的過程に統合されているのだから，GT理論家たちは，社会的過程を堅持してこれからそれないようにすべきだと言っているのですか？

G：抽象的に言えば，そうだと思います。正常を装うみたいなことです。人は，大丈夫なのだと感じるために正常を装うのです。それは人々によって行なわれるのです。それが唯一重要なことです。心理は人々にあ

らゆる精神的な重圧をかけてきます。それは，すべて人々のせいなのだ，と。私は，人々は文化的な存在だとみなしていました。それは，彼らのせいではありません。それは，彼らの役割であり，社会的地位の移行であり，社会的地位群なのです。

一息ついた後で……。

9 人々がその自己を獲得するのを助けること

G：私が中核(コア)をなす変数は何であると考えているか，あなたはわかりますか？　私は，自分の自己を持っていることがどんなに素晴らしいか知っています。だから私は人々に自分自身であるという感覚を授けたいのです。いいですか，大学で教授たちがまず初めにすることは，学生たちの自己を奪い去ってしまうことです。学生たちを支配し，学生たちが自分たちに何を望んでいるかを知ることによってです。他方，GT は人々が自分自身を獲得する手助けをする素晴らしい方法なのです。GT は彼らに，創造性，彼らの独立，彼らの自律性，彼らの貢献，彼らの自己充足，そして動機次元での彼らの喜びを与えてくれます。これこそは――また同じテーマに戻ることになりますが――，ある意味で，論評というものが，まるで評者たちの方がもっとよく知っているかのようにして，誰かの自己を潜在的に奪い去ってしまっていることになる理由なのです。さて，5 人の人がいて，すべてについて一つのモデルがある，そうした分野では，そこにいる人たちは誰もその人自身というものを持っていません。そこでは，そのモデルがどのくらい優れているかということだけが問題なのです。しかも，そこには競争，嫉妬，腐敗堕落が生じることでしょう。そういう事情があるので，セミナーでは全員がとても興奮するのだと私は思います。参加者はいつでも話したり話をさえぎったり，どんなことでもできます。興味深いでしょう。そして，それが私の喜びなのです。私はあなたの自己はほしくありません。私は**あなたにこそあなたの自己を持っていてほしい**のです。私は，科学の観点からはいつでも，

自律性，創造性，独創性ということを言います。しかし，人間存在の観点からは，それは，彼らであり彼らの産物なのです。それは，人々が前もって形づくられた思考をどんなにうまく発展させたかということではありません。他方，あまりにも多くの人々を対象にしてそうしたことを行なうことはできません。私たちは，ただひたすら服従してくれる人々の群れを必要としているのですから。

グレーザー氏は私をじっと凝視する。

G：私は本気なのですよ。私は，社会のことを言っているのです。ですから，私たちは，一般の人々が独創的すぎるということはないだろうと確信することができます。彼らは同じことを繰り返し繰り返ししようとします。実を言うと，GTを実践する人々は一つのエリート集団なのです。私たちは，私たち自身がどういう存在であっても，そうした存在であることをそのまま認めています。このことは非常に重要であり，私の喜びです。このことが，人々がGTを大好きな理由なのだと私は思います。クラシックGTは，人々にその人自身のことがもっとわかるようにしてくれるのです。先入観が少なければ少ないほど，それだけ可能性が開かれるのです。それにはいつだって外から見てはっきりとわかるしるしなどはないのです。私は人生の中で本当に困難な非常に多くの状況に巻き込まれていた，このようにあなたは言うかもしれません。でも私は，まったく自分自身であったので，そういった状況に煩わされることはなかったのです。私は私であり，あれ（訳者注：他人の目に映った私）は別の人なのだということを，私はしきりに言っていました。私は客観的になりました。そうです，それ（訳者注：外から見た私）は，私ではないのです。私はいつでも，もっぱら私自身のことに没頭していたのです。私は自分のペースを崩したことはありません。私は自分で正しいと思ったことをしただけです。

10　グラウンデッド・セオリーの未来

I：あなた自身も含めて，多くの人々が，GT は時代の先を行っているということを主張してきました。グローバル化された世界の中で，物事は非常に速く変化していますが，あなたは，GT の未来をどのように見ていますか？

G：私自身の観点からすると，時の流れやその他のことに対立するものとしての私自身の肉体という点からすれば，GT の未来は，ひたすらこれらのセミナーを開いていることだと見ています。そのわけは，私は成果を望んでいるからです。私はセミナーに参加した人が学位取得希望者から博士号取得者に変わることを望んでいるのです。なぜかと言うと，博士号は社会的価値が変わるところだからです。私自身の人間としての存在とその限界という点からすれば，私はセミナーを開いて，参加者たちが博士号を取得するのをずっと手伝い続けていきたいのです。それに，それはうまくいっています。GT が将来どこに向かうのかということに関してですが，研究所は将来の発展を可能にする組織であると思います。それは大学の学科のようなものです。しかし，私ではなくて他の人にやってもらわなければなりません。そうはいっても，他の人たちもとても忙しいでしょうが。ですから，GT の未来は，概ね GT 研究所だと思いますが，それはまた，博士論文を書くのに実行可能な一つの方法として，大学のますます多くの学科に非公式な形で浸透していっています。

　GT を未来の姿として見る場合，人々が博士号を取得するにつれて，GT は非公式には大学の学科という制度の中に吸収され続けていくでしょうし，公式には今までよりもっと研究所を基礎にしてさらに展開される可能性があります。人々には時間がありますし肉体がそなわっている（インカーネーション）のです。さらに他のことも予測できます。私が人々に博士号を手に入れてあげることで，彼らはキャリアを手に入れます。彼らの社会的価値は上がります。

　彼らは再びそれ（訳者注：GT）を本当に実践するチャンスはないかも

しれません。でも少なくとも，彼らはキャリアを手に入れたのです。彼らは今までに GT を実践するチャンスが一度あり，しかも彼らは生計を立てることができます。そして保険料と住宅ローンを払い，子どもたちをもうけることができます。そういう意味で GT とは，キャリアを前進させることによって，人生を創り出しているのです。ですから，これこそが GT の未来なのです。私たちが博士号をもっと取るようになるにつれて，GT は非公式に大学の学科に徐々に浸透していくでしょうし，もしかしたら公式の組織化・構造化がさらに進むかもしれないと私は考えています。私は，そのことをほとんど付随的な現象とみています。つまり，それが何であれ，実際に起こっていることの周りで起こっているあらゆる事態という意味です。実際の仕事は，学位論文を生み出すことであり，それから出版物を出すことです。しかし，学位論文だけでもよいのです。私は，それが人生の現実ではなくなるまでは，それを，避けることのできない人生の現実と見ているのですよ。もしそれがもっと組織化・構造化され，もっと普遍的になることを望む人がいるとすれば，それはそれでいいでしょう。

Ｉ：そうしたいと望む人たちは常にいるでしょう。

Ｇ：そうですね。それが彼らの方式(フォーマット)だからです。まあ，それはいいことだと思いますよ。私は，応援はしますが直接関わりたくはありません。私は，そうすることはそれ（訳者注：GT）にとって，よい伝達手段だと思います。私は，GT の主要な特色は，GT が多くの人々の心を捉えたのと同じぐらい多くの領域において，クラシック GT が非公式な形で吸収されていくことだと見ています。それから，私はまた，大学の学科がGT の普及を正当化していることについて驚いています。GT の普及は，大学の外にいる人物によってトレーニングが行なわれているセミナーに参加した人々を基盤にして行なわれているのですから。興味深いでしょう。

まもなくお昼だ。数人の人たちがグレーザー氏と一緒になるのを忍耐強く待っている。しかし彼は少しも急ぐ様子がない。彼は絶えずとてもゆっくりと，

第15章 アイディアを生きる

しかもとてもはっきりと話しているにもかかわらず，私が彼に質問すると彼の声は独特の力とペースをおびる。

Ｉ：未来の GT 実践者の人たちに向けたあなたの一番重要なメッセージは何ですか？
Ｇ：概念化しなさい！　人々から特定領域的なものを取っ払って一つの概念を生み出すようにしなさい。
Ｉ：私たちが話していないことで，あなたが言いたいことは何かありますか？
Ｇ：いいえ。あなたは，GT の源泉を取材したのです。まさにあるがままのデータに対する真の献身――この考えは，精神分析に由来したものです。今まで誰もこのことについて私に説明を求めたことはありませんでした。それは，ほとんどの人たちが精神分析を経験していないからです。でも，これは，私たちが現にやっていることです。人々をしてまさにあるがままのものへと挑ませることです。本当ですよ。ご存じでしょうが，このことはその多くがですね，沢山の多様なアイディアを一つのパッケージの中に入れている私ということなのです。

第Ⅳ部　グラウンデッド・セオリーの前進

第16章 フォーマル理論を生成する

バーニー・グレーザー

　特定領域グラウンデッド・セオリー（Substantive Grounded Theory，以下，特定領域 GT）の 1 つのコア・カテゴリーからフォーマル・グラウンデッド・セオリー（Formal Grounded Theory，以下，フォーマル GT）を生成すること——私たちはこれから，このフォーマル GT 生成のための様々な手続きの説明を行なうことにする。それらは，主要な 1 点を除いて特定領域 GT 生成のための手続きと同じである。その 1 点とは，理論的サンプリング（の仕方）が異なる，ということである。同じ手続きでなされる点を再確認しておけば，諸カテゴリーとそれらの諸特性を求めて絶えずコード化をやっていくということであり，コア・カテゴリーに基づいて絶えず概念レベルでの比較と連続的な限定づけを行なうことによって日々の分析をするということである（ちなみに，この日々の分析作業は，コア・カテゴリーの一般的な含意を追求する形でなされていくものだ）。この場合，新しいコア・カテゴリーの発見は見られない。

　理論的サンプリングの違いは様々である。特定領域 GT でのサンプリングは，一つの選ばれた特定領域内のフィールドか調査対象者を相手にして行なわれる。他方，フォーマル GT を行なう場合，そのサンプリングは広範囲で，特定領域 GT で対象とした特定領域の内と外の双方に存在するその他の領域の複数のフィールドや調査対象者たちを相手にして行なわれる。その狙いは，問題の理論をより一般的なものにするためであり，この作業は，一般化の途上にあるコア・カテゴリーに対して新たな諸特性や諸カテゴリーを追加しながら絶えざる比較を行ないながら，なされていく。新しいデータのサンプリングが可能だが，この新しいデータは，新しいフィールドから収集される場合もあれば，現存する研究や資料の中で，という場合もある。さらに別の分野でのまっ

たく新しい研究を行なうということもありうる。すでに収集したデータでのサンプリングや，関連する文献の中で現存する調査研究や理論を相手にしたサンプリングが行なわれるが，これらはありとあらゆる組み合わせで行なわれていく。一つの特定領域 GT を抽象的に書き上げるということさえ可能である。理論的サンプリングの範囲の拡がりは，調査研究者が手にすることができるデータや関連文献，時間とリソースの入手可能性に依存しているのである。フォーマル GT のための理論的サンプリングは「どこででも」できる，ということである。

調査研究者はフォーマル GT の目標を心に留めておかなければならない。つまり，その目標は，特定領域 GT ですでに獲得してきたコア・カテゴリーの一般的含意に基づいた理論生成なのである。フォーマル GT の目標は，新しいデータの中に別の新しいコア・カテゴリーを見つけ出すことではない。フォーマル GT 生成のために選ばれたコア・カテゴリーは，ある概念的境界の中での理論生成と理論的サンプリングを維持するための制御装置なのである。

調査研究者は，比較による概念化作業に熟達していなくてはならない。そうでなければ「苦労」に値しないだろう。特定領域 GT の生成の方が容易である。というのも，その場合は，理論飽和のために明示的に収集されているデータに密着しているからである。フォーマル GT は，無限に拡大可能なので，この直接的な制御と限定とを喪失している。終わることのない完全さと，特定領域 GT で体験される理路整然とした理論的完全さ，この両者の間の対抗関係の中でフォーマル GT の着地点は決まってくるのだが，その着地点をどこに決めるかという問題に関しては，時間とリソースと実際に利用可能な比較が大きく関わっているのである。

1　現存する著作群

バーニー・グレーザー（Glaser, B.）とアンセルム・ストラウス（Strauss, A.）はフォーマル理論の生成に関して，すでにいくつかの章を執筆している。
それらは，

- 『グラウンデッド・セオリーの発見（The Discovery of Grounded Theory）』（Glaser, B. & Strauss, A., 1967 邦訳『データ対話型理論の発見——調査からいかに理論をうみだすか』以下，『発見』）の「第4章　特定領域（領域密着型）理論からフォーマル理論へ」
- 『理論的感受性（Theoretical Sensitivity）』（Glaser, B., 1978）の「第9章　フォーマル理論を生成する」
- 『地位移行——1つのフォーマル理論（Status Passage）』（Glaser, B. & Strauss, A., 1971 以下，『地位移行』）の「第9章　フォーマル理論を生成する」
- 『GT 方法論の追加——関連論文集成（More Grounded Theory Methodology）』（Glaser, B. ed., 1994 以下，『GT 方法論の追加』）の「第13章　フォーマル理論を生成する」「第17章　認識コンテクストとデータに根ざしたフォーマル理論」「第18章　前の理論から新しい理論を発見する」「第19章　時間の構造的プロセスと地位移行」

である。

　ここではこれらの著作群に追加する形で，コア・カテゴリーからのフォーマル GT 生成に関するもっと最近の思索や正確さと方向づけの提示を行なうことにする。

2　フォーマル・グラウンデッド・セオリーの一般的諸特性

　まず初めに，はっきりさせておきたい。フォーマル GT を実践するということは，特定領域 GT をテストすることではないし，特定領域 GT を訂正することでもない（Burawoy, M. et al., 1991, pp. 10-12. を参照のこと）。フォーマル GT のための理論的サンプリングとは，検証のためでも信頼性向上のためでもない。それは，正確さもしくは妥当性を確証するためではないのだ。それはただ単に，修正を通してコア・カテゴリーからなる理論を拡張したものなのである。というのも，概念レベルでの絶えざる比較という方法を様々な個別領域で用いるのだから。

第16章　フォーマル理論を生成する

　ここで注意を喚起しておきたいのは，特定領域 GT において新しい諸カテゴリーが見落とされていたというわけではないということである。それらはただその特定領域での研究にとって関連がなかっただけなのである。新たな諸カテゴリーは理論の意味を変化させるわけではなく，ただ，理論を拡張し修正してより広い一般化を提供するだけである（Dey, I., 1993, p.62 を参照。彼は，意味は変化させられると主張している）。ある研究仲間が書き寄こしてくれたように，「修正を正当化するには一つの指標だけで十分なのかどうか，あるいは，新たに出現してきた指標の意義を確認するためにはさらにサンプリングを行なうことが必要ということになるのかどうかを，理論家は決定しなければならないでしょう」（ジュディス・ホルトン（Holton, J.），2005年10月15日付けeメール）。これはフォーマル GT の一つの目標であって，意味を拡張するということである。コア・カテゴリーはどのようにして特定領域 GT の主要な関心事を繰り返し解決することになるのかという，その命題の一般的意味が拡張されるのである。例えば，「警告型規制（cautionary control）」に関するフォーマル GT があったとして，このフォーマル GT は，それでもなお安全性の解決のことを視野に入れているのだ。

　フォーマル GT 生成の手続きは，理論的サンプリングが他の分野で広範囲にわたってなされていくにつれて，分析の起点となっていた特定領域 GT との関連でその関連性と完全性とを変化させることができる。しかしながら，ここで気をつけておく必要があるのは，フォーマル GT 生成作業は次第に修正され，より完全な形での一般的応用へと拡張されていくものだという点である。問題のフォーマル GT は，分析の起点である特定領域 GT をフィールドデータや資料データと比較し，元の諸カテゴリーやそれらの諸特性を変化させることになる新たな指標を見つけ出してくるのだから，基盤となる特定領域 GT に比べて理論としての密度を増すことになり，したがって読みとる速度が遅くなっていく。ちなみに，生成途上にあるフォーマル GT の境界は，新たな指標の飽和化によって限定づけられるのである。

　フォーマル GT の生成が続くにつれて，その進行によってますます広範な一般化が創り出されるが，これらの一般化は多くの個別領域に応用され，その一般化はより抽象的な形で統合されることになる。飽和が起こりコンテクスト

が変化するにつれて,多くの新分野への抽象的応用を観察することができる。しかし,入手可能なデータのあるなしで,新たな境界への増加は,そしてまたその完成性の水準や諸概念の飽和化の増大は制限を受けることになるだろう。特定領域 GT の場合と同じように,フォーマル GT は調査研究者の手にしている所与のリソースの範囲内でのみ信頼できるにすぎない。

　所与のリソースの範囲内で飽和化が起こるまさにその時こそが,理論を書き上げるためにメモの並べ替えを開始するタイミングである。一つのコア・カテゴリーの一般的含意は見かけからすると無限でありうるということを心に留めておくことにしよう。例えば,「資格付与」や「啓発・育成」「メディア認識の軽視」「悪化する事態の進行」といったコア・カテゴリーは,事実上あらゆる個所で観察可能なのである。サンプリング作業を行なうにあたって,フォーマル GT の生成に取り組む調査研究者は入手可能な調査データと調査研究の境界内に留まっていなくてはならない。たとえ完全性と飽和化が暫定的なものだと思われるかもしれない場合でも,このことは重要なことである。用いられるデータは調査のためのものでなければならないし,調査に由来するものでなければならない。そして GT の諸々の手続きの厳密さは厳守されなくてはならないのだ。ひとたび調査データが見つけ出されると,そのフォーマル GT はそのデータの限界まで有効性を発揮することができるのである。

　特定領域 GT の生成の場合には選択コード化へと「乗り越えていく」オープンコード化が存在するが,フォーマル GT の生成の際には,そうしたものは存在しない。というのも,問題のコア・カテゴリーはすでに見つけ出され選び出されていたのだから。ここでもまた,コア・カテゴリーの一般的含意を拡張するために,利用可能なデータを用いているだけなのである。したがって,コア・カテゴリーなしで特定領域 GT の一般的含意（を見つけ出してくる）という形でのいわゆる「フォーマル理論」の実践や,データからただちに行なわれる「フォーマル理論」の実践は,明らかに本書での議論の範囲外のことである。それは異なった存在なのである。ここで主題的に取り上げているフォーマル GT は,1つの特定領域 GT のコア変数から——つまり,フォーマル GT へといたる自動的な踏み石,もしくは跳躍台としてのコア変数から——スタートする。例えば,科学者たちの相対的失敗に関する私の理論は,容易に,一般的な

第16章　フォーマル理論を生成する

レベルでの相対的失敗に関するフォーマル理論に変貌を遂げることができる。一つのフォーマルGTの追求の際に仮に既存の特定領域GTのコア変数の助けを借りることなくデータだけから始めていたとしたら，このコア・カテゴリーには到達していなかったであろう（『GTの例（Examples of Grounded Theory）』（Glaser, B., ed., 1993）の第22章を参照）。

　フォーマルGTの生成作業を何度も行なっていくと，これらの作業に由来するメモが蓄積されてくるが，これらのメモの並べ替えをしたからといって，必ずしも，問題の特定領域GTのモデル作りに用いた理論的コードが変更されるとは限らない（ただし，そうした可能性は存在する。『GTの視座（その3）（The Grounded Theory Perspective III）』（Glaser, B., 2005））。並べ替えをするとき，理論家は，新しいモデルもしくは理論的コード（theoretical code，以下，TC）の創発的出現の可能性に注意を向けておくべきである。しかし，並べ替えによって事実上もしくは強くその存在が示唆されるまでは，理論家は元のTCを変更すべきではない。『死にゆくことのアウェアネス（Awareness of Dying）』（Glaser, B. & Strauss, A., 1965 邦訳『「死のアウェアネス理論」と看護』以下，『アウェアネス』）（p. 282）において，私たちはこう言っておいた。「特定領域理論と比べると，フォーマル理論の定式化はしばしば明示的モデルからの方向づけを必要とする。その理由をあえて挙げるとすれば，フォーマル理論を構成する諸概念の抽象化という重要な水準が，そうしたモデルに従った統合化を必要としているから，ということになる」。並べ替えをしている間に新たなTCが出現してこない限り，問題の特定領域GTのうちに現存するTCはその効果を十分発揮するはずである。新たなTCの創発的出現以前に，効果を発揮する「はずだ」として新たなTCを押しつけるようなことはすべきではないのである。

　さらに言えば，フォーマルGTは容易にかつ頻繁に修正されていくものなので，書き上げるための並べ替えはその作業を行なっている時点での一つの断片的なものにすぎないということを肝に銘じておく必要がある。とりわけ，より一般的な含意が個人的な体験や興味関心のうちに根拠を持つものであると読み手がみなす場合には，この修正は，それが正しくても間違っていてもそうしたこととは関わりなく，読み手の頭の中で容易になされてしまうものなのだから。並べ替えは概念的仮説群の統合されたまとまりを求めて行なわれるが，こ

の並べ替えによって固定されるのは執筆時点における理論だけである。そして執筆時点に引き出されてくるのは，典型的には，生成されたもののほぼ3分の1にすぎない。これは，スペースが限られているとか，フォーマルGTの高密度，フォーマルGTに必要とされる緊密な統合，それに理論家の分別が邪魔をするといった理由からである。フォーマルGTの読み方としてベストなのは，まず全体的にサッと流し読みをやっておいて，それからペースを落として目通し時点で読み手に関連のある部分をじっくり読むなり研究するなりというやり方である。フォーマルGTは密度の濃いものになるが，これは，フォーマルGTの場合もっと多くの概念的諸仮説やそれらの一般化を書きとめる方を選択するために，特定領域GTに比べて用いられる例が少ないからである。フォーマルGTの効用に関する議論を検討する次章では，なぜわざわざフォーマルGTを実践したり読んだりする必要があるのかという問いに取り組むことにする。

フォーマルGTの提示は，特定領域GTの場合と同じように，散文体で行なうのがベストである。「フォーマル」というのは，仮説の一覧を書き出したり理論的命題の一覧を提供したりするということではない。散文体にしておけば，読み手は，書かれたコンテクストから，読み手自身の必要に応じて自由自在に大切な仮説を引き出してくることができるのだから。「フォーマル」とは，複雑な図表を用いるということでもない。それは，どのようにして一つのコア・カテゴリーが複数の個別領域にわたって広範囲に，しかも包括的に応用されるのかという点を，書かれた形で理解することなのである。特定領域GTの場合は，ある特定領域の内部における行為の詳細を徹底的に説明するわけだが，フォーマルGTはそうしたものではない。しかしながら，別の特定分野に応用される場合には，そのフォーマルGTは理解と説明という点で徹底的なものとなりうる。

私は自分の学生たちに，フォーマルGTの公表はどこですべきなのか，という質問を受けてきた。誰がそういった業績を公表するというのか。公表は同じ領域の専門家たちによって評価されるものでありその文体も多様なので，公表のためにフォーマルGTを執筆するということは，専門誌のあり方に影響されるものである。理論家は，自分のフォーマルGTが「どのように」統合

第16章 フォーマル理論を生成する

されたものなのかを分析し，理論家が投稿時点で選択した特定の専門誌の文体と必要条件に則ったものにしなければならない。フォーマルGTには人の心を摑む魅力と勢いとがあるのだが，理論家は，それらを失うことなく，専門誌での専門家たちの評価（ピア・レビュー）と，それから読者の間ですでに存在する知識と必要条件とにフォーマルGTを適応させなければならない（『質的探究の方略』所収の「第4章　事例研究」（Stake, R., 1998）のp. 96を参照）。公表が望ましい最終結果であり必要な貢献であることは言うまでもない。

　フォーマルGTの実践は，「調査研究」に携わった年数でそのレベルを区別することができるものである。したがって，初心者たちの場合は特定領域GTを実践するというだけで十分大変なことなのである。他方，フォーマルGTを実践するには，経験を積みデータに根差した理論家を必要とするものなのだが，この事情があるために，GTのスキルに根差した経験を持つ人物は，フォーマルGTの実践という挑戦に駆り立てられることになる。しかしながら，フォーマルGTを実践することはスキルの発達という形でまず第1に生じてくるわけではない。他方，特定領域GTを実践する場合はそうである。フォーマルGTに挑戦する前に2～3の特定領域GTを実践しておくというのがベストである。さらに言えば，フォーマルGTは博士論文向きではない。博士号取得候補者はおそらくまだそのスキルを持ち合わせていないだろうからであり，また，博士論文審査委員会は，概して，フォーマルGTでデータに割り当てられるスペースよりももっと多くのデータに根拠を持った例を，しかも一つの特定領域から入れ込んでくるようにという要望を出してくる可能性があるからである。実を言うと，フォーマルGTはデータに徹底して根差しているものなのだが，多くの異なった領域からのデータを用いるために，一見したところではそのようには見えないかもしれない。それは空虚な形で宙に浮いているように見えたり思弁的な空理空論のように見えてしまう可能性があるし，イデオロギー的であるとか，既存の「誇大理論」に強く執着していると見える可能性がある。しかしながらデータと理論とを結びつけているのは明らかにGTの厳密な手続きなのである。それ（訳者注：このデータと理論との結びつきという発想）は広く浸透性があるものだとファン・マーネン（Van Maanen, 1979）やデンジンとリンカン（Denzin & Lincoln, 1998）は述べているが，そういうわけ

ではない。ファン・マーネンは,「もし理論家が絶えざる概念的比較のプロセスを用い,一つの出来事に印象主義的に依存するやり方を採用しないのならば,そうした結びつきは浸透性がある」と述べているが,にもかかわらず,両者の結びつきは,大きく変化する様々な解釈によって浸透性があるというわけではないのである(『GT の実践(Doing Grounded Theory)』(Glaser, B., 1998) 参照)。

　調査研究者兼理論家は,自分が現に比較を行なっているデータがどこに由来したものなのか,について詳しく記述すべきである。博士論文においては独創的な思想の独立性というものが必要とされているのだが,この独立性は,フォーマル GT の中では,明確に規定された一組の事実とはっきりとした形で関連づけられてはいないかもしれない(両者の間には,実際はそうした関連づけが存在しているのだが)。フォーマル GT の場合,理論はデータに根差しているのだという主張は,博士論文審査委員会が合意にいたるには少々手に余ることかもしれない。これとは対照的に,学問的キャリアの中ほどにあって経験を積んだ GT 理論家の場合は,高度な職業的スキルと知識を兼ね備えていることを証明するだけの賢明さを身につけているだろう。フォーマル GT を実践することと,これを現存する思弁的理論に由来するものだという過度の主張へと帰属させることを回避すること,この2つによってである。理論的コードは並べ替え作業の最中に創発的に出現するものだということを心に留めておこう。それらのコードは,思弁的理論を用いてあらかじめ大きく枠づけられるものではないのだから(たとえ問題の思弁的理論がどれほど思慮深いものであったとしてもである。『GT の視座(その3)』(Glaser, B., 2005) を参照)。さらに言えば,そのフォーマル GT は,「あたかも」信頼のみに依存したやり方で読めてしまうので,憶測に基づくものと見なされる可能性があるのだが,たとえそうだったとしても,**実際は憶測に基づくものではないのである**。なぜなら,フォーマル GT は GT の手続きという厳密さによって生成されるものなのだから。

3　理論的サンプリングのための方向づけ

　フォーマル GT 生成の実践へと踏み出す決定を下す時,比較のためのデータを求めてどこに行くべきなのかという問いが生まれてくる。この点に関連し

て，上級レベルの2人のGT理論家が次のように書き送ってくれている。まず1人目の発言から引用しよう。「私は，道徳的判断のフォーマル理論を展開する調査研究計画の立案・作成について真剣に考えているところです。この調査研究計画を立てる場合，あなたなら，どういったタイプのサンプル／サンプリングが効果的だとお考えになるか教えていただければと思います。私は，2つか3つのグループに集中することを考えるべきでしょうか。例えば，教師とソーシャル・ワーカーと警察官（あるいは，中間集団に入るものであれば，その他どのようなタイプのものでもいいのですが）などの道徳的判断を別々に観察するということになるのでしょうか。参加者たちがアメリカの同じ一般的地域に住んでいたとしたら問題になるでしょうか。それとも，対象とするサンプルは，地理的により広い地域を代表したものであるべきでしょうか。あるいは違った国々？」（アルヴィータ・ナサニエル〔Nathaniel, A.〕の2005年4月12日付けeメール）。

次は2人目である。2005年5月，アントワネット・マコーリン（McCallin, A.）氏は次のようなメールを寄こした。「フォーマル理論の展開——私は，このことに関心があります。ただし，GT調査研究者としてそうした展開を行なっていけるだけの十分な経験が自分にあるかどうかについてはよくわからないのですが。…（中略）…デメリット——フォーマル理論と聞くと非常に複雑で精巧な響きがするので，自分にはGTのスキルが備わっているかどうか，…（中略）…まだよくわかりません。1〜2年ぐらいGT調査研究者としての実践をもっと重ねてから，その理論を修正してフォーマル理論の展開のためのデータ収集を開始するというのがいいのでしょうか」。

この2人の熟練を積んだ調査研究者は，にもかかわらず，自分たちの能力について疑問を持っているのだ。彼女らは，理論的サンプリングをどこで開始すべきか，その方向づけを必要としているからである。この調査研究者たちは，理論的サンプリングと比較とを開始するための方法を必要としている。彼女らのコア変数の一般的含意は，彼女らをどこにでも連れていく可能性があるように思われる。というのも，彼女らはそうした可能性をいたるところで観察するからである。彼女らは，開始の方向づけをしてくれるものがないので，前に進むことが妨げられているのだ。

この調査研究者たちの問いに対する方法上の答えは，比較データと調査結果

へと至る道，現に存在する道について判断を下し，その選択を行なった後は，その道を堅持することである。これによって，「どこにでも」の問題は制御可能な範囲におかれることになる。この答えは，創発的出現の途上にあるコア・カテゴリー，フォーマル GT のコア・カテゴリーを追求するための境界を提供してくれる。さらに言えば，それは，境界だけでなく，選択されたデータ源泉の内部での飽和化の最終ポイントをも提供してくれるのである。これ（訳者注：この方法上の答え）は，問題のフォーマル GT をそこまで導いていくのであり，またそれだけのことなのである。

　選択すべき道を決めるのは，調査研究の問いではないし，特定領域 GT の確証や訂正のための諸仮説の追求でもない。その道は，コア・カテゴリーによって駆り立てられ導かれるものである。データの探求と選択は様々な比較のためになされるのであり，それらの比較によって，新たな諸サブ・カテゴリーやそれらの諸特性が析出され，その結果としてさらに様々な概念上の修正が生み出されるといった形で，コア・カテゴリーはその質の向上と拡張がなされていく。何を比較すべきかを導くのは，拡張の途上にある理論のコア・カテゴリーと諸サブ・コア・カテゴリーである。理論家は，何が比較されうるのか，に驚愕することになるだろう。一見したところでは比較可能性が欠如しているように見えたものが，抽象的・概念的水準においては，容易に議論の余地のあるものになってしまう可能性があるのだから。例えば，「消耗品としての」住民たちの理論は，諸国家から家族の仲間たちのローカルな小単位にいたるまで，あらゆる水準の社会生活で存在する。抽象的概念形成こそがフォーマル GT の目標なのであって，比較記述を行なうことではないのである。記述的一般化の場合とは違って，サンプリングのためのデータ選択の種類をどうするかということは，フォーマル GT の信頼性にとっては決定的に重要な含意を持っていない。データ選択が決定的な重要性を持つのは，問題のフォーマル GT のための概念上の様々な一般化を生成するためにだけなのである。要するに，データの（諸）源泉の飽和化，ならびにその帰結としてのフォーマル GT の完全性の度合の飽和化，これらとともに選択への道は終わりとなるのである。

　コア・カテゴリーとの比較をするために用いるデータの諸源泉のうち，どの源泉から利用していくかについては理論家には順番があるのだが，この順番を除

第16章　フォーマル理論を生成する

いて，理論的サンプリングには順番というものは存在しない。「分析者が望むどのような道を通ってもフォーマル理論は『順調に』いけるように思われる時があるのだ」（『理論的感受性』第8章）。そこで問題となるフォーマルGTは，新しいデータの諸源泉という（諸）コンテクストの内部で生成されるのであり，現在の取り組みにとってはこれでいいのである。理論家は，（先にその声を紹介した）アルヴィータさんが悩んでいるほど大きな揺れを示す必要はないのだ。三角測量型(トライアンギュレーション)のデータ収集・分析は関連がないか無意味である。データや調査結果の多様な比較の由来はと言えば，どこからでもということになるのだが，通常はデータの収蔵庫からである。コア・カテゴリーに従うこと，これがここでの原則である。データは理論家の割ける時間と利用可能なコストやリソースの及ぶ範囲内のものであるべきなのだ。例えば，同一の主題に関するいくつかの論文の入ったアンソロジーや専門誌があればそれで十分である。

　データの諸源泉の選択にあたっては，理論家は，その選択がコア・カテゴリーに導かれたものであるということを確信していなくてはならない。コアが異なる場合には，データの諸源泉にいたる順番や道も異なったものを工夫して考え出してくる必要があるだろう。理論家は，コア・カテゴリーの一般的含意を用いることができる。理論的サンプリングのための調査データやその他の特定領域GTのためのデータの諸源泉へと自分自身を導いていくためにである。理論家は，他の特定領域分野におけるコア・カテゴリーの関連性を信頼して分析作業を進めることができる。例えば，「資格付与」は，「警告型規制」と同じように，普遍的関連性があるものだ。しかしながら，もしも一般的諸含意のあるコア・カテゴリーを持ってはいるのだが，にもかかわらず，比較のために頼りとすることができる明白なデータ諸源泉は何ら持ち合わせていないという場合には，理論家は謙虚でなくてはならない。そのコア分野は，フォーマルGT生成のための準備が整っていないということなのだから。その場合には，その分野でのフォーマルGT生成を実践する準備が整っていないのであり，フォーマルGT生成に向けての着手という形で，存在しない他の特定領域における調査をするということが難し過ぎるということなのである。フォーマルGTを実践するのにベストなのは，利用可能なデータ諸源泉からの根拠づけの作業が容易にできる時なのである。

しかし，アンソロジーや専門誌，資料，調査された新聞記事，あるいは膨大な数の論文からなる関連文献の山といった具合に，フォーマルGTでの利用を手ぐすね引いて待ち構えているデータの諸源泉は非常に多いもので，その多さに私は驚嘆させられるのである。例えば，組織内キャリアに関する私のフォーマルGTを見てほしい（私はそこで，キャリアに関する63本の論文を用いている）。あるいは，私たちの『地位移行』（Glaser, B. & Strauss, A., 1971）のフォーマル理論を参照願いたい。要するに，接近可能な論文で溢れかえっているまさにその分野において理論的サンプリングへの道を選択することが賢明なのである。データの諸源泉の側でフォーマルGT生成への準備が整っている時にフォーマルGTを実践する——これがここでの着想のポイントである。例えば，15本の論文が収められている『リスクの社会的諸理論（Social Theories of Risk）』（Krimsky & Golding (Ed.), 1992）というアンソロジーがあるが，私が見るところでは，この場合，それらの論文が強く求めているのは，「警告型規制」の理論を拡張するための比較なのである。

　フォーマルGTを生成するためのもう一つ別の主要なデータ源泉，それは，他の理由から他の場所で収集されたデータの二次分析である。記録をテープ化するという形で大量のデータを収集するというのが，実質上，質的データ分析（QDA）の特質である。その結果，データ過剰となってしまい，こうして利用も分析もされることのない多くのデータが積み上がってくることになる。これらの分析されていないデータの山は，テープやタイプ形式でいたるところに存在する。コア・カテゴリーに関係する諸指標を求めて素早くそれらを選別のふるいにかけるといったことは容易なことだ。『GT方法論の追加』の中の二次分析に関する私の2つの論文（12aの章と12bの章）を見てほしい。またジャネット・ヒートン（Heaton, J.）氏の『質的データを練り直す（Reworking Qualitative Data）』（2004）も参照されたい。彼女は，二次データの使用にあたって，データ収集のための手続きがそれらの二次的利用にふさわしいものかどうかを非常に気にしている。彼女は，二次データの質としての深さと利用可能な範囲を気にしている。彼女はまた，二次的分析者が自分自身で見たり聞いたりするために「現場にいったこと」がないのに，そうしたデータを利用することが気になっているのだ。データの質とデータについての知識に関するこうした心配

第16章 フォーマル理論を生成する

を和らげるために,彼女は,データ収集に関して第一次調査者にインタビューすることを勧めている。もしその調査者が見つけ出されたとしたら,またその時間があればの話だが,そうした見込みはないだろう。彼女は二次分析を,やむをえずなされる「急場しのぎの」調査研究と呼んでいる。

彼女はこうした心配な論点について123頁という多くの頁を割いて詳述している。本書(訳者注:『フォーマルGTの実践』(Glaser, 2007)のこと)はフォーマルGTに関して,そしてまたGT一般のために執筆されているものだが,そうした本書の観点からすると,彼女の心配は,質的調査研究におけるやっかいな正確さへの対応という点でのみメリットがあるにすぎない。そうした心配は,GTやフォーマルGTには当てはまらない。この点については,『GTの視座——記述との対比における概念化』(Glaser, B., 2001)と『GTの視座(その2)——GT方法論の記述によるモデル改造』(Glaser, B., 2003)の中で徹底的に詳述しておいた通りである。GTとフォーマルGTの信頼性が基礎をおいているのは,絶えざる修正,データとの適合性,データへの根拠づけに由来する獲得された関連性と実効可能性,それから様々な概念的一般化の適用の際の蓋然性,この4つである。こうした点については,私は何度も述べてきた。

人々は,そうすることが調査研究なのだと考えながらデータの山を集めてくる。それでいて,次にその山を相手にしてどうしたらいいのかわからない。彼らはしばしば,誰かがそれを相手にして何かをするだろうとか,何かをするかもしれない,と考えて喜んでいる。大量のデータの山を相手にして,理論的サンプリングのための拾い読みと掬い上げを行なうのは容易なことだ。一人の博士論文提出資格者は,博士号取得後,自分にはまだ選別のふるいにかけてもいないしタイプでの打ち込みもしていないインタビューが27本もあるので,そのデータがほしい人は誰でもそれを使うことができると述べていた。二次分析の宝庫(インタビュー,演説,書簡集,日誌)を見つけ出すのは難しいことではないし,それらは,フォーマルGT生成のためのデータの,まさに正真正銘の宝の山だということを立証することができる。関連のある様々な比較を求めてそれらにざっと目を通すことは,(非常にすぐれた)選りすぐりの方法である。

概念化型の特質を持った二次データの場合,それらは当面の作業には関連がないかもしれないので,フォーマルGTを行なう理論家は,そうしたデータ

を利用する時には注意すべきである。データについて，ある想定をするからといって，ただそれだけで，データが関連のあるものになるわけではないし，獲得された関連性が付与されるものでもない。要するに，フェイス・シートのデータやコンテクスト・データには細心の注意を払って用心しなくてはならないということだ。それらは問題のフォーマル GT の抽象性と関連性の水準を低下させるものなのだから。一般化に関連するかどうかは，想定されるものではなく，分析・検討作業を通して獲得されなくてはならないのである。例えば，虐待的な権力関係は，ビジネスやカップル・夫婦関係において男性たちが女性たちを虐待するという関係にだけ当てはまるわけではない。女性たちも虐待するのである。あるいはまた，被雇用者の諸権利は単に組合の問題というだけではない。メキシコ人女性たちの家事労働者たちも，保険給付金や年金給付金を獲得するために，静かで非闘争的な運動を行なっているのである。フォーマル GT を生成する時にはコンテクストからの抽象という作業を行なうけれども，しかしながら，後になってその応用を行なうために，フォーマル GT は新たにコンテクストづけされうるということ，この点を心に留めておくことである。

　特定領域 GT を実践する際にはデータ収集が強調されるのだが，これとは対照的に，フォーマル GT を実践する場合には，概念レベルでの様々な比較に基づいて継続的にメモを書くことが強調される。理論家は自分自身のためにメモを書くのだが，これは，創発的出現の途上にある概念的一般化を外在化するためである。これらのメモは，最初の定式化としてどういった風にでも書き出すことができるものなのだから，それらは，最も信頼している研究仲間や研究チームの共同研究者たちを除いて，誰にも見せるべきものではない。充実した内容を備えたメモが出現する以前の段階では，理論家は，ほかの人たちによって不安に陥れられたりタイミング悪く早まって批判されたと感じさせられたりするかもしれないのだから。当然のことながら，圧力はデータに根差したものであり，また根差したものでなければならない。圧力は理論的サンプリングがそのコアのありうる修正に関するメモをもっと探究する方向へと向かっていく手助けとなる。例えば，「看護における道徳的判断」の理論は，次のような条件をそなえたあらゆる組織におけるデータの探求へと容易に導いていく。その条件とは，個人的価値と職業倫理と様々な組織的制約という三者に由来す

第16章　フォーマル理論を生成する

る状況的拘束が対立や葛藤を引き起こし，繰り返し解決される必要がある，というものである。このサンプリングによって，道徳的判断の解決諸段階の修正に導かれる可能性があるが，そうした修正がなされた場合には，理論はより一般的なものとなる。

　フォーマルGTがそれを適用されたイメージを提供するには，多くの例示ではないとしても，いくつかの例示を必要とすることは言うまでもない。こうしてメモには，常にいくつかの例示か覚え書きを入れ込んでおくべきである（そしてこれらの覚え書きの場合，後になって例示を発見できる形にしておくのである）。もちろん，そうした例示は，複数の特定領域分野にまたがる，より広い範囲からもたらされてくるものであり，そのことは，問題の理論の一般性とその一般的応用とを示している。

　様々なアイディアや概念はメモにおいてはっきりとした形を取りながら成熟を遂げていくものだが，そうなっていくにつれて，理論家は自分が以前にはそうしたことを一度も考えたことがなかったということ，それから，選択された比較データが生産的なものであることを見て取ることができる。理論家は，相違と類似という基盤においてではなく概念的レベルで集団を選択するということの利点を見て取ることができる。一見すると記述レベルでは比較可能ではないように見える集団が，概念的レベルでは比較可能かもしれないのである。運転免許証用の「資格付与」は外科医の「資格付与」と容易に比較することができる。資格付与のための訓練期間は，テーマと重大さ次第で，例えば2～3週間から10年までといった具合に，多様でありうる。ただし，それらは，未来の行動に言わば資格を与えることによって，悲惨な結果を防止することと関連があるのだけれど。

　分析と理論的サンプリングを続けていくにつれて，理論家は，コア・カテゴリーの諸問題と諸次元とに関する一般的視座の展開を開始することになるだろう。理論家は，この一般的視座によって比較のために利用可能なデータを超えていくのである。ちなみに，一般的視座自体，理論的サンプリングを導くことができるものである。この視座はまた，一まとまりのデータの内部で問題と次元に関して，ある程度の飽和化にいたるまでメモを導いていく手助けをしてくれる。この時点で，理論家は自分のメモの並べ替えを――つまり，1冊の本か

第IV部　グラウンデッド・セオリーの前進

1本の論文という形で自分の理論を書き上げていくためのアウトラインを作り出していくことになる並べ替えを――開始することができる。執筆は，その一般的視座と，人々と社会的諸単位に関するその視座からの取り組みでもって始めることができる。そして次に，その執筆の焦点を，コアに関する一般的視座のうち理論家が生成してきた部分にまで絞り込むのである。ここでそうした部分と言っているのは，（関連データを踏まえれば）生起する可能性の高いフォーマルな一般化を備え持った理論部分のことで，理論家が見つけ出すことができたものであればどんなデータでもいいのだが，そのデータのための理論部分であり，そして，そのデータに由来する理論部分のことである。それに続けて，理論家は謙虚さを持って，まだ調査されないままで残されている問題諸分野，関連のある中心的問題諸分野に触れておくことである。これらの問題諸分野は，理論家がどんなデータ・リソースも持っていなかったところなのだから。謙虚なままにとどまるというのは，データに根差したままでいるということである。これはつまり，思弁にはまり込んでいかないということであり，その一方で未来の調査研究の必要性を訴えることである。

　一般的諸含意というものは絶えざる概念化とともに拡大していくものなのだから，理論家は，それをすべて扱うことなどとうていできないのだということを肝に銘じておこう。いくつかの適用範囲が閉め出されるというわけではなく，理論化作業をしているその時点で到達する範囲にあるだけなのである。扱われていないことは，それに続く次の理論家の仕事である（『GT方法論の追加』所収の「前の理論から新理論を発見する」（Strauss, A., 1994, pp. 369-371）参照）。フォーマルGTの様々な一般化は，しばしば，継続的な諸過程や諸活動に関係している。したがって，問題のフォーマルGTが完成したからと言って，その元になる特定領域GTとそれに続くデータの利用，それから問題のフォーマルGTのために用いられる諸特定領域GT，こうしたものが完成しているといったことを何ら意味していないのである。それらは，問題のフォーマルGTを継続させる可能性がある諸含意とともに継続するかもしれない。要するに，フォーマルGTの時間的性質は継続的なものなのである。

第16章　フォーマル理論を生成する

4　データを選択する

　理論的サンプリングを行なっている時，データにはいくつかの特性が存在している。アンセルム（Strauss, A.）は，「現存する理論から閉め出されているものを補足することは，その理論の射程を拡張する上では有用な第1歩である」（『GT 方法論の追加』第15章，p. 371）と言っているが，これは，不正確である。「問題の事象が創発的出現の途上にある」という基盤の上では閉め出されているものを知ることなどできないのだから。理論の適用範囲を増大させるために外見上「閉め出されたもの」を埋めるという動きをすることは，誤った道である。私たちはただ，データの収蔵庫が存在するところにおもむくだけである。理論家にできることはそのことだけなのだ。つまり，どこにでも出かけていくということである。一つのコアの一般的諸含意を拡大させるのに利用可能なデータでありさえすればいいのであって，それこそが，理論的サンプルへの最初の方向づけを与えてくれるものなのである。

　データ量の豊富さ，あるいは，もっとデータがあるほどいいというのは，常に好都合なことである。しかし，そのことはフォーマル GT を生成するためには必要がない。必要なのは，どんなにわずかでもいいが，データなのである。このデータは，指標の交換可能性の原則によって，コアを構成する諸概念と比較することができる。ここでの取り組みは，データの中に新しい諸指標を見出すことによって，概念上の新たな比較に到達することである。フォーマル GT の生成においては，わずかなデータでも大いに役に立つ。量の十分さは，諸概念の場合と同様，そのうち明らかになってくるだろう。したがって，もっとデータがあればあるほどいいというのは理論家が見つけ出してきた現存データの限界点においてのことなのである。データ選択を導くのは，コアであって，データの量ではないのであり，データ選択は，元の特定領域 GT からは分離独立したものでなくてはならない。こうして，結果として生み出されてくるフォーマル GT は，なお一層練り上げられた特定領域 GT といったものではない。理論家は，両方の理論の同時的実践といったことはやらないのである。つまり，理論家は，一つのフォーマル GT の生成こそが自分の選択であるの

なら，その作業をしている最中に，より完成した特定領域 GT を生成するといったことはしないのである。コアの一般的諸含意を拡大するためには，データは，問題の特定領域 GT の特定の領域分野以外のものでなければならない。そこでの目標は，問題の特定領域 GT を超えていくフォーマル GT を生成することなのである。

理論家は，データや自分が比較を行なっている特定領域の研究に関してあまり批判的判断を下し過ぎてはいけない。フォーマル GT の比較目標は，諸概念や諸仮説なのであって，正確な研究成果なのではないのだから。それが調査データである限り，殺風景な記述や方法上欠陥のある「貧弱な」研究でさえ，そこに含まれているインタビューや観察から概念的比較のためのすぐれたデータを生み出すことができるのである。諸研究に何ら概念が見られなくても一向に構わない（それらは，比較のためには有用すぎるのではあるが）。多くの記述上の諸指標からなるごく小さなトピックの研究は，概念的比較のためには貴重なものでありうる。「すべてがデータである」という点に関して私は1章（『GT の視座』(Glaser, B., 2001) 第11章) 書いているので，読者はこの章を再読すべきなのだ。「すべてがデータである」というのは，「現在起こっていることは，それが何であるのかというその本質が，あるいはまた，(記述にとって，ではなく) 概念化にとってそれが何を意味しているのかというその意味，こうしたことが理解されなくてはならないのだ」ということである——これがそこでの主要なポイントであった。

「データは常に，ある程度までは申し分がないものであって，諸カテゴリーの諸特性の概念化を行なうことによって常にデータの修正をし続ける方がよい」(Glaser, B., 2001, p. 145)。データのタイプが関連してくるのは比較においてだけである。例えば，基準となるデータは適切と見なされるデータと比較することができるし，ある特定のプロセス・データは切り取られた瞬間を対象としたデータと比較することができる。またより記述的になされるフォーカス・グループのデータは個人を対象としたインタビューと比較することができる。フォーマル GT にとっては，どれも特別なものではないのである。ただし，通常，特定領域 GT はインタビューとか資料といった1種類のデータに基づいて行なわれるものではあるが（データに関するより限定的な見解については，『看

護でGTを用いる』という著作の中のジャニス・モース〔Morse, J.〕の「GTを位置づける」という論文（2001, p. 8）を参照のこと）。何度も述べているように，正確かどうかが気になるあまりデータを疑うということは，通常の質的データ分析（QDA）調査研究の一特性なのであって，GT概念化のそれではない。そして，フォーマルGTにとってはなおさらそうではない。というのも，フォーマルGTにおいてはコア・カテゴリーの一般化と拡張がなされていくものなのだから（カーニー〔Kearney〕の『フォーマル理論を生み出す』を参照のこと[1]）。

さらに言えば，単一の事例研究において浮上してくる一つのコア・カテゴリーの一般的含意を拡張することは，ほぼ一つの特定領域内に見られる一連の事例から一つの特定領域GTのコア・カテゴリーを生み出すのと同程度にすぐれている（シルヴァーマン〔Silverman〕の『質的調査研究の実践』（2000）の「第8章　事例の選択」のp. 109を参照）。理論的サンプリングを導くのは，まさにコア・カテゴリーなのであって，対象事例の記述的一特性ではないのである。例えば，「通常レベルを超えていく」というコア・カテゴリーの研究は，心臓発作の犠牲者たちを対象にした単一の事例研究から生み出されたものであるが，この研究は，広範囲にわたって妥当する一般的含意を持つものである（シャーマズの博士論文を参照のこと）。同じことは，心臓発作後の「活動領域の縮小・削減」にも当てはまる（パット・ムレンの博士論文〔Mullen, P., 1993〕）。私たちはみな，必要な場合，ありとあらゆる理由から縮小・削減を行なうものだ。単一事例を対象とした特定領域GTとは対照的に，フォーマルGTの強みは，それが，多様な現場やコンテクストにおける多くの事例にわたってコア・カテゴリーのアイディアを拡張するということである。元になった単一事例は容易に忘れさられる可能性がある。こうして，プロの運動選手が通常レベルを超えていくということはよく知られており，この理論は容易に他の分野でも当てはまるが，心臓発作の犠牲者たちはやがて忘れられていくものだ。

5　文献レビュー

私がよくたずねられる修辞学的質問に，文献レビューとフォーマルGTを実践することとの違いは何か，というものがある。この問いに対する単刀直入

な答を述べておけば，標準的な文献レビューは，新しい調査研究が，それが属する知識体系にどのように適合し統合されるかを示すことである，ということになる。そこでの努力は比較の形での記述であって，様々な類似や相違を生み出すことになる。これらの類似や相違によって，既存文献への追加がなされ，そのギャップが埋められ，既存文献の限界が超えられてゆき，そして「当該分野で尊敬されている」文献への参照という専門領域の必要条件が満たされる。他方，フォーマルGTのための文献レビューは，概念次元での比較である。これは，現存する特定領域データを対象にして行なわれるものである。そのデータはどこからのものでも構わない。（ちなみに）特定分野における知識体系からのデータは，必ずしも役に立つとは限らないが，しかしながら，しばしば役に立つものである。フォーマルGTの場合，コア・カテゴリーに従った理論的サンプリングが文献レビューを導くことになるだろう。

　ヴィヴィアン・マーティン（Martin, V.）は，GTフォーラムへのeメールで次のように書いている。「一般的に学者たちはその専門分野でかつて誰も行ったことがないという領域になると大胆に出向いていくということをしなくなってしまう傾向があります。そうした形で気乗り薄になるのにとりわけ関連があるのは，フォーマル理論創造のためにGTを用いるという点に関する議論です。特定分野の限界を乗り越えてフォーマル理論を展開するためには多様な関心領域を横断する形でデータの収集と分析を行なう必要があるでしょうが，そうした収集や分析に気が進まないということは，そうしたフォーマルGTを展開することを阻害することになる可能性が高いのです。そうした中でGTは，調査研究者たちが専門分野の壁を超え出ていく手助けをする可能性を提供してくれています」。何と正しい指摘であろうか！　理論家は，大胆であるべきであって，コア・カテゴリーが導くところであればそれに従って関連文献の中のどこへでも出向いていくべきなのである。例えば，教育における「擁護できない説明責任（untenable accountability）」に関するトリシャ・フリッツ（Fritz, T.）の博士論文のコア・カテゴリーは，調査研究者を（それがどこであれ）はるか遠い分野にまでつれていくことができるものだ。組織的並びに個人的説明責任にとってのその一般的含意を伴ってである。病院経営における説明責任に関するキャロライン・ウィーナー（Wiener, C.）の学術書（2000）を参照

されたい。

「GT研究における文献との格闘」(2003, pp. 15-61) に関するアントワネット・マコーリン (McCallin, A.) の論文は，特定領域GT調査研究での文献の読み方を論じたものである。この点に関しては，「先入観は調査研究を強要することになるので，これを回避するために，調査研究の前には関連文献を読むべきではない」という私の格言をめぐって多くの論争が存在する。（しかしながら）このことはフォーマルGTの実践には当てはまらない。この格言はフォーマルGTには関連がないのである。フォーマルGTは，概念次元での比較を求めて，（どの文献でもいいので）文献のあるところに出向いていくところから開始する。フォーマルGTは最初から文献を用いるのである。そして，私は先に，論文集や専門誌——言うまでもなく，これらは「文献」である——の中にデータの収蔵庫を見出すことができると示唆しておいた。

同様に，クレスウェル (Creswell, J., 2003) の「文献のレビュー」に関する第2章は，様々なタイプの記述的調査研究について論じる前と渦中と後での（文献レビューへの）網羅的アプローチである。しかしながら，記述的調査研究における文献の用い方の詳細に触れたこの研究もまた，GTの概念比較には当てはまらない。彼は，文献使用としての概念比較を完全に捉えそこなっているのだ。しかしながら，QDA調査研究者たちには彼の章は非常に役に立つかもしれない。とりわけ，pp. 33-35を見られたい。

文献レビューが，同一のコア・カテゴリーのトピックに関するもう一つ別のフォーマル理論に出くわすということはありそうもないことである。ヘレン・スコット (Scott, H.) という1人の博士号取得候補者は，柔軟なオンライン通信学習を構造化された生活に統合するという研究を行なっていた。その彼女は彼女自身のものとまさに同じ（なのだと彼女には思えた）研究を発見して驚いた (2006年2月のeメール)。これは，多くの人々が今日直面する柔軟な形を取った圧制システムなのである。しかし，彼女がじっくりと吟味・検討してみると，現存する業績との関係で彼女自身が行なっていた比較というのは，とりわけコア・カテゴリーに関して言えば，記述的な水準のものであって概念的なものではなかったのである。こうして，彼女が手にした結果は，概念的に比較することを可能にしてくれるすぐれた特定領域データだったのである。（ちなみに，こ

の）もう一人の著者は，記述の中に埋め込まれたすぐれた概念的アイディアを持っているのかもしれない．特定領域 GT の生成を助け，そしてもしかしたら将来的にはフォーマル GT の生成も助けることになるかもしれない概念的アイディアをである．

標準的な QDA 分野の論文における文献レビューや文献索引，それから一つの分野に関するコンピュータで収集・分析された参照文献——これらはまた，理論的サンプリングを行なうのに好都合な多くの論文のすぐれた情報源でもある．それらを読むというのはうんざりさせられ閉口させられることかもしれないが，それらの論文自体には，概念的比較のための非常に役に立つデータが含まれている可能性がある．ここでのポイントは，指標を探し求めての拾い読みとサッと見の目通しだということを忘れないようにしたいものである．

概念的なフォーマル理論が生成されるのを，言わば待ち構えている領域の中で急成長をとげつつある文献類というものがあるのであって，これらのレビューや参照文献はそうした文献類を取り出し利用することができるのである．それらは，フォーマル GT のための踏み台であり糸口である．こうして，調査研究の蓄積的性質と（あるいは）概念的フォーマル GT による調査研究の総合が提示されるのである．これがフォーマル GT の一つの主要な活用の仕方である．

『GT の実践』(Glaser, B., 1998) で述べておいたように，フォーマル GT を実践するための関連文献がどこに登場するかということは，このフォーマル GT に関連する特定領域 GT とそのコア・カテゴリーが浮上してくるまでは未解決の問題である．一つの特定領域 GT をあらかじめ考案するのに用いた文献は，容易にわかることだが，フォーマル GT のためのコア・カテゴリーを関係づける上でのベストな文献ではない．サンプルとして用いるのにベストな文献は，コア・カテゴリーが浮上する形で関係する文献である．一般的含意をどこか他の個所で眼にする時，理論家同様に，他者たち（重要な仲間たち）もこのことを発見するものである．カレン・ロック（Locke, K.）は，『経営調査研究における GT』(2001, p. 124) でこれを発見したのだが，その時のことを彼女はこう言っている．「同じように，私は，医療現場における喜劇的要素に関する自分の研究論文を，組織情動に関する文献の観点から組み立てていたのです．

第16章 フォーマル理論を生成する

ところが，専門誌の編集者が，この研究はサービス経営に関する文献にも何か言うべきことがあるのでは，という示唆を与えてくれて，組織情動とサービス経営とが交差する観点からその投稿論文を執筆するようにしてはどうかと提案してくれたのです」。一般的含意は関連性を持って現れ出てくるもので，たとえその相手の人物が GT でトレーニングを受けていない時でさえ対象文献の理論的サンプリングを変化させるのである。

　コア・カテゴリーは拡張されるべきである——これが，現存する特定領域 GT の文献を相手にした理論的サンプリングの場合の唯一の要求である。特定領域 GT において調査研究上の問いが浮上してくることがあるが，そうした問いが，フォーマル GT のための文献の理論的サンプリングにとってさらに役立つものかどうか，またいつ役に立つのかといったことは，問題ではない（Locke, K., 2001, p. 21 参照）。特定領域 GT にとって一つの文献の関連性の度合いが大きく異なるということがあるかもしれない。しかしながらフォーマル GT を実践するためには，一つの文献の関連性はさらにそれ以上に大きく異なる可能性がある。フォーマル GT の場合，複数の境界や元々調査研究を始めた特定分野が突破されてしまうからである。コア・カテゴリーの比較のために多くの特定領域 GT が存在していたとすれば，それは明らかに理想的なことだろうが，GT の成長の現局面においては，まだほとんどそのようにはなっていない。カーニー（Kearney, M., 2001, p. 235）が示唆しているように，「もしもフォーマル GT のための素材が，関心のあるトピック，共有された一つのトピックに関する多様な特定領域理論であるとすれば，最初の諸段階は，これらの特定領域 GT の収集ということになる」。これは，記述的比較に基づく仮象である。たとえいくつかの概念的 GT が存在しないとしても，記述レベルではいくつかの GT が存在する可能性がある。誤って GT と命名される形でである。そして概念的 GT が存在する場合には，それらのコア・カテゴリーは，十中八九異なっている可能性が高いから，そこでなされる比較は，比較された特定領域 GT の特定領域データをデフォルトで選択するということになるかもしれない。例えば，私は心臓発作に関する 2 つの博士論文の指導を行なったが，これらの博士論文は，「縮小」と「平均を超える」というまったく対立するコア・カテゴリーに導いている。GT は一つの主要な関心事を繰り返し解明

することに概念次元で焦点化するものであって，記述範囲を全面的に相手にするものではない，ということを忘れないでほしい。比較は記述的研究の方が容易である。その場合の比較はたいていが特定領域の指標に基づいているからである（ただし，諸概念を比較するということも役に立つのだが）。こうして，例えば，活動領域の「縮小」を命じられた心臓発作に見舞われた人たちは，発作がひどくない場合には，自分たちはまだ大丈夫だと証明するために，「平均を超える」ことだろう。

　カーニーはこのことに気がついていて，次のように言っている（Kearney, M., 2001, p.237）。「自分が今までやってきたフォーマル理論化の経験では，興味のある現象に関する GT 文献で十分展開された GT というものはほんの数えるほどしかなくて，後は，10本の報告中8本までが部分的か不完全なものでした。ただし，それらの報告は役に立つデータか単一の概念を含んでいるものでしたが」。要するに，記述的研究はフォーマル GT 生成のために沢山のデータを提供してくれているということである。一つの分野に関して GT がほとんど存在しないということがあるかもしれないが，それは何ら不利なことではない。そうした場合には，いずれにしてもコア（・カテゴリー）は異なっているだろうから。多くの場合，コア・カテゴリーに関わりのある諸指標を求めて記述的研究の理論的サンプルを取るのがベストである。

　「アウェアネス」の諸指標を見つけ出す例については，「アウェアネスと社会的相互作用の研究」（『アウェアネス』（Glaser, B. & Strauss, A., 1965) p.276）についての私たちの議論を参照してほしい。「様々な特定集団があって，それらは，アウェアネス・コンテクストに関する一般的カテゴリーの展開へと導いていくものである」（『GT 方法論の追加』所収の「第14章　組織内キャリア——一つのフォーマル理論」（Glaser, B., 1994, p.286）参照）。私がそこで収集しているのは，組織労働キャリアというカテゴリーに適合した諸論文，キャリアに関する多くの論文（全部で63本）である。この行為によって非常に一般的な理解に自然な形で踏み出すことになるだろう。私は，これらの論文の比較分析に取りかかることによって，組織内キャリアに関する GT の一形態の生成を開始したいのである。多くの論文という宝の山を見つけ出すのは驚くほど容易なことだ。看護ケアや組織内キャリアといったポピュラーな領域はいたるところで調査され

第16章 フォーマル理論を生成する

ているのだから。

　比較のためにはいくつかの特定領域分野をじっくりと見るように，という私たちの格言があるのだが，フォーマル GT の実践に関する文献は，この私たちが提示した元々の格言を繰り返して述べている。例えば，「グレーザーとストラウスは，いくつかの特定領域分野からというよりも，ただ一つの特定領域分野のみからのデータに基づいた形でフォーマル GT を定式化することの欠点を指摘している。3 年後（1970年）に公刊された本の中で，これらの著者たちは，地位移行についてのフォーマル理論を提示したが，その理論は，…（中略）…多くの特定領域分野から収集してきたデータに基づくものであった」（『質的探究の方略』（Denzin & Lincoln, 1998）の p.178 を参照のこと）といった具合にである。記述的に異なる特定領域分野は，概念的には類似し比較には適している可能性がある。コア・カテゴリーが「いたるところで」適用されていることを目の当たりにすることができるからである。こうして，「1 人の子どもも遅れさせないプログラム」に本来備わっている「擁護できない説明責任」は，軍隊での説明責任においても，保険会社に対する病院での説明責任においても見出すことができるし，「資格付与」はどこでも行なわれているものである。理論家がますます概念的になっていけばいくほど，比較可能な沢山のデータを持つという贅沢は増大するのである。

　まずは記述的研究から諸概念を展開し，その次にそれらの概念をコア・カテゴリーと比較しなくてはならない，という具合に考えることは，手続き上のミスである。これは誤った介入的ステップなのだが，このことを GT 理論家たちは気がついていないのかもしれない。コア・カテゴリーの一般的含意を概念上拡大するためにやることは，特定領域のデータ指標をコア・カテゴリー理論と比べるだけなのである。新しいカテゴリーであれ，それらの諸特性であれ，比較という作業が概念化（概念）を生成するのである。概念上の比較を行なう前に記述的研究からミニ GT を生成するといったことは必要でないし，（狙いとしている分析作業を）頓挫させるものでさえある。そうした研究に概念が 1 つか 2 つ存在するような場合は，それはそれで構わないし，役に立つのであれば比較することである。しかしながら，実りの多い比較作業とは，コア・カテゴリー理論に関わりのあるデータをさらにもたらしてくれるものである，という

423

ことを肝に銘じておくことである（ホルトン（Holton, J.），10月5日付けeメール）。

6　理論家のリソース

　フォーマルGTを追求している理論家は，現存する文献がありさえすれば，その作業を家や図書館で行なうことができる。フィールドに出かけていってフィールドノートやテープを取るといったことはほとんど必要がない。フォーマルGTの生成をスタートさせる絶えざる比較は，概念メモから始まるのであって，フィールドデータの収集からではない。フォーマルGTのためのデータはどこにでもあるのだから，容易に存在しているデータの収蔵庫でもってフォーマルGTの理論的サンプリングの境界を定めるのがベストなのである。この点については，先に論文集や専門誌，モノグラフ，一つの分野に関する一連の論文類といった形で述べておいた。私たちは，一つのコア・カテゴリーに追加する諸概念やそれらの諸特性を注意深く生成することによって，コア・カテゴリーの一般的含意を拡張しているのだ，という点を肝に銘じておいていてほしい。だから，調査データが広範囲にわたるものか，それともある範囲に集中しているものなのかとか，内的妥当性や外的妥当性といったことについての心配は存在しないのである。それは，用いられた調査データに基づいたものになるだろうし，その成果は概念的一般化となるであろう。

　この点は，フィールドワークでのインタビューや観察による特定領域GTデータ収集の場合とは違っている。それらのインタビューや観察は，とりわけ長期にわたるQDAの調査研究手続きに基づいている時には時間とコストがかかる可能性がある。フォーマルGT調査研究のコストの変動は，最小限の範囲のものであり，通常の学術的読書や研究，ノート取りにかかるコストを除いては事実上ゼロである。また何ら急がされることも時間上の計画を立てることも，キャリア上の差し迫った必要も，公表のための締切も存在しない。こうしたことは博士論文を行なうためには，存在するのだが。要するに，フォーマルGTの実践は低コストなので，博士号取得後のキャリアにあるより成熟した理論家たち，GTの上級スキルを持った理論家たちにふさわしいものである。フォーマルGTの実践はまた，コストがかからないというだけでなく，気楽

第16章　フォーマル理論を生成する

に1人で自分のペースで行なうことができる作業である。

　新しく博士号取得者となったマーク・ローゼンバウム（Rosenbaum, M.）氏は，私に次のように書いてよこした（2006年2月20日付けeメール）。

> 「実際的な場であり集いの場であり，そしてホームである場，こうしたものとしての商業的取引を行なう場を消費するという点に関する私の理論を考えてみましょう。この理論は明らかに，あらゆる場の消費に関するフォーマル理論にまで拡大することができるでしょう。さらに言えば，学問分野を横断して文献を読み，フォーマル理論創造のために思索を明晰に組織化するために必要とされる時間は膨大なものでしょう」。

　記述的比較や時間のかかる特定領域GTの作業のことは考えないことである。本書（訳者注：『フォーマルGTの実践』（Glaser, 2007）のこと）は，コストのかからない形でのフォーマルGTへのアプローチ，とりわけ，（フォーマルGT実践のために）必要な文献レビューを行なうことへと，彼やその他の人々を導くことだろう。もっと多くのことをすることができるが，しかし，フォーマルGTを実践するにあたっては，ささやかな量を相手にするだけでも大いに役立つのだということを常に記憶に留めておいてほしい。フォーマルGTは，コア・カテゴリーに関連したデータ源によってその限界が定められることだろう。

　しかしながら，もし「本物の」理論家が関与する場合には，2～3人のチームでフォーマルGTを実践するというアプローチは可能である。その理論家たちは誰もが，コア・カテゴリーのことを熟知しており，コア・カテゴリーに関係のあるデータに精通していなければならないが，彼らは，これを，コア・カテゴリーに関するメモ，データに根拠を持ったメモを，相互に提供し合うことによって，一緒に話し合うか，さもなければ一緒に作業をするというやり方で行なうのである。パターン化された分析的概念的比較の技法を持った仲間たちの間で行なわれる日常的なセミナーがあればうまくいくだろうし，より短期間のうちに生成されたフォーマルGTを生み出すことだろう（『GTの実践』〔Glaser, B., 1998〕第15章，参照）。

　例えば，地位移行に関する私たちのフォーマルGTにおいて，アンセルム

425

と私は,こういう具合に言っている。「私たちが行なってきた以前の研究や調査から,相当数の関連データや理論が自分たちの『内部』にあったので,理論生成のための中心的作業モードは,長期にわたる会話で様々な比較を徹底的に論じ合いその会話を記録するかノートを取ることであった。私たちは,自分たちが思い出すことができた事実上すべてのことを議論し尽くし,より多くのデータと理論を求めて文献研究を行なった。これらの会話は週にほぼ5日のペースで3カ月間行なわれた。そしてついに私たちは,疲労困憊の末議論をやめにして,自分たちのメモを細かく書き出し始めることができることに気がついたのである」(『地位移行』(Glaser, B. & Strauss, A., 1971) pp. 192-193)。共同研究の利点はいくつかある。大量の素材群を扱うことができるのがその一つである。(こういう作業をやっている時には)容易に細かいところに入り込んでしまって行き詰ってしまうものだが,そうした時に,共同研究者はお互いを概念的レベルにとどまらせてくれるのである。また理論の生成作業はより迅速に進行する。各共同研究者が相手のコメントをきっかけにして概念的に論じ始め互いを刺激し合うからである。仲間の一人が(分析作業)セッションをどこから開始したとしても,他の共同研究者は理論の生成作業の連続性を維持するために介入するだろう。余分な作業や,先入観,根拠のない空理空論は最小限となる。フォーマル GT を実践している時に浮上してくる論理的可能性を追求する際には,頭に浮かんだことからだけで理論化を行なうといったことが容易にできてしまうものなのだが,そうした根拠のない理論化への自然な性癖が互いにあったとしても,研究仲間はそれを見つけ出し防いでくれるからである(『GT の実践』(Glaser, B., 1998) 第15章参照)。

7　落とし穴

　フォーマル GT の実践の際に理論家たちが容易に陥ってしまう可能性のある落とし穴がいくつかあるので,読者兼理論家たちは,この点について用心をしておくべきである。ここで私が考える簡単なリストを挙げてみると,記述的比較に陥ってしまうこと,コア・カテゴリーの焦点を失ってしまうこと,特定領域 GT の書き直しをしてしまうこと,厚かましいこと,調査データ源を用

第16章　フォーマル理論を生成する

いないか特殊すぎるデータ体験を用いてしまうこと，豊かな理論傾向に根拠のない空理空論を付け加えてしまうこと，コンピュータを使うこと，独りよがりの代替案を出してきて標準的な文献レビューに堕落させてしまうこと等がある。もしかしたら読者ももっと考えることができるかもしれない。本章を終えるにあたって，私はこれらの点についてできるだけ簡単に考えてみることにする。それらの考えを表に出してわかってもらうためにである。

　第1に，（議論の）節目のところでいつのまにか概念化から記述的比較の方に戻っていって，類似や相違の細かいところに入っていき始めそれから記述的一般化を行なうという傾向がある。その結果はと言うと，その所産をフォーマルGTと呼ぶのだが，しかしそれは単にラベルにしかすぎない。そこでは，GTやフォーマルGTの専門用語が，フォーマルGTの実践のための手続き上の知識にはるかに勝ってしまっており，こうして，それらの専門用語がQDAを一般化する記述的調査研究のために用いられているのである。また記述に陥ってしまうことは，やっかいな正確さという問題を招き入れ始める。この正確さの問題はGTでは何の存在価値もないと他のところで論じておいた。記述的な「指針」を展開することもGTにおいては何の存在価値もない（Kearney, M., 2001, p. 244）。

　記述に陥ってしまう一例としては，マーガレット・カーニー（Kearney, M.）の研究（「グラウンデッドなフォーマル理論〔GFT〕の新たな方向」という彼女の章（Kearney, M., 2001）のpp. 238-244）がある。彼女はそこでフォーマルGTの専門用語を上手に用いているが，この章はすぐに多くの研究の記述レベルでの総合に入り込んでいってしまっている。これは，女性たちの病気への適応，トラウマ，暴力的な関係における嗜癖からの回復と体験の類似と相違の比較記述についての広範囲にわたる説明モデルを獲得するためのものである。これはすべて明らかに記述データ（の適用範囲）を広げているのであって，概念化を行なっているのではない。彼女は，どのコア・カテゴリーの力も拡張してはいない。彼女は明らかにシンボリック相互作用の見解を堅持しており，その一般的記述においては構築主義を用いている。彼女は，いくつかの研究を活用する際には妥当性（やっかいな正確さ）のことを気にかけている。彼女の目標は，各々の研究への賛否の検討を行なって，それらの調査結果を「共通の存在」か「統

一された存在」へと総合することである。彼女の仕事においては，概念化による一般的含意が，つまり，フォーマル GT において生み出されたコア・カテゴリーに関連した概念化による一般的含意が，各々その見解を求めて競い合っている。彼女によって選ばれた研究すべてにおいては類似していたり相違していたりすることが検討されているが，そこでの目標は，「研究対象とされる現象の総合化された包括的記述に到達するということ」である。これはこれでいいとして，彼女の仕事は，フォーマルな記述的詳述と要約，彼女の言葉を用いるなら，総合化された詳述と要約，という表題を付すべきであって，フォーマル GT という表題にすべきではないのである。

　記述に陥ってしまっている別の例としては，「ケアをすることの概念化と諸理論の比較分析」(1992，第7章) に関するジャニス・モース (Morse, J.) 他の論文がある。彼女らが「ケアをすること」という一つのコア・カテゴリーでもってスタートしていることは確かだ。「ケアをすることは，看護することの一つの本質として，そしてまた看護することの中心的・支配的・一体化的な特徴として記述されてさえいる」と彼女らは言っている。彼女らの「この論文の目的は，ケアをすることに関わりのある看護文献を批判的にレビューし，看護という学問分野にとってケアをすることの多様な概念化の含意を探究することである」。彼女らの比較分析は，ケアをすることの5つの概念化を生み出した。これはフォーマル理論のように聞こえるが，しかし，彼女らは，5つの概念化の記述にすべりこんでいき（というのも，それらは，本当は概念化ではなく通常の記述なのだから），次いで相違と類似を指示するためにこれら5つの概念化の比較を行なっている。「ケアをするという概念の複雑さは，ある程度これらの概念化の多様性によって捉まえられている。これら5つの概念化の横断的な比較は，各々の論題の焦点と目的と変化可能性とに関連する違いを指し示している」と彼女らは述べている。こうして，一つの概念を詳述したものとしては，彼女らの論文はすぐれているが，しかしそれは，ケアをすることに関するフォーマル理論ではなく，冗長な記述なのである。フォーマル理論は彼女らの意図ではなかったが，しかし，その方向に向かっていくという点では非常に近いものだったのである。私は，理論家たちがこの違いを理解しフォーマル GT の実践へのいざないへと踏み出すことを本書（訳者注：『フォーマル GT の実践』(Glaser,

2007)のこと）が手助けすることを強く期待するものである。

　理論的ではない形で統合された冗長な最小限の概念化へと導く記述的でフォーマルな比較は，文献の中ではよく用いられているジャンルである。記述的理論の別のすぐれた例は，「仕事（job）を手に入れる」（1995, pp. 139-177）というマーク・グラノヴェッター（Granovetter, M.）の論文である。彼は，インフォーマル・ネットワークに関する広範囲にわたる文献を比較している。それらの文献は，弱い紐帯を通して仕事を手に入れるという彼の有名な理論に関係したものである。この論文は読むに値するものだが，フォーマルGTではない。

　概念化から記述へと徐々に立ち戻っていってしまうという点に密接に関係しているのは，研究結果の支持と不支持とを例証しながら標準的な文献レビューをやり始めることである。概念的に比較する代わりに，理論家たちは徐々にコア・カテゴリーに関連する文献が取り扱う範囲の記述に取り込まれていき，概念的比較をやめてしまうのだ。ジュディス・ホルトン（Holton, J.）は，このことをeメール（2005年10月15日付け）のメモの中ではっきりと表明している。フォーマルGTを実践する代わりに，「そうした学者は，本人の『研究結果』を支持するかこれに挑戦する『研究結果』を求めて研究の比較を行なう。その結果はと言うと，一つのプロセスを対象とした概念の説明の中に統合されていくというよりも，主張や論点の長い記述的概観と，『関連文献』と新研究の研究結果との間の誤った調整となる可能性の方が大である」。アルベッソンとスコルドバーグ（Alvesson, M. & Skoldberg, K.）も，『再帰的方法論——質的調査研究のための新たな展望』の中で，記述に陥っていくというこの点に触れて，次のように言っている。「例えば，書簡集やインタビュー集，演説集，論文シリーズ，専門誌のコレクションといったデータの収蔵庫——これらは紛れもない宝庫であると判明する可能性があるのだが——をくまなく探し求めるということ。その唯一のリスクは，独り占めにしてしまうと言ってもいい程度にまで，調査研究者がそれらに心を奪われすぎてしまうかもしれない，ということである」（2000, p. 21）。

　文献によって心をつかまえられると，概念的比較への焦点化が克服されてしまう可能性がある。文献レビューのために概念的比較をやめてしまうという方

向に徐々に流されていくことは，コア・カテゴリーへの焦点化の喪失と密接に関連している。文献レビューが焦点化の喪失を促すことは確実だろうが，焦点化の喪失はそれ自体としてもまた起こりうるのだ。焦点化の喪失が起こるにつれて，当面のフォーマル GT の課題とは関係がないか関連のない多くのその他の可能な諸概念も，刺激的なものになってきて，コア・カテゴリー以上に注目に値するようになってしまう可能性がある。前述したように，焦点化の喪失はまた，フォーマル GT の代わりに，コア・カテゴリーに関するより完璧な特定領域 GT の生成に立ち戻ることによっても起こるのである。ここでの私たちの焦点は，フォーマル GT を生成することに向けられているのであって，特定領域 GT を再考することにはない。後者の場合には，元々の特定領域の内部において，より多くのデータでもって特定領域 GT をより包括的なものにすることが目的なのだが。先に述べておいたように，同じ理由で，何はともあれコア・カテゴリーを生み出す特定領域 GT なしでフォーマル GT の生成を開始することはできないのだ。要するに，単なるデータからフォーマル理論をスタートさせることはできないのである。

「何が何でも自律を目指す学者」が陥ってしまう別の単純な落とし穴があって，それは，その著者の考案になる代替案，つまり独りよがりの代替案のためにフォーマル GT という考えと名称をやめにすることである。そうした学者たちは，全面的にか否かは別にして，フォーマル GT を改名して，一般理論とか拡張理論のような何か別のものにしてそれを彼ら自身の単独の貢献にしてしまうのである。例えば，ダイアン・ヴォーン（Vaughan, D., 1992）は思慮深い理論家ですぐれた調査研究者なのだが，彼女は，一般理論を生み出すための代替的だが関係のあるアプローチについて書いている。彼女が提唱しているのは「理論の精緻化で，これは，現存する諸理論から始めて，それらを質的事例分析と関連づける形でさらに展開するというものである」。精緻化ということで彼女が言わんとしているのは「理論もしくはモデルや諸概念を洗練するプロセスのことで，これは，理論等の説明可能性が提供されたりされなかったりする際の諸事情をより注意深く特定化するためのものである」（『質的研究の諸方略』前掲，p. 175 を参照のこと）[2]。

独りよがりの代替案という方法の別のすぐれた例は，「領域横断型事例分析」

第16章　フォーマル理論を生成する

と呼ばれていて，これはフォーマル GT 生成に接しているものである。というのも，この方法は，相違と類似のための比較と「調査研究者が予想していなかった新カテゴリーや概念」との間を揺れ動くものだからである。カサリーン・アイゼンハート（Eisenhardt, K.）の「事例研究調査からの諸理論の構築」という論文がそれである（2002, 第1章, pp. 5-36）。記述と，それから「データとの緊密な適合性を持った理論」や新概念，この双方への焦点化を重んじることによって，彼女は比較焦点の両方の陣営に足場を持つことになる。彼女は，記述と概念化という両方の目標のために絶えざる比較法を用いているのだ。理論的サンプリングや理論的飽和，一つの事例とコード化の分野外での多くの諸事例の選択を彼女は強調しており，これらはフォーマル GT へのスタートであるが，しかしそれらは「事例間の類似点と相違点を列挙する」（p. 16）という必要性によってその効果が弱められている。フォーマル GT を実践することにこれほど近くまできていて，それにもかかわらずその実践からこれほどまでに遠く離れてしまっているということである。

　彼女は，比較記述をやめにして彼女が持っている比較概念化の能力を糧にしてただフォーマル GT を実践するだけでいいのである。しかし彼女の受けてきた記述の訓練と独りよがりの代替案のために，その路線から脱線しているのだ。それはそれでいいとして，彼女の仕事は見事に構想されているものであり受け入れられている。彼女は「こうして（彼女の方法でもってすれば）強力な理論構築研究が，新たな洞察，もしかしたら枠組みを打破する洞察を示す」（p. 32）と述べているが，その時，彼女は的を射ているのだ。これと密接に関係しているのは――フォーマル GT と結びついているか，フォーマル GT の生成を行なっていないのかは別にして――，学術上の公衆にフォーマル GT を提示する際の謙虚さの欠落傾向である。私たちはいとも容易に何かを達成したという思い上がりを持つようになり，「尊大な人物もしくは偉大なる人物，その分野の指導者で最後の言葉の先取り的な提供者」のようにふるまい始めることができる。これはフォーマル GT の吹聴のし過ぎである。フォーマル GT は，**決して研究対象の全範囲をくまなくカバーすることなどないのであって**，単なる提案をしているにすぎない。謙虚に貢献を提示しさえすれば，相手方は競争と脅威にさらされたという性向を放棄することができるようになり，フォーマ

ル GT のまさに正真正銘の貢献を——つまり，（フォーマル GT は）一つの貢献にすぎないのであって，乗っ取りなのではないということを——，評価することが可能になるのである。

　コア・カテゴリーに関するフォーマル GT を実践することに対する喜びと興奮が芽生えてくるにつれて，別の単純な落とし穴が生まれてくる。それは，思弁的で根拠のない概念化に乗り出そうとする自然な傾向のために利用可能なデータを置き去りにしてしまうことである。つまり，憶測と空理空論でもってフォーマル GT をさらに展開することである。概念的比較は理論家たちの心の中で起きるものなので，こうした自然の性向は常にそこにある。これに対抗する手続きは，厳密にデータから離れないでいることである。そして後からの思いつきとして述べておけば，この「忠実に離れない」という必要条件には，データを蓄積するコンピュータ上ではフォーマル GT はできないということが含まれている。創造的な概念的比較こそがフォーマル GT をまとめあげていくものなのであって，蓄積された（情報）検索ではないのである。ストラウスは個人的体験と分析的スタイルを強調しているが，それはそれで結構だし，理論家を理論的に敏感にしてくれるが，しかしそうしたものは，フォーマル GT において用いられるべき調査データではないのである！　それは，気のきいた挿話的会話に役立つものであって，理論的サンプリングのふりをしているにすぎないのだ。

　論理演繹的思弁へと流されていくことには，威厳と尊敬の雰囲気が漂っている。なかなかの悪評を獲得した大部分の一般理論家たちはこのやり方で理論を生み出してきているからである。結構なことだ。彼らが畏敬と名声を獲得するやり方がこれなのである。しかし，それはデータに根差したフォーマル理論ではない。それは単に現実からかけ離れた「極端思考」にすぎないのであり，その訂正によって1967年に GT の開始が引き起こされたのである（『GT の発見』を参照のこと）。またフォーマル理論に指針を与えこれを生成するために抽象的モデルを用いるということについても用心することである。それは思弁的な理論構築のための古いスタイルであって，コア・カテゴリーのアプローチと並べ替えにおいて生み出される創発的な理論的コード（TC）とを完全におろそかにしているのだ。したがって，「典型的な一事例の理論的モデルとの比較，そ

第16章 フォーマル理論を生成する

れから広く一般に受け入れられているアイディアの再定式化。この2つを通して分析的一般化を行なうことができる」とデイ (Dey, I, 1993, p. 227) は述べているが，この発言によって，デイはフォーマル GT に貢献してはいない。他の理論家たちには結構だろうが，しかしこれはフォーマル GT の生成ではないのだ。

特定領域理論を一段階上げる形で書き直すことは，フォーマル理論のように思えてしまう可能性があり，フォーマル理論に様々な含意を提供してくれるが，しかしこれはフォーマル GT ではない。それはせいぜい，新データとの比較によってその生起を待ち受けているフォーマル GT なのであり，コア・カテゴリーの一般的含意に単に乗っかっているにすぎない。それは，一つのフォーマル理論を生成する方向へと向かう適切な一ステップでありうるが，しかしフォーマル理論そのものではない。その抽象化はまさに一つのフォーマル GT のように思えるものだ。例えば，「看護師になる」ことに関する理論は，特定領域の言葉という限定を外すことによって，「専門家になる」という理論として——さらに言えば，社会化の一側面である「なること一般(ビカミング)」という理論としてさえ——，書き直すことができる。あるいは，歯科医の間での「警告的規制」の理論は，歯科医たちへの関連づけという限定を外して，「警告的規制」の一般的な4類型として書き直すことができる。あるいは，牛乳配達の話のために「主婦を啓発する」理論は，牛乳配達員への特定領域的な関連づけという限定を外して，利益もしくは娯楽のために「顧客を啓発する」理論として書き直すことができる。要するに，特定領域の諸特質という限定を外すという形で書き直すことによって，調査研究者は自分の仕事の概念的レベルを機械的に上げているのである。そうした調査研究者は，異なった特定領域の概念的比較分析をすることによって自分の理論範囲をフォーマルのものにまで広げるための調査研究をやったというわけではないのである。この（書き直しという）やり方は，それが応用できたかもしれない多様な特定領域分野における多くの諸条件や偶発的事件やコンテクストとは，うまく適合することも実効性を持つことも関連性を持つこともできないのである。前章（訳者注：ここで転載している『フォーマル GT の実践』(Glaser, 2007) という著作の中の前の章のこと）で述べておいたように，この最後のセクションは，フォーマル GT のふりをしているか

第Ⅳ部　グラウンデッド・セオリーの前進

もしれないしそうでないのかもしれない無数の調査研究スタイルの一つのサンプルにすぎない。それらの調査研究スタイルは，いまだ盛んに見られるもので，私はそれらのスタイルにフォーマル GT を追加したにすぎないのであって，それらを打倒したり無効にしたのではない。私はただ，クラシック・フォーマル GT を一つの選択肢として提案しているにすぎない。そしてこのフォーマル GT は，適合性と関連性と分析者の心を摑む永続的な魅力をもって実効性を発揮するものなのである。

最後に，私は本章がフォーマル GT 理論家たちを前に進ませ，そして彼らがフォーマル GT を生成するための正しい軌道を進んでいく刺激になるものと固く信じている。確かに GT は，一群の厳密な手続きであるというだけでなく体験的方法論でもある。したがって，フォーマル GT がどのように生成されるのかという点を十分に理解し始めこれを実践するスキルを開発するためには，読者はフォーマル GT を実践するという体験をおそらくしなければならないだろう。何はともあれ，フォーマル GT を生成することを試みるためには，理論家は，少なくとも何らかの概念化のスキルを持って，データを超越することができなくてはならないのである。

原注
(1) 本章は以前，B. グレーザー『フォーマル GT の実践——一つの提案』(Glaser, B., 2007) に公表されたものである。

訳者注
〔1〕 原文では〈Kearny, Generating Formal Theory, op cit. p. 255〉となっているもの。GT 分野で活躍している研究者として 'Kearny' 氏が存在する可能性は否定できないが，訳者としては，章末に掲載する研究業績のタイトルから推して，ここで 'Kearny' とあるのは，'Kearney, Margaret H.' のことではないかと考えている。その Kearney 氏のサイト（→〈http://www.son.rochester.edu/faculty/detail/mkearney〉〔16・03・26 にアクセス〕）の 'Publications' セクションに行ってみた限りでは，上記のようなタイトルの文献は見当たらない。

　　近い論文としては，Kearney, M. 1998；2001；2007 の 3 つが挙げられるが，いずれも該当頁にいきつけないのが難点である。

〔2〕 原文では〈"Strategies of Qualitative Analysis", op cit. p. 175〉となっているもの。誰の著作かは不明。ネット情報で Vaughan 氏の Curriculum Vitae〔→〈http://

sociology.columbia.edu/files/sociology/vita_2014.pdf〉〔16・03・26にアクセス〕〕を見た限りでは，そういったタイトルの論文や書籍は見当たらない。また原著者であるグレーザー氏にメールで問い合わせたところ，GT の改造批判の論文（Glaser, B. & Holton, J., 2004）が送られてきた。その文献中には本文で主題的に取り上げられている 'theory elaboration' に関する言及は見られないので，なぜこの文献が言及されたのかについては不明のままである。

参考文献（訳者作成）

Alvesson, M. & Skoldberg, K. (2000). *Reflexive Methodology : New vistas for qualitative research.* Sage Publications.

Burawoy, M. et al. (1991). *Ethnography Unbound.* Berkeley : University of California Press.

Charmaz, K. (1973). *Time and Identity : The shaping of selves of the chronically ill.* Unpublished PhD Dissertation. University of California, San Francisco.

Creswell, J. W. (2003). "2. Review of the Literature," in *Research Design : Qualitative, quantitative, and mixed methods approaches.* Sage Publications.

Denzin, Norma K. & Lincoln, Yvonna S. (eds.) (1998). *Strategies of Qualitative Inquiries* (*Handbook of Qualitative Research* Paperback Edition, Vol. 2), Sage.

Dey, Ian (1993). *Qualitative Data Analysis : A User-Friendly Guide for Social Scientists.* London & New York : Routledge.

Eisenhartdt, K. (2002). "Building Theories from Case Study Research," in Huberman, A. M. & Miles, M. B. (eds.) *The Qualitative Researcher's Companion : Classic and Contemporary Readings.* Sage Publications.

Glaser, B. G. (1978). *Theoretical Sensitivity : Advances in the methodology of grounded theory.* Mill Valley, CA : Sociology Press.

Glaser, B. G. (1994). "Organizational Career : A formal theory," in *More Grounded Theory Methodology : A reader.* Mill Valley, CA : Sociology Press.

Glaser, B. G. (1998). *Doing Grounded Theory : Issues and discussions.* Mill Valley, CA : Sociology Press.

Glaser, B. G. (2001). *The Grounded Theory Perspective : Conceptualization contrasted with description.* Mill Valley, CA : Sociology Press.

Glaser, B. G. (2003). *The Grounded Theory Perspective II : Description's remodeling of grounded theory methodology.* Mill Valley, CA : Sociology Press.

Glaser, B. G. (2005). *The Grounded Theory Perspective III : Theoretical coding.* Mill Valley, CA : Sociology Press.

Glaser, B. G. (2007). *Doing Formal Grounded Theory: A proposal.* Mill Valley, CA: Sociology Press.

Glaser, B. G. (ed.) (1993). *Examples of Grounded Theory: A reader.* Mill Valley, CA: Sociology Press.

Glaser, B. G. (ed.) (1994). *More Grounded Theory Methodology: A reader.* Mill Valley, CA: Sociology Press.

Glaser, B. G. & Holton, J. (2004). "Remodeling Grounded Theory" in *Forum: Qualitative Social Research,* 5(2), Article 4. = FQS (http://www.qualitative.research.net/fqs/)

Glaser, B. G. & Strauss, A. L. (1965). *Awareness of Dying.* New York: Aldine Publishing Company. (=1988, 木下康仁訳『「死のアウェアネス理論」と看護——死の認識と終末期ケア』医学書院)

Glaser, B. G. & Strauss, A. L. (1967). *The Discovery of Grounded Theory: Strategies for qualitative research.* Chicago: Aldine Pub. Co. (=1996, 後藤隆・大出春江・水野節夫訳『データ対話型理論の発見——調査からいかに理論をうみだすか』新曜社)

Glaser, B. G. & Strauss, A. L. (1971). *Status Passage: A formal theory.* Chicago: Aldine Publishing Co.

Granovetter, M.(1995). *Getting a Job: A Study of Contacts and Careers* (second edition), The University of Chicago Press.

Heaton, J. (2004). *Reworking Qualitative Data.* London: Sage.

Kearney, M. H. (1998). "Ready to wear: Discovering grounded formal theory," *Research in Nursing and Health,* 21, pp. 179-186.

Kearney, M. H. (2001). "New directions in grounded formal theory," in R. Schreiber & P. N. Stern (eds.) *Using Grounded Theory in Nursing,* New York: Springer, pp. 227-246.

Kearney, M. H. (2007). "From the sublime to the meticulous: The continuing evolution of grounded formal theory," In K. Charmaz & T. Bryant. (eds.), *The Sage Handbook of Grounded Theory,* Sage Publications, pp. 127-150.

Krimsky, S. & Golding, D. (eds.) (1992). *Social Theories of Risk.* Praeger.

Locke, K. (2001). *Grounded Theory in Management Research.* Sage Publications.

Morse, J. (2001). "Situating grounded theory," in R. S. Schreiber & P. Noerager Stern (eds.), *Using grounded theory in nursing.* (pp. 1-15), New York: Springer.

Morse, J. et al. (1922). "Comparative Analysis of Conceptualization and Theories of Caring," in *Qualitative Health Research.* Sage Publications.

McCallin, A. (2003). "Grappling with the literature in GT study," in *Contemporary Nurse*. 15, pp. 61-69.

Mullen, P. D. (1993). "3. Cutting Back After a Heart Attack: An Overview," in Glaser, B. (ed.), *Examples of Grounded Theory: A Reader*. Mill Valley, CA: Sociology Press, pp. 45-66.

Silverman, D. (2000). *Doing Qualitative Research: A Practical Handbook*, Sage.

Stake, R. E. (1998). "4. Case Studies," in Denzin, N. K. & Lincoln, Y. S. (eds.). *Strategies of Qualitative Inquiries* (*Handbook of Qualitative Research*. Paperback edition, Vol. 2). Sage.

Strauss, A. (1994). "Discovering new theory from previous theory" in Glaser, B. (ed.) *More Grounded Theory Methodology: A reader*. Mill Valley, CA: Sociology Press.

Van Maanen, J. (ed.) (1983). *Qualitative Methodology*. Sage. An updated reprint of the December 1979 issue of *Administrative Science Quarterly*.

Vaughan, D. (1992). "Theory Elaboration: The heuristics of case analysis." in H. Becker & C. Ragin (eds.). *What Is a Case?*. Cambridge University Press, pp. 173-202.

Wiener, C.(2000). *The Elusive Quest: Accountability in Hospitals*. New York: Aldine de Gruyter.

第17章	フォーマル・グラウンデッド・セオリーの生成を振り返る

トム・アンドリュース

　フォーマル・グラウンデッド・セオリー（formal grounded theory, 以下，フォーマル GT）を生成するということは，概念レベルでの新しい比較を探し求めて，元にした特定領域（substantive area）から，その外部へと出向いていくことを意味する（Glaser & Strauss, 1967）。フォーマル GT は，特定領域グラウンデッド・セオリー（substantive grounded theory, 以下，特定領域 GT）のコア・カテゴリー（core category）の概念レベルでの拡張であり，この拡張を，グラウンデッド・セオリー（以下，GT）を産出する手続きを活用して行なうのである（Glaser, 2007）。論理的には特定領域 GT の次の研究段階である。フォーマル GT が現在きわめて少数しかないのは，生成するのがそれだけ難しいからであり，あるいは，生成を請け合うほどには元にした特定領域 GT が十分に展開されていないからである（Glaser, 2007）。本章では，「悪化する事態の進行（worsening progressions）」についてのフォーマル GT を創り出すための私自身の努力に対して検討を加えたい。いくつかの落とし穴と，それらをどのようにして避けるかについても概略を述べたい。

1　出発点としての一般的含意

　始まりは，私が，成人一般病棟（内科・外科）で働いている看護師と医師にインタビューを行なって，次のような発見をしたことであった。それは，「（患者の病状が）悪化する事態の進行」をいち早く探り当てようとする時に，看護師はソフト・サイン（soft signs, 訳者注：名状し難いきざし。エビデンスとして取り上げることができる徴候の範囲には入らない）を頼りにするが，医師の方はハー

ド・サイン（hard signs，訳者注：確実で明示できる徴候。つまりエビデンスとして取り上げることができる徴候）を頼りにするということである。「（患者の病状が）悪化する事態の進行」を探り当ててそれを可視化しようとしている看護師の主要な関心事は，この事態の，医師への照会を確実に成功させることであり，その狙いは，介入権限のある医師たちに介入をするようにと説得することなのである。お互いの信頼と尊敬に基づいて両者の間に存在している信頼関係が，このプロセス全体で最も重要なことなのである。この特定領域 GT を拡張してフォーマル GT の展開を始めるために，私は，別の場所，つまり集中治療室，手術室，救急部，新生児集中治療室で働いている看護師にインタビューをすることにした。インタビューを行なったが，新しい諸カテゴリー（categories）や諸特性（properties）は何も出現しなかった。これは，元の諸カテゴリーが飽和していたことを確かめることになった。そこで私は，健康（health）という特定領域からその外部へと出向いていき，大学のカウンセラーにインタビューを行なうことにした。インタビューが完成するとすぐに，私は文献を相手に理論的サンプリング（theoretical sampling）をして分析を行なうことに進んだ。フォーマル GT の展開に取りかかる前には重要なことがあって，それは，元にする特定領域 GT の一般的含意（general implications）を，調査研究者が十分に理解していることである。

　私の特定領域 GT が生み出された時に私は，その理論の一般的含意に気づいていなかった。率直に言って私は，一般的含意ということの意味を理解していなかったのである。GT を学んでいる学生の大多数がそうであるように，私も，助言者なしの状態だった。論文に，私の理論の一般的含意の側面を考察するセクションを追加して書くように求められた時，私は，既に書いた文脈と理論の構成単位の範囲内で執筆を行なった。つまり，悪化する事態を，健康の文脈の中で論じたのであって，悪化する事態一般としては論じなかったのである。このことをようやく実感として了解したのは，もっと後になってからだった。つまり，産出された理論の一般的含意ということが何を意味しているかを私が理解するようになったのは，GT の読解を続けたからであり，カンファレンスで何回か発表した後に参加者たちからコメントをもらってからのことである。カンファレンスでは，何人もの参加者が私のところにやって来て，家族の成員

や友人や職場の同僚の中で「悪化する事態の進行」について，言葉には表し切れない微妙な手がかり(インディケーターズ)に気がついた話をしてくれた。ある人は，図書館司書として働いていた時に，一人の同僚がコミュニケーションをあまりしなくなってきたというような変化に気がついて，何かよくないことが起こっているのだとわかったのだと語ってくれた。そして直属の上司に仲に入ってくれるように願い出たのだが，ソフト・サインに基づいていたために，彼女は介入の必要性について上司を説得できなかった，ということであった。こうして一般的含意ということを理解したので，私は，フォーマル GT を生成しようと考え始めたのである。当時出版されたばかりの，フォーマル GT を扱った最新の書物（Glaser, 2007）が，さらに勇気を与えてくれた。

グレーザーとホルトン（Glaser & Holton, 2007〔訳者注：私信〕）は，私の特定領域 GT の一般的含意を認識して，次のように書いて寄こしてくれた。そこには，「私たちは誰もが，何か悪化を思わせるようなことを可視化する，それも長い間に身につけてきた直観に基づいて可視化するという立場におかれています。直観は，経験と知識の結合体ですから，直観に基づいて可視化すると，こんどは，私たちは，そのことについて多少ともどういったことをすべきかを理解することを必要とするようになります。その中には，『悪化する事態の進行』が起こっていることを重要な他者にどうやって説得するか，また，ソフト・サインに基づいて，どうやって確実に他者の協力を得るかなどがありますが，それだけではなく，関わりのある社会的構造をどうやって統御(マネジ)するか，ということも含まれます。」と書かれていたのである。お２人からのこのフィードバックは，より一般性の高い含意についてさらに考察を進めるようにと私を刺激してくれ，そして私は，フォーマル GT が生成される可能性があると確信したのである。しかし，このような試みを企画するには，その前に，元にする特定領域 GT の一般的含意に，注意深い考察を加えてその正体をつかんでおくことが必須である。そのようにして捕えられた一般的含意こそがフォーマル GT 生成の出発点であり，そして，一般的含意を捕えていく時の中心になるのは，良いメモを作ること（writing good memos）である。私は本章でこのように提案したい。

2 漸進的拡張

　フォーマル理論の生成においては，データの収集のためにフィールドに入ることは，特定領域理論を産出する時に必要なほどには必要ではない。それは，理論的サンプリングを，データの収蔵庫によって，つまり学術誌の諸論文などから行なうことができるからである (Glaser, 2007)。このことを念頭において私は，親としての関与，悪化しつつある諸関係，関係レベルでのコミュニケーションといった検索用語を用いて包括的な文献検索に勇んで乗り出していった。私はまず，追加の諸コンセプトとその諸特性を注意深く産出して，元のコア・カテゴリーの一般的含意を拡張することから始めた。最初はこれを健康（ヘルス）というフィールドの内部で，しかし，ヘルスケアに携わる専門職の視点ではなく，親族の視点から行なった。

　一つのコア・カテゴリーの一般的含意（複数）には，どの方向へも誘導していくだけの潜在的な力があるので，最初の文献検索の範囲を広げるようにいざなわれてしまうかもしれない。例えば，私の場合は，最初の検索にあたって，悪化しつつある個人的関係だけでなく，仕事上の友人関係と婚姻者間の関係の文献も含むように広げたのである。私は，その上に，悪化しつつある看護師－患者の相互作用や専門職による支援の文献も含めた。「わずかの文献でも大いに役に立つのだから，文献の収蔵庫ともなれば桁違いに役に立ち，それで十分なことが多いのである」(Glaser, 2007)。ただし，私が研究していた健康（ヘルス）というフィールドには，そのような収蔵庫ははっきりとは見えてこなかったのだが。しかし，一般的含意に誘われるまま検索を開始した当初に広い範囲で検索をした影響で，注意深く理論を展開するには多様性がありすぎる諸領域にまたがる形で文献を比較するという結果になってしまったのである。これとは違ったやり方がある。それは，検索が性急に拡大されすぎていないことを保証しながら，多様性を封じ込める手段として比較データを得る道筋を選ぶというやり方である。そうした仕組みの一つとしては，ヘルスケア一般というような同一の特定領域の内部で諸文献を注意深く考察し，それらの文献を絶えざる比較 (constant comparison) のために活用しながら理論的サンプリングを行なう，という

ものがある。こうすることによって，多様なフィールド——つまり，ヘルスケア，個人的関係，友人関係，婚姻上の関係などといった多様なフィールド——にわたる諸文献を比較することになるのを避けるのである。フォーマル GT を生成する時には，まず一つの特定領域の内部で，絶えざる比較とメモを作ること（memoing）をとおしてサンプリングを行ない，それから少しずつ他の複数の特定領域へと広げていくことが必要である。この拡張作業が早まって行なわれた場合には，概念の飽和が不適切なものとなり，カバーする文献の範囲が広すぎる形でサンプリングする方向に通じていく可能性がある。これは，無制限の多読に帰着する潜在的な力をもっている。分析作業の範囲を拡張する前に一つの特定領域の内部でサンプリングをすることによって，境界が提供されることになり，理論的サンプリングに秩序がもたらされるのである。複数の特定領域への拡張作業が早まったものになるのを避けるためには，一つの特定領域の内部で飽和に達するまで理論的サンプリングを行ない，それができてから，元のコア・カテゴリーの一般的含意を拡張するためのデータになりそうな別の資源へと進み，このようにして漸進的にフォーマル理論を構築していくのである。さらに言えば，数多くの異なる特定領域で同時にサンプリングをすることは，概念化ではなく，概念を記述することへと導くことになるのである。

　覚えておくべきもう一つの重要なポイントは，コード化の手順を省略するように誘惑されがちだということである。文献には概念が豊富にあるからである。遅々として進まないコード化に携わるよりは，既成の概念を利用しようとする誘惑である。これは次の２つの結果をもたらすことになる可能性がある。一つは，飽和していない概念であり，もう一つは，指　標（インディケーター）が一つしかない概念である。後者は，概念の数が多すぎるという結果に帰着する。フォーマル GT を生成するためのコード化は，元にしたコア・カテゴリーが既に発見されているので，選択的なものなのである（Glaser, 2007）。助言ははっきりしている。別の特定領域へと歩みを進めていく前に一つの特定領域を飽和させよ，ということである。

3 文献をデータとして活用すること

　元にした特定領域外の文献を読むのは，私にはとても興味深い経験だった。関係についての文献では，量的方法論を活用した調査研究が優位を占めていることに驚かされた。例えばカップルはどのようにコミュニケーションをするかを，コミュニケーション・パターン質問紙を用いて調査し，男性と女性はコミュニケーションが異なっていることを証明した研究（Vogel et al., 1999）があった。この差異を表す用語は学界で既に確定されていたので，この研究は，差異が存在することを単純に確認したのである。このようなタイプの量的方法で生成された文献をデータとして GT 研究で活用することは難問を提起することになる。というのは，そうしたデータは純粋に統計学的な性質のものであり，概念がほとんどなくて，行動的指標が何もないからである。GT においては，行動的指標が概念を産出するための基礎を形成するので，このようなタイプの研究を読んだ経験から，私は，行動的指標が何もない場合には，その研究を GT の研究に活用するのは実際のところ非常に困難だという結論に至った。文献を活用する目的は，フォーマル GT の文脈では，「概念レベルでの比較を行なうために新しい指標を生成する」（Glaser, 2007）ことなのだから。純粋に統計学的な研究から概念が出てくることはあり得るかもしれないが，その概念の指標を明示し得るか否かという点になると，より一層疑問である。一方，仮説をテストするタイプの量的研究には，指標を生成する潜在力がより多く備わっている。例えば，仕事上の友人たちを調査したある研究は，次のような仮説を生成した。「直属の上司に対して親しさを感じる機会がより多いと認識すると，それは被雇用者の働く態度をポジティブな方向に導く」（Song & Olshfski, 2008, p. 154）。興味深いことに，この論文は，得られた結果を，「潜在的構成概念全体についての多面的な諸指標（p. 155）」という観点から考察している。GT とこの研究の違いは，この研究の焦点が統計学的関係性を確立し概念を定義することに置かれているのに対して，「GT の焦点は，概念の特定化（concept specification）に置かれている」（Glaser, 1978）ことである。私の経験では，量的方法論文の性質次第では，概念を特定化するために量的データを活用する

ことができる。言い換えれば,量的データは,その研究で生成された仮説がどのような時に,どのような環境において正しさを維持するかを特定化する理論的コードを供給することができるのである。

　私は,ヘルスケア文献だけではなく,結婚生活のコンフリクト状況におけるコミュニケーションに関する文献も比較した。こうすることによって,元の特定領域 GT において産出されていた諸概念の諸特性を拡張することができたのである。例えば,「悪化する事態の進行」を指し示すものとして,「コミュニケーションに気づくことの重要性」と新しいカテゴリーである「コミュニケーション上の距離を置く (communicative distancing)」を発見した（ちなみに,後者の新カテゴリーの2つの特性である「防衛的反応」と「コミュニケーション上の撤退」は結婚生活のコンフリクト文献〔Roberts, 2000〕から生成されたものである）。目的意識的探求によって,ソフト・サインが掬い上げられ文脈化される可能性は増大するのである（ちなみにそうした可能性は,ヘルスケア文献〔Wuest, 2000〕において発見されたものである）。当初に私が持っていた概念は,「基準線を引く (baselining)」であった。しかし,この新しい言い回しの概念,つまり「コミュニケーション上の距離を置くこと」は,普通に進行している事態がどのように定着されるのかを,はるかに効果的に捕えたのである。後者の概念の意図は,その人にとって何が普通かを明らかにして,普通の「基準線 (baseline)」からのどんな偏りも可視化することができるようにすることである。これとは対照的に,私の経験では,量的調査諸研究のデータを読解することは,概念があまり豊富ではなく,そのせいで限界がある。量的調査データを読解することは,概念とその特性を生成するという点においては,あまり効果がないのかもしれない。量的調査研究の主要な関心は事実を生成することなのだから。文献をデータとして活用することは,（GT にとっては根本的なものだが）開発させることが必要な技能である。そうした形での文献活用は,博士課程の大学院生の技能開発のカリキュラムには普通含まれていないからである。

4　サンプリング戦略とメモの重要性

　私は,「悪化する事態の進行」を,一般的なプロセスの場合と専門職の活動

プロセスの場合とに区別しなかった。このことが，後に起きるいろいろな問題の原因になった。というのは，この区別が，コア・カテゴリーの概念レベルでの綿密な仕上げのための道しるべになるからである。元にしたのが，一般的含意をもった一般的プロセスとしてのコア・カテゴリーなのか，専門職のそれなのかを区別しておくことは重要である。例えば，私が元にした特定領域 GT は専門職の活動プロセスを対象にしたものであって，「（患者の病状が）悪化する事態の進行」をヘルスケアの専門職たちがいかにして掬い上げて報告するかに関わるものであった。そして，この論点について，メモを作ることを通して徹底的に考え抜くことの方が，先に進んでいって別の特定領域の文献の理論的サンプリングをすることよりも重要なのである。私は，ソーシャルワーカーのような，ヘルスケア以外の専門職が，どのようにして「悪化する事態の進行」を掬い上げているかに関わる文献を，もっと注意深くサンプリングしていればよかったのかもしれない。このことを私は，暗黙のうちにはわかっていたのだったが。というのは，初めは，私はソーシャルワーカーをインタビューすると決めていたのだから。つまり，家族や囚人サービス，メンタルヘルスなどの異なる領域で働いているソーシャルワーカーをインタビューの対象者にしていたのである。元にした特定領域 GT を，専門職の活動プロセスとして展開するか，それとも，より一般的なプロセスとして展開するのか，どちらに焦点を置くかを，着手する当初に決定しておくこと。これはどうしてもしなければならないことなのである。文献の収蔵庫が見当たらない状況においては，文献一般をただサンプリングするのではなく，サンプリングの戦略を展開することは避けて通れない。例えば，元にした理論が産出された特定領域と類似した特定領域でサンプリングを開始し，それから，注意深く選択的サンプリング（selective sampling）を行なって，他の領域におけるコア・カテゴリーを求めることもできるかもしれない。こうすることで，焦点を確実に保持して文献検索をすることができるであろう。

　グレーザーが常に警告しているように，GT のプロセスのどの部分も省くことはできない。私の場合がそうであったのだが，特定領域 GT を展開している間のようには頻繁にメモを作らなくなる傾向がでてくるかもしれない。しかしこれは誤っている。もしメモを作ることが本来あるべきように行なわれない

ならば，おそらく，理論は統合性を欠き，概念レベルで書かれるというよりもむしろ記述レベルで書かれる確率がそれだけ高くなるであろう。メモを作ることは，特定領域 GT の産出においてそうであるのとまったく同様に，フォーマル GT を展開する際の中心を依然として占めているのである。それどころか，「メモを作ることがよりいっそう強調される（Glaser, 2007）」のである。

　フォーマル GT の生成において，データとして文献を活用することを試みる場合には，概念レベルで書くことが，さらに難しい課題となる。調査研究方法論を学ぶコースや，とりわけ大学院におけるその訓練では，論文の考察セクションで，得られた論点の裏付けを与えるために諸文献をどのように活用するかを学生に教えている。私の知る限りでは，メタ統合の形で，現存する研究結果を統合することに焦点を置くものはあるが，諸文献をデータとして質的調査研究の中で活用することを主題にしている方法論の書物はない。しかし，「メタ統合は，解釈学的伝統に基づいているので，概念レベルでの比較というよりは記述レベルでの比較に依拠する傾向がある（Zimmer, 2006）」。その狙いは，現象の十分な理解を記述レベルで展開すること，あるいは理論を記述レベルで生成することである。したがって，概念レベルで論文を書くにはどうすればよいかの道案内を求めて文献に期待を寄せるという選択肢は，無いのである。質的調査研究では，調査研究の環境や観察した相互作用と文脈を記述するにあたって，「濃密な記述（thick description）」に価値を置き，記述を，行動的指標と概念，および理論的コードを明示するための非常に豊かな源泉にしあげていくのである。フォーマル GT を書きあげるにあたっては，文献を，書かれていることを証拠立てするという伝統的な考え方で活用するのか，それとも GT の考え方で活用するのかを区別することが重要である。フォーマル GT では，文献はデータとして活用されるのであって，見出された論点を確認するためのものではない。もし後者の考え方で活用すると，論文は概念レベルというよりもむしろ記述レベルのものになりやすいであろう。フォーマル GT においては，文献は，記述レベルでの比較ではなく，概念レベルでの比較のために活用されるべきなのである。

第17章 フォーマル・グラウンデッド・セオリーの生成を振り返る

5 結　論

　フォーマル GT を生成するのは魅力的だが困難(チャレンジング)な課題である。しかし，そのことが調査研究者たちに生成を思いとどまらせることはないはずである。元にしたコア・カテゴリーの一般的含意が明らかにされていさえすれば，その特定領域 GT の一般的含意を漸進的に拡張することによって，注意深い生成が保証される。漸進的拡張は，調査研究の戦略によって可能になる。特に，文献の理論的サンプリングに関しては，境界を設定することが，焦点を失った文献検索をするのを確実に避けさせてくれる。フォーマル GT の諸概念とその諸指標を生成するには，質的研究が，量的研究に比較してより有用のようである。一方，量的研究は，仮説に関して有用である可能性がある。GT のプロセスのどのステップも省略することはできず，またメモを作ることの重要性は，フォーマル GT の生成においてよりいっそう強調されるのである。

参考文献

Anderson, W., Arnold, R. & Angus, D. (2009). Passive decision-making preference is associated with anxiety and depression in relatives of patients in the intensive care unit. *Journal of Critical Care*, 24, pp. 249-254.

Glaser, B. (1978). *Theoretical Sensitivity*. Mill Valley, CA : Sociology Press.

Glaser, B. (2007). *Doing Formal Grounded Theory : A Proposal*. Mill Valley, CA : Sociology Press.

Glaser, B. G. & Holton, J. A. (eds.) (2007). *The grounded theory reader*. Mill Valley, CA : Sociology Press.

Glaser, B. & Strauss, A. (1967). *The Discovery of Grounded Theory*. New York : Aldine De Gruyter.（＝1996，後藤隆・大出春江・水野節夫訳『データ対話型理論の発見——調査からいかに理論をうみだすか』新曜社）

Kearney, M. (2001). New directions in Grounded Formal Theory. In R. Schreiber (ed.), *Using Grounded Theory in Nursing* (pp. 227-246). New York : Springer Publishing Company.

Roberts, L. (2000). Fire and ice in marital communication : hostile and distancing behaviors as predictors of marital distress. *Journal of Marriage and Family*, Vol.

62 No. 3, pp. 693-707.

Sias, P. R. (2004). Narratives of workplace friendship deterioration. *Journal of Social and Personal Relationships*, Vol. 21 (3), pp. 321-340.

Song, S. & Olshfski, D. (2008). Friends at work : a comparative study of work attitudes in Seol city government and New Jersey state government. *Administration and Society*, Vol. 40, No. 2, pp. 147-169.

Verhaeghe, S., Defloor, T., Van Zuuren, F. & Duijnstee, M. (2005). The needs and experiences of family members of adult patients in an intensive care unit : a review of the literature. *Journal of Clinical Nursing*, (14), pp. 501-509.

Vogel, D., Webster, S. & Heesacker, M. (1999). Dating relationships and the demand/withdraw pattern of communication. *Sex Roles*, Vol. 41, No. 314, pp. 297-306.

Wuest, J. (2000). Negotiating with helping systems : an example of Grounded Theory evolving through emergent fit. *Qualitative Health Research*, Vol. 10, No. 1, pp. 51-70.

Zimmer, L. (2006). Qualitative meta-synthesis : A question of dialoguing with texts. *Journal of Advanced Nursing*, 53(3), pp. 311-318.

第18章 理論生成から構造的方程式モデリングを用いた検証へ

マーク・ローゼンバウム

　グラウンデッド・セオリー（以下，GT）の理論家たち，特に上級の博士号取得を追求する人たちは，自分たちが GT の方法論を選択したのは，量的なものより質的データまたは質的方法を好んでいるからなのだろうかとしばしば疑問を持つ。不幸なことに，多くの経験主義者たちは，どのタイプのデータからでも GT が生成できることを理解していないのである（Glaser, 2008）。さらに言えば，「質的」対「量的」という問いかけは，より本質的な問い——つまり，調査研究者が従事しているのは，理論生成なのか，それとも理論検証なのかという問い——のための単純化された外観にすぎないのである。GT は理論生成に帰結することになる帰納的方法論である。そしてこの理論生成には，その次の研究段階において，経験的に検証することのできる命題や仮説が含まれているのである（Glaser & Strauss, 1967）。こうして，GT 理論家たちが研究を終える時点で典型的な形で直面する疑問は，自分たちの研究は理論的生成段階でのものなのか，それとも，理論的検証段階でのものなのか，というものである。前者は，ほとんどの GT 研究に当てはまるものだが，後者の場合には，将来の経験的研究において最初に生成した GT 理論の経験的な検証が必要となる。

　GT は理論生成段階で成功裡に終了するものではあるが，調査研究者たちの中にはそれに続く研究において，それらの提案された GT の検証を実地に行なうことによって，理論的トライアンギュレーション（三角測量）を採用するという選択をする者も出てくるかもしれない。こうして GT 調査研究者たちは，理論生成の研究とそれに続く理論検証研究を発表の場を変えて提示するか，あるいは両者を結合する形で（トライアンギュレーションして）同じ発表の場で提示することになるかもしれない（トライアンギュレーションの例については，

Rosenbaum, 2006, を参照）。実際，理論的トライアンギュレーション，すなわち単一の研究で理論生成と理論検証とを同時に行なうことは，すぐれた調査研究能力の典型を表しており，「質的／（理論）生成」対「量的／（理論）検証」という不毛な論争を使って挑戦することが（専門家を自任する論者たちには）困難な研究を生み出すことになる。

　本章の目標は，調査研究者たちが GT および構造方程式モデリング（structural equation modeling, 以下，SEM；広範囲なレビューについては，Lei & Wu, 2007, を参照）をどのように採用できるのかを示すことである。つまり，理論生成とそれに続く検証というやり方で，IBM SPSS Amos ソフトウェア（Arbuckle, 2007；www.amosdevelopment.com）を使用するという形である。SEM ソフトウェア・プログラムについては，Mplus, LISREL, EQS および SAS（Proc Calis）を含めて，多くのプログラムが存在する。しかしながら，Amos のグラフィカル・インターフェースは，仮説として設定された諸関係間の回帰係数を同時に得るものなので，このプログラムは，理論的創造と検証に従事する SEM 調査研究者たちにとっては自然な選択となる。なぜなら，それは，提案する理論を視覚的に描き出すために，調査研究プロジェクトの最終段階で例証となる説明図を提供しようという者が GT の理論家たちの中から出てきた場合には，そうした説明図を反映しているからである（例示的な実例に関しては，Glaser, 1978, 第4章および Glaser, 2005, 第2章，を参照）。グレーザーとストラウス（Glaser & Strauss, 1967, p. 32）は，GT 調査研究者たちが特定領域型理論やフォーマル理論を提示する際には「討論形式」を採用することを勧めている。このタイプの理論的提示の仕方は，理論が「常に展開を続けている」ことを示唆しているからである。しかしながら，彼らはまた，「その時点での（理論的）所産」（p. 32）を表す画像を念頭に置きながら GT 理論を画像的な業績として提示することを好む GT 調査研究者たちがいるかもしれない，とも述べている。言い換えれば，視覚化された画像は，提案された GT 理論が完成品であることを連想させるものである。したがって（読者に理論的説明図を提供する）GT 調査研究者たちは，「プロセスとしての理論というもの」は常に展開過程にあり，不断の発展状態にあるのだということ，この点について読者に注意を喚起しておくべきである。GT 調査研究者たちは SEM を通して「その時点で

の理論的所産」を「その時点で検証」してもよい——もしかしたら，人はこのように結論を下してもよいのかもしれない。

　先行する GT 研究あるいは社会学的概念化（例えば Glaser, 1978; 2005）から創発的に出現した，現存するコード化群が存在するわけだが，本章では，Amos を使いながら，それらのコード化群を追加的な SEM 研究でどのように直接的に検証することができるのかを明らかにする。グレーザーのスタイルで提案されるコード化群の例示的画像を補足するために，本章では，Amos グラフィカル・インターフェースあるいはコマンドを用いると，これらの画像のうちのどれくらいのものが容易に採用可能になるのかを示すことにする。他の重要な SEM プログラム（つまり Mplus, SAS〔Proc Calis〕および EQS）の場合もそうだが，LISREL（www.ssicentral.com）もグラフィカル・インターフェースの選択肢を提供しているが，調査研究者たちは，キータッチで打ち込むデータ入力をしなければならず，このデータ入力によって，調査研究者が提案する理論の例示的表象に含まれる変数間の仮定された諸関係が指定されることになる。GT における理論検証のために Amos が支持されるのは，Amos を用いると将来時点での理論的検証の際に例示的コード化群の再現可能性が相対的に容易だという点がもっぱら信頼されているからである。しかしながら，調査研究者たちは，キータッチでのデータ入力で行なわれる SEM プログラムを採用することによっても同じ回帰係数を得ることができる。GT の理論家たちは SEM のスキルを身につけなければならないし，Amos を使用する方法を学習しなければならないが，理論的トライアンギュレーションは，概念を「つかまえる」ことに付随する興奮と，それから理論的創造が理論的検証と同じくらい強力なものでありうるという知識，この双方を提供してくれる。最後になるが，（特にアメリカ在住の）GT 調査研究者たちは，理論的創造よりも理論的検証の方を好む学位論文審査委員会，専門雑誌の編集委員たち，研究助成金委員会に直面するだろう。経験的な研究傾向をキャリア上の制限と捉えるというよりも，GT 調査研究者たちは理論的創造を追求し，その上で（せいぜい一時的なものだろうが），理論的検証でもって専門家を自任している人々を満足させるべきである——このことを本章は提案する。

第Ⅳ部　グラウンデッド・セオリーの前進

1　イントロダクション

　GT と SEM は共に社会学という学問領域にその起源を持っている。GT は帰納的方法論を表しており，この方法論は，諸概念（もしくは構成概念）やそれらの概念間の提案された諸関係を含めて，オリジナルな諸理論を生み出すために創り出されたものである。他方，SEM は演繹的方法論であって，概念間の仮定された関係をテストするために用いられる。演繹的調査研究では，概念が変数として概念化されることに注意していただきたい。これらの方法の間にある本質的な相違は次の点にある。それは，GT 研究がパラグラフ（討論）形式で概念や仮定された関係性を生み出す傾向があるのに対して，SEM の方は，表形式もしくはグラフ形式のいずれかでこれらの概念やその諸関係を検証する，ということである。したがって SEM は GT 研究の自然な副産物なのである。SEM を用いるのに主な障害があるとすれば，それは，もしかしたら，GT 調査研究者が次の3つの作業を行なわなくてはならないということかもしれない。つまり，SEM を使用して提案された理論を検証するために追加的に理論的サンプリング（標本抽出）に従事すること，必須の SEM 技術を学習すること，それから前述の SEM プログラムのうちの1つを使用する方法を学習すること，この3つがそれである。

　SEM は，非常に多くの統計モデルを記述する一般的用語であって，これらのモデルは，アンケート調査か実験的方法論を通して収集された経験的な量的データでもって提案された一つのモデルの妥当性を——特にそのモデルの諸概念や仮定された諸関係の妥当性を——評価するために用いられるものである（Byrne, 2010 ; Lei & Wu, 2007）。さらに言えば，データは一次的なものでも二次的なものでもありうる。例えば，調査研究者たちは，一方で SEM でもって理論的検証用に現存するデータ・セットの一部を保持しながら，他方で，その同じデータ・セットから量的 GT を生成できるかもしれない（Glaser, 2008）。しかしながら，SEM は「すべてはデータである」というグレーザーの格言を厳守するものだということには注意していただきたい。したがって，SEM は，グレーザー（Glaser, 1978 ; 2005）が提起している代表的な多くのコード化群に

第18章　理論生成から構造的方程式モデリングを用いた検証へ

見られる回帰係数を同時に得るための本質的な手段なのである。

　より重要なことは，SEM は，潜在変数を評価するための主要な一手段だということで，これらの変数は，通常，観察される多様な尺度の集合によって示されている。例えば，GT 調査研究者は，まず初めに，「Z」と呼ばれる概念的カテゴリーを提案し（ちなみに，このカテゴリーはA，B，Cという関連した諸特性に基礎を置くもので，これらの諸特性はそのすべてが，質的インタビュー・データから創発的に出現してきていたものである），次に追加的なデータを収集し，その後，SEM 技術と Amos ソフトウェアを使って提案された理論を検証するという具合に，である。

　SEM のために Amos を採用することは有利である。グラフィカルな例示を提示する多くの GT 研究の場合とほとんど同じ最終的な提案ができるグラフィカル・インターフェースを Amos は使っているからである。言い換えれば，グラフィカルな理論モデルを提案する GT 理論家たちは，データ結果に基づいて提案されたモデルの「適合性」を評価するために，同じデザインを Amos グラフィカル・インターフェースに容易に適用することができるのである。例えば，Amos グラフィカル・インターフェースでは，調査研究者たちは図18-1に示される図を用いて，Z 理論を検証することができるだろう。

　しかしながら，理論生成から検証への移行は容易ではないかもしれない。SEM での検証段階では，意味のある結果を生むためには追加的データが必要とされるからである。その場合，アンケート調査か実験のための最小限のサンプルの大きさは，典型的には150-200人程度の回答者ということになる。したがって，SEM を使用して理論的な検証に従事する選択をする GT 調査研究者たちは時間と資源制約に直面するかもしれない。というのも，研究の経験的な部分では，GT を生成し，その次に，検証のための追加的なサンプリングが必要とされるからである。

　さらに，GT の理論的サンプリングの場合には，提案された理論を構成する概念的カテゴリーを広げるために標本分散を戦略的に得ることが GT 調査研究者たちに推奨されるわけだが，そうした理論的サンプリング段階とは違って，検証のためのサンプリングの場合には，GT 調査研究者たちには潜在的な標本分散を最小化することが必要となる。言い換えれば，SEM に従事する GT 調

第Ⅳ部　グラウンデッド・セオリーの前進

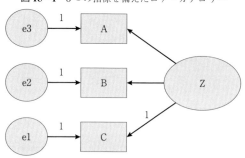

図 18-1　3つの指標を備えたコア・カテゴリー

査研究者たちは，自分たちが提案するモデルが新しいデータ・セットと「適合」しているかどうかを評価しているのであり，データ・セットの中の（新しい概念的カテゴリーを示しているかもしれない）説明されない分散は，提案されたGTの「適合性」の度合いを引き下げるだろう。その引き下げの度合いは，提案されたGTモデルが無効であると考えられるところにまで至るかもしれない。こうした限界にもかかわらず，経験主義者たちは，グラウンデッドなデータから創発的に出現しそれに続く研究において経験的に検証されるモデルの理論的な実体性に反駁を加えることは困難であると分かるだろう。

　図18-1の中で，Zは，概念あるいは場合によってはコア・カテゴリー（例えば社会的支援）を表している。そしてA（仲間関係），B（情緒的な支援），C（家事／雑用援助）の3つは，その概念に関係のある観察された諸特性で，これらには質的データによる裏づけがある。調査研究者は，GT研究で理論モデルを提案した後，これらA，B，Cを，ことによると（例えば，「大いに賛成」から「大いに反対」までの）5ポイントのリッカート・スケールの質問で測定するといった形で，3つのアンケート調査項目として使用するかもしれない。Amosでは，潜在変数は楕円形で，観測変数は長方形で，仮定された直接効果は矢印で，各々，表されている。e1, e2, e3という用語は，誤差項または従属変数中で説明されていない分散を示す残差を表しており，「1」の数値はAmosのための計測必要事項である。調査研究者は，実際のデータ・セットにグラフィカルなモデルを接続した後，提案されたモデルを「走らせ」，提案されたモデルと実際のデータとの間の仮定された適合性の基本的検証を行なう。例えば，

第18章　理論生成から構造的方程式モデリングを用いた検証へ

図18-1では，CはZの指標(インディケーター)であると仮定されているが，この関係がZの信頼できる指標ではないことを経験的なデータが明らかにする場合，モデルは「適合性が弱い」と見なされる。

提案された仮説的関係が統計的に有意ではないことを経験的な結果が示すことができたのだから，このパスの除去は，Amosの修正インデックス・オプションによって，サンプル・データとのよりすぐれた適合性を獲得することができることになる。こうしてGT調査研究者たちは，統計的有意性のないパスを削除すべきかどうかという一つの難問に直面することになるかもしれない（ちなみに，このパスは，帰納的に集められたデータの中にその起源を持つという事情から実質があるものとして仮定されていたものである）。しかしながら，有意性のない1つのパス（か複数のパス）を除去しても，そのことは恐らく提案された理論モデルを無効にするわけではない。むしろ，その除去が示唆しているのは，そのパスが有意性のあるパスほどには理論上実質があるものでも，新しいサンプルに一般化できるものでもないということである。提案された理論モデルが新しいサンプル・データには適合しないことを経験的な結果が示す場合，GT調査研究者たちは，理論的創造研究の経験的研究部分を考察すべきである。すなわち，もしも「すべてがデータである」のなら，（調査研究者が，仮定された諸関係が異なる可能性のある別のコンテクストを発見する場合には）モデル適合性の弱さは，元になるGT理論が追加的な修正を必要としていることを示唆している。こうして元の理論の理論的摑みは拡大されることになる。「データを持っている」ことで理論が抹消されるということはなく，むしろ変化が正当化される個所を浮き彫りにするという結論へと調査研究者は導かれるのである。

以下に続くセクションでは，AmosインターフェースでクラシックGTと元となるGTの理論的コードをどのようにグラフィカルに検証することができるかを探ることに注意を向けることにする。GT調査研究者たちには，それぞれの研究において理論的コードとトライアンギュレーションの両方を採用するように奨励する。GT調査研究者たちは，創発的に生み出されてくる理論的コードの発見に，しかも強制も先入見もないモードでの発見に，開かれたままでなければならない。本章では，実際の研究や現存する文献から創発的に出現してきたいくつかの古典的な理論的コードについて論じることになるが，これ

図18-2 観測変数がどのように互いに相関しているか相関していないかの実例

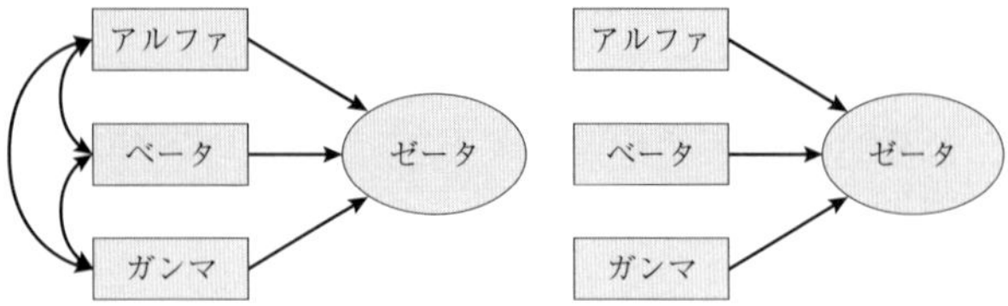

らのコードは，調査研究者たちが選択しなければならないコード化群をあらかじめ準備したパッケージを表しているわけではない。しかしながら，自分たち自身のデータの中の創発的パターンの理解を助けるために，GT 調査研究者たちはコード化群のうちのいくつかについてはこれに慣れ親しんでおくべきである。GT の特定領域のコードがどのように互いに関係し合うものかという点を理論的コードが概念化すること——このことは公理のように自明なことかもしれないが，GT 研究がすべてそうである必要はない（Glaser, 2005）。ただし，理論が持つ概念上の把握は，それらなしでは多少弱まってしまうけれども。

2　因果モデル

　因果モデルは多くの GT 研究に普及している。図18-2では，コア・カテゴリーであるゼータ（例えば子どもの学校に対する満足感を表すかもしれない）が，3つの概念的カテゴリー——つまり，アルファ（知覚された教師の質）とベータ（知覚された校長の質）とガンマ（知覚された親と教師の相互作用）——によってどのように影響を受けるかが図示されている。図18-2の右側の方の図は，カテゴリー（アルファ，ベータあるいはガンマ）のどれも互いに影響し合っていないと仮定されたもので，各々がゼータに独立した形で影響を及ぼすことを示唆している。しかしながら，この学校の事例ではこの図式化は恐らく誤りだろう。
　図18-2の中の左側の図形は，3つの仮定された概念的カテゴリーが相関することが許されている状況を図示しており，因子分析用語的には外生の観測変数が斜交していると考えられるものである。これとは対照的に，提案された右側図形の方は外生変数が相互に排他的論理和と考えられるモデルを検証しており，因子分析用語的には観測変数は直交していると考えられるものである。し

図18-3 エイモス・グラフィカル・インターフェース中の
3つの原因-帰結のモデル

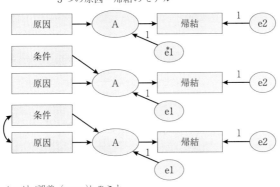

＊eは'誤差（error）'のこと

たがって，最も単純な GT 理論（関連する概念的諸特性を伴ったコア・カテゴリーの提供）は，GT 調査研究者たちに固有の理論的コードを提供しており，彼らはそれらのコードを SEM において検証することができるのである。

3　6つの「C」

グレーザー（Glaser, 1978）の「（分析の）基本をなす」理論的コード（原因〔causes〕，コンテクスト〔contexts〕，偶発事件〔contingencies〕，結果＝帰結〔consequences〕，共変関係〔covariances〕，条件〔conditions〕という6つの「C」）は，しばしば原因-帰結モデルの中で要約されている。図18-3は，3つの提案された原因-帰結モデルを Amos インターフェースで表している。一番上の最初のモデルは，観測変数Aに仮定された原因と帰結，それから残差（説明のつかない誤差）があることを示す。これらのエラーはモデルの中では説明されない分散を表している。より具体的には，Aの一部は未知の変数によって引き起こされており，その帰結がA自体を上回る結果なのである。第2のモデルは，潜在変数Aを説明するためになされる観察条件の追加を表す。そして3番目のモデルは，仮定された原因（例えば睡眠不足）とその条件（例えば読書クラスのレベル）との間の共変関係を表す。

モデルが様々なコンテクストと適合するかどうかを探究したい GT 調査研

図 18-4　2つの時間上の段階を描く Amos の
グラフィック・インターフェース

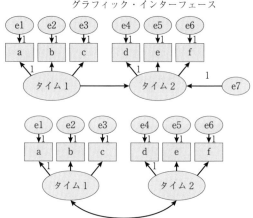

究者たちは Amos の中のグループ比較機能を採用すべきである。例えば，あるコンテクストは，3つの教室とか，アメリカとカナダとメキシコのような3つのデータ収集所在地かもしれない。Amos のグループ比較機能を使用したとすれば，調査研究者は，それぞれのコンテクストに適したモデルを評価し，直接効果と相関性を含む仮定された関係が異なるか同じままなのかどうかを経験的に実証することが可能である。同様に，調査研究者は，その気がありさえすれば，モデルの残差がコンテクストによって異なるかどうかを探究し，それによって，モデルが具体的なコンテクスト次第で多かれ少なかれ信頼できるかどうかを例示的に示すことができるのである。

4　プロセス・モデル

　プロセス・モデルは段階，進行および推移・変遷を表し，少なくとも2つの異なった段階がなくてはならない。図 18-4 ではそのような描写を2つしている。最初（上段）のモデルでは，タイム1に創発的に出現する潜在変数は a, b および c として示され，この潜在変数は，後にタイム2において d, e および f の創発的出現に基づく潜在変数として出現する。第2（下段）のモデルは，2つの潜在変数とそれらの観測変数との間の仮定された関係を描いている。

図18-5 複雑な原因-帰結モデルを描く Amos グラフィカル・インターフェース

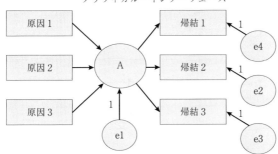

5 程度モデル

より単純化された原因-帰結モデルとは異なり，程度モデル(ディグリー)は，一つの潜在変数がいくつかの前件（つまり，先行諸事情）によって引き起こされ，その創発的出現がいくつかの帰結に結びつくことを提起する。例えば，図18-5は，3つの相互に排他的な原因が潜在変数Aに帰結することを図示しており，その創発的出現は3つの帰結をもたらす。

6 ディメンジョン・モデル

ディメンジョン・モデルは，様々なディメンジョン，要素，部分，セクターなどを含む潜在変数を描き出す。図18-6はディメンジョン・モデルの例の典型を示すもので，3つの変数であるAとBとCの合成によって，概念Zが説明されうることを意味している。概念Zが3つの構成要素（例えばセクター，要素など）を含むことに注意されたい。

7 双方向モデル

双方向モデル(インタラクティブ)は相互の効果，相互性，相互的な軌道などを描き出し，これらはAmosでは簡単にモデル化される。本章で行なってきたこれまでの説明に

図 18-6 ディメンジョン群を図示する Amos グラフィカル・インターフェース

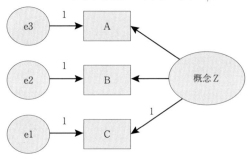

図 18-7 双方向モデルの Amos グラフィカル・インターフェース

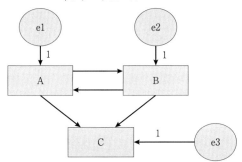

おいては，図示してきた直接効果はすべて一次元的なものだった。SEM 用語では，これら一方向の結果は再帰的モデルを表示している。しかしながら，仮定された関係は二次元的なものかもしれないし，非再帰的なものかもしれない。図 18-7 は，変数 A が変数 B を引き起こし，今度はこの B が A に直接効果をもたらすモデルを図示している。ただし，変数 A と変数 B は双方とも変数 C に直接効果をもたらす。このモデルでは，変数 A と変数 B は双方向なものであり，両者の相互作用は変数 C の創発的出現に合成的な効果がある。

現存する GT 研究における他に広く使用されている理論的コードは，以下のとおりである。

① 戦略モデル

戦略，戦術，メカニズムなどを図示する戦略モデルは，実際は複雑な構造方

第18章 理論生成から構造的方程式モデリングを用いた検証へ

図18-8 手段-目標モデルの Amos グラフィカル・インターフェース

程式モデルであって，2つ以上の概念的カテゴリー間の仮定された関係を描き出している。すなわち，それらはただ単に前述のコード化群のコンビネーションなのである。

② アイデンティティ-自己モデル

自己イメージの概念，様々な自己概念，自己の価値，自己実現などを反映するモデルは，どのようなものでも，観察された指標から創発的に出現する潜在変数を描いている。したがって，SEM はこれらのモデルの検証には理想的なものである。

③ 切断点モデル

境界や切断点，基準点を図示する切断点モデルは，Amos の中の管理されたモデルの使用を示唆する。GT 調査研究者たちは，（2つの重要な連結点を含めて）前後の状況で，仮定されたパスがどのように変わるかを示すことができる。

④ 手段-目標モデル

手段-目標モデルは，終着点に到着する手段を描き出す。そして，Amos ではこれは2つの観測変数間の単純パス図形となる。図18-8は，任務に携わる人によって知覚された価値が作業目標に達する手段となる際のモデルを描いている。

⑤ コンセンサス・モデル

（2つ以上のグループ間のクラスターや均一性，同調，非同調を描き出す）コンセンサス・モデルは，Amos では「詳細探索」オプションを使用して図示することができる。このオプションは，調査研究者たちが2つ以上のグループ間での同質的あるいは異質的関係を分析することを可能にするものである。

⑥ 主流派モデル

主流派モデルは，社会統制（例えば，慣習に従わせるなど），社会加入（例えばグループへの参加），社会教育，社会的階層分化および社会移動を描き出す。これらの潜在変数が少なくとも3つの観測変数によって表される場合，それらは

第Ⅳ部　グラウンデッド・セオリーの前進

図 18-9　時間秩序化モデルの Amos グラフィカル・インターフェース

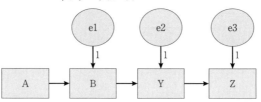

図 18-10　概念秩序化の Amos グラフィカル・インターフェース

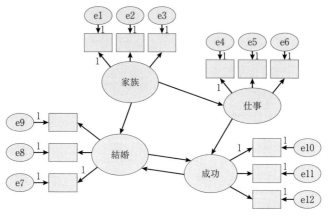

Amos の確証的な因子分析モデルで描くことができる。

⑦　秩序化／精緻化モデル

秩序化／精緻化モデルは，影響の構造的秩序を図示する。Amos では，調査研究者たちは一方向の仮定された関係（つまり，再帰的）および双方向関係（つまり，非再帰的）の両方をテストすることができる。

⑧　時間秩序化モデル

時間秩序化モデルは，一つのものが別のものへと進展していくことを図示する。図 18-9 はこのタイプのモデルを図示したものである。

⑨　概念秩序化モデル

概念秩序化モデルは，（観測諸変数が，ではなく）複数の概念が，進展過程の中で互いにどのように関係があるのかを明らかにするものである。これらのモデルが複雑であるとグレーザー（Glaser, 1978）は考えるかもしれないが，しか

しここでもまた，Amos グラフィカル・インターフェースは概念の進展の単純さを明らかにする．図 18 - 10 は，仮定された秩序化された諸関係の一例を図示したものである．この例では，家族生活が，結婚と仕事の場での個人の成功に影響を及ぼし，今度はそうした成功が金融上の成功に影響を与え，これはこれで，快適な結婚生活へと導くという事情が示されている．

8　いくつかの最終的な考察

ここまでくると，GT 調査研究者は，理論生成とその検証を 2 つの連続した研究という形で容易に（もちろん SEM の教育と訓練を行なう必要はあるが）連携して行なえるということを確信するはずである．実際，グレーザーとストラウス（Glaser & Strauss, 1967, p. 18）は，「多くの場合，データの両方の形式（生成と検証）は『相互検証』として必要である」と述べていた．本章は，Amos の SEM ソフトウェアを使用しながら，理論生成に続けて理論検証を行なうという点に関していくつかの最初のアイディアを提供することによって，この視座を前進させるものである．しかしながら，GT 研究に続けて検証研究をするという選択をした GT 調査研究者たちは，(LISREL, EQS, SAS および Mplus のようなポピュラーなパッケージ・ソフトを含む) その他の SEM ソフトウェアを使用するかもしれない．

グレーザーとストラウス（Glaser & Strauss, 1967）は相互検証を提案しているが，多くの GT 調査研究者たちは，データから創発的に出現した諸関係を検証するためだけに追加的な経験的研究を完遂する必要性については疑問を呈するかもしれない．この論点は妥当性を保持している．GT は現存するデータから創発的に出現するものなので，その性質上きわめて信頼性の高いものである．理論生成は，その本質からして，同時に検証を行なうことを必要としないし，またそうすることは適切なタイミングと費用を要する企てを意味する．GT 研究は，仮説的諸命題や理論的な議論の提供でもって適切な結論づけを行なうということになるかもしれない．それらの命題や議論は，将来の経験的研究のための根拠として役に立つのだから．

しかしながら，相互検証は，相も変らず信用を保証する現実なのであり，し

ばしば,研究助成金や大学教員としての終身在職権を追求する GT 調査研究者たちには必要なものである。相互検証は理論創造の帰結なのであって,創造に取って代わるものではない。さらに,能力と時間と必要な資源を所有する GT 調査研究者たちについて言えば,彼らは,理論検証の作業を将来の調査研究者たちに残しておくというよりも,SEM を使って彼ら自身の GT 研究の理論検証に従事するように促される。新しいサンプルの場合に提案された命題もしくは仮説が真実であることを示すことによって,検証は提案された GT の理論的な議論の妥当性を補強するものだ——これが,著者の個人的なスタンスである。実際,GT 調査研究者たちは,理論検証が別のタイプの理論的サンプリングの方法ではないかどうかと熟考することになるかもしれない。ただし,その場合には,分散の制限を選択するサンプル方法を採用することになるだろうが。

多くの GT 調査研究者たちは,自分たちのキャリアが実証主義的考え方を持つ他の人々によって影響を受けているということを発見するかもしれない。事実,観察可能な事実を強調し概念の起源や究極の原因についての人文主義的思弁を退ける考え方は学界を支配しがちである。いくつかの学位論文の試みや研究助成金の申請計画が水泡に帰してきたが,これはただただ,学術的専門委員会や調査研究委員会をしばしば牛耳っている経験主義者たちの存在に阻まれてのことである。GT 調査研究者たちが,GT の創造から始めて検証にいたるまでのトライアンギュレーション研究を提案する場合,実証主義者たちは理論創造の試みの必要性については疑問を差し挟むかもしれない。しかしながら,現存する諸論文やモデル,様々なフレームワークや理論等,異質な要素からなるものを拡張し組織化するための新しいモデルを検証するという機会を調査研究者たちが持つということについては,彼らは多分歓迎することだろう。もしかしたら,調査研究時点における理論的所産をまさにその時点において実際に検証しているのだということを認識することになるのは,GT 調査研究者だけということなのかもしれない。

克服すべきもう一つ別の主要なハードルは,いかにして GT(しかも,多くの GT 調査研究者たちに GT 習得を媒介する指導者が不在という条件下での GT である)と(Amos ソフトウェアを含む)SEM の両方に熟達するようになるかということ

である。SEM技術の学習には時間と努力が必要だが，多くのGTモデルは，実を言えば，Amosの中でも理解が簡単な直線的でグラフィカルなモデルなのである。ほとんどの大学は今やSEMコースを提供し始めており，またいくつかのコースは現在オンラインで利用可能である。さらに，ミシガン大学，コネチカット大学，カンザス大学およびテキサスA&M大学を含む多くの大学が，このテーマに関する夏期集中講座を提供している。最後に，www.amosdevelopment.com，www.statmodel.com および www.structuralequations.com のようなウェブサイトは，訓練用のビデオ，事例，文献をありあまるほど提供しており，また，『Amosでの構造方程式モデリング』(Byrne, 2010) や『潜在変数モデル』(Loehlin, 2004) といったテキストブックは，アプリケーションを用いての学習という統計的訓練を欠くGT調査研究者たちのためのSEM学習過程を単純化してくれている。

　GTは，理論生成のために質的データと（あるいは）量的データを活用する帰納的方法論であり，GTが生み出すこれらの理論は，有意味で概念的「摑み」があり，社会現象を説明し，現実の諸領域に関する知識を拡張するものである。他方，演繹的方法論の方は，理論のより一層の検証や（しばしば既知の理論に関して新しいコンビネーションを提供することを通して）現存する諸理論の検証をそれが対象とする学問分野に提供する。演繹的方法論が本質的に調査研究者たちに保証するのは，（時間の経過の中でわずかな変化は見られるだろうが）現存する知識の理解が不動のままであることである。GT調査研究者たちは，連続的な研究の中で理論創造から検証へと移行することによって，実質があり重要でしかも興味深い諸理論を生成するだろう。これらの新しい考えを経験的に観察できるということを専門家を自任する人々に保証しながらである。したがって，GT調査研究者がGT研究においてトライアンギュレーションを採用するとき，質的－量的という不毛な討論は終わりを告げることになるだろう。

参考文献

Arbuckle, J. L. (2007).　*Amos 16.0 usre's guide.*　Chicago : SPSS.
Byrne, B. M. (2010).　*Structural equation modeling with AMOS.*　New York : Routledge.

Glaser, B. G. (1978). *Theoretical sensitivity*. Mill Vally, CA : Sociology Press.

Glaser, B. G. (2005). *The grounded theory perspective III : Theoretical coding*. Mill Vally, CA : Sociology Press.

Glaser, B. G. (2008). *Doing quantitative grounded theory*. Mill Vally, CA : Sociology Press.

Glaser, B. G. & Strauss, A. L. (1967). *The discovery of grounded theory : Strategies for Qualitative Research*. Mill Vally, CA : Sociology Press. (＝1996, 後藤隆・大出春江・水野節夫訳『データ対話型理論の発見――調査からいかに理論をうみだすか』新曜社)

Lei, P. W. & Wu, Q. (2007). Introduction to structural equation modeling : Issues and practical considerations. *Instructional Topics in Education Measurement*, 26 (3), pp. 33–43.

Loehlin, J. C. (2004). *Latent variable models : An introduction to factor, path, and structural equation analysis*. Mahwah, NJ : Lawrence Erlbaum.

Rosenbaum, M. S. (2006). Exploring the social supportive role of third place. *Journal of Service Research*, 9(1), pp. 59–72.

| 第19章 | 持続的な概念の力 |

ヴィヴィアン・マーティン

　アウェアネス・コンテクスト（the awareness context, 意識の文脈）はグラウンデッド・セオリー（以下，GT）の過去であり未来である。アウェアネス・コンテクストは，グレーザーとストラウスの1965年の著作『死にゆくことのアウェアネス』（Awareness of Dying, Glaser & Strauss, 1965）の中核をなした概念であり，GTではおそらく最も引き合いに出され役にも立ってきた理論である。このため，人によっては，この概念は探究しつくされてしまっているように思うかもしれない。しかし，アウェアネス・コンテクストはクラシック・グラウンデッド・セオリー（以下，クラシックGT）の未来でもあることを私は主張したい。なぜならば，グレーザーが単独で著した初期の諸論文とならんで，アウェアネス・コンテクストの業績は，GTの有効性をさらに発揮するはずのやり方でもって今なお掘り起こし引き出さなければならない様々な提案を含んでいるからである。アウェアネスの理論の概要に始まり，異なる目的をもって収集されていたデータを相手にして行なう二次分析へのより大きな注目を喚起する論文にいたるまで，1960年代以降のグレーザーの業績はGTと社会科学にとって未だ本質的で示唆に富むアイディアをともなって鳴り響き続けている。このタイプの業績が今なおGT理論家たちの先を行っているものであることを例証するために，私は本章で，アウェアネスのプロセスを理論化する私自身の研究，とりわけいま取り組んでいるアウェアネスを割り引くこと（discounting awareness）についてのフォーマル理論生成の研究に触れ，次の2つのことを論証することにする。ひとつは，概念がそなえ持っている持続的な力である。もう一つは，調査研究者が諸学問領域を横断して創発的に出現するこれらの概念の示すところに従ったときの，理論と知識の蓄積の可能性である。

本章で私はずっと以前に示しておいた次のような見解（Martin, 2006）を提示する。その見解とは，GT の持てる可能性を研究者が最大限に活用するとき，GT は前提破壊的な方法論であり続けるというものである。これは GT に備わっている 2 つの力に起因する。一つは，しばしば展開が不十分でありながらある分野に広く残存している諸文献のあれこれを刈り取ってきて，それらを，よりまとまりのある形で諸学問領域の内部にある特定の諸論点の理解に結びつけていく力である。もう一つは，学問の境界を乗り越える力である。後者の力は，諸問題がかつてないほど複雑で学問諸領域を横断して研究する人々の注目が必要となっているこの時代にはとりわけ重要である。私はクラシック GT の方法を，概念化を通じて他のデータと結びつけられる必要のある大量のデータからあれこれと刈り取ってくるための幾つかの手段を提供するものとして論じるつもりである。グレーザーとストラウスが独創的な GT の研究を最初に出版した1960年代と同じように，今日の学問の世界の構造も研究者たちを学界というサイロに閉じ込めている。クラシック GT 理論家もまた，射程の短い理論に関心を持つ実用的な専門家の地位にしばしば甘んじており，自らをそこから脱出させて，GT の方法の可能性に出会わせるために必要な知的な道を進むように向かわせてはいない。この章を閉じるにあたっては，GT が独特の諸特徴を持つこと，とりわけ諸学問領域や諸社会問題を横断する形での，より累積的な理論化を可能にするはずの諸技法を持っていることを明示する必要性を簡潔に議論しておきたい。

1　アウェアネス

アウェアネス・コンテクストは，病院において死にゆくことを取り巻く様々なプロセスについての長期にわたって行なわれた調査研究から創発的に出現した。グレーザーとストラウスの『死にゆくことのアウェアネス』は，終末期の診断について医師がまだそれほど率直ではない時代に行なわれたもので，医療専門職と患者の相互作用をアウェアネス・コンテクストがどのように形づくるかを理解する枠組みを提供した。そこでは 4 つのアウェアネス・コンテクストが発見された。すなわち，閉鎖，疑念，相互虚偽，そして開放（オープン）で

ある。各々のアウェアネス・コンテクストのタイプは，医療専門職と患者の双方がその行動を方向づける際の相互作用のパターンを明確に枠づけているのである。例えば，閉鎖のアウェアネス・コンテクストでは，医師の診断内容は共有されておらず，医療専門職は患者の死が避けられないことを患者とまったく話し合っていない。これとは対照的に，開放（オープン・）アウェアネス・コンテクストでは，両者の相互のやりとりの間に，患者の死が差し迫っていることが仮定されかつ参照されていて，両者の間で容認されている情況で治療が進むようにすることができている。疑念のアウェアネス・コンテクストにある患者は，自分が死にゆくのではないかという疑いを確かめようとしている。一方，相互虚偽のコンテクストにある医療専門職と患者は，相互虚偽のアウェアネスにおいて差し迫っている死を互いに知らないかのようにおおい隠している。こうしたある種のダンス（『死にゆくことのアウェアネス』の著者たちは儀礼的な芝居と呼んだ）は，一方がその芝居の役をもう降板すると決めるまで続いていく。重要なことは，アウェアネスの状態は固定的ではないということである。『死にゆくことのアウェアネス』の著者たちは，あるアウェアネスのタイプがどのようにして前面に出ることができ，そしてほかのタイプが現れると後退しているかを，理論の説明の一環として議論している。

　この理論は，とりわけ医療社会学と看護学の調査研究への重大な貢献であった。4つのタイプのアウェアネス・コンテクストは健康科学分野および，とりわけ看護学の調査研究の重要な産物であり，ほんの一部を例にあげればトレーニングから認知症におけるアウェアネスの役割などの領域にまで応用されている。ここで重要なことは，この概念が無批判に受け入れられてきたのではないということである。幾人かの研究者が理論のカバーしていない面に気づき，この理論を拡張しようと試みてきている（例えば，モリセイ〔Morrissey, 1997〕。彼は終末期ケアにおいて人は何を知り伝えるかといった，彼の言う複雑さをこの理論に持ち込もうと試みている）。しかし，この概念は看護研究分野の文献において長くその生命を保っており，関連性が持続していることが証明されている（Nathaniel & Andrews, 2010）。

　アウェアネス・コンテクストが健康科学の調査研究に積極的に受け入れられていることはさておき，グレーザーとストラウスは，これをアウェアネス研究

の決定版にするつもりはなかった。『死にゆくことのアウェアネス』の最終章において，著者たちはアウェアネス理論のカバーする範囲がより広いものになっていくための研究プログラムと見なすことができるものを，この挑戦を受けて立とうとする人々すべてに向けて開示した。その記述によれば，そうした研究プロジェクトを達成するためには，調査研究者たちは，データを分析する必要があり――そのデータのおそらく大半はほかの目的のためにすでに収集されていたものであろうが――，しかもアウェアネスという概念を，諸学問領域を横断して研究する必要があるとされていたのである。しかしながら，研究はこうした具合には積み重ねられてこなかった。アウェアネス・コンテクストは，死にゆくことの学術的文献においては主要なものであり，看護学などの健康科学のいくつかの分野においてはほとんど規範的な地位を占めているが，しかし医療と健康科学関連分野の研究の外部にはあまり広まっていかなかったのである。人工知能分野における「コンテクスト・アウェア」，あるいは軍事用語の「状況のアウェアネス（situation awareness）」といった同時代の専門用語は，本章で取り上げているアウェアネス・コンテクストとは起源を一つにしていない。

　この概念の及ぶ範囲を広げようとする試みが文献には散見される。エキンズ（Ekins, 1997）は「女性になる男性」，例えば女装や性転換をする男性の考察にアウェアネス・コンテクストを用いた。この研究は，『死にゆくことのアウェアネス』の中にあるスティグマ化されたアイデンティティや，仮面アイデンティティの議論の一部と密接に関連している。『死にゆくことのアウェアネス』の著者たちは，日常の相互作用におけるアウェアネス・コンテクストの諸次元とその役割を例示するために，白人として生きた黒人の例や，黒人として生きた白人ジャーナリストによる評判になった出版物を事例として用いていた。

　ストラウス（Strauss, A., 1994）は，フォーマル理論を構築するためにアウェアネス・コンテクストの再検討を行なっているが，彼はそのプレゼンにおいて，最初の諸研究から得たデータに加えて，ゲイの生活様式や詐欺師，その他のアウェアネス・コンテクストの中で活動しているように見える人々――しかも，解放（オープン），閉鎖，疑念，相互虚偽の〔4タイプの〕コンテクストが重要な含意を持つと思われる人々――に関する文献をサンプリングしてきたことに触れていた。ストラウスが明らかにした彼自身の関心は，彼の最初の研究から

導き出されたいくつかの示唆にあったようだし，彼はその他のシンボリック相互作用論者たちがアイデンティティ研究において現在進行形の形で用いているアウェアネス・コンテクストとの整合性を保つことにもあったようであるが，それはともかくとして，ストラウスは生活の様々な領域からのデータを共有することを人々に呼びかけたのである。アウェアネス・コンテクストのフォーマル理論を完成しないまま，1996年にストラウスは世を去った。

　アウェアネスは基礎的社会的プロセスであり続けている。つまり，日常的な相互作用においても，またあらゆる社会諸科学においても，人々が当たり前のことと思うようなことがらであり続けている。社会として見た場合，私たちは公共生活のアウェアネスのキャンペーン，例えば，薬物乱用，家庭内暴力，飲酒運転，また最近では，運転中のおしゃべりや携帯電話でのテクストメッセージのやり取り，こうしたことの防止について話をしたり計画をたてたりする。例示した諸行動は，人々に対してアウェアネスをもっと働かせることを求めるものである。文化的には，アウェアネスは出発点（人々が行為するにはアウェアネスが必要である）と見なされているし，残余的現象（マーケティングの必要のある最新の小物から子育ての実践にいたるまですべてにわたって限定的なアウェアネスが作用しているものと想定されている）とも見なされている。しかしながら，このように生活の中で当たり前のことと見なされている事実としていたるところに存在するにもかかわらず，アウェアネスは理論化がきわめて不十分な概念である。認知心理学や様々なコミュニケーション論分野の諸理論が，アウェアネスとこれに類似するアテンション（attention）の諸側面について言及しているが，アウェアネスそれ自体と，アウェアネスを出現させるか，あるいは妨害させるプロセスについての十分に統合された理論は存在しない。クラシック GT の独特の諸特徴に心を傾けることが，この未完成の仕事を助け得るかもしれない。

2　アウェアネスを割り引くこと

　アウェアネスを割り引くこと（discounting awareness）は，ニュースへの注目に関するより広範な理論の一部として私が発見したパターンである（Martin, 2004 ; 2007 ; 2008）。つまり，私の提起した「合目的な注目（purposive attending)」理論においては，アウェアネスによって構成されるループがあった。アウェアネスが関連性の度合いを高め，高められた関連性が次には注目の度合いを高め，時には，これらのいわばアウェアネスの螺旋が関連性と注目の度合いをさらに高めるという形でアウェアネスそのものの度合いを再調整していたのである。しかしこれらは，最適条件がさらに高まるという状況の場合であった。アウェアネスは，その強さを衰えさせることなく前進する力ではない。私は，しばしばアウェアエネスが締め出されているのを見つけた。それは，ニュースや情報が，アウェアネスを阻害するようなソーシャル・ネットワークやその他の仕組みを横断する形で進んでこなければならなかったからであった。もしある人物が参加しているソーシャル・ネットワークが，ある問題についてほとんど知識や興味を持っていなければ，その人物のその問題に対するアウェアネスもまたわずかなものにとどまるかもしれないのである。一方，アウェアネスの欠如の中には意図的なものもあった。深刻なニュースや動揺するニュースを避けている人々がいたのである。彼らは，その種のニュースがテレビで報道された時にそのニュースを回避する戦略を持っていた。例えば，9.11の事件の数年後でも，ニューヨーク在住のある女性は9.11の攻撃についてのニュースを避けるために部屋を外していた。あるいは，目の前の情報にちょっと注意を向けるがその情報にはかかわらないでいる人々もいた。数々のインタビューと観察を通じて私はまた，人々がニュースのなかの議論になりそうな項目を話題にすることや，異なる見解を持つ友人の間で議論すれば緊張を生むことが目に見えているような政治のトピックを意図的に避けていることも知るようになった。

　規範としての注意そらし（normative disattending, ちなみにこれは社会的に学ばれた慣習である）は様々なデータや研究の中で明らかにされていた。研究者たちは日常的な政治談議における政治的意見の不一致，また，無視された「部屋の中の象」や，「学習された盲目」などの，知っているのに知らぬふりをする振る舞いとしてゼルバベル（Zerubavel, 2006）が探究したような現象を綿密に調査していたのである。合目的な注目についての私の最初の理論が，私に，注意をそらすことと，アウェアネスを割り引くこととして私が見なすようになっていた現象とに一定の注意を払わせていたけれども，アウェアネスの構造は，それ自体の導くやり方でさらに深く検討する価値があることは明らかだった。

アウェアネスの発現と，アウェアネスがより高いレベルの知識や意識とどのように関係しているかについて論述しなければならないことは多いが，様々な分野横断的な理論として私自身が展開しようと選んだ研究分野は，アウェアネスを割り引くことであった。この時以来，アウェアネスを割り引くことは，私が日常のコミュニケーション——つまり，雨降りの天気予報を人はどの程度信頼したらいいのかといった最も無害な意思決定から，他者をわざと周辺に追いやったり公開講演を台無しにしてしまうなどの行動にまで及ぶコミュニケーション——の重要な一次元と見なすようになった現象なのである。

グレーザーとストラウスは『死にゆくことのアウェアネス』のなかで，彼らがアウェアネスを割り引くこととして記述していることがら——患者の側にアウェアネスが欠けていると医療専門職が決めてかかるプロセス——についての説明に1章をあてている。病院職員が割り引いていたもののうち最も明白な場合は，「回復の見込みのない昏睡状態の」患者，未熟児，老衰の患者，そして，職員たちがほとんど注目も敬意も払っていないある一定の死にゆく患者（これはしばしば社会的地位のせいであった。(p. 108)）のアウェアネスであった。アウェアネスが割り引かれたとき，病院職員たちは，患者の耳が聞こえないかのように，あるいは，何が話されているのかを患者は理解できないかのように，患者を前にして話をしていた。アウェアネスを割り引かれた患者のまわりでの病院職員の日常業務や相互のやりとりには，閉鎖のアウェアネス・コンテクストにおいてアウェアネスを割り引かれていない患者を相手にしてなされるような，不可避の死を隠そうとする配慮がなされていなかったのである。

このような状況下でアウェアネスを割り引くことは相互作用的である。病院職員たちが互いに顔を見合わせている時には，アウェアネスの欠如がそこにはあるのだと互いにわかるように振る舞うのだから。この種の振る舞いは様々な筋書きで起こりうるであろう。著者たちは，医療専門職たちがときどき患者の容態を話し合うために，患者に声が届かない場所に彼らがいるものと仮定して（その仮定が常に正しいというわけではないのだが）患者から距離を取っていたやり方を，状況的にアウェアネスを割り引くこと（situational discounting）の例として語っている。また一方で，グレーザーとストラウスは，医療専門職がアウェアネスを割り引くことに失敗する状況も確認した。それは患者が亡くなったば

かりの時に，その患者があたかも存命しているかのように医療専門職が行為をした場合に観察されたのである。アウェアネスを割り引くことのこの種の失敗は，職員が死後の処置をする仕方に，とりわけ看護師がその患者に「深くかかわって」きていた場合に示された (p. 113)。

　アウェアネスを割り引くことという私の概念着想には，グレーザーとストラウスが発見した相互作用のパターンを継承することが含まれているが，しかし，その着想はまた，アウェアネスを割り引くことを，より広くコミュニケーション行動と見なすものである。つまり，それは，個人内，個人間，マクロという3つのコミュニケーション・レベルで機能している行動なのである。私は割り引くこと(ディスカウンティング)を動詞形で用いているが，この語はまた人々が状況に持ち込んできたアウェアネスや思考傾向(マインド・セット)のタイプを示す修飾句でもある。アウェアネスを割り引くことは，アウェアネスの日々の優先順位づけ(トリアージ)の形である。優先順位づけによって，事柄や人についてのアウェアネスがうっかりしたアウェアネスにすぎないものになるかもしれないし，あるいは物やアイディア，もしくは人を手短に退けたり叱りつけるために**見下すような態度で話す**といった，守勢の対応処理の一つの攻撃的な形式に巻き込まれるほどになるかもしれないのである。このような回避的行動のいくつかは，人々がアルコールの乱用やその種の他の行動への警告を退ける場合の指標(インディケーター)でもある。学術的文献からのデータは，喫煙，飲酒，薬物依存，その他の良くない習慣に対する公的機関からの警告の的になる可能性が高くなるかもしれない人々が，怒り，罪，そして恥といった理由からどのように守勢の対応に入って行く可能性があり，結果として公的機関からの警告を無視したり割り引くようになるのかについての洞察を提供している（クンダ〔Kunda, 1987〕を参照のこと。リーバーマンとチャイケン〔Liberman & Chaiken, 1992〕は守勢の対応処理と健康メッセージについて書き記している）。しかし，アウェアネスを割り引くことは，怒りや嫌悪に襲われた時にだけ引き起こされるものではない。この現象は，物事の明るい面を見たい人々の行動にも明らかなのである。自分にはいつも勝算があるのだとして**賭け率を決める**底抜けの楽観主義者は，その見通しはもっと暗いかもしれないといった，より現実的な結果の可能性を割り引いている。より規模の大きな社会現象としては，豚由来のインフルエンザウィルスの流行についてメディアが控え目に取り上げたことが，

多くの人々にワクチン接種を控えさせる方向に導いた例がある。また，食の安全から気候制御にいたる様々な重要な事例についての論争は，深く考えることなしに他の人のアウェアネスを割り引く多くの人々を惹きつけている。「信頼の割り当て（trust allocations）」は，アウェアネスを割り引く方向へ導く重要な次元である。アウェアネスを割り引くことの理論が示唆しているように，また増加しつつある認知研究が示しているように，人々は，自分自身の考え方や自分の所属集団とは異なる情報，状況，あるいは人物のアウェアネスを割り引く傾向をあらかじめ持っている。このような次第で，カハン（Kahan, 2010）はこうしたデータの導く先を「人々は，自分たちが重要なコミットメントを共有している他者たちとのつながりを強めるような立場なら，それがどんなものでも支持するものだ」とまとめている。

　アウェアネスを割り引くとき，人々は自分が「知っている」，あるいは「わかっている」ことを自分で割り引くことができるし，アウェアネスについての他者の能力を割り引くこともできる。グレーザーとストラウスが観察した，意識がないと見なして当の昏睡状態の患者について語っていた病院職員と似ていないとは言えないやり方で，党派心の強い人々は，自分たちと異なる政治志向を持つ人々に不平不満を言う時，アウェアネスを割り引くプロセスにたずさわっているのである。つまり，彼らは敵対者（共和党であれ，民主党であれ，フォックスニュース視聴者であれ，などなど）は，あまりよくわかっていないのだと決めてかかる。批評している自分たちほどには，敵対者たちがよくわかっていないのは確かだというのである。この特定のタイプの割り引くことは，いわゆる第三者効果と呼ばれる理論の構成要素に重なるところがある。この理論はアウェアネスを割り引くことについての私の展開中の理論の一部として関連づけたもののなかの一つであり，これについては後で簡単に述べるつもりである。

　アウェアネスを割り引くことは，人々が不快なことや脅威を感じることを視界から消し去り，それらが存在しないかのように，もしくはたいして重要ではないかのように振る舞ういろいろなやり方を描写することができる。アウェアネスを割り引くことは多くの生活諸領域にわたって観察することが可能なコミュニケーション行動である。このコミュニケーション行動は自己防衛的なものである。しかしこれらの諸指標〈インディケーターズ〉は，人々が一日を乗り切るための駆け引き

第IV部　グラウンデッド・セオリーの前進

としてアウェアネスを割り引く場合には，かなり醜い感情のほとばしりと映る可能性もあり，あるいはついうっかりした他愛のないものになる可能性もある。

　個人の内的コミュニケーション過程としては，アウェアネスを割り引くことは，人々がアドバイスや警告を無視する様々なやり方の中に見出すことができる。本書の私の共同編集者はティーンエージャーの母親なのだが，彼女は，ティーンエージャーがこの種のアウェアネスの割り引きにかなりたけていると見ている。そして，私たちの多くもまた，自分の身体が発する健康への警告のシグナルについては，心の内で程度を下げて聞いていると認めるのではないだろうか。私は，遺伝やライフスタイルによって自分の身が危険にさらされるかもしれない病気につながる可能性のある行動に関するニュース報道，あるいは公共サービスの通知があるときに，自分自身がいかに，内なる耳で聞くスイッチを文字通りと言っていいほど切ってしまうかということに気がつくようになった。こうしたことがあった後，私は自分の反応について GT メモを作成した。私は，自分がすばやい賭けでもって——つまり，上記のような警告を何とか完璧に無視できるようにしてくれる賭けでもって——切り抜けるのが常であると認めた。そうした警告を無視できるのは次の賭けの機会がやってくるまでの話なのだが。私は，アウェアネスを割り引くことは，「楽観主義バイアス」と何らかの関係があることを理解するようになってきた。調査研究者たちは，このバイアスの理論に対して，アウェアネスを割り引くことに見られる否定のパターンと同じタイプのもののうちのいくつかが存在することを突きとめていたのである。私たちは，ある人がその人自身の目の前にあるものを部分的に受け入れているような状況においては，その人はその状況に対してアウェアネスの割り引きを行なっていると描写してもよいのかもしれない。これはまさに，自分たちは主題と情報源次第では，ある程度の懐疑を持ってある種のタイプのニュースを読んでいると，私に語ってくれる人々が描写している思考傾向（マインド・セット）なのである。

3 前提破壊契機としてのグラウンデッド・セオリー

「人間はデータを収集する動物である。」(Glaser, 1962)

ここは GT の十分に活用されていない長所を確認する良い場である。その長所とは,他の目的のために収集された大量のデータの中にすばやく分け入っていく能力である。量的研究者たちは,国が行なう大規模なサーベイやその他の公的に利用可能なデータベースからのデータを活用して二次的な分析をすることに慣れ親しんでいるが,こうした諸レポジトリー(訳者注:知識・情報の宝庫)は,GT 理論家にとっても入手可能性を持ったささやかな共同資源である。ただし,GT 理論家たちはデータ対象をインタビューや自分の研究領域に関係しているたぶん少数の手引きに限っていることが多いのであるが。絶えざる比較を拡張する目的をもってデータを求め貪欲に探し回るというのは,GT 理論家の生得権と言ってもいいかもしれない。GT には,その方法に名前が付けられ体系化されることになる数年前にグレーザーの仕事の中で明らかにされていたその他の諸特徴が存在するのだが,そうした諸特徴と同じように,「どこか別の調査研究に由来する知識」——グレーザー論文(Glaser, 1962)はそのように名づけている——の二次分析は,理論化の拡張のために質的調査研究を再利用するための一つの計画なのである。ヒートン(Heaton, 2004)は,グレーザー論文(Glaser, 1962; 1963)が質的調査研究の二次的分析の可能性を探究した最初のものの中の1つであり,そうした探究の試みは,調査研究において今でもほとんど行なわれていないものだ,と述べている。グレーザーは,もちろんサーベイデータの二次分析を既に行なっていた。それは彼の博士論文のための「相対的失敗と調査研究者」に関する指標(インデックス)を得るためであった。ちなみに彼の博士論文は(1961年に博士の学位論文として受理された後)間をおかずに出版された(Glaser, 1964)。GT 理論家たちは,「すべてがデータである」というグレーザーの格言を引き合いに出してくることを好むが,それにもかかわらず,どこか他のところに存在しているデータを分析するという,次のステップにはほとんど誰も進んでいない。新しいデータの流れがとどまることがなく,その大部

分がただ1回だけしか分析されていない知識社会においては，社会が生み出しているデータの山をもっと利用するようにするのが研究者の責務の一つである。

　この場合，データは学術的なデータである必要はない。GT は，まさにその現場で何が起こっているか（what is going on）を知ろうとしているのであるから，毎日のルーティーンから創発的に出現するデータもまた，二次的な見直しとコード化のためにそこにあるのである。アウェアネス・プロセスの議論を進展させるための研究を私は，ニュースへの注目についての私の特定領域理論のために作成しておいたメモを見直すことから開始した。私は，たとえ明示的にではないにしても，社会科学の文献やニュース，それに日常生活のルーティーンの中などの至るところにアウェアネスをめぐるもろもろの論点が見出されることを発見しはじめていた。グレーザーとストラウス（訳者注：Glaser & Strauss, 1965）は，アウェアネスのフォーマル理論を展開するために調査研究者たちがどうすれば前進することができるようになるかを検討する中で，「ほとんどの相互作用の研究は，アウェアネスに関係があるデータを必然的に集めている。そのデータがアウェアネスの視点から分析されさえすればそれでよいのである」（p. 184）と特筆している。アウェアネスの理論化を進めた経験から私は，調査研究者が発見することになるであろう基礎的な社会過程のほとんどにこの言葉が当てはまると考えるにいたっている。

　博士論文を終えた後アウェアネスを理解するために私が最初に行なった試みの一つは，陪審予備審問の記録の写し^{トランスクリプツ}をコード化することであった。ちょうどこの当時アメリカの女性のライフスタイル業界の第一人者であり，メディアの人気者であった有名人マーサ・スチュワートの非常に脚光を浴びたインサイダー取引の裁判が開始されたばかりで，弁護士たちがいずれは陪審員になる可能性の高い人たちに被告について見知っていることを質問していた。質問は彼らのマーサ・スチュワートについての知識から始められていたが，それは実際には，彼女についての陪審員予定者たちの「アウェアネス」を問う質問であった。私は首尾よく裁判所から記録の写しを入手し，予備審問の最初の数日間分を相手にしてそのコード化を開始した。この練習は，私の研究目的を追求する上で有用な新しいコードをたくさん提供してくれたわけではなかったが，人々が日常生活で行なうタイプの心の優先順位づけ^{トリアージ}の理論化を始めるに当たっては

大きな助けになった。このタイプの優先順位づけの場合，人々は，ある種の現象について素早く注目はするものの，その現象に対してアンビバレントだったり無関心だったりするのである。陪審員の何人かはマーサ・スチュワートのことに気づいてはいた（訳者注：彼女についてのアウェアネスを持っていた）が，彼らが彼女についてそれまでに知っていたこと，もしくは知りたいと思っていることのすべては，ショーウィンドウの中のマネキンとしての彼女だったかもしれないのである。彼らは，彼女についてうっかりしたアウェアネスを見せてはいたものの，そのニュースレポートには注目していなかった。このことは，人々が日常生活において必要としている，なくてはならない割り引きを多少とも表すものである。私たちはすべてのものに注意を払うことはできないのである。しかし，ここで私が指摘したいより大きなポイントは，GT がこのように多くの異なるタイプのデータを検討するようにと調査研究者たちを解き放ってくれるということである。もちろん，彼らにそうするつもりがありさえすれば，の話ではあるが。

　GT 理論家にはサンプリングを通して概念が導くところへと概念に従っていく能力があるのだが，こうした能力によって，GT 理論家は，より生産的な形での知識構築を助けるというやり方でもって前提破壊的になることができるのである。社会学のゲートキーパーたちは，『グラウンデッド・セオリーの発見』（以下，『GT の発見』）が出版された直後に砂の上の線引き（訳者注：辞書によれば，意図して境界線を引き，それを越えると問題を引き起こすとほのめかす意の慣用語）を開始した。この本に書き込まれた文章の中に研究の将来性を垣間見た評者たちがいた一方で，この本が社会学の現状（主として量的，仮説検証的な社会学的調査研究）に対して行なっていた挑戦に警告を発した評者たちもいた。AJS（American Journal of Sociology, 以下，AJS（1968年5月））に執筆していた評者の一人のジャン・ルウブサー（Jan Loubser）はそうした危険を察知して，「私たちは，これまでなら（前後関係と因果関係とを混同した）'前後即因果とみなす' 説明か最初の理論萌芽，あるいはせいぜいのところ将来の調査研究に向けての仮説と見なしてきたものを，グラウンデッド・セオリーというものとして受け入れるようにと求められているのだ」と述べていた。このような社会学の主要な出版物の書評の論調と誤った記述に突き動かされて，グレーザーと共に『GT の発

見』を共同執筆していたアンセルム・ストラウスは，AJS（1969年1月）への手紙で反論を行なった。彼は，「私は，彼（評者）には4倍くらいの注意深さで実際にこの本を読んでもらうということをしてほしかった。そうすればこれほど完璧な誤解はなかったはずですから」と述べている。

　GTは仮説検証型理論構築の席を奪うことはなかったし，その意図もなかった。にもかかわらず，もしGTの潜在能力が十分に活用されたとすれば，GTは，学会人が知識の発展を妨げている視野狭窄からいくらかでも自由になって外に出ていくことを余儀なくさせるであろう。アウェアネスを割り引くという理論に取り組むことを通して，私はとりわけ，いくつかの学問領域が同じアイディアに取り組んでいて，その学問領域内で，あるいは隣接する領域間でまったく関連づけされることなく部分的に展開された理論を量産している様子に気づかされたのである。しかし，私たちが文献をデータとして認める見解を喜んで受け入れ，あれこれと検討する自由を自分自身に与えるならば，相互に関わりを持たないで残されたままになっている多くの理論間の結びつきがもっと自然なものになるのである。こうした関係を発見するためにフォーマル理論のレベルに移行する必要はない。展開が不十分な数々の理論が存在するという問題——つまり，しばしば別もののように装ってはいるが，実際には同じ論題について論じている諸理論があるという問題——は，特定領域理論のレベルにおいてはっきりとわかることである。GT理論家の多くは，グレーザーが言うところの「小さな論題」について研究している。ということは，そうしたGT理論家たちはもろもろの概念をまとめあげる主要な概念（マスターコンセプト）を必要としている概念群に出会っていないのかもしれない。

　私の特定領域である「ニュース消費」の研究には，いくつかの伝統がある。あるものはポリティカル・サイエンス（政治科学）寄りであり，ほかのものは，カルチュラル・スタディーズ，社会学，あるいは社会心理学に近いところにそれぞれ焦点を当てていて，互いに参照することなしに仕事をしている。現存する書物から出発することに対するGTの論難は，私が「ニュースへの注目」（Martin, 2004; 2008）に関する理論化に向けて上記の諸伝統を多少なりとも融合するのを助けてくれた。この方法はまた，アウェアネスを割り引くことについての理論を構築するときにも同じようにその効果を発揮してくれた。この理論の痕跡は，私の

ホームグランドであるメディアとコミュニケーション研究や，その他の社会科学にも見出すことができるものである。先に私は，不快な情報を割り引くことによって駆り立てられていくプロセスである「楽観主義バイアス」と，「第三者効果」の理論（これは，人々には，他の人々の方が自分よりマスメディアに影響されやすいと考える傾向があると仮定する理論である）という，2つの確立されている理論を，「アウェアネスを割り引くこと」の痕跡が見られる理論の例として言及しておいた。「選択的情報接触」という，自分の信奉する仮説に不都合な情報を回避することに関わる別の一連の理論も，もう一つの例である。ゴフマン（Goffman, 1974/1986）の，将来的に大きな影響力を持つことになったフレーミングについての議論は，メディア研究では大変に活発な分野であるが，この議論はフレーミングとアウェアネスを割り引くこととを直接に関連させた。何かをフレームの中に入れるということは，別の何かを外に出すこと，すなわち割り引くことを意味している。私が例証として挙げてきた諸理論に総じて不足しているのは，これらの理論が取り上げている諸現象を取り巻く実際のプロセスを解明している一連の命題，全体としてのまとまりをもった一連の関連命題である。これこそ GT が，たとえ諸理論からなるフィールドが混み合っているように見えても提供することができるものなのである。

4　概念が導くところに従おう

特定領域における停滞気味の研究文献に新しい視点を提供する GT の能力は，GT 法を用いる人々に広く認められているが，その一方で，不十分な理論化のままで放置されているプロセスを照らし出すことができる強力な概念によって学問諸領域の境界を切り開いていく能力の方は，それほど探究されてはいない。実を言えば，GT はこの場合にこそ最も前提破壊的となるのであり新しい知識を生み出す準備態勢が整っているのである。ここでの挑戦は，概念が導くところに従っていくということである。より一般的に言えば，概念化と理論の構築は，既存の境界を越えて，隣接する学問や研究主題の諸領域へと踏み込んでいく手前のところで止まってしまっているのである。アウェアネスを割り引くことについての理論を研究している間に私が経験した回り道が，これら

第Ⅳ部　グラウンデッド・セオリーの前進

の挑戦にまっすぐに進む道や回り道だけでなく，挑戦への障害の幾つかをも明らかにしてくれたのである。

　私は『9.11 委員会報告書』をコード化した。この報告書は，2001年9月の複数の攻撃についての600ページを越える検証であり，様々な公的生活諸領域出身の過去と現在の指導者たちからなる超党派委員会によって作成されたものである。任命された委員会のメンバーたちは，ブッシュ大統領と彼の側近たちも含めて，様々な文書と人々にアクセスした。委員たちは，この大惨事の起こる前，さ中，そして事後に行なわれた意思決定を詳細に調査したからである。攻撃の余波の中で，政府当局の諸機関を横断してのコミュニケーションの失敗と「点と点を結ぶ」ことの失敗について，たくさんのことが語られていた。批判者たちの信じるところでは，これらが成功していればその攻撃は避けられていたかもしれないということであった。

　私の GT メモ作り作業に入り込んできた一つの疑問は，委員会が収集した証言の中にアウェアネスを割り引くことが明白に存在するかどうかであった。私はアウェアネスを割り引くことの根底にあるダイナミックスについてもっと学ぶことになることも期待してこつこつと読み進んだ。この委員会報告はデータソースとして，複数の研究分野での理論構築に向けての可能性とアイディアを満載していたのである。アウェアネスを割り引くことは——実を言えばアウェアネス一般のプロセスは，ということになるが——，報告書の全体を通して決定的な存在感を持っていた。時として，アウェアネスはイン・ヴィーヴォのコード（in vivo code），つまり，対象者の発言の中に見て取ることのできるものである。例えばドナルド・ラムズフェルド（訳者注：当時の合衆国国防長官）は委員会への証言の中で，攻撃の朝，「状況的な認識」を得ようと努力したと話している。ちなみにこの軍事情勢や軍事情報の影響を受けた用語は，人々が災害などの思いもかけない不意の出来事に対応している状況下での重要な次元である。それはともかく，報告書のどのページを開いても，アウェアネスを割り引くこと，とりわけ，文脈的な情報がなかったためにデータを過小評価したり却下するといった形で割り引いたことが，政府機関の職員たちが情報機関の複数の報告書から受け取りつつあった情報を大きな枠組みの中で意味づけていく際に，ある役割を演じたことは，明らかだった。CIA（中央情報局）長官

第19章　持続的な概念の力

　ジョージ・テネットは後に，2001年の夏「警報システムは赤く点滅していた」，と委員会の調査者に話すことになる（p. 277）。しかし，たてわり主義の壁が，不可解な情報——これは，政府機関の各部署が保持していたかもしれないものなのだが——の様々な断片を持ち寄って協力し合うということを困難にしていた。委員会に聴取された政府職員たちは，人と情報を割り引くことが，諜報担当職員たちの全体的なアウェアネスの欠如にどのように寄与したかを明らかにしたのである。

　諸学問領域を横断することについてのこの議論により直接的な関わりがあるのは，政府職員たちがあの９月の朝に，あの攻撃にどのように対応したかを示しているデータを相手にして私が行なったコーディングであった。最初の航空機が激突したその瞬間から，連邦政府職員たちは彼らが理解もコントロールもできない危機の真っただ中に置かれていたのである。彼らは常に様々な事態に遅れを取っていた。わずかの間ではあるが，ジョージ・W・ブッシュ大統領は，国防長官ドナルド・ラムズフェルドを含む主要な大統領顧問と接触できなかった。ニューヨークの現場で最初に応答した者たちも，同様の交信不能に直面した。さらに報告書が書き留めているところでは，複数の空軍パイロットたちがユナイテッド航空93便に対する撃墜命令を受けたようだが，93便を見つけることができなかった。報告書は「93便がハイジャックされたと彼らが知らされた時にはすでに93便は墜落していた」（p. 31）と述べている。全体にわたって，**エスカレートする不測の事態**として私が突き止めることになったプロセス——これは，突然の危機に反応する形で生じる一連のらせん状の反作用であるが——が明らかであった。さらに重要なのは，エスカレートする不測の事態が，その他の注目を集めた災害や危機において展開した過程にもあるように見えることである。不確かなところはあるが，英国石油会社 BP の石油掘削現場での爆発とそれに続くメキシコ湾への石油投棄の期間中に連続して見られた問題含みの反応を通じて，そうした動きを見ることができるのである。データの中にもっと深く踏み込むことなしに災害一般のリスト化とメキシコ湾での原油流出やハリケーン・カトリーナのような事態への対応の比較をあっさりと開始するということにはためらいがある。しかし，この，不測の事態を見くびることという概念は潜在的には実り豊かな可能性を持っているのである。

第Ⅳ部　グラウンデッド・セオリーの前進

　私は，エスカレートする不測の事態の研究を，いまここで検討しようとしているのではない。私はこれを次のような主張の正しさを示すためにここで共有しているのである。その主張とは，GT 理論家たちが言わば概念に従うということを概してしていないというものである。彼らがそうしたことをしない理由の一つは，彼らやその他の人々を学会の中に留まらせている報酬体系にある。というのも，学会で，研究者たちが資格証明を与えられている 1 つか 2 つの特定研究分野において貢献することに焦点が当てられているのだから。彼らのためらいには，この他にもいくつかの理にかなった理由がある。多くの GT 理論家たちは，〔9.11 の調査研究のような〕特定領域を見て，危機対応あるいは災害の社会学はそれ自体が一つの専門分野——つまり，そうした研究課題にのみ焦点を当てているエキスパートが活動している下位の学問分野——であるという事実によって畏縮させられているようなのである。この認識こそが GT 理論家たちにフォーマル理論とともに突き進むことをためらわせているものなのだ，と私は信じている。自分の主張に自信を持ちすぎないように注意するが，私としては，強力な概念に従っていくこと，それからクラシック GT の基本手順を活用すること，この 2 つが，GT 理論家たちが恐れている落とし穴のいくつかを回避させてくれるであろうという考えにたどり着いている。GT 理論家が複数の学問領域を通して知的探検をする中で，関連する様々な文献にある程度親しむことは，学問領域間の共通部分が秘めている様々な可能性や文献をデータとして活用するということに対して，GT 理論家をきっとより敏感にさせることだろう。しかし，例えばアウェアネス・コンテクストのような概念や，あるいは（エスカレートする不測の事態という概念がいつの日かパターン化に到達した暁には）エスカレートする不測の事態のような概念に従っていくことは，GT 理論家を誤った方向に進ませる断層線の数を減らすことになるだろう。というのは，GT 理論家の専門性は，特定領域の詳細な細目事項におかれているのではなく GT 理論家がその展開を注視している概念の周りに位置づけられているからである。ある意味で，GT がこうした方向で遂行された場合には，学問諸領域横断的な知識——つまり，真実の学際性に見られる望ましい究極の成果としてクライン（Kleine, 1991）が擁護したタイプの学問諸領域横断的な知識——にかなり近づくことになる。この路線で行く場合，研究者は，学問領域

のためにではなく，アイディアや研究対象となっている問題に貢献するために研究をするのである。

5 独特な方法としてのグラウンデッド・セオリー

アウェアネス・コンテクストは，〔死にゆくときの研究という〕オリジナルな特定研究分野をはるかに超えて，日常生活にとっての深い含意を持っているわけだが，この概念は，どのようにして GT が，多くの研究機関や学問領域が悩まされている「データへの呑み込まれ」状態を打開する手助けになりうるのか，を指し示す最も優れた模範例であり続けている。しかしこれから，クラシック GT 理論家たちは，いくつかの方法で自らの実践を高めていく必要があるだろう。何よりもまず，彼らはクラシック GT が独特な方法であると主張しなければならない。数年前に私が投稿した論文を査読した評者は，ニュースへの注目についての GT である私の研究にたくさんの褒め言葉を与えてくれた。しかしながら，彼女は，私が自分の研究を GT と呼ぶことには同意する一方で，彼女自身は GT が独特な方法だとは考えていないと述べたのである。私の研究過程は他の人たちがやっていることに似ているので，特別な方法としての独自性を認める必要はない，と彼女は感じたのだった。GT を全体として様々な方法のコレクションか方法群とみなす傾向は，ブライアントとシャーマズ（Bryant & Charmaz, 2007）や，初版をストラウスと一緒に著わしたコービン（Corbin & Strauss, 2007）の質的調査法のテキストブックの改訂版などの影響力をもつ論考においても程度の差はあれ肯定されている。

しかしながら，クラシック GT は独特な方法なのであって，グレーザーの初期の著作群の中に初めてその未来が描き出された，そうしたタイプの理論を生み出すために従う必要のある基本手順(プロトコル)を備えたものなのである。ある種の研究分野に関してこの方法の限界があることを認めない GT 理論家には寛容になれないけれども，クラシック GT は多くの異なる研究分野を横断して累積的理論（GT がフォーマル理論と呼ぶもの）を創り出すことができる，社会諸科学における唯一の方法であることを私は主張したい。このような種類の理論を構築するための確立した方法は他にないのである。スミス（Smith, 2008）は，

社会諸科学においては，累積的な研究を構築することより，新しさの方に焦点がおかれてきていると主張した。研究方法を提供しようと試みた彼は，グレーザーとストラウスの最初の共著を有望なものであると認めていた。しかし，彼は彼自身の処方箋の方を好んで，その手本に従うことをしていない。しかし，ユンニルドとマーティン（Gynnild & Martin, 2007）は，ポリティカル・サイエンスやメディア／コミュニケーション研究における国際比較研究の限界についての議論——この分野では，しばしば研究者がリンゴとオレンジとの比較によって挫折させられたと感じたり，〔様々な国の〕データを統合するのではなく完璧な事例としての国々を対象にして研究したがるのだが——に注目し，各国を横断して得たデータが，1つの統合された理論を構築するためにどのようにして分析の俎上にのせられ比較され活用されるのかという点を立証するために，新聞のオンブズマンたちの経験の比較を用いたのである。

　GT 理論家たちは，「小さな研究課題」を超えたところに到達しなければならない。そうした研究課題は時折，研究者たちが同じ研究を何度も繰り返しているかのように感じさせる可能性があるのだから。糖尿病，ぜんそく，そのほかの慢性の病気をどのように人々が管理しているのかに関する複数の研究は，しばしば食養生の順守というまさに別の1つの研究になるのである。しかし，これらの問題についてのフォーマル理論は現在存在しない。研究者たちが GT を実践している様々な研究領域を横断する形で再生されているその他の概念群もある。少なくとも，共有して再分析するためのデータのストック，あるいは集合レベルで取り組むべき研究プロジェクトはあるのだ。〔そして〕方法はそこにある。私たちはそれを，より大胆に実践しさえすればよいのである。

参考文献

Bryant, A. & Charmaz, K. (2007). Grounded theory research: Methods and practices. In A. Bryant & K. Charmaz (Eds.), *The Sage handbook of grounded theory*, pp. 1-28. London, England and Thousand Oaks, CA: Sage.

Corbin, J. A. & Strauss, A. L. (2007). *Basics of qualitative research. Techniques and procedures for developing grounded theory* (3rd ed.). Thousand Oaks, CA: Sage.（= 2012, 操華子・森岡崇訳『質的研究の基礎——グラウンデッド・セオリー開発の技法と手順 第3版』医学書院）

Ekins, R. (1997). *Male femaleing: A grounded theory approach to cross-dressing and sex-changing.* New York, NY: Routledge.

Glaser, B. G. (1962). Secondary Analysis: A strategy for the use of knowledge from research elsewhere. *Social Problems*, 10(1), pp. 70-74.

Glaser, B. G. (1963). Re-treading research materials. The use of secondary analysis by the independent researcher. *American Behavioral Scientist*, 6(10), pp. 11-14.

Glaser, B. G.(1964). *Organizational Scientists: Their professional careers.* New York, NY: Bobbs Merrill.

Glaser, B. G. & Strauss, A. L. (1965). *Awareness of dying.* Chicago IL: Aldine Publishing. (=1988, 木下康仁訳『死のアウェアネス理論と看護——死の認識と終末期ケア』医学書院)

Goffman, E. (1974/1986). *Frame Analysis: An essay on the organizational experience.* With a new forward by Bennett Berger. Lebanon, NH: Northeastern University Press.

Gynnild, A. & Martin, V. B. (2007, May). "Bridging Media Industries and the Academy Using Classic Grounded Theory Methodology" Paper delivered at preconference for International Communication Association annual conference, San Francisco, CA.

Heaton, J. (2004). *Reworking qualitative data.* London, England: Sage.

Kahan, D. (2010, Jan. 20). Fixing the Communications Failure. *Nature*, 463, pp. 296-297.

Klein,J. T. (1991). *Interdisciplinarity: History, theory, and practice.* Northumberland, England: Bloodaxe Books.

Kunda, Z. (1987). Motivated inference: self-serving generation and evaluation of causal theories. *Journal of Personality and Social Psychology*, 53(4), pp. 636-647.

Liberman, A. & Chaiken, S. (1992). Defensive processing of personally relevant health messages. *Personality and Social Psychology Bulletin*, 18(6), Dec 1992, pp. 669-679.

Martin, V. B. (2004). Getting the news from the news. PhD Dissertation, Union Institute and University. UMI *Dissertation Abstracts International*, 3144535.

Martin, V. B. (2006). The relationship between an emerging grounded theory and the literature: Four phases for consideration. *The Grounded Theory Review*, 5 (2/3), pp. 47-50.

Martin, V. B. (2007). Purposive attending: How people get the news from the news. In B. G. Glaser & J. H. Holton (Eds.), *The Grounded Theory Seminar Reader*. Mill Valley, CA : Sociology Press.

Martin, V. B. (2008). Attending the news : A grounded theory about a daily regimen. *Journalism: Theory, Practice & Criticism*, 9, pp. 76-94.

Morrissey, M. (1997). Extended the theory of awareness context by examining the ethical issues faced by nurses in terminal care. *Nursing Ethics*, 4(5), pp. 370-379.

Nathaniel, A. K. & Andrews, T. (2010). The Modifiability of Grounded Theory. *The Grounded Theory Review*, 9(1), pp. 65-77.

National Commission on Terrorist Attacks on the United States. (2004). *The 9/11 Commission Report :* New York, NY : Norton.

Smith, R. (2008). *Cummulative social theory : Transforming novelty into innovation*. New York, NY : Guilford Press. (訳者注：原本にある *Cummulative* は *Cumulative* の誤りと思われる)

Strauss, A. L. (1994). Awareness Contexts and Grounded Formal Theory. In B. G. Glaser (Ed.), *More Grounded Theory Methodology : A Reader*, pp. 360-368. Mill Valley, CA : Sociology Press.

Zerubavel, Z. (2006). *The elephant in the room : Silence and denial in everyday life*. New York, NY : Oxford University Press.

本書の理解に寄せて①——徹底してデータと向き合うこと

　ここでは，初めに GT 翻訳に関わり始めた経緯とその事情・理由に簡単に触れた後，ぼくの興味関心の焦点の一つであるデータ分析の手法絡みでの GT（グレーザー版）の特徴について私見を提示する形で，今回の翻訳の意義づけについて述べておくことにしたい。
　ぼくが今回の翻訳に関わるようになったのは，2013年3月末だったと思うが，監訳者の一人である小島先生の方から，ぼくが共訳者の一人としてやっていた『データ対話型理論の発見——調査からいかに理論をうみだすか』の翻訳作業の経験を踏まえて，グレーザー氏並びにグレーザー派の業績と言っていい本書の翻訳に監訳者の一人として噛んでもらえないか，という声がかかってきたことに由来する。
　ぼくは，質的分析の分野の研究者として自認していることもあって，質的データ分析絡みの仕事，とりわけ GT 絡みの仕事についての話は基本的に断らないことにしているので，原著自体はまだ手にしていなかったのだが，さっそく Go サインを出すことにしたのである。
　監訳者を引き受けた個人的事情としては，さらに，この機会にグレーザー氏の分析手法についての理解を深めたいという思いもあった。と言うのも，グレーザー氏の分析手法について具体的なところを知らない・イメージできないままでいたからである。
　それは，こういうことである。グレーザー氏の分析手法絡みで，ぼくがそれまでグレーザー氏の著作で接していたのは『データ対話型理論の発見』と『理論的感受性』（1978：未訳）の2冊であった。ぼくは GT 法の共同開発者の一人であるアンセルム・ストラウス氏の分析手法については，1980年代中頃彼の分析セミナーに1年半ほど同席していたことや，『社会科学者たちのための質的分析』（未訳）という1987年の彼の名著などに親しんでいたこともあって，かなり具体的なイメージを持っていた。他方，グレーザー氏の分析手法ということになると，上記の著作，とりわけ『理論的感受性』の目通しを通して，「理論的感受性」「理論的コード化」「基本的社会的プロセス」などの章での議論を

含めて，彼の分析の仕方に関する'理屈'についてはぼくなりに知ってはいたのだが，そこでのグレーザー氏の書き方（例えば多様かつ細かな例示群で満ち溢れているストラウス氏の1987年の著作などとは対照的に，彼は具体的な例示に即した説明をしてくれていない）からは，実際にどういう分析の仕方をしているのか，という肝心のところについては，どうしても具体的にイメージすることができないでいた（ぼく自身は，GT〔ストラウス版〕等との交流に媒介・刺激されながら編み出してきた事例媒介的アプローチ〔Case-Mediated Approach〕という分析手法を実践している者なのだが，この分析手法の精緻化・展開の関連で，GTを始めとして様々な分析法から，個別具体的なデータ分析場面で活用・動員することができる具体的な分析の仕方やハウ・ツウのヒントのようなものを吸収・継承してくることに強い興味関心を持っている）。そこに今回の翻訳の話が舞い込んできたので，翻訳に携わることをすれば，もしかしたら彼の分析の仕方がわかるかもしれないし，仮にそれができないにしても，彼の思考スタイル，発想スタイルの特徴などについて否応なく親しむことができることになるのではないか，と考えたわけである。

　そこで，グレーザー氏の物の考え方や発想の理解を深めることに関連していると思われた本書の「第Ⅲ部　歴史的・哲学的基盤」を中心にした翻訳担当を希望し，翻訳作業にいそしむことにした。（実を言うと，監訳者という立場上，結果的に，本書のほぼ全部の章についての目通しと翻訳チェックに関わることになったので，グレーザー派のGTに関しては，かなり深い認識を持つことになったという具合に考えている。それはともかく）彼の思考スタイルを理解する上で参考になったのは，「第13章　バーニー・グレーザーの自律的創造性——クラシック・グラウンデッド・セオリー方法論の創発的出現における早期の影響」と，とりわけ「第15章　アイディアを生きる——バーニー・グレーザーとの生活史的インタビュー」におけるグレーザー氏の発言群だった。この第15章と出会うことになった結果，（彼の分析の仕方自体については，幸いにも監訳者の一人であり実際にグレーザー氏が主宰する問題解決セミナーへの参加経験があり，グレーザー氏から直接指導を受けたことがある志村氏から監訳者会議の場での意見交流などを通してヒントをもらえているとはいえ，それでもまだよくわからないところが残っていると言わざるをえないのだが，しかし）分析の仕方を下支えしていると思われる彼の基本的発想に関しては，相当理解を深めることができたように思う。その中身，つまり，

GT（グレーザー版）に関するぼくなりの理解内容の要点については，後ほど披露することにしたい。

しかしこうした個人的事情だけで今回の翻訳に参加したわけではない。そこには日本へのGT法の移入・普及現象の状況に関するぼくの判断も関連している。2010年代中頃における日本でのGT法をめぐる勢力図を俯瞰してみると，非常に緩やかな形で'概念'レベルへの着目に特化した木下氏の修正版グラウンデッド・セオリー・アプローチ（M-GTA。本家本元のグレーザー氏らはこれをGTとは認めがたいだろうが），ジュリー・コービン氏らの系譜の分析手法を意識的に継承しており'プロパティー・ディメンション'特化路線と言っていい戈木氏のGT, 1990年出版の『質的研究の基礎』（第1版）などに見られるストラウス／コービン氏版GT, 『グラウンデッド・セオリーの構築』に代表されるシャーマズ氏版のGTなどが，言わば'乱立'しながらも，現時点での日本のGT業界内での影響力という観点から言えば，M-GTAが看護や社会福祉系統の研究分野を中心にして相当有力な分析手法として認識され浸透しつつある，というのが，GT現象についてのぼくの現状認識である。

そうした中，グレーザー版GTは英語圏では1990年に出版され社会調査論の分野におけるGTの認知度を一気に押し上げGT（ストラウス／コービン版）の普及に貢献した『質的研究の基礎』に対する激しい批判の書である『GTの基礎』(1992, 未訳) 公刊以降，それなりの影響力を持った一大勢力として頭角を現わしつつあるにもかかわらず，日本のGT業界においてはその実態がほとんど知られていないままなのである。

ぼくが今回の翻訳に加わったのは，そうした欠落を埋めGT法をめぐる'乱世'状態をさらに加速させる観点からいっても，グレーザー版GTを紹介することは一定の意義があるのではないか，と考えてのことである。ぼくが'乱世'状態を歓迎するのは，'GT'と銘打っている質的分析手法自体が実際多様なのだからそうした実態をそれなりに反映してしかるべきだと考えるからであるが，それ以上に，分析手法というものは，多様な分析手法が切磋琢磨し相互刺激しあう中で方法やデータとの向き合い方に関わる思考を深化させていく媒体としての効果・効能を発揮していくべきであって，一つの手法が'金太郎飴'的な'マニュアル'として無批判に採用されてしまう場合に生じがちな

'思考停止'傾向を助長させていくべきではないという立場に立っているからである。

　それでは，時折ほとんど禅問答的な受け答えになっていて，グレーザー氏の人柄も垣間見えてくる前述の「第15章　アイディアを生きる——バーニー・グレーザーとの生活史的インタビュー」の中の彼の発言を拾い上げくることを通して，彼の発想スタイルに特徴的なものとぼくには思われるものを抽出してくるということをやってみたい。

　この観点からぼくが注目するのは次の５点で，ここでは説明の都合から，一つ一つ挙げていくことにするが，それらの注目点は，(それ自体非常に興味深い「第15章」でのやりとりを読んでもらえばわかっていただけると思うが)ほとんど数珠繋ぎに，と言っていいほど，相互に関連し合う形で触れられているものである。

　第１は，《アイディア第１主義》とでも呼べるもので，彼の表現を使えば「私はアイディアで生きている」(本書365頁，以下，頁数のみ)ということになる。グレーザー氏にとってこのアイディアが昔から大切であったことについては，「私は科学社会学を研究しました。科学社会学にはアイディアだけがあります」(385頁)と言うくだりからもうかがい知ることができる。彼の英語での文章力は，(文法的観点から見ると)ぼくなどから見てもあまり'しっかりしたもの'とは思えないところが時折見られ，彼の知り合いの中からもそうした指摘が見られるようなのだが，そうした場合でも，彼が気になるのはアイディアの方なのである（→「私は，英語ではなくて，アイディアのことが心配なのです。そして私はアイディアを統合するのがとても得意です」(388頁)）。ちなみに，グレーザー氏においてこのアイディアの中身が，より具体的に何を意味しているのかと言えば，それは彼が推奨する'概念化'路線の発想ということになるが，その点は，第５点として後に見ることにしたい。

　第２は，《自分自身であるということの徹底》である。これはインタビューアーであるユンニルド氏の「もしあなたがご自身を一言で表現するとしたら，様々な概念の背後にいるあなたは何者ですか，グレーザーさん」(366頁)という問いの投げかけに対して応えてなされているもので，ぼくが先に'禅問答的'と述べたくだりの一つである。そこで彼は「(私は)まさに自分自身を発揮している (just doing me) のであり，そして私自身であること (just being me)

によって私は教えているのです」(367頁)と述べている。そのほかにも，幼い時から「私はいつも自立してい」(368頁)たらしく，精神分析を3回受けた事情に触れながら，それは「さらに自分自身になるためです」(369頁)といった言い方もしていて，グレーザー氏に特徴的な発想だということがわかる。

そして，この発想を体現したものとして GT の効用が位置づけられている。例えば，「私は，自分の自己を持っていることがどんなに素晴らしいか知っています。だから私は人々に自分自身であるという感覚を授けたいのです。…(中略)…GT は人々が自分自身を獲得する手助けをする素晴らしい方法なのです」(391頁)とか，「クラシック GT は，人々にその人自身のことがもっとわかるようにしてくれるのです。先入観が少なければ少ないほど，それだけ可能性が開かれるのです」(392頁)といった形で，である。

それはともかく，この《自分自身であるということの徹底》が彼の発想上の前提としてあるからだと思うが，彼は相当自分に自信のある人らしく，文字通り'自分が大好き人間'的側面が非常に強いように見受けられる(→「私は自分のことがとても好きなんです。…(中略)…私はとても価値があって，それで，私は，あのような価値のあるものを創造しているのです。…(中略)…私が自分自身の最良の友なのです」〔382頁〕)。

第3は，データとの向き合い方の特徴で，《物事をあるがままに凝視する (to see what it is)》精神もしくは基本姿勢と呼ぶことができるだろう。グレーザー氏は，精神分析を受けた時の教訓について聞かれた脈絡で次のように述べている。「それが(自分が抱えている問題が)何であるかを理解するために，正確なデータを得ることです。そのやり方は GT で使われています…(中略)…データへの真の献身，真の源泉は，精神分析に由来するものだったのです。…(中略)…精神分析では，自分自身であることとまさに自分自身であるとは何であるかを正確に凝視することを学ぶのです。…(中略)…私は，何時間も使ってデータをあるがままに正確に凝視しようと努力しました」(370頁)。同様の発言は，インタビューの他の個所(→「そこにあるがままをただ認めるだけなのです」〔385頁〕や「まさにあるがままのデータに対する真の献身」〔395頁〕)にも見られ，GT(グレーザー版)におけるデータとの接し方という観点からは非常に大切なポイントとなっていることがわかる。

そして，そうしたデータとの向き合い方と密接に関連しているのが，「私には沢山の一人の時間が必要なのです」(379頁) という発言である。そして，この一人の時間をグレーザー氏は《待つというスタンス》(→「ほとんどいつも，私は待っているだけです」〔380頁〕) で過ごしている点は注目に値するように思う。

第４点は，《パターンの発見》という発想である。すぐ上で《待つというスタンス》と述べたが，このスタンスでもって事実上何をしているのか，と言うと，どうやらそれは《パターンの発見》ということらしいのである。「私は，パターンというものを信頼します。人々はその人のパターンを除いて他のことは何もすることができません」(371頁) という発言は，直接的には人間観察の際のポイントであり，ストラウス氏とのつきあいに触れながら「私は…(中略)…彼のパターンを発見しました」(372頁) と述べている点も，その一例である。しかしながらこの《パターンの発見》という発想・着目点は，人間観察の際だけではなく，より広くデータ把握の際の鍵になるものとみなすことができるはずである。

なお，第２点として挙げておいた'自分らしさを発揮すること'('doing me') がこの'パターン発見への信頼'と繋がっている (→「自分らしさを発揮しているだけなんです。大抵の場合，私は彼らのパターンを信頼していて…」〔375頁〕) という点も指摘しておきたい。

第５点はデータとのつきあいの際の基本が'概念化'路線だということである。例えば，「GTは，とても知性が高くて概念化できる人たちだけのためのものです」(385頁) という発言があるし，GTに関心のある人々へのアドバイスを求められて，「概念化しなさい！ 人々から特定領域的なものを取っ払って一つの概念を生み出すようにしなさい」(395頁) と述べている点からも，明らかである (ちなみに，ここで'概念化'との対比で考えられているのは，'記述'なのだが，彼が反'記述'の立場に立っていることは，「記述ほど退屈なものはない」〔385頁〕や自分の妻に言及しながら，「彼女は私に似ているので，長々とした説明 (原文は'descriptions'。語呂の関係でここでは'説明'という訳を与えている) に我慢できないのです」〔378頁〕と述べていることからも見て取ることができる)。

この関連で，グレーザー氏がGT信奉者たちを'概念化'路線の醍醐味がわかる人々だけからなるエリート集団として位置づけている点 (→「GTを実践

する人々は一つのエリート集団なのです」〔392頁〕）も興味深い。

　さらに言えば，このエリート集団への媒介をするのが，博士号の取得であって，博士号が社会的価値をもたらすものであるという認識（→「博士号を取ることです。それは他の方法では手に入れることができないであろう社会的価値をもたらすからです」〔377頁〕）を持っているからこそ，彼をそうした方向を媒介する仕事（→「私はセミナーに参加した人が学位取得希望者から博士号取得者に変わることを望んでいるのです」〔393頁〕）にエネルギーを注いでいるのだ。

　以上要するに，'自分自身である'ということを徹底してありのままのデータに迫る（to see what it is）という形でデータと向き合っていれば——そして，この'徹底してデータと向き合っている'ことを指して'待つ'と言っているのだと思うが——，概念レベルでデータの'実相'のようなもの（それをグレーザー氏は'パターン'と呼んでいるわけだが）が見えてくる'瞬間'が'出来事'として'生起する'ことになるのだ，と言っているのである。つまり，自分自身であるということを徹底できるか，概念化を志向しながら根気よくデータと向き合う形で待つことができるか，その訓練をするのが GT で，その過程で出来事としてのアイディアの生起＝創発的出現の論理が作動するものなのだ，という論理に，言わば賭けている，と言ってもいいのかもしれない。

　そうした彼の総括的発言が，「たくさんの異なったアイディアを一つのパッケージに入れているこの私」（370頁）なのであって，そのことは，インタビューの一番末尾での締め括りの個所でも，この表現を使っていることからも明らかである。

（水野節夫）

本書の理解に寄せて②――『グラウンデッド・セオリーの発見』という著作との関わり

　本書には，いろいろな職業や学問分野の調査研究者たちがグラウンデッド・セオリー（GT）を世界各地で活用しているありさまが活写されている。日本には早くからこの研究方法に注目した看護職者たちがいた。そしていま，GTに関心を寄せる人は次第に増えていると聞く。そうした環境の中で私は看護職として『GTの発見』という著作に出合い，この方法は看護にとって必要な方法だと思うようになり，感謝しながらGTを学んでいる。そこでここでは看護の立場から本書について述べたいと思う。

　本書の翻訳は，クラシックGTで博士の学位を取得し，グレーザー博士のセミナーに参加経験があり，グレーザー氏から直接指導を受けたことがある志村健一先生が発案者である。時はさかのぼるが，1992年秋に私はカリフォルニア大学サンフランシスコ校（UCSF）の看護学部に1か月間滞在する機会に恵まれ，ストラウス先生が週に1回開講しておられた大学院セミナーに数回参加することができた。おいとまする時にストラウス先生が，「また戻っていらっしゃい。日本ではこの方にお会いなさい」と，水野節夫先生のお名前と連絡先を教えて下さった。このたび，こうした最適任のお2人による監訳者チームができあがり，GTへの興味関心から私も加えていただき，各章の翻訳を担当する方々とともに，興味のつきない翻訳作業を経験することになった。

『データ対話型理論の発見』と出会う

　本書の翻訳と監訳を，私は『データ対話型理論の発見――調査からいかに理論をうみだすか』（後藤隆・大出春江・水野節夫訳，新曜社，1996年。以下，『発見』）を参照しながら行なった。『発見』は，グレーザーとストラウスがGTを初めてGTと命名して体系的に提示した著作 *The Discovery of Grounded Theory: Strategies for qualitative research*（直訳すると『グラウンデッド・セオリーの発見――質的調査研究のための諸戦略』1967, Glaser, B. & Strauss, A., Aldine. 以下，『Discovery』）の邦訳であり，本書は，この著作を土台にしてグレーザーとともにGTを展開してきた著者たちによる論文集だからである。

496

『発見』との独学的なつきあいは私なりに長かったのだが，この度（よい意味で）苦労する翻訳作業のよりどころとして読んでいて，あるとき突然「この書名は，GTの'核になるカテゴリー'の'発見'だ！」と思った。GTの視座の核心が訳者によって創発的に出現してこの書名になったのだと，はたと気がついて驚いたのである。本はすでに頁がバラバラになっていたが，この時初めて私はGTが見つかったと感じたのである。

看護職が日々行なっていることをもっとよく掴みたい，もっとよく表現してみたい，そう思っている研究仲間たちといっしょにデータに取り組むのは，あらん限りのエネルギーを注ぎ込むという意味では激しいものとなった。データに向き合うということは，調査研究に参加してくれた看護職の一人ひとりと差し向かいになることであり，うわべの理解しかできていなければ相手には通用しない。寝ても醒めても思っていた。しかし時を経てみると，そこには豊かな時間と空間があり，人々がいた。それは，よく知られている高浜虚子の句「彼一語我一語秋深みかも」の世界だと，私には思えるのである。

若い作家の朝井リョウ氏は，高校生のための「次元」と題した合唱曲の歌詞に，「……／誰もが輪郭を知っているもの，の／ほんとうのかたちを誰も知らない／……／その線がとり込み逃した空間のにじみ／その言葉が掴みきれなかった時間のふるえ／輪郭をなぞるだけでは／名前を付けるだけでは／……／だから私は想像する／線を引かずに，呼び名を決めずに／xでもyでもない，私の思考が伸び得る次元で／……／たったひとつの命同士になるまで，私は／」（JASRAC出 1615593-601）と表現してくれた。GTをすることは，このようなことだと私は思うようになっている。読者諸氏には，本書を，その出自である『Discovery』／『発見』（1967/1996，以下，この2つの書物を合わせて『GTの発見』と表記）を参照しながらお読みになるようおすすめしたいと思う。

日本の看護におけるクラシックGT関連の経緯

ストラウスとコービン（Strauss, A. & Corbin, J.）の1990年の著作『質的研究の基礎——グラウンデッド・セオリーの技法と手順』（邦訳，医学書院，1999年）を監訳された南裕子先生によれば，「カリフォルニア大学サンフランシスコ校看護学部のヘレン・ナーム学部長が，看護学に独自な研究方法を開発するため

に，シカゴ大学からストラウス博士を1960年に招聘した。そして看護学部の中に行動科学学科を設けたが，その学科は看護学の大学院生だけでなく，社会学で学位を取得しようとする院生も受け入れるといったユニークな学科であった」（iii頁）とのことである。赴任した翌年の1961年からストラウス氏がUCSFの同僚たちとともに開始した6年間にわたるサンフランシスコ湾岸地域での大規模な調査研究に，その後グレーザー氏が加わり，これが，GTの創発的出現を支えた。

ヘレン・ナーム（Nahm, H.）学部長のこうした発展的な構想の背景には，文化人類学者エスター・ブラウン（Brown, E. L.）博士による *Nursing for the Future*（1948，ブラウン・レポートと呼ばれ，第二次世界大戦後のアメリカの看護の進むべき方向を示唆した重要な遺産である。小林冨美栄訳『これからの看護』日本看護協会出版会，1966年）に呼応したアメリカ看護界の前進する大きな潮流があったものと考えられる。「看護研究には，これからは文化人類学や社会学がさらに大事になります」と常々言っておられ，ブラウン博士と親交を結んでおられた小林冨美栄先生が，1981年3～4月，UCSFからフェーガーハフ（Fagerhaugh, S.）博士とウィルソン（Wilson, H.）博士を東京に招いて，2週連続の「看護研究セミナー」を開いてくださった。セミナーの内容は，翌1982年5月に「看護研究における参加観察法」と題して，学術雑誌『看護研究』（臨時増刊号）に掲載された。当時は日本における看護研究の草創期であったことから，この臨時増刊号を「私が唐草模様の風呂敷で背負って配って歩く」と言っておられた小林先生が，序文に，「特にフェーガーハフ博士の研究過程に関する講義は，看護ケアの本質的な姿勢なくしては研究はなしえない，という哲学が受け取られるものであり，研究のための研究に陥らないためのいましめともいえるのが，強く伝わってくるところである」と書いておられることを特に紹介しておきたい。講義の一つは「看護研究と実践のギャップを縮める——フィールド-リサーチの場合」と題されていた。2週間を受講生とともにして看護研究の新鮮な方向を見せてくださったお2人の看護職の講師は，ストラウス氏とグレーザー氏の共同研究者であった。

ストラウスをリーダーとして1961年に開始された上述の調査研究から生みだされた研究成果が書物として出版され邦訳されたのは，（原著の出版年次順に）

まず，1965年のグレーザーとストラウスによる *Awareness of Dying.* Aldine（=1988，木下康仁訳『「死のアウェアネス理論」と看護』医学書院）であった。続いて1967年に Quint 著 *The Nurse and the Dying Patient.* Macmillan（=1968，武山満智子訳『看護婦と患者の死』医学書院），そして『GT の発見』である。これらの著作や邦訳を通じて新しい看護研究への展望を描いた看護者は多かったと思う。本書はこれらの，数は少ないが貴重なクラシック GT の邦訳の系譜に加えられた新しい一冊である。

本書を『GT の発見』とともに学ぶ

『GT の発見』は緻密に著述された社会学者による古典的名著で大冊である。本書に興味をもつが，まだ『GT の発見』に親しんでいない読者もおられよう。ここでは，『GT の発見』が示す GT（したがって，本書が示す GT）の理解のために重要と思われ，しかし私やともに学んでいる人たちが当初には不十分な理解をした経験のある点を数点選んで，主として『発見』を引用しながら紹介したい。本書はこうしたことは織り込み済みのこととして，特に解説をしていないからである。

まず，念のために述べておきたいのは，GT という用語の英語の文脈での 2 つの用いられ方である。この用語は，GT と名づけられた独特の調査研究方法を表す場合と，その調査研究方法によって創発的に出現した理論を表す場合とがある。これは例えば，「マネジメントには，経営管理という活動とその活動主体である経営管理者という 2 つの意味があります」（野中郁次郎『経営管理』日本経済新聞社，1983年，9頁）と類似の用いられ方と言える。

次は，GT によって創発的に出現した理論が提示される形式についてである。『発見』は，「データ対話型理論は複数の概念的カテゴリーとその諸特性を使って，十分にコード化された命題群としても提示できるし，また現在進行形でなされる理論的論議という形で提示することもできるものである」（『発見』43頁；また，62・164頁）と示し，その上で，「われわれとしては，いくつかの理由から理論提示の方法として論議という形式の方を選択した」（『発見』43頁）と言う。例えば *Awareness of Dying* は，「死にゆくことのアウェアネス」という理論を後者の形式で提示しているのである。

第3は，'いろいろなGT'についてである。GTは，1967年にグレーザーとストラウスが打ち出した「革命的な」(Charmaz, 2000, デンジン／リンカン，平山満義監訳『質的研究ハンドブック　2巻』北大路書房，2006年，172頁) 調査研究方法と，その方法を活用して産みだした理論に彼らが冠する'固有名詞'だと，つまり'GTは一つだ'と当初私は思い込んでいたので，その後に出版された様々な著者によるGTの解説に接して混乱した。本書はそうした事情に率直に取り組んでいる。おかげで私は混乱をかなり整理することができた。GTに独特なある手順をなぜ行なうのか，厳密に守るべきは何で，いろいろ試してみるべきはどこか，などを考える視座を得ることができたのである。本書は，著者たちがそれぞれに創造性を発揮し，同時に，各論文（＝各章）が『GTの発見』との間に自然な一貫性を保っているので，読めば読むほどGTの理解を深めてくれる。

　第4は，'概念化'についてである。概念化というのは単なる抽象化のことだと，意識してではないにしてもそうとらえるのは普通のことかもしれない。ある優れた臨床家研究者の「GTは勝手に概念化する」との辛口の評価に対して，私は引き下がらざるを得なかった経験がある。実はクラシックGTは「勝手な概念化」ではなく，「データに根ざした概念化」を，研究者が何とかやりとげられるように一貫してサポートしているのである。データの中に生起していることを見つけ出すために，研究者はデータを分析する。人は自分では意識できないけれども先入観を持ってものを見る。人は見たいものしか見ないし，見たいようにものを見るし，つなげたいようにつなげてしまうということを深く自覚しようとしているのがGTの研究者である。その研究者のために，クラシックGTは「絶えざる比較法」や「理論的サンプリング」などの独特の手順を備えているのである。これらの手順に自分の身をさらしてデータとじっと向き合い，つき合い続けていると，データと自分の間から何だか心をとらえるものが現われ出てくる。感じたそのきざしを掴まえたいのだが，見えたと思っても見えなくなるし，掴まえたと思っても別物だったりする。「絶えざる比較法」「理論的サンプリング」の助けもかりてなんとかつかまえる（つかまえた気になる）。そうしたら，その掴まえた何かに「じっと案じ入って」名前をつけて概念化する。これが，私がいま行なっているGTである。

第5は，GTの概念（コンセプト）と理論（セオリー）についてである。GTはデータをバラバラにするからデータのコンテクストがこわれ，したがって欠点の大きい研究法だという見方があるのかもしれない。しかしそれは，顕微鏡を使い，解像度を上げて観察する研究を欠点の大きい研究法だというようなものである。解像度を上げればそれだけ全体像は見えなくなり，光の量などのせいで視野から姿を消してしまうものも出てくる。そうしたことを十分に自覚して，データに分け入りつつデータと交わりながら全体像との間を往復するのがGT調査研究者である。そのようにして研究者は，データがほんとうは持っているのに，これまでの概念が抱え切れなかった大事なことを見つけ出そうとする。このようなクラシックGTの方法を順守して産出された概念と理論の特徴は，「分析されていると同時にフィールドからの豊富な情報が含まれており」（『発見』10-11頁を要約），概念化の程度は，「感覚的なわかりやすさという側面を失ってしまうほど抽象的であってはならない…（中略）…だが多様な条件下でつねに変化しつづけている日常生活状況に対する一般的指針になるだけの抽象性を備えていなければならない」（『発見』328頁）ものになる。実践を目的にしている看護の概念化と理論はこうでありたいと，看護職として私は切に思う。

　GTは日々の看護の経験と知恵を分かち合う方法である。読者諸氏には，『GTの発見』を背景に，本書の著者たち（GTの豊かな経験者たち）が創造性を発揮しているセミナーに参加したつもりで，本書に親しんでいただくことを願っている。

注
(1)　この顕微鏡を例に用いた表現は，福岡伸一（2009）『世界は分けてもわからない』（講談社現代新書、42-3頁）から着想を得たものである。

（小島通代）

監訳者あとがき

　本書の翻訳を思い立ち，ミネルヴァ書房の音田潔氏に相談を持ちかけたのは2013年2月であった。「監訳者まえがき」にも記したが，グラウンデッド・セオリー（以下，GT）は世界中で最も多用されている質的なデータを分析する方法であるにもかかわらず，その思想や考案者であるバーニー・グレーザーについて，あまりにも知られていない。特に日本において，その傾向が顕著であることは，私の長年の懸念事項であった。バーニー・グレーザーのアンソロジーとして企画された本書を翻訳することで，日本における GT の理解に貢献できるのではないか，という私の思いを音田氏が理解してくれなければ，本書は刊行されなかっただろう。

　翻訳を手がけたことはあったが，私は翻訳を得意としているものではない。言葉を大切にする研究者，そして GT に精通した研究者として小島通代先生に相談を持ちかけたところ，私の意図することをくみ取ってくださり，快諾してくださった。そして小島先生が GT が日本で知られるようになった大きなきっかけである『データ対話型理論の発見』の訳者である水野節夫先生につないでくださったのである。水野先生の翻訳のお力は『発見』をお読みいただいた読者にはよくおわかりいただけるものであろう。

　こうして監訳者3名が初めて顔をそろえて，本書（原著）を前に相談会を持ったのが，2013年の3月末であった。以来，毎年3月末に東洋大学白山キャンパスの志村研究室で翻訳の状況確認をしながらこんにちに至っている。

　それぞれの監訳者が，興味関心にしたがって原著の章を選び，その章にふさわしい訳者を選びながら，翻訳作業が進められた。原著が世界4大陸9カ国の著者からなる本書を翻訳する作業は，それぞれの著者の文体の違いから表記の違いまで，たやすい作業ではなかったが，すぐれた訳者に恵まれ，また水野先生，小島先生の丁寧な監修作業によって完成することができた。

　監訳者，訳者，音田氏に心から感謝申し上げる次第である。そして本書が日

本におけるGT（特にクラシックGT），バーニー・グレーザーの理解を深めてくれることを願ってやまない。

2016年6月

監訳者を代表して
志 村 健 一

人名索引

あ 行

アイゼンハート（Eisenhardt, K.）　431
アルベッソン（Alvesson, M.）　106
アージリス（Argyris, C.）　71
アンドリュース（Andrews, T.）　7
ウィーナー（Wiener, C.）　271
ウェブ（Webb, C.）　189
ヴォーン（Vaughan, D.）　430
エーコ（Eco, U.）　246
エイヴィス（Avis, M.）　114
エステス（Estes, C.）　268

か 行

ガーゲン（Gergen, K.）　105
カーニー（Kearney, M.）　417
ガスリー（Guthrie, W.）　14
ガダマー（Gadamer, G.）　254
カハン（Kahan, D.）　475
ガブリエリ（Gabbrielli, P.）　68
カルヴィーノ（Calvino, I.）　247
グールドナー（Gouldner, A.）　302
グメッソン（Gummesson, E.）　4
クライン（Klein, J.）　484
グラノヴェッター（Granovetter, M.）　360
クリスティアンセン（Christiansen, Ö）　355
グレーザー（Glaser, B. G.）　1
グレーザー（Glaser, N.）　324
クレスウェル（Creswell, J.）　419
クレッケルウィッツ（Krekelwitz, C.）　148
クロッティ（Crotty, M.）　109
クンダ（Kunda, Z.）　474
ケヴァーン（Kevern, J.）　189

ケンダル（Kendall, P.）　175
コーバン（Covan, E.）　269
コービン（Corbin, J.）　26
ゴフマン（Goffman, E.）　481

さ 行

ザイオ（Xiao, Y.）　159
サルモン（Salmon, G.）　137
シモンズ（Simmons, O.）　13
シーガル（Seagull, F.）　159
ジーレンス（Thielens, W.）　315
ジェームズ（James, W.）　282
シャーマズ（Charmaz, K.）　16
シャッツマン（Schatzman, L.）　24
シャーフ（Sharf, F.）　143
シュタイナー（Steiner, G.）　247
シュルツ（Schulze, R.）　319
ショーン（Schön, D.）　71
シルズ（Shils, E.）　302
シルヴァーマン（Silverman, D.）　417
スコルドバーグ（Skoldberg, K.）　106
スコット（Scott, H.）　15
スコット（Scott, J.）　331
スターン（Stern, P.）　2
ストラウス（Strauss, A. L.）　3
ストルボーン（Styrborn, S.）　360
スミス（Smith, R.）　485
スレシウス（Thulesius, H.）　15
ゼッターバーグ（Zetterberg, H.）　302, 318
ゼルバベ（Zerubavel, Z.）　472
セン（Sen, A.）　360

505

た行

ダーキン（Durkin, J.） 158
ダナーマーク（Danermark, B.） 114
ダニエル（Daniel, J.） 10
タロッツィ（Tarozzi, M.） 16
チャイケン（Chaiken, S.） 474
デイ（Dey, I.） 433
ディヴィス（Davis, F.） 24
デニー（Denney, R.） 324
デューイ（Dewey, J.） 283
デュセック（Dusek, V.） 196
デンジン（Denzin, K.） 405
デリー（Derry, S.） 160
デュルケム（Durkheim, E.） 33
トーマス（Thomas, M.） 15
ドラッカー（Drucker, P.） 358

な行

ナサニエル（Nathaniel, A.） 7
ニルソン（Nilsson, L.） 15

は行

ハイデッガー（Heidegger, M.） 254
バーガー（Berger, P.） 111
パース（Peirce, C.） 17
パーソンズ（Parsons, T.） 315
ハード＝ホワイト（Heard-White, M.） 139
バートン（Barton, A.） 311
ハーナンデス（Hernandez, C.） 15
バーバー（Barber, B.） 310
パールス（Perls, F.） 305
パールス（Perls, L.） 305
ハイマン（Hyman, H.） 302
ハマースレイ（Hammersley, M.） 113
ハルコーム（Halcomb, E.） 180
ヒートン（Heaton, J.） 410
ピュー（Pugh, D.） 144

ヒューズ（Hughes, E.） 3
ファン・マーネン（Van Maanen, J.） 405
フィリップス（Phillips, E.） 144
プディファット（Puddephatt, A.） 40
フラー（Fuller, S.） 102
ブライアント（Bryant, A.） 108
ブライキー（Blaikie, N.） 113
ブラウォイ（Burawoy, M.） 27
フリッツ（Fritz, T.） 418
ブルーマー（Blumer, H.） 282
ヘイズ＝バウティスタ（Hayes-Bautista, D.） 268
ベル（Bell, D.） 302
ホール（Hall, E.） 167
ホルトン（Holton, J.） 17

ま行

マーティン（Martin, V.） 1
マートン（Merton, R. K.） 3, 308
マーフィー（Murphy, E.） 114
マイネス（Maines, D.） 328
マコーリン（McCallin, A.） 7
マッケンジー（Mackenzie, C.） 159
マニアス（Manias, E.） 153
マレー（Maley, A.） 69
ミード（Mead, G.） 283
ミルズ（Mills, J.） 23
ムルック（Mruck, K.） 334
ムレン（Mullen, P.） 417
モリセイ（Morrissey, M.） 469
モース（Morse, J.） 104

や行

ヤーコブソン（Jakobson, R.） 253
ヤング（Young, J.） 68
ユンニルド（Gynnild, A.） 1

ら 行

ライマン（Ryman, S.）　24
ライリー（Riley, R.）　153
ライマン（Lyman, S.）　24
ラザースフェルド（Lazarsfeld, P. F. L.）　3, 311
ラックマン（Luckmann, T.）　111
ラッセル（Russel, M.）　10
ラピエール（LaPiere, R.）　302
リトレ（Littre, E.）　256

リーバーマン（Liberman, A.）　474
リースマン（Riesman, D.）　302
リンカン（Lincoln, Y.）　405
ルウブサー（Loubser, J.）　330
ルター（Luther, M.）　251
ロー（Lowe, A.）　14
ローゼンバウム（Rosenbaum, M.）　18
ロジャーズ（Rogers, C.）　71
ロック（Locke, K.）　420
ロフランド（Lofland, J.）　24
ロンナー（Lonner, T.）　267

事項索引

あ 行

合気道（aikido） 363, 376
アイディア（ideas） 334, 363, 365
アウェアネス（awareness） 468, 471
アウェアネス・コンテクスト（awareness context） 467, 468-9
アウェアネス・コンテクスト理論（theory of awareness contexts） 18, 467
アクション・リサーチ（action research） 358
アフォーダンス（affordances） 198
アブダクション（abduction） 290, 295
あらかじめ予想した要素（preconceived elements） 30
ある特定の環境における様々な行動とその意味を説明する（to explain behaviors and meaning in a particular setting） 101
1行ごとの分析（line-by-line-method of analysis） 185
一貫性分析（consistency analysis） 317, 328
一般化する（generalize） 398
一般大衆向きの社会学（populist sociology） 27
一般的（諸）含意（general implications） 398, 399
意味のあるインデックスを産出する（generating an index with meaning） 313
意味のあるカテゴリーを抽象する（abstract significant categories） 336
意味を拡張する（to extend meanings） 401
イメージと代用品（images and proxies） 348

eメール（email） 84
因果関係（cause and effect relationship） 347
印象主義的影響（impressionistic influence） 332
インターネット・フォーラム（internet forum） 57
インターネットベースの方法論のワークショップ（internet based methodology workshop session） 84
インタビュー（interview） 14, 43, 129
　オンラインでの（interviews online） 15, 128
　GTのインタビュー（GT interviewing） 36
　フォーカス・グループを活用する（using focus groups） 15, 174
　非構造的な開かれたインタビューを実施する（non-structured, open-ended interviewing） 35
インディケーター（指標）（indicator） 312
インディケーター（指標）の互換（交換）可能性（interchangeability of indicators） 314-5, 415
インデックス（index） 313, 327
インデックス形成（index formation） 313, 314
エラボレイション分析（elaboration analysis） 307
演繹（deduction） 296
演繹的思考（deductive thinking） 54
オープン（開放）） 37, 198, 468
オープンコード化（オープンコーディング）

（open coding） 79, 185, 200, 201
オープンコード化のためのグレーザーの一連の問い（Glaser's questions for open coding）（200），305, 338
起きていること（what is going on） 62
憶測を捨てる（unlearn conjecture） 64
（GTの）オリジナルの方法論（the original methodology） 8
オンライン（online） 2
　GTインタビューの実施（Conducting GT Interviews Online） 15, 128
　GT研究所（www.groundedtheory.com） 337
　GTレビュー（www.groundedtheoryreview.com） 337
　ディスカッション・グループ（online discussion groups） 5
　ディスカッション・フォーラム（discussion forums online） 6

か 行

解釈（interpretation） 28, 31, 38, 109
解釈主義的アプローチ（interpretive approach） 30
解釈主義の（interpretivist） 328
解釈的（interpretive） 36
解釈というよりもネーミングを行なうこと（to name rather than interpret） 33
概念（コンセプト）（concept） 39, 289, 329, 467
概念を産出し最終的には帰納的理論を産出する（generating concepts and eventually producing inductive theory） 205
概念化しなさい！（conceptualize!） 395
概念化するように！（conceptualize!） 102
概念化（conceptualize, conceptualization） 37, 201, 385
概念化すること（conceptualizing） 39, 427

概念がそなえ持っている持続的な力（the enduring power of a concept） 467
概念化が持っている威力（the conceptualization power） 13-4
概念化‐記述論争（conceptualization-description debate） 105
概念的抽象化（conceptual abstraction） 329
概念的に比較する（conceptual comparing） 429
概念的比較（conceptual comparisons） 429, 432
概念的比較分析（conceptual comparative analysis） 433
概念的明晰さ（conceptual clarity） 305
概念的理論化（conceptual theorizing） 51
概念の諸特性や諸次元を産出する（generating conceptual properties and dimensions） 313
概念発見（conceptual discovery） 47
概念発見のための雰囲気づくり（Atmosphering for Conceptual Discovery） 14, 47
概念発見のための雰囲気づくり（atmosphering for conceptual discovery） 48, 51, 68
概念メモ（conceptual memos） 424
概念レベル（conceptual level） 51
概念レベルを高める（raising conceptual level） 52
概念レベルで（conceptually） 40
概念レベルでの比較（conceptual comparisons, compare on the conceptual level） 398, 413
開放性（openness） 65
開放性を提供する（to implement openness） 52
開放的な精神（opening spirit） 47
開放的（open） 72
開放プロセス（process of opening up） 59

解明（unveiling） 56
科学（science） 346, 350
科学者のキャリアにおける自律性の役割（the role of autonomy in a scientific career） 308
科学者のパーソナリティ（the personality of the scientist） 361
科学的研究の元来のアイディア（the original idea of scientific work） 360
確実性（credibility） 72
学習環境（learning milieu, learning environment） 47, 102
学習者（学び手）（learner） 4, 56
学術的理論化（academic theorizing） 72
学者のコミュニティー（community of scholars） 7, 102
獲得された関連性（earned relevance） 310, 411
獲得する（earn） 411
　〔自力で〕獲得する（earn） 30
　〔自ら〕獲得する（earn） 26
核になるカテゴリー（コア・カテゴリー）（core category） 39, 66, 201, 258
核になる変数（コア・バリアブル）（core variable） 82, 201
「華氏911」（'Fahrenheit 9/11'） 352
仮説（hypothesis） 198
仮説を産出する（generate hypothesis） 198
仮説をテスト（検証）する（test hypothesis） 198
画像（pictorials） 450
カテゴリー（category） 36, 56, 186, 289, 398
カテゴリー化（categorizing） 273
カリフォルニア大学サンフランシスコ校（UCSF）（the University of California, San Francisco） 24, 53
観察（する）（observation, observe） 51, 56
感受性（sensitivity） 151, 163

完全な受容（full acceptance） 65
関連がある（している）（relevant） 40, 41
関連（性）（relevancy, relevance） 8, 48
関連性と妥当性（relevance and validity） 357
記号論（semiosis） 290
既成の枠にとらわれずに（out of the box） 52
基礎的社会過程（基礎的社会的プロセス）（basic social process） 33, 471
基礎的社会構造過程（basic social structural process） 33
基礎的社会心理過程（basic social psychological process） 33
記述（description） 201
記述的（descriptive） 100
記述的調査研究（descriptive research） 83
記述的な志向性（descriptive mindset） 54
記述レベル（descriptive level） 51, 413
帰納（induction） 201, 294
帰納される（be induced） 197
帰納的思考（inductive thinking） 54
帰納的調査研究法（inductive research method） 173
帰納的に（inductively） 40
帰納的理論（inductive theory） 50, 198
疑問（問い）（question） 56
疑問を投げかけること（questioning） 56
客観主義（objectivism） 28, 37, 328
客観主義（的の）（objectivist） 14, 23
客観性（objectivity） 312, 346
客観性という理想への献身を堅持しつづけること（to maintain a firm commitment to the ideal of objectivity） 33
客観的観察（objective observation） 288
客観的現実（objective reality） 38, 43
共同創始者（co-founder） 11
共同発見者（co-discoverer） 1

事項索引

偶発的出会い（セレンディピティ）（serendipity） 306, 308
"grounded" のような重要な用語（key term like "grounded"） 250-251
グラウンデッド・アクション（grounded action） 42
グラウンデッド・セオリー（GT）（grounded theory） 1, 38
応用型 GT（applied grounded theory） 72
客観主義 GT（objectivist grounded theory） 28
グレーザー・バージョン（Glaser's version） 13
グレーザー流の GT（Glaserian grounded theory） 23
軽量型 GT（GT light） 354
構成主義 GT（constructivist grounded theory） 23
構成主義バージョン（constructivist version） 27
準グラウンデッド・セオリー（quasi-grounded theory） 30
ストラウスのバージョン（Strauss's version） 13
正当でクラシックな GT（orthodox and classic grounded theory） 355
正統派 GT（orthodox grounded theory） 354
伝統的 GT（traditional grounded theory） 29
特定領域 GT（substantive grounded theory） 18
発展的 GT（evolved grounded theory） 23
発展的バージョン（evolved version） 27
フォーマル GT（formal grounded theory） 18, 402

モデル改造された諸バージョン（remodeled versions） 23
より完全にデータに根ざした（more completely grounded in data） 27
グラウンデッド・セオリーオンラインのサイト（the site Grounded Theory Online） 84
グラウンデッド・セオリー研究者（grounded theorist） 5
グラウンデッド・セオリー研究所（the Grounded Theory Institute） 8
グラウンデッド・セオリー研究所のウェブサイト（the Grounded Theory Institute website） 83
グラウンデッド・セオリー研究所問題解決セミナー（The Grounded Theory Institute's Troubleshooting Seminar） 5, 6, 14, 337
グラウンデッド・セオリー・スキル（GT skill） 57
グラウンデッド・セオリー・セミナー（grounded theory seminar） 5
グラウンデッド・セオリー調査研究（grounded theory research） 7
グラウンデッド・セオリー調査研究者（grounded theory researcher） 1
クラシック GT 調査研究者（classic grounded theory researcher） 15, 33-4
グラウンデッド・セオリーと質的データ分析の違い（the difference between grounded theory and qualitative data analysis） 67
グラウンデッド・セオリー・ネットワーク（grounded theory networks） 3
同輩対同輩の（peer-to-peer network） 5
ピア・ネットワーク（peer networks） 6
サポート・ネットワーク（support networks） 9
『グラウンデッド・セオリーの視座――記述との対比における概念化』（GT Perspective: Conceptualization Contrasted with Descrip-

511

tion）411

『グラウンデッド・セオリーの視座（その2）——GT方法論の記述によるモデル改造』（GT Perspective II: Descriptions Remodeling of GT）411

『グラウンデッド・セオリーの実践』（Doing Grounded Theory）42

グラウンデッド・セオリーの実践（doing grounded theory）247

グラウンデッド・セオリーのジャーゴン（GT "jargon"）261

グラウンデッド・セオリーの諸原則に基づいて理論化をする実力を築き上げること（building competency in theorizing based on grounded theory principles）9-10

『グラウンデッド・セオリー方法論の追加』（More Grounded Theory Methodology）410

グラウンデッド・セオリーの手順，手続き（GT procedure）79

『グラウンデッド・セオリーの発見』（The Discovery of Grounded Theory: Strategies for qualitative research（=『データ対話型理論の発見——調査からいかに理論をうみだすか』））1

「…それは調査に根ざしたものだったのです。…」（… it was grounded in research. …）253

グラウンデッド・セオリーの方法（the methods of grounded theory）199-202

グラウンデッド・セオリーの翻訳（translating grounded theory）244

グラウンデッド・セオリーの翻訳について（On Translating Grounded Theory）16, 244

グラウンデッド・セオリーの明白な狙い（its explicit aim）3

グラウンデッド・セオリーのメンタリング（mentoring grounded theory）2

グラウンデッド・セオリーは一般性のある方法論である（GT is a general methodology）335, 351

グラウンデッド・セオリーは質的方法に限られた方法ではない（Grounded theory is not a qualitative method）18

グラウンデッド・セオリーは理論生成に帰着することになる帰納的方法論である（Grounded theory is an inductive methodology that results in theory generation）449

『グラウンデッド・セオリー分析の基礎』（Basics of Grounded Theory Analysis.）26

グラウンデッド・セオリー方法論の主要な諸規準（major canons of grounded theory methodology）189

グラウンデッド・セオリー方法論の諸パラメーター（parameters of grounded theory methodology）189

グラウンデッド・セオリー方法論の本来の特性（the integrity of grounded theory methodology）189

グラウンデッド・セオリー問題解決（問題診断）セミナー（GT troubleshooting seminar）47

グラウンデッド・セオリー理論家（グラウンデッド・セオリスト）（grounded theorist）1

グラウンデッド・セオリー理論化（grounded theorizing）50

GTレビュー（www.groundedtheoryreview.com）337

グラウンデッド・セオリーを行なう（の実践）（doing grounded theory）17

グラウンデッド・セオリーをテストする（test grounded theories）18

グラウンデッド・セラピー（grounded therapy）42

事項索引

「クラシック」("classic") 13, 282
クラシック・グラウンデッド・セオリー（クラシックGT） 1, 13-14, 34, 37, 42
基本手続き(プロトコル)（classic grounded theory protocol） 4
なぜクラシックGTなのか（Why Classic GT） 14, 22
クラシック・フォーマル・グラウンデッド・セオリー（classical FGT） 434
グランド・ツアー・クエスチョンや聴き取り（grand tour question or inquiry） 35
グレーザーのいくつかの個人的な資質（some of the personal qualities of Glaser） 17
グレーザーの多くの著書へのアクセスを保証すること（ensuring the accessibility of Glaser's many books on the method） 5
経験（experience） 50, 353
経験的なデータに根ざしながら促進する（empirically grounded facilitation） 62
経験的命題（experiential proposition） 197
経験に開かれ，そして経験から理論化すること（opening up to, and theorizing from experience） 70
ケーススタディー調査研究（case study research） 358
継続的にメモを書くこと（continuous memo writing） 412
現実主義（realism） 113
現実主義 - 相対主義論争（realist-relativism debate） 113
検証（verification） 156
原則（principle） 1
コア・カテゴリー（core category） 39, 66, 186, 398, 454
コア・カテゴリーによって駆り立てられ導かれる（core category driven） 408, 409
コア変数（core variable） 309, 315, 391
コア変数分析（core variable analysis） 315

行為（action） 27
行為のための理論的立脚点（theoretical foothold for actions） 42
行為理論（theory of action） 71
構成主義（constructivism） 28
構成主義（的，の）（constructivist） 14
構成主義グラウンデッド・セオリー（constructivist grounded theory） 23
構成主義者（constructivist） 28
構造方程式を用いた検証（Verification Using Structuring Equation Modeling） 18, 449
構造方程式モデリング（structural equation modeling） 18
構築主義（constructionism） 110, 427
コーディング・パラダイム（coding paradigm） 25
コード（code） 186
コード化（コーディング）（coding, to code） 43, 186, 199-200, 258-9, 273, 398, 402
コード化集合（コーディング系，コード化群）（coding families） 186, 201, 451
コードの有用性を試す（to test the usefulness of the code） 200
行動（の）パターン（behavioral patterns） 40, 49
合目的な注目理論（the theory of purposive attending） 471-2
互恵的な刺激者（reciprocal inspirators） 52
個々の研究者の存在論の視座（ontological perspective of the individual researcher） 336
個々の研究者の理論的感受性（theoretical sensitivity of the individual researcher） 336
固定観念を打ち破る（breaking up mindsets） 52
固定観念の脱構築（deconstruction of held beliefs） 60

513

言葉（words） 37
コロンビア学派（Columbia School） 303
コロンビア大学（University of Columbia） 3,306
根拠を持ったデータ（grounded data） 116
根拠のある諸事実（solid facts） 346
コントロールできる理論的立脚点（controllable theoretical foothold） 27

さ 行

参加観察（参与観察） 23
（調査研究，研究）参加者（participants） 28, 38, 129, 165
（調査研究，研究）参加者たちに関連がありかつ重要なこと（what is relevant and important to participants） 72
（調査研究，研究）参加者の視座（participant perspective） 38, 289
サンプリング（sampling） 199-200
散文体で（in prose） 404
シカゴ学派（Chicago School） 3
シカゴ大学（University of Chicago） 23
時間と場所と人々（time, place, and people） 33, 59, 64
時間や空間，そして人に対して公平な態度をとる（detachment from time, place, and people） 69
次元（dimension） 313
視座（perspective） 24, 26, 28, 32, 38, 289, 324
実効可能性（workability） 411
実際に（進行し）ていること（what's really going on） 28, 320
実際の諸状況における行動と行為を理解する（to understand behavior and action in practical situations） 101
実証主義（の）（positivist） 23
実証主義的アプローチ（positivistic approach） 22, 30
実証主義的社会科学（positivistic social science） 34
実証主義的質的調査研究（positivist qualitative research） 28
質的研究ソフトウェア（qualitative research software〔QRS〕） 202
『質的研究の基礎』（Basics of Qualitative Research.） 26
質的数学の論理（qualitative math logic） 34
質的調査研究（qualitative research） 1, 306
質的調査研究者（qualitative researcher） 8
質的調査研究ソフトウェア（qualitative research software） 15, 195
質的調査研究ソフトウェアの利用と有効性（The Utility and Efficacy of Qualitative Research Software） 15, 195
質的調査研究における妥当性（validity in qualitative research） 205
質的（な）データ（qualitative data） 43
質的データ分析（qualitative data analysis〔QDA〕） 40, 67, 109, 385, 410, 417
質的分析（qualitative analysis） 25, 327, 330
質的方法（qualitative method） 10, 326
執筆（writing） 199
死にゆくことのアウェアネス（awareness of dying） 15, 220
『死にゆくことのアウェアネス（awareness of dying）』（＝『『死のアウェアネス理論』と看護——ケアとクオリティ・ライフとの接点』） 16
死にゆくことの脱タブー化（De-Tabooing Dying） 16, 220
指標（インディケーター，インデックス）（indicator, index） 40, 283, 291, 312
指標の交換可能性（interchangeability of indi-

事項索引

cntors）　146, 291, 312, 317, 415
思弁的理論（speculative theory）　406
『社会科学者のための質的分析』（Qualitative Analysis for Social Scientists）　25
社会学的構成概念型のコード（sociological constructs code）　185
社会現象（social phenomena）　347
社会的過程（social process）　390
社会的行為（social action）　55, 390
社会的世界（social world）　41, 112
習慣（habits）　283
修辞学的格闘（rhetorical wrestle）　17, 22, 30, 41, 335
従属変数（dependent variable）　347
主観的現実（subjective reality）　39
主題分析（thematic analysis）　179
助言者（メンター）（mentor）　1, 100
助言者が指導する（メンタリング）（mentoring）　100
助言者が指導する取り組み（メンターシップ）（mentorship）　100
助言者と若き秘蔵っ子（mentor and young protégé）　348
助言者なしの状態（マイナス・メンティー）（minus mentee）　439
助言者による指導なし（minus mentoring）　104
助言者による指導のない状態（マイナス・メンターシップ）（minus mentorship）　101
庶民的（democratic）　270
自律（性）（autonomy）　10, 64, 66, 304, 334
　既存の理論という砦からの（from the stronghold of extant theory）　3
自律的創造性（Autonomous Creativity）　302
自律的な関与（autonomous engagement）　56
自律的な研究（research autonomy）　54

自律的な貢献者（autonomous contributor）　65
人生＝生活のダイナミズムや相互作用（the dynamism and interaction of life）　347
シンボリック相互作用論（symbolic interactionism）　23, 326, 331-2
シンボリック相互作用の見解（symbolic interaction view）　427
信用性（believability）　48
信頼性（believability, credibility）　72, 408, 411
心理社会的な支援（psychosocial support）　5
心理社会的なレベル（psychosocial level）　61
推論（reasoning）　56
数字（numbers）　37
スーパーバイザー（supervisor）　7, 75
スーパービジョン（supervision）　85
すぐに要点をつかむ（to quickly get to the point）　353
すべてがデータである（all is data）　15, 314, 416, 477, 455
精神分析（psychoanalysis）　363
説得力（convincingness）　205
説明（explain）　30, 32, 51, 381
　ばかげたほど過度に単純化され断片化された「説明」（ludicrously simplistic and fragmented "explanation"）　357
先行文献（prior literature）　50
潜在的構造パターン分析（latent structure pattern analysis）　289, 305
潜在（的）（している）パターン（latent pattern）　67, 288, 337
選択的コーディング（選択的コード化）（selective coding）　186, 200, 201
前提破壊的な方法論（subversive methodology）　468

515

先入観（preconceptions）　24, 392
先入観を最小化すること（minimizing preconceptions）　24
先入観を一時停止し最小化する（suspend and minimize preconceptions）　37
専門家たちの評価（ピア・レビュー）（peer review）　405
専門用語（jargon）　31, 385
『専門用語化──GTの語彙を用いる』（Jargonizing: Using the vocabulary of grounded theory）　336, 375
創始者たち（the founders）　3
創造性（creativity）　10, 334
相対主義（relativism）　111
創発的な学習プロセス（emergent learning processes）　48
創発的に出現しつつあるGT（emerging grounded theory）　220
創発的に出現しつつある理論（emerging theory）　16
創発的に出現（浮上）する（emerge）　30, 311, 313, 420
創発的に出現するようにすること（to let it emerge）　33
素材埋め込まれ形（イン・ヴィーヴォ）の（in vivo code）　185
ソシオロジー出版社（the Sociology Press）　8, 322, 338
組織内キャリアに関するフォーマル理論（formal grounded theory on organizational careers）　410
その他のデータ（other data）　14
染め上げ（imbuement）　383
染め上げられる（be engrained）　313
存在論（ontology）　104, 287-8

た　行

対等な者どうし（peer-to-peer）　60

絶えざる概念化（constant conceptualization）　414
絶えざる比較（constant comparison）　25, 179, 199, 201, 205, 313, 327
絶えざる比較分析（constant comparative analysis）　164, 208, 315, 332
絶えざる比較法自体は（GTで創発的に出現する）理論の妥当性を実証するために活用される（The constant comparative method itself is used to validate the theory）　205
脱構築（deconstruction）　59
脱コンテクスト化（de-contextualization）　58
『地位移行』のフォーマル理論（Status Passage formal theory）　410
逐語録（化）（transcribe, transcribing）　154
抽象的概念化（abstract conceptualization）　56
抽象的概念化の専門技術（expertise in abstract conceptualization）　69
抽象的概念形成（abstract ideation）　408
調査研究（research）　25
調査研究技法（research technique）　174
調査研究者（researcher）　1, 34, 37, 346
調査研究者の手にしている所与のリソースの範囲内（within the given resources of the researcher）　402
調査研究の完全自律性（full research autonomy）　389
調査研究方法論（research methodology）　101
使い勝手がよい（be useful）　41
使える（機能する）（work）　218
データ（data）　23, 37, 42, 319, 345, 356, 370
データが分析の俎上にのせられる（the data is fractured）　200
データから離れ、時間、場所、そして人から抽象化して概念レベルに達する（leave the da-

ta and get on conceptual level which is abstract of time, place and people) 64
データ（の）収集（data collection） 5
データ生成と協調させながらそのデータを分析する（to analize the data in concert with generating the data） 78
データに埋め込まれている潜在的パターンを創発させる（emerge the latent patterns embedded in the data） 81
データに潜在しているパターンを発見すること（discovering latent patterns in data） 205
データに対する感受性（data sensitivity） 55
データに忠実であり続けること（to remain honest to the data） 33
データに根ざした（grounded in data） 48
データに根ざした雰囲気づくりのアプローチ（grounded atmosphering approach） 68
データに根ざした概念化（grounded conceptualization） 51
データに根ざしている（grounded） 405
データに根ざすこと（grounding in data） 37
データに忠実であれという GT の原則（the grounded theory principle of staying close to the data） 363
データに寄り添い続けるという格律（staying-close-to-data-dictum） 72
データの獲得，捕捉（data capture） 142, 158
データの種類（types of data） 416
データのタイプ（data types） 144-5, 416
データのテキストへの変換（transformation-into-texb of data） 256
データの中の潜在的パターンが創発的に出現する（latent patterns in the data emerge） 200
データのまとまり（chunk of data） 200

データへの信頼（trust in the data） 63
データへの接近（closeness to the data） 64
データへの呑み込まれ状態（data overwhelm） 485
データを信頼する（have confidence in the data） 64
データを生成すると同時に分析する（simultaneously generate and analyze data） 81
データを超越する（transcend the data） 434
出来事（インシデント）(incident) 200
テクスト（text） 38
テクスト分析（explication de texte） 282, 305, 312
手順，手続き（procedures） 199, 398, 402
テスト（test） 18
　ある理論の試金石（real test of a theory） 41
　グラウンデッド・セオリーをテストする（to test grounded theories） 18
哲学的視座（philosophical perspective） 104
（さらに）問いを畳みかけるべき諸概念（concepts to be further interrogated） 200
統合化（integration） 104
動名詞（gerund） 47, 55, 260
討論形式（discussional form） 450
特性（property） 221, 313, 398
特定領域（substantive area） 10, 409, 433, 436
特定領域グラウンデッド・セオリー（substantive grounded theory） 18, 398
特定領域 GT 生成のための手続き（the procedures for generating SGT） 398
独立変数（independent variable） 347
読解（reading） 388
どのタイプのデータからでも GT が生成できる（GT can be generated from any type of

data) 449
トライアンギュレーション（三角測量型のデータ収集・分析）（triangulation） 409, 449

な 行

何が起きているのか（what is going on） 51, 477
「何が起きているのか」という言葉（the what-is-going-on phrase） 55
何が実際に起きているのか（what is really going on） 54-5
名前を付ける（to name） 37, 198, 200
並べ替え（る）（sort, sorting） 201, 202, 403, 414
ニーズ（needs） 60
二次データ（secondary data） 307, 309, 410, 411
二次分析（secondary analysis） 18, 410, 411, 477
二分法（dichotomy） 350
　質的-量的という二分法（the qualitative-quantitative dichotomy） 351
人間行動の研究（study of human behavior） 22
人間の行動は潜在的パターンの分析によって理解できる（human behavior can be understood by latent pattern analysis） 81
認識（awareness） 52, 55, 56, 62
認識論上の影響（epistemological influence） 303
認識論的論争（epistemological debate） 100
ネットワーク（networks） 12
　全地球規模での緩やかなネットワーク（loose networks around the globe） 12
　複雑でかつコンテクストに依存した様々な影響のネットワーク（a network of complex and contextually dependent influences） 347
ネットワーク理論（network theory） 358

は 行

パースペクティブ（perspectives） 56, 64
パーソンセンタードな学習（person-centered learning） 71
パーソンセンタードな教育アプローチ（person centered education approach） 71
バーニー・グレーザーからGTを学ぶ（Learning GT form Barney Glaser） 16
バーニー・グレーザーはGTを生きている（Glaser lives GT） 352
バーニー・グレーザーとの生活史的インタビュー（A Biographical Interview with Barney Glaser） 17
パイプのイメージ（the image of the pipe） 349
パイロットスタディ（pilot study） 89
博士課程の遂行（Getting Through the PhD Process） 14, 75
パターン（pattern） 33, 198, 289, 371, 471
　基底的，もしくは潜在的パターン（underlying or latent pattern） 32-3
　基本的で持続的な行動パターン（basic, persistent patterns of behavior） 39
　行動のパターン（behavioral pattern） 40
　潜在的，もしくは基底的パターン（latent or underlying pattern） 38
　パターン化された複数の主観的現実（patterned subjective realities） 39
発見（discovery） 56
発見する（discovering） 39
発想（conceptions） 56
ピア・レビュー（peer reviewing） 5
ピア・レビュー付きの学術雑誌を発行すること（running a peer-reviewed journal on the method） 5

518

事項索引

比較分析（comparative analysis）　104
ビデオ手法の活用（Using Video Methods）　15, 151
人々が自分自身を獲得する手助けをする素晴らしい方法（a wonderful way to help people getting themselves）　391
人々がその自己を獲得するのを助けること（helping people to get their self）　391
人々に自分自身であるという感覚を授けたい（want to give people their sense of being themselves）　391
人々にその人らしくいられるという感覚をもたらしたいと望むグレーザーのビジョン（Glaser's vision of wanting to give people their sense of being themselves）　10
一まとまりのデータの内部で（within the data set）　413
批判する（criticize）　58
開かれた姿勢を保つように（stay open）　323
広く受け入れられている諸カテゴリー（received categories）　350
フォーマル・グラウンデッド・セオリー（formal grounded theory）　398, 402
『フォーマルGTの実践』（Doing Formal Theory）　411
フォーマル理論への挑戦（challenge of formal theory）　18
フォーマル理論を生成する（Generating Formal Theory）　17
複眼的方法で観察する能力（ability to see in a multi-channeled way）　163
複雑で絶えず動いている（complex and moving）　347
複数的経験性（multiple experientiality）　61
複数的主観性（subjectivities）　110
複数の主観現実（subjective realities）　39
プラグマティズム（pragmatism）　17, 280

プレ・グラウンデッド・セオリー（pre-grounded theory）　89
雰囲気づくり（atmosphering）　47, 55
文献（literature）　103
文献レビュー（literature review）　82
文献レビューとフォーマルGTを実践することとの違い（the difference between literature review and doing FGT）　417-8
分析（する）（analysis, analyzing）　37, 62
分析的思考（analytic thinking）　273
（方法の）分裂（split）　1
変数（variable）　307
方法（method）　1
　2つの異なる方向に展開した一つの方法（a method that developed in two different directions）　3
　方法（GT）が機能し、関連がある（the method works and is relevant）　64
　方法のオリジナルな構想（original conception of the method）　1
　方法の主たる目的（primary purpose of the method）　23
（ひとつの）方法のメンタリング（Mentoring A Method）　1
方法のメンタリング（mentoring the method）　5
方法をメンタリングするための最も重要な諸次元）　13
方法論（methodology）　26, 385
方法論に対する支援（methodological support）　7
方法論の厳密さ（methodological rigor）　101
方法論を助言者による指導のない状態で学ぶこと（Learning Methodology Minus Mentorship）　14, 100
飽和（saturation）　104
飽和する（to saturate）　146, 188

519

ポスト・グラウンデッド・セオリー
（post-grounded theory） 90

ま 行

マイナス・メンター（minus mentor） 2
マイナス・メンタリング（minus mentoring）
 7
マイナス・メンティー（minus mentee） 2
6つの「C」（6Cs） 201, 457
無理強いや押し付け（forcing） 30
無理強いや押し付けに抵抗すること（to resist forcing） 33
明確さ（explicitness） 63
明確であることとデータへの接近を保持すること（being explicit and staying close to the data） 64
明示知と暗黙知（explicit and tacit knowledge） 348
命題（proposition） 48, 197
メモを作る（書く）こと（memoing, memo-writing） 104, 208, 273, 412
メモ作り（memoing） 199, 201
メモ作りをしないままにコード化するという問題（a problem of coding without memoing） 208
メンター（助言者）（mentor） 1
メンターシップ（mentorship） 2
メンタリング（mentoring） 1, 2-13
　インターネットを通しての（via the Internet） 6
　グラウンデッド・セオリーという方法の（mentoring the method） 5
　グレーザーのどれかのセミナーのなかでの差し向かいの形の（face-by-face at some of Glaser's seminars） 7
　大学のコースへの参加を通して（through course participation at a university） 6
　対面的に向き合った形での（through face-to-face mentoring） 1, 9
　長距離での（through long-distance mentoring） 1
　長距離電話での（through long distance calls） 7
　電子メールでの（through emails） 7
　同輩対同輩という形での（peer-to-peer mentoring） 4
　同輩の（ピア）（peer mentoring） 5
　バーチャルでの（in virtual） 4
　2つの異なる方向に展開した一つの方法の（a method that developed in two different directions） 3
　文書（書物）の形での（through written mentoring） 1
メンタリングの（mentoring） 9
　技能依存的側面（skill-dependent aspects of mentoring） 9
　キャリアに関する機能（career-related function） 10
　心理社会的次元（psychosocial dimensions） 12
　心理社会的側面（psychosocial aspects） 9
　心理社会的な機能（psychosocial function） 10
　4段階のプロセス（four-stage process） 10
　ロール・モデル（mentoring role model） 3
メンティー（mentee） 9
モデル改造（remodeling） 7, 100, 321, 336, 386

や 行

役に立つ（work） 41
やっかいな正確さ（worrisome accuracy）
 40, 411, 427

520

事項索引

唯一の妥当なデータ (the only valid data)
　332
よいGTを評価する規準 (criteria for evaluating a good grounded theory)　319
予想された質問やカテゴリー (preconceived questions and categories)　24

ら 行

リサーチ・クエスチョン，調査研究の問い (research questions)　173, 408
理論 (theory)　18, 36, 197, 467
　データに根ざしている (be grounded in data)　26
　行為にとってふさわしい (suitable for action)　26
理論化 (theorizing, theorize)　14, 47
理論化技術 (theorizing skills)　49
理論検証 (theory testing, theory verification)　47, 306, 449
理論生成 (理論産出) (theory generation)　43, 47, 449
『理論的感受性』(Theoretical Sensitivity)　24
理論的コーディング (theoretical coding)　310
理論的コード (theoretical code)　33, 186, 201
理論的サンプリング (theoretical sampling)　25, 188, 200, 332, 398, 406, 431
理論的サンプリングのための方向づけ (directions for theoretical sampling)　406
理論的説明 (theoretical explanation)　104
理論的トライアンギュレーション（三角測量）(theoretical triangulation)　449
理論的飽和 (theoretical saturation)　317
理論の生成 (generating theory)　40
『量的グラウンデッド・セオリーの実践』(Doing Qualitative Grounded Theory)　351, 360
量的調査研究者 (quantitative researcher)　34, 270
量的（な）データ (quantitative data)　18, 43
量的データをもっと活用する (greater utilization of qualitative data)　18
量的方法 (quantitative method)　34
歴史的出自 (historical roots)　16
ロール・モデル (role model)　4
論評（すること）(review, reviewing)　387, 391
論理的命題 (logical proposition)　197

わ 行

ワークショップ (workshop)　47
枠組み (frame)　61
私自身を信頼する (trust myself)　346

521

著者紹介

アストリッド・ユンニルド（Astrid Gynnild, ベルゲン大学, 序章, 第2章, 第15章）

アストリッド・ユンニルドはノルウェーのベルゲン大学の情報科学・メディア研究学部の調査研究員である。彼女は同大学から2006年に報道専門職の創造的循環のGTで博士号を授与された。アストリッドは，オンラインのコンピュータおよびオーディオ・ビジュアル・ジャーナリズムにおける革新のプロセス，およびジャーナリズム教育を専門としている。彼女の背景はジャーナリズムと報道番組の開発であり，また，カウンセリング，スーパービジョンも同様である。彼女はGTに関する2冊を含む5冊の単著，共著がある。彼女はGT研究所のフェローであり，また，「GTレビュー（Grounded Theory Review）」誌の編集委員である。

ヴィヴィアン・マーティン（Vivian B. Martin, セントラル・コネチカット州立大学, 序章, 第19章）

ヴィヴィアン・マーティンはセントラル・コネチカット州立大学のジャーナリズムの課程のディレクターであり，この大学の准教授である。現職の前は，新聞のジャーナリストであり，雑誌記者でもあったマーティンは，人々の日常生活のなかのニュースについてのGT調査研究――これは彼女が博士課程の院生の時に開始した研究である――を，現在も継続している。合目的な注目という彼女の理論に関する論文を何本も出版しており，それらの論文はよく引用されている。彼女は現在ジャーナリズムを教えているが，GTを含む諸質的方法を大学院の院生に教えていたこともある。彼女はGT研究所問題解決セミナーをニューヨークにおいて組織したことがある。現在，「アウェアネスを割り引くこと」についてのフォーマル理論の生成に取り組んでいる。

オーディス・シモンズ（Odis E. Simmons, フィールディング大学院大学, 第1章）

オーディス・シモンズはカリフォルニア大学サンフランシスコ校で1970年代のはじめにグレーザーとストラウスから学び，1974年に社会学で博士号を授与された。1970年代と1980年代に彼はクラシックGTを基盤とした2つのアクションの方法を編み出した。それは，「グラウンデッド・アクション（grounded action）」と「グラウンデッド・セラピー（grounded therapy）」である。彼は，タルサ大学の社会学や都市研究の教員やエール大学医学部のセルフケア・プログラムのディレクターを務め，現

在はフィールディング大学院大学の,「教育的リーダーシップおよび変革」研究科における グラウンデッド・セオリー／グラウンデッド・アクション専攻の教員かつディレクターである．

ウェンディ・ガスリー（Wendy Guthrie, ラフバラー大学, 第3章）
　ウェンディ・ガスリーは2000年にストラスクライド大学からマーケティングで博士号を授与された．彼女の学位論文は,クライエント・コントロールの一つの理論を示すものである．彼女はGT研究所のフェローであり,また,ラフバラー大学革新的製造・建築研究センターの研究員である．彼女の最近の仕事は,建築環境の文脈における未来シナリオの生成であり,これは,建築デザイン・チームの相互作用において情報提供を可能にしている行動を理解することと,建築組織における適時化の理解を基にして進められてきた．現在は,建築の内部の文脈と,それを越えるものとの間における異業種間の実践と可能性を研究している．

アンディ・ロー（Andy Lowe, グリンドゥル大学, 第3章）
　アンディ・ローは,かつてイギリス,ストラスクライド大学ビジネススクールの教員であり,そこでは,博士課程における調査研究方法論の課程についての教員間を横断する研究のディレクターであった．現在はタイに住んでおり,学位論文にGT法を活用した8人目の博士号候補者のスーパービジョンをまさに成功というところまで導いている．最近,アンディはイギリス,ウェールズのグリンドゥル大学にGTを専門とする調査研究方法論の客員教授として招かれた．

アントワネット・マコーリン（Antoinette McCallin, オークランド工科大学, 第4章）
　アントワネット・マコーリンは,ニュージーランド,オークランドのオークランド工科大学の健康・環境科学学部の准教授である．アントワネットは長年にわたって,広い領域にわたる保健の専門職に,修士,博士レベルの課程において教えたことがある．研究の興味・関心は,GTと,様々な実践現場での多職種連携を含むものである．彼女は専門職とクライエントの関係や保健専門職教育における多業種チームワーク,多職種連携,GT方法論の使用の実用性について広範囲にわたって執筆した．サンフランシスコのGT研究所のフェローとして,アントワネットはイギリス,オックスフォードでのGTワークショップの共同進行役をつとめた．

著者紹介

アルヴィータ・ナサニエル（Alvita K. Nathaniel, ウエスト・バージニア大学看護学研究科, 第4章, 第12章）

　アルヴィータ・ナサニエル博士は，看護師，教師，倫理学者である。彼女はウエスト・バージニア大学看護学研究科の准教授で，ファミリー・ナース・プラクティショナー・プログラムのコーディネーターである。教育と管理者の役割に加えて，アルヴィータは，臨床での実践も継続している。1998年にアルヴィータは共著で看護の基本書『現代の看護における倫理と論点（Ethics & Issues in Contemporary Nursing）』を出版した。この本は，現在第3版を重ねており，アメリカでも国際的にも広く読まれ続けている。倫理の基本書を執筆することによって，彼女の GT 調査研究は道徳的評価に関するものへと導かれた。この方向での追究を，彼女は看護倫理に焦点を置いた出版をさらに追加することとともに，続けている。

トム・アンドリュース（Tom Andrews, カレッジ・コーク大学看護学・助産学研究科, 第4章, 第17章）

　トム・アンドリュースは2003年にイギリス，マンチェスター大学から博士号を授与されており，現在，アイルランドのカレッジ・コーク大学で看護学を教えている。彼はインテンシブ・ケア・ナーシングを専門としている。彼はクラシック GT セミナーにおいてその実施を促進する役割を果たしており，また，クラシック GT 方法論を活用している数名の博士課程の学生のスーパーバイズをしている。トムは学部と大学院で研究を教えた経験がある。彼はいくつかの国際的な出版物のピア・レビューアーであり，また，「GT レビュー（Grounded Theory Review）」誌を含む2誌の編集委員である。研究的興味・関心には，臨床における意思決定，患者と身内は病状の悪化が進行する事態にどのように反応するか，などが含まれている。

ヘレン・スコット（Helen Scott, groundedtheoryonline.com, 第5章）

　ヘレン・スコットはウェブ編集者，オンラインのコミュニケーター，オンラインの指導者であり，調査研究者である。ヘレンは2007年にオンライン学習者の粘り強さの分野で博士号を取得し，この研究の間に，GT に特別の興味・関心を持った。彼女はバーニー・グレーザーのセミナーに数多く参加し，数回は共同で実施した。彼女はまた GT 研究所のフェローであり，この研究所の後援によってさらに催された2回のセミナーで共同プレゼンターをつとめた。2009年には，ヘレンと12名のフェローが「GT オンライン（http://www.groundedtheoryonline.com）」を開設した。これは，

対面的に向き合う形でのセミナーに参加できないマイナス・メンターの人たちをサポートするためにデザインされたウェブサイトである。

リスベス・ニルソン（Lisbeth Nilsson, ルンド大学, 第6章）
　リスベス・ニルソン博士は, 作業療法の専門家であり, スウェーデン, ルンド大学の作業療法・老年学部門の准調査研究者である。彼女は彼女の調査研究をデザインするとともにこれを実施して, 2007年にルンド大学保健科学研究所作業療法分野における博士号を授与された。彼女は国際的に出版された数編の論文の著者であり, 彼女の専門分野における数々のアカデミックなワークショップのファシリテーターである。彼女は, 特に, 認知機能障害のある人々の学習過程における GT アプローチの活用に, 調査研究上の興味・関心を持っている。

チェリ・アン・ハーナンデス（Cheri Ann Hernandez, ウィンザー大学, 第7章）
　チェリ・アン・ハーナンデスは登録看護師, 認定糖尿病教育者, オンタリオ州ウィンザーのウィンザー大学の看護学の准教授であり,「GT レビュー」誌のアソシエート編集者である。彼女は1991年にトロント大学より教育学で, また1997年にケース・ウエスタン大学より看護学で博士号を授与されている。彼女の看護の学位論文である GT 調査研究は, 一つの統合理論の発見であって, この理論は現在の彼女の糖尿病における研究プログラムの指針になっている。ハーナンデス博士は GT の研究成果だけでなく, GT 方法論の論文も出版している。彼女は GT ワークショップでの, また, 2002～2003年の彼女のサバティカルでのグレーザー博士のメンターシップに感謝の意を表したいと望んでいる。

マイケル・トーマス（Michael K. Thomas, ウイスコンシン大学マディソン校, 第8章）
　マイケル・トーマスはウイスコンシン大学マディソン校の「教育的コミュニケーションとテクノロジー」課程の「カリキュラムと指導」部門の助教授である。かつて英語の教師をしており, インディアナ大学ブルーミントン校から, 指導システムテクノロジーと語学教育で博士号を授与された。彼の調査研究は, 指導デザインにおける文化観, および, 学校における高度科学技術革新の微妙な差異を加味した提供に関係する問題に焦点化されている。彼は質的研究方法論, 指導的文脈におけるテクノロジーの統合方法, およびテクノロジーの哲学を教えている。

著者紹介

ハンス・スレシウス（Hans Thulesius, ルンド大学, 第9章）
　ハンス・スレシウスはスウェーデンのルンド大学より地域社会医学（Society Medicine）で博士号を授与されている。彼は, 家庭医と研究者を半分半分（50/50）で仕事をしており, 量的データと質的データの両者を分析する調査研究者である。クラシックGTだけでなく, 統計学も活用している。ハンス・スレシウスは, クラシックGTの分析に基づいた数編の研究を出版している。2000年にバーニー・グレーザー博士と会ったことは, 彼の科学的なキャリアにとってきわめて重大であった。彼のキャリアには, グレーザーの1998年の著者『グラウンデッド・セオリーの実践——論点と検討（Doing Grounded Theory: Issues and Discussions）』のスウェーデン語の翻訳が含まれている。「GTレビュー」誌, ほか2誌の科学雑誌の編集委員を務めている。

マッシミリアーノ・タロッツィ（Massimiliano Tarozzi, トレント大学, 第10章）
　マッシミリアーノ・タロッツィはイタリア, トレント大学の質的研究方法の教授で,「教育における調査研究方法論」の修士課程創設時のディレクターである。彼はヴェローナ, ミラノ, ローマ, フィレンツェ, ウルビーノ, シアトルを含む多くの大学院の博士課程で, GTのコースとセミナーを教えている。彼は現在,「専門事典.現象学と教育ジャーナル（Encyclopedia. Journal of Phenomenology and Education）」誌の編集委員であり, この他多くの国際的な学術雑誌の編集委員のメンバーである。科学的な数編の論文に加えて, 彼はほぼ10冊の著書を執筆あるいは編集してきている。そのなかには,『現象学と人間科学の現在（Phenomenology and Human Science Today, L. Mortariとの共編, 2010）』と『グラウンデッド・セオリーとは何か（Che cos'e la Grounded theory [What is grounded theory], 2008）』がある。彼はグレーザーとストラウスの『グラウンデッド・セオリーの発見』を2009年にイタリア語に翻訳してローマで出版し, バーニー・グレーザーとの対談が「発見から40年。世界中に広がるグラウンデッド・セオリー（Forty years after Discovery. Grounded Theory Worldwide）」と題して, 2007年11号の「GTレビュー」誌に掲載された。

キャシー・シャーマズ（Kathy Charmaz, ソノマ州立大学, 第11章）
　キャシー・シャーマズはソノマ州立大学の社会学の教授であり, また, 教員の学術的執筆を支援するプログラムであるファカルティ・ライティング・プログラムのディレクターである。彼女は共著および共編著9冊の著者であり, それらに含まれる『グラ

ウンデッド・セオリーを構築する——質的分析による実践的ガイド（Constructing Grounded Theory: A Practical Guide through Qualitative Analysis, 邦訳は、『グラウンデッド・セオリーの構築——社会構成主義からの挑戦』)』は、アメリカ教育学研究協会からクリティクス・チョイス賞を受け、中国語、日本語、ポーランド語、ポルトガル語に翻訳された。彼女の最近の共著は、『質的分析実施の5つの方法——現象学的心理学、グラウンデッド・セオリー、ディスコース分析、ナラティブ・リサーチ、直観的探究』と『グラウンデッド・セオリーの展開——第二世代』である。彼女はこのほどソノマ州立大学よりゴールドスタイン賞を受けた。

ジュディス・ホルトン（Judith A. Holton, マウント・アリソン大学, 第13章）
ジュディス・ホルトンは「GT レビュー」誌の編集長であり、GT 研究所のフェローでもある。カナダのマウント・アリソン大学の教員であり、出版とセミナーの両方でバーニー・グレーザーと頻繁に協働している。

エヴァート・グメッソン（Evert Gummesson, ストックホルム大学, 第14章）
エヴァート・グメッソンはスウェーデン、ストックホルム大学のマーケティングおよび経営学の名誉教授である。彼はストックホルム大学大学院経済学研究科を修了し、ストックホルム大学より博士号を授与された。ヘルシンキのハンケン大学大学院経済学研究科の名誉博士号を授与され、フィンランドのタンペレ大学のフェローである。彼は50冊を超える書物と多数の論文を出版している。彼の興味・関心は、サービス、関係性マーケティングおよびネットワークを包摂しており、それは、2008年の『トータル関係性マーケティング 第三版 (Total Relationship Marketing, 3rd, revised ed.)』に反映されている。グメッソン博士は研究方法論と科学理論に特別な関心を持っている。彼はアメリカ・マーケティング協会から2つの賞を受賞し、イギリスの公認マーケティング協会はマーケティングの発展に貢献した50人のうちの一人に彼の名を掲げている。彼は25年間ビジネスの世界で活躍してきており、現在も世界中で数多くの講演を行なっている。

バーニー・グレーザー（Barney G. Glaser, グラウンデッド・セオリー研究所, 第16章）
バーニー・グレーザーは1961年にニューヨークのコロンビア大学から博士号を授与された。彼は現在「ソシオロジー出版社（Sociology Press)」という出版社を経営し、ウェブベースの NPO である「グラウンデッド・セオリー研究所（The Grounded

Theory Institute)」を運営している。彼のライフワークは，コロンビア大学大学院在学時代に始め，1960年代にカリフォルニア大学サンフランシスコ校でのアンセルム・ストラウス（Strauss, A.）との協働による実りの多い研究でさらに展開をした GT 方法論を発展させることである。ストラウスとの協働の成果は，多くの引用元となった1965年の『死にゆくことのアウェアネス（Awareness of Dying, 邦訳は，『「死のアウェアネス理論」と看護——死の認識と終末期ケア』）』と，1967年の『グラウンデッド・セオリーの発見——質的調査研究のための戦略（The Discovery of Grounded Theory: Strategies for Qualitative Research, 邦訳は『データ対話型理論の発見——調査からいかに理論をうみだすか』）』である。グレーザーは1998年，ストックホルム大学より名誉博士号を授与された。彼は全大陸の博士号候補者に GT を教えている。

マーク・ローゼンバウム（Mark S. Rosenbaum, ノーザン・イリノイ大学，第18章）

マーク・ローゼンバウムはフルブライト奨学金を受けた学者で，ノーザン・イリノイ大学のマーケティングの助教授であり，アリゾナ州立大学のサービス・リーダーシップ・センターの調査研究教員陣のフェローである。彼は，サービスに関する諸論点に焦点を当てて調査研究を行なってきている。例えば，顧客の健康，エスニックな消費，観光に対する，商業ベースでの，および非営利のセッティングでの，友好的関係の影響である。ほかには，構造方程式モデリングに焦点を置いている。彼の仕事は先導的なサービスおよびホスピタリティのジャーナルで出版され，国内外の会議でプレゼンテーションされている。彼はまた「ジャーナル・オブ・サービス・マーケティング（Journal of Services Marketing）」誌の編集委員でもある。彼は2003年にアリゾナ州立大学より博士号を授与された。ローゼンバウム博士はイリノイ州ネイパービルに住んでいる。

訳者紹介 (所属等，執筆分担，執筆順，＊は監訳者)

＊志村健一（監訳者紹介参照，序章，第1章，第3章，著者紹介）

＊水野節夫（監訳者紹介参照，謝辞，第2章，第4章，第13章，第15章，第16章，本書の理解に寄せて①）

吉田公記（法政大学大学院社会学研究科博士後期課程，法政大学社会学部兼任講師，第2章，第11章）

＊小島通代（監訳者紹介参照，第4章，第7章，第9章，第13章，第17章，本書の理解に寄せて②）

山本則子（東京大学大学院医学系研究科教授，第5章）

高井ゆかり（群馬県立県民健康科学大学看護学部教授，第5章）

野口麻衣子（東京大学大学院医学系研究科助教，第5章）

櫻井美里（東京大学大学院医学系研究科博士課程，第5章）

落合克能（聖隷クリストファー大学社会福祉学部助教，第6章）

藤田さより（聖隷クリストファー大学リハビリテーション学部助教，第6章）

千葉のり子（豊橋創造大学保健医療学部専任講師，第7章）

野方円（今治明徳短期大学ライフデザイン学科専任講師，第8章）

丸山晋（ルーテル学院大学総合人間学部教授，第9章）

茆海燕（東洋大学大学院福祉社会デザイン研究科博士後期課程，第10章）

宮竹孝弥（東洋大学大学院福祉社会デザイン研究科博士後期課程・日本社会事業大学非常勤実習指導講師，第12章）

野口由里子（江戸川大学総合福祉専門学校非常勤講師，第14章）

水野久江（イギリス近・現代文学愛好家，第15章）

辻宏明（法政大学大学院政策科学研究科博士課程，第18章）

藤原亮一（田園調布学園大学人間福祉学部教授，第19章）

監訳者紹介

志村健一（しむら・けんいち）
　1967年生まれ。
　2006年　フィールディング大学院大学教育学博士課程修了。教育学博士。
　現　在　東洋大学社会学部教授。
　主　著　『ソーシャルワーク・リサーチの方法』相川書房，2004年。
　　　　　『社会福祉の支援活動──ソーシャルワーク入門』（共著）ミネルヴァ書房，2008年。
　　　　　『ソーシャルワークの研究方法』（共著）相川書房，2010年。

小島通代（こじま・みちよ）
　1938年生まれ。
　1985年　東京大学大学院医学系研究科において学位取得。保健学博士。
　元　　　東京大学大学院医学系研究科教授。
　主　著　『ナースだからできる5分間カウンセリング──看護現場で役立つ心理的ケアの理論と実際』（共著）医学書院，1999年。
　　　　　『「看護研究」アーカイブス』（第3巻）（共著）医学書院，2003年。
　　　　　『融然の探検──フィールドサイエンスの思潮と可能性』（共著）清水弘文堂，2012年。

水野節夫（みずの・せつお）
　1948年生まれ。
　1975年　東京大学大学院社会学研究科博士課程中退。社会学修士。
　現　在　法政大学社会学部教授。
　主　著　『データ対話型理論の発見──調査からいかに理論をうみだすか』（共訳）新曜社，1996年。
　　　　　『事例分析への挑戦──'個人' 現象への事例媒介的アプローチの試み』東信堂，2000年。
　　　　　「生活史研究への示唆を求めて──ミクロ歴史学の場合」『社会志林』Vol. 57 第4号，法政大学社会学部学会，2011年。

　　　　　　　グラウンデッド・セオリー
　　　　　──バーニー・グレーザーの哲学・方法・実践──

2017年2月20日　初版第1刷発行　　　　　　　　　〈検印省略〉

　　　　　　　　　　　　　　　　　　　　定価はカバーに
　　　　　　　　　　　　　　　　　　　　表示しています

　　　　　　　　　　　　志　村　健　一
　　　監訳者　　　　　　小　島　通　代
　　　　　　　　　　　　水　野　節　夫
　　　発行者　　　　　　杉　田　啓　三
　　　印刷者　　　　　　坂　本　喜　杏

　　　発行所　　株式会社　ミネルヴァ書房
　　　　　　607-8494　京都市山科区日ノ岡堤谷町1
　　　　　　　　　　　電話代表　(075)581-5191
　　　　　　　　　　　振替口座　01020-0-8076

　　　　　© 志村・小島・水野ほか，2017　冨山房インターナショナル・新生製本

　　　　　　　　　　ISBN 978-4-623-07372-6
　　　　　　　　　　　Printed in Japan

ソーシャルワークにおけるスピリチュアリティとは何か

E. R. カンダ・L. D. ファーマン 著／
木原活信・中川吉晴・藤井美和 監訳
A5判／694頁／本体10000円

ジェネラリスト・ソーシャルワーク

L. C. ジョンソン・S. J. ヤンカ 著／
山辺朗子・岩間伸之 訳
A5判／800頁／本体12000円

ソーシャルワーカー論

空閑浩人 編著
A5判／272頁／本体4200円

福祉現場 OJT ハンドブック

津田耕一 著
A5判／258頁／本体2800円

住民と創る地域包括ケアシステム

永田 祐 著
A5判／228頁／本体2500円

──── ミネルヴァ書房 ────
http://www.minervashobo.co.jp/